Rudolf Gottschall

Die deutsche Nationalliteratur des neunzehnten Jahrhunderts

Dritter Band

Rudolf Gottschall

Die deutsche Nationalliteratur des neunzehnten Jahrhunderts
Dritter Band

ISBN/EAN: 9783743381261

Hergestellt in Europa, USA, Kanada, Australien, Japan

Cover: Foto ©Thomas Meinert / pixelio.de

Manufactured and distributed by brebook publishing software (www.brebook.com)

Rudolf Gottschall

Die deutsche Nationalliteratur des neunzehnten Jahrhunderts

Die
deutsche Nationalliteratur
des
eunzehnten Jahrhunderts.

Literarhistorisch und kritisch dargestellt

von

Rudolf Gottschall.

Vierte vermehrte und verbesserte Auflage.

Dritter Band.

Breslau,
Verlag von Eduard Trewendt.
1875.

Viertes Hauptstück.
Die moderne Lyrik.

Erster Abschnitt.
Einleitung. Die schwäbische Dichterschule:
Ludwig Uhland — Gustav Schwab — Justinus Kerner — Gustav Pfizer — Eduard Mörike — Wilhelm Müller.

Wer am Fortschritte unserer Literatur seit Schiller und Goethe zweifelt, den dürfen wir mit Recht auf die moderne Lyrik verweisen, welche eine Fülle neuer Töne angeschlagen hat, nicht blos in dilettantischer Weise und mit einem oberflächlichen Virtuosenthume, sondern mit einer Kraft und Innigkeit, welche die ganze Nation ergriffen hat. Zwar die romantische Lyrik war unergiebig durch ihre Formlosigkeit und eine falsche Volksthümlichkeit; der trübe, phantastische Schaum dieser ganzen Richtung konnte keine klare rhythmische Gestaltung gewinnen, und selbst der Geist des gefeierten Mittelalters trat uns nur verzerrt aus den Hohlspiegeln dieser Schule entgegen. Dagegen haben wir schon früher die Leier- und Schwertgesänge der Befreiungskriege, die mächtige Lyrik eines Hölderlin, die meisterhaften lyrischen Sculpturbilder Platen's und Heine's brillant-kokette, die Romantik zersetzende Liederpoesie gewürdigt. Wenn die Romantik selbst und ebenso ein großer Theil der jungdeutschen Production nichts war, als unausgegohrene Lyrik, Lyrik in Streckversen ohne rhythmischen Halt; wenn über-

1*

haupt die ältere und neuere Romantik alle poetischen Gattungen in einer blind waltenden Urpoesie vermischte, so müssen wir uns jetzt freuen, aus diesem poetischen Gestrüpp in's Freie zu treten, die Anfänge künstlerischer Scheidung und Sonderung zu begrüßen und damit die Rückkehr aus einer Epoche der Verwilderung zum classischen Ideal. Der frische Strom der Lyrik mußte sich am ersten aus den romantischen Sümpfen wieder hervorringen, indem einige seiner Arme gar nicht darin untergegangen waren, sondern in selbstständiger Strömung fortgefluthet hatten. Die Lyrik suchte sich zunächst Reinheit und Sicherheit der Form anzueignen; dann aber öffnete sie die geläuterte Form der Fülle von Gedanken und Lebensbildern, welche die fortschreitende Zeit ihr an die Hand gab, und indem sie so, nur mit lockerer Anknüpfung an einzelne Traditionen der Classiker und Romantiker, verschiedene neue Richtungen schuf und zu nationaler Geltung brachte, durfte sie der Anklage des Epigonenthums kühn und ohne Scheu entgegentreten. Natürlich wiederholen sich in der Lyrik aller Zeiten bestimmte Gruppen der Empfindung und des Gedankens; ihrem Gattungsbegriffe nach ist die Lyrik Anakreon's und Pindar's unsterblich; aber es kommt auf den Geist an, in welchem sie ausgeführt wird, und auf das individuelle Dichtergepräge, das den Stempel der Neuheit und den Reiz unberechenbarer Mannigfaltigkeit hinzubringt. Wenn eine originelle Dichterbegabung in Empfindung und Gedanken den Geist ihrer Zeit und Nation zu treffen weiß oder vielmehr ihn in ihr eigenes Fleisch und Blut verwandelt hat, dann entsteht eine Dichtung, welche die Bürgschaft der Dauer in sich trägt. Doch was Homer, Pindar und Anakreon, Virgil und Horaz, Dante, Calderon, Cervantes, Camoëns und Shakespeare mit feurigen Zungen predigten: das ist für die Kurzsichtigkeit ihrer meisten Verehrer verloren, welche nur eine Schablonenpoesie nach bestimmten Mustern kennen und, unfähig, den Geist der Gegenwart zu begreifen, den Geist aller Zeiten durcheinander mischen.

Die Goethe=Schiller'sche Lyrik, die Schöpfung außerordentlicher Begabungen, welche für Empfindung und Gedanken ergreifende und ewig gültige Töne anschlugen, war doch von ganz bestimmten Voraussetzungen der classischen Schulbildung abhängig und ohne philologischen Commentar in vielen mythologischen Einzelnheiten unverständlich. Man kann diese Dichtungen unmöglich für die geläuterte deutsche Nationalpoesie, für die höchste, unübersteigliche Stufe ihrer Entwickelung halten. Die Bürger'sche Volkspoesie, die sich der classischen gegenüberstellte, vermied zwar diese Fremdheit der Beziehungen, den antiken Rahmen und die mythologischen Arabesken, hatte aber auf der anderen Seite nicht genug Adel und Gedankengehalt, um eine vollkommene Ebenbürtigkeit zu behaupten. Die elegischen Poeten Matthisson, Salis, Tiedge u. A. ermangelten einer durchgreifenden Dichterkraft und kränkelten an einer Empfindsamkeit, welche gerade nach den Befreiungskriegen in einzelnen Kreisen der Gesellschaft Mode war. Die weinerliche Welt höchst persönlicher Stimmungen, dies Sehnen nach dem Spielzeuge der Kindheit, diese ganze um Trümmer rankende Epheupoesie hatte sich zwar von der classischen Tradition emancipirt und doch die Grazie der Form beibehalten; sie suchte zwar, wie in Tiedge's „Urania," der sich Mahlmann'sche, Witschel'sche und ähnliche Dichtungen anschlossen, einen geläuterten, christlichen Glauben an die Stelle der heidnischen Reminiscenzen zu setzen und mit poetischen Votivtafeln über Glaube, Liebe und Hoffnung, durch Nacht zum Licht u. dgl. m. die Stammbücher deutscher Frauen und Jungfrauen zu bereichern; aber diese scheinbare Selbstständigkeit einer nur matt beleuchteten Gedankenwelt gab keinen hinreichenden Ersatz und kein bedeutsames Gegengewicht gegen die von großen Genies getragene Anlehnung an die antike Welt. Was kräftig, männlich, geistvoll in der griechischen und römischen Poesie war, die großen Gesichtspunkte des Staates und des öffentlichen Lebens, die schöne plastische Sinnlichkeit: das waren Elemente, die nicht beseitigt werden durften in einer Zeit, für welche der Hellenismus eine dauernde Erquickung bleiben wird; aber die Aeußerlichkeiten, die überlieferten Gestalten der Mythe, die Stoffe des Alterthums,

die absichtliche Hineindichtung in die antike Weltanschauung mußten
fallen, wenn die deutsche Lyrik eine nationale Wiedergeburt erleben
sollte. Den Uebergang zur berechtigten Zeitlyrik hatten bereits
die Lyriker der Befreiungskriege und Platen gemacht. An sie
lehnte sich die Bahn brechende österreichische Lyrik, welcher die im
engeren Wortsinne politische und philosophische folgten. Früher
schon hatte nach Goethe's Vorgange die orientalische Lyrik in
zum Theile glänzenden Productionen eine pantheistische Lebens=
weisheit ausgesponnen, während die schwäbische Dichterschule den
germanischen und mittelalterlichen Geist in seiner Reinheit, ange=
regt von der Romantik, aber frei von ihren Verzerrungen, in
lieblichen Dichtungen zu Tage förderte. Das Geburtsland Schiller's,
Schelling's und Hegel's, das gemüth= und geistreiche Schwaben=
land, stellte der in Norddeutschland blühenden Romantik eine
geschlossene lyrische Dichterphalanx gegenüber, welche ebenso an
Schiller und Goethe, wie an die unverfälschten Traditionen des
deutschen Mittelalters anknüpfte, sich dabei aber durch den Ernst
der Gesinnung, die Wärme der Ueberzeugung und durch die
Lauterkeit der Dichtform wesentlich von den formlosen Poeten der
mondbeglänzten Zaubernacht unterschied. Zwar schien die Bildung
einer provinziellen Dichterschule auf eine Abschwächung der dich=
terischen Kraft hinzudeuten, welche in unseren großen Geistern
sich von solchen äußerlichen Bedingungen freigemacht und durch
ihre welterobernde Energie den Anschluß einer bestimmten Schule
nicht zugelassen hatte. Denn das große Genie wirkt zu weit und
zu machtvoll, um in nächster Nähe eine so vertrauliche Ansiedelung
zu gestatten. Es regt an und durchgeistigt weithin Richtungen
und Talente; doch es ragt zu hoch empor, um eine Schule zu
stiften, die sich immer nur aus Gleichstrebenden bildet, bei denen
eine mittlere Begabung ohne zu große Abweichungen vorherrschend
ist. In der That würde man bei der schwäbischen Dichterschule die
bedeutenden Gedankenhebel Schiller's und Goethe's vergebens suchen.
Ebenso fehlt hier eine in allen Formen schöpferische Dichterkraft,
welche auch die Wissenschaft in ihre Kreise zieht; es fehlt die Maje=

stät der Geister ersten Ranges. Wir bewegen uns hier in einer Welt des Gemüthes; aber es sind klare Gemüther, und klar ist ihre Welt. Mit weiser Beschränkung pflegten sie die Lyrik, welche unter ihren Händen die erfreulichsten Blüthen trieb. Das Urtheil Goethe's, der den „sittlich=religiös=poetischen Bettlermantel" bei Gustav Pfizer getadelt, war ebenso einseitig, wie das Urtheil Heine's, welcher die schwäbische Schule die Fontanelle für alle bösen Säfte Deutschlands genannt. In der That war bei einzelnen Anklängen an Goethe's einfach=innige Liederpoesie doch die sittliche Gesinnung Schiller's bei der schwäbischen Dichterschule vorherrschend. Nur Uhland traf den einfachen Ton älterer und Goethe'scher Romanzen; die übrigen Dichter ließen ihre Balladen in der Schiller'schen Weise stolz und voll austönen, und selbst bei Meister Uhland erinnern einzelne Dichtungen, wie z. B. des Sängers Fluch, an Schiller's hinreißendes Pathos und markige Kraft und Fülle.

Was den Inhalt dieser schwäbischen Poesie betrifft, so war es zunächst die landschaftliche Natur, die sich ja im schönen Schwabenlande so reizend und reich entfaltet, und die Gemüthsstimmungen, welche durch die Einwirkungen der Naturschönheit hervorgerufen worden, die in musikalisch=innigen Liederklängen ausathmeten. Das einfach besaitete und klargestimmte Gemüth dieser Poeten vermied jedes herausfordernde Virtuosenthum der Empfindung, alle kühnen Griffe und schwindelnden Probleme des Gedankens; es war ganz Hingabe, Sinnigkeit, Innigkeit und Naturandacht. So nennt Justinus Kerner die Natur mit Recht die Meisterin der schwäbischen Dichterschule, nachdem er die Schönheiten Schwabens, die lichten Matten, das dunkle Waldrevier, die Berge voll Reben, den blauen Neckar und die epheuumrankten Burgen seines Vaterlandes mit warmen Farben geschildert. Doch selbst bei dem Magier Justinus Kerner war diese Naturandacht unbefangen und von jeder Mystik frei. Wie sich diese Dichter durch die Reinheit der Naturanschauung von den Romantikern unterschieden, so auch durch die klare Auffassung des Mittelalters, das sie in ihren Balladen und Romanzen verherrlichten. Sie beschworen meistens schöne, idealisirte Gestalten herauf, die ein echt menschlicher Adel beseelte; es waren nicht Fouqué's sentimentale Raufbolde, nicht Brentano's schwarzbärtige Zauberer, nicht Tieck's ironische Purzelmännchen im Harnische; es waren Menschen mit edler, warmer Empfindung, gültig für alle Zeiten und allen Zeiten verständlich. Auch suchte diese Posie nicht ängstlich jede Berührung mit der Gegenwart zu vermeiden, sondern proclamirte in energischer Form das Glaubens=bekenntniß des süddeutschen Liberalismus.

Der Führer und Meister der Schule, Ludwig Uhland aus Tübingen (1787—1862), gehört zu den Lieblingsdichtern der Nation, welche sich mit Recht von den harmonischen Klängen seiner formvollendeten Lyrik mächtig angezogen fühlte. Ludwig Uhland hatte sich theils als Gelehrter altdeutschen Studien gewidmet und zu ihrer Förderung selbst beigetragen, theils als Politiker in den Würtembergischen Kammern und in der Frankfurter National=versammlung auf den Bänken der Opposition gesessen. Das Studium der mittelalterlichen Poesie war ebenso befruchtend für seine Phan=tasie, anregend durch die naiv=treuherzigen Gestalten, das einfach sinnige Empfinden und die markige Kraft derselben, wie seine Thätigkeit als Deputirter die Energie des männlichen, freien Wortes in seine Schöpfungen übertrug. Kraft, Adel und Grazie, eine nicht zur Weichlichkeit abgestumpfte Weichheit, sanfte, doch nicht verschwimmende Umriße der Zeichnung und anmuthige Melodie des Ausdruckes charakterisiren die Uhland'schen Dichtungen.

Die Naturpoesie Uhland's hielt sich von jeder weitschweifigen Landschaftsmalerei ebenso fern, wie von Matthisson'scher Sentimen=talität und lehnte sich nicht mehr an die Empfindungsweise der alten Minnesänger an, die er mit großer Magie des Wohllautes auszudrücken verstand. Wie reizend klingt das Frühlingslied:

    „Ich bin so hold den sanften Tagen,
    Wann in der ersten Frühlingszeit
    Der Himmel, bläulich aufgeschlagen,
    Zur Erde Glanz und Wärme streut,

Die Thäler noch von Eise grauen,
Der Hügel schon sich sonnig hebt,
Die Mädchen sich in's Freie trauen,
Der Kinder Spiel sich neu belebt."

Wie sabbathlich tönt „des Schäfers Sonntagslied," wie frisch und kräftig „des Knaben Berglied!" Wenn der Dichter den „Maienthau" den „Mohn," „die Malve" feiert, so giebt er uns stets ein klares, bestimmtes Naturbild, ohne in prosaische Beschreibung zu verfallen; ohne allegorisches Spiel tritt die daran geknüpfte Empfindung uns entgegen; es sind lauter Treffer, keine Nieten des Gefühls. Das harmloseste „Wanderbildchen" drückt, so einfach es hingehaucht ist, doch eine ganz bestimmte Stimmung aus, die uns traulich anmuthet, weil wir unmittelbar ihre Wahrheit empfinden; es bedarf nur weniger Züge, und die „Nachtreise" in's finstre Land, die Winterreise bei dem kalten Wehen, den leeren Straßen, der trüben Sonne, die stürmische Hast der Heimkehr, die noch im letzten Augenblicke überall Gefahren ahnt, welche sich dem ersehnten Wiedersehen in den Weg stellen könnten: das steht uns alles wie selbstempfunden vor der Seele. Es zeugt von Uhland's Meisterschaft, daß selbst seine kleinsten Zweizeilen wissen, was sie wollen, und nicht im Blinden tappen, wie bei so vielen seiner Nachahmer. Mit welchen gewaltthätigen Paraphrasen hätten sie ein solches Lenz-Epigramm, wie Uhland's „Frühlingstrost," ausgesponnen:

„Was zagst du, Herz, in solchen Tagen,
Wo selbst die Dornen Rosen tragen?"

So konnte Uhland mit Recht als Repräsentant der einfachen Volks- und Naturpoesie auftreten und die Reaction gegen die antikisirende Richtung unserer Classiker, die einem Bürger wegen der oft lockeren Form und mancher Plattheit und cynischen Handgreiflichkeit mißlungen war, selbst in classischer Weise siegreich durchführen. Sein Lied: „Freie Kunst" ist das Programm dieser neuen, weihevollen Volkspoesie, welche gegen die Gelehrtenpoesie und ihre Formeln und Regeln, gegen die Macht ästhetischer

Autoritäten, kurz gegen das classische Ideal ganz wie die romantische Schule ankämpft, nur mit dem Unterschiede, daß hier der Kampf in formeller Beziehung mit ganz gleichen Waffen geführt wird, ritterlich und nicht mit der Keule des Waldmenschen, mit der die Romantiker losschlugen, im Gegensatze gegen alle „Nekromantik" und alles geheimthuerische Wesen, mit welchem die Jünger der Schule buhlten. Uhland verkündete die Emancipation des „Liedes" von unfreien Traditionen, ja das Aufblühen einer allgemeinen deutschen Liederpoesie auf nationaler Grundlage:

„Singe, wem Gesang gegeben
In dem deutschen Dichterwald!
Das ist Freude, das ist Leben,
Wenn's von allen Zweigen schallt.

Nicht an wenig stolze Namen
Ist die Liederkunst gebannt;
Ausgestreuet ist der Samen
Ueber alles deutsche Land.

Deines vollen Herzens Triebe,
Gieb sie keck im Klange frei!
Säuselnd wandle deine Liebe,
Donnernd uns dein Zorn vorbei.

Singst du nicht dein ganzes Leben,
Sing' doch in der Jugend Drang!
Nur im Blüthenmond erheben
Nachtigallen ihren Sang.

Kann man's nicht in Bücher binden,
Was die Stunden dir verleih'n;
Gieb ein fliegend Blatt den Winden,
Muntre Jugend hascht es ein.

Fahret wohl, geheime Kunden,
Nekromantik, Alchymie!
Formel hält uns nicht gebunden,
Uns're Kunst heißt Poesie.

> Heilig achten wir die Geister,
> Aber Namen sind uns Dunst;
> Würdig ehren wir die Meister,
> Aber frei ist uns die Kunst.
>
> Nicht in kalten Marmorsteinen,
> Nicht in Tempeln dumpf und todt:
> In den frischen Eichenhainen
> Webt und rauscht der deutsche Gott."

Der „deutsche Gott," den Meister Uhland erfunden, und der bis auf Karl Beck in den verschiedensten lyrischen Variationen gefeiert wird, tritt hier mit vollem Bewußtsein den römischen und griechischen Göttern gegenüber, in deren Tempeln Schiller und Goethe so viele schön gemeißelte Bilder aufgestellt hatten. Indeß mag die in den Winden flatternde Volkspoesie für das einfache „Lied" ihre Geltung behaupten, wenn sie ohne höhere Prätensionen auftritt; doch ein solcher Liederfrühling läßt sich nicht kunstvoll heraufbeschwören und kann nur als Thatsache eine bedingte Anerkennung verlangen. Eine Emancipation von der Kunstform wird immer zur Barbarei führen, auch bei poetisch gestimmten Gemüthern. Das beweisen ebenso manche echten Liederblüthen der Volkspoesie, wie besonders die vielen nachgemachten Klänge, die falsch glitzernden böhmischen Steine in ihrer Krone. Einer harmonischen Natur, wie Uhland, lag diese Gefahr so fern, daß er sie nicht einmal zu ahnen scheint.

In den patriotischen Gedichten schließt sich Uhland zunächst den Lyrikern der Befreiungskriege an; sein „Vorwärts" tönt wie ein kecker Trompetenmarsch; er widmet all' sein Sinnen dem neuerstandenen, freien Vaterlande. Doch unmittelbar an die kurzen, schlaghaften Kampfeshymnen reiht sich die Forderung der Volksrechte, die mit majestätischem Orgelklange im Oktobergesange einherbraust:

> „Wenn heut' ein Geist herniederstiege,
> Zugleich ein Sänger und ein Held,"

und deren bedeutsamste Fuge die Mahnung an die Fürsten ist:

Die schwäbische Dichterschule.

> „Wenn eure Schmach die Völker lösten,
> Wenn ihre Treue sie erprobt:
> So ist's an euch, nicht zu vertrösten,
> Zu leisten jetzt, was ihr gelobt."

Dies scheint auf neue Verfassungsformen hinzudeuten; doch was Uhland singt und feiert, ist in Wahrheit das **alte gute Recht**:

> „Und wie man aus versunk'nen Städten
> Erhab'ne Götterbilder gräbt,
> So ist manch' heilig Recht zu retten,
> Das unter wüsten Trümmern lebt."

So mahnt er die Volksvertreter:

> „Tadeln euch die Ueberweisen,
> Die um eig'ne Sonnen kreisen,
> **Haltet fester nur am Aechten,
> Alterprobten, einfach Rechten!**"

Das alte gute Recht beruht auf dem **Vertrage**:

> „Vertrag! Es ging auch hier zu Lande
> Von ihm der Rechte Satzung aus;
> Es knüpfen seine heil'ge Bande
> Den Volksstamm an das Fürstenhaus."

Und dies alte Recht soll Oeffentlichkeit der Gerichte, mäßige Steuern, Schutz der Wissenschaft, allgemeine Wehrberechtigung der Freien und Freizügigkeit wiederbringen. Diese etwas schwerwuchtigen politischen Begriffe hat Uhland in ein sehr graziöses poetisches Flügelkleid gehüllt, so daß man sie kaum wiedererkennt. In Wahrheit ist aber diese Begeisterung für das gute alte Recht, dies Zurückgehen auf frühere Zustände nur lyrische Politik, eine Politik des Gemüthes. Die Vernunft würde solche Ansprüche nicht auf früheren Bestand, sondern auf ihre innere Berechtigung gründen. Das gute alte Recht in Pausch und Bogen würde Uhland nicht zurückwünschen können; man erinnert sich dabei unwillkürlich an Hegel's scharfe Kritik der „Verhandlungen der Württembergischen Landstände" (Sämmtl. Werke, Bd. 16, S. 219), in welcher das alte gute Recht mit vielen seiner Auswüchse vom Standpunkte einer bewußten, vernünftigen Freiheit beurtheilt wird. Die Perspective in die Zukunft scheint auch für den Dichter förderlicher, als der Rückblick in die Vergangenheit, sobald es sich um bestimmte politische Rechte handelt; und auch Uhland ruft ja mit jener Unklarheit, welche die nothwendige Consequenz einer lyrischen Politik ist, aus:

„Der Freiheit Morgen steigt herauf,
Ein Gott ist's, der die Sonne lenket,
Und unaufhaltsam ist ihr Lauf."

Uhland's bedeutendste Dichtungen sind ohne Frage seine Balladen und Romanzen, in denen er sich von altdeutscher Poesie den einfach=treuherzigen Styl angeeignet, und die deshalb meistens einen naiv=traulichen Eindruck machen. Uhland verfällt nirgends in das Dithyrambische, in weit ausgesponnene Malereien und prunkende Schilderungen; er bleibt immer bei der Sache und wirkt durch die schlagende Bezeichnung der für den Fortgang der Handlung wesentlichen Momente. Der kurze Vers enthält oft mit sicheren Zügen ein ganzes Bild, eine Thatsache der äußeren Welt oder des Gemüthes; jeder Vers ist gleichsam ein dramatischer Act mit einer in sich fertigen Handlung, der weiter über sich hinaus weist. Die Helden der Uhland'schen Balladen sind Sänger, Ritter, Fräulein, Hirten, Heldenkönige, deutsche Fürsten, Pilger, Jäger, Elfen, Alle in etwas weichen Umrissen und abendröthlicher Beleuchtung; wir haben es mehr mit dem Gemüthe zu thun, als mit der Gestalt; die Plastik muß einem träumerischen Colorit weichen. Schon die häufigen Diminutive, die Töchterlein, Kränzlein, Jungfräulein, Röslein beweisen, daß alle diese Gestalten kein selbstständiges Leben haben, sondern noch mit den Eierschalen des Gemüthes, aus dem sie hervorgekrochen, umherlaufen. Die dichterische Brütwärme waltet gleichsam noch über ihnen; es ist eine aus dem Gemüthe herausgeborene Epik. Die schöne Maid, die traute, süße Helene, die hohe Adelheid und ähnliche Wendungen bezeichnen diese mittel=alterliche Art und Weise der Charakteristik, bei der nur die Empfin=dung die Farben reibt. So bewegt sich auch die Handlung in diesen Balladen meistens im Reiche des Gemüthes, und so viele Schwerterklingen in ihnen blitzen, so viel Blut in ihnen fließt,

immer sind Empfindungen die bewegenden Hebel der äußerlichen
Action; aber diese Empfindungen sind einfach, wahr, sittlich; es
ist ein unverfälschter deutscher Wein, den wir aus dem Krystall=
glase dieser Dichtungen schlürfen. Nur in wenigen „Balladen,"
wie in „Graf Eberhard der Rauschebart," waltet das epische Element
vor, das in der modernisirten Nibelungenstrophe voll und kräftig
austönt. So machen die Uhland'schen Balladen einen reinen
Eindruck und haben an und für sich einen hohen Werth. Den=
noch muß man, wenn es erlaubt ist, von einer modernen Ballade
zu sprechen, von dieser eine mehr vorwiegende Gestaltungskraft
und den Interessen unserer Zeit verwandtere Stoffe verlangen.
Der Aether der Empfindung giebt manchen schönen Glorienschein;
aber eine thatkräftige Nation und eine ihrer geistigen Energie
bewußte Zeit darf eine kernhaftere Poesie verlangen, in welcher
nicht blos die Begebenheit aus der Empfindung, sondern
die That aus dem Geiste geboren wird.

Von den kleineren Romanen Uhland's zeichnen sich einige
durch harmlos drollige Wendungen aus, wie z. B. „der weiße
Hirsch," „das Reh," während andere, wie Graf Eberstein,
eine an's Frivole anklingende Pointe haben. Recht einfaches,
klares Gepräge hat die Romanze: „Graf Eberhard's Weiß=
dorn," in welcher ein warmes Gefühl sich schlicht und treu aus=
spricht. Von den größeren Balladen bleibt „des Sängers
Fluch" die machtvollste und eingreifendste. Weniger können die
Nachdichtungen spanischer und provençalischer Poesie ansprechen.
Dagegen ist die „Bidassoabrücke" eine moderne Ballade in
Stoff und Styl; das ist Ton und Richtung, die für die Zukunft
neue Blüthen und neue Absenker versprechen!

Die Uhland'sche Empfindung war an und für sich gesund und
nicht schwächlich, aber doch zu schwach, um eine andere Dichtform
als die Lyrik rein auszugestalten. So können seine Dramen,
deren Wiederaufnahme von Seiten einzelner bedeutender Bühnen
als eine gerechte Anerkennung eines dichterischen Genius im
Allgemeinen froh begrüßt werden darf, an und für sich nur als

schwache Versuche bezeichnet werden. Uhland war bestrebt, Bausteine zu einer wahren Nationalbühne zusammenzutragen; deshalb wählte er Stoffe aus der deutschen Geschichte; doch mit dieser unmittelbaren Appellation an das patriotische Gefühl war wenig erreicht, wenn es der heraufbeschworenen Vorzeit an innerem Mark und Nerv fehlte. Die Sprache im „Herzog Ernst von Schwaben" (1839) und „Ludwig der Bayer" (1846) ist einfach und edel; aber sie wimmelt von Schiller'schen Reminiscenzen, und ganze Verse der Schiller'schen Tragödieen finden sich hier mit Verwunderung wieder. Es fehlt ihr charakteristische Färbung, Neuheit und Frische. Die Composition dieser Dramen ist zwar correct und folgerichtig, aber kunstlos und ohne alle tiefere Bedeutung; die Gestalten sind nur durch ihre Empfindungen charakterisirt und in ein mattes geistiges Dämmerlicht gestellt.

Die aus Uhland's Nachlaß herausgegebenen „Schriften zur Geschichte der Dichtung und Sage" (5 Bde. 1866—70) geben uns die Resultate der unermüdlichen wissenschaftlichen Beschäftigung des Dichters mit unserer älteren Literatur, deren volksmäßige Elemente er mit sicherem Instinct aus allen, auch den künstlerisch gestalteten Dichtungen herauszufinden wußte. Ein feinsinniger Takt, der die gelehrte Forschung unterstützte, mit großer Gefälligkeit und Durchsichtigkeit der Darstellung vereinigt, sind die Vorzüge dieser Schriften. Wenn auch manches Unfertige und nicht für den Druck vollständig Vorbereitete aus dem Nachlaß der Oeffentlichkeit übergeben wird, so liegt die Rechtfertigung hierfür nicht blos in der Pietät, welche das allseitige Wirken des verstorbenen Dichters der Nation aneignen will, sondern auch in der Gediegenheit selbst dieser fragmentarischen Hinterlassenschaft. Die Sammlung wird eröffnet durch die Vorlesungen über die „Geschichte der altdeutschen Poesie," denen die Vorlesungen über die „Geschichte der deutschen Dichtkunst im 15. und 16. Jahrhundert" folgen. Mit besonderer Vorliebe hat Uhland die deutsche Heldensage behandelt nach ihren geschichtlichen, örtlichen, mythischen und sittlichen Beziehungen und den Formen der Darstellung;

ebenso das deutsche Volkslied, aus dem er seine eigene Lyrik mit sympathischem Behagen schöpfte. Seiner früheren Sammlung alter „hoch= und niederdeutscher Volkslieder" folgt im dritten Bande des Nachlasses eine erläuternde Abhandlung, deren Abschnitte zum Theil einen echt poetischen Duft athmen, wie der „Rath der Nachtigall." Daß Uhland auch die Persönlichkeiten der Dichter wohl zu charakterisiren versteht, beweist seine vortreffliche Schrift über „Walther von der Vogelweide." Das Gesammtbild des Poeten, der den unverfälschten Geist des Mittelalters ebenso zu ergründen weiß, wie er ihn in sich aufgenommen hat, wird durch diese gelehrten Schriften erst vollständig hergestellt.

Das einförmige, in vieler Hinsicht philiströse Leben Ludwig Uhland's bietet im Ganzen nur geringes Interesse. Gleichwohl ist die biographische Uhlandliteratur bei der Theilnahme, welche das deutsche Volk dem liebenswürdigen Dichter schenkt, sehr in's Kraut geschossen. Wir erwähnen: F. Notter, „Ludwig Uhland, sein Leben und seine Dichtungen" (1863), R. Mayer, „Ludwig Uhland, ein Lebensbild" (1861) und „Uhland, seine Freunde und Zeitgenossen" (2 Bde. 1863), Gihr, „Uhland's Leben" (1863) und zahlreiche Vorträge und Essays von F. T. Vischer, Heinrich von Treitschke, Otto Jahn u. a.

Neben Uhland verdient Gustav Schwab aus Stuttgart (1792—1850), gestorben als Pfarrer daselbst, von den schwäbischen Dichtern hervorgehoben zu werden, da er als Biograph Schiller's, als Uebersetzer Lamartine's, als Mitherausgeber des schwäbischen Musenalmanach's und in mancherlei Reiseschriften eine vielseitige literarische Thätigkeit ausgeübt. Seine „Gedichte" erschienen gesammelt 1828 (2 Bde.). Schwab ist der salbungsvolle Repräsentant der schwäbischen Lyrik; die Empfindung gewinnt bei ihm ein homiletisches Pathos, und die naiven Lakonismen der Uhland'schen Poesie verschwinden gänzlich. Die priesterliche Eloquenz der Schwab'schen Dichtungen läßt manchen matten und trivialen Gedanken zu Worte kommen: Schwab breitet den geistigen Mantel seiner Richtung, den man mit Goethe gerade nicht einen Bettlermantel zu nennen braucht, der aber keineswegs ein Faustmantel ist, recht breit auf den Boden aus, so daß man alle Stäubchen und Flecken sieht, die Uhland's Faltenwurf verbarg. Die Gesinnung Schwab's ist bieder, warm und frei; er hat das Bewußtsein einer neuen Zeit:

> „Selt'nes ward von uns erlebet,
> Einer von den großen Tagen;
> Ja, die Weltuhr hat geschlagen,
> Daß die Mitternacht erbebet.
>
> Funkelnd glänzten die Gestirne
> Einem neuen Tag entgegen,
> Auf der Erde keimte Segen,
> Und der Mensch erhob die Stirne."

Dennoch wendet er sich in seinen Romanzen, Balladen und Legenden der alten Zeit zu, mit besonderer Berücksichtigung der Sagenwelt. Die Balladen Schwab's sind geschwätzig, breit in der Schilderung, oft matt in der Pointe; ihnen fehlt der ideale Hauch des Uhland'schen Colorits, die Grazie, die Harmonie der Linien; an ihre Stelle tritt eine wohlgefällige Landschaftsmalerei und eine ebenso wohlgefällige Gemüths-Theologie, welche mit ihren Reflexionen die Erzählung unterbricht. Die Mischung eines oft hausbackenen Realismus mit dieser gutmüthigen Redseligkeit vermag nicht Dichtungen aus einem Gusse zu erzeugen, wie sie aus Meister Uhland's lebendiger Intuition fertig hervorsprangen. Als Theolog wählt unser Dichter gern solche Stoffe aus der Volkspoesie, deren Fabel eine am Schlusse angeheftete Moral zu Nutz, Frommen und Besserung der Menschen verträgt. Uhland begnügt sich mit der Magie der Empfindung; Schwab verfolgt eine praktische Richtung und giebt seine poetischen Recepte nicht ohne Gebrauchsanweisung. Er war überhaupt der praktische Seelenhirt der schwäbischen Dichtergemeinde und vermittelte ihre Bedürfnisse nach allen Seiten hin, mochte nun ein junger Poet ein Blättchen im Musenalmanach für sich in Anspruch nehmen oder gar unter seiner Aegide in

einem selbstständigen Bändchen vor das deutsche Publikum treten.
Er bildete so die literarische Agentur für die Poesie, „die von
allen Zweigen schallt," für den freigesprochenen deutschen Dichter=
wald, von welchem Uhland alle ästhetischen Servituten abgelöst
hatte. Die Vorliebe für mittelalterliche Stoffe war bei Schwab
offenbar durch Uhland's Beispiel bedingt; seine eigene Begabung
hätte ihn mehr zur genrebildlichen Behandlung moderner Volks=
und Lebensbilder hingeführt; seine Jungfräulein haben nichts
Süßes und Minnigliches; seine Ritter sehen alle recht nüchtern
und protestantisch aus; aber wenn er uns „das Eßlinger
Mädchen" vor dem Franzosengeneral Melac, wenn er uns
„den Reiter und den Bodensee," den vernichtenden Schreck
nach einer ungekannt überstandenen Gefahr schildert oder das in
die stille, ahnungsvoll beleuchtete Familiengruppe tödtlich ein=
schlagende „Gewitter," so gewinnt seine Poesie eine Spannung
und Bedeutung, welche zeigt, daß hier ihre Heimath ist. Seine
übrige Balladenpoesie ist eigentlich eine Art landschaftlicher Pano=
ramendichtung, eine bei seinen Reisehandbüchern und Provinzial=
schilderungen in der „Schwäbischen Alp" (1823) und am
„Bodensee" (1827) eingesammelte Flora. Die Stoffe sind
nicht mit innerer Nöthigung ergriffen, sondern zufällig, wie sie
als historische Denkwürdigkeiten an einzelnen Gegenden, Burgen
und Städten haften. Es ist die Poesie eines guide de voyageur.
Am kräftigsten von den Balladen ertönt noch „Hans Hemm=
ling" und „die Engelskirche auf Anatolikon."

Die größeren Dichtungen Schwab's sind epische Nachdichtungen
altdeutscher Stoffe, altfranzösischer Sagen und biblischer Legenden.
Sie sind gerade nicht ungenießbar, aber auch von keiner energischen
Dichterkraft durchweht. „Der Appenzeller Krieg" ist in sei=
nen neun Romanzen vom gediegensten Gusse. Dagegen ist die
Legende „von den heiligen drei Königen" bunt lackirte
Nürnberger=Spielwaarenpoesie. Die Romanzen von „Robert
dem Teufel" behandeln denselben Stoff, den neuerdings Victor
von Strauß auf die schwindelnde Höhe der neuesten Orthodoxie

visirt und als Illustration zur Lehre von der Erbsünde mit den dicksten Pinselstrichen der Hengstenberg'schen Kirchenzeitung ausgemalt hat. Bei Schwab nimmt sich der alte Sagenstoff in naiver und kurzer Fassung erträglich aus; man geht rascher über die bedenklichen Seiten hinweg, bei denen Strauß mit solcher Vorliebe verweilt. Dennoch steht schon der Inhalt der Sage selbst in kecksten Widerspruche mit dem gesunden Gefühle und der gesunden Einsicht unserer Zeit. Die übrigen epischen Dichtungen von Schwab bewegen sich langsam und gemessen in der modernisirten Nibelungenstrophe, ohne wesentlich Neues in Erfindung und Ausführung zu bieten. Von Schwab's Liedern ist das Studentenlied: „Bemooster Bursche zieh' ich aus" so volksthümlich geworden, daß man über dem Liede selbst den Namen des Verfassers vergessen hat. Welch' ein eifriger Propagandist des Schiller=Cultus der wackere Stuttgarter Pfarrer war, das zeigt seine „Biographie Schiller's" (3 Abth. 1840), welche von Hofmeister's Lebensbeschreibung an eingehender Genauigkeit, wenn auch nicht an innerer Wärme übertroffen wird, und die Rede, die er bei Enthüllung des Schiller=Denkmals in Stuttgart hielt. Er sah sich sogar genöthigt, die Anklage, als ob er ein Anhänger des Strauß'schen „Cultus des Genius" sei, mit Entschiedenheit zurückzuweisen und seine warme Verehrung des großen Dichters auf das nöthige profane Maß zurückzuführen.

Einem ganz anderen Geistercultus huldigte der schwäbische Dichter Justinus Kerner aus Ludwigsburg (1786—1862), seit 1818 Oberamtsarzt in Weinsberg, wo er seine Poltergeister am Fuße der „Weibertreue" spielen ließ. Justinus Kerner gehört zu jenen unberechenbaren Schubladennaturen, in denen das Verschiedenartigste neben einander Platz hat; er ist ein liebenswürdiger Geisterbanner, ein jovialer Zauberer, ein gemüthvoller Accoucheur bei allen magischen Entbindungen, eine gesunde, frische Natur voll praktischer Tüchtigkeit und doch angelegentlichst mit den zweifelhaften Thatsachen des Dämonismus beschäftigt; er steht mit den Geistern auf dem besten, vertraulichsten Fuße und pflegt mit ihnen einen

humoristischen Umgang, während unsere übrigen deutschen Geister=
beschwörer alle einen hypochondrischen Zug haben. Doch Kerner,
der Apostel der Besessenheit, ist selbst von jeder Besessenheit frei.
Die Geister haben ihn nicht; er commandirt sie. Wenn man
die berühmte „Seherin von Prevorst" (2 Bde. 1829), die
„Geschichten Besessener neuer Zeit" (1834) und ähnliche
Schriften aus dem Gebiete des Somnambulismus vergleicht mit
Kerner's Abhandlung, „über das Fettgift" (1822), in welcher
er sich über alte Würste ohne alle Mystik ausspricht und sich ebenso
große Verdienste um die Diätetik des Leibes erwirbt, wie er durch
seine Streifereien im Nachtgebiete der Natur die Diätetik der
Seele bei sehr vielen gefährdet, so erhält man ein musivisches
Gesammtbild einer geistigen Persönlichkeit, deren Theile man nicht
einmal durch das Band eines Dichtergemüthes und der schwäbischen
Lyra mit Sicherheit verbinden kann. Kerner's erstes, romantisches,
aber originelles Debut in der Literatur war: „die Reiseschatten
von dem Schattenspieler Lux" (1811), sein letztes Werk:
„der letzte Blüthenstrauß" (1853), durch welches er seine
„Gedichte" (1826) ergänzte.

Der Lyriker Kerner vertritt natürlich die Nachtseite der schwä=
bischen Poesie und macht von der Berechtigung der „Romanzen,"
den Geistern und Gespenstern ein Asyl in ihren Versen zu geben,
einen ausschweifenden Gebrauch. Wir erinnern nur an „die
vier wahnsinnigen Brüder" und an den „Grafen
Albertus von Calw." In seinen Liedern klingt Todessehn=
sucht, Grabesandacht, Ekel vor dem Menschentreiben, die Poesie
des Leichentuches und Grabesmooses, ein Heimweh bei dem himm=
lischen Alphornklange ebenso oft an, wie die Heiterkeit des frischen
Lebensgenusses, z. B. in dem bekannten Liede: „Wohlauf,
noch getrunken den funkelnden Wein!" oder der roman=
tische Humor, welcher die Prosa der Aufklärung und das Nützlich=
keitsprincip geißelt, wie z. B. in „Spindelmann's Recen=
sion einer Gegend." Dieser oft drastische Humor haucht uns
auch noch oft aus dem letzten Blüthenstrauße entgegen, in den

indeß manche welke, nicht aromatische Blüthen neben einigen höchst bizarr geformten mit aufgenommen sind. Als eine stolz blühende Alpenrose begrüßen wir das Gedicht: „An Johann von Oesterreich," eine politische Hymne aus dem Jahre 1848, das selbst die Magier und Geisterseher und Romanzendichter in den frischen Strom des nationalen Lebens untertauchte. Alle diese Kerner'schen Blüthensträuße mit ihren Feld- und Waldblüthen, ihren zahlreichen Passionsblumen und einigen fremdartig aussehenden Stachelgewächsen machen einen krausen, bunten Eindruck; einige anmuthig schimmernde Thautropfen der Empfindung ruhen fast auf allen diesen lyrischen Kelchen, das saftige Grün der Blätter athmet allen Reiz der Naturfrische, aber die himmelblaue Magie und grasgrüne Kindlichkeit nehmen sich neben einigen grellschreienden Farben so wunderlich aus, daß jeder harmonische Eindruck fehlt und man geneigt ist, mit Goethe auszurufen:

„Es muß auch solche Käuze geben."

Mehr aus dem Kreise der schwäbischen Schule heraus, und zwar nach verschiedenen Richtungen hin, treten zwei begabte Dichter, Gustav Pfizer und Eduard Mörike, von denen der erste antike Elemente in volltönendem Schiller'schem Style behandelt, der letzte sich durch eine feine Anatomie der Empfindungen im Style der modernen Schule auszeichnet. Gustav Pfizer aus Stuttgart (geb. 1807) ist ein Sänger, dem der Strom der Gedanken und Empfindungen stets breit und voll einherfluthet, dessen Styl nirgends von jenem durch Schiller geschaffenen Adel der Diction abweicht und immer rein, melodisch und groß ausklingt. Diese gewichtige Dichtweise wird natürlich niemals im Stande sein, den Ton der einfach innigen Empfindung zu treffen; sie wird ihn stets in einer stolzklingenden Paraphrase verfehlen. Deshalb mögen die kleineren lyrischen Gedichte Pfizer's, die oft weitschweifig süß und glorienhaft tönen, den Hohn Heine's im „Schwabenspiegel" zunächst hervorgerufen haben. Dieser Hohn ist indeß unberechtigt Pfizer's größeren Dichtungen gegenüber. Reflexionspoesieen, wie „das Glück," „die Einsamkeit" u. a. in der ersten Sammlung

der „Gedichte" (1831), lassen einen Rosenkranz von Gedanken=
perlen langsam vorübergleiten mit der Feierlichkeit, dem Ernste,
der Würde, welche den von Gustav Schwab gefeierten „Riesen
von Marbach" auszeichnen. Der gewaltige Idealismus Schiller's
fällt hier freilich in einen nur mattgeschliffenen Spiegel, den eine
allzu behagliche Redseligkeit trübt, aber das Streben, Geist und
Form auf der Höhe einer maßvollen Bildung zu halten, verdient
gegenüber den Trivialitäten des neuerweckten Minnesanges voll=
kommene Anerkennung. Ebenso zeichnen sich in formeller Beziehung
durch Schwung und Adel der Rhythmen die Lebensbilder aus
dem Kreise der antiken Weltanschauung aus, der schwunghafte
„Gesang der Mänaden" voll von trunkenem Evoë und
mächtigem Thyrsusschwunge:

„Eilet vom trunkenen Leben zu scheiden!
Wer sie genossen, die nächtlichen Freuden,
Darf nicht am Himmel die Sonne mehr schau'n."

Der „Gesang der Korybanten" ist eine wilde, heidnische
Poesie, die ebenso für die Vertrautheit Pfizer's mit dem Geiste
des Alterthumes spricht, der sich auch in der neuen Sammlung
der „Gedichte" (1835), in „Narcissus" und anderen mytho=
logischen Bildern und Blüthen bewährt, wie von der dithyrambischen
Breite seiner Sangesweise eine glänzende Probe giebt. Balladen,
wie „El Sospiro del Moro" und das „Schicksal," haben
orientalische Färbung und einen an Lord Byron anklingenden
Schwung. Trotz dieser Streifereien in fremden Ländern und
alten Zeiten, trotz einiger in den Zaubergärten von Schiras gepflückter
Früchte und, um mit Platen zu sprechen, „vomirter Ghaselen"
hat Pfizer das Bewußtsein, daß der Dichter seiner Zeit angehört:

„Schande Jedem, dem die Leier aus verdross'nen Händen sinkt,
Weil die neue Welt der Freiheit ihn ein kahler Stoff bedünkt.
Uns're Zeit muß wiederstrahlen aus dem Spiegel des Gedichts,
Oder tief're Geister achten deine Meisterschaft für Nichts."

So hat er auch viele Griechen= und Polenlieder und liberale
Poesieen gedichtet und bildet eine der Zwischenstufen zwischen

Schiller und der politischen Lyrik. Sein größeres Gedicht: „der Welsche und der Deutsche" (1844) und „die Dichtungen epischer und episch=lyrischer Gattung" (1840), von denen sich die Tartarenschlacht auszeichnet, haben lebhaftes Colorit und melodische Form; doch bewegt sich der prächtig gesattelte und gezäumte Pegasus Pfizer's zu schwerfällig und in zu majestätischen Sprüngen, um nicht auf die Länge einen ermüdenden Eindruck zu machen.

Eduard Mörike aus Ludwigsburg (geb. 1804), später Pfarrer bei Weinsberg und Lehrer in Stuttgart, besitzt von allen diesen schwäbischen Poeten die größte Feinheit und Vielseitigkeit und klingt an Goethe so an, wie Pfizer an Schiller. Ihn interessiren nicht nationale und politische Fragen, nur die Geheimnisse der Empfindung, des Volkslebens und der socialen Zustände. Durch diese Richtung sprengt er eigentlich den Zauberkreis der „schwäbischen Schule," indem er in ihre fest abgeschlossene Gemüthswelt die unruhige Dialektik moderner, skeptischer Empfindungen bringt und die ehrlichen Gespenster Uhland's und Schwab's durch die Geister eines dämonischen Mysticismus und unheimlichen Wahnsinns verdrängt. Dennoch hat er gerade die Eigenheiten des provinziellen Volkslebens mit großem Scharfblicke abgelauscht und sich mit seinem Humor in sie versenkt; er hat in seinen „Liedern" oft den Volkston recht glücklich getroffen, so daß er nicht blos in landschaftlicher, sondern auch in geistiger Beziehung der schwäbischen Schule zuzuzählen ist, und zwar als die am meisten aromatische Blüthe ihrer Flora. Er hält sich zwar von allen derben poetischen und politischen Schwabenstreichen fern; aber die vorherrschende Macht des Gemüthes zeigt sich doch bei ihm in der unklaren Vermischung der verschiedensten geistigen Elemente, des Antiken, Romantischen und Modernen, die er nicht zu durchgreifender Einheit zu verbinden vermochte. Dagegen besitzt er in der Detailmalerei der Empfindung und Schilderung eine überraschende Meisterschaft; eine blendende Fülle feiner Züge ist über seine Schöpfungen ausgestreut; im einzelnen herrscht bei ihm die durchsichtigste Klarheit und Tüchtigkeit realistischer Anschauung, aber über dem Ganzen schwebt ein träumerischer Duft und Nebel der Empfindung und des Gedankens, welcher die geistige Perspective ebenso hemmt, wie die künstlerische Abgeschlossenheit der Form.

Dies gilt nicht nur von seinen „Gedichten" (1838), deren Form nicht so melodisch und rein gehalten ist, wie bei den übrigen schwäbischen Dichtern, weil der Inhalt eben nicht blos den klaren Strom, sondern auch die Strudel und Wirbel der Empfindung zeigt, weil der Humor oft kühnere Sprünge wagt, und die Phantasie, wie in „den Geistern am Mummelsee," das wilde Gebiet der zwecklosen Romantik streift; das gilt noch mehr von seinem Hauptwerke, dem „Maler Nolten" (1832), einem Künstlerromane, in welchem die Treue als Empfindung einer feinen, psychologischen Analyse unterworfen wird, die sich leider immer durch hereinspielende zigeunerhafte und gespenstische Elemente wieder trübt. Diese Tragödie des Treubruches macht daher im Ganzen einen grauenhaften, unkünstlerischen, schwer zu verwindenden Eindruck, um so mehr, als die Motivirung im Ganzen phantastisch unsicher ist und die grellen Lichter schwankend, aber nicht erhellend, in einander spielen. Dagegen ist die Ausführung einzelner psychologischer Probleme, z. B. des Wahnsinns der Agnes, reich an vielen durch ihre Wahrheit überraschenden Nüancen. Mörike's Dichtergeist erhebt sich durch seine tieferen Combinationen über das Niveau des schwäbischen „Dichterwaldes"; einzelne in den Roman verwebte lyrische Bilder sind von seltener Weihe der Empfindung.

Neben einem an zersetzenden und auflösenden Elementen so reichen Werke, wie Maler Nolten, stechen die treuherzigen Volksdichtungen Mörike's, seine „Idylle am Bodensee" (1846) und sein „Stuttgarter Hutzelmännlein" (1853), durch ihre unbefangene Naivetät eigenthümlich ab. Die Idee ist eine lockere Verbindung zweier Schwänke in vortrefflichen Hexametern, denen es nicht an gewichtigen Spondäen fehlt. Der Reiz dieser Dichtung besteht in anmuthigen Naturbildern und Sittenschilderungen, in der derbtüchtigen Zeichnung des Volksnaturells; aber der Mangel an Einheit und Geschlossenheit läßt keinen harmonischen Kunstgenuß aufkommen, zu dem doch die strenge rhythmische Form einzuladen scheint. An das Märchen in Prosa macht man geringere Ansprüche und fühlt sich durch seine humoristische Genrebildlichkeit ebenso angemuthet, wie durch manches liebliche, phantastische Bild aus der Welt der alten Sagen und durch den unverfälschten Ton der einfachen Erzählung.

Zur schwäbischen Dichterschule ist auch ein Dichter zu rechnen, der mit seiner originellen Begabung und seiner weltschmerzlichen Richtung über den Kreis derselben hinausging. **Wilhelm Waiblinger** aus Reutlingen (1804—1830), der vielfach an Hölderlin anklingt, von gleicher Sehnsucht nach der Herrlichkeit des antiken Lebens erfüllt, wie dieser, durch ein zerrüttetes Leben aber nicht dem Wahnsinn, sondern einem frühen Tode in Rom anheimfiel. Sein Jugendwerk „**Phaëton**" war eine Nachdichtung des Hölderlin'schen „Hyperion." Seine „**Vier Erzählungen aus Griechenland**" legten Zeugniß ab von einer reichen Phantasie, welche auch in seinen von H. v. Canitz 1830 herausgegebenen „**Gesammelten Werken**" sich nirgends verleugnet. Es geht durch alle Gedichte Waiblinger's ein bithyrambischer Zug; sein Styl hat oft etwas Grandioses; ein Vergleich zwischen seinem „Abschied auf den Genfersee" und dem Matthisson'schen Gedicht über das gleiche Thema stellt Waiblinger's odenartigen Styl gegenüber dem elegischen Matthisson's in volles Licht. Doch den lyrischen Feuersäulen Waiblinger's fehlen die Rauchwolken nicht! Sein Styl hat viel Gewaltsames und Unklares, der Bau seiner Gedichte erinnert durchaus nicht an die klare architektonische Rhythmik eines Hölderlin! In dem sonst machtvoll ertönenden Hymnus „der Tod" bilden sechs und eine halbe Strophe den lyrischen Vordersatz und eine halbe Strophe den Nachsatz; es fehlt dem überschwänglichen Poeten das gesunde Stylgefühl; auch seine Metrik ist nichts weniger als korrekt; aber ein auf das Höchste gerichteter Geist und ein leidenschaftliches Gemüth, wie es namentlich aus seinen italienischen Gesängen spricht, künden echten Dichterberuf und wecken die Trauer über ein vernichtetes Leben und einen frühen Tod. Den Charakter und die Ziele seiner Dichtung hat er selbst in seinem Gedicht: „O hört mein Lied!" schlagend charakterisirt:

> Von Lieb' und süßen Dingen sing' ich nicht,
> Ein and'rer soll, nicht Morpheus, euch umschweben.
> Mein Lied ist ein erhaben Traumgesicht,
> Mein Lied ist ernst, wie Rom und wie mein Leben.

Aus dem schwäbischen Dichterwalde und dem Gezwitscher seiner Musenalmanache verdienen neben diesen Koryphäen des Gesanges noch hervorgehoben zu werden der etwas breitspurige Matzerath, die lakonischen Wandersänger Karl Mayer und Rudolph Tanner mit ihren fliegenden Liederblättchen, Albert Knapp, der Dichter geistiger Lieder, einer ästhetischen generatio aequivoca, Karl Grüneisen und der Schweizer Emanuel Fröhlich, der nicht blos in Heldengedichten der Reformationszeit Ulrich von Hutten und Ulrich Zwingli poetisch sprechen läßt, sondern auch in Fabeln die fast vergessenen Thiere des Aesop. Hinter diesen Namen, die sich noch rasch in die Arche der Literaturgeschichte retten, öffnen sich die Schleusen der schwäbischen Liedersündfluth, die Pforten des Himmels und die Bronnen der Tiefe; alle singen, „denen Gesang gegeben," und auch solche, denen er nicht gegeben ist; die Literaturgeschichte mag Meister Uhland die Verantwortung überlassen, ob er mit seinem Zauberbesen die von ihm gerufenen Wasser zu beschwören vermag.

Die Poesie der schwäbischen Schule wurzelte zwar auf dem provinziellen Boden, aber sie suchte in Stoffen und Gedanken einen weiten, nationalen Wirkungskreis. Das Provinzielle dagegen in Bildern, Gedanken und selbst in dem Sprachdialekte hatte schon früher ein Dichter ausgebildet, der sich in die Gemüthlichkeit und Traulichkeit der Volksidylle hineinzuleben verstand und der lyrische Vater aller prosaischen Dorfgeschichten ist, Johann Peter Hebel aus Basel (1760—1826) in seinen „Alemannischen Ge=

dichten" (1803). In einer Sprache, deren Literatur sich einen bestimmten Styl gebildet, kann der provinzielle Dialekt nur als Curiosität Geltung gewinnen. Es ist nicht zu leugnen, daß über jedem Dialekte ein eigenthümlicher, frischer Reiz schwebt, ähnlich dem würzigen Dufte des frischgemähten Heues, das noch auf den Wiesen liegt; es ist gleichsam der naturwüchsige, noch in keine Scheuern eingeerntete Volksgeist mit seinen erquickenden Aromen. Einzelne gemüthliche Wendungen, in denen sich seine Unmittelbarkeit concentrirt, sind unnachahmlich und verblassen vollkommen im neuhochdeutschen Styl, wie auch die matten Uebertragungen der alemannischen Gedichte in neue Schriftsprache beweisen. Damit ist aber auch der Werth dieser Dichtungen auf sein bescheidenes Maß zurückgeführt; es sind provinzielle Volksspiegel, in denen sich Sitte und Empfindung des Volkes, und zwar oft ausgeputzt im Sonntagsstaate, der nicht ganz von modernen Flittern frei ist, abbildet. Die Gedichte Johann Peter Hebel's („Alemannische Gedichte" 1863) athmen in der That einen wahrhaft idyllischen Reiz und sind ein echter Feldblumenkranz des deutschen Gemüthes, treu, schlicht und innig. Man wandert auf einem sauberen Fußpfade durch's Kornfeld, auf dem die hohen Aehren rauschen; man hört in traulicher Dorfstube die Schwarzwälder Uhren picken; man läßt sich auf den Schweizerhäuschen gern die Störche und in den Herzen die Engel gefallen. Das ist ein Reich der Empfindung, deren Werth darin besteht, daß sie ihre Grenzen kennt und nirgends überschreitet.

Hebel ist gleichsam der provinzielle Vorläufer der schwäbischen Dichterschule, deren Poeten nicht glebae adscriptitii sein und bleiben wollten, sondern das Recht der Freizügigkeit durch alle deutschen Gauen und Herzen für sich in Anspruch nahmen. Es schlossen sich daher überall Sänger an sie an, und selbst in Nord- und Ostdeutschland gab es poetische Schwaben genug; ja dort waren zum Theile die dichterischen Schwabenstreiche im Schwange. Die schwäbelnden und schwebelnden Elemente blühten besonders in der pommerschen Dichterschule, deren kritischer Pathe Gutzkow ist.

Die schwäbische Dichterschule.

In Norddeutschland versetzte man dem reflectirenden Charakter des Volkes gemäß die schwäbische Empfindung mit etwas Heine, wobei den ungeschickten Gefühlsmischern in der Regel die Mischung mißglückte und das Gift in's Gesicht spritzte. Doch gesellten sich auch viele Sänger von reiner, schöner Form und edler, männlicher Gesinnung dem schwäbischen Dichterorden. So verfolgt eine verwandte Richtung Wilhelm Müller aus Dessau (1794—1827), ein höchst begabter lyrischer Dichter, anmuthig im Liede, schwunghaft im politischen Gedichte, scharf im Epigramm, ohne alle Feudallasten und mittelalterliche Servituten der schwäbischen Schule, ohne alle Ritter, Fräulein und Gespenster, ein gesunder moderner Poet. Er hat die sangbare, volksthümliche Liederweise vorzüglich getroffen; viele seiner Lieder leben mit Recht im Munde des Volkes, z. B. „Ungeduld":

„Ich schnitt' es gern in alle Rinden ein,
Ich grüb' es gern in jeden Kieselstein;"

„Mein":

„Bächlein, laß dein Rauschen sein,"

„Des Jägers Lust":

„Es lebe was auf Erden,
Stolzirt in grüner Pracht,"

eines der waldduftigsten, frischesten deutschen Gedichte, und eine Menge anderer. Die Volksthümlichkeit dieser oft componirten Müller'schen Lieder beleidigt nirgends den ästhetischen Sinn. Müller's classisch gebildeter Geist vermied die absichtlichen, groben Verstöße gegen den guten Geschmack, mit denen die Romantiker kokettirten. Melodisch, abgerundet und doch gemüthvoll und harmlos und vom Hauche eines gesunden, oft schalkhaften Humors durchweht, sind seine Lieder stets ansprechend, mag er nun Muscheln an Rügens Strande lesen oder die schöne Kellnerin von Bacharach und ihre Gäste feiern. Er liebt es, sich in die Weltanschauung naturfrischer Stände zu versenken, das Reich der Müller und Jäger und Hirten in ihrem eigenen Kostüme zu durchschweifen. Einzelne dieser Gedichte haben allerliebste Pointen, die sich von den Heine'schen durch ihren nichtverletzenden Stachel unterscheiden; andere klingen wieder recht schalkhaft und doch aus inniger Empfindung heraus, z. B. "Höhen und Thäler":

> "Mein Mädchen wohnt im Niederland,
> Und ich wohn' auf der Höh',
> Und daß so steil die Berge sind,
> Das thut uns Beiden weh."

Ueberall klare Anschauung, reines Gefühl! Selbst die zierlichsten Bonbon-Devisen haben nichts Verziertes; es sind kunstvoll geprägte Gemmen. Wilhelm Müller's zahlreiche Epigramme beweisen ebenso das Talent scharfer, geistreicher Zuspitzung, wie einen freien, männlichen Sinn, der unverblümt die Wahrheit sagt und den Stolz der Verdienstlosigkeit geißelt.

Müller hatte indeß nicht blos den Böglein in romantischer Weise gelauscht; sein Talent beschränkte sich nicht auf die heitere Liederwelt des Gemüthes, sondern zog auch historische Thaten, große nationale Befreiungskämpfe in seinen Kreis. Seine "Griechenlieder" (1821—1825), in die Ausgabe seiner "Gedichte" (2 Bde. 1837) mit aufgenommen, stehen ebenbürtig neben Platen's "Polenliedern;" beide bilden die erste vorgeschobene Phalanx der deutschen politischen Lyrik. Müller's Schwung ist weitschweifiger, als der Platen's, und ergeht sich salbungsvoller und feierlicher; es fehlen ihm die mächtig ergreifenden Lakonismen der Erbitterung, diese losgebrochenen Marmorsteine, die Platen auf den Gegner herabwälzt; er liebt rhetorische Figuren und Wiederholungen. Dennoch ist in diesen Gedichten Wärme, Kraft, Begeisterung; nicht blos luftfechtendes Pathos, sondern plastische Bildlichkeit und treues Colorit. Wie mächtig ertönt das Lied "Hydra":

"Hoher, steiler, fester Felsen, darauf Hellas Freiheit ruht,
Seh' ich deine Wolkengipfel, steigt mein Herz und wallt mein Blut.
Hoher, steiler, fester Felsen, den des Meeres Wog' umbraust,
Ueber dessen kahlem Scheitel wild die Donnerwolke saust!
Aber in das Ungewitter streckst du kühn dein Haupt empor,
Und es wankt nicht von dem Schlage, dessen Schall betäubt das Ohr;

Und aus seinen tiefsten Höhlen schleudert das erboste Meer
Wogenberg' an deine Füße; doch sie stehen stark und hehr,
Schwanken nicht, so viel die Tanne schwankt im linden Abendhauch',
Und die Wogenungeheuer brechen sich zu Schaum und Rauch.
Hoher, steiler, steiler Felsen, darauf Hellas Felsen ruht,
Hydra, hör' ich deinen Namen, steigt mein Herz und wallt mein Blut;
Und mit deiner Segel Fluge schwebt in's weite Meer mein Geist,
Wo der Wind, wo jede Welle jubelnd deine Siege preist;
Ist Athen in Schutt zerfallen, liegt im Staub Amphions Stadt,
Weiß kein Engel mehr zu sagen, wo das Haus gestanden hat,
Dessen Ziegel nach dem feigen Sohne warf der Mutter Hand,
Als er ohne Kranz und Wunde vor der Thür' der Heldin stand:
Laßt die Thürm' und Mauern stürzen; was ihr baut, muß untergehn —
Ewig wird der Freiheit Felsen in dem freien Meere stehn!"

Wenn hier das Naturbild als ein Abbild des nationalen Geistes in schwunghafter Weise dargestellt ist, und das politische Pathos ungesucht mit der landschaftlichen Anschauung verschmilzt: so tritt dies Pathos im „kleinen Hydrioten" aus naiven Bildern der Volkssitte recht unmittelbar und lebendig vor uns hin:

„Ich war ein kleiner Knabe, stand fest kaum auf dem Bein,
Da nahm mich schon mein Vater mit in das Meer hinein
Und lehrte leicht mich schwimmen an seiner sichern Hand
Und in die Fluthen tauchen bis nieder auf den Sand."

Bekannt ist das herrliche Todtenlied auf Byron:

„Siebenunddreißig Trauerschüsse? Und wen haben sie gemeint?
Sind es siebenunddreißig Siege, die er abgekämpft dem Feind?
Sind es siebenunddreißig Wunden, die der Held trägt auf der Brust?
Sagt, wer ist der edle Todte, der des Lebens bunte Lust
Auf den Märkten und den Gassen überhüllt mit schwarzem Flor?
Sagt, wer ist der edle Todte, den mein Vaterland verlor?
Keine Siege, keine Wunden meint des Donners dumpfer Hall,
Der von Missolunghis Mauern brüllend wogt durch Berg und Thal
Und als grause Weckerstimme rüttelt auf das starke Herz,
Das der Schlag der Trauerkunde hat betäubt mit Schreck und Schmerz;
Siebenunddreißig Jahre sind es, so die Zahl der Donner meint:
Byron, Byron, deine Jahre, welche Hellas heut' beweint.
Sind's die Jahre, die du lebtest? Nein, um diese wein' ich nicht:
Ewig leben diese Jahre in des Ruhmes Sonnenlicht,

Johann Georg Fischer. 31

Auf des Liebes Adlerschwingen, die mit nimmer müdem Schlag
Durch die Bahn der Zeiten rauschen, rauschend große Seelen wach.
Nein, ich wein' um and're Jahre, Jahre, die du nicht gelebt,
Um die Jahre, die für Hellas du zu leben hast gestrebt,
Solche Jahre, Monde, Tage kündet mir des Donners Hall:
Welche Lieder, welche Kämpfe, welche Wunden, welchen Fall!
Einen Fall im Siegestaumel auf den Mauern von Byzanz,
Eine Krone dir zu Füßen, auf dem Haupt der Freiheit Kranz!"

Das ist der Vollklang echter, machtvoller, moderner Poesie, hinter welcher das Traumlied der Romantik bereits in der Ferne verhallt, und in welcher sich die ewigen Interessen der Menschheit in künstlerisch geadelter Form aussprechen. Wenn die schwäbische Dichterschule nur die klarsten Elemente der Romantik in ihre Poesieen aufnahm, so ist Wilhelm Müller der erste Lyriker, der von aller Romantik frei ist, dessen classisch gebildeter Geist ebensowenig mit der Antike kokettirt, sondern das Gepräge einer durch ihren Einfluß geläuterten Form modernen Stoffen aufdrückt.

Das jüngere Geschlecht der schwäbischen Dichter besingt nicht mehr die alten Burgen, die Ritter im Bart und das Mittelalter im Sonnenschein, sondern wählt sich modernere Stoffe und gehört im Denken und Empfinden der Neuzeit an. Die romantischen „Schwabenstreiche" sind nicht mehr im Schwang; weder Eberhard der Greiner noch Boabdil der letzte Maure spornen ihr Roß durch Daktylen und Nibelungenstrophen; dafür werden die Carbonari, der Bundschuh und die Cäsaren besungen. Der Hauptvertreter dieser Richtung ist Johann Georg Fischer, geb. 1820 zu Groß-Süßen in Würtemberg, anfangs Schullehrer, später nach eifrigen Studien in Tübingen Realschullehrer in Stuttgart, ein Dichter, der das schwäbische Naturell in seinem oft etwas schwerfälligen Tiefsinn und seiner oft volksthümlichen Derbheit nicht verleugnet. Seine ersten „Gedichte" erschienen 1857, ihnen folgten „Neue Gedichte" (1869). Diese Gedichte haben keinen sich um die Toilettentische rankenden Wuchs; sie sind voll von „Knuppen und Knorren," wie er selbst es einmal ausdrückt; irgend ein naiver volksthümlicher Ausdruck unterbricht hier und dort den dithyrambischen Schwung, irgend eine etwas ungelenke Wendung schiebt sich hier und dort in den Fluß der Verse ein. Dafür ist auch nichts nach der modischen Schablone; alles naturwüchsig, kernhaft, nur hin und wieder von einer gezwungenen Schwerfälligkeit und geschraubten Bildlichkeit in jenen Momenten des homerischen Schlummers, wo sich die Poesie nicht vom Dichter kommandiren ließ. Unter den Liebesgedichten und Naturbildern findet sich viel Sinniges, aber auch viel Gesuchtes und Forcirtes, manches befremdliche Bild, in welchem die Sprache des Gefühls sich nicht mit schlichter Innigkeit aussprechen kann. Es ist erfreulich, in der neueren Gedichtsammlung Fischer's einer Abtheilung zu begegnen, welche die Ueberschrift trägt: „Für unsere Zeit." Alle echten Dichter haben für ihre Zeit gesungen und damit für alle Zeiten. Nur die unechten wollen sich nicht gemein machen mit dem Haufen und meinen, die Unsterblichkeit sei etwas ganz Apartes, was man nur erringen könne, wenn man sich durch eine siebenfache Mauer von der profanen Gegenwart absperre; mit der letzteren einen Cultus zu treiben, sei so unanständig, wie der Cultus, den die Hexen auf dem Blocksberg mit ihrem satanischen Bock begehn und die ganze politische Lyrik überhaupt sei eine „Spottgeburt von Dreck und Feuer." Dieser Standpunkt ist glücklicherweise so überwunden, daß er keiner Widerlegung mehr bedarf. Fischer greift dann auch kühn seine Stoffe aus der Gegenwart, obgleich wir bei ihm zwar nicht die patriotische Gesinnung, wohl aber die Klarheit einer scharfausgeprägten politischen Ueberzeugung vermissen. Während er auf der einen Seite den Cäsarismus in seinem Hauptvertreter, „den lachenden Völker-Don-Juan mit dem verhängnißvollen Aegyptergesicht" geißelt, wünscht er den Deutschen „eine eisern harte Faust, einen Diktator," der die Rebellen ohne Gnade in das starre Joch der Einheit zwingt. Dann wieder soll das Volk zugreifen, wenn die Frucht reif ist, und nicht blöde sein wie immer — kurz es war die Gährung der Gemüther in dem durch die Mainlinie getrennten Deutschland, welche sich in diesen unklaren poetischen Regungen aussprach, bis das Jahr 1871 ohne die eisern harte Faust eines Diktators und ohne das Zugreifen der Völker die von den Dichtern ersehnte deutsche Einheit gründete.

Fischer's Begabung ist mehr dem gedanken= und schwungreichen Gedicht, als dem innigen Liede zugewendet. Wenn seine Begeisterung in ihren feurigen Fluß keine trüben Blasen wirft, so gelingen ihr gerade die oden= und hymnenartigen Gedichte am besten, wie die „göttliche Komödie" und das schöne Gedicht „An den Tod" mit der sinnreichen Strophe:

> Vorzügliches, wie sich gebührt,
> Das lässest du verderben,
> Hast nie Unsterbliches berührt,
> Wo du verhängt ein Sterben.
> Und streifst du ab den Erbenkranz
> Von einem Menschenleben,
> Du thust's, um in den Götterglanz
> Sein Ewiges zu heben.

Auch in der Sammlung: „Aus frischer Luft" (1872) fanden sich Hymnen mit jenem vollen Zug der Goethe'schen, mit anmuthend hinreißender Sprachgewalt; ebenso einzelne anmuthende Lieder, während die planhaften Dorfgeschichten in Versen durchaus poesielos sind.

In der Sammlung „Den deutschen Frauen" (1869) hat der Dichter Liebeslieder von einer gewissen Mystik veröffentlicht und giebt in den „Frauenbildern" ein geschichtliches Frauenmuseum mit meist geschmackvoll eingerahmten Bildnissen. Auch auf dem Gebiet des Dramas hat sich dieser kernhafte Lyriker versucht.

In schlichter und doch magischer Beleuchtung der Naturbilder, in dem glücklich angeschlagenen Ton des Volksliedes erweist sich auch Ludwig Pfau „Gedichte" 1849, „Gedichte," dritte Auflage und Gesammtausgabe 1874), als Zögling der Uhland= schen Schule, wenn er gleich in manchen pessimistischen Stimmungs= bildern und tendenziösen Zeitgedichten über dieselbe hinausgreift. Er ist jedenfalls ein Dichter von echter Empfindung und klaren Formen.

Zweiter Abschnitt.
Die orientalische Lyrik:
Friedrich Rückert — Leopold Schefer — Friedrich Daumer — Heinrich Stieglitz — Friedrich Bodenstedt — Julius Hammer.

Den Anregungen, welche aus dem Studium der orientalischen Literatur hervorgingen, verdanken wir nicht nur Goethe's „west=
östlichen Divan," sondern auch eine große weitreichende Strömung unserer Lyrik, welche bis auf den heutigen Tag hin manche werth=
vollen Schätze zu Tage gefördert. In der That hat die orientalische Lyrik uns vielen poetischen Goldsand ausgeschlemmt, denn die plastische Gediegenheit liegt ihr fern, und nur in der Masse der Goldkörnchen der Reflexion und Anschauung liegt ihr Werth. Die schwäbische Dichterschule hatte den germanischen Geist, auf welchen die Romantiker ebenso andachtsvoll, wie unermüdlich hin=
gewiesen, in Reinheit und Adel hervorgezaubert, wozu den Jüngern Tieck's die unverfälschte Empfindung und der harmonische Formensinn fehlte; eine keusche Welt des individuellen, innigen Lebens im Denken und Empfinden, in Sitte und Glauben ging der Nation auf; aber in die mondbeglänzte Zaubernacht wurden auch viele geistige Sternbilder des modernen Lebens aufgenommen, und die Vergangenheit nicht heraufbeschworen, um die Gegenwart zu be=
graben. Wenn so die nationale Ader der Romantik fortvibrirte, so durfte auch ihre kosmopolitische nicht stocken, die Vermitte=
lung aller Literaturen, die großartigen Perspectiven einer Welt=
literatur, welche den greisen Weimarer Dichterfürsten noch behag=
lich angemuthet hatte, so daß er selbst Steine zu ihrem Baue zusammentrug. Die Zaubergärten der südlichen, provençalischen, spanischen und italienischen Lyrik blühten bereits auf deutschem Boden; es gehörte keine herkulische Dichterkraft dazu, ihre Hespe=
ridenäpfel zu stehlen. In den romantischen Musenalmanachen wimmelte es von Sonetten, Ottaven, Madrigalen, Ritornellen, Terzinen, Canzonen; es war ein südlicher Carneval mit allen

möglichen Vers- und Reimmasken, fröhlichem Schellengeklingel und hin- und herfliegenden Confetti. Doch noch bedeutender griff die orientalische Lyrik, die in Uebersetzungen und Nachschöpfungen mit dem wachsenden Fleiße wissenschaftlicher Forschung und der zunehmenden Verbreitung der Theilnahme an ihren Resultaten immer bekannter wurde, in den Bildungsgang der deutschen Poesie ein, indem sie uns nicht blos neue Formen, sondern auch eine neue Weltanschauung, einen geistigen Inhalt schuf, der in der südlichen Lyrik nicht zu finden war.

Die Formen der orientalischen Poesie, die Ghaselen, die Makamen u. s. f., waren allerdings elementarischer Natur und konnten in künstlerischer Beziehung für keine Bereicherung gelten. Sie vertrugen nur einen beschränkten Gehalt, der über die Spruchweisheit, das Gnomische und die einfache Erzählung im Scheherezadentone nicht hinausging. Dennoch mußte sich die deutsche Sprache, die von unseren Classikern wohl zu harmonischem Maße ausgebildet, aber keineswegs in dem ganzen Reichthume ihrer Gestaltungskraft erschöpft war, am Spaliere dieser Formen zu neuen Verschlingungen und zu üppiger Blätter- und Blüthenfülle in die Höhe ranken. Ihre unendliche Bildsamkeit und Biegsamkeit mußte sich im schönsten Lichte zeigen; es bedurfte nur eines neuen Styl-Virtuosen, der, vom Geiste der orientalischen Poesie genährt und mit ihren Formen vertraut, die deutsche Sprache am Barren der Ghaselen und am Reck der Makamen turnen lehrte und alle ihre Muskeln zur Elasticität und zu gediegener Kraft entwickelte. Dieser Formenbändiger, dieser Turnkünstler fand sich in Friedrich Rückert, einem Dichter, der Phantasie und Geist genug besaß, um alle Versformen damit auszufüllen, dem aber diese unter den Händen aufblühende Formenflora in ihrer buntesten Mannigfaltigkeit höher zu stehen schien, als ihr geistiges Arom; denn dem orientalischen Mentor der deutschen Verskunst war der Geist des Orients keine das innerste Mark durchdringende Wahrheit; er wand viele seiner lieblichsten Blüthen zum Kranze; er badete oft im frischen Quelle seiner Lebensweisheit; er reihte die Perlen seiner Moral an eine strophische Schnur; aber der pantheistische Weltbaum breitete nicht seinen allumfassenden Schatten über ihn aus. Doch für die formelle Seite dieser Lyrik ist Friedrich Rückert der tonangebende Meister, wie überhaupt für die formelle Fortbildung der deutschen Sprache vorleuchtend und Bahn brechend.

Der pantheistische Geist des Orients in seiner ganzen Tiefe mußte indeß auch in unserer Lyrik seinen vollkommenen Ausdruck finden. Dies ganze gestaltlose Leben und Weben in der einen Substanz, das Hinträumen in den Wundern des Alls, welches mit glühendem Colorit uns umfängt, dies Verwachsen der eigenen Seele mit der ganzen Natur, ihr Wiederbegrüßen, ihr Wiederfinden in Thier und Pflanze, der optimistische Fatalismus, der pantheistische Cultus der Liebe und einer sinnigen Sinnlichkeit, mit einem Worte, die geistige Quintessenz des Orients, allerdings nicht unvermischt mit modernen und althellenischen Elementen, hat in Leopold Schefer einen hochbegabten Sänger von origineller Färbung und Haltung gefunden.

Wie Friedrich Rückert durch die Meisterschaft der Form, ist Leopold Schefer durch die Tiefe des Inhaltes ausgezeichnet. Diesen beiden Koryphäen der orientalischen Lyrik schließen sich jüngere Autoren an, welche theils den orientalischen Sensualismus mit tendenziöser, feindlicher Wendung gegen die christlich-spiritualistische Richtung feierten, wie Daumer, theils dem Oriente epische Lebensbilder abzugewinnen suchten, wie Bodenstedt, theils in gemüthlichen Makamen eine heitere Moral der Geselligkeit predigten, wie Julius Hammer.

Friedrich Rückert aus Schweinfurt (1789—1865), ein Sohn des poesiereichen Frankens, das auch Platen's Wiege sah, hatte sich 1811 in Jena als Docent habilitirt, später in Stuttgart aufgehalten und auf einer italienischen Reise, namentlich bei dem Aufenthalt in Rom, mancherlei poetisch Anregendes in sich aufgenommen. Der Umgang mit Hammer in Wien führte ihn in das Studium der orientalischen Sprachen ein. Er wurde 1826

Professor der orientalischen Sprachen in Erlangen, 1840 zu gleicher academischer Thätigkeit und als Geheimer Regierungsrath nach Berlin berufen und hielt sich seit 1849, nachdem ihm die Berliner Verhältnisse unerträglich geworden waren, auf einem Gute Neusaß, bei Coburg auf, wo er ein patriarchalisches Familienleben im Schooße einer anmuthigen Natur führte. Rückert trat zuerst auf mit den „deutschen Gedichten" (1814), die er unter dem Pseudonym: Freimund Raimar herausgab, und welche die „geharnischten Sonette" enthielten. Er begann als ein patriotischer Lyriker, ein Sangesgenosse von Körner, Arndt und Schenkendorf, ein Debut, zu dessen Stoff und kräftig-nationalem Geiste er nur einmal im spätesten Lebensalter zurückgekehrt ist, so vielgestaltig auch seine dichterische Virtuosität sich zeigen mochte, und so sehr sie nach Stoffen in den entlegensten Gedankenzonen suchte. Man durfte es dem graziösen Sonett nicht übel nehmen, daß es sich nur mit Verwunderung im Harnische erblickte, doch auch die Nation durfte mit Recht von einer patriotischen Lyrik erwarten, daß sie in einer sangbaren Form auftrat, die sich unmittelbar in Fleisch und Blut verwandeln ließ. Der ungekünstelten Begeisterung flossen, wie Körner's und Arndt's Lieder zeigten, auch von selbst die frischen und kräftigen Rhythmen zu, in denen der Lebenspuls des nationalen Geistes freudig den eigenen Tact wiedererkannte. Indeß war schon Stägemann ein Patriot in alcäischen Strophen; so konnte auch Rückert ein Patriot in Sonetten sein. Diese Sonette sind frisch, grob, keck; die Reime neu, kräftig, rauh durch die Auswahl stahlgeschienter Worte; aber man merkt nur zu sehr, wie der Dichter diesen Sonetten kunstvoll den Harnisch anschnallt und die Pickelhaube aufsetzt; ja man fragt sich oft, ob wirklich ein Herz unter diesem Panzer schlägt, oder ob wir nur ausgestopfte Puppen vor uns haben, zur Probe der glänzenden Waffenstücke.

Ein Sonett beginnt:

„Wenn nicht ein Zaub'rer mit Medea's Künsten,
Das matte Haupt euch schneidet ab vom Rumpfe,"

ein anderes:
„Vom Himmel laut ruft Nemesis Urania;
Auf, denn heut' soll die Löwenjagd beginnen!"
ein drittes:
„Du kalte Jungfrau mit der Brust von Schnee,
Auf, Russia, schüttle deine starken Röcke!"
ein viertes:
„Seejungfrau, spielende mit Aeols Schlauche."

Solche gesuchten Beziehungen und Bilder wehren von Hause aus jeden Gedanken an eine volksthümliche Wirkung ab. Wir bewundern die Kunst des Dichters, der jede Form zum Dienste seines Gedankens zwingt, aber wir erkennen auch den Zwang, unter dem Petrarca's zarte Vierzehnzeiler hier seufzen. Neben vielem Verrenkten und Ungelenken, neben einzelnen unnützen Ueber=schwänglichkeiten und einigen künstlich zusammengeblasenen Sturm=winden eines Pathos, dessen Aeolusschläuche von der Reflexion durchlöchert sind, finden sich allerdings einige markige, kunstvoll geschlossene Sonette voll Energie des Ausdruckes, erzene Vers=gestalten von gediegenem Gusse, z. B.:

„Es steigt ein Geist, umhüllt von blankem Stahle,
Des Friedrichs Geist, der in der Jahre sieben
Einst that die Wunder, die er selbst beschrieben;
Er steigt empor aus seines Grabes Maale

Und spricht: es schwankt in dunkler Hand die Schaale,
Die Reiche wägt, und mein's ward schnell zerrieben.
Seit ich entschlief, war Niemand wach geblieben,
Und Roßbachs Ruhm ging unter in der Saale.

Wer weckt mich heut' und will mir Rach' erstreiten?
Ich sehe Helden, daß mich's will gemahnen,
Als säh' ich meinen alten Zieten reiten.

Auf, meine Preußen, unter ihre Fahnen!
In Wetternacht will ich voran euch schreiten,
Und ihr sollt größer sein, als eure Ahnen."

Freimund Raimar stützte sich in diesen Sonetten auf den nationalen Geist, dessen Kraft die Kraft seines Talentes trug.

Gleichzeitig versuchte er sich im patriotischen Volkslied, von dem sich zahlreiche Proben in den „Deutschen Gedichten" und in dem „Kranz der Zeit" (1817) finden. Die Spottlieder auf die französischen Marschälle klangen etwas bänkelsängerisch; dagegen gehören einige patriotische Gesänge wie „Barbarossa" zu Rückert's schönsten lyrischen Ergüssen.

Die Liebe zu einer Dorfschönen begeisterte den Dichter zu dem Sonettenkranz: „Amaryllis" (1817), der in frischer Natur= wüchsigkeit, und einer Idyllik, welche recht derbe Elemente nicht verschmähte und von großer Ungenirtheit war, unter Rückert's Dichtungen einzig dasteht. In wie weit es dem Dichter Ernst war mit seiner Liebe zu dem Dorfmädchen aus der „Specke" — darüber gehn die Ansichten der Biographen aus einander. Der fahrende Sänger, der damals bald bei würdigen Burgherrn ein= kehrte, wie bei dem Ritter Christian Truchseß von Wetzhausen auf Baltenburg, diesem hünenhaften, geistig so strebsamen Mäcen der Dichter, bald bei ebenso ehrwürdigen Geistlichen, wie bei dem Superintendenten Hohnbaum in dem hexametrisch besungenen Rodach, hatte damals eine kleine lyrische Don=Juansliste aufzu= weisen, bei welcher seine Phantasie gewiß die größte Rolle spielte. Denn außer jener „Amaryllis" hören wir von einer sternengleichen Agnes, welcher der Dichter einen so schönen „Todtenkranz in Versen" widmete, und von dem Pfarrerstöchterchen Friederike aus Effelder, eine Neigung, welche durch Rückert's italienische Poesieen hindurchklingt.

Aus der mitteldeutschen Idylle zog es den Dichter nach Italien, wo er für ein großes Hohenstaufenepos Stoff und Anregungen suchte. Die Frucht dieser Reise waren Sestinen, Oktaven, Sicilianen, Absenker von Hesperien's üppigen Reimformen. Bald wurde Rückert's Muse indeß kosmopolitisch und verfiel in eine so unersättliche Formschwelgerei, berauschte sich so am Opium des Orients, daß ihr der naheliegende patriotische Stoff trivial erscheinen mußte. Im Jahre 1822 erschienen die „östlichen Rosen," und nun wucherte diese östliche Rosenpoesie, oft von den Strahlen der west=

lichen Geistessonne beleuchtet, in einer Fülle von Varietäten, die sich in den „gesammelten Gedichten" (6 Bde. 1834—38), dem buntesten deutschen Blumengarten der Poesie, offenbart. Enger dem Kreise wissenschaftlicher Studien angehörig, aber auch förderlich für die Zucht der Sprache und die Bereicherung der deutschen Wortfügungen und der Stylbildung im allgemeinen waren die Uebersetzungen orientalischer Dichtungen, der „Makamen des Hariri," der „Verwandelungen des Abu=Said" (2 Bde. 1826), der indischen Erzählung: „Nal und Damajantt" (1828) u. A. Ebenso wucherte die Phantasie Rückert's in Nach=dichtungen; sie trug den Turban und den Kaftan in den „Morgen=ländischen Sagen und Geschichten" (2 Bde. 1837), „Erbauliches und Beschauliches aus dem Morgenland" (2 Bde. 1837), „Rostem und Suhrab" (1838), „Brah=manische Erzählungen" (1839) u. A. Und nicht zufrieden mit dieser unglaublichen Productivität, welche das Bilderfüllhorn des Orients über die deutsche Nation mit einer erstickenden Geschäftig=keit ausgoß, setzte sich Rückert noch an die Fluten des heiligen Ganges und predigte mit hocherhobenem Zeigefinger im Gewande des Brahmanen eine die goldensten Regeln sprudelnde Lebensweisheit, welcher der Athem nicht ausging. Diese anmuthig plätschernde Fontaine, deren massenhafter Wassersturz ermüdend wirkte, während einzelne Tropfen recht bunt und prunkend in der Sonne glitzerten, strömt auf und nieder in der „Weisheit des Brahmanen, ein Lehrgedicht in Bruchstücken" (6 Bde. 1836—39).

Wenn man mit Recht über diese Productivität erstaunt, zu der wir Rückert's dramatische Monstrearbeiten noch nicht einmal mit=gezählt haben, so wird dies Staunen um so größer werden durch die Erwägung, daß wir es dabei immer nur mit einer Gattung der Poesie zu thun haben, eigentlich nur mit poetischen Insekten, und daß sich wenig höhere Organismen, wenig architektonische Wirbelthiere der Poesie in diesem beispiellosen Getümmel geflügelter Gedankenmonaden finden. Es ist wahr, diese Insekten laufen auf allen möglichen Füßen, fliegen mit allen denkbaren Schwingen, kriechen, kugeln sich, haben Fühlhörner, Saugrüssel, Stacheln aller Art, zeigen oft statt der Augen eine Menge von Facetten; es sind sehr buntfarbige Schmetterlinge unter ihnen, durchsichtig schimmernde Libellen, Bienen mit Honig und Stachel, auch luftverfinsternde Heuschreckenschwärme; aber dies Reich der poetischen Kerbthiere ist untergeordnet, dem Reiche höherer Organismen gegenüber. Die Rückert'sche Production ist uner=schöpflich, weil sie atomistisch ist. Rückert bringt es nicht einmal zu einer originellen Ballade oder Romanze, selten zu einer Lieder=blüthe; seine ganze Poesie ist eine Poesie der Sinnsprüche, der Reflexion. Was wie Empfindung aussieht, ist oft nur eine glückliche Färbung der Sentenzen; was Gestaltung zu gewinnen scheint, oft nur eine glückliche Combination dieser geistigen Atome, ein imponirendes Korallenriff, das in die Lüfte ragt. Eine Fülle von Formen, metrischer, rhythmischer und Reimformen, aber doch nirgends eine plastische Form; eine Fülle von Geist, aber elementarisch ausgegossen, nirgends in der höchsten, organischen Kunstgestalt! Man wird entgegnen, wer wird von dem Lyriker Dramatisches und Episches verlangen? Doch eine langathmige Lyrik ohne alle dramatischen und epischen Elemente ist weniger rein, als arm zu nennen. Hierzu kommt, daß der lyrische Zauber, der Zauber des einfachen Liedes, nur selten bei Rückert zur Geltung kommt. Nicht einmal seine Dramen haben eine lyrische Färbung; sie sind so schwunglos, so nichtssagend, so langweilig, daß von allen Productionen der Erde nur die Dramen und Barbiette Klopstock's mit ihnen zu vergleichen sind, welche dieselbe eintönige Saharafärbung ohne jeden Samum der Leidenschaft besitzen. „Saul und David" (1843), „Herodes der Große" (2 Bde. 1844), „Kaiser Heinrich IV." (2 Bde. 1845), „Christoforo Colombo" (2 Bde. 1845) — welch' eine Reihe von Nieten, Nieten nicht blos in dramatischer, auch in geistiger Beziehung! Es ist bedenk=lich, wenn ein Homer sieben Bände hindurch schläft — selbst ohne schön zu träumen! Ein lyrisches Dichtergemüth wäre mindestens in anmuthigen Schilderungen, in glücklichen Wendungen der

Empfindung, des Pathos und der Begeisterung aufgeblüht; es hätte vielleicht die dramatische Form gesprengt, aber ein Dichterauge hätte uns entgegengeblickt! Diese Rückert'schen Dramen sind blind und starr, mumienhaft, seelenlos, ohne Ahnung des Dramatischen, ohne Zauber des Lyrischen! Nicht ein Lyriker, nur ein Didaktiker konnte als Dramendichter zu solcher Nüchternheit, Gestaltlosigkeit und Farblosigkeit herabsinken. In der That ist Rückert mehr Didaktiker als Lyriker; der lehrhafte Ton, die Reflexion, die Sentenz, das Epigrammatische, das Gnomische sind bei ihm vorherrschend. Darum diese unbegrenzte Massenhaftigkeit seiner Dichtungen; denn einem Dichter, der lehrt und predigt, kann der Stoff nicht ausgehen; darum dieser Reichthum rhythmischer Formen, denn das Didaktische an und für sich ist matt und kahl und monoton, es bedarf daher der buntesten Ausstaffirung; darum diese Schülerhaftigkeit der dramatischen Production, denn wo man Leben, Gestalt und Handlung erwarten darf, da muß die knöcherne Lehrhaftigkeit, die sich nicht einmal frei in ihren eigenen Formen bewegen darf, einen doppelt ertödtenden Eindruck machen. Die Lyrik verlangt Empfindung und Schwung, Duft und Farbe; die Didaktik begnügt sich mit der treffenden Reflexion, mit dem klar oder scharf ausgeprägten Gedanken, mit der epigrammatischen Spitze und dem Spiele des Witzes; die Phantasie thut bei ihr nur Handlangerdienste; sie reicht das Material zu den Bauten der Weisheit; dennoch wird ihr Glanz und ihre Beweglichkeit den Bau mächtig fördern. Rückert ist ein Didaktiker von reicher und glänzender Phantasie; das Kameel seiner Weisheit wandert durch manche Wüste, ist aber mit den frischesten Schläuchen beladen, und diese nie um Bilder verlegene Phantasie hat einem vorzugsweise didaktischen Dichter einen so hohen Platz unter den am meisten gepriesenen Lyrikern der Nation eingeräumt.

Von allen Rückert'schen Gedichten hat der „Liebesfrühling" mit seinen fünf Blüthensträußen den größten lyrischen Reiz. Es sind dies fast die einzigen Verse Rückert's, denen man die Frische und den Fluß der unmittelbaren Empfindung anmerkt. Wenn die selbsterlebte Poesie schon prosaische Naturen zu verzaubern vermag und starre Charaktere, ungelenk im Dienste der Musen, in rhythmischen Fluß bringt, so muß sie im Bunde mit angeborner und ausgebildeter Virtuosität dichterischer Form Bedeutendes zu schaffen im Stande sein. So hat der „Liebesfrühling" eine in poetischen Blüthen ausschlagende, späte und glückliche Liebe des Dichters, wesentlich dazu beigetragen, Rückert's poetischen Ruhm zu begründen, indem ein nimmer zu erkünstelndes Gemüth diesen Gedichten zum großen Theile intensive Kraft verleiht. Freilich fehlt es auch hier nicht ganz an gesuchten und gefrorenen Blumen:

"Dieses Melodram' der Liebe,
Ein an innern Sinnen reiches,
Das aus vollem Herzenstriebe,
Ein empfindungsblüthenweiches,
Ich im Frühlingsduftgestiebe
Eines Erdenhimmelreiches
Schrieb', unwissend daß ich schriebe,
Weih' ich Jedem, der ein Gleiches
Auch einmal mit Lust gespielt
Und es für kein Spielwerk hielt,
Weil es heil'gen Ernst erzielt."

Dies Motto scheint mehr auf eine in kunstvollen Wort- und Reimbildungen gipfelnde Sprachgewandtheit hinzuweisen, als auf die einfache Sprache unverfälschter Empfindung; doch schon die ersten Gedichte der „Cyklen" enttäuschen uns hierin auf's angenehmste; sie gehören zu den schönsten Liederblüthen deutscher Poesie, z. B.:

"Ich hab' in mich gesogen
Den Frühling treu und lieb,
Daß er, der Welt entflogen,
Hier in der Brust mir blieb.

Hier sind die blauen Lüfte,
Hier sind die grünen Au'n,
Die Blumen hier, die Düfte,
Der blüh'nde Rosenzaun.

> Und hier am Busen lehnet
> Mit süßem Liebesach
> Die Liebste, die sich sehnet
> Den Frühlingswonnen nach.
>
> Sie lehnt sich an, zu lauschen,
> Und hört in stiller Lust
> Die Frühlingsströme rauschen
> In ihres Dichters Brust.
>
> Da quellen auf die Lieder
> Und strömen über sie
> Den vollen Frühling nieder,
> Den mir der Gott verlieh!
>
> Und wie sie davon trunken
> Umblicket rings im Raum,
> Blüht auch von ihren Funken
> Die Welt, ein Frühlingstraum."

und das bekannte Lied:

> „Du meine Seele, du mein Herz!"

Die rettende Bedeutung dieser Liebe für beide Liebende spricht der Dichter machtvoll in dem Verse aus:

> „Geist, durch Höll' und Himmel einst verschlagen,
> Diese Kette hat dir nothgethan;
> Seele du, versunken im Entsagen,
> Dieser Flügel trägt dich himmelan."

Diese zwischen Trennung und Wiedersehen, zwischen mancherlei kleinen Begebnissen des Lebens hin und her schwankende Liebe mit ihren vollen, duftigen Sträußen, ihren anmuthigen Genrebildchen, ihren feinen Glossen gebietet über eine Fülle von Vers- und Reimformen, in denen das formell Spielende, kindlich Kindische oft den poetischen Eindruck stört. Man bewundert wohl die ungestörte Bewegung des Dichters durch die kürzesten Zeilen und dichtgesäten Reime:

> Komm, mein Lamm,
> Laß dich am
> Treuen Band
> Dieser Hand

Führen sanft
Hin am Ranst
Kühler Fluth
Fern der Gluth
Durch den Thau
Dieser Au."

oder eine in kühnen Neubildungen üppig wuchernde Wortfülle:

"Welche Heldenfreudigkeit der Liebe,
Welche Stärke muthigen Entsagens,
Welche himmlisch erdentschwung'ne Triebe,
Welche Gottbegeist'rung des Ertragens.

Welche Sich-Erhebung, Sich-Ernied'rung,
Sich-Entäuß'rung, völl'ge Hin-sich-gebung,
Tiefe, ganze, innige Erwid'rung,
Seelenaustausch, Ineinanderlebung."

und ähnliche brotlose Künste der Vers= und Sprachgewandtheit, welche der Poesie wenig zu Gute kommen. Ebenso sind viele Diminutivbilder und lyrische Nipptischsächelchen ohne Bedeutung und Reiz. Der „Liebesfrühling" beginnt wie westlicher Minne=gesang, aber bald blühen darin auch die östlichen Rosen auf. Die Empfindung weicht immer mehr der Phantasie, welche in allen Formen und Farben zu schwelgen liebt. Der pantheistische Geist des Orients durchweht einige feurige Liebespoesieen, in denen die westliche Naturempfindung durch die östliche Naturversenkung verdrängt wird.

Der Orient, die östliche Gartenheimath, ist das Ziel, wohin die Rückert'sche Poesie wie der Heine'sche Phönix fliegt. Dort wirkt sie nach indischen und persischen Mustern ihre großblumigen Epen, deren originelle Bedeutung nicht hoch zu veranschlagen ist, wie reich auch die märchenhaften Arabesken in oft wunderbaren Formverschlingungen den überlieferten Stoff umranken; dort rauschen die Bronnen der Weisheit und duften die Spezereien, aus denen „der Salbenhändler des Occidents," wie Rückert sich selbst nennt, seine Salben bereitet. Von den „Gedichten" ist

„Edelstein und Perle" (1817) wohl am langathmigsten episch. Dieser biograhische Märchendialog in Terzinen, die nicht immer ohne Verrenkung der Constructionen, gesuchte Wendungen und gehäufte, kindische Diminutivreime klar ausklingen, ergeht sich in einer Fülle von Betrachtungen und Reflexionen, welche die Anschauung und das märchenhafte Begebniß überwuchern. Doch trotz der oft harten und herben Form sind einzelne Bilder von klarem Gepräge und von überraschender Neuheit. Auch tritt der Dichter nirgends der Naturwahrheit zu nahe.

Das Didaktische, das den Grundton der Rückert'schen Lyrik bildet, zieht das bunteste Formengewand an: Sonette und Sestinen, Octaven, Distichen und Sicilianen, Dreizeiler und Vierzeiler, Ritornelle, Ghaselen und Makamen. Unter diesen unzählbaren Vers- und Gedankenschaaren, ausreichend, um alle Albums Europa's zu bevölkern, finden sich kostbare Perlen, unschätzbare Edelsteine, blendende geistige Schmucksachen, zartgefiederte und doch scharfe Pfeile, köstliche Vignetten, süße Devisen, — aber auch viele welke Blumen, abgebrochene Spitzen und kindlich bunte Bildchen. Am schwunghaftesten wird die Rückert'sche Didaktik in allen denjenigen Poemen, in denen sie sich dem Naturcultus freudig hingiebt. Die Naturandacht dieses Dichters ist ohne jeden mystischen Anflug, innig und klar, aus dem Gefühle tiefer Einheit mit der Natur unmittelbar hervorgehend. Wenn auch eine hin und her spielende Symbolik nicht immer vermieden ist, wenn auch manches Naturbildchen sich widerwillig herleihen muß zum Putze eines fremden Gedankens, so klingt doch im Ganzen Geist, Herz und Natur in uranfänglichen Accorden zusammen, und klarspiegelnd trägt alle Bilder ein großer Lebensstrom. Besonders in den Ghaselen Dschelaleddins weht mit orientalischer Erhabenheit dies in schwunghaften Naturbildern wuchernde Einheitsgefühl, dies ununterschiedene Versenktsein in das All, dessen Glanz und Majestät in einer Tropen-Vegetation seltener exotischer Bilder uns entgegenblüht:

„Komm', o Frühling meiner Seelen, Welten mache wieder neu,
Licht am Himmel, Glanz auf Erden, hoch und nieder mache neu!

Setze mit dem Sonnenknaufe blau der Lüfte Turban auf,
Und der Fluren grünen Kaftan, holder Chiber, mache neu!
Mache Wiesen frisch an Kräutern und von Sprossen Haine jung,
Rosen-Schnürbrust und der Lilie schlankes Mieder mache neu!
Schmelze mit dem Hauch des Winters Helm und Panzer, mit dem Blick
Brich' den Frostspeer unsern Feinden, Weltbefrieder, mache neu!
Ohne Ostwind ist die Luft todt, und der Rosen Odem stockt.
Aus dem Schlummer weck' den Ostwind, sein Gefieder mache neu!
Roll' in Donnern, geuß' aus Wolken auf die Erde Moschusfluth,
Laß von Kopf zu Fuß uns baden, alle Glieder mache neu!
Pinien, schlagt im Winde Pauken, Platanus mit den Händen Takt.
Hauch der Liebe, deine Traumdüft' unterm Flieder mache neu!"

Und nachdem wir so untergetaucht sind in diese einzelnen Wogen und Düfte des Alls und die Welt mit den lautschreienden Farben und dem Taumelbecher begrüßt haben, den sie kredenzt, da tönt machtvoll, wie die Stimme des Muezzin vom Minaret, die Mahnung an die **Einheit der Substanz**, des allverbreiteten Göttlichen:

„Ich sah empor und sah in allen Räumen Eines,
Hinab in's Meer und sah in allen Wellenschäumen Eines.
Ich sah in's Herz, es war ein Meer, ein Raum der Welten,
Voll tausend Träum'; ich sah in allen Träumen Eines.
Du bist das Erste, Letzte, Aeuß're, Inn're, Ganze;
Es strahlt dein Licht in allen Farbensäumen Eines."

Nächst diesem Naturcultus, der sich von der romantischen Naturpoesie wesentlich dadurch unterscheidet, daß er in der Natur keine fremdartige Magie anbetet, sondern gänzlich in ihr aufgeht, der aber bei Rückert nur in den orientalischen Nachdichtungen rein und frei von hineinspielenden Elementen einer entgegengesetzten Weltanschauung gehalten ist, bildet den Kern der Rückert'schen Poesie die Lebensweisheit, deren Lehren in allen seinen zwei-, drei- und vierzeiligen, flatternden Sylphengedichtchen ebenso zerstreut sind, wie in den langathmigen Episteln und Terzinen, deren ganze Fülle aber erst in den nur einmal eingekerbten Weisheitssprüchen des Brahmanen ausfluthet. Dies fünfbändige, dem Umfange nach größte Lehrgedicht der Deutschen ist in seiner Anlage und Gliederung ganz elementarisch; es ist ein fortwährendes, didaktisches Räuspern ohne alle zusammenhängende Eloquenz; es sind lauter Zweizeiler, von denen jeder eine fast vollkommene Selbstständigkeit behauptet, eine bestimmte Zahl aber in ein kleineres Gebündel zusammengebunden wird, und diese wieder in ein größeres. Der Dichter greift gleichsam in den Sack seiner Weisheit hinein, streut eine Handvoll Spruchatome auf den Tisch und bläst sie zu beliebigen Häufchen zusammen. Wir sehen also fünf Bände Sinnsprüche vor uns ohne einen einzigen längeren Satz, eine einzige volltönende Periode. Oft enthält die erste Zeile das Bild, die zweite den daraus hervorwachsenden Gedanken:

„Die Flamme wächst vom Zug der Luft und mehrt den Zug;
So hält sich Leidenschaft durch Leidenschaft im Flug."

oder in weniger direkter Form:

„Die Blumen blühn so schön noch wie vor tausend Jahren,
Und wir sind schlechter nicht, als uns're Väter waren."

oder die erste Zeile enthält den allgemeinen Gedanken, dem die besondere Moral subsumirt ist:

„Das Wort hat Zauberkraft, es bringt hervor die Sache;
Drum hüte dich und nie ein Böses namhaft mache."

oder diese Rollen, die den einzelnen Zeilen zufallen, sind an Halbzeilen und auch an Doppelzeilen vertheilt. Solche Form verstattet weder Schwung noch Pathos; sie muß bei längeren Erzählungen, von denen sich einige Parabeln vorfinden, — denn die Parabel ist die didaktische Erzählung — nothwendig ermüdend wirken; es ist der rhythmische Dreschflegeltact, mit dem die Weisheitskörner der Sentenzen ausgedroschen werden, nicht ohne daß uns ein Gewölk von Spreu umfliegt. Nichtsdestoweniger ist auch bei so elementarischer Form die Virtuosität des Dichters zu bewundern, der ohne Zwang diese unglaubliche Gedankenmasse in so engen Versquartieren unterbringt, und der durch Neuheit und Kraft der Reime ihren Doppelschlag minder ermüdend macht. Ueber die Form spricht sich der Dichter selbst aus:

> „Zu lesen lieb' ich nicht, was aneinanderhängt,
> So daß ein jeder Schritt zum andern vorwärts drängt;
> Wo, wenn ich aus der Bahn hab' einen Schritt gethan,
> Ich sie verlor und muß von vorne fangen an.
> Zu lesen lieb' ich das, wo ich auf jedem Schritte
> Zugleich am Anfang bin, am End' und in der Mitte;
> Wo stillzustehen, fortzufahren, abzubrechen
> In meiner Willkür steht, und mit darein zu sprechen.
> Den Dichter lieb' ich, der für mich versteht zu pflanzen
> Ein Ganzes, das besteht aus tausend kleinen Ganzen."

Was nun den Inhalt, die Lebensweisheit des Brahmanen betrifft, so steht diese orientalische Moral doch in einem schwer zu verhüllenden Widerspruche mit der Moral des Occidents. Zwar zeigt sich bei Rückert selten der offene Sensualismus mit paradiesischen Genußpredigten; aber seine Lebensweisheit bietet nur eine Moral ohne alle Bewegkraft, ohne kategorischen Imperativ, ohne sittliche Kluft, eine quietistische Moral zu Nutz und Frommen ohne Opferkraft, eine Moral, mit der man sich schmücken kann, wie mit Perlen und Edelsteinen, aus der man keine Schwerter und keine Kreuze schmiedet. Das Metaphysische, Pantheistische wirft nur hin und wieder ein geheimnißvolles Blatt vom Weltbaume in den Lebensstrom dieser Weisheit:

> „Es strömt ein Quell aus Gott und strömt in Gott zurück,
> Der Einstrom hohe Lust, der Ausstrom hohes Glück."

oder:

> „Du bist und bist auch nicht. Du bist, weil durch dich ist,
> Was ist, und bist nicht, weil du das, was ist, nicht bist.
> Du bist das Seiende und das Nichtseiende.
> Seingebende und von dem Sein Befreiende."

Sonst bewegen wir uns in der Menschenwelt, auf dem platten Getäfel des Lebens, auf dem nicht auszugleiten uns diese Weisheit lehrt. Ein Reichthum außerordentlich tiefer und feiner Beobachtungen in der klarsten und bestimmtesten Form begegnet uns auf jeder Seite:

> „Den Thoren ist's umsonst von einem Schaden heilen,
> Denn seine Thorheit wird sogleich zum andern eilen.

> Von einem Aeußersten zum andern springt ein Thor;
> Vom rechten schiebt der Aff' die Müh' auf's linke Ohr."

Die Moral, die der Brahmane lehrt, ist unerschöpflich im Auffinden feiner Beziehungen, prägnant in scharfen, blitzenden Antithesen:

> „Wenn es dir übel geht, nimm es für gut nur immer:
> Wenn du es übel nimmst, so geht es dir noch schlimmer.
>
> Und wenn der Freund dich kränkt, verzeih's ihm und versteh':
> Es ist ihm selbst nicht wohl, sonst thät' er dir nicht weh.
>
> Und kränkt die Liebe dich, sei dir's zur Lieb' ein Sporn;
> Daß du die Rose hast, das merkst du erst am Dorn."

> „Der beste Edelstein ist, der selbst alle schneidet
> Die andern und den Schnitt von keinem andern leidet.
>
> Das beste Menschenherz ist aber, das da litte
> Selbst lieber jeden Schnitt, als daß es and're schnitte."

> „Lern' von der Erde, die du bauest, die Geduld:
> Der Pflug zerreißt ihr Herz, und sie vergilt's mit Huld."

Diese wenigen Sprüche zeigen zugleich den Charakter der ganzen Moral; es wird das Rechte zu thun gemahnt, aber nicht, weil es das Rechte ist, sondern weil es uns freut, weil es uns feinsteht, zu unserer Lust, zu unserem Schmucke. In die Fluthen dieser Weisheit tauchen wir unter wie in ein erquickendes Bad unter dem tiefblauen Himmel des Orients, der auf die schweigenden, sonnverbrannten Wüsten herabsieht — weise zu sein ist unsere eigene Erquickung. Wir wandeln durch diesen Bazar der Weisheitssprüche, wo alle Kleinodien des Ostens, Myrrhen und Balsam, ausgelegt sind — was wir einkaufen, wird uns stattlich schmücken. Und so, auf dem bequemen Divan gelagert, hören wir die Fontaine plätschern und blasen die Rauchwolken behaglich zum Himmel, andachtsvoll:

> „Denn Alles ist dem Geist ein würd'ges Element,
> Das schürt die Andachtsgluth, in der die Schöpfung brennt!"

Die Weisheit des Brahmanen von Rückert ist ein poetischer

Hausschatz, auf den unsere Nation mit Recht stolz ist. Ein Volk, von dessen geistiger Arbeit solche poetischen Hobelspäne abfallen, die wie kleine Diamanten blitzen und schimmern, das die Blumen des Orients auf abendländischem Boden zu solcher Pracht und schattender Fülle erzieht, darf sich wohl seiner Weisen und seiner Dichter rühmen. So brauchen wir nicht ängstlich zu fragen, woher die Biene ihren Honig hat; sie ist es, die ihn schafft. Was Rückert aber eigenthümlicher ist, als die Honigzelle — das ist der Stachel. Er ist ein epigrammatisch pointirter Geist, bei dem jeder Gedanke rasch eine feine, scharfe Spitze gewinnt. Der Witz der Reflexion ist ihm eigenthümlicher, als die Tiefe des Gefühles. Alles umspielt seine Phantasie mit blendenden Lichtern, alles wendet sie hin und her, zwischen allem entdeckt sie schimmernde Bezüge. Aber so mild, zart, scharf und fein sie alles anfaßt, so unbegrenzt ihre alles handhabende Beweglichkeit ist: so hat man doch oft das Gefühl, als ob diese hängenden Gärten der Phantasie nicht auf den Riesenmauern eines starken, selbstbewußten Geistes aufgeschüttet blühten, als ob der ganzen bunten Welt die sicher tragende Einheit fehle. Vergleicht man, außer Rückert's Dramen, sein „Leben Jesu" (1839), eine ausnehmend nüchterne Evangelienharmonie, in welcher ein gänzlich anderer Geist weht, mit „der Weisheit des Brahmanen," so ist man geneigt, diese ganze Poesie für eine geschickte Kunstgärtnerei zu halten, welche Blumen aus allen Zonen zieht, nicht aber für eine treibende Naturkraft, die alle ihre Haupttriebe mit innerer Nothwendigkeit in die Höhe sprießen läßt. Dennoch darf uns diese Erwägung so wenig wie der Hinblick auf die engen Schranken der didaktischen Gattung den Genuß verkümmern, den uns die gedankenreichen Spruchsammlungen einer üppigen Phantasie und eines sinnigen Geistes bieten. Dem Rückert'schen Liebesfrühling sowohl, als auch seiner Weisheitsernte gebührt in ihrer Eigenthümlichkeit vollste Anerkennung.

Der Patriarch in Neuseß, in idyllischer Zurückgezogenheit lebend, ließ keinen Tag vorübergehn, ohne ihn durch einige Verszeilen in seinem Haus- und Familienkalender zu bezeichnen. Die „Haus-

und Jahreslieder" legen Zeugniß ab für die innige Natur=
empfindung des alternden Dichters, für seine Unermüdlichkeit in
dem Aufspüren von Beziehungen zwischen dem Naturbilde und
dem Menschenleben; sie sind oft plauderhaft, oft geradezu trivial
und nichtssagend. Doch einige gehören zu den besten, die Rückert
geschaffen; es finden sich Albumverse darunter von unleugbarer
Prägnanz:

> Möge jeder stillbeglückt
> Seiner Freuden warten,
> Wenn die Rose selbst sich schmückt,
> Schmückt sie auch den Garten.

Noch einmal dichtete Rückert im hohen Alter politische Lieder.
„Ein Dutzend Kampflieder für Schleswig=Holstein" (1864), leider
nur gereimte, aber sich sehr radikal geberdende Zeitungsprosa.
Rückert's „Gesammelte poetische Werke" sind jetzt in einer
Ausgabe in zwölf Bänden (1868—1869) erschienen. Aus seinem
Nachlasse, der unerschöpflich zu sein scheint, wurden zunächst
„Lieder und Sprüche" (1866) und Uebersetzungen des Theo=
krit, der „Vögel" des Aristophanes und der Sakuntala unter dem
Titel: „Aus dem Nachlasse Friedrich Rückert's" (1867) heraus=
gegeben. Hierauf folgten die „Kindertodtenlieder" (1872),
428 Gedichte, welche der Dichter dem Andenken seiner früh ver=
storbenen Kinder, Louise und Ernst, widmete, Ghaselen, Sonette,
Terzinen, Ritornelle, Bilder und Bildchen, oft Spielwaaren der
Empfindung, oft ausgeführte Lieder, doch ermüdend durch die
atomistische Fülle [1]).

---

[1]) Die umfassendste, mit vieler Wärme geschriebene Biographie des
Dichters hat Conrad Beyer verfaßt: „Friedrich Rückert, ein biographi=
sches Denkmal" (1868); ferner erschien von demselben Autor: „Neue
Mittheilungen über Friedrich Rückert und kritische Gänge
und Studien" (2 Thle. 1873). Vgl. außerdem: Fortlage: „Rückert
und seine Werke" (1867); „Dichter, Patriarch und Ritter. Wahrheit zu
Rückert's Dichtung" von E. Kühner (1869) und die biographische
Charakteristik Rückert's in den „Portraits und Studien" des Verfassers.

Die Formen des Orients, denen Rückert seine rhythmischen Wunderbauten nachgezimmert, verschmähend, unabhängiger von allen Vorbildern, Orientale nur in Bilder- und Farbenpracht und pantheistischer Allversenkung, sonst aber aus wunderbarer Gemüthstiefe, aus allbezwingender Einheit der Weltanschauung heraus dichtend und denkend, mehr kindlich im Inhalte, als spielend in der Form, Weisheitsdichter in der Jugend, Liebessänger mit grauem Haare, steht Leopold Schefer aus Muskau (1784—1862) würdig neben Rückert, dessen Formenkunst er nicht von weitem erreicht, dem er aber gleich ist in der didaktischen Richtung, ebenbürtig im Reichthume der Phantasie und der Sentenzenfülle, und den er überragt durch die auf festen Säulen ruhende Sicherheit des Geistes und durch die innerste Lebenswärme, welche Empfindung und Gedanken zu einem glühenden Gusse verschmilzt. Leopold Schefer ist ein Autodidakt zu nennen, obschon er das Gymnasium in Bautzen besucht und in Wien Medicin und Musik studirt hat. Seine Hauptbildungsschule war das selbstständige Studium der griechischen und morgenländischen Dichter; nebenbei widmete er sich eifrig mathematischen und philosophischen Studien. In der Musik trat er ebenfalls productiv auf, als Componist von Symphonieen, Ouverturen und Liedern. Fürst Pückler-Muskau, mit dem er befreundet war, hatte ihn zu seinem Generalbevollmächtigten ernannt. Von großer Anregung für seine poetische Thätigkeit waren die Reisen nach England, nach Italien, Sicilien, Griechenland, der Türkei und Kleinasien, mit denen er den Aufenthalt in seiner Vaterstadt unterbrach, in welcher er erst 1820 sich wieder auf die Dauer niederließ.

Leopold Schefer ist eine der originellsten Dichtererscheinungen unserer nachclassischen Zeit. Die Ursprünglichkeit seiner Begabung zeigt sich in der nicht nachgeahmten und unnachahmlichen Eigenthümlichkeit seines Styls in Versen und Prosa, denn er ist ununterschieden derselbe, und seine „Novellen" sind Lyrik in Streckversen, poetische Erzählungen in einer unausgegohrenen metrischen

Form. „Der Styl ist der Mensch." Man könnte den Styl
Schefer's einen pantheistischen nennen. Den Unterschied in der
Form zwischen Rückert und Schefer hat der erste selbst in der „Weis=
heit des Brahmanen" ausgesprochen wenn er warnend ausruft:

„Meintwegen hüpfe selbst in Chori-Choliamben,
Nur flieh wie deinen Tod die ungereimten Jamben.

Den Göttern ein Verdruß, den Menschen kein Genuß
Ist solch' ein uferlos ergoss'ner Wörterfluß."

Die Didaktik Rückert's liebt kurze Reimsprüche, die Schefer's
uferlos ergossene ungereimte Jamben. Wenigstens ist dies die
Form, in welcher seine priesterlichen Hauptdichtungen: das „Laien=
brevier" (1834) und der „Weltpriester" (1846) erschienen
sind. Ein dithyrambischer Wogenschwall von Bildern und Ge=
danken fluthet aus den aufgezogenen Schleußen der einen pan=
theistischen Substanz uns entgegen. Alle diese Gedanken sind
Centauren und Sphinxe; der Mensch endigt im Rosse und im
Fische, der Geist in der Natur, ohne daß man weiß, wo das
eine anfängt und das andere aufhört. So haben die poetischen
Bilder Schefer's etwas Seltsames und Fremdartiges, Gigantisches
und doch Unbefriedigendes, Anziehendes und doch Ermüdendes. Es
finden sich Gedanken und Bilder von überraschender Neuheit;
ja man kann sagen, alles in Schefer's Dichtungen ist ein ἅπαξ
λεγόμενον, und die Bilder sind kein tropischer Schmuck, sondern
sie sind der Gedanke selbst. Wenn bei andern Dichtern das Bild
den Gedanken erläutert oder ausdrückt, so erzeugt es ihn
bei Schefer. Wie ein Strom aus tiefer Grotte strömt bei Schefer
der Gedanke aus dem Bilde, der Geist aus der Natur. Majestätisch
ist sein Hervorbrausen, und die Echos der Tiefe donnern ihm
gewaltig nach. Dann aber murmelt er geschwätzig fort im ewigen
Sonnenscheine. Der orientalische Pantheismus kennt keine Ent=
wickelung. Darum ist Schefer's letztes Werk, wie sein erstes; er
ist ein Dichter ohne Entwickelung. Seine Poesie hat nichts
Organisches; sie wächst nicht, sie wird nicht, sie wandelt sich nicht;

sie ist immer fertig. Ein Klang gleicht dem anderen; denn diese Poesie ist ein gestaltloser Hauch, welcher die Riesenharfe des Universums spielt. Selbst der Schefer'sche Styl hat dies Unentwickelte und Unklare; man sucht in ihm die Bestimmtheit vergebens; er wird oft ein gemüthliches Gemurmel, dem man nur mit Anstrengung lauschen kann. Seinen Sätzen fehlen oft die sicheren Einschnitte, ebenso wie der Handlung in seinen Novellen. Man verläuft sich immerfort in einer üppigen Wildniß; man muß sich immer orientiren, bis man die Lust verliert. Es fehlt dieser Poesie nicht blos die Entwickelung; es fehlt ihr überhaupt die Schranke, die Negation. Das schattenlose Licht des Optimismus ist über alle diese Dichtungen ausgegossen. Bei allen Schrecknissen und Gräueln der Erde, mit denen er uns besonders in den Novellen nicht verschont, ruft der Dichter fortwährend aus: Allah ist groß! und legt sich, eine Theodicee qualmend, gemüthlich auf die andere Seite. Es giebt keine Schuld, keine Sünde, keine Passion; nichts als Liebe, Milde, Güte, spielende Kinder, rosige Jungfrauen; die Beleuchtung von Correggio's Nacht schwebt verklärend über der Welt; nichts als Glorienschein und Kyrie Eleison. Oft wünscht man sich einige Tropfen Schopenhauer'sche Asa foetida in diesen Schefer'schen Kelch voll Nektar und Ambrosia. Dann aber fühlt man sich von der tiefen und reichen Phantasie, von diesem wunderbaren Dichtergemüthe, von der Fülle origineller Gedanken-Combinationen, von dem Schwunge und Zauber einer einheitsvollen Weltanschauung so mächtig angezogen, daß man mit Freuden in diesen „uferlosen" Strom voll klarer Fluthen und prächtiger Erd- und Himmelsbilder untertaucht und, erquickt von diesem frischen pantheistischen Naturbade, den greisen Sänger preist, der den Strom aus seiner Urne ergießt. In der That sind es solche Geister, wie Rückert und Schefer, denen kein anderes Volk des Westens ähnliche reiche und tiefe Begabungen, in denen die Weisheit des Orients Fleisch und Blut geworden ist, an die Seite stellen kann.

Durch das „Laienbrevier" ist Schefer zuerst in weiteren Kreisen bekannt geworden und hat sich einen vollgültigen Dichternamen erworben, während seine an bizarren Phantasieergüssen reichen „Vigilien" (1843) und „Gedichte" (3. Aufl. 1847), welche einzelne kostbare Perlen Schefer'scher Poesie enthalten, keinen so durchgreifenden Erfolg hatten. Das Laienbrevier ist keine Spruchsammlung; es enthält erbauliche Betrachtungen und erinnert in seiner Form an die Andachtsbücher der verschiedenen Confessionen. Die Betrachtungen sind nach den einzelnen Monaten rubricirt, aber ohne alle Beziehung auf dieselben, so daß gleich die erste, fünfjambige Reflexion des Januar von „hundert Vögeln, die im Grünen singen," von den „jungen Blüthenbäumen" phantasirt. Während bei Rückert sich alles in kürzesten Sätzen zuspitzt, ergießt sich bei Schefer alles in breite, behagliche Perioden. Der Inhalt dieser profanen Erbauungsstunden sind nur Ermahnungen, dem Menschlichen und der Natur sich unbefangen hinzugeben:

„Was auch ein Mensch zu sein dir mit sich bringt,
Wird dir zuletzt gefallen, wenn du nur
Ein Mensch willst sein. Und darum: Sei ein Mensch — —"

Und anklingend an die jüngste Philosophie heißt es weiter:

„Was du denken
Kannst, bist du selbst auch oder hast du selbst
Geschaffen, wären's auch die schönen Götter!"

Daran schließen sich Worte des Trostes, Apotheosen der Hoffnung, des Unglückes, das läutert und klärt, den Bösen besser macht, den Guten freundlicher, die Predigt stiller Ergebung in den Brauch der Erde. Dazwischen tönen großartige Naturhymnen, majestätisch und still, verklingend in indischer Blumenpoesie:

„Die Sterne wandeln ihre Riesenbahn
Geheim herauf, vorüber und hinab,
Und Göttliches vollbringt indeß der Gott
Auf ihren Silberscheiben so geheim.
Denn sieh', inzwischen schläft in Blüthenzweigen
Der Vogel ungestört, nicht aufgeweckt
Von seiner großen, heil'gen Wirksamkeit.
Kein Laut erschallt davon herab zur Erde,
Kein Echo hörst du in dem stillen Wald!
Das Murmeln ist des Baches eig'nes Rauschen,

Das Säuseln ist der Blätter eig'nes Flüstern!
Und du, o Mensch, verlangst nach eitlem Ruhm?
Du thust, was du dann thust, so laut geräuschvoll,
Und an die Sterne willst du's kindisch schreiben?
Doch ist der sanfte Geist in dich gezogen,
Der aus der Sonne schweigend großer Arbeit,
Aus Erd' und Lenz, aus Mond- und Sternennacht
Zu deiner Seele spricht — dann ruhst auch du,
Vollbringst das Gute und erschaffst das Schöne,
Und gehst so still auf deinem Erdenwege,
Als wäre deine Seel' aus Mondenlicht,
Als wärst du Eins mit jenem stillen Geist."

Aehnliche Stern- und Blüthenpsalmen finden wir im ganzen Laienbrevier zerstreut. Die Schefer'sche Moral erinnert den Menschen stets, daß er ein Stück des Naturgeistes, ein Atom der Weltseele ist, und seine Sittlichkeit besteht darin, im Einklange mit ihr zu leben. Der Mensch ist nur eine höhere Potenz des Alls:

„Sei nur so gut erst, wie die Rosenwurzel,
Willst du noch nicht so gut sein, wie ein Mensch!

Schefer ruft bei einem sanften, nächtigen Frühlingsregen der Mutter zu:

„ — Wenn du, liebe, junge Menschenmutter,
Umher im Frühling blickst, erblicke selig
Dein Wesen überall umher zerflossen
Und sieh' es, schöngesammelt in dir selbst,
Und blicke sinnvoll auf dein Kind hernieder.
Was vom Gemüthe gilt, gilt auch vom Geiste.
— — Denn ein großer Geist.
Erkennt sich als die Welt, die Welt als sich."

So ist die Quintessenz der Schefer'schen Moral in Bezug auf die Pflichten gegen uns selbst, den Schmerz, das Unglück durch optimistische Betrachtung des Ganzen zu überwinden, in Bezug auf die Pflichten gegen Andere aber, sich selbst, sein eigenes Wesen in ihnen wiederzuerkennen. Das ist die alte Formel der Vedas: das bist du, auf welche nicht blos Schefer, sondern auch Feuerbach und selbst der Pessimist Schopenhauer ihre Ethik gründen.

"Kümm're dich um Vaterland und Menschen!
Nimm Theil mit Mund und Hand in deiner Nähe!
Nimm Theil mit Herz und Sinn am fernen Guten,
Was Edle rings bereiten, selbst für dich.
Laß Nichts verderben, sonst verdirbst du mit;
Laß Keinen Sclave sein, sonst bist du's mit;
Laß Keinen schlecht sein, sonst verdirbt er dich;
Und denken Alle so wie du, dann kann
Der Schlechte Keinen plagen, noch auch dich,
Und kann die Menschheit frei das Rechte thun,
Geht jede Göttergab' auch dir zu gut
Und deinen Enkeln allen; denn auf immer
Wird das erworben, was der Geist erwirbt — —"

Dafür strömt uns der reichste Segen zu:
"Der Rühmende wird reich um den Gerühmten,
Der Liebende wird reich um den Geliebten,
Um jedes Schöne reich wird der Bewund'rer,
Und für den Gott auf Erden lebt der Mensch."

Das Schefer'sche "Laienbrevier" enthält eine Fülle der seltensten poetischen Schönheiten; denn das Didaktische, das bei Rückert vorherrschend war, verschwindet hier in einer lyrisch-schwunghaften Naturandacht, welche Tag und Nacht, den Frühling, die Morgen- und Abendröthen in wunderbarer Farbenpracht verherrlicht; es verschwindet in diesem traumhaften, pantheistischen Cultus, dessen ganze Moral "das zarte Empfinden der Welt" ist. Wie Rückert, bereichert auch Schefer die deutsche Sprache mit neuen Fügungen und Wendungen; aber was bei Rückert als kunstfertige Bildung scheint, das erhebt sich bei Schefer als naturwüchsige Blüthe aus dem üppigen Boden einer mit dem All in Eins verwachsenen Phantasie. Ueber dem brausenden Strome der Welt schwebt das stille, freudige Dichtergemüth:

"Fest, nie wankend
Steht auf dem ewigen Sturz der Regenbogen
Und deckt mit heitern Farben Grauses zu."

Das "Laienbrevier" nimmt unter Schefer's Dichtungen den ersten Rang ein, denn es hat den größten rhythmischen Wohllaut, den ungesuchten Zauber freien Ergusses, der nirgends in Geschwätzigkeit ausartet, und einen Styl, der Kraft genug besitzt, nicht zur Manier zu werden. Die späteren Erbauungsschriften Schefer's, „der Weltpriester" (1846) und die „Hausreden" (1854), lassen diesen lyrischen Reiz mehr vermissen und ergehen sich in einer behaglichen, didaktischen Breite, reich an überraschenden und originellen Wendungen und Einfällen, aber nicht frei von gewaltsamen Verrenkungen des Styles, von Einzelnheiten, die in's Gesuchte, sogar in's Possierliche fallen. Auch ermüdet die Monotonie einer Moral, die durchaus keine Peripherie hat, sondern immer aus demselben geistigen Sonnencentrum in's Unbegrenzte die Strahlen wirft. Der „Weltpriester" hat allerdings eine mehr objective, aus der selbstgenugsamen Heimlichkeit des Gemüthes heraustretende Richtung; die pantheistische Weisheit wendet sich dem Historischen, dem Volke, der Menschheit zu, aber sie ist zu wenig triebkräftig und entwickelungsfähig, um auf diesem Gebiete Ersprießliches zu lehren. Das indische Blumenleben ist der Tod der Weltgeschichte. Dennoch beginnt der „Weltpriester" mit einer Verherrlichung des deutschen Volkes, die eine ganz neue, eigenthümliche Wendung nimmt. — Der Dichter ruft aus:

„An ihren Göttern starben alle Völker
Und sterben noch daran."

Ihr heilig ringend Leben ist, ihre Götterbilder aufzustellen; sind die Götter fertig, so sind sie selbst fertig und todt.

„So wird es allen Völkern noch ergehn,
Die sich um Gott und Göttessöhne streiten
Und nicht den Gott im eig'nen Herzen fühlen,
In eig'nem Wort, in ihrem eig'nen Leben
Und als ihr Leben. Nur das Volk wird bleiben —
Und alle Völker müssen zu ihm treten —
Das Volk, das Gott erkennt als ewig Leben,
Als Aller Leben und als Aller Tod.
Die Andern waren Kinder, die geträumt,
Und die mit Fingern an den Himmel schrieben.
Doch dieser wahre Gott wird nimmer fertig;
Er wird nur immer größer, näher, schöner

> Und seliger, er sinkt in jedes Herz!
> Und nie vergeht ein Herz, das Gott besitzt,
> Und mit dem Gotte lebt das Volk und wird
> Stets größer, schöner, seliger mit ihm."

Und wie der Dichter mit einer Apotheose des deutschen Volkes als des allgöttlichen beginnt, so schließt er mit einer Verherrlichung des Volkes überhaupt:

> „Das so gescholtene „gemeine Volk,"
> Wie fühlt es göttlich, und wie lebt es herzlich;
> Nicht auszupreisen in Gelassenheit
> Und Würde, ja voll allerhöchsten Werthes,
> Den nimmermehr das menschliche Geschlecht
> Je überbieten kann."

Der Vollklang reiner, menschenfreundlicher Gesinnung, die, von allen gesellschaftlichen Vorurtheilen frei, den äußeren Flitter verachtet und nur auf den innern Kern sieht, die sich voll Liebe, Mitgefühl und Mitleid allen Menschenwesen zuwendet, weht erquickend durch den „Weltpriester," wie durch das „Laienbrevier." In Bezug auf Liebe und Ehe geht indeß dieser orientalische Pantheismus nicht so weit, das gesonderte Asyl heimischer Laren zu zerstören und die Polygamie oder gar die Weibergemeinschaft zu predigen, was an und für sich dieser Allvergötterung nicht fern liegt. Im Gegentheile verherrlicht Schefer's Muse die Würde der Ehe und lehrt eine häusliche Moral, die sich nicht auf die üblichen Gemeinplätze gründet, sondern aus den Tiefen der menschlichen Natur geschöpft ist.

Dennoch war Schefer weit entfernt von jener spiritualistischen Liebe ohne Lebensfreudigkeit, die auch nur ein mattes Nachtlicht ist. Bei Schefer war, umgekehrt wie bei Rückert, die Weisheitsernte dem Liebesfrühlinge vorausgegangen. Spät stand dieser in desto vollerer Blüthe, gewürzt mit allen Aromen orientalischer Sinnlichkeit, aufwuchernd in einer berauschenden Gluth und Pracht von Bildern, und der uralte Weisheitsbaum mit seinen in's All versenkten Wurzeln immer schattend über dem üppigen Bade der Lust! Unsere dichtenden Jünglinge gaben ein Königreich für eine neue Blüthe aus Amors ausgeplündertem Garten — umsonst, die Rosen und Nachtigallen lachten sie aus und blühten und sangen in allen Versen als die erbgesessenen Liebespriester des deutschen Parnasses. Das Herz schlug bis zur Verzweiflung den altbekannten Tact, und ein Gefühl sah dem andern so ähnlich, wie aus den Augen geschnitten. Da trat ein greiser Dichter auf, und die Liebe in Bild, Gedanken und Empfindungen war uner=schöpflich und neu, als hätte nie ein Poet von ihr gesungen; sie kam wie aus einer fremden Wunderwelt mit seltsamem Gefolge; Amor nahm tausend Masken an in phantasievollem Spiele, und wenn er sie abwarf, zeigte er immer das heitere, schalkhafte Lächeln, ein Lächeln von Anmuth und Weisheit. Dies Phänomen einer originellen Liebespoesie erschien in „Hafis in Hellas" (1853) und dem „Koran der Liebe" (1855), zwei Dichtungen, um welche sich der zu früh verstorbene Max Walbau die größten Ver=dienste erworben, indem er sich hineinlebte in ihre seltsamen Rhythmen, ihre allzu wuchernden Ranken beschnitt und orakelhaft unverständliche Wendungen in rhythmischen Fluß und klarmelodische Gestaltung brachte.

„Hafis in Hellas" vereinigt das anakreontisch Spielende der althellenischen Liebespoesie mit der didaktischen Richtung und der Bilderpracht des Orients. Eine heitere, maßvolle Sinnlichkeit athmet uns aus jeder Zeile dieser erotischen Poesieen entgegen, eine Sinnlichkeit, welche nimmer der Mutter Weisheit entläuft. An der sentimentalen Liebespoesie der Abendländer, an dem ver=himmelnden Ausbrüten der Empfindungen, diesem ganzen Leben und Weben in einem unbestimmten, zerfließenden Aether des Gemüthes hat unser Hafis keinen Theil. Sein Gemüth kennt keine Zerrissenheit; es ist gesund, ganz, gediegen, sicher seines Besitzes, aller hohen Güter des Herzens und der Welt. Dieser Hafis läuft nicht blos in die Schenke und trommelt vergnügte Ghaselen auf den Tisch. Der heitere Adel hellenischer Cultur hat ihn gesittigt, und was er dem Oriente entnimmt, ist weniger seine oft derbe Genußsucht, als seine pantheistische Weisheit, in deren Bad auch der schalkhafte Eros untertaucht, um sich zu kräftigen. In dieser ganzen Lyrik ist wenig Subjectives; es ist ein Liebesevangelium voll objectiver Bedeutung, eine Moschee der Liebe voll goldener Sprüche für alle Gläubigen, ein Weltspiegel, in welchem Jeder sein eigenes Antlitz sehen soll. Die dichterische Form hat sich aus der dithyrambischen Breite „des Laienbreviers" zusammengerafft. Die fünffüßigen Jamben haben den leichtgeschürzten, kurzfüßigen Trochäen oder auch den mächtig wogenden Anapästen das Feld geräumt, und wenn der Reim bisher den Offenbarungen unseres Weltpriesters ein Fremdling war, so klingt er jetzt, selten und verwundert, aber doch hin und wieder in die Dichtung hinein, und gerade den 'niedlichsten lyrischen Schooßhündchen sind Reimschellen angehängt. Wie leichtgeflügelt, wie reizend sind einige dieser kleinen Epigramme, Bienen vom Hymettos, schwebend durch den altclassischen Aether:

„Am Tage sind die Mädchen
Und Weiber kühler Marmor,
Des Abends weiße Schwäne,
Die früh zu Bett gern fliegen;
Des Nachts sind sie von Golde;
Am Morgen sind sie bleiern,
Den Leib herauszuheben."

Wie melodisch klingen andere, klar ausgestaltet in Form und Guß, lakonische Dithyramben:

„Alles schön ist in der Liebe,
In der Lieb' ist Alles süß.
Süß das Schauen, süß das Glühen,
Süß ist Wünschen, süß ist Hoffen,
Das Erwerben, das Erreichen,
Das Erinnern, o wie lächelnd,
Das Verlieren noch, wie rührend —
Aber über Alles selig
Ist das liebliche Verweigern!
Darin flammt das Unerreichte,
Schon noch himmlischer erreicht.
Alles süß ist in der Liebe,
In der Lieb' ist Alles schön!"

„Wonn' ist Wonne!
Sei's vom Bilde,
Sei's von Blumen,
Sei's vom Weibe,
Sei's von Sternen,
Sei's von Liebe —

Wonn' ist Wonne!
Wonn' ist immer
Unverfänglich
Herzbegeist'rung,
Unvergänglich
Schatz der Seele!"

In diesen kurzathmigen Rhythmen zwingt schon die Form zu melodischer Geschlossenheit. Die längeren Gedichte sind Parabeln, Allegorieen, von denen „Eros im Rosentempel" und „im Wochenbette" durch originelle Erfindung besonders ansprechen, oder Balladen, wie das schwunghafte „Mädchen von Sunem," an dessen Formenschönheit Max Waldau großen Antheil hat. Die Originalität der Schefer'schen Erotik besteht darin, daß nicht die Empfindung das Erste ist und dann nach einem Bilde greift, um sich zu schmücken, sondern daß Empfindung und An= schauung von Hause aus Eins sind, ein Ausfluß aus dem All= geiste, von dem Eros kein Bote ist, sondern der selbst als Eros erscheint. Diese im Gemüthe empfundene Einheit alles Lebens, in welcher alle Unterschiede ausgelöscht sind, aber desto glänzender die wechselnden Farben der Erscheinung, ein träumerischer Regen= bogen, über dem Abgrunde der einen dunkelen Substanz schweben, giebt den Schefer'schen Dichtungen bis in die leichtesten Liebes= scherze hinein eine eigenthümliche Weihe und Tiefe und einen exotischen Duft für alle, welchen die pantheistische Weltanschauung fremd ist. Sie allein ist der Grund des zauberischen Reichthums an Bildern, die aber nur wie in einer laterna magica vorüber= schweben, eines Reichthums, der es indessen nicht vermag, uns darüber zu täuschen, daß die Armuth seine nothwendige Voraus= setzung ist. Denn gegenüber der vielgestaltigen Welt des Abend=

landes, welche mit dem Unterschiede Ernst macht, gegenüber dieser Fülle von Interessen, Verwickelungen, Leiden, ihrer historischen Entfaltung und energischen Thatkraft muß die träumerische Welt des quietistischen Orients, die alle Ranken an einem Spaliere in die Höhe zieht, arm und beschränkt erscheinen. In der That erregt der ewige Sonnenschein, durch den man in Schefer's Werken wandelt, zuletzt Ermüdung und Schwindel. Ein tiefblaues Dichterauge ist zum tiefblauen Himmel aufgeschlagen; aber der von keinem Hauche getrübte Spiegel des Alls blendet die Augen und befremdet die Gemüther, welche die Herbheit des Lebens erfahren und sich erquicken möchten am quallosen Abbilde der Qual, die sie geängstigt. Der „Koran der Liebe" ist eine Fortsetzung von „Hafis in Hellas"; denn diese Liebespoesie wuchert in unbegrenzten Varietäten. Auch hier begegnen wir schalkhaften Epigrammen, die oft fein und witzig zugespitzt sind, leichtfüßigen Dithyramben und ihrem Bajaderentanze, sinniger Weisheit in langaustönenden Distichen, erotischen Legenden und Parabeln. Das ganze Werk ist durchweht von jenem kindlichen Pathos der Bewunderung, welches das Horazische nil admirari verlacht, in schwunghafte Exclamationen über die Wunderwelt ausbricht beim Größten und Kleinsten und unerschöpflich ist im Preise des Weibes und des Kindes, der Braut und der Mutter. Selten sind niedlichere Amoretten geschnitzt, selten Schönheit und Liebe mit so concretem Schwunge verherrlicht worden. Die Form des Korans ist noch abgerundeter, als im „Hafis in Hellas," die Reimesglocken, wohl oft von Freund Waldau gestimmt, klingen reiner und voller; dennoch fehlt es nicht an styllosen Arabesken; ja oft tritt uns eine zweifellose Schiefheit und Häßlichkeit entgegen, denn der orientalische Pantheismus steht immer der Gefahr nahe, geschmacklos zu werden, Häßliches und Schönes zu vermischen, weil er ohne Sonderung, ohne ästhetische Reife ist. Eine Probe des Häßlich-Barocken giebt z. B. „Suleika's Haut."

Im „Koran der Liebe" tritt mit offener, unverblümter Kühnheit die Apotheose des Sinnlichen auf; die Sinnverketzerer werden angegriffen als Narren und Schänder des Heiligsten; der Glauben an die Schönheit wird als der alleinseligmachende Glauben gepriesen; verspottet werden die gläubigen Pilger, die um die Kaaba ziehen, um den Stein, weil er ein altes Ding ist und vom Monde herabgefallen:

„Was verehren Narren sollen,
Muß nur alt sein! O ihr Tollen,
Höret doch mein Wort vor allen:
Betet ihr zu alten Weibern
Als zu heil'gen Himmelsleibern —
Werd' ich mit nach Mekka wallen!"

Ueberall polemisirt der Dichter gegen „die erlogenen Donner alter Narren" und geißelt in einer dialogischen Schlußparabase jede Art von transcendenter Himmelei und überirdischer Engelhaftigkeit; kurz, die Polemik gegen den Spiritualismus, versteckt in der ganzen orientalischen Lyrik Schefer's, tritt hier, wie in den Schriften der jüngeren, westöstlichen Dichter, unverhüllt hervor.

Leopold Schefer hat außer diesen Dichtungen zahlreiche „Novellen" herausgegeben und auch nach dieser Seite hin eine glänzende Productivität bekundet. Der ersten Sammlung: „Novellen" (5 Bde. 1825—29) folgte bald eine zweite: „Neue Novellen" (4 Bde. 1831—35), dann „Lavabecher" (2 Bde. 1833) und „Kleine Romane" (5 Bde. 1837—39); später noch einzeln „Genevion von Toulouse" (1846) und die „Sibylle von Mantua" (1853). Schefer's Novellen sind lyrisch-epische Dichtungen in Prosa und verdienen vollkommen, an dieser Stelle erwähnt zu werden. Erstaunt man schon über ihre Zahl und Fülle, so wird dies Erstaunen noch gesteigert, wenn man sich in den bunten Inhalt dieser aus allen Zonen uns entgegenblühenden narcotischen Flora von Ereignissen, dieser glühenden Farbenpracht von Schilderungen verliert. Man bewegt sich bald in China, bald in Canada, hier in Constantinopel, dort auf den griechischen Inseln, in Rom und Venedig, und wird überall durch ein ebenso glänzendes, wie treues Colorit überrascht. Ueberall treten uns Naturschilderungen von einem wunderbaren Reichthum an einzelnen Zügen entgegen, ein Reichthum, der nur von Adalbert Stifter erreicht wird; aber bei diesem ist die Natur in Ruhe, bei Schefer in Bewegung; bei Stifter ist sie nur ein Panorama, das uns umgiebt, bei Schefer ist sie das verwandte, beseelte All. Das pantheistische Versenken in die Natur brütet jene zauberische Fülle von Beobachtungen und Empfindungen aus, welche jede, auch die kleinste Gestalt mit einem Atome des Weltgeistes beseelen; eine lebendige Phantasie voll gewaltiger Kraft der Aneignung, durch genaue Studien fremder Länder und Sitten genährt, zaubert das Fernste in seinem eigensten Schmucke uns vor die Seele. Und es erscheint uns nicht fern, sondern nahe und verwandt, weil es aus demselben träumerischen Urgrunde des Alls emporblüht, wie die eigene Seele. Nicht minder reich, wie in dieser Pracht der Schilderung, erscheint Schefer's Phantasie in dem Reize der Empfindung, indem die Begebenheiten in seinen „Novellen" in der Regel den abenteuerlichsten Verlauf nehmen und durch die seltsamsten Verschlingungen überraschen, welche von einer nie verlegenen, mit vollen Händen ausstreuenden Phantasie Zeugniß geben. Und dennoch ist, wie in Schefer's „Gedichten," auch hier dieser Reichthum nur scheinbar. Die orientalisch-pantheistische Weltanschauung kann es einmal nicht dazu bringen, die einzelne Gestalt vom Urgrunde loszulösen und ihr ein vollkommen selbstständiges und freies Walten zu gönnen. Sie schwimmt entweder embryonisch in dem dunkeln Fruchtwasser des Mutter-Alls oder hängt wenigstens noch durch die Nabelschnur des Fatalismus mit ihm zusammen. Wo die freie That und die Selbstbestimmung des Geistes geleugnet oder verhüllt wird: da kann weder die Persönlichkeit in ihrer individuellen Durchbildung, noch die Handlung selbst ein tieferes Interesse erregen; da haben wir es nur mit schwimmenden Wasserblumen und flatternden Lianen zu thun, nicht mit mächtigen Stämmen von eigenen Wurzeln und eigener Kraft. Erst die freie Persönlichkeit und ihre That schafft die vielgliedrige, vielgestaltige Welt, den wahren Reichthum des Geistes; die mystische Trunkenheit vom Allgeiste schafft ein phantastisches Uebermaß von Farben, die, nur ein scheinbarer Reichthum, den einzelnen Strahl umspielen, der diese Welt erhellt. Die Schefer'sche Novellistik hat von den Romantikern das Träumerische überkommen; wir sehen alle Gestalten, alle Begebenheiten wie im Opiumrausche; die wildesten Leidenschaften erhitzen uns nicht; die gräßlichsten Scenen erschrecken uns nicht; die tiefsten Empfindungen rühren uns nicht; es sind ja alles verrauschende Träume der Weltseele, Bilder der großen Zauberlaterne, in die wir selber träumend starren. Dennoch unterscheidet sich Schefer's Poesie wesentlich von der romantischen, welcher die Form des Traumes für die absolute poetische Form galt und das Spiel mit dem Leben für die höchste Kunst. Ihm ist es Ernst mit seiner Welt, mit seinen Gestalten, mit den hohen Gütern des Gemüthes, deren dithyrambische Feier alle diese Schöpfungen durchtönt; er vertieft sich mit dem Ernste des Weltpriesters in die dunkeln Zusammenhänge des Alls und des Menschenschicksales und mit dem Ernste des Anatomen in die Geheimnisse der Menschenseele, die er auf seinen Secirtisch legt. Schefer liebt das psychologische Problem, aber er behandelt es stets im fatalistischen Sinne. Der Optimismus seiner Lyrik hallt auch in seinen Novellen wieder, aber er nimmt sich oft höchst sonderbar aus, wenn er in die verworrensten Gräuel hineinpsalmodirt und die abenteuerlichste Entwickelung mit einem Lobgesange beschließt. Charakteristisch für diesen Standpunkt ist auch die Schefer'sche Erzählungsweise, welche die Begebenheiten wie einen Knäuel Garn abwickelt und dabei oft die Fäden verwirrt, aber trotz der ungeheuerlichsten Ereignisse nie vermag, eine bestimmte Spannung hervorzubringen und das Interesse zu fesseln. Die Motive der Handlungen sind alle so versteckt, daß man sie oft mit Mühe aufsucht, oder so verzwickt, daß man sie mit Mühe versteht. Dies Unentwickelte und Ungegliederte im Fortgange der Handlung und im stets vollwogenden, oft rhythmisch austönenden Style, der bisweilen zu lyrischem Schwunge und seltener Schönheit aufblüht, bisweilen sich in tiefen oder drolligen Reflexionen ergeht, hängt wesentlich mit der pantheistischen Mystik zusammen, welche das Brüten über dem Weltenei der Pflege der ausgekrochenen Küchlein vorzieht.

Man hat Schefer oft mit Jean Paul verglichen. In der That scheinen die poetisch-schwunghafte, oft dithyrambisch-geniale Prosa, die üppige Schwelgerei eines reichen Gemüthes, der sentenziöse Anflug, die humoristische Extravaganz, selbst die Unfähigkeit Beider, ein Interesse an ihren Charakteren und der Handlung zu erwecken, schlagende Vergleichungspunkte zu bieten. Dennoch sind alle diese Aehnlichkeiten oberflächlich. Jean Paul's ethische Weltanschauung voll sittlicher Hebel ist derjenigen Schefer's geradezu entgegengesetzt. Bei Jean Paul ist offenbarer Mangel an dichterischer Erfindung, an Ereignissen, an Begebenheiten; Schefer überschüttet uns mit dem allen, und dennoch bleiben wir hier so kalt wie dort gegen den Fortgang der Handlung.

Wir können in die Fülle der Schefer'schen Novellen nur hineingreifen, um einzelne Typen der verschiedenen Richtungen vorzuführen, nach denen sie sich classificiren lassen. Das großartige Naturbild, das uns die Natur in aller Pracht der Zerstörung zeigt, ist durch den „Waldbrand" vertreten, und zwar in so glänzender Weise, daß die deutsche Literatur kaum etwas Aehnliches aufzuweisen hat, was Majestät und Pracht der Schilderung betrifft. Zugleich werden wir in jene angstvolle Stimmung versetzt, in welcher der Mensch vor der übergreifenden Naturgewalt erzittert. Dieser bange Cultus der Kräfte des Alls, welche den Einzelnen vernichten, stört den Schefer'schen Optimismus nicht, für den Tod und Leben gleichen Werth hat. Ein träumerisches Hineinstarren in den großen, seligen Tod gehört ja zum Kerne seiner Weisheit. Wie hier die Angst vor der zerstörenden Naturgewalt, so ist im „Zwerg" der Schwindel im unbegrenzten Raume mit ergreifender Meisterschaft dargestellt. Eine Nacht auf dem Kreuze der Sanct Petri-Kirche zu schildern, dazu hatte Schefer's Phantasie alle Farben zur Hand. Es ist dies nicht eine einfache, sondern eine raffinirte Erhabenheit, welcher im Schwindel und Wirbel alles Irdische zerfließt, welcher sich das eigene Leben wie ein Atom in das Universum aufzulösen droht. Tod und Leben verschwimmen wiederum, und kein finsteres, ein dithyrambisches memento mori wird von der zwischen namenloser

Angst und namenlosem Entzücken schwebenden Seele hinausgejauchzt in die Unendlichkeit! Den zweiten Kreis der Novellen bilden diejenigen, in den die Volkssitten in den Vordergrund treten. Auch in der Volkssitte ist eine dunkle Naturgewalt lebendig; sie ist gleichsam ein Triumph des menschgewordenen Naturgeistes über die abstracten Mächte des Rechtes und der Sittlichkeit, die sich prismatisch bunt in den verschiedensten Farben brechen, so daß hier für heilig gilt, was dort ein Verbrechen ist, und umgekehrt. Hier wendet sich die feine Ironie gegen unbedingte Moralgebote, und Gut und Bös werden solange geschwungen wie ein Farbenrad, bis sie nur eine Farbe bilden. So kommt auch hier die optimistische Harmonie zum Vorscheine. „Der Unsterblichkeitstrank" ist eine auf diesen pantheistischen Goldgrund mit bizarren Arabesken hingemalte Schilderung des chinesischen Lebens. In der „Perserin," die auch in diesen Kreis gehört, ist das türkische Leben auf den griechischen Inseln, die Collision zwischen den christlichen und muselmännischen Moralgeboten mit Byron'scher Farbenpracht geschildert; ähnlich im „Sclavenhändler" und einigen anderen Novellen. Die dritte Novellengruppe wird durch eine feine, psychologische Anatomie charakterisirt, mit welcher der Dichter Herzensneigungen und sittliche Verhältnisse behandelt. „Die Künstlerehe" gehört in diesen Kreis. Feine Beobachtungen und Bemerkungen, besonders über die weibliche Natur, zeichnen sich ebenso aus, wie das Streben, die sittliche Zurechnung unter die Macht der Verhältnisse und der dunklen Naturgewalt zu verschleiern. In anderen Novellen waltet wiederum der Fatalismus; mit sonderbaren Verwickelungen, mit Blutschande und Brudermord in „Leonore di San Sepulcro." Ein mehr metaphysisches Problem, von Schefer freilich auf den Naturzusammenhang zurückgeführt, erläutert „die Erbsünde." Barocke Sprünge des Humors in Anlage und Durchführung finden sich in der „Lebensversicherung," im „Bauchredner" u. A., während die träumerische Gemüthswelt, die einen bis zur Unklarheit visionairen Schein über alle

Ereignisse ausgießt, in der „Osternacht" unter Schrecken der Natur und Verbrechen der Menschen ihre einsamen Erbauungs=stunden hält. Einen noch bedeutenderen Anlauf nimmt Scheser in der „Sibylle von Mantua," seiner letzten Novelle, einer allegorischen, schwunghaften Darstellung der in ihrer Liebe getäusch=ten, geistig gefesselten und zum Irrsinne getriebenen Menschheit und ihres heißen Erlösungsdranges. Die Form dieser „Novelle" ist barock; den Gestalten fehlt es an plastischer Sicherheit; die Handlung selbst ist mehr ineinander geträumt, als mit festen Bindegliedern dichterisch zusammengeschlossen. Dennoch sind viele höchst geistreiche Einfälle und eine brillante Polemik gegen das moderne Conventikelwesen in der Novelle enthalten, und es durch=weht sie ein solcher Lebensgeist aus der Tiefe, daß man trotz der haltlosen, springenden Form sich mächtig angezogen fühlt. In seinen letzten Lebensjahren ist Scheser mit einer größeren epischen Dichtung: „Homer's Apotheose" (1858) aufgetreten, von welcher nur die ersten zwölf Gesänge erschienen sind. Diese Dich=tung hat mit den langathmigen Epopöen, mit der Welt patheti=scher Götter und Helden nichts gemein; sie giebt in epischer Form eine Verherrlichung des Dichters und gleichzeitig ein Bild des ganzen vollen Menschenlebens, aus welchem die Blume der Dicht=kunst hervorblüht. Freilich, die Götter spielen mit; aber mit welcher köstlichen Naivetät, mit welcher feinen Ironie ist die Welt des Olympes behandelt! Mit welchen schalkhaften Erfindungen einer frei spielenden Phantasie hat Scheser die antike Mythologie bereichert! Was an tiefer Bedeutung in ihr liegt, das hat er aufbewahrt und geistvoll hervorgehoben — aber dieser in den Himmel geworfene Wiederschein der Menschenwelt zerrinnt bei ihm in die träumerische Magie eines phantastischen Spieles! Ein neckischer Humor zaust am Barte des gewaltigen Olympiers und schafft eine Reihe der niedlichsten Genrebilder, plastische Gemmen der Poesie, in denen heitere und muthwillige Gedanken ein zier=liches Gepräge gewinnen. Dabei ist von keiner Persiflage des epischen Styles die Rede, wie sie etwa in grober Holzschnitt=

manier Blumauer's „Aeneis" oder mit feinem Spotte Voltaire's „Pucelle" enthält, sondern der Dichter prägt die göttlichen Gestalten mit künstlerischer Liebe aus, und nur die Situationen, in die er sie bringt, haben irgend einen schalkhaften oder ironischen Zug, der uns verräth, daß der Dichter sie blos für sich zum Spielzeug geschaffen. Anders läßt sich die antike Mythologie heute von keinem Dichter mehr behandeln. Die Dichtung enthält Scenen und Schilderungen aus dem göttlichen und menschlichen Leben, welche, von einem andern Poeten behandelt, keck, frivol, anstößig erscheinen würden, aber Schefer besitzt die Grazie einer so harmlos lächelnden Naivetät, daß wir mit ihm getrost auf der Spur der süßen heiligen Natur wandern, und uns die conventionellen Rücksichten nicht weiter anfechten. Welche olympischen Kabinetsstücke malt uns der Dichter! Wenn Zeus der Thetis Audienz ertheilt, während er seine Göttin Here mit der goldburchwobenen Decke zudeckt, wenn anfangs die Decke nur von der Nasenspitze der Göttin aufgestaut wird, später aber Here aus Versehn und zum Trotz der Thetis die „weiße Zehe" hervorstreckt, „die Zeus mit der Hand, wie den Vogel das Kind," barg — so gewinnt der Olymp durch diese Scenen einen so bürgerlich häuslichen Anstrich, daß wir nur den „großblumigen Schlafrock" zu vermissen glauben. Auch in den Bildern aus dem Kreise des Menschenlebens ist unleugbar viel Lebens- und Naturwahrheit, wie sie sich nur der feinsten Beobachtung erschließt, und die Kraft einer plastisch-anschaulichen Darstellung. Hier tritt aber ein schwer lösbarer Widerspruch des Schefer'schen Talentes zu Tage. Dieser lichtvollen und greifbaren Detailmalerei entspricht keineswegs die Darstellung des Ganzen, die Fortbewegung der epischen Handlung, die in traumhaft ungegliederten Massen vor sich geht. Schefer knüpft in den Faden seiner Erzählung so viele Knoten, daß ihr klarer Verlauf allzu häufig getrübt wird. Wir kommen zu keiner rechten Erwärmung für das erzählte Geschick des Einzelnen und zu keiner Spannung, so bunt und abenteuerlich es verlaufen mag. Diese Darstellungsweise entspringt aber aus

der ganzen Weltanschauung des Dichters, welcher nicht das Einzelne
gilt, sondern das All, nicht das Geschehene, sondern sein tieferer
Sinn. Nach dieser Seite hin hat das ganze Gedicht eine ethische
Bedeutung. Die ganze Erzählung weist auf sie hin und ist fort=
während mit Gnomen durchwebt. „Der Koran der Liebe" und
„Hafis in Hellas" erscheinen in epischer Verkleidung. Die Ver=
göttlichung des Dichters ist der Grundgedanke des Werkes! Helden
und Götter brauchen den Dichter, um nicht der Vergessenheit
anheimzufallen. Ueber dem vergessenen Grabhügel des Achilleus
kreist ein lärmender Hochzeitreigen — und unter demselben, bei
den Schatten des Hades, empört sich der Held über sein entehrtes
Grab, steigt auf in der Feuersäule und mahnt die Mutter, daß
sie Zeus um den Sänger anflehe, der ihm in Göttergesängen
dauernden Ruhm schenke. Die Dichtung, ein großartiger Torso,
ist in Hexametern geschrieben, deren Mehrzahl sich durch Wohllaut,
anmuthigen Tonfall, spondäische Strenge und glückliche Benutzung
der malerischen Hilfsmittel, welche der Vers bietet, auszeichnet.

Wie Rückert in Neuseß, verlebte Schefer in Muskau in patri=
archalischer Ruhe seine letzten Jahre. Auch sein Nachlaß ist über=
reich an poetischen Ergüssen, von denen nur ein Theil von dem
Verfasser dieses Werkes herausgegeben wurde unter dem Titel:
„Für Haus und Herz. Letzte Klänge" (1866). Interessant
ist der Vergleich zwischen dieser Familienchronik und Rückert's
poetischem Hauskalender; denn die beiden westöstlichen Patriarchen
unserer Lyrik schlagen sehr verschiedene Klänge an.

Die polemische Seite der orientalischen Geistesrichtung, die
Leopold Schefer versteckte, wie ein Schwert unter Rosen, kehrte
mit aller Schärfe Georg Friedrich Daumer aus Nürnberg
(geb. 1800) hervor, der trotz seiner Feindlichkeit gegen die christliche
Weltanschauung gegenüber dem modernen Anthropologismus und
Kriticismus eine selbstständige Stellung behauptete. Auch Daumer
ist durchdrungen vom pantheistischen Geist des Orients; er hat
in den heitern Cultus der Sinne, der Natur und der Liebe einen
sinnigen Madonnencultus mit aufgenommen, der durch seine Werke

hindurchtönt, und dessen Hymnen er zuerst unter dem Namen
Eusebius Emmeran in der „Glorie der heiligen Jungfrau
Maria" (1841) anstimmte. Die Verherrlichung des Weibes
als des göttlichsten Naturwunders wird von Daumer mit feier=
lichem Gedankenpompe im Hauptschiffe seines neuen Glaubensdomes
celebrirt, während er in einer kleinen Seitenkapelle die Bettina
als moderne Madonna verehrt. Daumer ist ein erbitterter Gegner
der abstracten, spiritualistischen Moral „der Menschenopfer"; als
Motto seiner Schriften könnte man den Goethe'schen Spruch aus
der „Braut von Corinth" voranstellen:

> „Opfer fallen hier,
> Weder Lamm noch Stier,
> Aber Menschenopfer unerhört."

Daumer läßt sich weder auf eine Kritik des christlichen Dogmas,
wie Strauß und Feuerbach, noch auf eine Kritik der biblischen Ge=
schichte, wie Strauß und Bruno Bauer, ein; er sucht den Zusammen=
hang der christlichen Religion mit düsteren altjüdischen Traditionen
nachzuweisen („der Feuer= und Molochdienst der Hebräer,"
1842); er wühlt in den historischen Criminalacten des Christenthu=
mes, um blutige und barbarische Antecedentien zu entdecken, welche
seine menschenfeindliche Tendenz in das klarste Licht stellen sollen;
er ist ein Archivar und Antiquar alter historischer Traditionen, die er
in seinem Sinne verwerthet („Die Geheimnisse des christ=
lichen Alterthums," 2 Bde. 1847). Neben diesem mehr nega=
tiven Wirken, welches dem Spiritualismus den Heiligenschein vom
Haupte zu reißen und seine Grundvesten zu unterminiren sucht, geht
die positive Befruchtung der Daumer'schen Poesie aus der
orientalischen Allgottsfeier und ihrem sensualistischen Cultus. Hier=
her gehören die „Liederblüthen des Hafis" (zwei Samm=
lungen 1846—51), „Mahomet" (1848) und die „Religion
des neuen Weltalters" (3 Bde. 1850). Die Nachdichtungen
des Hafis, des weltberühmten Mohammed Schemseddin, der
Sonne des Glaubens, athmen in freien Variationen den Geist
des Originals, von welchem Daumer selbst in der Vorrede sagt:

„Hafis erscheint hier als der geschworene Feind aller Pfaffen, Mönche, Mystiker und Schulpedanten, einer Klasse von Menschen also, deren Zunftgenosse und College er selber ist, zu der er aber innerlich den totalsten Gegensatz bildet; er offenbart eine so unendliche Fessellosigkeit nach jener Seite hin und eine so reine, ungetrübte, göttliche Seligkeit und Sicherheit in sich selbst, er entwickelt eine so herrliche, heitere, objective Weltanschauung und ist zugleich so außerordentlich geistreich in Ausdruck und Form, daß man wohl sagen kann, Niemand in der Welt habe das tiefwurzelnde Uebel einer abstracten und negativen Denkart, sowie sie in Orient und Occident ihre leidigen Repräsentationen hat und ihren lebensfeindlichen Einfluß übt, vollständiger überwunden und den entgegengesetzten Standpunkt ingeniöser vertreten und verfochten, als dieser mit wunderbarer Umkehrung des gewöhnlichen Laufes der Dinge statt im Lenze des Lebens in dessen Winter erblühende und in glänzender Jugend des Geistes dastehende Dichtergreis." Die Form der Daumer'schen Nachdichtungen ist klar, graciös und melodisch und läßt die heitere Weltlust dieser tendenzlosen Wein- und Liebeslieder zu voller Geltung kommen. In den heiteren Klang der Gläser tönt stets ein dumpfes Pereat hinein, ein Ausfluß des verhaltenen Grolles:

> „Bringe mir den Stein der Weisen,
> Bringe mir den Becher Dschemschids,
> Mir den Spiegel Alexanders
> Und das Siegel Salomonis,
> Bringe mir mit einem Worte,
> Bring', o Schenke, bringe Wein!
> Wein, daß ich die Kutte wasche,
> Die befleckte von des Hochmuths
> Und des Hasses schwarzem Makel;
> Wein, daß ich das Garn des Unsinns,
> Welches über Welt und Leben
> Pfäffischer Betrug gebreitet,
> Mit gestärktem Arm zerreiße;
> Wein, daß ich die Welt erob're;
> Wein, daß ich den Himmel stürme;

Wein, daß ich mit einem Sprunge
Ueber beide Welten setze;
Bring', o Schenke, bringe Wein!

Die pantheistische Weisheit Rückert's und Schefer's beschränkt sich hier auf einzelne Lehren des Lebensgenusses und auf die Polemik gegen jede weltfeindliche Tendenz und Anschauung. Das sind die Dornen der „Rosen von Schiras," deren Duft sonst von berauschender Lieblichkeit ist. Mit entschiedener Hinneigung zum Islamismus, dessen Moralprincip von Daumer über das christliche gestellt wird, hat er in „Mahomet" das Marmorbild des Propheten gemeißelt und mit zahlreichen poetischen Reliefs geschmückt. Die orientalische Welt wurde gegen die christliche Ascese in das Feld gerufen, und ihr geistiger Führer durfte auf diesem Schlachtfelde nicht fehlen. Nach der Ehrenrettung des Muhamedanismus versuchte Daumer eine „Religion des neuen Weltalters" zu begründen, indem er die Offenbarungen unserer größten Dichter und Denker unter bestimmte Gesichtspunkte religiöser Anschauung brachte und ihren aphoristischen Aussprüchen die Würde von Glaubensartikeln gab. So entstand eine tendenziöse Anthologie, ein moderner Koran, dessen Bedeutung keineswegs zu unterschätzen ist. Denn da unsere Dichter und Denker in mustergültiger Weise das Bewußtsein der Nation und der Zeit aussprechen und für ihre Anschauung der höchsten und tiefsten Dinge maßgebend sind: so ist in ihren Werken ohne Frage der Kern einer neuen Religion oder mindestens einer neuen Auffassung der alten enthalten, welche mit der modernen Bildung auf gleicher Höhe steht. Der Versuch einer Auswahl und Anordnung poetischer Sprüche unserer Genien von diesem Gesichtspunkte aus, eine Sammlung alles dessen, was sie besonders über Gott, Natur und das Weib gedacht und empfunden, in der das Verwandte aus verschiedenem Munde schön und treffend zusammenklingt und der gemeinsame Grundzug des modernen Geistes sich auch bei dem verschiedenartigsten Tone der einzelnen Orakel nicht verleugnet, überrascht gerade durch das Band der Einheit, durch die kaum erwartete

Harmonie, in welcher sich in Bezug auf die höchsten Güter der Menschheit unsere großen Geister begegnen. Ein von aller Mystik freier Cultus der Natur und des Geistes und eine auf ihn begründete, echt menschliche Sittlichkeit bilden den Kern der „neuen Daumer'schen Religion," zu welcher Goethe und Bettina die meisten Bausteine zusammentrugen. Daumer ist gleichsam der Evangelist dieser modernen Religionsstifter, der ihre Urkunden kapitelweise sammelt und im Stillen frohlockt, daß die Töne einer sinnlichlebendigen Weisheit so mächtig und voll in den Worten unserer Classiker erklingen, während der Scherbenberg des Spiritualismus mit den Trümmern aller ascetischen Weihgefäße unbeachtet vermodert. Der Daumer'sche Cultus des Weibes sucht in den „Frauenbildern" (3 Bde. 1853) eine individuelle Färbung zu gewinnen. Der Dichter führt uns in eine Gemäldegallerie weiblicher Portraits mit lyrischen Unterschriften, ein Salon, der sich vom Pariser Salon Heine's durch größere Würde, Feinheit und Grazie unterscheidet. Den meisten Versen ist Schmelz und Melodie nicht abzusprechen; diese Liebespoesie hat Adel und seelenvolle Bewegung und wird niemals bacchantisch in ihren Licenzen, aber die Gestalten schaffende Kraft des Dichters ist nicht groß genug, um die Varietäten dieser Schönheitsflora trotz des Farbenreichthums der verführerischen Locken und Augen unserem inneren Auge anschaulich zu machen. So lesen wir antheillos die Namen dieser weiblichen Kalenderheiligen, die trotz alles süßduftenden lyrischen Weihrauches und der rhythmischen Harmonieen unsere Seele nicht rühren.

Für die Literatur ohne Bedeutung, aber nicht ohne psychologisches Interesse war die Bekehrung des modernen Hafis und „Pfaffenfeindes," der im Jahre 1858 zu Mainz zur katholischen Kirche übertrat. Seine Bekenntnißschriften „Meine Conversion" (1859), „Aus der Mansarde" (1860) u. a., seine „Marianischen Legenden und Gedichte" (1862) haben an und für sich nur geringen Werth; sie legen nur Zeugniß ab für eine Phantasie, welche in der Kaaba wie in St. Petri Dom nur ihre eigenen verzückten Visionen erblickt.

Neben dem Pantheismus Rückert's und Schefer's und dem Sensualismus Daumer's konnte auch die beschreibende Lyrik am poetischen Brunnen des Orients schöpfen, ohne in die Tiefe seiner Weltanschauung herabzusteigen, zufrieden mit dem eigenthümlichen Reize, den die Pracht des Colorits, den Natur und Volkssitte ausüben.

"Von der Wüste starrem Sande,
Wie zum Schutze rings umglüht,
In des Weihrauchs Vaterlande
Reicher Dichtung Blume blüht.

Dort, wo die Oasen grünen,
Inseln in dem heißen Meer,
Unter freien Beduinen
Haucht sie milden Duft umher;

Dort, wo Tod aus Liebestreue
Herrlich ehrt, wie Schlachtentod,
Wo in ewig heit'rer Bläue
Sich verjüngt das Morgenroth,

Hin in's Weite laßt uns jagen,
Lagern uns beim heitern Mahl,
Mit dem muth'gen Räuber schlagen,
Gastlich ruh'n im Quellenthal.

Und wenn Palmen uns umragen,
Und wenn Myrrhen uns umblüh'n,
Singen wir von kühnem Wagen
Und von heißer Liebe Glüh'n."

Mit dieser lyrischen Ouverture leitet Heinrich Stieglitz aus Arolsen (1803—1849), der Gatte jener Charlotte, welche sich 1834 selbst tödtete, um dem Talente ihres Mannes in dieser gewaltsamen Weise einen erhöhten Aufschwung zu geben, seine "Bilder des Orients" (3 Bde. 1831) ein. In Heinrich Stieglitz pulsirt von Hause aus eine feurige, dichterische Ader; ein lebendiger rhythmischer Schwung trägt seine Gedanken und Bilder; aber eine dithyrambische Zerflossenheit beeinträchtigt ihre Wirkungen. Es fehlt ihm die echte Tiefe des Geistes und seiner Poesie der energische Zusammenhalt. Sie stürmt bacchantisch hinaus in's Weite; eine innere Unruhe treibt sie in den Orient; sie will sich selbst entfliehen und giebt sich ganz hin an die Fülle der äußeren Erscheinungswelt; aber eine echte Dichternatur gebiert die Welt aus der eigenen Tiefe wieder. Die Weltanschauung von Stieglitz ist durchaus nicht orientalisch; in ihm ist alles Kampf, Bewegung, Fortschritt, jungdeutscher Entwickelungsdrang. In den „Stimmen der Zeit" (1834) tönt in vollklingenden Strophen voll rhythmischer Kunst aus antiken und modernen Stoffen heraus ein Freiheitssinn, der sich an der Bewegung und Gährung der Zeit erfreut und die Mythen des Alterthumes, den christlichen Glauben und die weltgeschichtlichen Thaten der Neuzeit in diesem Sinne deutet. Mächtig ertönt der Posauf nach „Freiheit des Gedankens, des Wortes"; Alexander der Große und der große Friedrich werden heraufbeschworen, ihn zu verbürgen, und mit bitterem Mißmuthe und Hohne geißelt der Dichter die Gegner der freien Bewegung. Diesen Kampf der alten und neuen Zeit schildert Stieglitz in der lyrischen Tragödie: „Dionysosfest" (1836), welche in mancherlei dialogischen und rhythmischen Variationen die Werdelust, den Schöpfungsdrang und den Sieg eines neu hereinbrechenden, heiteren Lebenscultus feiert. Der Adel und Schwung dichterischer Begeisterung durchweht die Jubelhymnen der Bacchanten und des Dionysos heilkündende Lebensweisheit; aber sieht man genauer nach, so entdeckt man bald, daß es nur zwei bis drei Gedanken sind, welche in der farbenreichsten Einkleidung immer wiederkehren, daß sie der Dichter nicht innerlich zu vertiefen und nicht dramatisch auszuarbeiten verstand. Das ganze Werk ist ein Disputatorium zwischen Lykurgos und Dionysos, zwischen der alten und neuen Weltanschauung, durchwirkt mit dem häufigen Evoë! des Thyrsusschwingenden Chores. Dem Feuer, dem Schwunge dieses Dichters fehlt es an dem rechten Gedankenstoffe; er ernährt ihre Flamme nur mit wenigen dürren Stichwörtern und allgemeinen Begriffen. Die Sehnsucht nach concreter Färbung trieb ihn in den Orient, dessen unbewegte Weisheit zu seinem unruhigen Drange im augenscheinlichsten Widerspruche stand. Er sucht dort keine Brahmanensprüche, kein Laienbrevier, nur bunte Bilder im poetischen Dufte der Ferne. Er sattelt sein arabisch Roß, schweift in den Wüsten umher, lebt im Nomadenzelte und lauscht der Erzählung der Zeitgenossen, aus der er Balladen und Tragödieen schafft, bilderreich, farbenprächtig, melodisch, aber ohne originellen geistigen Nerv. Einen ähnlichen Ton schlug der freisinnige, edle Graf Alexander von Württemberg[1]) (1801—1844) in seinen „Liedern des Sturmes" an, — eine beschreibende Naturpoesie, die in Freiligrath ihre höchste Vollendung erreichte.

Bei diesem concreten Eingehen auf den Orient fingen die Dichter allmählich an, sich in seine Länder zu theilen. Der eine tauchte sich in die Fluthen des Ganges, der andere pflückte die Rosen von Schiras, die bald in allen dichterischen Vasen standen, denn jeder junge Poet räusperte sich in Ghaselen, und jeder alte plauderte in Makamen; ein Dritter pilgerte durch die arabische Wüste, ein poetischer Kameelritt, dem bald alle erquickenden Wasserschläuche auszugehen drohten. Bei dieser Theilung des Orients behielt sich ein junger Dichter von feinem Sinne und geschmackvoller Eleganz jenes völkerreiche Gebirge vor, dessen kräftige Bewohner den Geist des Ostens und Westens in sich zu vereinigen scheinen, deren erfreuliche Heldenkraft, welche die Burg der Freiheit in jahrelangem Kampfe vertheidigte, ihnen die Sympathieen des Abendlandes dauernd zugewendet. Mehr als Abd el Kader und die Kabylen des Atlas in ihrem Kampfe gegen die französische Civilisation war Schamyl und seine Abechen und ihr nationaler Krieg gegen die russische Herrschaft in Europa volksthümlich geworden. Während in Tiflis, der Hauptstadt des prächtigen Georgiens, von Mirza-Schaffy's Lippen die Lehren jener orienta-

---

[1]) „Gedichte" (1837); „Gesammelte Gedichte" (1841).

lischen, heiteren Lebensweisheit und unerschütterlichen Gemüthsruhe strömten, entbrannte auf den Höhen und Thälern des riesigen Bergwalles bis an das Gestade des schwarzen Meeres hin ein an edelen und großen Zügen reicher, unermüdlicher Kampf. Es war der Orient zugleich in seiner Ruhe und Bewegung. Dazu dies ebenso üppige und erhabene Naturpanorama! Es schien hier die Heimath der echten weströstlichen Poesie zu sein, und so war es kein Wunder, daß ein Dichter von solchem ausgeprägten Sinne für die Eigenthümlichkeit des Natur- und Volkslebens, wie Friedrich Martin Bodenstedt (geb. 1819), sich mit seiner ganzen Poesie im Kaukasus ansiedelte, einer Poesie, die zahlreiche lyrische und epische Blüthen trieb, die aber ein spätgeborenes Kind ethnographischer Studien ist. Eine solche Beschränkung auf eine „Spezialität," wie sie sich bei Bodenstedt ausprägt, gehört in Deutschland zu den Seltenheiten; und doch ist ein so begrenztes Wirken um so fruchtbringender. Bodenstedt hat lange in Moskau und Tiflis gelebt, mit dem Studium der slavischen und orientalischen Sprachen beschäftigt. „Die Völker des Kaukasus" (1848) und „Tausend und ein Tag im Orient" (2 Bde. 1850) waren neben einigen anderen geographischen Werken die Früchte seines Aufenthaltes in Georgien und seiner Reise im Kaukasus. In der letzten Schrift werden wir vom Dichter bei Mirza-Schaffy, dem Philosophen von Tiflis, eingeführt, der uns seine an Hafis anklingenden Weisheitslehren mit vieler Grazie offenbart. Diese in mehr als fünfzig Auflagen erschienenen „Gedichte des Mirza-Schaffy" (1851) gab Bodenstedt gesondert heraus; sie begründeten seinen Dichterruf. Denn er handhabte die Form mit seltener Anmuth, mit einschmeichelnder Gewandtheit; unwillkürlich prägten sich diese Rhythmen dem Ohre ein; selbst in den Nachdichtungen von Hafis hatte die Weisheit des heiteren Lebensgenusses nicht einen so naiven Ausdruck gefunden. So verlockend perlte der Schaum in dem weströstlichen Lebenskelche; ein leiser humoristischer Anflug nahm dem Cultus der Liebe, der Schönheit und des Weines die dithyrambische Feierlichkeit und machte ihn heimisch in jedem traulichen Kreise. Der Orient commerschirte und stieß an mit dem Occidente, und bei dem hellen Gläserklange fühlte man nur die heitere Freude, ein Mensch zu sein. In dem neuen Liederbuche: Aus dem Nachlasse Mirza=Schaffy's (1874) finden sich allerlei funkelnde lyrische Edelsteine und manche werthvolle Gedankenperlen, wenn auch Mirza Schaffy etwas älter geworden ist, statt der dithyrambischen Feier von Wein und Liebe das Gnomische, die Sprüche der Weisheit vor= zieht und hinundwieder ein etwas schleppender Ton an die Stelle des graziös=geflügelten der ersten Mirza=Schaffy=Lieder getreten ist.

In den „Gedichten" (1853) und den neuen Gedichten „Aus der Heimath und Fremde" (2 Thle. 1857—60) suchte sich Bodenstedt von der Anlehnung an die orientalische Poesie zu emancipiren. Sie enthalten einzelne prächtige Natur= bilder und vortreffliche Schilderungen, auch Didaktisches von Werth; aber im Ganzen überwiegt die formelle Seite, die Fertig= keit der Aneignung, die Sicherheit technischer Begabung. Alle diese Klänge gemahnen uns freundlich, aber oft bekannt; kein origineller Dichtergenius schlägt in diesen Poesieen sein großes, feuriges Auge auf; aber ein liebenswürdiges Talent ordnet die Blumen sinnig zum Kranze, führt uns mit seiner Deutung durch Natur und Menschenwelt, und eine männliche, freie Gesinnung adelt die meist correcte Form, die bald an Byron und Puschkin, bald an die östliche Dichtweise anklingt. Dasselbe gilt von seiner umfangreichen poetischen Erzählung: „Ada, die Lesghierin" (1853), welche vortrefflich colorirte Bilderbogen aus dem Kaukasus an einen epischen Faden reiht. Trotz aller Schönheiten im Ein= zelnen, besonders nach der pittoresken Seite hin, trotz aller Fülle der überall ausgestreuten Gnomen, dieser klaren, anmuthigen, aber in Wiederholungen schwelgenden Weisheit, trotz der kräftigen Einfachheit der einzelnen Kampf= und Sittenschilderungen kann Ada nicht für ein exotisches Volksepos gelten; denn dazu fehlen die großen Gesichtspunkte, die majestätische Entfaltung der Massen und eine markig hervortretende Plastik. Wohl sind die Volkssitten mit Treue und ein=

gehender Genauigkeit geschildert; auch hat der Styl der Dichtung fast durchweg Adel und Simplicität, wenn auch die Form durch den willkürlichen Wechsel gereimter und reimloser Trochäen ihre Einheit stört; aber das novellistische Element drängt sich mit stark subjectiver Färbung so vor, daß wir nicht den Eindruck einer imponirenden Totalität erhalten, sondern den eines in Fragmente zersplitterten Romanzencyclus. Die Schilderung des Bajaderentanzes von Baku, Schamyl's und seiner Begleiter und viele andere glänzende Episoden sprechen für das Talent des Dichters, Bilder, Gedanken und Verse malerisch zu gruppiren, ein Talent, mit welchem seine Fähigkeit, Charaktere innerlich lebendig zu machen und die Handlung durch überzeugende Motive in spannender Weise fortzuführen, nicht Schritt hält. Denselben Mangel finden wir in Bodenstedt's historischer Tragödie: „Demetrius" (1856) wieder, welche sich in den Hauptzügen wohl an den Schiller'schen Plan anschließt, und die im Einzelnen manches treffende Genrebild aus dem Volksleben enthält, während sie im Ganzen die dramatische Energie allzusehr vermissen läßt. Die Sprache ist zwar nicht ohne correcte Einfachheit und edle Haltung, doch ohne die große Passion, welche der tragischen Tiefe des Stoffes entspräche.

Daß Bodenstedt Puschkin's Werke in einer meisterhaften Neudichtung (2 Bde. 1854) der deutschen Nation angeeignet hat, ist ein Verdienst, welches dadurch nicht geschmälert wird, daß der berühmteste russische Dichter keineswegs auf einem Niveau mit unseren großen Dichtergenien steht, ja nicht einmal mit dem geistesverwandten Byron, sondern in seinem Hauptepos: „Eugen Onägin," einer gereimten Novelle, in welcher die Russen ihre Faustiade feiern, nur die jungdeutsche Blasirtheit in Verse bringt und in einer unerfreulichen Mischung von Hypercultur und Barbarei der russischen Nation einen von ihr selbst anerkannten Spiegel vorhält. Außer diesen Dichtungen hat Bodenstedt noch andere russische Dichter, namentlich Michael Lermontoff und Alexei Kolzoff in's Deutsche übersetzt.

Die Uebersetzungen Bodenstedt's sind vortrefflich und lesen sich wie Originale. Namentlich gilt dies auch von den übersetzten „Sonetten" Shakespeare's, welchen zwar der Pomp und die wuchtige Schwere des Shakespeare'schen Styles fehlt, die aber selbst kleine Kunstwerke von der liebenswürdigsten Grazie sind. Das Gebiet der altbrittischen Dichtung ist überhaupt eine neue Domaine der Bodenstedt'schen Muse geworden. Der Dichter warf sich mit Eifer auf das Studium der altbrittischen Dramatik und ließ „Shake=speare's Zeitgenossen und ihre Werke in Charakteristiken und Uebersetzungen" (Bd. 1—4, 1858—60) erscheinen, ein Werk, das uns zuerst ein lebendiges Bild der dramatischen Bewegung in der Epoche des altbrittischen Schauspiels gab. Außerdem gab Bodenstedt unter Mitwirkung der formgewandtesten Schriftsteller eine neue Uebersetzung von „Shakespeare's sämmtlichen Werken" heraus (1866—1871). Diese vielseitige dichterische Regsamkeit, welche das Vermittleramt zwischen fremdländischer und deutscher Poesie mit ebensoviel Eifer wie Grazie ausübt, hierbei wie in den eigenen Schöpfungen unterstützt durch seltene Form=beherrschung und liebenswürdige Frische und Ungezwungenheit des Naturells, ist das vorherrschende Gepräge der „Gesammelten Schriften" Bodenstedt's (12 Bde. 1865—68), während seine Sammlung von Erzählungen nur als beiläufige Abfälle seiner historischen Studien zu betrachten sind.

Bodenstedt gehörte seit 1854 dem Kreise an, welchen der kunst=sinnige König Max von Baiern um sich versammelt hatte. Nach dem Tode dieses Fürsten folgte er einem Rufe des Herzogs von Meiningen, der ihn zum Intendanten des Hoftheaters machte und in den Adelsstand erhob. Seit 1869 gab indeß Bodenstedt diese Stellung auf und lebt jetzt als Pensionair des Herzogs in der kleinen thüringischen Residenz.

Der Einfluß der orientalischen Poesie auf die didaktische Dichtung war in Deutschland so überwältigend, daß alles, was einen lehrhaften Charakter hatte, wie durch inneren Zwang zu diesen Formen flüchtete. Auch die Liebespoesie glaubte der Trivialität entnommen zu sein, wenn sie ihre Empfindungen in der ihnen durchaus ungünstigen Form der Ghaselen und ihrer bis zur Ermüdung wiederkehrenden Endreime aussprach. Wir können in den Ghaselen und Makamen nur Vers- oder Reimstudien finden; einen nachhaltigen Einfluß werden sie nicht auszuüben im Stande sein. Nur für gewisse Arten der didaktischen Dichtung, welche einen einzelnen Lehrsatz durch eine Menge von Fällen illustriren und durch einen wiederkehrenden Reim immer wieder auf ihn zurückweisen, mögen die Ghaselen am Platze sein. Wie wenig sich unsere moderne Didaktik dem Rückert'schen und Schefer'schen Vorbilde zu entziehen vermochte, das bewies eine zahlreiche Menge moderner Spruchsammlungen, in denen allen diese Geschwätzigkeit und Beschaulichkeit des Orients vorherrscht. Der zu früh verstorbene Eduard Boas flocht in den „Sprüchen und Liedern eines nordischen Brahminen" (1842) indische Weisheitsblumen mit ägyptischen, griechischen, persischen Legendenblüthen zum Kranze; Ludwig Wihl ließ „westöstliche Schwalben" (1847) flattern. Am meisten von diesen Dichtern hat Julius Hammer (1810 bis 1862) sich durch mehrere Gedichtsammlungen: „Schau' um dich und schau' in dich" (1851), „Zu allen guten Stunden" (1854), „Fester Grund" (1857), „Auf stillen Wegen" (1859) bei dem Publikum beliebt gemacht, indem er die orientalische Lebensweisheit auf den modernen Gesellschaftshorizont visirt und in anmuthig plaudernden Makamen voll liebenswürdiger Gemüthlichkeit die Güter des Herzens und des Lebens preist, die jedem einfachen Sinne nahestehen. Auch in diesen Dichtungen herrscht das Beschauliche und Erbauliche vor; auch sie erinnern an Rückert und Schefer; aber die Form ist frei von sclavischer Nachahmung, und der thatkräftige Geist des Abendlandes bricht oft in energischen Rhythmen durch und preist jene höhere, aus dem Kampfe geborene Sittlichkeit, welche der Orient nicht kennt.

Dritter Abschnitt.
Die österreichische Lyrik:

Joseph Christian Freiherr von Zedlitz — Anastasius Grün — Nicolaus Lenau — Karl Beck — Moritz Hartmann — Alfred Meißner. Naive und humoristische Lyriker.

Wie das schöne, poesiereiche Schwaben wurde auch Oesterreich die Heimath einer Lyrik, die nicht blos ein provinzielles Gepräge trug, sondern eine bestimmte Entwickelungsstufe der deutschen Lyrik überhaupt vertrat. Der allgemeine Reformdrang, der seit 1830 die ganze deutsche Nation ergriffen, hatte auch in Oesterreich, besonders unter der Aristokratie, Proselyten gemacht; begabte Dichtergeister waren von ihm erfüllt; eine schönere Zukunft dämmerte in unbestimmten Umrissen vor ihrer Seele auf. Diese geistige Morgendämmerung, am Himmel das Frühroth, im Herzen die Träume der Nacht und die Gestalten der Erde in zweifelhafter Beleuchtung, war das Lebenselement jener österreichischen Lyrik, die es zu einer nationalen Bedeutung brachte. Alle diese Dichter waren Dämmerungsfalter, die sich am köstlichen Frühthaue des Geistes erquickten, um halberschlossene Blumen flatterten, aber nicht wagten, den geöffneten Kelch am hellen Tage zu küssen. Die Magie der geistigen Frühe umschwebt diese duftigen und funkelnden Schöpfungen, in denen die F a r b e die G e s t a l t überwiegt. Der Genius, der sich zu weit vorwagte im skeptischen Dämmerungsfluge, kämpfte vergebens mit den Strahlen der Sonne. Die schwäbische Dichterschule hatte das Mittelalter verherrlicht; alle diese österreichischen Dichter sind Söhne der neuen Zeit. Die orientalische Lyrik hatte eine beschauliche Weisheit gelehrt; diese Dichter sind thatkräftige und freiheitsdurstige Söhne des Abendlandes. Die Sonne der neuen Weltgeschichte strahlt ihnen — und wäre es, wie bei Zedlitz, die Sonne von Marengo: Ob Napoleon oder Radetzky, die Helden von Polen oder Hellas — es sind Gestalten der Neuzeit, die uns in ihren Dichtungen begegnen.

Doch nur selten begrüßen wir das bestimmte geschichtliche Bild, die ausgeprägte Gestalt; es ist eine Welt von Ahnungen, die sich uns in traumhafter Beleuchtung erschließt. Der feurigen Sehnsucht wird alles zum Symbole; in angstvoller Hast reiht sich Bild an Bild, um klarer zu machen, was ihr im Herzen lebt; aber ihre eigene Unbestimmtheit läßt sich unter keinem Bilderluxus verstecken. Wir haben hier die Vorläufer der politischen Lyrik vor uns, welche dieser Sehnsucht in Bezug auf Formen des Staates und Fragen der Gegenwart einen bestimmteren Ausdruck gab. Die österreichische Lyrik war in ihrem geistigen Grunde tiefer; denn in ihren traumhaften Umrissen spiegelte sich der ganze Kampf der alten und neuen Zeit, zwar nicht klar hingestellt in Postulaten des Verstandes, aber mit Andacht und Inbrunst, mit der ganzen Wonne dichterischer Empfängniß vom tiefen, begeisterten Gemüthe erfaßt. Auch Meißner und Hartmann, welche nicht Vorläufer der politischen Lyrik sind, sondern ihre Nachblüthe bezeichnen, halten sich von concreten politischen Problemen fern und sind, wie Grün und Lenau, mehr Hohepriester einer socialen Reform, einer aus dem Gemüthe herausgeborenen Weltbeglückung und Menschheitserlösung, als dichterische Volkstribunen mit bestimmter Forderung. Neben diesen Propheten der Dämmerung und ihren geheimnißvollen Erregungen und Visionen nimmt aber in Oesterreich die Lyrik der Masse ihren ungestörten Fortgang und spiegelt die breite Basis des nationalen Lebens, die nicht, wie seine geistigen Spitzen, vom Frührothe berührt wird. Hier begegnen wir allen möglichen jovialen und trivialen Herzensergießungen, einer bunten Bilderschau, die alles ohne Unterschied in den poetischen Guckkasten aufnimmt und zur Drehorgel Balladen singt; hier begegnen wir sentimentalen, melancholischen, wollüstig üppigen Klängen und humoristischen Lazzis in den privilegirten Schaubuden des Witzes; denn wir befinden uns hier im Prater und Augarten der Poesie und müssen uns mit kritischem Ellenbogen den Weg durch das dichterische Gedränge bahnen. Hier herrscht die unbegrenzte Gemüthlichkeit, deren Kunstsinn von jedem Geiger befriedigt, und die durch kratzende Mißtöne um so wehmüthiger gestimmt, um so tiefer gerührt wird. Dennoch finden wir auch bei den Talenten dritten Ranges eine überraschende Virtuosität der Form und jene wuchernde Bilderfülle, deren Ranken sich von den Meistern des österreichischen Sanges in die tieferen Regionen herabsenken.

Joseph Christian Freiherr von Zedlitz aus Johannisberg in österreichisch Schlesien (1790—1862), 1809 österreichischer Husarenofficier und Mitkämpfer gegen Napoleon, seit 1837 im Ministerium der auswärtigen Angelegenheiten beschäftigt, thätig als Publicist der Metternich'schen Schule, neigt sich von den bedeutenderen österreichischen Lyrikern am meisten der romantischen Richtung zu, der er auch als Nachdichter Calderon's und Schicksalstragöde in Trochäen angehört. Sein erstes Stück: „**Turturell**" (1819), seine „**zwei Nächte zu Valladolid**" (1823), „**der Königin Ehre**" (1828), der nach Lope de Vega bearbeitete „**Stern von Sevilla**" (1829) und die dramatische Fortsetzung von Goethe's Tasso: „**Kerker und Krone**" (1833) sind bei allem Formtalente, das sich nicht blos in der melodischen Behandlung des Verses, sondern auch in der geschickten theatralischen Technik zeigt, nicht bedeutend genug, um ihm als Dramatiker eine hervorragende Stellung zu sichern. Nicht blos die spanischen Vorbilder, sondern auch die Schiller'sche Diction tönt beständig aus seinen Versen heraus. Bedeutender dagegen ist Zedlitz als Lyriker. Er durchbricht den Kreis der beschränkten, nur mit Herzensinteressen beschäftigten Liederpoesie, er greift, von Byron und Platen angeregt, mit sinniger Vertiefung hinüber in die Weltgeschichte und legt seine „**Todtenkränze**" (1827) auf große und berühmte Gräber. „Der Geist des Grabes" führt den Dichter, dem die Begeisterung das Höchste und Preiswürdigste scheint, zu den Grüften aller Derer, die sich selbst in ihren Gluthen verzehrt, mochte sie nun als die Leidenschaft des Ehrgeizes und der weltbewegenden That, wie bei Wallenstein und Napoleon, oder als die überwältigende Kraft maßloser Liebe, wie bei Petrarca und Laura, oder als die selbstzerstörende Gluth des

Genius, wie bei Tasso und Byron, in ihnen lebendig sein. Diese Wanderung, auf welcher uns der Dichter glänzende poetische Epitaphe jener großen Charaktere lesen läßt, vermag nicht, ihn zum Zweifel an der segenbringenden Macht echter Begeisterung zu bewegen. So deutet er auf die Gräber weiser Regenten und großer Dichter, welche der Menschheit heilspendende Vermächtnisse hinterlassen und nicht verzehrt wurden von der sorgsam gehegten Flamme des Geistes, auf die Gräber eines Joseph II. und Shakespeare u. A., und ersieht für die Zukunft das fernere fruchtbringende Walten dieser edeln und maßvollen Begeisterung. Das ist alles schön gedacht, tief empfunden und dargestellt in melodischer Form. Die Melancholie, welche durch diese Canzonen weht, ist nicht aus hypochondrischen Grillen hervorgegangen; sie singt nur die Elegieen des Weltgeistes nach. Es war dies ein großer Aufschwung aus der Heimlichkeit der romantischen, eingesponnenen Chrysalidenpoesie, und Zedlitz muß als bahnbrechend für die Wendung der österreichischen Lyrik zur zukunftsvollen Begeisterung auf den Bahnen des politischen und socialen Fortschrittes angesehen werden, wenn er auch selbst nicht die Kraft besaß, sich auf dieser Höhe zu behaupten. Auch die Form der „Todtenkränze" ist eigenthümlich, von südlicher Pracht und Harmonie, aber maßvoll in Bildern und Gedanken, ohne Neuheit und Keckheit, ohne scharf hervortretende Originalität. Das blitzartig Hingeworfene, das genial Ueberraschende eines Grün und Lenau fehlt diesen sanftverketteten, geschmeidigen Rhythmen, die in ihrem eigenen Wohllaute zu schwelgen scheinen und in klarem Strome die klaren Bilder der Diction spiegeln. Unter den übrigen „lyrischen Gedichten" (1832), von denen sich „die nächtliche Heerschau" als eine der bekanntesten und vorzüglichsten echt modernen Balladen durch drastische Anschauung und magischen Schwung auszeichnet, findet sich viel Mattes, viele Sternschnuppen aus der „mondbeglänzten Zaubernacht" der Romantik, zu welcher der Dichter im „Waldfräulein" (1843) wieder ganz zurückgekehrt ist. Eine zarte Jungfrau, ein edler Jüngling, eine Fee und ein Köhlerweib, Nixengesänge, graue Schwestern, ein Grauweiblein, etwas naive Sünde und lange Entsühnung, dazu Waldeinsamkeit, Glockengeläute, Buchfinken, Hänflinge und Zaunkönige, Hirsche, Ferkelchen, Zicklein, Kater, Nachtigallen, Gockelhähne und rothe blühende Bohnen bilden ein Compot, welches durchaus nach dem altbekannten Recept der romantischen Waldpoesie zusammengesetzt ist. Die vierfüßigen Jamben mit den Klappreimen tragen nicht wenig dazu bei, diese Waldpoesie monoton und ungenießbar zu machen. Daß uns hin und wieder eine anmuthige Schilderung oder zart ausgedrückte Empfindung überrascht, kann für die vielen Trivialitäten, mit denen wir überschüttet werden, nicht entschädigen. Da läßt man sich noch eher das „Soldatenbüchlein" (2 Hefte, 1849—1850) gefallen, in welchem der österreichische Patriotismus, ohne höheren Schwung und in düsterer, absolutistischer Haltung, einen warmen Ausdruck findet, während die „Altnordischen Bilder" (2 Thle. 1850) durch ihre Kälte, das fremdartige, nordische Wesen und seine phantastischen Uebertreibungen mehr befremdend, als anziehend wirken. So hat Zedlitz nur einmal oder zweimal einen glücklichen Griff gethan, im Uebrigen aber das dilettantische Umhersuchen gezeigt, das allen formgewandten Talenten eigen ist, die nicht selbstständig und fest auf einer granitenen Gedankenbasis ruhen.

Ein tieferes, bestimmteres geistiges Gepräge hat die Lyrik von Anastasius Grün (Graf Alexander von Auersperg, geb. 1806 zu Laibach in Krain), eines hochbegabten Dichters, der zuerst, mit größerer Kraft als Uhland und die Sänger der schwäbischen Schule, die freien Forderungen der Zeit in seiner Lyrik zu voller Geltung brachte und als österreichischer Marquis Posa „Feuerflocken Wahrheit" in bilderreichen Gedichten ausstreute. Seine dichterische Diction erinnerte indeß weder an Schiller, noch an Byron, sie war weit entfernt von dem melodischen Schwunge der Todtenkränze von Zedlitz und ihrer einfach edeln Haltung; sie war intensiv glühend, aber ohne freien Fluß, ein gehemmter rhyth= mischer Lavastrom, der üppige Blüthengärten befruchtete. Ein Bild drängte sich an das andere, rankte sich in das andere hin=

über, es war eine chaotische Fülle, aber originell, sinnreich blendend.
An matten Stellen machte diese Fülle den Eindruck der Verworrenheit und der Ueberladung; aber wo die Begeisterung des Dichters sie in Bewegung setzte, wurde sie ein majestätisches Pathos von glänzender und energischer Gewalt. Wo dem Dichter selbst der Gedanke nicht mit voller Klarheit vorschwebte, oder wo er seine einschneidende Herbheit mildern wollte, da dienten diese Bilder dazu, ihn symbolisch zu verschleiern, ihn nur aus den Arabesken eines heiteren Phantasiespieles ahnungsvoll hervorschimmern zu lassen. Die prunkende Bildersprache erinnerte an die orientalische Lyrik und stand im vollkommensten Gegensatze zu der meistens bildlosen Einfachheit, mit welcher die schwäbischen Dichter ihre Empfindungen ausdrückten und ihre Erzählungen behandelten. Doch während in der orientalischen Lyrik eine quietistische Weisheit selbstgenugsam ein Gewebe von Bildern aus sich herausspann, war es hier der rastlos strebende Geist, der in der Hast und im Fieber weltbewegenden Dranges gleichsam aus einem Bilde in das andere stürzte, um für sein ideales Ringen den geeigneten Ausdruck zu finden. Bei Schefer z. B. läutert sich der sittliche Geist am Quelle der Natur, welcher fortwährend der Tugend und edeln Menschlichkeit den Spiegel vorhält. Alles Geistige und Sittliche wird durch ein Naturbild erläutert. Umgekehrt bei Anastasius Grün. Die Natur wird beseelt durch den Geist; sie muß idealistisch streben, wie der Mensch; sie wird aus ihrem Frieden aufgestört und gleichsam durch den Parteikampf des Jahrhunderts mitergriffen; der Enthusiasmus der Freiheit entzündet die todte Schöpfung, und der stille Frühling muß unter seinen Fahnen dienen. Für diese Art und Weise der Bildlichkeit, für dies wesentlich Neue des Grün'schen dichterischen Styles, das bald zahlreiche Nachahmer fand, spreche folgende Stelle aus den „Spaziergängen," welche zugleich den Unterschied zwischen dem Bilderluxus der österreichischen und orientalischen Lyriker in's klarste Licht stellt:

„Seht den Lenz, den Freiheitshelden, lernt von ihm es, wie man siegt,
Wenn mit dem Tyrannen Winter er im harten Kampfe liegt!

Winter ist ein Erzdespote, gar ein arger Obscurant,
Denn in seine langen Nächte hüllt er ewig gern das Land!
Winter ist ein arger Zwingherr; in den eis'gen Fesseln fest
Hält des Lebens freiheitslust'ge, frische Quellen er gepreßt.
Sieh', im Lager überrumpelt hat den trägen Alten schnell
Jetzt mit seinem ganzen Heere Lenz, der fröhliche Rebell!
Sonnenstrahlen seine Schwerter, grüne Halme seine Speer'!
O wie ragen und wie blitzen Speer' und Schwerter rings umher!
Seine Trommler und Trompeter, das sind Fink' und Nachtigall,
Seine Marseillaise pfeifen Lerchen hoch mit lautem Schall.
Bomben sind die Blumenknospen, Kugel ist der Morgenthau!
Wie die Bomben und die Kugeln fliegen über Feld und Au!
Und den Farbelosen, denen die drei Farben schon zu viel,
Zeigt er keck des Regenbogens ganzes, buntes Farbenspiel!
Als Cocarden junger Freiheit hat er Blüthen ausgesät,
Ha, wie rings das Land voll bunter, farbiger Cocarden steht!
Rundum hat die Städt' und Dörfer der Rebell in Brand gesetzt!
Ja, im gold'nen Sonnenbrande glänzen hell und blank sie jetzt!
Drüber flatternd hoch sein Banner ätherblau und leuchtend weht,
D'rin als Schild ein Rosenwölkchen mit der Inschrift: Freiheit! steht."

Wir sehen, wie diese Begeisterung die Natur in ein großes Arsenal verzaubert, ohne im Einzelnen ängstlich und wählerisch zu sein, sonst würde sie schwerlich die Blumenknospen zu Bomben und den Morgenthau zu Kugeln machen. Dies Manierirte und Geschmacklose im Detail ist für die ganze Diction Grün's bezeichnend; denn er reicht uns häufig solche Blumenbüschel von Metaphern, wobei es ihm nicht darauf ankommt, ob jede einzelne Blüthe klar hervorsieht oder gestaltlos mit den anderen verwächst. Das obige Beispiel zeigt uns, wie Grün es liebt, Bilder zu allegorischer Breite auszuspinnen und die einzelnen Züge mit einer gewissen Gewaltsamkeit in das Gesammtbild einzutragen. Seine Phantasie ist so reich, daß sie alles auszubeuten, alles zu verwerthen, selbst das widerwilligste Naturbild zu zwingen weiß, eine Karyatide des Gedankens zu sein. Dieser Bilderwitz, die Begabung Jean Paul's und auch Shakespeare's, wird nur in den seltensten Fällen geeignet sein, die unbefangene Empfindung zu spiegeln; aber er wird oft schlagend und blendend den Gedanken ausdrücken, die

Phantasie durch seinen Reichthum wunderbar anregen und eine von Ideeen getragene Begeisterung kühn und blitzartig zur Geltung bringen. Man hat der Grün'schen Poesie den oft gehörten Vorwurf gemacht, sie sei eine Reflexionspoesie oder versificirte Rhetorik — ein Vorwurf, der sich einfacher aussprechen läßt, wenn man sie eine „Gedankenpoesie" nennt. Als wenn eine gedankenvolle Lyrik nicht vollkommen berechtigt wäre, als wenn das sangbare Lied und der Chanson alle Gattungen der Lyrik erschöpfte! Diese Kritik, die nur Ammenlieder und Gassenhauer in der Lyrik berechtigt findet und höchstens noch Anakreon und einige alte und neue Minnesänger, ist freilich incompetent, dem Hiob und den Psalmen, einem Pindar und Horaz, einem Schiller und Klopstock, einem Byron und Victor Hugo gegenüber! Das sangbare Lied hat sein gutes Recht, und daß man auch als Liederpoet ein großer Dichter sein kann, hat Béranger bewiesen; aber die Lyrik auf „das Lied" beschränken zu wollen und ihre höheren Gattungen verständnißlos zu ignoriren: das ist ein geistiges Armuthszeugniß, das sich die Tageskritik nur zu oft ausstellt, wenn sie bedeutende Erscheinungen der Gedankenpoesie mit der kritischen Phrase **Rhetorik** oder **Reflexionspoesie** abzufertigen glaubt. Alle unsere vorzüglichen Lyriker, Rückert und Schefer, Grün und Lenau, Herwegh und Freiligrath, gehören in diese Kategorie der „Gedankenpoeten" — wie verschwinden ihnen gegenüber Kopisch und Reinick und alle „die Stillen im Lande!" Anastasius Grün ist ein Gedankenpoet, aber von dichterischer Wärme und Begeisterung. Die Ahnung einer neuen und freien Zeit ist der Hauptinhalt seiner Werke; ein poetischer Columbus, trägt er das Bild einer neuen Welt in sich, wenn auch in unsicheren Umrissen der Phantasie, aber fest davon überzeugt, daß sie entdeckt werden wird. So steuert er ihr mit vollen poetischen Segeln entgegen! Er steht auf dem Schutte der Vergangenheit; aus den Gefängnissen und Klöstern sehnt er sich in's Weite; jenseits des Meeres begrüßt er die junge, wachsende Freiheit; aber ihr Auferstehungstag wird mit den fünften Ostern über alle Welt aufgehen, und Rosen werden das Kreuz überwachsen.

So dämmert das Ideal der Zukunft, einer passionsfreien, von der Glorie der Humanität verklärten Zukunft, in seiner Seele, aber in träumerisch erfaßter Gestalt. Ein bestimmtes Glaubensbekenntniß liegt dieser Poesie fern. Sie ist eine prächtige Glasmalerei, welche bei aller Farbengluth doch nur ein düsteres Licht verbreitet.

Anastasius Grün trat zuerst auf mit „Blättern der Liebe" (1830), mit leichtgeschürzten Liedern, ein Gebiet, auf dem sich sein mit schweren Bildern und Gedanken befrachtetes Talent nicht heimisch fühlen konnte. Hier, im Reiche der Empfindung, war der Gedanke und das weithergeholte Bild allerdings störend. Hier wollte Grün „Lieder" dichten, und deshalb vermißte man mit Recht die Unmittelbarkeit und Innigkeit des Gefühles.

Doch schon in seinem nächsten Werke: „der letzte Ritter, Romanzenkranz" (1830) hatte der Dichter für sein Talent einen festeren Boden gefunden, obgleich es sich auch in der geschicht= lichen Epik nicht vollkommen heimisch fühlen konnte. Denn die Epik verlangt, auch wo sie in der lockersten Form auftritt, die Gabe der Gestaltung. Gestalten von individuellem Leben zu schaffen, war der Grün'schen Muse nicht gegeben. Dazu war sie zu träumerisch, zu dithyrambisch; die feste Gestalt ging unter in den Wirbeln ihrer Begeisterung. Hierzu kam eine zu weit aus= gedehnte Neigung zu allegorisiren. Die Allegorie steht in der Dichtkunst aller Plastik diametral gegenüber; denn wo die Plastik Gestalten von Fleisch und Blut schafft, da giebt die Allegorie nur eine durchsichtige Hülle, durch welche der Begriff, mehr versteckt als bekleidet, hindurchschimmert. Der Begriff als solcher wird sich immer durch die Gestalt nur unangemessen ausdrücken lassen; denn das tertium comparationis, das zur Metapher genügt, genügt nicht zur Personification. Wie soll ich mir eine Tugend in menschlicher Gestalt denken? Die Maske und das Attribut muß die Hauptsache dazu thun. Entweder vergeß' ich über der Gestalt die Bedeutung oder über der Bedeutung die Gestalt; denn ein vollkommenes Aufgehen der einen in der anderen ist unmöglich. Wie ungeeignet die Allegorie besonders für die

epische Dichtung ist, das hat Voltaire in seiner Henriade bewiesen.
Grün, der im „letzten Ritter" den Tod und das Leben, den Neid
und das Mißgeschick allegorisch auftreten läßt, mag durch das
Beispiel des kaiserlichen Dichters selbst, der im „Theuerdank"
sein eigenes Leben allegorisch-poetisch verherrlicht, dazu verleitet
worden sein. Dennoch sprach sich in der Wahl des Stoffes und
der Zeit bereits die bestimmte Richtung aus, die Grün verfolgte.
Er wollte, indem er das Bild des „Kaisers Maximilian" mit
kräftigen Zügen entwarf, nicht blos einen Mann im starren Erze
der weichlichen Zeit als Muster hinstellen; er wählte überhaupt
eine Epoche, welche nach seiner Anschauung der Gegenwart ver=
wandt war, indem eine neue Zeit mit einer alten im Kampfe
lag. In die Ritterwelt hinein bricht der reformatorische Gedanke,
wie der sterbende Maximilian seinem Enkel Karl V. zuruft:

„Dich rufen andere Kämpfe, die Schwerter rosten ein,
Ein Kampf wird's der Gedanken, der Geist wird Kämpfer sein;
Ein schlichtes Mönchlein predigt zu Wittenberg im Dom,
Da bebt auf altem Thronsitz der Mönche Fürst zu Rom.

Ein neuer Dom steigt herrlich in Deutschland dann empor,
Da wacht mit Lichteswaffen der heil'gen Streiter Chor;
An seinen Pforten möge der Spruch der Weisen stehn:
Ist's Gottes Werk, wird's bleiben, wo nicht, selbst untergehn!

Am Altar weht ein Flämmchen, die Flamme wächst zur Gluth,
Zur ries'gen Feuersäule, rothlobernd fast wie Blut!
O fürchte nicht die Flamme, hellprasselnd himmelan!
Ein himmlisch Feuer zündet kein irdisch Haus euch an.

Geläutert schwebt aus Gluthen dann der Gedank' an's Licht
Und schwingt sich zu den Sternen! O hemm' im Flug ihn nicht!
Frei wie der Sonnenadler muß der Gedanke sein,
Dann fliegt er auch wie jener zu Licht und Sonn' allein."

Deutlich kündigt der Dichter an, daß unsere Zeit eine Zeit
des ähnlichen Kampfes zwischen dem neuen und alten, zwischen
dem freien Geiste und unfreien Formen ist, und er hält ihr nur
ein ahnungsvoll beleuchtetes Spiegelbild vor. Viele der einzelnen

Romanzen zeichnen sich durch Wärme der Schilderung aus, welche bereits eine Vorliebe zu humoristischen Capriccio's an den Tag legt; der frische, kräftige Volkston des Ganzen macht einen wohlthuenden, heiter anregenden Eindruck, so daß man die Lockerheit der Composition und den Mangel an epischer Plastik gern vergißt. Statt in schüchterner Allegorie fühlte sich der Dichter bald gedrungen, sich unmittelbar an sein Volk und sein Jahrhundert zu wenden, und dem Sonnenadler, dem Gedanken, freien Flug durch den poetischen Aether seiner Schöpfungen zu verstatten. Diese Dichtungen, in denen ein hymnenartiger Aufschwung vorherrscht und die Apotheose des politischen und socialen Freiheitsideals bald in kühnen Apostrophen der Gegenwart, bald in phantasievollen Visionen der Zukunft durchklingt, bilden den glänzenden Mittelpunkt der Grün'schen Production und verschafften dem Autor erst seinen nationalen Ruhm. Es sind dies die anonym erschienenen „Spaziergänge eines Wiener Poeten" (1831) und der „Schutt" (1835).

Man war gewohnt, sich unter einem Wiener Poeten einen Blumauer, einen Castelli u. A. zu denken, und wenn ein solcher Poet spazieren ging, so brachte er einige humoristische Knallbonbons, einige poetische Reminiscenzen aus dem Prater oder irgend eine Romanze aus dem Lande ob der Ens mit nach Hause. Wie erstaunte man, statt dieser harmlosen Promenaden der österreichischen Gemüthlichkeit politische Bergpredigten zu vernehmen, ein majestätisches Gewitter des Geistes, das sich über der alten Kaiserstadt entlud! Blitz auf Blitz, Schlag auf Schlag, drohend, zündend — die gewaltige Poesie eines lyrischen Demosthenes! Das war überraschend, unerhört, das mußte in ganz Deutschland Sensation machen! Fulminante Kriegserklärungen gegen die Politik Metternich's erließ hier ein unbekannter Poet, dessen Namen indeß bald in aller Munde war; Kriegserklärungen gegen den Mauthcordon, gegen die Censur, gegen die geheime Polizei, gegen die Pfaffen — und ohne daß der Schwung seiner Poesie durch die Berührung mit dieser gouvernementalen Prosa beschädigt wurde! Das milde Gemüth des Dichters verschmäht indeß jede revolutionaire Wendung und erfleht für Oesterreich „den heiteren Sieg des Lichtes." Doch die Begeisterung der Freiheit trug den Dichter bald über die Grenzen des engeren Vaterlandes hinaus und ließ ihn in seinem „Schutt" den Lenz der ganzen Menschheit feiern. Der „Schutt" ist von allen größeren Dichtungen Grün's am genialsten componirt; es sind allegorische Fresken von glänzendem Colorit, mit denen der Dichter die Propyläen der freien Zukunft ausschmückt; es ist eine träumerische Musik des Gedankens, die zu immer volleren Accorden anwächst und alle Dissonanzen in mächtig ergreifender Harmonie auflöst. Wir stehen auf dem Boden Italiens, in dem trümmerreichen Lande einer großen Vergangenheit. „Der Thurm am Strande" führt uns das Bild eines gefangenen venetianischen Dichters vor, in Klängen, welche zwar an Lord Byron's „Gefangenen von Chillon" erinnern, aber auch mit seltenem Schmelz und Reiz die Poesie der Sehnsucht schildern. Der Reichthum der Grün'schen Phantasie offenbart sich in der Fülle von Bildern, mit denen sie diese Situation ausmalt, und die nicht blos durch Neuheit und Schwung anziehen, sondern auch durch den Ausdruck tiefer Empfindung ergreifen. Wir finden hier eine Menge von Beispielen dafür, daß auch das kühnste Bild, das den kritischen Widerspruch herauszufordern scheint, einen tiefen, nicht anzufechtenden Effect macht, wenn es nur der Ausdruck menschlich wahrer Stimmung und unmittelbar aus der Situation herausgeboren ist. So z. B. wenn der „Gefangene" ein fernes Schiff sieht —

> „Es eilt mein Herz dir nach, nicht kann es rasten!
> Es schwebt als Möve über dunkler Welle
> Und klammert schreiend sich an deine Masten!"

Ein Herz, das als Möve schwebt und sich schreiend festklammert, giebt ein anscheinend incorrectes Bild; aber die Sehnsucht des Eingekerkerten ließ sich nicht drastischer, nicht ergreifender darstellen. Ueberhaupt beruht die scheinbare Incorrectheit oft nur auf der Auslassung einzelner Verbindungsglieder, welche von der Phantasie willig ergänzt werden, während der mäkelnde Verstand ihren Mangel als einen Fehler triumphirend nachweist. „Der Thurm am Strande," der die in Ruinen gefesselte Menschheit symbolisirt, ist ohne Frage die gelungenste Partie des „Schuttes," da die bestimmte Situation mit der größten Klarheit ausgeprägt ist, und nicht blos unsere Phantasie, sondern auch unsere Empfindung lebhaft berührt wird. Weniger gilt dies von der klösterlichen Elegie: „Eine Fensterscheibe," in welcher die Einheit der Situation fehlt und der Grundgedanke sich mühsam aus einer Fülle von Bildern emporarbeitet. Indeß sind auch hier einzelne Wendungen von unnachahmlicher Schönheit, und das Bild drückt oft den Gedanken mit schlagender Kraft aus. So läßt sich die geistige Oede eines blos abstracten Glaubens nicht energischer ausdrücken, als wenn Grün das Herz eines solchen gläubigen Priesters „eine Wüste ohne Quell' und ohne Rose" nennt, aus welcher „die graue, todte Pyramide Gott" hervorragt. Die dritte Abtheilung des „Schutt": „Cincinnatus" eröffnet uns transatlantische Perspectiven, von den Trümmern Pompeji's, von der verschütteten und ausgegrabenen Vergangenheit hinaus in die Urwälder des fernen Amerika's, in das Asyl jugendlicher Freiheit, in welches alle flüchten sollen, denen die heimathliche Erde vergällt ist. Dort ist die schöpferische Kraft der Arbeit, die eine neue Zukunft gründet, während in Italiens Ruinen nur der Müßiggang und die Genußsucht haust. Auch dieser Gegensatz ist poetisch schön erfunden und durchgeführt. Doch die Wiedergeburt der Menschheit soll nicht blos jenseits des Meeres stattfinden; der Dichter sieht in der letzten Vision: „Fünf Ostern" die allgemeine Weltbeglückung, den heiteren Frieden, in welchem alle religiösen Unterschiede erloschen, Kreuz und Halbmond verschwunden sind. Prächtig ist die Schilderung der fünf Ostern, die der Heiland, der nach einer alten Sage jährlich zur irdischen Stätte seines Wandelns zurückkehrt, vom Oelberge mitanschauend erlebt: die Zerstörung Jerusalems, die Kreuzzüge, die Beduinenherrschaft, Napoleon's Kriegszug und das Reich des Friedens, das von Rosen umblühte Golgatha. Der „Schutt" gehört zu den Perlen unserer modernen Poesie, denen unsere classische Dichtung nichts Aehnliches an die Seite zu setzen hat.

Auch in den gesammelten „Gedichten" Grün's (1837) finden sich einzelne köstliche Gaben, z. B. die humoristische Allegorie: „der treue Gefährte," der an der Bergluft sterbende Hypochonder und das bekannte Lied: „der letzte Dichter":

> „Und singend einst und jubelnd
> Durch's alte Erdenhaus
> Zieht als der letzte Dichter
> Der letzte Mensch hinaus."

prächtige Naturschilderungen und sinnige Naturdeutungen, wie „das Alpenglühen" und „der Sturm," herrliche Bilder vom Meere und aus dem Gebirge, Zeitklänge, in denen die volle Berechtigung der modernen Poesie ausgesprochen wird, wie „die Poesie des Dampfes," originelle Romanzen, von denen „die Leiche zu St. Just" durch erhabene Feierlichkeit, „der alte Komödiant" durch tiefergreifende Contraste wirkt. Dagegen zeigt der „Romancero der Vögel" Grün's Vorliebe für Spielereien des Witzes, welche auch den besseren Dichtungen an einzelnen Stellen eine geschmacklose Färbung geben. Machtvoll wirkt in „der Poesie des Dampfes" die Apotheose des „Menschengeistes" und des modernen Dichterberufes:

„Ich will indeß hinab die Bahn des Rheines
Auf schwarzem Schwan, dem Dampfschiff, singend schwimmen,
Den Becher schwingend voll des gold'nen Weines
Dir, Menschengeist, den Siegeshymnus stimmen!

Wie dir der Feuergeist die Flammenkrone
Herab vom stolzen Haupt hat reichen müssen,
Wie du dem Erdengeiste, seinem Sohne,
Das eh'rne Herz kühn aus der Brust gerissen;

Wie du zu Beiden sprachst: Ihr sollt nicht rasten!
Daß fürder Mensch nicht Menschen knechten möge,
Geh', Feuer, du, und trage seine Lasten!
Leb', Eisen, du, und wandle seine Wege!

Ich weiß, daß deines Wandels Flammengleise
Kein Blümchen im Poetenhain bedrängen,
Sowie des Heil'genscheines Gluthenkreise
Kein Löckchen am Madonnenhaupt versengen.

Nein! Amt der Poesie in allen Tagen
Ist's, hoher Geist, dein Siegfest zu verschönen,
Wie der Victoria Goldbild über'm Wagen
Des Triumphators schwebt, um ihn zu krönen." —

In diesem klaren Bewußtsein begrüßen wir das moderne Element, das von der classischen und romantischen Weltanschauung durch eine bedeutende Kluft geschieden ist, so viele Brücken auch von beiden zu ihm hinüberführen. Grün ist unser erster wahrhaft moderner Lyriker, dessen Lorbeer keine Kritik zerpflücken wird.

Nach dem Erscheinen der „Gedichte" tritt in Grün's Productivität eine lange Pause ein, welche von der Fama mit mancherlei Gerüchten angefüllt wurde. Es verlautete von seiner Gesinnungsänderung, die man durch sein Erscheinen bei Hofe begründen wollte, nachdem er sich mit einer Tochter des Grafen Ignaz von Attems, Landeshauptmanns in Steiermark, vermählt. Inzwischen war die directe politische Lyrik aufgetaucht, welche überall Gegenstände für ihre heftig erbitterte Polemik suchte und Apostasieen witterte, um daran ihre eigene Gesinnungstüchtigkeit zu illustriren. Anastasius Grün wurde mit Ungestüm von diesen lyrischen Freischaaren angegriffen, welche sich, ähnlich wie die Jungdeutschen, an einzelnen Persönlichkeiten zu orientiren suchten. Er antwortete in seinen „Nibelungen im Frack" (1843); aber seine freudige Begeisterung war dahin, sein Dichtermuth gebrochen; er trieb nur noch einen Detailhandel mit den Pretiosen, die früher als ein Diadem seine Stirne geschmückt. Der in die Zukunft hinausdrängende Schwung war ihm abhanden gekommen, und eine innerliche Verbitterung, die sich seiner bemächtigt hatte, verkümmerte auch das unbefangene Spiel des heiteren Humors, auf dessen Gebiet er sich flüchtete. In der That klang die Kriegserklärung gegen die neue politische Lyrik, die er eine Poesie der Grimasse, eine löschpapierene Zeitungspoesie und versificirte Prosa nannte, doch wie eine Anklage seiner eigenen „Spaziergänge," nach deren Muster sich die jüngeren Poeten gebildet. Die „Nibelungen im Frack" sind ein humoristisches Capriccio in schleppenden Nibelungenstrophen, deren schwerfällige, epische Getragenheit zu den Grotesksprüngen des Humors wenig paßt. Die Leidenschaft, welche der Herzog Moritz Wilhelm von Sachsen-Merseburg für die Baßgeige hatte, ist das Thema der Dichtung, welche nichts ist als eine versificirte geschichtliche Anekdote mit einzelnen neckischen und drolligen Arabesken aus der Zopfzeit, den Raben des Thilo von Trotta, den Zwergen Peter's des Großen und den Grenadieren Friedrich Wilhelm's I. Einzelne köstliche Bilder und komische Stellen können uns nicht die Unangemessenheit der prächtig einherwogenden Diction zu dem meist burlesken, unbedeutenden Inhalte vergessen machen.

Bedeutender ist der „Pfaff vom Kahlenberg" (1850), ein ländliches Gedicht, in welchem sich Grün an eine alte geschichtliche Volkssage anlehnt, und dessen Mittelpunkt der „Pfaff vom Kahlenberg" und „Herzog Otto" bilden. Doch der epische Faden wird vom Dichter fortwährend zerrissen; die Handlung selbst flößt nicht das geringste Interesse ein; sie ist ohne Einheit und Spannung. Dagegen sind die idyllischen Arabesken, die ländlichen Feste, die Jahreszeiten, die naive Genremalerei der Volksscenen von großem poetischem Werthe. Auch die liberale Begeisterung Grün's zeigt sich nicht erloschen, wenn sie gleich ihren dithyrambischen Schwung in die Ferne mäßigt und, statt in sehnsüchtigen Rhythmen der Zukunft entgegenzujauchzen, sich unter der Aegide des Bestehenden ansiedelt, dem sie nur eine freiere Deutung giebt. Der Rückschlag der Bewegungen des Jahres 1848, an denen sich Grün sowohl im Vorparlamente zu Frankfurt, als auch im Parlamente betheiligt, auf das sanfte Gemüth des Dichters, das sich in politischen Stürmen unbehaglich fühlte und ja zum fünften heiligen Ostern auch das Schwert begraben hatte, ist nicht zu verkennen. „Der Pfaff vom Kahlenberg" feiert das liberale Fürsten= und Priesterthum: das Fürstenthum, das sich unter das Volk mischt, Theil nimmt an seinen Leiden und Freuden, seinen Wünschen lauscht und incognito seine Liebe erobert; das Priesterthum, welches den heiteren Genuß irdischer Güter und eine maßvolle Lebensweisheit predigt. Das Glorienbild Kaiser Joseph's II. schwebt in bengalischer Beleuchtung über diesem Gedichte, und seine glänzende Illumination mit den tausend bunten Lampen der Phantasie scheint nur ihm zu Ehren angezündet.

Seitdem ist zwar Grün's Muse verstummt und hat sich nur in einer frischen Nachdichtung englischer Balladenpoesie in dem Balladencyclus „Robin Hood" (1864) vernehmen lassen, aber die Anklagen eines in Aeußerlichkeiten das Wesen suchenden Liberalismus hat der Dichter glänzend widerlegt. Mitten in den Schwankungen der österreichischen Politik zwischen Einheitsstaat, Föderalismus und Dualismus hat sich Grün sowohl in Kärnthen als auch auf dem Wiener Reichstage stets als ein tüchtiger Vorkämpfer des Deutschthums und als einer der tapfersten Gegner der Ultramontanen bewährt, besonders in dem Kampfe gegen das Concordat, das er mit classischem Ausdruck ein „geschriebenes Canossa" nannte.

Während die Phantasie von Anastasius Grün um die Ideale der Zukunft einen rosenfarbigen Schimmer zaubert und ihre Schöpfungen stets mit versöhnenden Akkorden abschließt; während bei ihm der Kampf zwischen der alten und neuen Zeit im Lichte eines heiteren Idealismus dargestellt wird, und die vorherrschende Siegesfreudigkeit keine herben Collisionen aufkommen läßt: tritt uns in Nicolaus Lenau (Niembsch von Strehlenau) (1802—1850) ein Dichter entgegen, in welchem sich der Kampf, das Ringen selbst mit seiner ganzen düsteren, dämonischen Gewalt, mit mystischer Tiefe und verzweifelter Skepsis darstellt, der den lodernden Feuerbrand des Genius mit unheimlicher Gluth um's Haupt schwang, bis er ihn selbst verzehrte. Lenau war zu Csatad in Ungarn geboren, widmete sich in Wien verschiedenartigen Studien, machte 1832 eine Reise nach Nordamerika und hielt sich später in Wien, Stuttgart u. a. Orten auf. Als er sich 1844 ver=

heirathen wollte, wurde er von einer unheilbaren Geisteskrankheit ergriffen, zuerst nach Winnethal und 1847 nach Oberdöbling bei Wien gebracht, wo er 1850 seinem Leiden erlag. Zahlreiche Skizzen und Schriften über Lenau von Auerbach, Emma Niendorf, Opitz, Schurz, Anastasius Grün, seine von Mayer herausgegebenen „Briefe an einen Freund" (1853) zeugen von der Theilnahme, die man in weitesten Kreisen dem tragischen Geschicke eines so bedeutenden Dichters schenkte. Dennoch ruht über der Entstehungsgeschichte seines Wahnsinns ein ungelöstes Dunkel, das schwerlich verscheucht werden wird, bis man sich entschließt, ihn auf körperliche Bedingungen zurückzuführen. Denn aus den letzten Productionen Lenau's geht eine Annäherung seiner geistigen Richtung zum Wahnsinne keineswegs hervor; sie sind eher klarer ausgeprägt, als die früheren, und auch die biographischen und psychologischen Momente, welche in jenen Schriften angeführt sind, erscheinen nicht bedeutend genug, den Irrsinn des Dichters ausschließlich zu erklären. Sein vorwiegend melancholisches Temperament, die Hinneigung zu düsterem, einsamem Brüten über den Geheimnissen der Welt und eine zwischen Glauben und Wissen krankhaft hin und her schwankende Phantasie, die in ewiger Unbefriedigung und Selbstqual nirgends eine heimathliche Stätte fand, hatten allerdings die Festigkeit des Geistes gelockert, die Klarheit des Bewußtseins getrübt; aber es bedurfte doch noch eines körperlichen Anstoßes, um die üppig blühenden Gärten dieser Phantasie ganz zu verschütten. Aufregung und Ueberreizung der Nerven, innere Erschöpfung des Körpers und eine ganz concrete Störung des Organismus mußten dazu kommen, um den edeln Geist ganz zu zerstören. Lenau's Wahnsinn hat nicht einmal den elegischen Reiz, der über Hölderlin's Wahnsinn schwebt. Er zeigt uns nur ein stumpfes und dumpfes Brüten, den schnöden Triumph der Materie über den gefesselten Geist! Und welch' ein reicher Dichtergeist erlag hier geistiger Anstrengung und körperlicher Störung, ein Dichtergeist, zwar ohne olympische Hoheit und Klarheit, ohne plastische Gestaltungskraft, ohne die marmorne Meisterschaft der Form, aber von seltener Energie und Originalität, Natur und Geschichte zwingend, die Trauerfahnen seiner Melancholie zu tragen, an denen nur wenige grüne Bänder der Hoffnung flatterten, voll ergreifender, zündender Gedanken, tiefer Empfindungsweihe und unnachahmlich im Rembrandt'schen Colorit, in der Magie einer die Welt verschattenden Seele!

Die ursprüngliche Heimath seiner Poesie ist eine öde ungarische Pußta mit ihren bunten Zigeunergruppen, ihrem trüben Himmel, ihrer einsamen Melancholie. In diesen düsteren Bildern fühlt sich die Phantasie des Dichters zu Hause; hier ist die Lieblingsstätte ihrer Gedanken und Träume. Die Zerrissenheit Lenau's ist kein koketter Weltschmerz; sie ist voll inniger Wehmuth und Rührung, voll stiller Andacht; sie bricht aus den Tiefen eines Geistes hervor, der sich stets auf dem Wege zu seinen Idealen verirrt. Ihren Stempel trägt auch die originelle und kühne Bildlichkeit seiner Sprache; ihre Maßlosigkeit und häufige Unangemessenheit spiegelt die Dissonanzen des Gedankens; aber auch die innerste Gewalt der Empfindung bricht mit Macht aus ihnen hervor. Wie Grün ein geistiges Leben in die Natur hineindeutet, so Lenau das innigste Leben der Empfindung. Er ist unerschöpflich darin, die Natur durch seine Melancholie zu beseelen und das Evangelium der Vergänglichkeit aus ihr herauszulesen. Der eigentliche Reiz seiner „Gedichte" (1832) und „Neueren Gedichte" (1843) beruht auf der Belebung der Natur, auf der seine Seele wie auf einem Instrumente spielt, alle Töne ihr entlockend, welche seine eigene Stimmung spiegeln. Der wilde Bach führt reichen, frischen Tod; der Wetterstrahl schlängelt sich herab, ein Faden, der ihn aus dem Labyrinthe der Qual zur Geliebten führt; er ruft die Nacht an:

> „Weil' auf mir, du dunkles Auge,
> Uebe deine ganze Macht,
> Ernste, milde, träumerische,
> Unergründlich süße Nacht!

> Nimm' mit deinem Zauberdunkel
> Diese Welt von hinnen mir,
> Daß Du über meinem Leben
> Einsam schwebest für und für."

Ebenso bittet er den Nebel:

> „Du trüber Nebel, hüllest mir
> Das Thal mit seinem Fluß,
> Den Berg mit seinem Waldrevier
> Und jeden Sonnengruß.
>
> Nimm fort in deine graue Nacht
> Die Erde weit und breit!
> Nimm fort, was mich so traurig macht,
> Auch die Vergangenheit."

In den vortrefflichen „Schilfliedern," welche Naturbild und Stimmung überaus glücklich verknüpfen, säuseln die Winde traurig, klagt und flüstert das Rohr geheimnißvoll. Den Frost bittet der Dichter, ihm in's Herz hineinzufrieren, daß einmal Ruhe darin sei, wie im winterlich-nächt'gen Gefilde. Der blasse Funke Hesperus blinkt und winkt uns traurig zu; in der Felseneinsamkeit ist ein stilles „Asyl" für den Schmerz:

> „Hohe Klippen, rings geschlossen,
> Wenig kümmerliche Föhren,
> Trübe, flüsternde Genossen,
> Die hier keinen Vogel hören;
>
> Nichts vom freudigen Gesange
> In den schönen Frühlingszeiten;
> Geiern wird es hier zu bange
> In so dunkeln Einsamkeiten.
>
> Weiches Moos am Felsgesteine,
> Schwellend scheint es zu begehren:
> Komm', o Wolke, weine, weine
> Mir zu die geheimen Zähren!
>
> Winde hauchen hier so leise,
> Räthselstimmen tiefer Trauer;
> Hier und dort die Blumenwaise
> Zittert still im Abendschauer.

Und kein Bach nach diesen Gründen
Darf mit seinem Rauschen kommen,
Darf der Welt verrathend künden,
Was er Stilles hier vernommen;

Denn die rauhen Felsen sorgen,
Daß noch eine Stätte bliebe,
Wo ausweinen kann verborgen
Eine unglückliche Liebe."

Die Gedichte Lenau's sind reich an meistens kühnen und genialen Bildern, welche die melancholische Verzauberung der Natur ausdrücken. Die düstere Stimmung des Dichters, vielleicht zuerst angeregt durch die landschaftliche Färbung der Heimath und einer alten, verlorenen Liebe nachweinend, hat indeß einen tieferen geistigen Grund, der auch schon in den „Gedichten," bedeutsamer noch in den größeren poetischen Schöpfungen auftaucht, und durch den sich Lenau von unseren früheren Elegikern, Hölty, Matthisson, Salis u. A., unterscheidet, an die einzelne seiner Gedichte anklingen. Bei diesen ging die elegische Stimmung aus der Sehnsucht nach einer unwiederbringlich dahingeschwundenen Vergangenheit, der Kindheit, der Jugend, hervor, oder aus dem Sehnen nach der stillen Ruhe des Grabes; bei anderen, mehr objectiven Elegikern, z. B. bei Schlegel, klagt die Poesie an den großen Trümmern und Gräbern der Weltgeschichte; bei Lenau aber ist es der subjective Schmerz um ein verlorenes Paradies des Glaubens, die Klage der haltlosen Skepsis, die Elegie des heimathlosen Gedankens, welcher sich im Schooße der Natur ausweint. So sehen wir ihn in der allegorischen Dichtung: „Glauben, Wissen, Handeln" aus dem gottbeseelten Paradiese des Glaubens heraustreten in die Wälder der Forschung, den hohen Baum der Erkenntniß zu suchen. Darüber ist ihm des Herzens fromme Lust verloren gegangen. Die gold'nen, süßen Früchte des wunderbaren Baumes zu pflücken, ist ihm nicht vergönnt; auch die erhab'ne Mutter Germania liegt todt, der hohen Roma und der schönen Hellas gesellt. Ohne Vaterland und Glauben wandert der Dichter verlassen und trübe seine Bahn durch Haideland:

"Und dir, mein Leben, warf zur stillen Feier
Den Gram das Schicksal um dein Angesicht,
Von ihm gewoben dir zum zweiten Schleier,
Der fester sich um deine Züge flicht.

Erst wenn wir uns zu seligem Vergessen
Hinlegen in das traute, dunkle Grab,
Löst er von deinem Angesicht sich ab
Und hängt sich an die säuselnden Cypressen."

Lenau ist ein Elegiker der Skepsis, ohne den Muth, sich der Natur an's Herz zu werfen, die er ja selbst in eine schmerzhaft verhüllte Sibylle verwandelt; ohne den Muth, den Geist der Erkenntniß, den selbstbewußten Menschengeist zu feiern, und, weil er keinen festen Halt finden kann, sich zurückträumend in das Paradies „des Glaubens," wo er diesen Halt besaß. Das ist der Gedankengrund seiner Lyrik und Epik, aus dem tiefe Empfindungen und wunderbare Bilder aufsteigen, aber keine heiteren, fertigen Gestalten, auf denen das Auge mit Liebe verweilt. Denn nur eine festbegründete Weltanschauung vermag eine objective Gedankenfülle hervorzuzaubern und die klare Idee künstlerisch abzuspiegeln im klaren Bilde; die schwankende Poesie der Dämmerung ist nur reich an Farben und Schatten, welche die Seele in träumerischem Spiele bald entzücken, bald erschrecken. In der That zeichnet der Reichthum an Farben und Schatten Lenau's Dichtungen aus, auch wo sie das epische Gebiet streifen! So sind die Ungarbilder: „die Werbung" trefflich, ebenso die politische Ballade: „der Polenflüchtling," und das niedliche Genrebild: „der Postillon." Dagegen ist das Nachtstück: „die Marionetten" eine wüste, romantische Phantasie, welche das Gräßliche in traumhaft greller Beleuchtung darstellt, und selbst der Romanzenkranz: „Klara Hebert" ist zu weit ausgedehnt, die Stimmung des Dichters oft zu subjectiv, zu wenig der Situation angemessen, so weihevoll an einzelnen Stellen Lenau's „Skepsis" ihre unnachahmlichen Klänge ertönen läßt:

„Flüchtig eilen sie vorüber
An den mondbeglänzten Riffen,

> Und von räthselhafter Wehmuth
> Fühlt der Wand'rer sich ergriffen;
>
> Denn er hört im ruhelosen,
> Immergleichen Wellenschlage
> Ewig an die Sterne tönen
> Seines Herzens bange Frage:
>
> Ein Verrauschen, ein Verschwinden
> Alles Leben! — doch von wannen? —
> Doch wohin? — die Sterne schweigen,
> Und die Welle rauscht von dannen."

Am kräftigsten ertönt das Polenlied: „In der Schenke," eine politische Dithyrambe, deren wildlodernder Schwung späteren Lyrikern vorleuchtete!

Der Kampf zwischen der Glaubenssatzung und dem freien Gedanken, und zwar der resultatlose Kampf, der in Nicolaus Lenau seinen typischen Ausdruck gefunden hat, ließ sich in der Form kurzathmiger lyrischer Dichtungen nicht in seiner ganzen Bedeutung darstellen. Dazu bedurfte der Dichter der epischen Ausbreitung, großer geschichtlicher Stoffe, bedeutender Helden, an denen er diesen Conflict illustriren konnte. Doch da die Collision sich wesentlich im Reiche des Gedankens bewegte, so war von selbst die strenge Form des Epos ausgeschlossen, welche Ernst macht mit der plastischen Gestaltung der äußeren Welt; denn nur eine das epische Gebiet streifende Lyrik mit vorwiegenden Elementen der Reflexion und Empfindung konnte diese Welt des geistigen Kampfes, der alles äußere Leben in seine Kreise zog, in angemessener Weise schildern. So waren diese epischen Dichtungen Lenau's Balladenkränze, wie Grün's „letzter Ritter," nur von größerem geistigem Zusammenhange. Lenau kann als der Schöpfer der modernen lyrischen Epik gelten, welche in neuester Zeit zahlreiche Blüthen getrieben hat und deren künstlerische Fortentwickelung im stets wachsenden Herausbilden des epischen Elementes und in der Beschränkung des lyrischen besteht. Vom früheren „romantischen Epos" unterschied sich die lyrische Epik nicht nur durch den

modernen Inhalt, der alles Märchenhafte und Phantastische abge=
streift hatte, sondern auch durch die ebenso fragmentarische, wie
energische Form, die sich weder zu langathmigen Gesängen, noch
zu südlichen Strophenbildungen entschließen konnte, sondern nur
Balladen an Balladen reihte und durch einen lockeren Faden der
Erzählung verknüpfte. Dies durfte auf den ersten Anblick als
ein Rückschritt erscheinen; aber die langaustönenden, ermüdenden
Gesänge in ottave rime, den weichlichen Stanzen, waren wohl
für bunte Abenteuer der Liebe und des Glaubens geeignet, nicht
für einen ernsten, geschichtlichen Inhalt oder für tiefe Gedanken=
probleme. So mußte eine Uebergangsform gefunden werden,
welche dem reicheren Stoffe freie Beweglichkeit sicherte, wenn sie
auch zunächst die künstlerische Einheit vermissen ließ. Unsere lyrische
Epik bildet aber ohne Frage den Uebergang zum Epos von einheitlicher
Kunstform mit allem Ernste und aller Würde der Plastik, dessen
Göttermaschinerie die Gedankenmächte der Neuzeit bilden werden,
und das durch den Roman keineswegs überflüssig gemacht wird.

Die erste größere Dichtung Lenau's: „Faust" (1836) ist
nichts, als ein lyrisches Hinundherwogen der Skepsis, ein Schwanken
zwischen Gott und Teufel, zwischen Sünde und Reue, zwischen
Genuß und Mißbehagen, und endet mit einem vollkommenen
geistigen Bankerotte, indem der Held sich das Messer „in's Herz
träumt" und dem Mephistopheles verfällt. Die Skepsis gehört
allerdings von Hause aus dem Teufel und bringt es daher zu
keinem anderen Resultate, als ihm zuletzt auch vertragsmäßig zuzu=
fallen; aber Faust, als Repräsentant des Denkers, der nach
Wahrheit ringt, ist doch in der Lenau'schen Auffassung matt und
ungenügend, und daß er diese Wahrheit durch Hilfe des Teufels
erringen will, verrückt von Hause aus den richtigen Standpunkt.
Soll die Nichtigkeit und Verderblichkeit alles Wissens in dieser
„Faustiade" geschildert werden, so liegt in der Composition eine
gewisse Consequenz. Dies scheint aber wieder dem rastlos streben=
den Genius Lenau's unangemessen; das wäre eine Aufgabe für
Oscar von Redwitz und Victor von Strauß gewesen. Lenau

hatte sich das Problem selbst nicht klar gemacht; er giebt weder eine interessante psychologische, noch dialektische Entwickelung: ihm kam es nur darauf an, den Repräsentanten einer geistigen Stimmung zu schildern, die in ihm selbst lebendig war, und Situationen zu schaffen, in denen sie einen farbenreichen Ausdruck finden konnte. Als Composition betrachtet ist der Lenau'sche „Faust" ein verwildertes Fragment, in welchem die Wiederholungen der verwüstenden Liebeslust ermüdend wirken; aber als poetisches Denkmal einer scharf ausgeprägten melancholischen Skepsis, ausgeschmückt mit einzelnen Reliefs von wunderbarer Schönheit, nimmt er ein dauerndes Interesse in Anspruch. Er enthält zahlreiche lyrische Prachtstellen, in denen die glühende Schwelgerei des Sinnengenusses in seinen verschiedensten Stadien ebenso hinreißend gemalt ist, wie die Tiefe elegischer Empfindung, die sich oft mit ergreifender Gewalt ausspricht. Auch der grübelnde Tiefsinn des Gedankens erhebt sich an einzelnen Stellen zu jenem düsteren Schwunge, der für alle Dichtungen Lenau's charakteristisch ist. Auf historischem Gebiete wählte Lenau Stoffe, in denen der sittliche Kampf der Reform gegen veraltete Mißbräuche, der Kampf des freien Geistes gegen die unfrei gewordene Form sich mit heroischer Erhebung spiegelt. Er schrieb dithyrambische Apotheosen der Ketzerei in: „Savonarola" (1837) und „die Albigenser" (1842); dort einer urchristlich begeisterten Opposition gegen heidnische Ausartungen der Kirche, hier des Heldenkampfes, den der freie Geist mit der bindenden Satzung kämpft. In beiden Dichtungen verweilt Lenau mit Vorliebe bei der Passion selbst, die an diesen Kampf geknüpft ist, bei den Greueln des Streites, bei der inneren Qual seiner Helden, und läßt uns den Leidenskelch des Märtyrerthumes bis auf den letzten Rest leeren. Auch fehlt Lenau's religiösen Reformers und Revolutionairs frische, gesunde Kraft; sie sind mehr von elegischer Färbung und skeptischer Haltung. In „Savonarola" tritt die poetische Verherrlichung des Katholicismus so sehr hervor, daß die geistige Bedeutung der Reform dadurch beeinträchtigt wird. Ein dumpfer Mysticismus, eine starre Ascese, ein düster brütender Geist, eine oft krankhafte Empfindung sind in dieser Dichtung vorherrschend und prägen sich auch in der Form im oft lahmenden Rhythmus, in gesuchter Bilderpracht und in vielen krüppelhaften Gedanken aus. Den Hauptinhalt des Werkes bilden die Predigten „Savonarola's," eines Propheten, der den alten, reinen Glauben, die alte, reine Sittlichkeit vertheidigt, gegenüber dem Heidenthume der Mediceer und dem Luxus des damals entarteten Papstthums, aber auch in Opposition gegen eine freiere Weltanschauung und in anachronistischen Tiraden gegen die jüngeren Richtungen der Hegel'schen Philosophie. In der That können wir in der Gefühlsmystik Savonarola's keinen reichen Gedankeninhalt finden. Die Dichtung enthält viele seichte Stellen, durch welche bereits der triviale Troß alltäglicher Erbauungspoeten gewatet ist. Selbst das Streben, Mißbräuche des kirchlichen Lebens abzustellen, hat für das 19. Jahrhundert und den erweiterten Gesichtskreis der Reform kein durchgreifendes Interesse mehr. Die Schönheiten der Dichtung finden sich weniger in diesen Partieen der homiletischen Gedankenpoesie, als in einzelnen glänzenden Schilderungen, in denen Lenau's Genie seine ganze düstere Majestät entfaltet, wie z. B. in „der Pest zu Florenz." Während im „Savonarola" die rhythmische Einheit gewahrt ist, finden sich in den „Albigensern" die verschiedensten Metra im buntesten Wechsel. Dafür hat die ganze Dichtung auch frischeres Blut und freiere Bewegungskraft; der echte Dichterborn strömt hier mit ureigener Begeisterung. Die Verse sind voll Schwung, die epischen Schilderungen farbenreich, hin und wieder selbst mit plastischen Elementen ausgestattet; der Inhalt greift über die bloße Reform und ein bestimmtes Credo hinaus und verherrlicht die Idee des Ketzerthumes, des fortschreitenden Weltgeistes, der die alten Schranken niederreißt. In die Sternennacht hinaus jubelt die begeisterte Jugend: der Geist ist Gott — das Grunddogma aller Ketzerei! Vergleicht man mit diesen dithyrambisch rauschenden Cascaden „der Albigenser" die trüben, stehenden Waſſer des „Savonarola," so sieht man, wie der schwankende

Genius des Dichters bald hier, bald dort Anker warf, bald gegen den freien Geist polemisirte, bald ihn verherrlichte, und so nirgends festen Fuß zu fassen verstand. Daß er indeß der Ketzerei „der Albigenser" eine etwas moderne Färbung gab, rechnen wir ihm nur zum Verdienste an; denn der Dichter hat das Recht, einen historischen Inhalt zu vertiefen und auf den Horizont seines Jahrhunderts zu visiren. Einen besonders ergreifenden Eindruck macht in den „Albigensern" der Gegensatz zwischen den üppigen Reizen der südlichen Provence, ihrem heiteren Himmel, ihren liederreichen Troubadours und den Schrecken eines blutigen Religionskampfes, welche der Dichter uns mit jener dämonischen Wollust, mit jenem für den Leser unheimlichen Behagen ausmalt, das bei Lenau nicht blos eine Schwelgerei des Gedankens war, sondern oft den Eindruck macht, als wäre es aus nervöser Ueberreizung hervorgegangen. Eine krankhafte Ueberspannung der Sinnlichkeit liegt diesen, man könnte sagen üppigen Schilderungen des Grauenhaften zu Grunde; und nicht blos in der Anstrengung des unabläßigen Geisterbannens, während dem Zauberlehrlinge doch das rechte Wort der Lösung fehlte, nicht blos in der ganzen ossianisch-traumhaften Weltanschauung und der Unbefriedigung einer nach Erkenntniß ringenden Seele entdecken wir die geistigen Vorboten des Wahnsinnes, der nicht lange nach den „Albigensern" sich des Dichters bemächtigte, sondern auch in dieser unaufgelösten Dissonanz der geistigen und sinnlichen Natur, deren Kampf für Lenau ein Ringen zwischen der Sünde und Gnade war, in der dämonischen Sinnlichkeit, der Wollust der Passion, den Orgien des Märtyrerthums, in allen diesen krankhaften Schauern und Erschütterungen, welche die dunkle Verwandtschaft der höchsten Lust und des höchsten Schmerzes, der Wollust und Grausamkeit andeuten.

Wenn schon in Lenau's „Faust" der Schwerpunkt mehr auf diese Seite fällt, und der Kampf zwischen Glauben und freiem Denken gegen den Kampf zwischen dem sinnlichen und geistigen Elemente der Menschennatur in Schatten tritt: so konnte der „Don Juan," eine Reliquie, die Anastasius Grün im „dich-

terischen Nachlasse Lenau's" (1851) veröffentlicht, nichts
wesentlich Neues bringen. Die beiden Typen des „Faust" und
„Don Juan" in scharfer Sonderung festzuhalten, das mußte der
Lenau'schen Dichtweise fern liegen, die sich in verschwimmenden
Nebelbildern zu berauschen liebte. Don Juan und Faust, Sensua=
lismus und Spiritualismus gehen bei Lenau in einander über;
sein Faust ist so sensualistisch wie sein Don Juan, und Don Juan
hat spiritualistische Anwandlungen wie Faust. Beide sind blasirt,
ungesund und geben weder dem Geiste, noch der Materie das
ihnen gebührende Recht. Beide sind Zwitternaturen, „Spott=
geburten von Dreck und Feuer." „Don Juan" ist unvollendet
und nur fragmentarisch in den Uebergängen von Scene zu Scene
ausgearbeitet; aber er hat dramatische Präcision, Schwung, Leben,
Keckheit; der Styl ist scharf und blitzend geschliffen und fast ganz
frei von der elegischen Färbung, die man bei Lenau gewöhnt ist;
ein genialer Liebesdrang tobt in wilden Gedanken und Scenen
aus. Auch hier finden sich nirgends Spuren des Wahnsinnes,
man müßte denn den bacchantischen Materialismus dafür halten.
Ebenso sind die Liederblüthen des Nachlasses von alter Zartheit
und Sinnigkeit, obwohl man bei einigen das Gefühl hat, daß sie
schon am Abgrunde gepflückt sind. So besonders bei seinem letzten
Gedichte, das er kurz vor seiner unheilbaren Erkrankung im
September 1844 niederschrieb, und in welchem die träumerische
Selbstbespiegelung einen ebenso starren, wie schwindelnden Ein=
druck macht:

Blick in den Strom.

„Sah'st du ein Glück vorübergehn,
Das nie sich wiederfindet,
Ist's gut, in einen Strom zu sehn,
Wo Alles wogt und schwindet.

O starre nur hinein, hinein,
Du wirst es leichter missen,
Was dir, und sollt's dein Liebstes sein,
Vom Herzen ward gerissen.

Blick' unverwandt hinab zum Fluß,
Bis deine Thränen fallen,
Und sieh' durch ihren warmen Guß
Die Fluth hinunterwallen.

Hinträumend wird Vergessenheit
Des Herzens Wunde schließen;
Die Seele sieht mit ihrem Leid
Sich selbst vorüberfließen!"

Das war der wehmüthige Schwanengesang eines Dichters von großer ursprünglicher Begabung, von rastlosem Streben, von edler Gesinnung, des größten elegischen Dichters der Deutschen, in welchem der Kampf und der Schmerz, die Unbefriedigung und Disharmonie, das Schwanken zwischen Glauben und Wissen, Geist und Materie, Elemente der Zeit und seiner eigenen Natur, einen classischen Ausdruck gefunden haben.

Der talentvollste Jünger Grün's und Lenau's ist der Ungar Karl Beck (geb. 1817), ein geborener Poet von großer Gluth der Anschauung reichster Bilderpracht und jenem melodischen Schwunge, dessen Zauber durch keine Virtuosität angeeignet werden kann, der eine ursprüngliche Mitgift lyrischer Begabungen ist. Man hat Beck oft Schwulst und forcirtes Wesen zum Vorwurfe gemacht! Wohl ist er kein durchgängig correcter Poet, wohl schläft auch er lange Seiten hindurch; aber die Poesie ist bei ihm innerer Nerv, zwingende Productionskraft, gewaltige Unmittelbarkeit. Man sieht es diesen Gedichten an, daß sie in glühendem Gusse der Seele entströmten, daß sie aus einer oft visionairen Verzückung hervorgegangen. Ihr Wurf ist immer grandios; aber es fehlt dem Dichter oft das Maß für die geistige Bedeutung des Inhaltes, und so tritt ein eigenthümlicher Contrast hervor, wenn der hinreißende Schwung der Seele nur dem Sturme gleicht, der mit großer Gewalt einige welke Blätter in die Lüfte wirbelt. In der That hat Beck keine glänzende geistige Bildungsschule durchgemacht; seine Poesie hat keinen reichen, vielseitigen Inhalt. Ihre vorzüglichsten Anlehnungspunkte sind das alte Testament, von dem er die hymnenartige, in großen Naturbildern schwelgende Begeisterung und die prophetischen Geberden entlehnte, die jungdeutsche und socialistische Reformliteratur, der er seine tendenziöse Richtung entnahm, und die landschaftlichen und volksthümlichen Anschauungen seiner Heimath, der wir seine originellsten Schilderungen und gelungensten Dichtungen verdanken. Die Verknüpfung dieser Elemente ist bei ihm oft kühn und bizarr, wie z. B. in der „Freiheitsbibel," in welcher er Börne und den politischen Radicalismus mit Arabesken des alten Testamentes einrahmte. Antike und philosophische Elemente finden sich nirgends bei ihm; auch die orientalische Lebensweisheit liegt ihm fern. Alles ist bei ihm Gluth, Schwung, Anschauung: in den ersten Dichtungen ein düster grollender Enthusiasmus, in den letzten eine farbenprächtige Malerei. Ein melancholischer Zug geht durch alle seine Schöpfungen; aber es ist nicht die Melancholie, die innere Zerrissenheit und Skepsis Lenau's, es ist die Trauer um das vergebliche Ringen der Menschheit, um das stets entstehende Ideal der Humanität; eine Wehmuth, welche selbst in die Dithyramben des Fortschrittes hereintönt. Beck ist niemals ein politischer Dogmatiker gewesen. Er hat ein tiefes Mitleid mit den Leidenden, den Armen, den Unterdrückten; er ist der Sänger des Judenthumes und des Proletariats. Wenn man auch den ungelichteten Bilderreichthum und manche unreifen Gedanken, vieles Wüste und Unfertige in seinen Dichtungen mit Recht tadelt, so muß man diesem Dichter doch einen hinreißenden, rhythmischen Schwung, Adel der Gesinnung, den echt modernen Instinct bei der Wahl der Stoffe, glänzendes und originelles Colorit der Schilderung zugestehen und willig einräumen, daß einzelne von seinen „Gedichten" unserer Lyrik zu dauernder Zierde gereichen.

Seine drei ersten Werke: „Nächte, gepanzerte Lieder" (1838), „der fahrende Poet" (1838) und „Stille Lieder" (1840) hat Beck später in eine Gesammtausgabe seiner „Gedichte" (1844), und zwar nach kritischer Sichtung und Läuterung, aufgenommen. In den „Nächten" gährte ein unbestimmter Freiheits=

drang, ein studentisch-burschikoses Hinausstürmen in das Leben, ein phantasievolles Spiel mit der Tendenz und der Phrase und den jüngsten Traditionen der Zeit; eine Dichterkraft, bald von seltenem Zauber des Ausdruckes und berauschender Weihe, bald erdrückt von einem Bilderwuste ohne Klarheit und Prägnanz des Gedankens. Eine üppige Phantasie tritt uns gleich in der Introduction: „der Sultan" mit prächtig ausgesponnenen Bildern entgegen; ein wilder Enthusiasmus für den modernen Gedanken spricht sich im Gedichte: „die Eisenbahn" aus, das an die Poesie des Dampfes von Grün anklingt:

> „Rasend rauschen rings die Räder,
> Rollend, grollend, stürmisch sausend,
> Tief im innersten Geäder
> Kämpft der Zeitgeist freiheitsbrausend.
> Stemmen Steine sich entgegen,
> Reibt er sie zu Sand zusammen,
> Seinen Fluch und seinen Segen
> Speit er aus in Rauch und Flammen."

Zu den schönsten Elegieen des Judenthumes und den formell vollendetsten Dichtungen Beck's gehört das Lied:

> „Land der Wunder! Land der Trümmer!
> Dich begrüßet mein Gesang!
> Deine Cedern stehn; noch immer
> Braust dein Meer mit wildem Klang.
> Aber deine Helden fielen,
> Und verstummt ist dein Prophet,
> Und von deinen Saitenspielen
> Ist das letzte Lied verweht."

Der „fahrende Poet" ist weniger stürmisch, als die „Nächte"; der Dichter bewegt sich in Reflexionen und Schilderungen, von denen die ungarischen Nationalbilder sich durch lebendige Kraft und melodischen Tonfall auszeichnen. Auch das Wiener Leben wird in treuen Umrissen und einer oft glücklichen Genremalerei geschildert. Dagegen ist das Ueberwiegen der Reflexion in den letzten Abschnitten: „Weimar und die Wartburg" störend, da Beck's Poesie über keinen tieferen Gedankeninhalt gebietet.

Auch finden sich hier mehr schiefe und unklare Bilder, als in den „Nächten," wo die Flamme der Begeisterung läuternd alles Trübe verzehrte. Wenn Beck z. B. die Thräne „einen durchnäßten Pilger" nennt, „der aus der Seele in's Auge geht," oder „vom reichen Moos der Erfahrung" spricht, das Goethe's Gelocke bekränzt, so sind dies doch zu herausfordernde Sünden gegen den guten Geschmack. In den „stillen Liedern" findet sich manches zarte und sinnige Lied, wie z. B. „der Schmetterling" und der „Weltgeist," die durch tiefes Gefühl ausgezeichnete Idylle: „Knecht und Magd" und das herrliche „Frühlingslied." Eine zusammmenhängende größere Dichtung schuf Beck in „Jankó, der Roßhirt, ein Roman in Versen" (1841), in welchem sein Talent zu glänzender Schilderung, sein Reichthum an Phantasie und Empfindung und die lebendige Auffassung des Volkslebens in's hellste Licht traten. Der landschaftliche Hintergrund, das Ungarland mit seinen Haiden und Schenken, seinen Zigeunern und Magnaten, gab dem Dichter ein eigenthümliches Colorit, während der Inhalt der Dichtung, der rechtlose Kampf zwischen dem Knechte und dem Herrn, der gewaltthätige Feudalismus, das vom Edelmanne usurpirte jus primae noctis und die Blutrache des Beleidigten, die sociale Tendenz in concreter Weise darstellen. Glückliche Genremalerei, gewandte Gruppirung der Charaktere, Schwung der Schilderung und Empfindung, vor allem die düstere Harmonie, in welcher die Begebenheiten, die Gestalten, die Sitten, die Landschaft übereinstimmen, räumen dieser Dichtung einen hervorragenden Rang unter den Productionen der lyrischen Epik ein. In den „Liedern vom armen Mann" (1846), denen eine fulminante Widmung an Rothschild vorausgeht, kehrt Beck eine ganz bestimmte socialistische Tendenz heraus; aber die edle Gesinnung des Dichters kann einen widerspenstigen Stoff nicht poetisch verklären. Die nackte Armuth, das bittere Elend sind wenig geeignet, eine harmonische Lyrik zu befruchten und einen reinen, ästhetischen Genuß hervorzurufen. Einige dieser Lieder haben Kraft und Schmelz und Anschaulichkeit, die Mehrzahl aber behandelt unerquickliche Lebensbilder und streift beständig das Gebiet ganz prosaischer Interessen. „Die Monatsrosen" (1848) sind eine Nachblüthe der „stillen Lieder," aber von geringerer Frische, und „das Gedicht an Kaiser Franz Joseph" (1849) war ein „stilles Lied" auf politischem Gebiete, eine elegische Petition in Versen.

In seiner Gedichtsammlung: „Aus der Heimath" (1852) hat Karl Beck Bilder aus dem Freiheitskriege der Magyaren mit objectiver Unbefangenheit und dichterischer Begeisterung für den Heroismus, auf welcher Seite er sich offenbaren mochte, an einander gereiht. Man merkt diesem Gedichte die ängstliche Feile des Dichters und das Streben nach Correctheit an, doch fehlt ihm dafür Frische und Freudigkeit und der ungestüm hinreißende Dichterschwung. Die Husaren- und Zigeunerlieder gelingen ihm am besten. Dagegen sind einige weiter ausgesponnene Dichtungen ermüdend, indem die lyrische Erzählungsweise kein spannendes Interesse an der Handlung selbst erweckt. Die lyrische Schluß-Parabase zeugt von Beck's hoher Begeisterung für den Beruf des Dichters, der ihm früher, in den jungdeutschen Nächten, nur „ein Kainsstempel" zu sein schien. Gerade in dieser reinen, würdigen Auffassung der Poesie liegt die sicherste Bürgschaft für den geistigen und künstlerischen Fortschritt des Dichters selbst:

„O denket nicht vom Lied gering,
Denn segnen will's und rathen,
Sein Silbenfall, sein Bilderschwung
Sind unterdrückte Thaten.

Von Göttern war der Himmel voll,
Doch öde war ihr Busen,
Stumm war noch die Unsterblichkeit —
Da schuf sich Zeus die Musen.

Das Lied, es ist des Herzens Brot,
Wir können es nicht missen,
Am Sarg' und an der Wiege nicht —
Es ist der Welt Gewissen!"

In Karl Beck's „**Jadwiga**" (1863) finden wir ebenfalls das Bestreben, die wildwuchernden Ranken der Phantasie zu beschneiden. Einzelne Schilderungen, wie der Angriff der Wölfe auf den Schlitten, sind indeß in dieser polnischen Ballade mit alter unverwüstlicher Dichtergluth ausgeführt. Die Sonette: „**Oesterreich in zwölfter Stunde**" (1868) erscheinen etwas schwerfällig prunkhaft, bei einzelnen Schönheiten und bei einer nicht so rasch vergänglichen Bedeutung des Inhalts, da diese zwölfte Stunde für Oesterreich öfter zu schlagen pflegt. Wohlgefeilte, sinnige traute Kabinetslyrik, an einzelnen Stellen von patriotischem Aufschwung durchbrochen, geben die „**Täubchen im Nest**" (1868), eine Dichtung in Distichen, deren Composition nach dem Vorbild der römischen Elegiker vielfach verschlungen ist, aber Stellen von schöner Prägnanz enthält, neben anderen, in denen das Alltägliche allzusehr auf einen unpassenden Kothurn gehoben ist.

Diese Dichtung nahm Beck mit auf in seine letzte Sammlung: „**Still und bewegt**" (1869). Auch hier verdrängt das Gezierte oft das Natürliche, überladene Schilderungen mit zerstreuender Wirkung überwuchern arabeskenhaft den eigentlichen poetischen Kern; aber das echte Dichtergemüth, aus welchem all' diese Poesie herausgeboren ist, verleugnet sich nicht. Sehr schön und sinnreich ist unter den Erzählungen die Ballade: „**Los**," welche eine Anekdote mit sinnbildlicher Prägnanz behandelt und einen Pendant bildet zu dem Gedicht: „**Das rothe Lied**," vielleicht die Perle unter Beck's Gedichten, was die tiefelegische Klangfärbung betrifft.

An diese österreichischen Dichter des Fortschrittes mit ihrem vorherrschenden prophetischen oder elegischen Grundcharakter reihten sich, nachdem inzwischen die politische Poesie in ihrer directesten Gestalt aufgetreten war, zwei jüngere, talentvolle **böhmische** Poeten, welchen die historischen Traditionen ihres Landes, an die sie anknüpften, ein eigenthümliches Colorit verliehen. Böhmens Geschichte ist so reich an großen, bedeutenden Ereignissen; die Religionskriege, die es verheerten, haben einen wilden, leidenschaftlichen Charakter und geben der poetischen Anschauung ganz concrete Bilder. So konnten diese jüngeren Poeten ihre Freiheitsbegeisterung an böhmische Helden anlehnen und die alten Parteizeichen in moderner Symbolik verwerthen, so wenig in neuester Zeit das fanatische Czechenthum auf die Sympathieen der Deutschen rechnen darf. Alfred Meißner aus Teplitz (geb. 1822) und Moritz Hartmann aus dem Dorfe Duscheck (1821—1872) sind die modernen poetischen Dioskuren des Böhmerlandes, die sich gleichzeitig in der Literatur einen Namen erwarben. „Kelch und Schwert" ist das gemeinsame Motto ihrer Poesie, das sie beide in modernem Sinne auslegen. Beide haben ein liebenswürdiges Talent mit der Tendenz nach künstlerischer Abrundung, die in ihren ersten Dichtungen indeß noch vermißt wurde. Beide erheben sich an einzelnen Stellen zu hinreißender Kraft, während sie auch wieder in Gemeinplätze verfallen, die bei Meißner mehr der Rhetorik, bei Hartmann mehr der trivialen Darstellung angehören. Meißner hat mehr Schwung, Hartmann mehr Plastik; bei Meißner herrscht Würde vor, bei Hartmann Grazie; Meißner ist mehr glänzend und gedankenvoll, Hartmann anspruchsloser und empfindungsreicher; Meißner ist dramatischer, Hartmann epischer, ein Unterschied, der sich schon in den ersten lyrischen Anläufen beider Dichter offenbarte, und der später, als sie mit Eifer darangingen, größere Kunstwerke zu schaffen, auf's deutlichste hervortritt.

Alfred Meißner lehnt sich in seinen „Gedichten" (1845) an Lord Byron und George Sand an, die er in dithyrambischer Breite feiert. In seiner Melancholie mit den Satzungen der Gesellschaft zerfallen, sucht er düstere Naturscenen auf, die Gebirgswüste, die Haide, „die Urstille der Welt," und tröstet sich unter den todten Riesenleibern wüster Felskolosse durch die resignirende Einsicht, daß die Natur so wenig, wie die Menschheit, ein Mitgefühl und Verständniß für tiefe Leiden habe. In der Schilderung dieser Natureinsamkeit, deren Colorit mit der Stimmung der Seele vollkommen übereinstimmt, offenbart Meißner die ganze

Kraft und düstere Pracht seiner Begabung. Auf den Alpen erhebt sich sein Gemüth zur Andacht, zu feierlichem Gelübde, für das Wohl der Menschheit zu kämpfen:

„O Himmelsnähe, freier Winde Wehen,
Stimmen der Wasser in der Einsamkeit,
Säuseln der Tannen auf den fels'gen Höhen,
Du schwellst die Brust und machst sie fromm und weit,
Und durch die stille Seele des Poeten
Geht, lange nicht gekannt, ein heimlich Beten."

Wie Meißner, von der Magie echt dichterischer Anschauung getragen, auch über einen seltenen Zauber der Form gebietet, das zeigen seine Schilderungen „Venezia's":

„Wenn auf den bleichen Höhen
Der fernen Euganeen
Des Südens Abendsonne
Ihr Gold vergossen hat,
Dann jubelt, wie ein tolles,
Phantastisch wundervolles
Gedicht, in Rausch und Wonne
Die alte braune Stadt.

Auf allen Kuppeln brennt es
Wie Gluth des Orientes,
Es wachen in den Fresken
Die alten Heil'gen auf;
Im wundersamen Scheine
Beleben sich die Steine
Mit allen Arabesken
Bis zu dem höchsten Knauf. —

O Schmerz! das kann nicht dauern,
Die Abendwinde schauern,
Der Mond sieht blaß und blässer
In's wirre Bild hinein.
Es gähnen die Portale
Am nächtigen Canale,
In's schweigende Gewässer
Fällt langsam Stein um Stein."

Meißner's Melancholie erinnert, besonders in den einfach hin=
gehauchten lyrischen Gedichten, an Lenau; aber sie geht nicht aus
innerem krankhaftem Schwanken hervor; sie steigert sich nicht zu
dämonischer Selbstqual; das erstrebte Ideal steht klar vor seiner
Seele; nur der Schmerz, es nicht verwirklicht zu sehen, beseelt
die Elegieen dieses Poeten. Die Färbung, die er seinem Ideale
giebt, erinnert an den neufranzösischen Socialismus, dessen Stich=
wörter sich bei Meißner wiederfinden. Der Dichter hielt sich selbst,
angezogen von den Bewegungen des französischen Geistes, zwei=
mal, 1847 und 1849, in Paris auf und hat die Documente
seines letzten Aufenthaltes in den glänzend geschriebenen „Revo=
lutionairen Studien aus Paris" (2 Bde. 1849) nieder=
gelegt, in denen ihn indeß sein dichterischer Prophetengeist, die
irrige deutsche Auffassung des französischen Wesens, zu
mancherlei Illusionen über die Gegenwart und Zukunft Frankreichs
hinriß. Doch die Hinneigung zu den Theorieen socialer Reform
und selbst socialer Revolution giebt seinen „Gedichten" Schwung
und Eloquenz, während das eigentliche politische Pathos ihnen
fern liegt. Er besingt „die Frauen," „die Armen"; er liebt es,
selbst mit der Prostitution zu kokettiren, einer „Gefallenen" eine
Elegie zu singen, deren Text sich nicht ganz für eine Predigt
in einem Magdalenenstifte eignen dürfte. Meißner's größere
Dichtung: „Zizka" (1846) erinnert durch die Apotheose des
Ketzerthumes und die lockere Verknüpfung der einzelnen Gedichte
aus Lenau's „Albigenser," denen sie auch vollkommen ebenbürtig
ist, was die düstere Gluth der Schilderung und den durch alle
Kämpfe hindurchtönenden Rhythmus des Gedankens betrifft. Nur
ist Meißner's Pathos noch schwunghafter, melodischer, getragener,
und seiner klaren Weltanschauung fehlt jenes dämonische Element,
welches bei Lenau so unheimlich, aber gewaltig wirkt. Wohl hat
auch unser Dichter das Bewußtsein, daß die Geschichte nur ein
großer Cyclus von Tragödieen ist:

„So lang' des Zeitenwebstuhls Arme weben,
So lang' die Menschheit lebt von Pol zu Pol,

> Bleibt Trauerspiel das große Völkerleben,
> Und ach, ein Schwert sein ewiges Symbol!"

aber er glaubt doch an ein Pfingstfest der Erde, an welchem Wahn und Irrsinn wie ein Traum entfliehn. "Zizka" gehört ganz in das Gebiet der lyrischen Epik und läßt, bei aller Pracht farbenreicher Schilderung, glühender Volks= und Schlachtbilder, ergreifender Balladen und reizender Idyllen, doch die epische Plastik und Ruhe vollkommen vermissen. Mit der Schattenhaftigkeit Ossian's steigen die Helden aus dem Schlachtgewühle empor, ohne es zu einer bestimmten Individualität zu bringen. Auch in der Schilderung des Haupthelden wiegt das Innerliche, die Reflexion und ein dramatischer Tik vor, welcher in Alfred Meißner lebendig ist und ihn später bei Besprechung des modernen Drama's antrieb, seine productive Thätigkeit, wie wir sehen werden, der Bühne zuzuwenden. Auch als Romanschriftsteller werden wir ihn wiederfinden. Daß Meißner Talent zu satyrischen Arabesken hat, bewies er in seinem "Sohn des Atta Troll" (1850), obgleich er sich in diesem Gedichte fast sklavisch an das Vorbild Heine's anlehnte. Eine köstliche Perle episch=lyrischer Dichtung, in welcher der Conflikt zweier Weltanschauungen mit Plastik und Prägnanz dargestellt ist, hat Meißner aus seiner Idylle in Bregenz heraus, wo er seit längerer Zeit wohnt, veröffentlicht: "Wernikerus" (1872).

Moritz Hartmann zeigt sich in "Kelch und Schwert" (1845) und in den "Neueren Gedichten" (1847) als einen Lyriker von Tiefe der Empfindung, Grazie der freilich ungleichen Form, als einen Freiheitssänger von national=böhmischer Färbung, der mit Begeisterung und Wehmuth an die geschichtlichen Traditionen der Heimath anknüpft. Minder schwunghaft, als Meißner, besitzt er doch die Gabe, mit wenigen Zügen ein klares Gemälde hinzuzaubern, und verräth größere Anschaulichkeit und Ruhe in der Ausführung. Der Sinn für künstlerische Einfachheit des Ausdruckes ist bei ihm so lebendig entwickelt, daß er von allen österreichischen Lyrikern am wenigsten dem Pomp der überladenen Diction huldigt, eine Mäßigung, die freilich durch seine nicht allzu reiche Phantasie unterstützt wird. Hartmann's Begabung hat künstlerischen Tact und wahrt die Reinheit der Form; aber es fehlt ihr die originelle Kraft und Magie eines scharf ausgeprägten Genies. Liebenswürdigkeit ohne Tiefe, Gefühl ohne Leidenschaft, Reflexion ohne Pathos, Wärme ohne Feuer, aber ein auch im Leben bewahrtes Gleichmaß des Charakters zeichnet die Hartmann'schen Dichtungen aus. Ernst des Gemüthes und Solidität der Gesinnung geben ihnen eine gemäßigte und behagliche Temperatur. Nur einmal, in der „Reimchronik des Pfaffen Maurizius" (1849), ließ Hartmann einer oft geifernden Satyre die Zügel schießen. Oesterreichischer Flüchtling, Mitglied des Frankfurter Parlamentes und seiner äußersten Linken, Verbannter in Frankreich und Kölnischer-Zeitungs-Reisender im Orient, hat der Dichter ein bewegtes Leben geführt und war in der Zeit der höchsten politischen Aufregung ein bereitwilliger Pamphletist seiner Partei. Witz und Sarkasmus lassen sich seinen im naiven Chronikenstyl gehaltenen satyrischen Fresken aus der Paulskirche nicht absprechen; aber es lief doch viel Flaches und Triviales mit unter, und die Beurtheilung der politischen Charaktere ist durch einseitige Parteiverbitterung gefärbt. Dingelstedt ließ später seine Witzraketen von der entgegengesetzten Seite spielen; ebenso Wilhelm Jordan im „Demiurgos"; Prutz illustrirte satyrisch beide Seiten der Paulskirche, Robert Heller und Heinrich Laube brustbilderten aus dem Centrum — so stellte sich in der Literatur das Gleichgewicht wieder her, und eine Einseitigkeit wurde durch die andere corrigirt. Die kecke, frisch aus der Zeit heraus gedichtete Reimchronik Hartmann's wird indeß sowohl als Document damaliger Stimmungen und Tendenzen, als auch als Silhouetten-Sammlung der damaligen politischen Berühmtheiten, wenn gleich manche Silhouette an die Caricatur grenzt, für spätere Zeiten von größerem Interesse sein, als die satyrischen Randglossen der anderen Autoren, die weniger aus der unmittelbaren Inspiration des Augenblickes hervorgegangen sind.

Nach diesen satyrischen Attentaten auf der politischen Tribüne, zog sich Hartmann in die Idylle zurück und veröffentlichte sein idyllisches Epos: „Adam und Eva" (1851), das an „Herrmann und Dorothea" und „Paul und Virginie" erinnert, viele lieblichen Stellen und anmuthigen Schilderungen enthält, aber doch wieder den Beweis liefert, daß der antike Hexameter für die moderne Dichtung ein ungeeigneter Träger ist. Wenn man auch das Streben nach künstlerischer Totalität in dieser Dichtung anerkennen muß, so macht sie doch vorwiegend den Eindruck einer Nachbildung ohne frischen, eigenen Trieb, ohne die echte, kernige Plastik, ohne das ungetrübte, idyllische Behagen, um so mehr, als der Dichter selbst in der „Einleitung" den Uebergang der politischen Lyrik zur friedlichen Idylle in einer äußerlichen Weise als ein Bedürfniß der Zeit motivirt. In den „Schatten" (1851), poetischen Erzählungen und einigen „stillen Liedern" zeigt sich ein liebenswürdiges, beschreibendes Talent, das aber bei aller Klarheit und Anschaulichkeit ohne höheren Schwung ist. Die würdige und einfache Diction leidet an einzelnen Härten und Unebenheiten. Die gelungensten Schilderungen enthält das erste Gedicht: „Sackville," während die Vision „Kalotas" oder der Bund der Gleichen, bei anmuthiger träumerischer Beleuchtung, den Grundgedanken zu sehr verklingen läßt. Die Liebeslyrik in den „Schatten" spricht die Sprache unmittelbarer Empfindung, des eigenen, tiefgefühlten Erlebnisses, schwärmerischer Treue und edler Resignation.

Die Sammlung: „Zeitlosen" (1859) schließt schon durch ihren Titel jede unmittelbare Beziehung auf die Gegenwart aus. Doch fehlt diesen „Zeitlosen" auch die Aehnlichkeit mit jener auf den Herbststoppeln blühenden Blume, der sie ihren Namen verdanken, und die mit kahlem Stengel, ohne alle Blätterpracht, einsam giftig mit herausfordernden Farben prunkt. Diese Gedichte haben nichts Dämonisches, von Welt und Zeit Vergiftetes; auch blühn sie nicht auf den abgeernteten Stoppeln des Gedankens und der Empfindung, wenn uns auch hin und wieder der Duft dieser Melancholie entgegenweht — sie bilden eine sinnig geordnete „Herbstblumine" und verkünden das Streben nach plastischer Klarheit und künstlerischer

Zucht des Gedankens und der Empfindung. Außer einigen treffenden Natur- und Strandbildern und Erzählungen in spanischem Romanzenton, wie der „Camao," ragen besonders die „Symphonieen" hervor, in denen der Dichter in freieren Rhythmen und mit größerer Kühnheit des Ausdruckes eine moderne Odenform anbahnt, nach welcher die gedankenvollere Lyrik in den verschiedensten Anläufen hindrängt.

Wie sich die Hartmann'sche Muse durch ihre lyrische und künstlerische Keuschheit auszeichnet, so athmen alle seine anderen Schriften, sein auf böhmischem Localgrunde mit epischem Behagen ausgeführter Roman: „Krieg um den Wald" (1850), sein anziehendes „Tagebuch aus der Provence und Languedoc" (2 Bde. 1852), seine „Erzählungen eines Unsteten" (2 Bde. 1858), in deren Vorerzählung die interessanten Fahrten und Abenteuer des Verfassers in Ost und West, im Zellengefängniß von Mazas, wie in der Walachei mitgetheilt werden, seine „Novellen" (3 Bde. 1863), „Nach der Natur" (3 Bde. 1866), seine historischen Erzählungen: „Der Gefangene von Chillon" (1863) und „Die letzten Tage eines Königs" (1866) und der Sensationsroman: „Die Diamanten der Baronin" (2 Bde. 1868), maßvolle Grazie der Darstellung und zeugen durch die Ruhe und Sicherheit der Beschreibung, durch die liebevolle Hingabe an das Object, durch die Bewährung sorgsamer Beobachtungsgabe und eines für das geistig Bedeutende aufgeschlossenen Sinnes von dem vorzugsweise epischen Talente des Dichters.

Hartmann hatte sich, nach langen Irrfahrten, 1860 in Genf niedergelassen, zog 1862 nach Stuttgart, und von hier 1868 nach Wien, wo er Redacteur des Feuilletons der „Neuen Freien Presse," indeß alsbald schwer erkrankt, der Zeitung nicht seine volle Thätigkeit zuwenden konnte. In einem „Kaiserlied" stellte er sich, wie Herwegh, dem neuen deutschen Kaiserthum und der ganzen nationalen Bewegung feindlich gegenüber, während Meißner sich derselben anschloß. Hartmann ist über den Standpunkt der politischen Flüchtlinge von 1848 nie herausgekommen. Nach seinem allzu frühen Tode 1872 gab die Cotta'sche Verlagsbuchhandlung eine Gesammtausgabe seiner Werke in zehn Bänden heraus.

In einem größeren Epos versuchte sich ein anderer böhmischer Dichter, der auf gänzlich neutralem Boden steht, aber, ohne den modernen Gedankenschwung und tieferen, geistigen Inhalt, den Bildern der böhmischen Geschichte keinen allgemein fesselnden Kern, keine deutsche Bedeutung zu geben wußte: Karl Egon Ebert aus Prag (geb. 1801) in seinem böhmisch-nationalen Heldengedichte: „Wlasta" (1829). Auch in seinen „Dichtungen" (2 Bde. 1824) behandelt Ebert vorzüglich lyrisch-epische Stoffe, Balladen und Romanzen der Heimath. Wo ein allgemein menschliches Interesse den lokalen Stoff adelt, da erhebt sich auch Ebert's stets geschmackvolle Form zu einem höheren Schwunge; aber im Ganzen hält die Erdschwere des Stoffes sein Talent darnieder. In den „frommen Gedanken eines weltlichen Mannes" (1859) finden sich mehr Früchte als Blüthen, Früchte mit einer nicht farbenprächtigen, aber doch gefällig angehauchten Schaale. Am meisten gelungen sind einzelne sociale Lebensbilder, deren Richtung gegen hohlen gesellschaftlichen Flitter geht und für die innere Vertiefung des Gemüthes kämpft. Frischer, lebendiger ist der Böhme Uffo Horn in seinen „Gedichten" (1847), in denen auch die epische Gestaltung vorwiegt. Uffo Horn ist eine thatkräftige Natur, deren unmittelbare Erregungen sich rasch zu energischer Lyrik condensiren; doch diese leichte Erregbarkeit seines Talentes, das sich auch im Drama und in der Novelle nicht ohne Glück versucht, hemmt bei ihm die Ruhe künstlerischer Gestaltung. Daß Uffo Horn in Schleswig-Holstein tapfer mitgefochten, giebt seinem Büchlein: „Von Idstedt bis zu Ende" (1850) doppeltes Interesse. Aus Böhmen stammt auch der österreichische Soldat Josef Emanuel Hilscher (1806—1837), der als Fourier in Mailand starb, ohne es bis zum Offizier bringen zu können, während er in der Mitte seiner meist ungebildeten Kameraden in Gedichten von Byron'schem Schwung seine Klagen über die Ungerechtigkeit des Schicksals aussprach). Seine „**Originale und Uebersetzungen**" gab L. **August Frankl** (1840) heraus. Erregbar, flüchtig, in unbestimmtem Drange nach Ideeen und Stoffen haschend, ist **Hermann Rollet**, der in Liederkränzen, Frühlingsboten aus Oesterreich, Wanderbüchern, in Incest=Dramen die heitere Lyrik politischer Tirailleurs mit den kecken Griffen „der Dramatiker des Problems" vereinigt und in trüber, geistiger Gährung die angeborne Frische seiner Begabung unterdrückt.

Auch die österreichischen Bergländer stellen ein beachtenswerthes Contingent zur Lyrik des Kaiserreichs. In Steiermark singt **K. G. Ritter von Leitner** („**Gedichte**," 1825, „**Herbstblumen, neue Gedichte**" 1870) in schlicht einfacher, kernhafter Sangesweise; allerdings fehlt es in seinen „Gedichten" an melodischem und einschmeichelndem Reiz; sie haben etwas Hartes auch in der Form, was den ästhetischen Genuß trübt. Melodischer sind die Harfen der Tyroler Sänger gestimmt. **Hermann von Gilm** (1812—1864) aus Innsbruck, Beamter in Tyrol, in Wien und Linz, ließ in Zeitungen und Zeitschriften zahlreiche Gedichte erscheinen, die nach seinem Tode gesammelt wurden (2 Bde. 1864—65). Es weht durch dieselben die frische Tyroler Bergluft; eine große Zahl von ihnen sind Kampf= und Fehdelieder, gegen die Jesuiten und ihre ultramontanen Umtriebe gerichtet. Die Form der zarteren Lieder ist oft schlicht und innig, oft bilder=funkelnd im Grün'schen Styl. Da erscheint Gilm selbst als jener Dichter, den er unter den Schwarzmänteln in Tyrol vermißt:

> „Doch einem Dichter bist du nicht begegnet,
> Dem Wildbach gleich in Stürzen und im Tosen,
> Der Ketten bricht und Diamanten regnet
> Als Brautgeschmeid für seine jungen Rosen."

Noch anregender und vielseitiger erscheint **Adolf Pichler** aus dem Unterinnthal (geb. 1819), ein eifriger Kämpfer für die Geistesfreiheit in den Tyroler Bergen, im Jahre 1848 für das freie Oesterreich begeistert, aber auch rüstig in der Abwehr der italienischen Angriffe, ein Kämpfer bei Ponte Tedesco und Caffaro, mit deutscher Gesinnung bereit, sich auch an den Schleswig-Holsteinschen Kämpfen zu betheiligen, doch der zu spät Kommende mußte unverrichteter Sache wieder zurückkehren. Adolf Pichler ist ein eifriger Naturforscher, der die Alpen seiner Heimath vielfach durchpilgert und beschrieben hat. Lebendiger Natursinn spiegelt sich auch in seinen „Gedichten" (1853) und in den gedankenreichen „Hymnen" (1855), deren freie Rhythmik nur durch den Gegensatz von Strophe, Antistrophe und Epistrophe geregelt wird. In diesen Hymnen herrscht oft eine echte Intuition, welche das Natur- und Gedankenbild mit großen Zügen hinstellt. Auch Elegieen und Epigramme gab Pichler heraus unter dem Titel: „In Lieb und Haß" (1869), in denen Sinnverse, Lyrik in Distichen, voll warmen Naturgefühls und in meistens ansprechender Form, poetische Gemmen, die eine Situation scharf ausprägen, mit schlimmen Xenien wechseln, deren giftiger Stachel gegen einzelne Dichter und Kritiker gerichtet ist.

In den politischen Bewegungen der Jahre 1848 und 1849 schien dem lyrischen „jungen Oesterreich" der Athem auszugehen; die düsteren Blut- und Gräuelscenen der Revolution und die Strenge des Habsburgischen Absolutismus verscheuchten die lyrischen Dichterträume, und das Ideal der Humanität, das der milde Grün und der düstere Lenau gefeiert hatten, schien im wilden Kampfe der Parteien und der Interessen begraben. Die schreckhafte Nähe gewaltiger Ereignisse mußte eine Poesie lähmen, die sich nur in den Dämmerungen und Ahnungen des Gemüthes wohlgefühlt. Die veränderte Weltlage Oesterreichs in dem sechsten Jahrzehnt, seine Fechterpositur Rußland gegenüber, die Vertheidigung deutscher Interessen riefen indeß eine neue österreichische, deutsch-patriotische Poesie hervor, welche in dem berühmten Trauerspiele: „der Fechter von Ravenna" ihren durchgreifendsten Ausdruck gefunden und in der Gestalt der mütterlichen Thusnelda, welche ihren Sohn Thumelikus vergebens zum Kampfe für das deutsche Vaterland aufruft, den Kaiserstaat personificirt. Diese neue Situation, in welche Oesterreich durch die politischen

Verhältnisse gedrängt wurde, schien zu einer idealen Auffassung so
geeignet, daß ein patriotischer Dichter, wie W. Constant, in
seinen „Gemmen" (1855), poetischen, blumenreichen Erzählungen,
epischen Variationen über beliebige Stoffe mit vielen durchschim=
mernden Adern des Talentes, Oesterreich mit dem alten Hellas zu
vergleichen wagte und sich in einer ausführlichen Schilderung der
Perserkriege in ottave rime nur erging, um diese patriotische
Nutzanwendung daran zu knüpfen. W. Constant hatte schon
vor den „Gemmen" mehrere Werke erscheinen lassen, die ihm
einen Platz auf dem österreichischen Parnasse sichern. Sein
Romanzenkranz: „Von einer verschollenen Königsstadt"
(1838), besingt Krakau's historische Erinnerungen und durchwirkt
den historischen Hintergrund mit modernen, oft geistreichen Reflexionen
und lebendigen Genrebildern. Hier, wie in den „Parallelen"
(1839), in denen der Dichter die österreichischen Zustände und
Bestrebungen mit liberalen Tendenzen zu verbrämen sucht, ist die
Form bilderreich, wenn auch nicht immer klar und rein. In den
erzählenden Gedichten: „Cameen" (1856) ist viel Bedeutendes
und ansprechend Erzähltes — besonders verdient „die Braut=
schau des Gyges" als lebendige Erzählung hervorgehoben zu
werden. Die „Cyklamen" (1873) zeigen eine sinnige Vertiefung
in Natur= und Menschenleben. Der Dichter Constant (pseudonym
für Wurzbach von Tannenberg) ist zugleich einer der ein=
flußreichsten Vertreter des deutschen Geistes in Oesterreich, bestrebt,
auch in amtlicher Wirksamkeit seine idealen Richtungen dort einzu=
bürgern. Die Herausgabe des glänzenden „Schillerbuches" beweist
dies ebenso, wie seine ministeriell statistischen Werke und sein Pantheon
österreichischer Helden und Schriftsteller, das mit seltenem Fleiß gear=
beitete „Biographische Lexikon des österreichischen Kaiser=
thums" (20 Bde.), für das Bestreben sprechen, auch für die öster=
reichische Gesammtmonarchie einen geistigen Einheitspunkt zu finden.

Der philosophische Zug der österreichischen Lyrik, der sich in der
Skepsis Lenau's ausprägte, fand in dem letzten Jahrzehnt einen
neuen glänzenden Vertreter in einem Dichter, der seine Laufbahn

mit poetischen Gedanken-Symphonieen eröffnete und mit hymnenartigem Schwung eine kunstvollere Architektonik dichterischer Formen erfüllte. Robert Hamerling aus Kirchberg am Walde in Niederösterreich (geb. 1832), lange Zeit Lehrer in Triest, dann als österreichischer Staatspensionair in Graz lebend, ist ein Poet von einem seltenen Reichthum üppiger Phantasie und von einer Größe der ursprüglichen Intuition, wie wir sie bei den übrigen Dichtern seines Landes nicht finden. Seine ersten poetischen Gedankenkartons gemahnten fremdartig; es fehlte ihren schwunghaften Linien zum Theil die klare Bedeutung; doch der edle Hellenismus voll freudiger Begeisterung für die Schönheit, der aus seiner „Venus im Exil" (1858), der warme deutsche Patriotismus, der aus „Ein Schwanenlied der Romantik" (1862) und der Canzone: „Ein Germanenzug" (1864) sprach, mußten für einen Dichter interessiren, der formgewaltig und geistesmächtig über die Grenzen hinausgriff, welche der Dämmerungsflug der österreichischen Lyrik bisher gestreift hatte. Hamerling bewegte sich nicht in den leichteren Rhythmen und Strophenformen Grün's und Lenau's; er wandte gleichsam den dichterischen Contrapunkt an in kühnerer Bewegung und Gegenbewegung der Gedanken und Strophen. Voll einher fluthete diese Dichtweise; majestätisch und doch ungezwungen, dithyrambisch und doch nicht zerflossen erklang „das Schwanenlied der Romantik":

„Ist dieser Zeiten Zwielicht Morgendämmerung
Mit einem neuen Tage schwanger, der herrlich und jung
Ueber den harrenden Völkern beginne den stolzen Lauf:
Er gehe dir, o Heimath, er gehe dir am ersten auf!

Und kommt er als Bote des Dunkels und bricht die Nacht herein:
Auf deinen Bergen säume des letzten Tages Schein;
Die letzte aller Blumen, sie blühe auf deinem Ried,
In deinen Hainen flöte die Nachtigall ihr letztes Lied.

Die Perle des himmlischen Segens, die irdische Blüthen netzt,
Von deinen Blüthen, o Deutschland, wegtrockne sie zuletzt!
Zuletzt dir schwinde der Zeiten verglimmendes Abendroth,
Du bist das Herz Europa's, so lähme dich zuletzt der Tod!"

In der Gedichtsammlung „Sinnen und Minnen" (3. Aufl. 1867) befinden sich zahlreiche andere Gedichte aus des Sängers Jugendzeit, unter denen die Oden in freien rhythmischen Ergüssen überwiegen. Es sind Jean Paul'sche Streckverse, nur nach einem rhythmischen Taktgefühl modelt, das aber doch hin und wieder den Dichter und den Hörer im Stich läßt. Wir ziehen diese Formlosigkeit zwar noch der verzwickten Metrik vieler Klopstock'schen und Platen'schen Oden vor, die mit ihren zermalmenden Molossen und unmöglichen Pyrrhichten die Zunge zerbrechen, möchten sie aber keineswegs als Muster empfehlen. Der Inhalt der Oden entspricht dagegen ganz den Anforderungen, die man an diese Dichtgattung stellen darf. Kühne Bilder mit einzelnen, aber gewaltigen Zügen hingezaubert, kühne Gedankenverbindungen, welche über einzelne ausgelassene Mittelglieder hinweg die Phantasie im Vollgefühl ihrer Freiheit von einer Höhe zur andern führen, sind allen diesen Oden eigen. Was sie aber besonders als eine Eigenthümlichkeit des Dichters charakterisirt, ist ein symphonischer Schmelz, eine gewisse Weichheit und Ueppigkeit der Farbengebung, welche indeß das Bedeutende und Grandiose nirgends herabstimmt. Oft ist indeß der Gegenstand dieser Gedichte kein großer; der Dichter besingt den Genzian, den geblendeten Vogel; aber er borgt auch dem kleinsten Objekt Schwingen, die es in die Sphäre der höchsten Gedankenrichtung tragen. Einzelne Dithyramben in gereimten Strophen, wie das Gedicht: „In sternloser Nacht," gehören zu den schönsten der Sammlung. Die leichteren Lieder sind nicht innig, schlicht, sangbar; sie sind ebenfalls gedankenreich; die Liebeslieder athmen eine leidenschaftliche Gluth. Hamerlings Muse ist theils auf das Große und Schwunghafte hingewiesen, theils im Ueppigen und Verführerischen heimisch; die Gluth der Phantasie überwiegt bei ihm die Innigkeit der Empfindung. Hin und wieder zeigt sich in den Gedichten eine gewisse Ueberschwänglich= keit, welche der sichern Plastik entbehrt und die Bilder in ein traumhaft visionaires Licht rückt oder eine Manirirtheit des Styls, ein Uebergehen der Sprachkunst in die Sprachkünstelei, deren auf=

gebauschte Formen nicht immer den Gedanken decken; doch bewährt Hamerling auch als Lyriker wahrhafte Inspiration und eine seltene und originelle Beherrschung des künstlerischen Ausdrucks. Einen weitreichenden Ruf errang er indeß erst durch seine epischen Dichtungen, auf welche wir später zurückkommen werden.

Den großen Styl der Dichtung, bisweilen allzu pomphaft, sodaß der Aufwand der Form und die geistige Bedeutung sich nicht immer decken und daß uns oft nur die Absicht, gleichsam die versteinerte Geste des Grandiosen entgegentritt, vertritt auch Karl Ziegler aus Oberösterreich, geb. 1812, in seinen Gedichten, „Vom Kothurn der Lyrik" (1869), ein Dichter, der sich in seinen früheren, unter dem Namen Carlopago herausgegebenen Gedichtsammlungen (1843 und 1856) einer fast aus dem Styl der österreichischen Lyrik herausfallenden Einfachheit befliß, hier aber in Hymnen, Dithyramben, Phantasieen, Rhapsodieen und Elegieen schwelgt, in neuen Wort= und Strophenbildungen, in denen er eine oft antikisirende, oft frei ergossene Rhythmik mit den Reimen verbindet. Die zum Theil neuen Wortzusammen=setzungen, für die Ode vollkommen gerechtfertigt, geben der Sprache Gedrungenheit und echten Kothurngang, sind aber auch oft nebulos und machen dann, wo ihr Auftreten nicht durch ihre geistige Prägnanz gerechtfertigt ist, die Dichtung zu einem „großblumigen Kattun." Auch die rhythmischen Neuerungen sind nicht immer glücklich. Oft ist der choriambische Versanprall zu heftig, die aufeinanderstoßenden Längen zu gewaltsam. Die unermeßlich langen Schlußzeilen einzelner Strophen, die man wie Maccaroni herunter=nudeln muß, fallen aus jeder Melodie heraus. Doch die einzelnen Nieten lassen sich wohl vergessen über den Treffern in neuer Form=bildung. Der Inhalt der Oden, die an manchen kühnen Gedanken=verbindungen ohne Gewaltsamkeit reich sind, den Frühling, die Erinnerungen der Kindheit, der Jugend und der Liebe feiern, ohne in's Liederartige oder Triviale zu verfallen, zeigt zwar nicht einen bedeutenden oder originellen Dichtergenius, aber er trägt das Gepräge eines edlen, nach dem Großen und Schönen strebenden

Geistes. Einzelne Gedichte, wie der „Opfergesang," zeigen eine hinreißende Dithyrambik, andere von minder schwierigen Formen, wie die „Längstverstorbenen," „Himmel und Erde" sind von durchsichtiger Schönheit.

Neben dieser höheren Lyrik ging zu allen Zeiten eine volksthümliche österreichische Lyrik einher, die harmlose Lyrik der Massen. Sie hatte, meistens unberührt von den Zeitereignissen, in stillen Kreisen seit Decennien fortgewuchert, eine Poesie des Gemüthes, des Lebensgenusses, des selbstzufriedenen Humors, der bunten Unterhaltung. Auf dieser breiten Lebensbasis steht als Repräsentant österreichischer Volksthümlichkeit Ignaz Friedrich Castelli in Wien (1781—1862), ein jovialer Poet, massenhaft in seiner Production, unerschöpflich in kleinen, launigen Schnitzarbeiten, ein Curiositätenfreund im Leben und in der Poesie, ein Sammler von Schauspielen, Theaterzetteln, Tabaksdosen, ein Dichter von Charaden, Logogryphen, Anagrammen, Anekdoten, Sprüchwörtern, burlesken Skizzen, Possen, Gelegenheitsgedichten, Redacteur von Journalen, Herausgeber von Taschenbüchern, das geistige Factotum Altösterreichs. Er hat sechs Bände „Gedichte" (1805), fünf Bände „poetische Kleinigkeiten" (1816—1826), achtzehn Bände „dramatische Sträußchen" (1809), das Taschenbuch „Selam" (7 Bde. 1814), zwölf Hefte alte und neue Wiener „Bären" herausgegeben. Behaglichkeit, Redseligkeit, Volksthümlichkeit sind für alle seine Dichtungen charakteristisch. Sie erinnern an die Brunnen bei der Frankfurter Kaiserkrönung, die allem Volke nahrhaft sprudelten. Im engen, aber doch unerschöpflichen Kreise des Familienlebens und der öffentlichen Belustigungen giebt es auf die einzelnen Themata tausend Variationen, die ein geschickter Virtuose herausfindet. Wie mannigfach haben Strauß und Lanner den Enthusiasmus der Wiener Tanzlustigen in Bewegung gesetzt; wie viele Walzer und Gallopaden haben sie componirt! Castelli ist der poetische Strauß und Lanner; er dichtet die Walzer des Gemüthes, und freudig geröthet folgt der Wiener dem geistigen Tacte seines Maëstro. Ein gesunder, hausbackener Verstand, fern allem Idealen, aber auch allen idealistischen Verirrungen, welche Castelli oft mit Witz geißelt, wie z. B. die Schicksalstragödieen im „Schicksalsstrumpf" (1818), geht bei ihm Hand in Hand mit einer einfachen Empfindung, hinreichend für persönliche und gesellige Beziehungen, und mit jenem harmlosen Witze, der den Getroffenen gleich mit einer Prise und mit einem Händedruck entschädigt¹).

Weniger an der Scholle haftend, freizügig, mit größeren Ansprüchen auf nationale Geltung oder poetische Berechtigung tritt der Redacteur des „Humoristen," Moritz Saphir aus Pesth (1794 — 1858), auf, der längere Zeit die pikante Luft Berlins geathmet. Er ist der incarnirte Wortwitz; das ist seine Bedeutung in der Literatur. Indem der Wortwitz mit den Worten spielt, spielt er auch mit ihrem Inhalte. Er kann gemüthlich sein, bürgerlich, familiär. Es giebt Worte, die sich so rührend drehen und wenden lassen, daß der gute Bürger sich tief ergriffen fühlt; es giebt Worte, die sich larmoyant auswinden lassen, deren Sinn man erst faßt, wenn ihre ganze sentimentale Feuchtigkeit uns entgegentropft. Das versteht Saphir, wo er eine ernste Miene annimmt und die Augen elegisch aufschlägt, wie in vielen seiner ernsten „Gedichte." Doch im Grunde ist der Wortwitz spitzig, polemisch, scandalsüchtig, klopffechterisch, herausfordernd — und wie der Witz, so ist sein Autor. Denn er ist unselbstständig; es ist die Dialektik des Wortes selbst, die ihn leitet; es ist der eigene Proceß des in die humoristische Retorte geworfenen Wortes, der so blitzt und sprüht, und dem der Chemiker selbst zusieht. Er ahnt und weiß es selbst nicht, wie sich das Wort unter seinen Händen verwandeln wird; er läßt das Chamäleon schillern und notirt seine Farben. Dabei ist natürlich von eigener Farbe, von Inhalt, von Gesinnung nicht die Rede. Tiefere Ideeen werden zum Glücke selten von diesen hin und her spielenden Wortmaschinen

---

[1]) Eine Auswahl aus Castelli's Schriften erschienen in 16 Bänden (1844—47) dritte Auflage, 22 Bde. 1861.

zerrieben. Die Satyre Saphir's sucht mit Vorliebe altbekannte, triviale Gegenstände: die Aerzte, die Frauen, das Theaterwesen auf und richtet das politische Wetter ganz nach dem Barometer der öffentlichen Zustände ein. Demnach scheint bei ihm die Sonne des politischen Freisinns, oder er braut revolutionairen Sturm, oder der Himmel ist ganz bewölkt, und der Autor hüllt sich in feierliches Schweigen. Saphir kann als Lyriker keine sonderliche Bedeutung beanspruchen. Er appellirt wohl hin und wieder in elegischen Klängen mit Glück an die Thränendrüsen; er seufzt in Trochäen und saloppen Heine=Versen; er dichtet eine Ode auf Sanct=Helena; doch alle diese Gedichte haben keine bestimmte Physiognomie. In seinen längeren Dichtungen herrscht eine ver= waschene Geschwätzigkeit und flach moralische Sentimentalität, der echte Basenton der Erzählung; die armen müdgehetzten Worte, hinter denen sein spielender Witz auf ernstem Gebiete herjagt, flüchten sich in Mitleid erregender Weise durch die lang gestreckten Verszeilen. Seine heiteren Gedichte enthalten manchen glücklichen Wurf und sind populair geworden, besonders als beliebte Decla= mationsübungen, um so mehr, als sie sich nirgends über das Niveau hausbackener Verständlichkeit erheben. Die humoristischen Vorlesungen Saphir's, in denen die Hammerwerke und Säge= mühlen seines Wortwitzes am ungestörtesten arbeiten, enthalten viel Geistreiches, Glänzendes, Frappantes und zeugen von einem nicht gering zu schätzenden humoristischen Talente und einer die Sprache beherrschenden und bereichernden Virtuosität. Saphir's Productivität ist unbegrenzt, denn die Combinationen des Wort= spieles sind so reich, wie die jedes anderen Spieles. Er hat eine „humoristische Damenbibliothek," ein „fliegendes Album für Ernst, Scherz, Humor und frohe Laune," ein „Conversationslexicon für Geist, Witz und Humor" geschrieben; er hat „gesammelte Schriften" (4 Bde. 1832) und „neueste Schriften" (3 Bde. 1832) herausgegeben und Werke, deren Titel schon für den seltsamen Geschmack spricht, den er vertritt, z. B. „Dumme Briefe," „Bilder und Chargen,"

„Cypressen, Literatur= und Humoral=Briefe" (1834). Das ist eine Probe von der olla potrida des Saphir'schen Humors.

Neben diesen Humoristen treten andere Wiener Volkspoeten auf, die ebensowenig um Stoffe verlegen sind, und die allen diesen meistens auf der Landstraße gefundenen Stoffen eine gemüthliche Seite abzugewinnen wissen. Zu ihnen gehört vor allen Johann Nepomuk Vogl aus Wien (1802—1866), ein unermüdlicher Balladensänger, der mit der poetischen Leier durch die Straßen wandert und Jedem sein Lied singt, dem Soldaten und dem Bergmann, bald altfränkisch, bald modern, die ganze Special= geschichte abstaubt und aus den verlorensten Flüssen den Sand wäscht, um einige poetische Goldkörner zu finden. Was im Kaiser= reiche, abgesehen von größeren historischen Perspectiven, zu denen sich seine mehr auf die wandernden Tableau's des Jahrmarktes beschränkte Poesie selten versteigt, an mundgerechter Poesie zu finden ist: das hat Vogl gewiß entdeckt und in „Balladen" (1837, 1846), in „Klängen und Bildern aus Ungarn" (1849), im „fahrenden Sänger" 1839) und anderen Sammlungen ausgeschlemmt. Er wandert mit seiner Leier durch's Lager und singt sein Lied bei den Gewehrpyramiden („Soldatenlieder" 1849); er steigt in's Bergwerk hinab und läßt im dunklen Schachte seine Stimme ertönen („Aus der Teufe" 1849). In Krieg und Frieden, über und unter der Erde, bald epischer Poet, bald tändelnder, sentimentaler Lie= dersänger („neuer Liederfrühling" 1841), bald patriotischer Barde („deutsche Lieder" 1845), dem nur der Feind und die Befreiungskriege zu einem Arndt und Körner fehlen, hat Vogl fast jede Leipziger Messe mit einem Bändlein besucht, ein heiterer, lyrischer Papageno mit einem Vogelkäfige, in dem recht munter durch einander gezwitschert wird. Den Ton der Innigkeit, der Gefühls= wärme trifft Vogl's unzweifelhafte Begabung; auch in den „Balladen" finden sich glückliche Schilderungen und ansprechende Weisen; aber das geistige Terrain seiner Poesie ist so tief gelegen, daß die Bergluft des idealen Gedankens nie befreiend darüber hin=

streicht. Eine Stufe höher, als Vogl, steht Johann Gabriel Seidl aus Wien (geb. 1804), der Dichter der österreichischen Volkshymne: „Gott erhalte Franz den Kaiser," ein Poet von warmer und inniger Empfindung, correcter, als Vogl, in der Form, aber auch ohne höheren Gedankenschwung. Neben den genialen Freiheitspoeten, Grün und Lenau, und ihrer Gedankenkraft treten diese guten Patrioten und formlosen Gefühlsmenschen mit ihrer in ausgefahrenen Gleisen behaglich einhertrottenden Lyrik sehr in Schatten. Seidl hat auch Gedichte in österreichischer Mundart geschrieben, eine Begrenzung des Talentes auf einen bestimmten localen Kreis, welche bei an und für sich beschränkten Talenten nur zu billigen ist. Denn man könnte sagen, alle diese Lyriker haben in geistiger Beziehung in österreichischer Mundart gedichtet, wenigstens ist ihr Ruhm nicht weit über die schwarzgelben Grenzpfähle hinausgedrungen. Seidl's „Dichtungen" (3 Bde. 1826 bis 1828), „Bifolien" (1836), „Natur und Herz" (1853) u. A. geben ein abgeschlossenes, liebenswürdiges Dichterbild, gehen aber im Ganzen nicht über die musikalische Empfindung hinaus. Mehr reflectirend, mit sentimentalen Wendungen, ein Poet der edlen Resignation, erscheint A. von Tschabuschnigg, geboren 1809 zu Klagenfurt, juristischer Beamter, 1870 österreichischer Justizminister, in seinen „Gedichten" (3. Aufl. 1869), während der Ritter H. von Levitschnigg, geboren 1810 zu Wien, wo er 1862 starb, mit größerer Ostentation auftritt und ein geniales Gebahren kokett zur Schau trägt. Da klingt vieles pikant, keck, bedeutend; die Bilder scheinen neu und originell, doch entspricht der Kern selten der glänzenden und barocken Schale. Die gegen sociale Bestrebungen gerichtete Tendenz seines „Märchens" (1847) kann sich durch die uncorrecte, genial gährende Form nicht zu voller Geltung durcharbeiten. In seinen Gedichten „Westöstlich" (1847) herrscht eine prunkende Schilderung, welche dem Dichter den Namen des „österreichischen Freiligrath" verschaffte, obschon die Ueberladung mit ungeläutertem Pomp mehr an die Schattenseiten als an die Lichtseiten seines glänzenden Vorbildes erinnert.

Die österreichischen Dramatiker, bei denen an und für sich das lyrische Element vorherrschend ist, haben alle neben ihren dramatischen Kriegsdampfern auch kleine lyrische Schaluppen vom Stapel laufen lassen, in denen man allerdings, wie in den hypernaiven „Gedichten" von Mosenthal (1847), der Seekrankheit ausgesetzt ist. Trockner lyrischer Schiffszwieback findet sich bei Deinhardstein (1844), während Otto Prechtler („Dichtungen" 1836) etwas kräftiger das Ruder führt, obwohl auch hier viel leeres Geplätscher ermüdet. Auch Friedrich Halm ist als Lyriker bedeutender in seinen Dramen als in seinen Gedichten („Gedichte" 1850; „Neue Gedichte" 1867 im 7. Band seiner Werke). Diese sind etwas bunt und physiognomielos, wenngleich sich viel Ansprechendes in stimmungsvoller Beleuchtung findet und Naturbild und Empfindung oft sinnig und anmuthsvoll verwebt sind. Einzelne mythologische Hymnen in reimlos pindarischem Styl leiden an der allzu direkten moralischen Nutzanwendung. In den Erzählungen vermißt man Schiller's energischen Schwung, obgleich die poetisch reiche Entfaltung an diesen Dichter erinnert.

Auf Ludwig August Frankl, geboren 1810 zu Chrost in Böhmen, seit 1838 Sekretair und Archivar der Israelitengemeinde in Wien, werden wir bei Besprechung der epischen Dichtungen zurückkommen; seine „Ahnenbilder" (1864), sein „Heldenund Liederbuch" (1861) beweisen weniger Innigkeit des Gefühls, als das Talent für lebendige Schilderung, welches den Dichter von Hause aus auf die epische Poesie hinwies. In etwas verdämmernder, elegischer Lyrik von nicht immer correcter Form tritt Ludwig Foglàr in die Fußstapfen eines Grün und Lenau („Cypressen" 1841, „Strahlen und Schatten" 1846, „Still und Bewegt" 1859), während Johannes Nordmann in seinen „Gedichten" (1847) sehr energische politische Trümpfe ausspielte, in „Zwei Frauen" (1850) das Glück entschwundener Liebe mit allzu üppiger Sinnlichkeit verherrlicht. Als Vertreter einer leichtblütigen und leichtflüssigen Lyrik, die vielfach in's Triviale verfällt, mag hier der sehr productive Johann Rudolf Hirsch aus Mähren erwähnt werden, der zahlreiche Gedichtsammlungen herausgegeben hat: „Frühlingsalbum" (1837), „Buch der Sonette" (1841), „Soldatenspiegel" (1848), „Reiser und Reisig" (1850), „Lieder ohne Weltschmerz" (1853), „Balladen und Romanzen" (1841 und 1858) u. a. Den meisten Erfolg hatte sein „Irrgarten der Liebe" (1846, 6. Aufl. 1857). Deutsch patriotischen Geist athmen die Sonette des feingebildeten Kritikers Karl von Thaler „Sturmvogel" (1860) und sein Märchen „Germania" in den Dichtungen: „Aus alten Tagen" (1870).

Ueber diesen Lyrikern steht in geistiger Beziehung der geniale Diätetiker der Seele, Freiherr Ernst von Feuchtersleben aus Wien (1806 — 1849), dessen sämmtliche „Werke" (5 Bde. 1851—52) der Dichter Friedrich Hebbel herausgegeben hat. In diesen Dichtungen bewegen wir uns auf der Höhe einer philosophischen Weltbildung, die durch ein feines ästhetisches Gewissen geregelt wird. Hier fällt der Schwerpunkt nicht auf Klänge der Empfindung oder auf bunte Lebensbilder, sondern auf die gedankenvolle Offenbarung einer Weltanschauung, welcher Ruhe und Frieden der Seele das höchste Ziel, und die Harmonie der „Physis" ein wesentliches Mittel ist, die Psyche ungefährdet zu erhalten. Die Epigramme und Sinnsprüche sind die geeignete Form, in der sich dieser an Goethe vielfach anklingende Inhalt offenbaren kann. Die Opposition gegen die teuto=mystisch=romantische Jüngerschaar ist ebenso berechtigt, wie die Mahnung an „das Große," welche der österreichischen, an kleinen Stoffen sich abarbeitenden Volkslyrik einen kritischen Grabstein setzt:

„Stets halte dir das Große vor!
Es läßt die Sinnen nimmer sinken;
Ihr Herz erquickt ein Himmelschor,
Und brüderliche Sterne winken:
Gerührt, auf Gräbern, zwischen Trümmern
Sehn wir die ew'gen Sterne schimmern."

Vierter Abschnitt.
Die politische Lyrik.

Georg Herwegh — Robert Prutz — Franz Dingelstedt — Hoffmann
von Fallersleben — Ferdinand Freiligrath — Max Waldau
Moritz Graf Strachwitz.

Im weitesten Sinne gehören schon die genialen Repräsentanten der österreichischen Poesie zur politischen Lyrik, obgleich das concrete, politische Element nur in Grün's „Spaziergängen" deutlich hervortritt, während sich in den übrigen Dichtungen aus dem humanistischen Orchester nur hin und wieder ein politischer Posaunenstoß mächtig erhebt. Die politische Lyrik stand im unmittelbaren Gegensatze gegen den Quietismus der orientalischen; aber die schwäbische Dichterschule hatte bereits ihre Weisen angestimmt, und Heine's Humor war ihre plänkelnde, tiraillirende Avantgarde. Wie keine geistige oder ästhetische Richtung urplötzlich und zusammenhanglos aus dem Boden wächst, sondern nur das gährende Streben der Vorläufer in klarer und bestimmter Form ausprägt: so hatte auch die politische Lyrik weitverzweigte Zusammenhänge in der modernen Poesie und war nur der geläuterte und selbstständige Ausdruck dessen, was in Byron und Platen, in Uhland und Pfizer, in Lenau und Heine vereinzelt hervorblitzte. Das Bewußtsein ihrer Berechtigung gab ihr diese große Bestimmtheit, diese markirte Physiognomie. Zu diesem Bewußtsein aber verhalf ihr ein entscheidendes Zeitereigniß, die Thronbesteigung Friedrich Wilhelm IV., Königs von Preußen, dessen anregende Beredsamkeit das schlummernde politische Leben des Volkes weckte. Die politische Lyrik hatte sich auf einen neuen Boden gestellt, auf den Boden der Ueberzeugung, der religiösen Gesinnung, und darin die Erbschaft Börne's angetreten. Weder Heine's zerrissene Form noch das ahnungsvolle Irrlichteliren unbestimmter Phantasieen konnte ihr genehm sein; sie brauchte Energie des Ausdruckes, Ganzheit und Geschlossenheit der Kunstform, Pathos und ernsten, würdigen

Mannesschritt statt aller phantastischen und frivolen Seitenpas. Die politische Lyrik parodirte die Romantik nicht mehr; sie betrachtete jede Don=Quixoterie als geistig überwunden und wandte sich in unmittelbarem Anlaufe gegen den Staat und die Gesellschaft, insoweit beide nicht mehr den idealen Ansprüchen genügten. So schloß sie sich an den junghegel'schen Radicalismus, an die „deutschen Jahrbücher" an, denen sie viele philosophische Stichwörter entnahm. Sie war von einer Frische, Jugendlichkeit, Begeisterung, welche ihr Auftreten als wesentlich neu erscheinen ließ und in der Literatur Epoche machen mußte. Man hat viel über die Berechtigung der politischen Lyrik im allgemeinen hin und her gestritten; das Urtheil einzelner kritischer Autoritäten hat sich gegen dieselbe erklärt, und die noch zahlreichen Anhänger der Romantik haben ein Anathem auf sie herabgerufen. Doch entschieden zu ihren Gunsten spricht die offenkundige, nicht erzwungene Theilnahme, welche die ganze Nation diesen ernsten Liedern politischer Begeisterung schenkte, sowie das unzweifelhafte Talent ihrer Dichter. Denn wo sich productive Kraft und freudiges Empfängniß auf einem Punkte begegnen, da ist dieser Punkt ein echter Quellpunkt der geschichtlichen Entwickelung und Nothwendigkeit, deren Recht ein höheres ist, als das Recht, das die ästhetischen Scholastiker mit subtilen Distinctionen in ihrem Codex bestimmen. Doch diese Hohenpriester der althergebrachten ästhetischen Regel, welche sich vor jeder Neuerung bekreuzigen, die sie nicht in den überlieferten Rubriken unterbringen können, hätten zuerst wissen sollen, daß das gute Recht der politischen Lyrik, wenn sie auch hier in einer neuen Form auftrat, doch von sehr alten Zeiten herdatirt. Oder haben sich die Griechen und Römer auf anakreontische Liebeslieder, auf die Feier des Chier= und Falerner= Weines, auf Schilderungen des Landlebens, auf Hirtenidyllen und Ackerbaupoeme, auf weise Lehren des Lebensgenusses beschränkt? Haben sich nicht auch den Staat und seine ruhige Weisheit, das Gesetz, seine energische Bewegung, den Krieg, gefeiert? Ist nicht Pindar, der erhabene Sänger der olympischen Spiele, der größten griechischen Nationalfeierlichkeit, ebenso gut ein politischer Lyriker,

wie Tyrtäus, der mit seinen Kriegsliedern die Lacedämonier
begeisterte? Hat Horaz nicht seine Inspirationen ebenso zeit=
geschichtlichen Ereignissen, wie dem Kreise seines Privatlebens
entnommen? Sind nicht politische Beziehungen durch alle seine
Oden zerstreut, und sind selbst seine servilsten Oden auf Augustus
nicht von höherer Bedeutung, als die er an seine Chloë oder gar
in anum libidinosam gedichtet hat? Weht darin nicht ein Hauch
von der Energie des weltbesiegenden Roms, die der Dichter nicht
einmal zu verleugnen vermag, der in der Schlacht feig seinen
Schild fortgeworfen und die Flucht ergriffen? Von den Satyrikern,
von einem Juvenal und Martial, wollen wir nicht einmal sprechen,
denn die Satyre kann nur an ihre eigene Zeit und an deren
Sitten anknüpfen; sie ist werthlos, wenn sie keine Säcularbilder
liefert. Doch fassen wir das vielgepriesene Mittelalter in's Auge,
das mit seiner lammfrommen Minnepoesie und Empfindungs=
tändelei die Romantik so beseligt hat, und an das sich noch heut=
zutage die nichtssagende Lyrik anlehnt — haben die Troubadours
nicht auch feurige Sirventes gegen staatliche und kirchliche Tyrannei
geschleudert? Ist Pierre Cardinal nicht ein politischer Lyriker?
Ja, hat der größte Dichter des Mittelalters, der gewaltige Dante,
nicht in seine Hölle und seinen Himmel die Helden seiner Zeit
hineingedichtet und die mächtigen Kämpfe seines eisen= und glaubens=
festen Jahrhunderts in den Fresken seiner Phantasie verewigt?
Wohnt in der città dolente nicht ebensoviel politische Poesie, wie
in den Räumen des Paradieses? Ist es nicht eine Gallerie von
Zeitgenossen, die er von den Flammen des höllischen Feuers
beleuchten läßt? Und wäre es nicht ganz dasselbe, wenn ein
moderner Dichter in seine divina commedia einen Louis Napoleon
und Nicolaus, eine Mazzini und Garibaldi, einen Maximilian
und Bazaine aufnähme? „Löschpapierne Zeitungspoesie!" würden
die Dilettanten rufen, die in der Poesie und Aesthetik das große
Wort führen und lange Commentare über den schwarzen Corso
Donati schreiben, der für die Zeit Dante's so wenig eines
Commentars bedurfte, wie irgend ein reactionärer Brandstifter

Die politische Lyrik.

für die unsrige. Hat nicht selbst der fromme Klopstock die französische Revolution in einer oft unscandirbaren Begeisterung verherrlicht? Waren die Dichter der Befreiungskriege, Körner, Arndt, Stägemann, nicht politische Lyriker? Die Verurtheilung der politischen Lyrik konnte sich daher, wenn sie überhaupt vernünftig motivirt werden sollte, nur auf die Erscheinung dieser Richtung beziehen, wie sie in den vierziger Jahren hervortrat. Es war vor allem die Unbestimmtheit ihres Gehaltes, welche die Kritik herausforderte. Sie lehnte sich an keine nationalen Thatsachen an; sie ließ nur in's Blaue hinein ihren Kampfruf erschallen. Es war eine Lyrik der Postulate, die sich von der österreichischen dadurch unterschied, daß sie ihre ganz bestimmten Stichwörter hatte, wenngleich sie diese Stichwörter oft unklar durcheinander warf. Sie war der Gegenschlag gegen die Blasirtheit und Trivialität der Zeit, gegen die Inhaltlosigkeit der Liebes- und Mondscheinlyrik, gegen die Selbstvernichtung heinisirender Bajazzo's; sie war ein energischer Ruf zur That, der bei der ganzen Nation ein Echo fand. Die Stagnation der öffentlichen Zustände hatte bisher bei den einzelnen Indifferenz und Langeweile hervorgerufen, ja, selbst die Lebensmüdigkeit im Privatleben gefördert. Die politische Lyrik trat mit Begeisterung für das öffentliche Leben auf, das sie durch die Macht des Gedankens in Fluß bringen wollte. Auch sie sehnte sich nach dem Tode, aber nicht aus Gleichgiltigkeit gegen das Leben, sondern weil sie ihn für das vollgiltige Siegel der That ansah, weil sie ehrenvoll und schön zu sterben wünschte. Aber ihre Thatenlust hatte kein Feld, ihre Kampfeslust keinen Feind. Sie wollte dreinschlagen, gleichviel auf wen, nur um ihre Tapferkeit, ihren Heldenmuth zu bewähren:

"O frage nicht, wo Feinde sind!
Die Feinde kommen mit dem Wind —"

Es war in einer anderen Form die Sehnsucht junger Militairs, die auf Avancement dienen: Krieg um jeden Preis — dann lichtet sich die Rangliste! Freilich kämpfte diese Lyrik unter den Fahnen der Freiheit; aber diese Freiheit war so unbestimmt, daß man sie ohne Weiteres mit der Kampflust identificiren konnte. Ihre Unbestimmtheit bannte sie in einen engen, begrenzten Kreis, denn sie hatte nichts darzustellen, nichts zu schildern, als den inneren Drang und Trieb. Es war eine Lyrik der Apostrophen, des kategorischen Imperativs in der Politik; aber sie hatte eine in vollen Klängen austönende Formvollendung, Adel, Kraft und Schwung. Nur allmählich überwog bei ihrer Entwickelung das Satyrische, das durch Begegnisse mit der Polizei Verbitterte; aber auch ihre Gestaltungskraft nahm zu, sie begann in festeren Umrissen zu dichten; geschichtliche Ereignisse gaben ihr einen objectiven Hintergrund. So trat ihre Bedeutung immer mehr hervor: die erste Phase der echten Zeitlyrik zu sein, die in klarer Form dem Genius des Jahrhunderts huldigt und was die Herzen und Geister der Lebenden bewegt, in künstlerischer Gestalt der Nachwelt aufbewahrt. Sie war eine Lyrik der Stimmung, welcher eine Poesie der Gestaltung folgen mußte.

Der Chorführer dieser Poeten, Georg Herwegh aus Stuttgart (geb. 1817), der wie ein politischer Triumphator durch Deutschland zog, überall gefeiert, angetoastet und selbst vom Könige von Preußen zur Audienz befohlen, hatte zuerst die politische Lyrik von jenen üppigen Gewändern der österreichischen Dichterschule befreit, von allen diesen verdeckenden Bilderschleiern, und ihre festen Züge, ihre klare Form enthüllt. Die „Gedichte eines Lebendigen" (1841, verm. Aufl. 2 Thle. 1843—44) übten eine berauschende Wirkung aus, die sogar von ihrer Tendenz zum Theile unabhängig war, denn sonst hätten sich nicht so viele Anhänger des conservativen und orthodoxen Princips an diesem poetischen Feuerweine erquickt. Arnold Ruge hob in den „deutschen Jahrbüchern" Herwegh als den Dichterkönig auf den Schild und stellte die politische Lyrik als die bedeutendste Phase der jüngsten literarischen Entwickelung der ganzen Romantik gegenüber. In der That vereinigte die Form Herwegh's Platen und Béranger; sie war ebenso gediegen und schwunghaft, wie volksthümlich und melodisch; sie war von großer Einfachheit, Klarheit und Kraft.

Die politische Freiheitsbegeisterung vermied hier das schüchterne Allegorisiren der österreichischen Poeten; sie wendete sich unmittelbar an die Jugend und das Volk. Herwegh's Gedichte waren aus einem Gusse, aus dem Vollen geschaffen; nichts Spielerisches, nichts Herbeigesuchtes, nichts Angelöthetes; es war eine Poesie von Beruf, ohne den leisesten Anflug des Dilettantismus. Sie erinnerte an „Leier und Schwert;" sie war eine Verherrlichung der Thatkraft, der Selbstbestimmung, der ganzen Glorie, welche eine männliche Jugend umschwebt. Sie drückte die Stimmung, die geistige Atmosphäre der Zeit mit hinreißender Prägnanz aus, und in dieser Atmosphäre schwebten, wundersam gespiegelt, die Bilder der Zukunft. Die Witterung der Zukunft lebte in ihnen. Er ist ihr klarster und bestimmtester Prophet; kein Diplomat hat sie so vorausgesehen, Niemand mit so sicheren Zügen gemalt, was wirklich eingetroffen. Auch diese alte Bewährung des Dichterberufes hat ihre unleugbare Bedeutung. Dagegen war die Herwegh'sche Lyrik für die Gegenwart unpraktisch, ziellos hin und her fahrend. Der Dichter brachte bald der Republik ein Hoch, bald feierte er den König von Preußen, den er zu einem Eroberungskriege gegen das übrige Deutschland einlud. Bald brauste sie in nationaler Begeisterung auf und schwärmte für die Söhne Teut's; dann nahm sie wieder eine kosmopolitische Färbung an und pries die Freiheit, welche die nationalen Unterschiede aufhebt. Sie verlangt „ein Trauerspiel der Freiheit für der Sclaverei Idylle"; aber der heilige Krieg soll nur zum ewigen Völkerfrieden führen, zu einer neuen Idylle, welche der „sich in den Gluthen eines Meleager verzehrenden Jugend" wenig genehm gewesen wäre.

So bietet uns die Herwegh'sche Poesie eine bunte Musterkarte der verschiedensten philosophischen und politischen Stichwörter, welche alle mit der gleichen Farbenpracht ausgestattet sind. Der Grundzug dieser Lyrik ist freilich die Predigt gegen kirchliche und weltliche Tyrannei, ihr Motto der alte Vignettenlöwe der Schiller'schen Räuber, der sich in tyrannos bäumt. Eine dithyrambische Feier des „Protestantismus" in der von Ruge gestempelten Bedeutung des Wortes geht Hand in Hand mit einer fulminanten Kriegserklärung gegen den römischen Stuhl und das katholische Priesterthum. Indeß wird die Klarheit der Form durch die Gährung der Gedanken nie beeinträchtigt. Einzelne Herwegh'sche Gedichte, wie der weihevolle „Gang um Mitternacht," der wilde „Aufruf": „Reißt die Kreuze aus der Erden," ein so stürmisches Kampflied, wie es noch nie gesungen, das melodische „Reiterlied," ein Lied von seltenster Abrundung, die zauberisch schöne Elegie:

„Ich möchte hingehn wie das Abendroth
Und wie der Tag mit seinen letzten Gluthen —"

werden unserer Literatur ein dauernder Schmuck sein. Am gedankenreichsten ist das Gedicht auf „Büchner's Tod," und auch die Sonette enthalten viel Sinnreiches in gerundeter Form, einzelne saint-simonistische Phantasieen über Liebe und Ehe, literarische Denkmale und Naturbilder von großer Anmuth.

Im zweiten Theile der „Gedichte eines Lebendigen" tritt die Tendenz des Poeten klarer und bestimmter hervor, aber der hinreißende Nerv der Begeisterung, die ursprüngliche Dichterkraft ist bedeutend abgeschwächt; die jugendliche Kampfeslust war schon mancher Enttäuschung preisgegeben, und der epigrammatische Ton, der sich in einzelnen schlagenden Wendungen der früheren Gedichte bereits als eine vorherrschende Eigenthümlichkeit der Herwegh'schen Dichtweise offenbarte, drängte hier Schwung und Pathos mehr in den Hintergrund. Nur der „Morgenruf":

„Die Lerche war's, nicht die Nachtigall,
Die eben am Himmel geschlagen"

und die Terzinen des Schlußgedichtes haben Schwung und Würde. Der Dichter, der im ersten Theile eine nationale Bedeutung für sich in Anspruch nahm, will jetzt nur noch ein Dichter der Partei sein:

„Partei! Partei! wer sollte sie nicht nehmen,
Die noch die Mutter aller Siege war!
Wie mag ein Dichter solch' ein Wort verfehmen,
Ein Wort, das alles Herrliche gebar?

Nur offen, wie ein Mann: Für oder wider!
Und die Parole: Sclave oder frei?
Selbst Götter stiegen vom Olymp hernieder
Und kämpften auf der Zinne der Partei."

Während in den ersten Gedichten der persönliche Gott mit seinem Fluche und Segen, zu dem der Dichter betet, oder mit dem er grollt, ihn in alttestamentlicher Weise inspirirt, setzt der zweite Theil ein poetisches Heidenthum mit atheistischen Principien in Scene, singt ein ironisches „Heidenlied" und verherrlicht Ludwig Feuerbach und die Unsterblichkeitsleugner. Seitdem hat Herwegh nur durch seine Betheiligung am Badischen Revolutionskriege, die von allerdings nicht unverdächtiger Seite, als eine Horazische dargestellt wird, von sich sprechen gemacht und außer Uebersetzungen Lamartine's und einiger Shakespeare'schen Dramen und einigen Gedichten von fragwürdigem Humor, die gegen Preußen, die deutsche Einheitsbewegung und die Erfüllung seiner Jugendideale gerichtet sind, nichts von Bedeutung veröffentlicht.

Fast gleichzeitig mit Herwegh machte sich Franz Dingelstedt aus Halsdorf in Oberhessen (geb. 1814) als politischer Lyriker einen Namen. Dingelstedt war Lehrer an einer Erziehungsanstalt bei Hannover und wurde 1836 an das Gymnasium zu Cassel berufen, später nach Fulda versetzt; doch nahm er 1841, unzufrieden mit seinen Verhältnissen, seinen Abschied, wurde 1843 vom Könige von Württemberg als Bibliothekar und Hofrath nach Stuttgart berufen und 1850 als Legationsrath und Intendant des Königlichen Hoftheaters nach München, wo er durch eine ausgezeichnete künstlerische und praktische Wirksamkeit nicht nur das Institut hob, sondern auch in weiten Kreisen anregend und fördernd wirkte und in der wissenschaftlichen und poetischen Tafelrunde, die König Maximilian um sich versammelte, einen der ersten Plätze einnahm. Von hier wurde der Dichter im Jahre 1857 an die Ilm berufen, mit der Leitung des Weimar'schen Hoftheaters betraut, wo er durch die Inscenirung der Shakespeare'schen Historien im Zusammenhang nach eigener freier Bearbeitung die deutsche Theatergeschichte um ein interessantes Blatt bereicherte, wie er dies schon früher in München 1854 durch das Gesammt-Gastspiel der hervorragendsten deutschen Schauspieler in zwölf classischen Dramen gethan hatte. Außer den Shakespeare'schen Historien bearbeitete er auch den „Sturm" und das „Wintermärchen," Molière's „Geizigen" und andere Dramen des Auslandes mit vielem Geschick für die deutsche Bühne. Als Leiter des kaiserlichen Opertheaters 1868 nach Wien berufen, schien Dingelstedt seiner erfreulichsten Wirksamkeit entfremdet, bis er 1870 an Friedrich Halm's Stelle die künstlerische Leitung der ersten deutschen Bühne, des Burgtheaters, übernahm, wo er für die dramatische Dichtung frei nach seinen künstlerischen Intentionen wirken kann. Dingelstedt war als Lyriker und Novellist schon seit 1839 aufgetreten, ohne indessen für seine Productionen ein Publikum zu finden. Erst die „Lieder eines kosmopolitischen Nachtwächters" (1840) machten, obgleich sie anonym erschienen waren, seinen Namen bald in den weitesten Kreisen bekannt. Dingelstedt's jungdeutsche, von Hause aus ästhetisch angeflogene Natur eignete sich wenig dazu, einen „Trompetenruf im Morgengrauen" ertönen zu lassen oder die Alarmtrommel stürmisch zu rühren. Staub aufzuwühlen in der politischen Arena, das konnte auf kurze Zeit seinem Ehrgeize schmeicheln, mußte aber zuletzt seiner Vorliebe für Sauberkeit und Eleganz der Form widerstreben. So suchen wir bei Dingelstedt vergeblich die Herwegh'sche Kampf- und Schwertlyrik und ihren hinreißenden Enthusiasmus. Dagegen athmet die Form bei ihm echt künstlerischen Hauch; der Rhythmus ist meisterhaft gehandhabt; marmorne Gediegenheit in dem Strophenbau und der Gedankenfügung zeugen von einem architektonischen Talente, das nur zufällig auf dem Felde der Gesinnungslyrik debutirte, dem von Hause aus höhere künstlerische Ziele erreichbar sind. Weniger abhängig von Aeußerlichkeiten, als Herwegh, übernimmt er in einem schwunghaften Gedichte die Vertheidigung von Anastasius Grün, in Versen, die er gegen spätere Angriffe als Schutzwehr für sich selbst benutzen konnte:

„Ja sie kann es nicht begreifen, ihre Prosa und Gemeinheit,
Daß ein Name, wie der Deine, bürgt für der Gesinnung Reinheit."

Neben einzelnen Gedichten von Adel und Würde findet sich eine große Menge voll satyrischer Randglossen und treffender Spitzen, in denen der kosmopolitische Nachtwächter einzelne romantische Trunkenbolde, pedantische Ruhestörer und verschlafene Nachzügler des Jahrhunderts auf seine poetische Wache bringt. Bedeutender sind die „Gedichte" (1845, neue Aufl. 1859), in denen sich Dingelstedt's künstlerischer Tact und maßvolle Bildung, seine Goethe=sche Eleganz und Grazie und moderne Lebensauffassung in Stoff und Form gleichmäßig bewähren. Nur wiegt hin und wieder das Süße und Zierliche vor, und eine kokette Weltschmerzpositur, ein skeptischer Dandysmus, der mit dem Modefächer erhitzten Gefühlen Kühlung zuweht, lassen eine durchgreifende männliche Energie selten zu Worte kommen. Die Krone dieser Gedichte ist der „Roman," eine Schöpfung aus einem Gusse, ein dichterisches Lebensbild von wärmstem Colorit, hinreißender Sprache der Leidenschaft und großer Plastik der Darstellung; ein Liebesdrama, das den Conflict naturwüchsiger Empfindung mit der Sitte der Gesellschaft in ergreifenden Contrasten schildert. Ein südlicher exotischer Duft schwebt träumerisch über dieser Dichtung, deren rhythmische Accorde vom seltensten Wohlklange sind. Mit einer bewunderungswürdigen Anmuth führt uns Dingelstedt durch eine Kette von Situationen, deren Bedenklichkeit bei so gedämpfter Beleuchtung und künstlerischer Anschauung schwindet; denn sie sind alle verklärt von einer im Innersten bebenden, Antheil heischenden Empfindung, und das Sinnlich=Ueppige scheint einer fernen, glühenden Zone anzugehören. Die dumpfe, stumme Leidenschaft des exotischen Naturkindes ist in ihrer Wildheit ebenso prächtig geschildert, wie die durch das Pikante des Verhältnisses angeregte Neigung des blasirten, modernen „Culturbarbaren," mit dessen Empfindung die Reflexion gleichen Schritt hält, und der noch im Rausche der Leidenschaft das Bewußtsein zu bewahren scheint, eine halb ethnographische, halb psychologische Studie zu machen.

"Wahrhaftig, mir ist oft zu Sinn,
Als führ' ich durch ein Märchen hin.
Sie selbst in Freuden und in Schmerzen
Liegt mir, ein Räthsel, an dem Herzen."

Die Verse dieses Gedichtes athmen jenen unnachahmlichen Zauber, der nimmer fehlt, wenn die Dichtung selbst wie ein Erlebniß aus der Seele des Dichters hervorsprüht. Nachdem wir uns ganz in diesen Roman versenkt, wird die Gedichtsammlung: „Nacht und Morgen" (1851) nur einen herabstimmenden Eindruck machen können, wenn wir uns auch an vielen schönen und geistvollen Einzelnheiten erfreuen. Es weht uns daraus an vielen Stellen eine in der damaligen Zeit liegende Müdigkeit entgegen, die wie ein schwüler Sommerhimmel sich gern in satyrischen Blitzen entladet. „Die Fresken in der Paulskirche" enthalten treffliche und schlagende Epigramme; aber das blos negative Verhalten gegen eine große, schöne, nur in ihren Resultaten unfruchtbare Begeisterung verletzt den historischen Sinn, dem auch die Energie des Willens und das Streben zur Erreichung des Ideals achtungswerth und bedeutsam erscheint. Dem kosmopolitischen Nachtwächter war der Freiheitstumult in Deutschland zu arg geworden; er gebehrdete sich jetzt mit Spieß und Pfeife als ein Trabant der Ordnung, obgleich das Licht einer liberalen Gesinnung noch in seiner eigenen Dichterlaterne brennt. Ueber welchen Schwung, Adel und rhythmische Grazie die Muse Dingelstedt's gebietet, das bewies auch der Prolog des Dichters zur Münchener Beethovenfeier mit seinen weltweiten Anschauungen und prächtig wogenden Achtfüßlern.

Der lyrischen Production Dingelstedt's zur Seite geht seine novellistische, die, ebenso wie seine Reisebilder, einen wesentlich jungdeutschen Firniß hat. Dingelstedt's „Novellen" sind, wie die Schefer's, in Prosa condensirte Lyrik: elegant, liebenswürdig, duftig, oft von großer, psychologischer Feinheit, aber auch krankhaft sentimental und ohne objective Frische. Lebendige Schilderung und warmes Gefühl zeichnen die größere Novelle: „Unter der

Erbe" (2 Bde. 1840) aus. Sein „Heptameron" (2 Bde. 1841) enthält, besonders auf historischem Gebiete, viel Mattes und Farbloses; einzelne volksthümliche Genrebilder, wie der „Eselsfritze," sind sentimental verzeichnet; aber die eigentlichen Salonnovellen haben fashionablen Schwung und bieten fesselnde psychologische Entwickelungen dar. Dasselbe gilt von den „Sieben friedlichen Erzählungen" (3 Bde. 1844) und dem „Novellenbuch" (1856). Eine moderne high-life-Novelle voll Lebenswahrheit und Humor ist „die Amazone" (2 Bde. 1868). Schimmernde Lichter von Esprit und Verve, ein geistiger Funkenregen zieht sich durch dieselben, doch würde dies geistige Feuerwerk, nachdem es abgebrannt ist, nur einen öden Eindruck zurücklassen, wenn nicht die verdeckte Gluth echter Empfindung und Leidenschaft die Novelle durchglühte. Der Inhalt derselben ist ein Kreuzmariagespiel, eine Widerlegung der Theorie der Wahlverwandschaften, soweit sie auf der Anziehung des Entgegengesetzten beruht. Nachdem es eine Zeit lang den Anschein hatte, als müßte die Künstlerin durch den Salon des Diplomaten, die Bankierstochter durch das Atelier des Malers unwiderstehlich angezogen werden, finden sich zuletzt die weltmännischen und künstlerischen Elemente zusammen. Ueber die Harmonie, die durch Ergänzung hervorgerufen werden soll, triumphirt die Harmonie ursprünglicher Seelenverwandtschaft. Dies psychologische Gemälde hat einen glänzenden Rahmen. Wir durchwandern alle Kreise der feinen Gesellschaft, schreiten aus dem Atelier des Malers in das Boudoir der Primadonna, in das Cabinet des Diplomaten, in das Comptoir — und ein Brillantfeuer, ein geistiges elektrisches Licht beleuchtet alle diese Stätten eines tonangebenden socialen Wirkens. Im „Wanderbuch" (1843) und „Jusqu' à la mer, Erinnerungen an Holland" (1847) zeigt sich Dingelstedt als gewandter Darsteller und feiner Beobachter. Sein 1850 zuerst aufgeführtes Trauerspiel: „das Haus des Barnevelbt," hat künstlerische Haltung und edle Einfachheit.

Energischer, zugreifender als Dingelstedt, aber ohne seine Fein=

heit und Eleganz; klarer, bestimmter, wissenschaftlich gebildeter, maßvoller als Herwegh, aber ohne seinen hinreißenden Schwung; heimisch auf allen Gebieten der Production, Literarhistoriker, Kritiker, Dramatiker, Romandichter, hat sich Robert Pruß aus Stettin (1816—1872) doch hauptsächlich als politischer Lyriker einen hervorragenden Namen erworben, wenn er auch weniger, wie Herwegh, die wilde Jagd der Freiheit mobil machte und lyrisch herbeibrausen ließ, sondern nur geistige Kerntruppen, an bestimmte Ziele und an ein sicheres Visiren gewöhnt, in's Feuer führte. Pruß ist der solideste und massivste der politischen Freiheitssänger; er hat seinen Damascener in der Hegel'schen Schule geschärft. Seine satyrischen Hiebe sind tüchtige Quarten und Terzen; er trifft den Gegner stets; nur bisweilen springt von der Wucht des Hiebes die poetische Klinge. Er bestieg nie den Dreifuß, um zu prophezeien; aber er sprach fest und bestimmt die Forderungen seiner Partei aus. Freilich klingt die bestimmte politische Formel unpoetisch; und wenn er bei Gelegenheit des Kölner Dombaues in einer Anrede an den König von Preußen dem Wunsche des Volkes nach „Constitution" einen poetischen, aber fast unscandirbaren Ausdruck gab, so klang dies freilich mehr wie eine gereimte Petition und hatte nicht im entferntesten den Zauber, den das Herwegh'sche Gedicht athmete, welches wie eine kriegschnaubende Furie in's Blaue stürmte, aber indem es sich im Elemente der Stimmung hielt, einen reineren lyrischen Effect machte. Doch die Muse von Robert Pruß war den Gemäßigten und Verständigen willkommener; sie war immer stattlich angethan, erschien stets in sauberem Metrum, mit blankgeputzten Gedanken und scharfen satyrischen Sporen. Robert Pruß, früher eifriger Mitarbeiter der „Halle'schen" und „deutschen Jahrbücher," 1847 Dramaturg in Hamburg, 1848 in Berlin Hauptredner des constitutionellen Clubbs, war längere Zeit Professor der Literatur in Halle und lebte, nachdem er seine Professur niedergelegt hatte, in Stettin. Er machte auf dem Gebiete der Lyrik zuerst 1840 durch sein Gedicht: „der Rhein" Aufsehen. Niclas

Becker in Cöln hatte die kriegerischen Herausforderungen des französischen Ministeriums Thiers und den Rheinliedern Alfred des Mussets und anderer pariser rheinlüsterner Barden sein deutsches „Rheinlied" gegenübergestellt und damit der Stimmung Deutschlands einen treffenden Ausdruck gegeben. Dies Rheinlied erweckte einen beispiellosen Enthusiasmus; es wurde hundertmal componirt, in allen Salons und auf allen Straßen gesungen. Das Talent von Niclas Becker, das sich in seinen später gesammelten „Gedichten" als sehr mäßig und untergeordnet auswies, war durch dies Rheinlied förmlich überrascht worden; diese Prachtblüthe war über Nacht in seinem poetischen Küchengarten aufgeschossen, und der Rausch, den ihr Duft hervorrief, befremdete den Dichter selbst. Es waren wenige kurze Verse; aber sie hatten eine geballte Faust, und dies genügte in einer Zeit, wo man jenseits und diesseits des Rheins sich darin gefiel, die Faust zu ballen. Prutz wollte nun zeigen, daß diese Faust leer war, und stellte dem bloßen Patriotismus des Gefühles einen Patriotismus des Gedankens gegenüber. Die Nation sollte nicht blos für ihre farbigen Grenzen kämpfen, sondern auch für ihre geistigen Güter, deren Vermehrung im Geiste der Freiheit ihr an's Herz gelegt wurde. So war das Gedicht von Prutz, „der Rhein," eine Vertiefung des Becker'schen Rheinliedes, reicher an Gedanken, aber nicht von sangbarer Form. Damit ist der Charakter der Lyrik von Prutz überhaupt ausgesprochen. Es ist eine Reflexionspoesie mit geschulten, klar ausgeprägten Gedanken, oft von schlagfertiger Rhetorik, oft von einfacher, tiefer Empfindung, die indeß selten mit naiver Innigkeit ausgedrückt ist, oft von erbitterter satyrischer Färbung; aber trotz melodischer, reiner Metrik, trotz der Vorliebe für Strophen und Refrains ohne einschmeichelnde Sangbarkeit. Sie ist zu gewichtig, um in Tönen zu verflattern. Auch diese Reflexionspoesie hat ihr gutes Recht und in Klopstock und Schiller ihre glänzenden Vorbilder. In den „Gedichten" (1841), die dem Rheinliede von Prutz folgten, finden sich einzelne vortreffliche Balladen und Romanzen, einzelne harmlose Liebeslieder, aber ohne den Zauber und Schmelz Heine's und Uhland's, und einige freiheitstrunkene Gedichte. Doch der ganzen Sammlung fehlte eine bestimmte Physiognomie; sie war eine Aufspeicherung poetischer Studien. Dagegen trug die zweite Sammlung: „Neuere Gedichte" (1843) den scharf ausgeprägten Stempel des Prutz'schen Talentes. Prutz, bei dem die literarhistorische und kritische Wendung selten fehlt, tritt gleich am Anfange in der „Rechtfertigung" als der Herold der politischen Lyrik auf, die der alten Wein- und Liebeslyrik den Krieg erklärt. Herwegh vertrat in blos dichterischem Drange die jugendliche Richtung in der Poesie; Prutz suchte in Versen ihre Berechtigung klar zu machen; er hatte diese Jugendlichkeit verloren, indem er sie doctrinair vertheidigte. Das schwunghafteste Gedicht der Sammlung ist wohl „die Sonntagsfeier," in welcher der Dichter, statt des idyllischen Glaubens der Kindheit, die männliche Andacht der historischen That und die Herrlichkeit des freien Geistes preist. Wie scharf tritt dies Gedicht nicht blos theologischer Selbstgenugsamkeit, sondern auch dem Quietismus der orientalischen Lyrik gegenüber! Mit welchem mächtigen Hymnenschwunge wird hier der fortschreitende Geist des Westens, die Energie der geschichtlichen Bewegung gefeiert! Wie hier im Odenstyle, so erklärt er sich in anderen Gedichten z. B.: „die neue freie Zeit" satyrisch gegen die theologische Reaction. Ueberhaupt ist die Form der Satyre dem Talente des Dichters am angemessensten; er kehrt in Lyrik, Drama und Roman immer wieder zu ihr zurück, er weiß ihr große Virtuosität und Beweglichkeit und selbst einen liebenswürdigen phantastischen Anflug zu geben, der ihre Herbheit mildert. Vortrefflich ist z. B. die rhythmische Einkleidung des „Lügenmärchens." Wenn Herwegh für seine Dame, die Freiheit, oft auf wunderbare Abenteuer ausgeht und nicht selten Windmühlen für Riesen hält, so weiß Prutz, frei von aller Nebelhaftigkeit, genau, wofür er kämpft, und was er will; ja er weiß es zu sehr. Er verleugnet oft die Unschuld der Poesie, die sie gegenüber den Geheimnissen des politischen Hausstandes bewahren muß. Er präcisirt seine Forde=

rungen, Freiheit der Presse, sein „A und O," die Constitution mit einer alle Umschreibungen verschmähenden Genauigkeit. Das ist durchaus praktisch, aber wenig poetisch. Die Poesie erschrickt vor dieser Bestimmtheit, mit welcher **politische Begriffe** vor ihr Forum gezogen werden. Der nackte Begriff ist immer unpoetisch; die Poesie wird durch jede Formel ertödtet. Sie will Empfindung und Gestalt. Nach dieser Seite hin drohte der politischen Lyrik überhaupt die Gefahr, sich in eine löschpapierne Zeitungspoesie zu verwandeln und gereimte Leitartikel zu liefern, eine Gefahr, welche alle Bedenken ihrer Gegner zu rechtfertigen schien, aber keineswegs in ihrem Wesen begründet ist und sowohl von Herwegh, als auch von Freiligrath glücklich vermieden wurde. Die neueren „**Gedichte**" von Prutz (1849) gehörten, wie „Nacht und Morgen" von Dingelstedt, einer Epoche der Enttäuschung an, welche dem poetischen Schwunge und der harmonischen Ganzheit der Dichtungen wenig günstig ist. Bedeckter Himmel, laue Temperatur, trübe Farben, viel Staub und hin und her springendes Wetterleuchten — das war die Beschaffenheit der Zeitatmosphäre, in welcher nur eine laue, trübe Poesie gedeihen konnte. Die Satyre, die Prutz in den „**Neuspanischen Romanzen**" gegen das Frankfurter Parlament richtet, verfällt oft in den Ton einer Drehorgel und liebt es, sich in Wort- und Reimspielereien zu ergehen, in humoristischen Assonanzen, die oft trivial genug erklingen. Diese Satyre hat eine unangenehme Verbissenheit; es fehlt ihr der freie Schwung des Humors; sie ist persönlich und kleinlich, dabei von wässeriger Breite, ohne Heine's Magie der Persiflage. Pathetische Trauerklänge auf Robert Blum's Tod, „die Haustafel," idyllische Gelegenheitsgedichte, ein humoristisches Kindermärchen bilden eine bunte Sammlung aus sehr heterogenen Bestandtheilen, aus der uns trotz einzelner satyrischer Treffer und anmuthiger Blüthen keine rechte dichterische Wärme entgegenweht. Diese Wärme, sonst ein Vorrecht der Jugend, fand sich in überraschender Weise in den Gedichten „**aus der Heimath**" (1858), in denen Prutz einen im Spätsommer des Lebens aufblühenden Liebesfrühling

besingt, welcher den Dichter in die glühendsten und üppigsten
Träume wiegt. Eine wiedergefundene Jugendliebe begeisterte Prutz
zu diesen Poesieen, deren leidenschaftliche, aller Prüderie Hohn
sprechende Färbung ihnen unter den modernen deutschen Liebes=
liedern eine eigenthümliche Stelle anweist. Daß diese Lieder aus
eigenem Erlebniß hervorgegangen, gesteht der Dichter selbst:

> Ach ihr zuckersüßen Jungen,
> Frommgescheitelt zarte Seelen,
> Deren Herz in Aengsten bebt,
> Hält ihr Arm ein Weib umschlungen!
> Ja, ich darf es nicht verhehlen,
> Wahrheit ist, was ich gesungen,
> Diese Lieder sind gelebt!

Er rechnet dabei auf das Anathem der Welt:

> Heißer brennen uns're Flammen
> Als der Holzstoß, den ihr rüstet —

und dies Anathem konnte bei dem Geständniß des Selbsterlebten,
durch welches das Publikum auf die bürgerlichen Lebensverhältnisse
des Autors hingewiesen wurde, und bei dem Lovely=Geschmack, der
nur die Verherrlichung einer Backfischliebe goutirt, wohl erwartet
werden. Daß der dithyrambische Taumel der Lust, wie er sich
besonders in den „Hymnen der Nacht" ausspricht, nirgends sich
in einen Bilderwulst verirrt, nirgends die Klarheit der Form trübt,
ist ebenso ein künstlerisches Verdienst dieser Gedichte, wie es auf
der andern Seite den unverhüllten Situationen gegenüber um so
größeren Anstoß geben mußte. Die Gedichte, welche das eheliche
Glück feiern und die häusliche Tafelrunde schildern, stehen mit
diesen Hymnen der Liebeslust in einem auffallenden Kontrast. Die
„Herbstrosen, neue Gedichte" (1865) tragen durchaus nicht
einen herbstlichen Charakter; es sind keine welken, sondern frische,
thauige Rosen. Der Dichter feiert die heil'ge Jugend seiner Seele,
die Maienzeit seines Herzens, er singt von Liebe, obschon ihm
Silberfädchen die dunkle Lockenfülle durchziehn. Ein sanguinisches,
vertrauliches, leichtlebiges Temperament, eine genußfreudige, opti=
mistische Gesinnung charakterisiren diese Lyrik, auf der ein heller

Sonnenschein ruht. Lieder voll glühender Sinnlichkeit wechseln mit plastischen Terzinen von getragenem Gedankenschwung. Ein anmuthiger Geist und Fluß herrscht in beiden, der Ausdruck hat bei aller Einfachheit einen Adel, wie ihn nur das gereifte Talent seinen Schöpfungen auszuprägen vermag.

Die Lyrik von Robert Prutz giebt uns nicht, wie die von Herwegh, den ganzen Dichter. Der vielseitige Geist dieses frischen, kräftig zugreifenden Autors versuchte sich auch im Drama und im Romane, wo wir ihm wieder begegnen werden; er übte als Literarhistoriker, als polemischer Autor, als Kritiker im „deutschen Museum," das er Jahre hindurch mit vielem Tacte redigirt hat, eine weitgreifende Wirksamkeit. Er hat sich in seiner Monographie: „der Göttinger Dichterbund" (1841), in der „Geschichte des deutschen Journalismus" (1 Bd. 1845), in den „Vorlesungen über die Geschichte des deutschen Theaters" (1847) u. a. Werken als ein fleißiger, klarer, vorurtheilsfreier Forscher und gewandter, bisweilen etwas redseliger Darsteller bewährt und sich auch durch die Herausgabe des „literarhistorischen Taschenbuches" (6 Bde. 1843 bis 48), welches tüchtige Kräfte versammelte, um die wissenschaftliche Fortbildung der Literaturgeschichte große Verdienste erworben. Seine Lyrik ist daher nur eine poetische Ergänzung seines ganzen Strebens, und wenn es ihr im Ganzen an ursprünglicher Kraft und Phantasiereichthum fehlt, so steht sie dagegen unter der Herrschaft des guten Geschmackes und der geistigen Bildung.

Von größerer Naivetät und Unmittelbarkeit der dichterischen Empfängniß, als Prutz, bezeichnet Heinrich August Hoffmann aus Fallersleben (1798—1874) den Uebergang der politischen Lyrik in ihr sangbares Studium, in die einfache Liederpoesie. Hoffmann, seit 1830 Professor der deutschen Sprache und Literatur, 1842 wegen seiner „unpolitischen Lieder" seiner Stellung entsetzt, seit 1845 in Mecklenburg ansässig, seit 1849 verheirathet in Bingerbrück und Neuwied, später in Weimar, seit 1860 in Corvey an der Weser als Bibliothekar des Herzogs von Ratibor, Fürsten von Corvey bis zu seinem Tode lebend, ein germanistischer Gelehrter von Ruf, dessen zahlreiche Leistungen auf dem Gebiete deutscher Philologie im Anschlusse an die Gebrüder Grimm sich verdienter Anerkennung erfreuen[1]), hatte seine eigene Muse an dem Muster der alten Volkslieder herangebildet und sich ihre ganze Keuschheit, Einfachheit, Sinnigkeit und Schalkhaftigkeit angeeignet. Eine derbkräftige deutsche Natur, von aufgeschlossenem Sinne für jede frische Eigenthümlichkeit des Volkslebens, ebenso zartfühlend, wie barsch und biedermännisch, ein moderner Troubadour mit dem Knotenstocke aus den altdeutschen Wäldern und den musikalischen Schmelze der Provence, ist Hoffmann eine durchaus eigenthümliche Erscheinung in unserer Literatur, der Typus wanderlustiger Volkspoesie und ihres unerschöpflichen Liederquelles. Seine Productivität ist unbegrenzt, ohne je die Grenzen des „Liedes" zu überschreiten. Was er berührt, wird zum Liede; jedes flüchtige Bild, jedes flüchtige Empfinden. Es sind Mückenschwärme, die im Sonnenstrahle spielen. Man behält von dem einzelnen nur selten einen Eindruck; sie sind sich alle außerordentlich ähnlich; aber in ihrer Menge erfreuen sie, weil sich in ihrer Lust das schöne, heitere Wetter der Seele spiegelt. Doch haben die Hoffmann'schen Mücken so gut ihren Stachel, wie die Heine'schen Bienen; sie wurden lästig, als sie zu stechen anfingen. So unscheinbar sie waren, so verursachte doch ihre Berührung ein unangenehmes Brennen. Es finden sich unter den Hoffmann'schen Liedern musikalische Epigramme, deren Pointe durch die melodische Cadenz gemildert wird. Ein schalkhaftes Lächeln folgt der heiteren Neckerei; ein wohlgefälliges Behagen macht sich geltend, während bei Heine eine dämonische Tücke gegen das eigene Fleisch und Blut wüthet.

Hoffmann's Lyrik ist theils harmlose, theils tendenziöse Liederpoesie. In die erste Kategorie gehören seine vor 1840 und nach

---

[1]) Ueber sein Leben, seine germanistischen Studien, seine Schicksale als Professor und nach der Amtsentsetzung giebt Hoffmann sehr weitschweifige Auskunft in dem sechsbändigen Werke: „Mein Leben, Aufzeichnungen und Erinnerungen" (1868).

1848 erschienenen „Gedichte" (2 Bde. 1834), „Liebeslieder" (1850), „Heimathklänge" (1850), dann alle seine „Kinderlieder" (1843, 1845 und 1847) und seine „Lieder aus Weimar" (1855). Besonders in den „Gedichten" athmet die ungesuchte Frische, Heimlichkeit und Herzigkeit echter Volkspoesie in kurzen, melodisch hingehauchten Rhythmen und anmutigen Reimen. Es ist eine Poesie, die nichts weiß von der Gedankenarbeit des Jahrhunderts, für die es keine Weltgeschichte giebt, keine Kämpfe, keine Passion; eine Poesie, die sich auf dem grünen Rasen ausstreckt, in den blauen Himmel sieht und aussingt, was ihr da an innerem Behagen durch die Seele geht. Man sollte glauben, ihr müßte der Stoff bald ausgehen; doch gerade das Auge der kleinsten Fliege hat ja tausend Façetten. Es ist kein Gedankenreichthum, der sie trägt; aber die kleinste Welt ist, wie das Mikroskop zeigt, ja stets am bevölkertsten. Diese Empfindungen gleichen den Infusionsthierchen; der einen sitzt das Auge hier, der anderen dort; die eine kugelt sich, die andere rudert fort — und das alles in einem Wassertropfen.

Da finden wir Frühlingslieder, Weinlieder, Vaterlandslieder, Kriegslieder, Scherzlieder der Fastnacht und Kirmes, Wiegenlieder, Lieder der Landsknechte, der fahrenden Schüler, ein Buch der Liebe u. s. f.

> „Wie sich Rebenranken schwingen
> In der linden Lüfte Hauch,
> Wie sich weiße Winden schlingen
> Lustig um den Rosenstrauch:
>
> Also schwingen sich und ranken,
> Frühlingsselig, still und mild,
> Meine Tag- und Nachtgedanken
> Um ein trautes, liebes Bild."

Diese Verse können als Motto für die ernsteren Weisen dienen, welche Hoffmann anschlägt, während für die leichtgeflügelten und scherzhaften jener Sinnspruch aus den „Liedern aus Weimar" als solches dienen mag, der eine echt Horazische Lebensweisheit athmet:

„„Weil sich nicht halten läßt,
Was uns der Himmel beut,
Haltet die Stunde fest,
Wo sich das Herz erfreut.

Sorgt, wenn ihr fröhlich seid,
Daß ihr es lange bleibt!
Heisa, vertreibt die Zeit,
Ehe sie euch vertreibt!"

Es sind unter diesen Liedern Klänge von großer Anmuth, von süßem Reize; aber auch viel Nichtiges und Farbloses. So finden sich in den neueren naiven Liedersammlungen, auch in den Kinderliedern, lyrische Bettelsüppchen, in welche nur triviale Gedanken eingebrockt sind, und wo die Liebespoesie einen erhöhteren Aufschwung nimmt, wie in den „Ghaselen an Johanna," da offenbart sich der Mangel an einer bedeutenden und originellen Weltanschauung und einer wahrhaft reichen und schöpferischen Phantasie.

Während Hoffmann's „Gedichte" Mühe hatten, sich durch die zahlreichen, verwandten Klänge der Frühlings- und Liebeslyrik Bahn zu brechen, gewann er durch seine „Unpolitischen Lieder" (2 Bde. 1840—41), denen später auf dem Gebiete der Tendenzlyrik „deutsche Lieder aus der Schweiz" (1843), „deutsche Gassenlieder" (1843), „Hoffmann'sche Tropfen" (1844) u. a. folgten, ein großes Publikum in ganz Deutschland. Hoffmann machte die politische Opposition musikalisch; sie fing auf einmal an zu singen, und der Dichter selbst war ihr Vorsänger, der durch die deutschen Städte zog und seine eigenen Lieder intonirte. Wie im alten Märchen heißt es: Knüppel aus dem Sack, und, von melodischen Refrains begleitet, tanzte er herum auf Polizei und Adel, Clerus und Fiskus, Censoren und Russen. Das war eine derbe, ungenirte Liederpoesie, welche die Ellenbogen gebrauchte. Und was sie wollte, war eben Platz, nicht „Raum für den Flügelschlag einer freien Seele," sondern Raum für eine gesunde Natur, keine Einschränkung, keine Bevormundung, keine läſtigen Privilegien. Prutz hatte die Stichwörter des Liberalismus in ſtolze Jamben gebracht; Hoffmann ſetzte ſie in Muſik und ſang ſie vom Blatte. Dabei hatte er das volle Bewußtſein von der großen Wirkung ſeiner politiſchen Noten; denn er verglich ſeine Gedichtchen mit den Glöcklein, von deren Schalle die Lawine ſtürzt. Seine Oppoſition war vorzugsweiſe gegen die vormärz= lichen preußiſchen Zuſtände gerichtet, gegen Uebergriffe der Ariſto= kratie und Büreaukratie, gegen das ganze Patrimonialweſen; ſie war geſund, burſchikos und ſchlug kräftig mit der Fauſt auf den Tiſch, wenn ſie den Rundgeſang angeſtimmt. Unter den vielen Fläſchchen „Hoffmann'ſcher Tropfen" waren natürlich einige matt und abgeſtanden, um ſo mehr, als ihre Etiketten ſich immer gleich blieben, während die politiſche Atmoſphäre ſich änderte. Dies gilt beſonders von den „deutſchen Liedern" und den „Gaſſen= liedern," in denen das bänkelſängeriſche Element überwiegt. Denn während der unpolitiſche Minneſang nicht veralten konnte, indem ſeine Themata, Lenz und Herz, ewig jung blieben, war der poli= tiſche abhängig von den Stoffen, welche die Zeit ihm bot, und von der Färbung, der Stimmung der Gemüther. Noch einmal im Jahre 1867 veröffentlichte Hoffmann politiſche Gedichte in drei „Streiflichtern," Satyren über Univerſitätsweſen, Mode, öffentliche Meinung, Kleinſtädterei, Titel, Orden, Fremdwörter= ſucht, die Themata ganz aus dem Bereich der „Unpolitiſchen Lieder," die Form diejenige der reimloſen Archilochiſchen Jamben, die Haltung ziemlich nutzlos mäkelnd und duftlos proſaiſch. Hoff= mann's Lyrik focht vortrefflich in aufgelöſter Linie; ſie tiraillirte mit großer Gewandtheit, aber ſie hatte auch raſch ihr Pulver verſchoſſen und war zu geſchloſſenen taktiſchen Bewegungen nicht zu verwenden. Dennoch bleibt ihr das Verdienſt, die politiſche Lyrik auch auf dem Gebiete des einfachen „Volksliedes" einge= bürgert zu haben.

Doch nicht blos die plänkelnden, politiſchen Liederdichter, auch die prophetiſchen und enthuſiaſtiſchen Sänger der Freiheit ver= ſtummten raſch und wendeten ſich, wie ſchon Herwegh ſelbſt im zweiten Bande, wie Prutz und Dingelstedt, der Satyre zu, da der Trompetenruf im Morgengrauen mit dem zunehmenden Tage nicht mehr statthaft war. An die Stelle der berauschten Seher, die mit stürmischen Geberden in die Zukunft hinauswiesen, trat nun ein vorzugsweise gestaltender Dichter, der nach den Schreckensscenen der deutschen Revolution von 1848 nicht verstummte, sondern sie mit düsterer Victor Hugo'scher Pracht in concrete, farbenreiche Bilder bannte; ein Dichter, bei dem die Anschauung mächtiger war, als das Pathos, der die politische Lyrik in eine neue Phase führte und sie der echten, historischen Poesie näherte, indem er die Herwegh'sche Ode in die Ballade, das Hoffmann'sche Chanson in das Gemälde verwandelte: Ferdinand Freiligrath aus Detmold (geb. 1810). Wie Hoffmann's Talent sich an altdeutschen Mustern und der Volkspoesie herangebildet, wie Prutz und Dingelstedt nicht den Hauch des classischen Alterthumes verleugnen, dem sie ihre Studien zugewendet: so zeigt Freiligrath, der nie eine Universität besucht hat, sondern in kaufmännischen Verhältnissen lebte, die Einwirkung der neuen französischen und englischen Poesie, wofür die Wahl vorzugsweise exotischer Stoffe, seine oft aus Fremdwörtern bestehenden Reime und das neufranzösische glühende Colorit sprechen, das er seinen Dichtungen zu geben wußte. Als Uebersetzer der „Oden" und „Dämmerungen" Victor Hugo's hat er eine glänzende Kunst an den Tag gelegt und am deutlichsten gezeigt, durch welche Bildungsschule sein Talent gegangen. Durch diesen französischen Charakter schließt sich Freiligrath an Chamisso an, der auch zuerst seine Gedichte in auszeichnender Weise empfahl. Durch ihren exotischen Zauber aber und ihre die Sprache bändigende Virtuosität schienen sie sich an Rückert und die orientalische Lyrik anzulehnen, nur daß diese vorzugsweise eine Lyrik des Gedankens und der Sentenz war und ihr Colorit in den Dienst der pantheistischen Weltanschauung gab, während Freiligrath mit der Schilderung des exotischen Lebens Ernst machte, sein ganzes Talent auf die Ausführung eines glänzenden Colorits verwendete, aber, indem er die kosmopolitische Ader der Zeit wunderbar anregte, nicht blos für einen poetischen Panoramenmaler, sondern auch für einen Repräsentanten des modernen Gedankens gelten muß.

Freiligrath's „Gedichte" (1838) machten mit Recht seltene Sensation. Es war vorzugsweise beschreibende Poesie; aber die vollendetste, welche die deutsche Literatur kennt. Das war kein Thomson, kein Kleist, kein Poet der Tages= und Jahreszeiten; das war ein descriptiver Weltpoet. Wer hat nicht in großen See= und Handelsstädten bei dem Blicke auf den mastenreichen Hafen mit den Segeln und Wimpeln und auf das unendliche Meer außer dem träumerischen Sehnen nach fernen Zonen und ihren bunten Wundern auch das erhebende Gefühl empfunden, einem großen Völkerganzen anzugehören? Wer fühlte nicht jede klein= liche Beschränkung des Lebens, der Sitte, jedes individuelle Miß= behagen in diesem Empfinden aufgehoben? Wenn die Flaggen aller Völker im Hafen wehen, hier ein Schiff von Rio Janeiro, dort von Canton, dort von Valparaiso, New=York und Calcutta einläuft, alle Sprachen durcheinander erklingen — welch' ein Welthorizont thut sich da auf; wie wird der Geist erweitert durch den Blick in die Ferne; wie spiegelt dieser stets wachsende Völker= verkehr die schönsten Thaten des modernen Geistes, die Vermitte= lung aller Nationen unter dem Banner der Humanität! Dies Empfinden liegt, ohne unmittelbar ausgesprochen zu werden, den Freiligrath'schen Dichtungen zu Grunde; dieser geistige Inhalt erhebt sie über die gewöhnliche beschreibende Poesie, hält, als ein geheimes Band, die zerstreuten Gestalten des Orbis pictus zusammen und macht Freiligrath selbst zu einem wahrhaft moder= nen Dichter. Unsere Lyrik war in der That stoffhungrig gewor= den; nur wenige Dichter verstanden neu zu empfinden — man empfand nach Goethe und Heine; aber auch das Pathos des Gedankens, das sich im idealen Aether zu verflüchtigen drohte, bedurfte eines Gegengewichtes. Der neue Stoff, den Freiligrath wählte, ließ eine Flucht aus den kleinlichen Interessen lyrischer Selbstquälerei und eine gesunde, realistische Auffassung zu. Morgen=

land und Abendland, die Wüsten Syriens und Afrika's, die Urwälder Nordamerika's, Sitten und Glauben der verschiedensten Völker und zwischen den Welttheilen das Meer und die länderverbindende Schifffahrt — welch' ein Reichthum von Anschauungen, Gemälden und lebensfrischen Scenen! Wie verschwand dagegen die idyllische Dachstubenpoesie. Doch nicht blos der Stoff, auch die Form Freiligrath's war wesentlich neu. Er vermied die abgetragenen Reime, mit denen sich kein anständiger Dichter mehr sehen lassen konnte. Er brachte neue Sangweisen mit in den deutschen Dichterwald, buntgefiederte Reime von tropischer Pracht, Wendungen, welche allerdings die Puristen ärgern mußten, aber in ihrer fremdartigen Färbung doch dem Inhalte angemessen waren. Diese Reime waren nicht mühevoll zusammengesucht, so seltsam sie klangen; sie traten mit vollkommener Sicherheit auf; es war ein dichterischer Guß, der Rhythmus und Reim beseelte. Nach französischem Vorbilde liebte Freiligrath besonders den Alexandriner, dem er sowohl durch Wechsel der Füße ein strophisches Gepräge gab, als er ihn auch von allzu engen Fesseln der Cäsur befreite. Er singt ihn selbst an:

> „Mit deinem losen Stirnhaar buhlet
> Der Wind; dein Auge blitzt, und deine Flanke schäumt: —
> Das ist der Renner nicht, den Boileau gezäumt
> Und mit Franzosenwitz geschulet."

Auch die exotischen Reime pflegt er mit Bewußtsein:

> „— — Lieder, deren Saum
> Fremde Reime wirr umranken,
> Wie an einem Tropenbaum
> Lianenblumen üppig schwanken."

Freiligrath hat sein neues Genre nach verschiedenen Seiten hin ausgebildet. Sein „Löwenritt" ist die glänzendste Thiermalerei, die je in der poetischen Literatur ausgeführt worden:

> „Wüstenkönig ist der Löwe; will er sein Gebiet durchfliegen,
> Wandelt er nach der Lagune, in dem hohen Schilf zu liegen.
> Wo Gazellen und Giraffen trinken, kauert er im Rohre;
> Zitternd über dem Gewalt'gen rauscht das Laub der Sycomore."

Eine ebenfalls vortreffliche Thierballade ist das Gedicht: „Unter den Palmen." Durch landschaftliche Malerei ausgezeichnet sind das „Gesicht des Reisenden," „Mirage" und viele andere See- und Wüstenbilder. Von den exotischen Balladen athmet „der Mohrenfürst" den eigenthümlichen Hauch des afrikanischen Lebens. Wir haben in ihm nicht nur die Handlung, sondern auch echt lyrische Empfindung, die sie verklärt. Noch mehr gilt dies vom Cyklus: „der ausgewanderte Dichter," in welchem die Scenerie des Urwaldes durch die Sehnsucht eines Dichtergemüthes, durch das Heimweh des Einsamen in eigenthümlicher Weise beseelt wird. Gleichen Zauber des Gemüthes, eine durch den Contrast mit der Ferne doppelt ergreifende Schilderung Deutschlands finden wir in den „Auswanderern":

„O sprecht! Warum zogt ihr von dannen?
Das Neckarthal hat Wein und Korn;
Der Schwarzwald steht voll finst'rer Tannen,
Im Spessart klingt des Aelplers Horn.

Wie wird es in den fremden Wäldern
Euch nach der Heimathberge Grün,
Nach Deutschlands gelben Weizenfeldern,
Nach seinen Rebenhügeln ziehn!

Wie wird das Bild der alten Tage
Durch eure Thränen glänzend wehn!
Gleich einer stillen, frommen Sage
Wird es euch vor der Seele stehn!"

Ebenso originell gedacht und ausgeführt ist die Ballade: „der Blumen Rache." Ueberhaupt enthalten gerade diese exotischen Balladen eine Fülle der seltensten Schönheiten, einen unvergleichlichen Zauber, dem sich nichts Aehnliches an die Seite stellen läßt. Man hatte bisher geglaubt, die dichterische Sprache zu entweihen wenn man sie aus dem Reiche der idealen Allgemeinheit in eine sorgfältige Detailmalerei herabzog. Freiligrath hat zuerst das Detail dichterisch geadelt; seine Verse bebten vor keiner Bezeichnung zurück, welche ein treues und bestimmtes Bild zu geben vermochte, wenn sie auch auf den ersten Anblick zu sehr der technischen und praktischen Sphäre entnommen schien und bisher nicht bei den deutschen Poeten im Schwunge gewesen war. Doch er mußte sie in eine dichterische Beziehung zu bringen, daß sie mit eigenthümlicher Kraft den Ausdruck hob, und führte sie überdies mit solcher Grazie ein, daß niemand an ihrer poetischen Courfähigkeit zu zweifeln wagte. Doch zeigte sich schon in einzelnen dieser Gedichte Freiligrath's neufranzösische Vorliebe für das Grelle und Gräßliche, wie z. B. in den Gedichten: „Mirage," „die seidene Schnur," „Anno Domini" „Schahingirai" u. a., und die Effecte traten um so schroffer hervor, als Freiligrath immer nur das einzelne Bild gab und nicht über die bestimmte, mit treuen Farben ausgeführte Situation hinausging, sie nicht einmal durch Empfindung oder Reflexion milderte. In diese erste Epoche der Freiligrath'schen Poesie gehört auch die später herausgegebene Sammlung, die Nachlese älterer Gedichte: „Zwischen den Garben" (1849), welche außer lieblichen Empfindungsblüthen einige der originellsten Gaben deutscher Poesie enthält, in denen das Bizarre und Manierirte überwuchert, indem sich Freiligrath wie ein lyrischer Grabbe geberdert, die aber dennoch eine außerordentliche Kraft der Darstellung an den Tag legen. Dazu rechnen wir „das Hospitalschiff," in welchem die unter der schwarzen Flagge der Krankheit verbrüderten Nationen in glühenden Fieberphantasieen von ihrer Heimath träumen, und „der Freistuhl zu Dortmund," in welchem uns die echtdeutsche Poesie der Vehme in heimathlicher Farbenpracht und in kräftig kerniger Beschwörung entgegentritt. Der Geist der „rothen Erde" ist hier ebenso treffend abgespiegelt, wie „in der Nordsee" das Matrosenleben und die neblige Atmosphäre des Meeres.

Freiligrath's „Gedichte" hatten sich rasch Bahn gebrochen in der Nation. Der König von Preußen gab ihm im Jahre 1842 eine Pension. Der Herwegh'schen Sturmlyrik war Freiligrath schon früher gegenübergetreten; in seinem Gedichte: „Aus Spanien" kamen die denkwürdigen, wahren, wenn auch von ihm selbst später verleugneten Verse vor:

„Der Dichter steht auf einer höhern Warte,
Als auf der Zinne der Partei;"

er hatte an den Triumphator Herwegh nach seinem berauschten Siegeszuge durch Deutschland einen poetischen Brief geschrieben, in welchem er ihn einen neuen Helden Sankt Jürgen nannte.

Doch „die Zeit jagte mit raschen Pferden," und ehe ein Decennium verflossen war, hatte Freiligrath die Freiheitspoesie des Schwaben durch trunkene, wilde Dithyramben weit hinter sich gelassen und war der glühendste Sänger einer politischen Lyrik geworden, welche nicht mehr in Stimmungen und Ahnungen schwelgte, sondern die rothen Bilder der Revolution in greller Beleuchtung entrollte. Im Jahre 1844 legte er die Pension in die Hände des Königs von Preußen zurück und veröffentlichte seine Zeitgedichte „Ein Glaubensbekenntniß," in denen er sich offen und entschieden zur politischen Opposition bekannte. Er verwahrt sich gegen den Vorwurf eines buhlerischen Fahnentausches und betrachtet diesen Uebergang als eine nothwendige Stufe seiner Entwickelung, wenn er auch zugeben muß, auf die Zinne der Partei herabgestiegen zu sein. In der That lag von Hause aus in dem Freiligrath'schen Naturell wenig Conservatives; seine Muse hatte eine erhitzte Beweglichkeit, die sich in Wüsten und Meeren austoben mußte, und selbst seine Schilderungen sind oft mit raschen, blitzenden Interjectionen hingeschleudert. Das Naturell aber ist bei Freiligrath Hauptsache, denn eine wissenschaftliche Begründung von Principien auf politischem, ethischem und religiösem Gebiete liegt ihm gänzlich fern, und seine Ueberzeugungen sind, so fest sie sein mögen, naturwüchsig aus den Bewegungen der Zeit emporgewachsen. Schon in dem Gedichte an Herwegh hatte Freiligrath sich nicht auf den Boden einer politisch-feindlichen Gesinnung gegen den Freiheitsdichter gestellt; es sprach sich darin mehr die Opposition der gestaltenden Poesie, welche feste Umrisse liebt, gegen die

Unbestimmtheit eines Gefühlslebens aus, das in den Herwegh'schen Gedichten gährte und bei seinem Triumphzuge oft zu einem sinnverwirrten Ausbruche kam. Er hatte ja im Schlußverse dem Dichter im Namen der Freiheit Verzeihung zugesichert:

„Zieh' hin — doch um zu kehren!
Die Freiheit kann verzeihn!
Bring' ein die alten Ehren,
Ih Liedern bring' sie ein."

In einem anderen Gedichte an Hoffmann von Fallersleben scheint Freiligrath es auszusprechen, daß seine Begegnung mit diesem „derben und nagelschuhigen" Minnesänger seine revolutionäre Entpuppung fördern half:

„Denk' ich wieder, wie im Traum,
Jener Nacht im Riesen,
Wo wir den Champagnerschaum
Von den Gläsern bliesen;
Wo wir leerten Glas auf Glas,
Bis ich Alles wußte,
Bis ich deinen ganzen Haß
Schweigend ehren mußte."

Die politische Lyrik hält sich indeß im „Glaubensbekenntniß" noch in maßvoller Beschränkung. Der Dichter singt „vom Baum der Menschheit," an dem sich Blüth' auf Blüthe drängt; er feiert mit patriotischem Schwunge die „Knospe Deutschland":

„Der du die Blumen auseinanderfaltest,
O Hauch des Lenzes, weh' auch uns heran!
Der du der Völker heil'ge Knospen spaltest,
O Hauch der Freiheit, weh' auch diese an!
In ihrem tiefsten, stillsten Heiligthume,
O küss' sie auf zu Duft und Glanz und Schein —
Herr Gott im Himmel, welche Wunderblume
Wird einst vor Allen dieses Deutschland sein."

Charakteristisch für seine Dichtweise ist die Art, wie er die freie Presse feiert — nicht wie Herwegh und Pruz mit direkter Forderung, sondern indem er uns einen Censor, einen Gedankenmörder, „im Irrenhause" zeigt. Ueberall drängt die Freiligrath'sche Poesie nach Gestaltung und läßt den Gedanken nur aus der Situation hervorspringen. Er schreibt keine goldenen Koransprüche an die Wand; er meißelt scharfgeprägte Bilder in Stein. „Am Harze" und „aus dem schlesischen Gebirge" sind socialistische Hübner'sche Genrebilder.

Hatte Freiligrath im „Glaubensbekenntniß" verheißen:

„Nur das Kühnste bind' ich an
Meinen Simsonsfüchsen —
Mit Kanonen auf den Plan,
Nicht mit Schlüsselbüchsen,"

so donnerten diese „Kanonen" der politischen Lyrik in: „Ça ira" (1845) und den „Neuen politischen und socialen Gedichten" (1849) mit revolutionairem Bataillenfeuer los und schleuderten grelle Blitze aus dem Pulverdampfe. Er schwelgt in jacobinischer Erhitzung, in den wilden Bildern des Aufruhrs. Wohl war es in „ça ira" noch der Aufruf zum Kampfe; doch während dieser bei Herwegh wie ein Lerchenlied in den freien Lüften verhallte, klang er bei Freiligrath wie ein Commandoruf zum Feuern. Man hörte hier nicht blos agitatorische Reden; man sah die revolutionaire Thätigkeit; man sah aus den Lettern die Kugeln gießen; man sah die Landwehrzeughäuser erstürmen und die Waffen rauben. Wo Herwegh dichterisch postulirte, da organisirte Freiligrath. Das waren nicht mehr die politischen Sturmvögel der Revolution; das war der Sturm selbst, der die Masten und Raaen zerstörte. Wie Herwegh sich stets an einen Gedanken, eine Stimmung und Losung anlehnt: so Freiligrath an ein Bild, an eine Anschauung, eine Begebenheit. Kaum läßt sich ein treffenderes Bild für die in den Tiefen der Gesellschaft gährende Macht finden, als jene Männer des Volkes, jene Cyklopen des Dampfschiffes, welche unten arbeiten, während die feine Gesellschaft oben Luft, Licht, die reizende Landschaft, das frische, freudige Leben genießt. Aber die Arbeit, welche das Schiff fortbewegt, hat zugleich eine vernichtende Kraft — ein Entschluß des Arbeiters ist im Stande, das Schiff in die Luft zu sprengen. Wie man auch über die Berechtigung dieser Weltanschauung denken mag, so ist ihre poetische

Darstellung doch nicht allegorisch hölzern, sondern von unmittelbarer Lebendigkeit. Ebenso ist das Gedicht: „die Todten an die Lebendigen" eine grell beleuchtete Revolutionsstudie, eine düster flackernde Hymne des Aufstandes. Die Victor Hugo'sche Ader in Freiligrath, die Vorliebe für das Wilde und Schreckhafte, gleichsam für das äußerlich Dämonische, die Kampfwuth losgelassener Volkshaufen und alle politischen Naturschauspiele, knüpfte mit Vorliebe an die Thatsachen der deutschen Revolution an, hinderte aber eine vollkommen historisch-poetische Darstellung durch den Trommellärm und das Sturmgeläute erhitzter Parteiwuth. So originell diese Rembrandt'schen Revolutionsgedichte Freiligrath's sind, so fehlt ihnen doch die innerliche Gedankenmacht; es fehlt der versöhnende Geist, der über dem ringenden Chaos schwebt, während manche Bizarrerieen seiner Dichtweise: die Sprachmengerei, der durch Interjectionen zerhackte Styl, das hastige Hinwerfen der Bilder, hier störender, als in seinen exotischen Gedichten, hervortreten. In Folge dieser revolutionairen Gedichte angeklagt und verfolgt, begab sich Freiligrath 1851 nach London, wo er in einem kaufmännischen Geschäft eine gesicherte Stellung fand. Seine Poesie ruhte hier lange Jahre hindurch; er gab eine englische Anthologie heraus und Uebersetzungen amerikanischer und englischer Dichter, eines Longfellow, Burns u. a., welche seine seltene Formbeherrschung und Sprachgewandtheit von neuem bezeugten. Nach dem Kriege von 1866 kehrte er nach Deutschland zurück, ließ sich aber, unzufrieden mit der Wendung der Dinge, nicht in Preußen, wohin die Rückkehr ihm verstattet war, sondern in dem damaligen schwäbischen Schmollwinkel jenseits der Mainlinie nieder. Es war indeß für ihn eine nationale Sammlung veranstaltet worden, welche ein bedeutendes Resultat ergab; seine Popularität trat bei den oratorischen und deklamatorischen Festen, die zu seinen Ehren stattfanden, glänzend hervor. Erst im Jahre 1870, als ganz Deutschland gegen Frankreich zu den Waffen griff, söhnte er sich mit der neuen politischen Gestaltung seines Vaterlandes aus und war, wie wir sehen werden, einer der hervorragendsten Sänger der neuen Kriegslyrik. Seine „Gesammelten Dichtungen" erschienen in sechs Bänden 1870.

Der politischen Lyrik gehören, mit eigenthümlicher Wendung und Färbung, zwei schlesische Dichter an, beide der Aristokratie entsprossen, beide durch einen allzu frühen Tod der Literatur entrissen; der erste ein kriegerischer Prophet ihrer ersten Epoche, der zweite ein sinnig wehmuthsvoller Elegiker und gestaltender Poet ihrer zweiten; der erste aufgehend in stürmischer Lyrik, der zweite eine geistige Größe überhaupt von seltener Bildung, tiefem Jean Paul'schem Humor, allseitigem künstlerischem Streben, ebenso ausgezeichnet als Romandichter und Kritiker, wie als Lyriker: **Moritz Graf Strachwitz** aus Peterwitz (1821—47) und **Georg Spiller von Hauenschild** (Max Waldau) aus Breslau (1826—1855). Strachwitz ist in seinen ersten Gedichten: „Lieder eines Erwachenden" (1836) ein Herwegh zu Pferde, von gleicher unbestimmter Kampfeslust beseelt:

„Die scheue Muse ward zur Amazone
Und tummelt sich auf erzbeschupptem Renner;
Um's Haupt den Stahlhelm statt der Blüthenkrone,
So stürzt sie freudig in die Schlacht der Männer."

Er braucht nicht erst die Schwerter aus der Erde zu reißen; er hat von Hause aus sein gutes Schwert und sein stattliches Roß. Die Sporen in die Flanken gehauen, die Schenkel an das Streitroß festgepreßt, die Paniere zum Kampfe ausgespannt, „an's Schwert die Hand":

„O fraget nicht, wo Feinde sind" —

so sprengt unser „erwachender" Ritter in dithyrambischen Rhythmen einher. Wie Herwegh gegen die Tyrannen, so kämpft Strachwitz gegen „Schelme und Lumpen," gegen die Philister. Seine Gedichte sind Apotheosen der wilden Leidenschaft, die er auch in der Liebe hoch über die Empfindung stellt. Er verherrlicht den Zorn, den „freien Liederkönig," und den Zweikampf:

„Für scharfes Wort den scharfen Stahl,
Und gält' es Fluch und Höllenqual;"

er verdammt in einer feurigen Ode die **aurea mediocritas**:

> „Sollt schwarz und weiß ihr unterscheiden
> Und zwischen beiden wählen schlau,
> So sagt ihr: Her mit allen Beiden!
> Wir mischen beide in das Grau." —

kurz, alles ist Sturm und Drang, tollkühner Muth, radicale Entschiedenheit der Gesinnung, moderne Ritterlichkeit ohne mittelalterliche Elegik, ohne feudale Sehnsucht, eine heißblütige Poesie, der man alle Adern klopfen hört. Reim und Metrik sind mit Meisterschaft gehandhabt; Strachwitz ist ein Schüler Platen's, den er auch mit Begeisterung feiert. Doch der Gedanke selbst, der sich in der melodisch schwunghaften Form ausprägt, entspricht oft nicht dem gewaltigen Kraftaufwande der Diction, die sich in titanischen, Himmel und Erde bewegenden Bildern ergeht. Manches welke Gedankenblättchen wird von diesem Sturme der Diction umhergewirbelt. Nach dieser Seite hin bezeichnen die „Neuen Gedichte" (1848) einen Fortschritt: Form und Inhalt sind klarer geworden; aber der Dichter befindet sich in Opposition mit der Zeit; er verdammt die Dichtkunst, die zur Fechtkunst umgeschaffen worden, obschon er sich selbst in den „Liedern eines Erwachenden" auf dem poetischen Fechtboden tummelte und auch jetzt polemisch gegen die Polemik auftritt:

> „Es trägt die Kunst ihr eisern Loos mit Qualen.
> Laß, Herr, die Göttliche in ihrer Hoheit
> Nicht untergehn, ein Opfer der Vandalen,
> In dieses Meinungsstreits ergrimmter Rohheit!"

Er besingt, „der Stadt der Kritik und Politik entflohn," die Romantik und ihr märchenhaft Entzücken, ihr frommes Ahnen und süßes Schaudern; er trauert in Asche um das Vaterland, das zu Grabe geschleppt und in Stücke gerissen wird; er feiert die „deutschen Hiebe," mögen sie nun die Wälschen oder die Reußen treffen; er wird weltmüde in der „Krämerlust," ärgert sich über Gaunergesichter, über Lump und Compagnie, für welche die Welt zur Actienbörse wird. Doch die Herbheit und einseitige Verbissenheit des Dichters, dem zum Aerger der Sturm der Weltgeschichte von der entgegengesetzten Seite der Windrose wehte, als er erwartet hatte, dies Unbehagen, dieser Haß gegen einzelne Stände, diese Flucht aus der Zeit in die alte Waldromantik: das alles, was uns mißlich berührt, wird vollkommen ausgeglichen durch den warmen, deutschen Herzschlag des Dichters, durch den lebendigen Patriotismus, der in der Hymne: „Germania" seinen volltönendsten Ausdruck gefunden. Dies eine Gedicht verbürgt dem Namen Strachwitz eine schöne Unsterblichkeit; es ist die köstlichste Blüthe seines Talentes, das hier in einfacher rhythmischer Architektonik eine seltene Erhabenheit athmet und den energischen Lapidarstyl schreibt, der jedem Worte ein unvergeßliches Gepräge giebt:

„Daß dich Gott in Gnaden hüte,
Herzblatt du der Weltenblüthe,
Völkerwehre,
Stern der Ehre,
Daß du strahlst von Meer zu Meere,
Und dein Wort sei fern und nah',
Und dein Schwert, Germania!"

Nimmt man hierzu Gedichte von so glänzendem Colorit der Naturmalerei, wie: „Ein Wasserfall" oder Balladen von solcher kernigen Epik, solcher gedrungenen Handfestigkeit der Darstellung, plastischen Anschaulichkeit und Größe der historischen Auffassung, wie: „Hie Welf!" so muß man das frühe Dahinscheiden eines Dichters doppelt bedauern, der sich aus seiner Sturm- und Drangperiode gewiß zu außerordentlichen Leistungen, besonders auf epischem Gebiete, emporgearbeitet hätte, und der auch mit dem, was er geschaffen, durch die künstlerische Pflege einer schönen Form und eine kräftige, süßlichen Empfindungen feindliche Gesinnung, einen ehrenvollen Platz unter den deutschen Lyrikern einnimmt.

In noch erhöhterem Maße gilt dies von Max Waldau (Georg von Hauenschild), an dessen frühem Grabe der Literarhistoriker mit gerechter Trauer weilt. Es giebt Talente, welche den Keim des Todes in sich tragen, denen früh zu sterben als ein Glück vom Schicksale vergönnt ist, weil wohlfeil errungene Lorbeern sonst zeitlebens ein welker Schmuck auf ihrem Haupte wären. Für einige, wie Hölty, ist der frühe Tod eine elegische Verklärung ihres

Lebens und Dichtens; für andere, wie Körner, eine ruhmvolle
Besiegelung ihres begeisterten Strebens. Doch wenn Dichter von
solcher Lebenskraft, solchem geistigen Reichthume, solchem weltoffenen
Sinne, Productionsdrange und unverwüstlichem Humor, wie
Waldau, in der Jugend sterben, so macht dies den untröstlichen
Eindruck einer durch vulkanische Explosion verschütteten Gegend
mit üppigen Lebenshoffnungen und unvollendeten Prachtbauten.
Waldau war ein geistig gesunder Dichter, der alle Krankheitsstoffe
der Zeit durch überlegenen Humor überwand und ein so reges
Streben nach künstlerischer Läuterung in sich trug, daß er bei
seiner großen Begabung das Höchste zu erreichen fähig schien.
Wenn man auch den Hauptnachdruck auf seine humoristischen
Romane legen muß, auf welche wir später zurückkommen werden,
indem sich in ihnen der ganze Reichthum und die ganze Bedeu=
tung seines Talentes entfaltet: so nimmt er doch auch als lyrischer
Dichter durch Grazie und Weihe künstlerischer Form, durch seelen=
volle Empfindung und hinreißenden Schwung, durch Anmuth in
der Idylle und Pathos in der Dithyrambe und durch sein Streben,
die Lyrik zur Epik durchzubilden, einen hervorragenden Rang ein.
Hauenschild's erstes Werk: „Blätter im Winde" (1848)
waren gesammelte Jugendgedichte, welche rasch genug im Winde
verwehten, indem ihnen bei glücklichen Einzelheiten doch eine
bedeutende und glänzende Physiognomie fehlte, und ein erstickender
Bilderwust den geraden Wuchs des Gedankens hemmte. Die
„Canzonen" (1848) zeigten das Streben nach künstlerischer
Rundung, waren klarer und frischer und gaben oft dem Gedanken
einen ebenso melodischen, wie schlagenden Ausdruck. Erst mit der
ausgezeichneten Nachdichtung der „Sirvente des Pierre Car=
dinal" (1850) betrat Max Waldau den Boden der politischen
Lyrik, indem er dies poetische Feuerzeichen aus der Zeit der Trou=
badours hell am deutschen Himmel lodern ließ. Konnte es über=
haupt eine glänzendere Rechtfertigung der politischen Lyrik geben,
als dies Heraufbeschwören verwandter poetischer Erscheinungen aus
den Zeiten des Mittelalters, die formvollendete Wiedergeburt einer

fulminanten Kriegserklärung gegen die Tyrannei, die unter dem heiteren, tiefblauen Himmel der Provence, wo nur Lenz und Liebe zu wohnen schienen, ein wandernder Sänger gedichtet? Waldau selbst wandte sich in seiner nächsten Canzone: „O diese Zeit" (1850) der unmittelbaren Gegenwart zu, ein Troubadour des neunzehnten Jahrhunderts, der die Zerrüttung des Vaterlandes und die blutigen Kämpfe der Parteien, die politischen Glaubens=kriege seiner Zeit, die Zerstörung so vieler Hoffnungskeime in wehmüthigen Klängen besingt. Diese Dichtung zeigt uns die politische Lyrik in einem neuen Stadium und einer neuen Form; im Stadium der Enttäuschung, der Rath= und Trostlosigkeit und in der Form der Elegie. Nach den Thyrsusschwingern und Pro=pheten kamen die Schlachtenmaler; ihnen folgt der Elegiker, der sich nicht, wie andere, mit satyrischem Behagen an seinen eigenen gescheiterten Idealen rächt, sondern mit weichem Gemüthe die dumpfe, gedrückte Stimmung einer Zeit, die so viel verschlang, was sie geboren, in das Wachs zarter Verse gräbt. Diese lang=athmigen Canzonen bilden in ihrem weiten Faltenwurfe, in ihrer künstlerischen Verschlingung gleichsam ein poetisches Leichentuch. Selbst die Form hat etwas Verdüstertes und Verzagtes; es ist kein freudiges Austönen der Begeisterung; es sind schwerathmende Verse; es ist ein düsterer Trauermantel, in den sich hier der Ge=danke hüllt. Die politische Lyrik, bisher ein Erbtheil stürmischer und scharfer Geister, zeigte sich hier zurückgekehrt zur Quelle weicher und zarter Empfindung und schien so den ganzen Kreis lyrischer Gestaltung durchlaufen zu haben. Max Waldau selbst suchte, was die Zeit und das eigene Herz bewegte, in den dauernden Gestalten des Epos zu befestigen, das Bild und die bestimmte Begebenheit an die Stelle des Gedankens und der Empfindung zu setzen. Er dichtete sein kleines Epos: „Cordula, eine Graubündner Sage" (1851), das bald darauf in einer neuen, gänzlich durchgearbeiteten Ausgabe erschien, das letzte Vermächtniß des Dichters, der sich bestrebte, die lyrische Skizze zu epischer Architektonik auszubauen und durch Erweiterung des objectiven

Elementes und der behaglich ausgeführten Darstellung den höheren Anforderungen des Epos gerecht zu werden. „Cordula" ist eine anmuthige Liebes= und Freiheitsdichtung, ohne alle rhetorischen Posaunenstöße der Tendenz, durchweht von der frischen Schweizer Bergluft. Der Kampf des gesunden, kräftigen, unschuldigen Bauernstandes gegen die Uebergriffe des Ritterthumes, ein Kampf, welcher mit dem Siege der Bauern und der Verbrennung der Burg Garboval endigt, bildet den mit kräftigen Farben ausgeführten Grund des Gemäldes, auf welchem die liebliche Alpenrose „Cordula" in duftig=reizvoller Gestalt uns entgegenblüht. Prächtig, wahr und treu sind die landschaftlichen Schilderungen.

Die Sprache ist, so glänzend das Colorit der Naturschilderungen sein mag, und so verwachsen an einigen Stellen die Bilderblüthen sind, im Ganzen doch von einer hohen uns zutraulich anmuthenden Einfachheit, welche von dem Vers mit den vier Hebungen und dem jambischen Rhythmus begünstigt wird. Nur der gepaarte Reim bringt auf die Länge eine verstimmende Monotonie hervor und giebt einzelnen Stellen, von denen man höheren Schwung erwarten durfte, eine triviale Färbung. Im Ganzen herrscht eine heitere Anschaulichkeit vor, und obwohl das Element einer gedanken= und seelenvollen Innerlichkeit die ausgearbeitete Plastik überwiegt, so sind doch manche Partieen der Dichtung im echten Tone des Epos gehalten, von großer Sauberkeit der Zeichnung; das wohlgefällige Verweilen bei den einzelnen Zügen, kennt die Hast des Lyrikers nicht. Die letzte Dichtung Waldau's: „Rahab" (1854) ist eine dithyrambische Mänadenstudie, ein Versuch auf Victor Hugo'schem Terrain, eine lyrische Hebbeliade, Anatomie des weiblichen Herzens in seiner höchsten nervösen Aufregung, ein pathologisches Gedicht mit Vorliebe für das Gewagte, für die Darstellung der wilden Leidenschaft in Liebe und Rache, aber doch von keuscher Wahrheit bei dem anstößigsten Bilde, eine Dichtung aus einem feurigen Gusse, in den schwunghaftesten Anapästen, von außerordentlicher Sprachgewandtheit, welche nur hin und wieder in stürmischer Ueberreizung zu gesuchten Wendungen greift. Von der vielseitigen und seltenen Begabung des Dichters, von seiner reichen Phantasie und seinem Talente für die Musik der Sprache bleibt „Rahab," noch mehr als „Cordula," ein glänzendes Zeugniß:

„Ein athmendes Wunder, wie Bildner es träumen in Sehnsucht,
Doch nimmer dem Marmor entringen und nimmer dem Erze —"

so tritt das Bild der Heldin in einer glühenden Schilderung vor uns hin! — Die Bedeutung von Waldau's dichterischem Streben läßt sich dahin zusammenfassen, daß er aus dem Geiste der Zeit herausdichtet, ohne seinen Werken bestimmte tendenziöse Etiketten anzukleben; daß er nirgends die Schönheit den Forderungen der Freiheit opfert; daß er die organische Einheit des Kunstwerkes bewahrt, aber auch durch alle Adern dieses Organismus den lebendigen Geist des Jahrhunderts kreisen läßt.

Neben diesen Koryphäen der politischen Lyrik ging ein vielstimmiger Chorus einher, welcher hinter dem Chore der lyrischen Frösche, die in den Weihern der Liebespoesie quaken, an Zahl nicht zurücksteht. In allen diesen „Gedichten" herrscht Kraft, Pathos, das sich nur oft zur Phrase verflüchtigt, aber auch die hohlste Renommage des Ausdruckes, und die Gesinnung wird als Talent verkauft. Die Herwegh'sche Lyrik hatte die Jugend elektrisirt, die sich mit prophetischen Geberden erhob und lyrische Sturmleitern anlegte. Am kräftigsten und gediegensten von diesen Poeten tritt der Schweizer Gottfried Keller, geb. 1819 zu Zürich, jetzt Mitglied des großen Rathes in dieser Stadt, in den „Gedichten" (1846) und den „Neuen Gedichten" (1851) auf, in denen er dem Jesuitismus in jeder Gestalt den Krieg erklärt, aber neben diesen Fehdebriefen auch Landschaftsbilder von echtem poetischem Schmelz und Gedichte von Innigkeit des Gefühls schafft. In seinem Roman: „der grüne Heinrich" (3 Bde. 1854) hat er eine geistvolle Begabung an den Tag gelegt. Der Enthusiasmus für den Kampf der Nationalitäten um ihre Befreiung, dem Platen in den Polenliedern und Wilhelm Müller in den Griechenliedern einen so herzerhebenden Ausdruck gegeben, glühte natürlich in der deutschen Lyrik fort. Ferdinand Gregorovius ließ sich durch den ungarischen Krieg zu „Magyarenliedern" begeistern, Herrmann Püttmann und Karl Gaillard hatten schon früher „Tscherkessenlieder" gedichtet, Stoffe, welche durch ihren eigenen Schwung auch mäßige Begabungen trugen, indem nicht nur der Kampf für nationale Unabhängigkeit alle Sympathieen für sich hat, sondern auch das bestimmte Colorit des Landes und der Volkssitte die Poeten vor allzu haltlosen Ergüssen schützt. Merkwürdigerweise hat der deutschnationale Kampf in Schleswig, der doch patriotische Gemüther unmittelbar elektrisiren mußte, keine zahlreichen lyrischen Blüthen gezeitigt und weder vorher durchgreifende Kampflieder, noch später bedeutsame epische Gestaltungen hervorgerufen. Dem Beispiele Emanuel Geibel's, der für Schleswig=Holstein begeisterte Sonette schrieb, folgte Julius Rodenberg in geharnischten Sonetten, „Für Schleswig=Holstein" (1850 bis 1851), Heinrich Zeise in „Kampf= und Schwertliedern" (1848), der schwunghafte, an Herwegh's begeisterte Jugendlichkeit erinnernde Bernhard Endrulat, geb. 1824 zu Berlin, ein tapferer Mitkämpfer gegen Dänemark im Feldzug von 1850, in „Gedichten" (1857) kräftig und zart, in „Geschichten und Gestalten" (1863) auch das Gebiet der erzählenden Dichtung mit Formgewandtheit bebauend, nicht ohne daß man allen diesen Gedichten das Kriegsfeuer, den Schwung patriotischer Erhebung, ja die Wärme des eigenen Erlebnisses anmerkte, aber ohne jene Energie, welche den Dichtungen ein vollgültiges nationales Gepräge ertheilt. Nur das Volkslied: „Schleswig=Holstein meerumschlungen" brach sich Bahn durch das Getümmel lyrischer Klänge und wurde die Marseillaise des neuen Dithmarsenkampfes.

Abgesehen von diesen Schleswig=Holstein'schen Poeten war die politische Lyrik in den ersten Jahren nach 1848 unerquicklich genug. Der frische Freiheitslenz war vorüber, in welchem die allgemeine Bewegung, wie mit Naturgewalt, hochgehende dichterische Wellen an's Gestade warf. Nun begann viel welkes poetisches Laub im Winde zu rascheln. Es herrschte die Poesie der Masse, pseudonym und anonym, mit mehr convulsivisch zuckender, als freier Bewegung, die Poesie mit Pike und Jakobinermütze, die Lyrik der ästhetischen Sansculotten. Jedes Zeitereigniß beschrieb, wie ein in's Wasser geworfener Stein, neue lyrische Kreise. Wie früher die Zeitsignale, Zeitlieder u. a., so keimten jetzt die Märzlieder, Märzgesänge hervor und machten den unschuldigen Mailiedern den Platz auf dem Markte der Literatur streitig. In den Titeln grassirte ein wildes Fieber des Pikanten; es gab Galgen- und Laternenlieder, eine wenig förderliche Erhebung der Poesie. Auch die revolutionaire Poesie hatte bald ihr bestimmtes Schema, welches der Talentlosigkeit zu Gute kam. Diese Lyrik war nichts, als eine monotone Repetiruhr der Revolution, deren Uhrwerk bald gänzlich einschlief. Am längsten blieb der revolutionaire Sangesmuth frisch in den Gedichten von Adolf Strodtmann aus Flensburg (geb. 1829), der im Jahre 1848 unter die schleswigholstein'schen Fahnen eilte, in dem Treffen bei Bau schwerverwundet, in dänische Gefangenschaft gerieth, die er auf einem Kriegsschiff abbüßte, und als interessanten Beitrag zur schleswigholstein'schen Kriegspoesie seine „Lieder eines Kriegsgefangenen auf der Dronning Maria" (1850) erscheinen ließ. Im Herbst 1848 bezog er die Universität Bonn, wo er mit Kinkel befreundet wurde, dessen Biographie er später herausgab (2 Bde. 1850). Relegirt wegen eines Preisgedichts auf Kinkel, lebte er in London, Paris, dann als Buchhändler in Amerika, bis er 1856 nach Deutschland zurückkehrte und sich in Hamburg niederließ. Als Herausgeber von Heine's Schriften und als Biograph dieses Dichters, sowie neuerdings als Herausgeber von „Bürger's Briefwechsel" hat er sich unleugbare Verdienste um unsere neue Literatur erworben. Es ist anzuerkennen, daß ihn die jahrelange Beschäftigung mit einem so gefährlichen Dichter, wie Heine, dessen Manier zur Nachahmung verlockt, nicht zu einem lyrischen Copisten des Pariser Aristophanes machte. Seine „Lieder der Nacht" (1850) und seine Gedichte: „Brutus, schläfst Du?" (1863) sind mehr im Herwegh'schen Styl gehalten;

aber der blutrothe Radikalismus derselben erschien verspätet in einer Zeit, wo die Hebel der geschichtlichen Bewegung bald von ganz anderer Seite angesetzt werden sollten. Die „Gedichte" (1857) und „Ein Hohes Lied der Liebe" (1858) treten ebensowenig in die Bahnen Heinrich Heine's; sie haben einen voll hinströmenden Guß der Empfindung und zeugen von großer Formgewandtheit. Strodtmann's epische Dichtungen werden wir später besprechen.

Das Jahr 1866 brachte, statt der Idealpolitik, durch welche die Fachpolitiker ihre geheime Verwandtschaft mit den Dichtern verriethen, eine Realpolitik mit Blut und Eisen, welche Deutschland der langersehnten Einheit auf den Schlachtfeldern eines innern Krieges zuführen sollte. Die deutsche Lyrik erhob zunächst ihre warnende Stimme; sie verhüllte ihr Haupt vor den Gräueln des Bürgerkrieges. Solcher Stimmung gab Freiligrath mit frischer Lokalfärbung Ausdruck in seinem „Westphälischen Sommerlied," während Prutz sie in schwunghaften „Terzinen" aussprach, die ihm eine Anklage vor dem Gericht zuzogen. Doch trotz der Proteste der Muse ging die deutsche Einheitsbewegung über die Schlachtfelder in Böhmen und am Main ihren siegreichen Gang. Der errungene Sieg begeisterte zwar einzelne Dichter zu Kaiserliedern; aber die glorreichen Kriegsthaten fanden noch immer nicht ihren Homer, die Schlacht bei Königgrätz noch nicht einmal ihren Scherenberg.

Um so voller fluthete der Strom der politischen Lyrik einher, als durch die freche Herausforderung Frankreichs der nationale Stolz unserer Nation gekränkt war und ein muthwillig vom Zaune gebrochener Krieg das ganze deutsche Volk zu den Waffen rief. Alle Parteien, die äußerste Linke wie die äußerste Rechte, waren auch in der Lyrik einstimmig, als es galt, diesen Frevel und seinen Urheber zu verurtheilen und die Begeisterung der Kämpfer anzuregen. Der deutsche Dichterwald, in welchem es von allen Zweigen singt, verwandelte sich in den Wald von Dunsinan, der gegen den französischen Macbeth kampflustig heranrückte.

Man hat vielfach versucht, die Kriegslyrik von 1870 und 1871 gegen die Lyrik der Befreiungskriege zurückzusetzen, aber mit Unrecht; denn wenn auch so eigenthümliche Erscheinungen wie Theodor Körner, bei dem die Leier sich mit dem Schwert so schön vereinigte, dieser neuen Epoche fehlten, wenn außerdem durch die massenhafte Mobilisirung der Kriegslyrik auch der poetische Troß in einer früher nicht gekannten Weise sich geltend machte: so hat doch diese Lyrik einzelne Gedichte von dauerndem Werthe und von einem künstlerischen Adel hervorgerufen, mit welchem die gefühlsinnigeren Ergüsse des Jahres 1813 nicht wetteifern können. Da auch die zahmsten Lyriker zum Schwerte griffen, so würde ein homerischer Schiffskatalog derselben zugleich eine Registratur unserer ganzen modernen Lyrik vertreten; wir wollen daher hier nur die hervorragendsten Gedichte erwähnen; die Charakteristik der Dichter selbst in ihrer großen Mehrzahl möge man in den betreffenden Abschnitten nachlesen.

Allen voran stürmte **Ferdinand Freiligrath's** geharnischte Muse, gleich als wollte sie die langversäumte Begeisterung für Deutschland's Größe nachholen, mit einem Hymnus im Styl von Rouget de l'Isle's Marseillaise „Hurrah, Germania," den auch unsere deutschen Rachel's von der Bühne herab deklamirten. Wilde Kampfeslust, die mit flatternden Locken und gezogenem Schwert auf den Feind drang, ein starker selbstgewisser Patriotismus, durchathmete dies Sturmeslied, das wie rhythmisches Kriegsgeschrei gemahnte. Die „Trompete von Gravelotte" oder die „Trompete von Vionville," wie sie Freiligrath in seinen „Gesammelten Dichtungen" bezeichnete, ist die stimmungsvollste Ballade unserer ganzen Kriegslyrik und in jeder Hinsicht eine Perle derselben. Der milde Geist eines humanen Samariterthums beseelt das Gedicht: „An Wolfgang im Felde." Nicht mit so wildem Trommelwirbel, wie in „Hurrah, Germania," aber mit dem Posaunenklang der biblischen Streiter, rückte die Muse von **Emanuel Geibel** in's Feld; aber sein „Kriegslied" hat festen gedrungenen Zusammenhalt und energische Wucht

und sein gleichsam mit allen Glocken läutendes Siegeslied nach
der Schlacht bei Sedan: „Am 4. September" ist in Bezug
auf künstlerische Behandlung des Reimes ein Meisterstück. Schon
lange ein schwunghafter Herold des neuen deutschen Reichs hat
Geibel auch die begeistertsten Kaiserlieder gesungen. Mit pomp-
haften Terzinen, fulminanten Hymnen („Auf die Knie, Frankreich!") und in einem Kriegslied von Beranger'scher Bravour
betheiligte sich Julius Grosse an der Lyrik der Kriegsjahre.
Gegen den französischen Kaiser wandte sich Emil Rittershaus
mit energischen Kriegserklärungen und frischen Marschgesängen, und
ebenso Oscar von Redwitz, der nach dem Krieg in einem
Cyclus von mehr als fünfhundert Sonetten seine patriotische Gesinnung in ausgiebigster Weise ablagerte, mit volltönender Beredtsamkeit. Der Verfasser dieses Werkes hat in einem „Kriegslied" in Gedichten „Rache für Waterloo," „das rothe
Kreuz," „an Victor Hugo," „Requiem" u. a. in bald
sangartigen, bald elegischen und dithyrambischen Klängen sich an
dem allgemeinen lyrischen Aufgebot betheiligt. Schöne politische
Situationsbilder verdanken wir der feinsinnigen Muse von Wilhelm
Jensen, gemüthlich anmuthende Klänge dem greisen Karl von
Holtei, geharnischte Sonette dem vielseitig gebildeten Oswald
Marbach, frische Kriegslieder Albert Träger, Julius von
Rodenberg, George Hesekiel, der die specifisch preußische Fär-
bung mit warmem Colorit vorwiegen läßt, dem geistreichen Liedersänger
Karl Gerok, der statt unter Palmen, unter Lorbeern wandelt,
Wolfgang Müller von Königswinter, Müller von
der Werra, dessen Lieder von allen Männergesangvereinen der
Erde gesungen werden u. a. Doch das große Volks- und Kriegs-
lied von 1870 war „die Wacht am Rhein," gedichtet von
Max Schneckenburger, gleichzeitig mit dem Becker'schen Rheinlied 1840, getragen von den Klängen der Wilhelm'schen Composition trotz einzelner schwächlicher und süßlicher Wendungen, von
Volk und Heer unter den Waffen, in den Lagern, in der Heimath
mit ausschließlicher Vorliebe gesungen. Die volksthümliche Lyrik

wurde durch das Kutschkelied bereichert, ein Lied von zweifelhafter Herkunft, das eine zahlreiche Literatur hervorrief. Die Wiederauf=
erstehung der politischen Lyrik, welche die Akademiker de pur sang bereits für begraben hielten, als Kriegslyrik in den Jahren 1870 und 1871, war eine so glänzende, daß der Zweifel an ihrer Berechtigung von jetzt ab verstummen muß. Den Maßstab für ihren Werth giebt nicht die Production der Masse, sondern das Schaffen der hervorragenden Talente; einzelne dieser Kriegsgedichte sind in einem Lapidarstyl gehalten, der sie zu einem dauernden Nationaleigenthum macht [1]).

Eine weit geringere Rolle als die politische, spielte die sociali= stische Tendenzlyrik, welche sich vergebens bemühte, Hunger, Elend und die communistische Phrase zu poetischen Schöpfungen zu amalgamiren, oder der Polemik gegen den Rechtsstaat und die Bourgeoisie ein dichterisches Flügelkleid anzuziehen. Sie wurde greller, als Freiligrath, ohne seine Darstellungsgabe, welche durch ihren Schwung selbst das anscheinend Triviale unter ein höheres Licht rückte. Der Socialismus hat eine vorzugsweise wissenschaft=

---

[1]) Ein Repertorium der Kriegslyrik von 1870 bildet die umfassende, von Franz Lipperheide herausgegebene Sammlung: „Lieder zu Schutz und Trutz" (1870—71). Eine kritisch gewähltere Prachtausgabe ist das von Müller von der Werra und Oscar von Baentsch heraus= gegebene Album: „All-Deutschland" (1871). Wer die Physiognomieen der einzelnen Dichter festhalten will, dem ist die in gesonderten Heften ebenfalls von Lipperheide herausgegebene Sammlung: „Für Straß= burgs Kinder" zu empfehlen; er findet hier die Kriegsgedichte von Friedrich Bodenstedt, Karl Gerok, Rudolf Gottschall, Hermann Grieben, Julius Große, Karl v. Holtei, Wilhelm Jensen, Hermann Lingg, Oswald Marbach, Alfred Meißner, Gustav von Meyern, Wolfgang Müller von Königswinter, Wilhelm Osterwald, Adolf Pichler, Heinrich Proehle, Julius Rodenberg, Christian Schad, Carl Simrock, Franz Traut= mann, Albert Träger, Heinrich Viehoff und Heinrich Zeise. Neuerdings haben Ernst Hensing, Ferdinand Metzger, Münch und Schnei= ber „die Kriegspoesie der Jahre 1870 und 71" (6 Bde. 1873—74) in einer höchst umfassenden, zu einer politischen Geschichte geordneten Sammlung herausgegeben.

liche Bedeutung als eine Kritik der bisherigen nationalökonomischen Systeme; doch weder in seinen praktischen, noch poetischen Experimenten war er bisher glücklich. Was er verdrängen will, die Armuth des Proletariats, die bittere, herzzerreißende Noth, die traurigen Thatsachen der Gesellschaft, das sind grelle Bilder ohne Versöhnung, welche in massenhafter Behandlung in der Poesie einen widerwärtigen Eindruck machen, und welche nur ein Meister der künstlerischen Oekonomie und des Contrastes an geeigneter Stelle verwerthen kann; und was er an die Stelle setzen will, sei es ein Phalanstère Fournier's oder Cabet's Ikarien, das sind menschenbeglückende Zwangsanstalten von der saubersten wirthschaftlichen Prosa, und nichts widersteht der poetischen Freiheit und Bewegung mehr, als eine organisirte Glückseligkeit.

Fünfter Abschnitt.
Die philosophische Dichtung.

Julius Mosen. — Friedrich von Sallet. — Melchior Meyr. — Titus Ullrich. — Wilhelm Jordan. — S. Heller. — Robert Hamerling.

Eine Lyrik des Gedankens mußte allen denen als eine Abart erscheinen, welche immer nur die beschränkte Form des Liedes vor Augen hatten und Schiller und Klopstock über Goethe und Uhland vergaßen. Dennoch drängte eine so bildungsreiche Zeit, wie die unsrige, darauf hin, die üblichen Formen des lyrischen Minnesanges, die Tabulaturen des lyrischen Meistersanges zu überwinden und die gedankenvollen Anregungen, welche aus den philosophischen Systemen in die Poesie hinüberströmten, dichterisch auszubilden. Wie hätte auch eine Reihe von Gedankensystemen, der die Literatur aller Nationen nichts Aehnliches an die Seite zu setzen hat, auf diesem Felde wirkungslos bleiben können! Ein Kant, Fichte, Schelling, Hegel, Herbart, Feuerbach, Schopenhauer, eine Reihe von Gedankenkönigen mit Scepter und Krone, hinausweisend in die Zukunft, wie die Reihe von Banquo's Sprößlingen im Zauber=

spiegel mußten ja auch im Herzen der Dichter ein Streben nach geistiger Ebenbürtigkeit entzünden und sie antreiben, die ausgefahrenen Geleise der Lyrik zu verlassen und für ihre poetischen Bauten eine dauernde geistige Grundlage zu suchen. Wohl geht Philosophie und Poesie in der Gestaltungsweise himmelweit auseinander, und wozu eine ungünstige Mischung beider führt, das sehen wir an vielen, nicht unbedeutenden literarischen Charakteren, welche die eine immer in die andere hineinspielen lassen, weil ihre eigene Organisation haltlos zwischen beiden hin und her schwankt. Hat doch selbst Schiller in seiner vorzugsweise philosophischen Epoche, in welcher das Sternbild des Königsberger Weisen allzu blendend an seinem Himmel strahlte, seine Muse fast ganz schlummern lassen und sich beklagt, daß die Reflexion ihn im Produciren störe, daß er nicht unbefangen schaffe, seit er sein Schaffen belausche — ein willkommenes Beispiel für die Verketzerer der Gedankenpoesie! Doch auch Schiller's energischer Genius hat das Widerstrebende gebändigt, und so wenig gerade das Kant'sche System einer harmonischen Weltanschauung günstig ist, so sehr es der Poesie feindlich scheint — so würden Schiller's Tragödieen nicht jenen Stempel sittlicher Erhabenheit und hoher Gedankenmacht tragen, wenn nicht der Dichter seinen Geist in Kant's ernster, philosophischer Bildungsschule gestählt hätte. Wer ein geborener Dichter ist, der wird durch jede geistige Aneignung gekräftigt und wird jedes geistige Element seinem künstlerischen Organismus assimiliren. Nur Halbtalente, welche die Form suchen, schweben in Gefahr, sie zu verfehlen; das echte Talent trifft in keuscher Unmittelbarkeit immer die rechte Kunstform und wird den Feuerwein der Dichtung durch keine abstracte Zuthat verfälschen. Der Gedanke ist ihm die Kraft der Erde, welche die Wurzeln der Rebe nährt, der Schein der Sonne, welche ihre Früchte zeitigt — nicht ein fremdartiger Stoff, in den gährenden Trank geworfen, um ihn zu färben. Der Poet wird dem Philosophen durch alle seine wissenschaftlichen Vermittelungen folgen; er wird sich tragen lassen von der dialektischen Bewegung des Begriffes; er wird die bedeutsame Architektonik seiner Geistesbauten anstaunen und dem Fluge der speculativen Phantasie durch den reinen Aether des Gedankens folgen; er wird, bereichert durch die geistige Arbeit und ihre Resultate, kundig der großen Probleme des Denkens und ihrer Lösung, zu seiner Poesie zurückkehren, im vollen Bewußtsein, daß alles, was der Geist erringt, auch ihm, wie Jedem — und ihm sogar mehr, als Jedem — errungen ist; aber er wird weder die mühsamen wissenschaftlichen Vermittelungen, noch ihre nackten Resultate in poetischer Form mittheilen können, ohne diese zu zerstören; er fängt gleichsam von vorn an mit der Empfindung und Gestaltung; er bekleidet sie nicht mit philosophischen Flittern; er belebt sie von innen heraus mit dem Gedanken, der Seele des Bildes, dem Auge der Dichtung. Es giebt keinen wahren Dichter, der nicht zugleich ein Denker wäre. Dichten ist ein concretes Denken, ein Denken in Bildern, ein schöpferisches Denken. Die Größe des Dichters beruht auf der Größe seiner Gedanken, auf der Originalität seiner Weltanschauung. Er wird diese nicht aufopfern, keinem einzelnen Systeme eines Philosophen; aber er wird, bereichert und fester geworden in sich selbst, aus jeder Schule des Denkens zurückkehren. Dies gilt von jedem Dichter: in jedem steckt ein Denker; aber Dichter und Denker müssen sich decken. Sieht der Denker aus dem Dichter hervor, so erhalten wir nüchtern-abstracte Poeten, wie umgekehrt in der Philosophie, wo der Dichter aus dem Denker hervorsieht, die Gefühlsphilosophen, die Steffens und Genossen, zum Vorscheine kommen. Noch mehr gilt dies aber von Dichtern, welche selbst Stoffe aus der philosophischen Sphäre entnehmen, welche Probleme des Gedankens in dichterischen Anschauungen wiedergebären. Auch hier verlangen wir mit Recht, daß der Gedanke vollkommen im Bilde aufgehe; jeder Rest gemahnt uns in unerquicklicher Weise, daß wir ein ungelöstes Exempel vor uns sehen. Der Gedanke darf sich nicht im eigenen Reiche mit abstracten Gedanken bewegen; kein Ausdruck, keine Wendung darf uns an das System und an die Schule erinnern — sonst fühlen wir uns enttäuscht. Je tiefer der Gedanke ist, der nach Gestal=

tung ringt, je verwickelter das Problem, dessen poetische Lösung erstrebt wird, desto schwieriger wird die Aufgabe des Dichters, desto mehr wächst aber auch die Bedeutung seiner Leistung.

Schon die orientalische Lyrik ist im Wesentlichen eine philosophische; sie vertritt die praktische Philosophie auf pantheistischer Grundlage, zersplittert in tausend Sentenzen, ohne philosophische und künstlerische Gliederung. Die politische Lyrik dagegen hatte einzelne philosophische Anklänge und warf einige kecke Facits des Denkens in ihren heißblütigen Liedern hin. Gedankenvoll ringend, aber in trostloser Skepsis befangen, hat Nicolaus Lenau wohl am meisten ein Anrecht darauf, den philosophischen Lyrikern beigezählt zu werden. Wir versammeln hier indeß eine Gruppe von Poeten, denen die Philosophie Klarheit und Sicherheit der Weltanschauung gegeben hat, welche nicht mit ihr, wie Laokoon mit der Schlange, ringen und ihre eigenen Kinder qualvoll von ihr umstrickt sehen, sondern ihre poetischen Schöpfungen auf einer gediegenen Grundlage aufbauen, von deren zweifelloser Berechtigung sie durchdrungen sind. Alle diese Dichter sind im Grunde Schüler der Hegel'schen Philosophie oder haben vielmehr das bedeutende Ferment der Bildung, das sie enthält, in sich aufgenommen, so selbständig sie auch sonst ihrem eigenen dichterischen Triebe folgen. Die Meisten haben größere Dichtungen in epischer oder dramatischer Form geschaffen; aber diese Form ist zufällig, ohne alle Rücksicht auf das leitende Gesetz der Dichtgattungen; das lyrische Element ist bei ihnen überwiegend und berechtigt vollkommen, sie an dieser Stelle zu besprechen.

Julius Mosen aus dem sächsischen Voigtlande (geb. 1803), ein gediegener, in vielen Sätteln gerechter Poet, von einem klaren und gemessenen Streben, aber ohne allen Reiz des Blendenden und Pikanten, der die Menge besticht, ein edles Talent von künstlerischer Haltung, aber ohne scharf ausgeprägte Genialität, hat in zwei sich gegenseitig ergänzenden Dichtungen, im „Lied vom Ritter Wahn" (1831) und im „Ahasver" (1838), der philosophischen Lyrik, allerdings mit vorwiegend epischer Färbung, seinen Tribut abgetragen. Julius Mosen hat sich lange Zeit als Advokat in Dresden aufgehalten und seit 1844 als Dramaturg das Oldenburger Hoftheater geleitet. Später ist er schwer erkrankt — seine einzige, aber traurige Aehnlichkeit mit dem Pariser Aristophanes — und starb nach langem Leiden im Jahre 1867. Mit Theilnahme blickte die Nation auf das Kranken=lager eines edelgesinnten, patriotisch fühlenden Dichters, der, wie man auch über die ursprüngliche Kraft seiner Begabung denken mag, doch in der Lyrik und im Drama nach großen und würdigen Zielen strebte, dessen Werke in frischem, durch keine krankhaften Elemente getrübtem Flusse aus einer harmonischen Ganzheit der Gesinnung hervorgingen. Leider fehlte dem Dichter stets sowohl der durchgreifende Stoff, als auch eine durchgreifende Eigenthümlichkeit der Darstellung. Seine historischen Tragödieen und Romane werden wir später erwähnen.

Das „Lied vom Ritter Wahn" hatte Mosen gedichtet, angeregt durch eine altitalienische Sage, von der er bei seiner Anwesenheit in Italien Kenntniß erhalten. Der Held ist ein Ritter, der um jeden Preis dem Tode entfliehen will und von Land zu Land schweift:

> „Bis unverbrüchlich Einer mir kann sagen:
> Ich kann den Leib dir retten vor dem Tod,
> Ich kann die Macht ihm brechen und ihn schlagen.
> Dem will von Ewigkeit zu Ewigkeiten
> Ich dienen mit der kampferstarkten Hand,
> Arbeiten ihm, gewaltig für ihn streiten."

Er zieht gen Osten, kämpft mit Drachen und Riesen, trifft den Alten Tod, den Alten Raum, den Alten Zeit, die alle das Evangelium der Sterblichkeit verkünden, ringt an den Pforten des Himmels mit dem Tode selbst, den er zu Boden wirft, tritt in den Himmel ein, wo ihn auf einmal ein mächtiges Heimweh nach der Erde erfaßt. Er kehrt zurück, er findet die Alten todt, sieht seine Jugendgeliebte Helene wieder und verfällt dadurch dem Tode. Ohne Frage dreht sich diese Sage um die tiefsten metaphysischen Begriffe, um Sterblich=keit und Unsterblichkeit, Endlichkeit und Unendlichkeit, und der

Gegensatz zwischen der heiteren, hellenischen Welt und dem Christenthume, das sie besiegt, klingt durch die ganze Dichtung hindurch. Doch ist es eben eine Fülle von Begriffen und Gedanken, die in einander hineinspielen; der Grundgedanke des Ganzen tritt nicht mit vollkommener Klarheit hervor. Und dieser Gedanke ist kein anderer, als eine Verherrlichung des Todes, der Erde und des irdischen Geschickes, eine Theodicee der Vergänglichkeit! Das Heimweh, das der Ritter im Himmel nach der Erde fühlt, ist ein schöner und tiefer Zug des Gedichtes! Der Mangel an Präcision des Denkens stört indeß nicht weniger, als die vorwiegend allegorische Fassung, die weder der Idee, noch dem Bilde Genüge leistet. So wird uns z. B. der Raum als ein Alter dargestellt:

"Ein ries'ger Harfenmeister, welcher hoch
Auf grauem Felsblock unbeweglich sitzet.

Dem floß noch weißer, als des Schnees Flocke,
Bis zu den Hüften reich und voll herab
Des schlichten Bartes Silberglanzgelocke.

Und spiegelähnlich glänzet ihm dagegen
Der kahle Scheitel, wie der tiefe See,
Wenn ihm die Winde nicht die Fluth erregen."

Die weitere Ausmalung der Gestalt hat nur sehr entfernte Beziehungen zu dem Begriffe, den sie darstellen soll, und da sie doch wieder nur um des Begriffes willen da ist und kein selbstständiges Leben hat, so tritt das Ungenügende der allegorischen Darstellung überhaupt an diesem Beispiele recht schlagend hervor. Leider zieht sich das Allegorische durch die ganze Dichtung hin; man fühlt sich immer angeregt, über das einzelne Bild hinauszudenken, um seine nur unvollkommen ausgeprägte Bedeutung zu erfassen; das Denken aber kehrt, ebenfalls unbefriedigt, wieder zu dem Bilde zurück, und so wird ein harmonischer Eindruck unmöglich gemacht. Davon abgesehen, enthält das Gedicht große Schönheiten, besonders auf dem Gebiete lieblicher Schilderung, und selbst die unfertigen Terzinen, denen der weiche Klang verschlungener Reime fehlt, indem zwei Zeilen mit Endreimen eine trotzig dazwischengeschobene reimlose

Zeile einrahmen, machen im Ganzen keinen unharmonischen Eindruck und vermeiden das weichlich Gedehnte und Verschleppende der echten, italienischen Terzinen.

Noch mehr gilt dies vom „Ahasver," dem negativen Gegenbilde des „Ritter Wahn," einem Gedichte von düsterer Färbung und energischer, greller Haltung, in welchem die Theodicee der irdischen Vergänglichkeit aus der Passion des Unvergänglichen, aus der heißen Todessehnsucht des zum Leben Verdammten hervorquillt. Ahasver hat mehr Mark und Kraft, als der „Ritter Wahn"; ein weltgeschichtlicher Pulsschlag belebt das Gedicht; große Bilder historischer Zerstörung entrollen sich vor unsern Augen; aber auch hier stört eine symbolische, in die Handlung hineingreifende Maschinerie und eine gewisse Einförmigkeit der dichterischen Erfindung. Mosen selbst spricht die Grundidee des Gedichtes dahin aus, „daß in Ahasver die in irdischem Dasein befangene Menschennatur, gleichsam der in einem Einzelwesen verleiblichte Geist der Weltgeschichte, erst in unbewußtem Trotze, dann endlich mit deutlichem Bewußtsein dem Gotte des Christenthumes sich schroff gegenüberstellt." Der vom Erzengel Michael in Aussicht gestellte Act der Gnade findet indeß nicht Statt, da der Dichter „die poetische Nothwendigkeit der ewigen Erdenwanderung Ahasver's der göttlichen Ewigkeit des Heilandes gegenüber" von vornherein annimmt. Es fehlt daher der Handlung des Gedichtes jede Spannung des Interesses, da die immer auf der Lauer liegende himmlische Amnestie nie zur Geltung kommen kann. Mosen giebt der Fabel des Ahasverus eine tiefere, speculative Deutung. Der Gottessohn selbst sagt zu ihm:

„Mir gegenüber hast du dich gestellt,
Wie ein Gedanke wider den Gedanken."

Und als Ahasver, nachdem die dritte Gnadenfrist vorüber, zum Bewußtsein der eigenen Bedeutung gekommen, da ruft er aus:

„— — Das Eine war vollendet!
Das Andere beginnt, das keine Zeit
Und nicht die dunkle Ewigkeit beendet!

Von ihm und seiner Gnade losgekettet,
Beginn' ich jetzt mit ihm den langen Kampf,
Bis ich von ihm die Menschheit hab' errettet!

Wen er verfolgt, den soll er ewig merken;
Ansag' ich ihm auf immerdar den Krieg!
Lossag' ich mich von ihm und seinen Werken.

Im Namen aller Erdencreaturen,
Vom Menschenkind bis auf den Stein hinab,
Wo kaum aufzucken noch des Lebens Spuren;

Im Namen aller Kräfte und Gewalten
Bis zum Gesetz hinab, nach welchem sie
Zum Leben und zum Dasein sich gestalten;

Im Namen aller Seufzer, aller Schmerzen,
Vergoss'ner Thränen und vergoss'nen Bluts,
Gebroch'ner Seelen und zertret'ner Herzen!

So will ich ewig leben, ewig wandern,
Bei euch, ihr Menschenbrüder, immerdar
Von einer Zeit hinüber zu der andern;

Bis endlich dennoch sich die Nacht gelichtet,
Bis er uns reicht die brüderliche Hand,
Oder in seinem Stolze uns vernichtet."

Der Dichter macht also Ahasver, dessen Geschick anfangs an das Geschick seines Volkes geknüpft ist, zum Repräsentanten des **Weltschmerzes** überhaupt, ja, der ganzen Menschheit:

„Und helfen will ich jedem Volke ringen,
Los von des Wahnes Nacht und Sclaverei,
Bis alle Ringe von der Kette springen,

Und alle Menschengeister hier auf Erden,
Ein seliges, ein herrliches Geschlecht,
Bis alle Menschen selber Götter werden."

Mit diesem Erlösungsdrange tritt er erst gegen den Schluß der Dichtung dem Welterlöser gegenüber, während sich früher der Poet mehr an die anfängliche Mythe anlehnt und in glänzenden epischen Schilderungen das wechselnde Verhängniß darstellt, das über Jerusalem und das Volk Judäa's hereinbricht. So ist die Dichtung nicht zu künstlerischer Klarheit durchgearbeitet, und der Gegensatz der Gedanken springt uns nicht mit poetischer Faßlichkeit entgegen. Doch die gleichmäßige, maßvolle Haltung des Gedichtes, der epische Tact der Ausführung, die wundervolle Fülle an wahrhaft erhabenen, mächtig ergreifenden Schilderungen von classischem Gepräge, der Schwung und die Kraft der Darstellung räumen dem „Ahasver" einen hohen Rang unter den poetischen Gedankenschöpfungen unserer Zeit ein und machen ihn zum dauerndsten Denkmale, das Mosen's Talent sich begründet hat. Seine „Gedichte" (1836) enthalten viele frische, kräftige lyrische Bilder, denen auch der entfernteste Anhauch der Sentimentalität fehlt, und die alle aus einem gesunden, für das Große empfänglichen Sinne hervorgegangen sind. Echt moderne Lyrik ist in dem volksthümlichen Gedichte: „die letzten Zehn vom vierten Regiment" und einigen anderen Balladen und Liedern enthalten, in denen besonders die einfache und klare Form einen wohlthuenden Eindruck macht.

Wie Mosen nach dichterischer Gestaltung ringt und zu epischer Form hindrängt, so tritt bei Friedrich von Sallet aus Neisse (1812—1843) der Gedankeninhalt mehr in didaktischer Form auf, welche an die Art und Weise der orientalischen Lyrik erinnert, obgleich die Weltanschauung des Dichters dem Quietismus des Orientes vollkommen entgegengesetzt ist, und die Feier einer thatkräftigen Sittlichkeit, eine energische, freie Gesinnung alle seine Dichtungen beseelt. Sallet, im Cadettencorps zu Potsdam und Berlin erzogen, seit 1829 preußischer Offizier im schönen, poetisch anregenden Mainz, wegen einer Satyre auf den Militairstand 1831 zu zweimonatlicher Festungsstrafe verurtheilt, später in Trier und Berlin lebend, wo er 1834 die Kriegsschule besuchte, seit 1838 verabschiedet und in Breslau privatisirend bis zu seinem Tode, hatte nur eine autodidaktische Bildungsschule durchgemacht, welche sich bei ihm in mancherlei Lücken und Härten fühlbar machte, indem er sich den verschiedenen Hemmungen gegenüber jede neue Stufe der Erkenntniß mühsam **erkämpfen** mußte. Sein ganzes Leben war ein solcher heißer und ehrenvoller Kampf um die Erkenntniß, ein rastloser Wissensdrang, und als er im Denken zur Befriedigung und Ganzheit durchgedrungen war, da raffte ihn ein allzu früher Tod hinweg, ehe er den klaren Inhalt in ebenso klarer Kunstform niederzulegen vermochte. Doch ein männlicher, gestählter Charakter von seltener Reinheit und Wahrheit, ein Geist von durchgreifender Energie, ein schwungkräftiger Idealismus, der alles Herbe des Kampfes in seiner reinen Triumphbegeisterung auflöste, geben seinen Dichtungen eine so bedeutsame Physiognomie, daß man über dem markig ausdrucksvollen Gepräge den Mangel an weichen und graziösen Linien der Schönheit und an künstlerischer Harmonie zu vergessen geneigt ist. Sallet's Charakter war in seiner Gediegenheit selbst ein Kunstwerk; seine Gedanken hatten eine plastische Festigkeit, auch wo die Schönheit nicht ihre Bildnerin war. Seine Sehnsucht ging stets dahin, große Kunstwerke nach allen Regeln ästhetischer Architektonik zu schaffen, auf dem Gebiete der Tragödie und des Lustspieles Bedeutendes zu leisten; aber wie ihn anfangs die Tradition der Romantik in den Kreis unlebendiger, phantastischer und ironischer Gestaltung bannte, so ließ später die große, geistige Arbeit, die philosophische Aneignung und Durchbildung die Energie des dichterisch gestaltenden Triebes in den Hintergrund treten, und der Enthusiasmus einer praktischen Sittlichkeit, genährt durch die Constellationen einer politisch-gährenden Zeit, gab dem Dichter eine reformatorische Wendung, eine vorwiegende Tendenz auf eine in die Zeit eingreifende Wirksamkeit, welche sich ebenso wenig einer objectiven künstlerischen Gestaltung günstig zeigen konnte. In der That ist die Entwickelung Sallet's durch diese beiden Momente bestimmt. Seine ersten Lustspiele und Märchen lehnen sich an Tieck und seine Schule an. Es ist dieselbe in der Luft schwebende Gestaltung, derselbe drollige, sich selbst persiflirende Humor, dieselbe phantastische, duftige Naturromantik. Dagegen hat das Studium der Hegel'schen Philosophie den Charakter seiner letzten, bedeutenden

Productionen in durchgreifender Weise bestimmt und ihnen eine Einheit und Geschlossenheit der Weltanschauung gegeben, welche ihnen eine machtvolle geistige Wirkung sichern mußte, wenn auch der künstlerische Schmelz oft bei der zu nahen Berührung mit der Speculation verloren ging. Sallet's sämmtliche „Werke" (5 Bde. 1845—48) enthalten einen bedeutenden Gedankenschatz, ein reichhaltiges und glänzendes Vermächtniß eines edelstrebenden Geistes.

Die Bildungsgeschichte Sallet's, die uns in „des Dichters Werden" (fünfter Band der Werke) und im „Leben und Wirken Friedrich von Sallet's," (1844) vorliegt, bietet interessante Beiträge zur Charakteristik eines dichterischen Entwickelungsganges, wenn auch wenig von bleibendem Werthe. Die dramatisch-humoristischen Hexenscenen, Quodlibets u. s. f. sind ganz im verwilderten Geschmacke der Tieck'schen Muse gehalten. Dagegen athmen die Sonette auf Mathilde, die er auf der Festung in Jülich gedichtet hat, einen melodischen Hauch, den er später nicht wieder in ähnlicher Weise über seine Dichtungen zu verbreiten wußte, seitdem er nicht mehr einfache Gefühle, sondern schwerwiegende Gedanken in Verse brachte. Das Märchen: „Schön Irla" (1838) bildet das Vermittelungsglied zwischen Sallet's philosophischem Streben und seinen romantischen Jugend-Reminiscenzen. Es athmet oft eine überaus duftige Naturpoesie, deren Schmelz und Vollklang an die Goethe'sche Dichtweise erinnert, und die in den Contrasten von Nord und Süd die ergiebigste Ausbeute lebendiger Schilderungen findet:

„Volle Stauden, schlanke Bäume,
Strotzend schwellendes Gemische;
Sprudelt heiß durch Sonnenräume
Lebensstrom voll Kraft und Frische.

Zeugungskräftig drängend Walten
Ohne Stocken, ohne Ruhen,
Kann in tausend von Gestalten
Nimmermehr genug sich thuen.

Von des Daseins warmer Wonne
Uebersprudelnd vollgesogen,
Schwingt die Palme sich zur Sonne
In der Schönheit kühnem Bogen."

Daneben aber findet sich viel leeres Gesumm und Gebrumm; die süßen Blumengesichter und lieben Waldvögelein sind ganz im Geschmacke der Romantiker und ihrer jüngsten Nachfolger; es wimmelt von Naturlauten und zierlichen, allzuherzigen Diminutiven, und der Grundgedanke tritt aus der allegorischen Hülle und Fülle nicht mit befriedigender Klarheit hervor. Die Allegorie ist hier nicht nüchtern, wie oft bei Julius Mosen, eine nackte Bildsäule mit trivialer Bezeichnung durch allbekannte Attribute; aber sie ist überwuchert von poetischen Schlinggewächsen, durch welche man nur hier und dort ein marmornes Glied des Gedankens hindurchschimmern sieht.

Bei weitem bedeutender sind Sallet's „Gedichte" (1843), aus denen uns der Hauch wahrhafter, gedankenvoller Poesie entgegenweht, welche dabei nirgends krankhaft und sentimental, nirgends frivol und unsittlich wird, sondern stets, von einer hohen ethischen Gesinnung getragen, allem, was das Leben adelt, regelt und schmückt, oft anmuthige, oft bedeutsame Opfer bringt. Wohl geht durch das „Naturleben und junge Liebe" oft noch die romantische Allegorik hindurch, welche indeß im „König Frühling" einen glänzenden phantastischen Naturbaldachin aufbaut, überall eine sinnige Naturandacht zeigt und stets maßvolle, nie überladene Naturbilder giebt. Mag der Dichter die Abendstille oder die Sehnsucht nach dem Frühlinge schildern, die ihn mitten im bunten Rascheln der Blätter des Herbstes ergreift, es ist stets ein träumerisches Phantasiren auf den Saiten der Natur, in welche der Dichter die Zartheit und Tiefe der eigenen Seele haucht. Daß er selbst über einen schwelgerischen Zauber der Form gebietet, beweisen Gedichte, wie der „Wellentraum:"

„Gern mag an des Meeres Wellen wohl der Wand'rer lauschend liegen,
Wie sie wallen, wie sie schwellen, voll Musik sich rauschend wiegen!
Leiser Sang, emporgetragen aus der hellen Tiefen Grund,
Giebt von allen Wundersagen, die dort unten schliefen, kund,
Von den Perlen und Korallen, die in stillen Räumen funkeln,
Von des Friedens grünen Hallen, die in Dämmerträumen dunkeln,
Holde, schimmernde Gestalten, Klang, der's Haupt umzogen hält,
Lösen dort das Räthselwalten einer Zauberwogenwelt."

Die zweite Abtheilung: „Zerrissenheit" führt uns in das Stadium des Kämpfens und Ringens und einer Skepsis, welche zu überwinden ein energischer Geist drängt. Mancherlei historische und poetische Typen, Tasso und Hamlet, Ariel und Prometheus illustriren diese Durchgangsepoche der Entwickelung, in welcher uns Gedichte von großem Schwunge und großer Tiefe des Ausdruckes entgegentreten. Selbst alte mythische Gestalten besingt der Dichter mit neuer Wendung, wie z. B. Prometheus:

„Und doch! — wär' ungethan noch das Gethane,
Und wüßt' ich alle Qualen, die mir drohten,
Aufschwänge, wie er's that, sich der Titane,
Um Lebensgluth zu holen für die Todten."

Die Abtheilung: „Epigrammatisches und Lehrhaftes," an welche sich die „Funken" in „des Dichters Werden" anreihen, zeugt von Sallet's Talent für schlaghafte Wendungen. Es war nicht eine spielende Begabung, welche über einen stets bereiten Witz gebietet; es war der Charakter selbst, der sich zu diesen schneidenden Pointen gegen alles Halbe, Zerrissene, Lahme, Charakterlose, gegen Gleißnerei und Heuchelei zuspitzte:

„Man kann im Herzen Milde tragen
Und doch mit Kolben d'runterschlagen. — —"

„Was Nachsicht, Mitleid und Geduld,
Des Geistes Mißgestalt ist Schuld."

„In allem Andern laß dich lenken,
Nur nicht im Fühlen und im Denken."

„Sei Leu! wenn Narrenhände
Dir in der Mähne kratzen,
Dann mach' dem Spiel ein Ende
Und zeige deine Tatzen."

Diese und ähnliche Sprüche erläutern Sallet's Charakter und Gesinnung am deutlichsten; es ist die Saat, die später im „Laienevangelium" aufgegangen. Unter den „Romanzen" finden sich viele kräftige, auch in der Form abgerundete, wie „der starke Hakon"; andere, in denen eine bedeutsame Gedankenader vibrirt; aber auch manches romantische Bänkelsängerlied, manche forcirte Märchenballade. Eine philosophische Dithyrambe auf den Weltgeist ist angefangen im Fragmente: „der Phönix," eine Verherrlichung seiner ewig neuen Gestaltung, seiner Läuterung durch das zerstörende Feuer:

„Und muß der Geist in Flammen aufwärts lodern —
Urkräftig wird er sich zusammenraffen
Und unverbunstet neu Gestaltung fodern."

Die im Nachlasse Sallet's mitgetheilten weiteren Verse des Gedichtes haben einen feurigen Fluß und zeugen von der begeisterten Erhebung des Dichters, welche auch die Form in ihren Gluthen schmilzt; sie zeigen, mit welcher Andacht er seinen Beruf erfaßte und nicht blos dem ethischen, sondern auch dem ästhetischen Ideale nachstrebte:

„Heil'ge Gluthen,
Gießt in die Brust mir edelstes Metall,
Und in der Sprache reinem Glockenschall
Steigt auf, Gedanken, die tief innen ruhten!
Und festes Erz soll jeden Raum durchrinnen,
Daß leuchtend sich erhebt aus tiefer Nacht
Markig und edel der Gestalten Pracht.
So laßt mein Flammenlied mich kühn beginnen!"

Die letzten Abtheilungen der Gedichte enthalten eine Fülle ernster und sinniger Betrachtungen über das Weltgeheimniß, den geschichtlichen Fortschritt, den Geist der Freiheit, und ihr Motto ist: Ecce homo, die Feier des Menschengeistes, des unverwüstlichen, eine kühne und doch klare philosophische Dithyrambe!

Die praktische Wendung, der reformatorische Trieb, der aus diesen letzten Gedichten spricht, fand einen selbstständigen Ausdruck im: „Laienevangelium" (1840), einem Werke, das den Namen des Dichters in den weitesten Kreisen bekannt machte, einer modernen Evangelienharmonie von großem Umfange, einer freien, dichterischen Exegese des Neuen Testamentes im Geiste der Zeit, einer Wiedergeburt der christlichen Lehre aus dem modernen Bewußtsein und seinen socialen und politischen Tendenzen. Für den Dichter gab das Historische und Individuelle, das Strauß in das Mythische verflüchtigte, Bruno Bauer gänzlich in eine schriftstellerische Erfindung auflöste, gerade einen festen Halt, den er zwar nicht zur Gestaltung benutzte, indem er das Thatsächliche in einfacher Weise der Bibel nacherzählte, aber an welchen er volksthümlich den didaktischen Inhalt anknüpfte. Er beginnt jedes Gedicht mit irgend einer Begebenheit oder Lehre der Schrift, die er dann gleichsam in die Sprache des modernen Bewußtseins übersetzt, deren ewigen Gehalt er zu retten sucht, indem er die Form preisgiebt. So ist das Laienevangelium, ähnlich wie Rückert's „Weisheit des Brahmanen" und Schefer's „Laienbrevier," eine Sammlung erbaulicher Betrachtungen und Denksprüche in Versen; ein Andachtsbuch für Gleichgesinnte, das durch seine vermittelnde Haltung auch manchen Altgläubigen unmerkbar zu den neuen Ideen bekehren konnte. Doch es war keine quietistische Lebensweisheit mit ihren aus den seligen Paradiesgärten des Orientes gepflückten Blüthen; es war eine Weisheit, welche wache Kraft verlangt und Heldenmuth in That und Denken, aufflammenden Zorn gegen Lüge und Ungeist, Selbstverleugnung, Mündigkeit, Alles, was einem freien Geiste und ganzen Manne zukommt, die echte, selbstbewußte Menschenwürde. Ueber den Unterschied zwischen der Poesie des Orients und des Occidents, zwischen dem kindlichen Pantheismus eines Leopold Schefer und dem männlichen Selbstbewußtsein des Laienevangeliums ist Sallet sich selbst vollkommen klar; er spricht es in einem der abgerundetsten und am meisten melodischen Gedichte des Laienevangeliums aus:

„O Morgenland, wie ein Erinnern schallend,
Wie Heimweh zieht's nach deinen Märchenfernen;
Hier lag die Menschheit in der Wiege lallend
Und langte spielend nach des Himmels Sternen.

Im Taumel rasend und im Stumpfsinn brütend
Wich dein Geschlecht aus schöner Menschheit Gleise,
Doch sann, der Kindheit Tiefsinn still behütend,
Im Schatten deiner Palmen mancher Weise.

Was vor uns steht im Taglicht der Erkenntniß,
Fühltest du leis durch deine Träume wallen;
Was unser Geist erkämpfte dem Verständniß,
Ist dir als Spielzeug in den Schooß gefallen.

In dir auch wachte mächtig auf ein Ahnen
Vom Gott, der in der Brust des Menschen wohne,
Und deine Weisen folgten früh den Bahnen
Des Sterns zum neugebornen Menschensohne.

Sie boten dann ihm Weihrauch, Gold und Myrrhen
Und beugten ihre Knie' dem Lichtgedanken,
Bis sie, heimkehrend auf des Weges Irren,
Vergessend in ihr altes Träumen sanken.

Doch was dich einst durchzuckt mit Blitzesschnelle,
Das wird auf's Neue deine Völker wecken,
Und Gottbewußtsein, heiter, frei und helle,
Durchwandelt siegend' deine Länderstrecken.

Dann werden deine gold'nen Traumesschätze
Des Westens Geiste dargebracht als Gabe,
Daß Mannesgeist am Blüthenhauch sich letze,
Und Kindessinn an reicher Frucht sich labe."

Von solchem rhythmischen Wohlklange, solcher klarer und leichter Fügung, wie dies Gedicht, sind freilich nur wenige im „Laienevangelium," das an einer Trübheit der Form leidet, welche durch den künstlerisch nicht aufgelösten Niederschlag eines gewaltigen Gedankenprocesses hervorgerufen wird. Neben Schwung, Wärme, Kraft und phantasievoller Gestaltung findet sich Härte, Trockenheit, Nüchternheit in der chronikenartigen Nacherzählung des biblischen Ereignisses und eine oft knöcherne Abstraction in der Ausführung des Didaktischen. Die Form bewegt sich hin und wieder schwerfällig durch herbe Wendungen und mühsame Constructionen; sie stöhnt unter der Last des Gedankens. Der Inhalt der Evangelien ließ nicht immer bereitwillig eine Deutung im Sinne der modernen Ethik, der politischen und socialen Gesinnungspoesie zu; es bedurfte oft dialektischer Gewaltmittel, um ihn auf diesen Horizont zu visiren. So begegnen wir hier und dort einer ätzenden geistigen Auflösung, deren Schärfen den künstlerischen Fluß hemmen, wenn wir auch die oft feine Beweglichkeit und scharfsinnige Gewandtheit der Auslegung anerkennen müssen. Auch war durch die weitläufige Ausführung des Werkes nach einem bestimmten, sich wiederholenden Schema die Monotonie, welche die didaktische Form überhaupt mit sich bringt, schwer zu vermeiden, wenn auch die Vorzüge Sallet's, seine Andacht und humane Begeisterung, seine schwertscharfe Dialektik und gediegene Charaktertüchtigkeit, die sich in jeder Zeile ausprägen, meistens über diese Klippen hinwegtragen.

Von den prosaischen Schriften Sallet's, die sein Gesammtbild vollenden, erwähnen wir die Novelle: „Contraste und Paradoxen" (1838) und die „Atheisten und Gottlosen unserer Zeit" (1844). Erstere nennt der Dichter selbst „eine Amphibie zwischen Novelle und Märchen, voll Geschwätz und ohne Ereigniß, das er ohne Plan und Grundidee nur so d'rauflos geschrieben, wie Einer spazieren geht, ohne viel zu wissen und zu fragen, wohin er kommen wird." Der Herausgeber der Sallet'schen Werke und ihr geistvoller Erläuterer, Theodor Paur, nennt die Novelle, welche mit „Schön Irla" in dieselbe Epoche fällt, „einen bedeutsamen Merkstein zwischen der früheren, rein dichterischen und der späteren, mehr und mehr religiös-politischen Wirksamkeit unseres Schriftstellers. Es wird uns klar daraus, warum er, für die Poesie, wie es scheint, geboren, sie dennoch aufgibt und eine Richtung einschlägt, die eigentlich nur noch die Form der Poesie festhält und das Wesen derselben gegen den festen Begriff des Lebens vertauscht. Deshalb ist auch diese Novelle ein Gemisch von praktisch-philosophischen und ästhetischen Entwickelungen, von satyrischen Angriffen und theils erhabenen, theils sentimentalen, tiefergreifenden poetischen Bildern; doch läuft durch diese Mannigfaltigkeit als verknüpfender Faden ein herber, schmerzlicher Zug, und dieser Zug giebt zuletzt der ganzen Darstellung das Gepräge einer erschütternden Resignation. Auf den letzten Seiten wird es klar ausgesprochen: „der Dichter mußte etwas Großes verloren geben, die Hoffnung nämlich, im höchsten Sinne der Schöpfer einer die Grundtiefen des welthistorischen Lebens erfassenden Dichtung zu werden." „Die Atheisten und Gottlosen" sind eine in sich abgeschlossene, vortreffliche Popularisirung der Resultate des Hegel'schen Systems. Die „Einheit im Geiste" wird durch Ehe, Familie, Staat und Weltgeschichte hindurchgeführt, und diejenigen, welche diesen Geist und seine fortschreitende Entwickelung leugnen, werden als Atheisten und Gottesleugner gebrandmarkt. Die Consequenz der Darstellung und die Gediegenheit und Verständlichkeit des Styles zeichnen dies Werk vortheilhaft aus.

Melchior Meyr (1810—1871), geboren bei Nördlingen im schwäbischen Ries, von 1840—1852 als Schriftsteller in Berlin, dann in München lebend, klingt vielfach an Sallet an durch den Ernst der Gesinnung, durch den Eifer, mit dem er eine „Poesie des Geistes" pflegte, auch durch die schwerflüssige Form seiner Gedichte, in denen die Reflexion stets mit dem Zauber des lyrischen Ergusses im Kampfe liegt; doch wenn bei Sallet die Religiosität der Gesinnung mit einer ethischen und politischen Wendung der Niederschlag des ganzen religiösen Processes ist, so herrscht bei Melchior Mayr ein begeisterter Theismus vor, der sich nur polemisch gegen die Entartung des reinen Gottesglaubens und gegen das „Pfaffenthum" wendet. In seinen „Gedichten" (1857) schlug er mancherlei heitere Töne an, die seiner Muse weniger zusagten; in den „religiösen Gedichten" herrscht wohl warme Innigkeit, doch sie gemahnt vielfach an den alltäglichen geistlichen Liedersang, dessen Wendungen sie oft ihren philosophischen Gehalt preisgiebt. Bedeutender erscheinen die religiösen und philosophischen Gedichte: „die Religion des Geistes" (1871), in denen oft ein gedankenvoller Hymnenschwung herrscht, oft aber auch das Visionaire in weniger erhabener, als erbaulicher Weise an den Kreis der überlieferten Vorstellungen anknüpft. Die „Gedanken über Kunst,

Religion und Philosophie," sowie die Sammlung: „Biographisches, Briefe, Gedichte" (1874), welche Schriften beide aus Mehr's Nachlaß von seinen Freunden Graf Alexander Bothmer und Moriz Carriere herausgegeben worden sind, enthalten eine Fülle tiefsinniger Bemerkungen, wie sie überhaupt dem idealen Streben des Autors in der jüngsten Epoche der realistischen Effekthascherei ein glänzendes Zeugniß ausstellen.

In gänzlich verschiedener Weise brachte der Schlesier Titus Ullrich in zwei größeren Dichtungen: „Hohes Lied" (1845) und „Victor" (1848) die Poesie in Berührung mit der Hegel'schen Philosophie, obwohl auch bei ihm der Gedankeninhalt auf der Form lastet und ihr reines und volles Austönen verhindert. Titus Ullrich sucht indeß das Aphoristische und Erbauliche einer vorzugsweise didaktischen Poesie zu vermeiden; er feiert im „Hohen Liede" das Gottmenschthum der Feuerbach'schen Philosophie nicht in einem Rosenkranze von Lehrsprüchen, auch nicht in abstracten Dithyramben, sondern in einem biographischen Rahmen und auf psychologischer Grundlage, welche nicht blos dem Denker, sondern auch dem Dichter die Entfaltung aller seiner Kräfte verstattet. Das Dithyrambische bestimmt indeß oft die Form, bringt sie ebenso in Fluß, wie es ihr hier und dort eine exaltirte Färbung ertheilt. Der Poet ist der enthusiastische Thyrsusschwinger des „Pananthropismus," welchem der Gottmensch nicht die flüchtige, sondern die dauernde Erscheinung des Göttlichen im Menschlichen ist. Die Form erinnert durch langgezogene Posaunenstöße, durch feierlichen Orgelklang des Gedankens, durch recitativische Hymnen der Begeisterung an eine geistige Kirchenmusik, wie denn auch der Inhalt ein andachtsvolles Versenken in die neue Religion und ihre Offenbarungen ist. In einzelnen lyrischen Blüthen schmilzt der Gedanke in ein seelenvolles Empfinden, welches dann auch über den Rhythmus seinen Wohllaut ergießt. Dasselbe gilt von „Victor," in welchem das Harte, das Zerfahrene und Fragmentarische der Form noch störender hervortritt. Victor ist die poetische Ethik zur Metaphysik des „Hohen Liedes." Die poetische Erfindung ist unbedeutend, indem sich die Handlung nur durch die Kreise des alltäglichen Geschickes, welches Verliebte und politisch Miß= liebige trifft, bis zum tragischen Abschlusse hindurchbewegt. Das Gedicht erschien am Vorabende der Revolution und hatte selbst, wie besonders das „Landsturmlied," einen revolutionairen Schwung. Die Gedanken hatten hier nicht, wie im „Hohen Liede," ein hohenpriesterliches Gewand; sie kamen in blitzenden Colonnen anmarschirt, wie Sensenmänner, und liefen Sturm, bisweilen über Stock und Stein. In der That ist die Rhythmik Ullrich's oft holprig und zerrissen, ein Fehler, welcher die kühne und originelle Darstellungsweise des Dichters nicht ganz zur Geltung kommen läßt. Ullrich ist trotz des gewählten epischen Stoffes ein lyrisches Talent ohne plastische Kraft; aber Meister im angemessenen Ausdrucke der Stimmung, in gewandter Verwebung des Natur= und Gemüths= lebens und in jenen Feinheiten der Schilderung, welche nicht blos ein Bild anschaulich hinstellen, sondern auch das Charakteristische einer bestimmten Situation in den bezeichnenden Zügen ausprägen.

Eine wenig erspießliche Eigenthümlichkeit des Dichters ist es, die Naturschilderungen durch mythologische Bilder zu beleben; er spricht von „Wolkenhydern," nennt die weichen Lüfte „unsichtbare Himmels=Okeaniden," spricht vom „seltsamen Janushaupte des Abends," eine etwas veraltete Darstellungsweise, welche an die frühere Tapetenmalerei erinnert. Davon abgesehen, sind die Bilder Ullrich's meistens originell und kräftig, von innen heraus empfunden, und es sind in diesen Dichtungen Stellen von solcher ausgezeichneter lyrischer Schönheit, daß sie, einzeln ausgewählt, alle erfreuen würden, welche jetzt, theils von der Tendenz, theils von der Formlosigkeit des Ganzen abgestoßen, sich nicht gern in die metrischen Labyrinthe dieser Gedankenpoesie verlieren. Gegen= über einer süßlichen und geistlosen Poesie, welche den Parnaß überfluthet, ist es Pflicht, auf diese gedankenvollen und geistes= kräftigen Dichtungen hinzuweisen, deren dumpfe Gährung und unterirdische Donner uns ein treues Abbild jener vulcanischen, großen Erschütterungen entgegengehenden Zeit geben.

Wie Titus Ullrich ein vormärzlicher Poet, der die sehnsuchts=
volle, trunkene, überreiche Aufregung dieser Epoche abspiegelt, so
ist der Ostpreuße Wilhelm Jordan (geb. 1820) ein nach=
märzlicher, welcher den Entwickelungsproceß jeder politischen Be=
wegung an sich selbst durchgemacht und die Resultate seiner geisti=
gen Läuterung in einer umfangreichen philosophischen Dichtung der
Mitwelt übergiebt. Jordan hatte in Königsberg studirt und bereits
dort politische Gedichte: „Ostdeutschland, Glocke und Ka=
none" (1845) und „Irdische Phantasieen" (1842) erscheinen
lassen, in denen er sich zu den Grundsätzen des ostpreußischen Libe=
ralismus und der jüngeren Hegel'schen Philosophie bekannte, obwohl
er stets eine im Sinne der Romantik ironische Ausnahmestellung
zu behaupten suchte. Aus Leipzig, wo er sich später aufhielt und
seine Gedichtsammlung: „Schaum" (1846) erscheinen ließ, in
welcher sein poetischer Champagner moussirte und mit revolutio=
nairem Knalle Pfropfen in die Luft sprengte, obwohl er sich schon
damals das Ansehen gab, daß seine geistige Firma bessere Weine
führe, wurde er wegen eines atheistischen und blasphemischen Toastes
mit Gefängniß bestraft und verwiesen. Er begab sich nach Bremen
und später, im Jahre 1848, nach Berlin, wo er durch die Viel=
seitigkeit seiner Weltanschauungen und die Kraft seiner Beredt=
samkeit bald Ansehen gewann und als Deputirter in die Frank=
furter Nationalversammlung gewählt wurde. Hier saß er längere
Zeit auf der äußersten Linken, bis er durch seine bekannte Polen=
rede mit seiner Partei brach und längere Zeit eine eigene Partei
bildete, die zuletzt in den Hafen des deutschen Marineministeriums
einlief. Der Marinerath Jordan überlebte die deutsche Flotte
von 1848 als ihr letzter Pensionair, und zimmerte in seinen zahl=
reichen Mußestunden auf seinem Gedankenwerfte ein geistiges
Admiralschiff mit bunten poetischen Wimpeln, hochragenden
Masten, metaphysischen Segeln und tiefgehendem Kiele, einen
Schraubendampfer mit versteckter speculativer Schraube, das
Mysterium „Demiurgos" (3 Bde. 1851—53), ein erstaun=
lich umfangreiches Dichtwerk, dem Deutschland, außer der drei=

bändigen „Alhambra" des Herrn von Auffenberg, nichts Aehnliches an die Seite zu setzen hat. Jordan war in die politische Bewegung von 1848 als ein rüstiger Schwimmer untergetaucht, war in alle ihre Wirbel und Strudel mit hineingerathen; jetzt tauchte er hervor, schüttelte sich ihr triefendes Wasser ab, räusperte und pustete ironisch, lachte über die Ertrunkenen und blies dann, als ein optimistischer Triton, in die providentielle Posaune: „Hallelujah über Land und Meer; gepriesen sei die Sündfluth und Wassersnoth; Alles, was geschieht, ist wohlgethan; alles Wirkliche ist vernünftig, alles scheinbar Böse gereicht der Menschheit zum Heile; es ist vernünftig, daß aus der deutschen Marine nichts und aus mir ein Marinerath geworden, der jetzt auch dem utopischen „Nirgendheim" angehört!" In der That klopfte Jordan im „Demiurgos" die ganze Garderobe seiner Verkleidungsrollen aus und hing sie in die Sonne, wenn auch nicht in die Sonne Homer's, doch in die Sonne einer leuchtenden und bedeutsamen Poesie, deren Werth wir nicht verkleinern wollen, wenn auch das starke Gefühl geistiger Ueberlegenheit, das der Auor mit litthauischer Derbheit ausspricht, den Humor des Kritikers herausfordert.

Der „Demiurgos" ist eine episch-dramatisch-metaphysische Dichtung, eine moderne Theodicee und Anti-Candide auf hellenisch-biblisch-Goethe-Hegel'scher Gedankengrundlage, mit einer Fülle in Verse gebrachter Kenntnisse aus allen Gebieten des Wissens, mit polyhistorischen Glossen und autobiographischen Randzeichnungen, mit astronomischen, zoologischen, physiologischen, geologischen Excursen über die Oberfläche des Mondes und die Geheimnisse der Raçenkreuzung, über den Orionsnebel und die Spannungskette der Pole, über die Erdrinde und die Bildungsgeschichte der Erde, den Reisbau und die Epidemieen in Indien, mit politischen Ausfällen auf Grundrechtschwätzerei und Antragshetzerei, auf souverainen Volkskrawall, auf den Einzigen, „der seine Sach' auf Nichts gestellt," auf die heilige Familie, auf die Mitglieder des Frankfurter Parlamentes. Der Abschluß des Titanenringens ist die spießbürgerliche Idylle, die Kinderwiegende Beruhigung, der uralte Optimismus des ehelichen Pantoffels. In der That verläuft sich das Mysterium schließlich im Sande, so machtvoll es an einzelnen Stellen poetisch und gedanklich fluthet. Ueber seine Tendenz spricht sich der Dichter selbst deutlich aus:

> „Geh hin und hilf den Widerspruch verklären:
> Der Lauf der Welt geht stets die beste Bahn,
> Und jeder Wunsch, den wir dagegen nähren,
> Erwiese sich, erfüllt, gewiß als Wahn;
> Doch wenn wir thätlich dieses Glaubens wären,
> Dann wär's um unser Menschenthum gethan:
> Es muß die Menschheit ringen nach dem Ziele,
> An welchem angelangt die Welt zerfiele."

Diese Tendenz führt der Dichter nun in einer springenden Beweisführung, ohne alle rhythmische Architektonik des Kunstwerkes durch, indem er immer wieder von vorn anfängt, das Problem bald positiv, bald negativ faßt und nach allen Seiten wendet. Der beweisführende Geist ist Lucifer, der Demiurgos selbst, welcher dem Geiste des absolut Guten, Agathodämon, die schöpferische Kraft des Negativen, das „dem Ocean der Gnade" erst den Grund, das Becken und das Gestade giebt, darzuthun sucht und mit ihm wettet, daß er diese an der ihm überlassenen Erde erproben will. Agathodämon nimmt, nachdem der Termin der Wette abgelaufen ist, Menschengestalt an, um mit intimerem Verständnisse prüfen zu können, und beginnt, als idealistischer Jüngling Heinrich, mit der Sehnsucht nach dem absolut Vollkommenen seinen irdischen Lebenslauf, indem er in die Hülle eines schwer erkrankten Muttersöhnchens fährt. Der Lebenslauf führt uns zuerst eine hellenische Liebe vor, mit mancherlei hineingeheimnißten Tendenzen, bringt uns dann in sociale Verhältnisse, die von einem falschen Idealismus angenagt sind, in den Kreis des reformwüthigen Handwerkerstandes, der philosophischen und politischen Radicalen und ihrer weltverbessernden Umsturztheorieen, in das Kaiserschaffende Parlament, in das Reich der Naturwissenschaft und selbstgenugsamen Welterkenntniß. Ueberall ist der idealistische Heinrich nach kurzem Aufschwunge welt- und lebensmüde und muß sich allegorisch trösten lassen. Dann fährt er plötzlich aus der Haut, und zwar als Agathodämon, dessen gänzlich in der neuen Hülle aufgegangene Persönlichkeit man fast vergessen hat. Jetzt schafft er ein Utopien: Nirgendheim, in welchem es die Menschen vor lauter Glück nicht aushalten können, eine humoristische Idylle, welche jedenfalls am schlagendsten die Nothwendigkeit und Berechtigung dessen, was die Menschen das Unheil und das Böse nennen, beweist. Im letzten Acte hört Agathodämon-Heinrich von einer elyseischen Wolkenbühne herab ein metaphysisches Collegium über den Optimismus, zu welchem alle Zeiten poetisch beisteuern. Der Prometheus des Aeschylos, Hiob und Goethe's Faust werden uns in künstlerisch werthvollen Neudichtungen vorgeführt. Der Dichter selbst feiert in einem schwunghaften Prologe die Berechtigung „der Muse, welche dem Göttlichen die Harfe weiht," welche „die reine Form der Urgestalt" darstellt, gegenüber den handgreiflichen Nachahmungen der Wirklichkeit:

„Ihr lächelt, ihr Unsterblichen, daß euern Ruhm,
Der leuchtend schon Jahrtausende durchwandert hat,
Ein blöder Sinn mit solchem Qualm verdunkeln will;
Daß Einer, der naturgetreu Loretten malt,
Die Achseln zuckt bei Raphael's Madonnenbild —"

„Ihr wißt ja," ruft der Dichter aus, „wer als Götterbildner vorbestimmt der Menschheit Bahn." Schon in der Introduction sprach er es als seine eigene Sendung aus, „eine große Geisterwendung zu befördern." Wir sehen, er hat nicht übel Lust, die Rolle eines „Religionsstifters" zu spielen, obschon ihm dazu gänzlich das Zeug fehlt. Das Mysterium klingt in idyllischen Märchenarabesken harmlos aus. Ein metaphysisches Schlußduett zwischen Demiurgos und Agathodämon sucht das Verhältniß dieser beiden allegorischen Gestalten, welche zwei metaphysische Begriffe nur unvollkommen bekleiden, klar zu machen, was ihm indeß mißlingt, da sich die flüssige Dialektik der Begriffsbestimmungen nicht auf Gestalten übertragen läßt, ohne ihr Gepräge gänzlich zu verwischen.

Wenn der Dichter fortwährend gegen das Formen in Fleisch und Blut, gegen die sogenannte „Gestaltungskraft" polemisirt, so geht diese Polemik aus dem begründeten Gefühle eines Mangels hervor, der seine Dichtung charakterisirt. In den drei Bänden des „Demiurgos" ist selten eine Spur künstlerischer Gestaltung, welche die Idee und das Bild zu harmonischer Einheit vermählt. Das ganze Werk ist nichts, als ein Dialog im Himmel und auf Erden, ein metaphysisches Disputatorium mit einigen lebenden Bildern. Die dramatische Form ist vollkommen zufällig; das Ganze ist philosophische Lyrik, durchbrochen von cynischen Epigrammen. Der Dichter hat nicht die Kraft, die kleinste spannende Fabel zu erfinden, aus welcher sein Grundgedanke mit einleuchtender Klarheit resultirt. Und doch hätte ihm sein Entwurf Gelegenheit dazu geboten, indem der menschgewordene Agathodämon, statt sich mit unlebendigen Allegorieen herumzuschlagen oder sich durch eine Mosaik von Zeitbildern anregen zu lassen, in wahrhaft dramatische Verwickelungen gebracht werden konnte, in denen eine objective Theodicee enthalten gewesen wäre. Statt dessen pocht der Dichter auf seine Gelehrsamkeit, auf die gnostischen Voraussetzungen des Gedichtes und zuckt die Achseln über die Kritiker, deren Kenntniß nicht an die seine heranreicht; er trotzt auf die Commentarbedürftigkeit seines „Mysteriums." Als wenn Hiob für die Juden, Prometheus für die Griechen eines Commentars bedurft hätte! Ein dilettantisches Amalgam ist keine religiöse Urpoesie — mit der Exegese stiftet man keine Religionen! Der Begriff als Begriff ist unpoetisch, als Allegorie halbpoetisch. Wer dichten will, der gebe concretes Leben — Idee und Gestalt muß aufgehen ohne Rest! Eine ideeenlose Gestaltung, gegen welche Jordan seine kritischen Pfeile richtet, ist ebenfalls unberechtigt; aber nicht mehr, als eine ungestaltete Idee. Hierzu kommt, daß der „Demiurgos" ohne alle Gliederung ist, ohne alle dramatische und poetische Rhythmik. Der Dichter fängt immer wieder von vorn an und beweist seine Idee bald ontologisch, bald theologisch, bald e consensu gentium, wie das Dasein Gottes in den Religionsstunden einer Prima bewiesen wird.

Wenn wir nun alle weitergehenden Prätensionen des Werkes abgelehnt und ihm seinen Platz unter der philosophischen Lyrik eingeräumt haben, so gebührt ihm jetzt an dieser Stelle die volle Anerkennung der außerordentlichen Schönheiten, die es enthält: Schönheiten, die ihm unter der Gedankenpoesie der Gegenwart einen hohen Rang einräumen. Die schwunghafteste, stets vom Gedanken getragene und mit allen Resultaten der modernen Wissenschaft bereicherte Naturpoesie ergeht sich in ebenso anmuthigen, wie erhabenen Schilderungen, in ebenso tiefen, wie neuen Betrachtungen und entrollt an einzelnen Stellen mit hinreißender Kraft ein Gemälde des Kosmos. Eine Fülle der sinnigsten Reflexionen, bald mit idealistischer Wärme, bald in scharfer sarkastischer Form vorgetragen, verbreitet sich über Welt und Leben, über alle Phasen moderner Geistesentwickelung, und eine Reihe satyrischer Zeitbilder, mit schlagendem Witze und beißender Persiflage entworfen, dabei von verständnißreicher Treue der Auffassung, entrollt ein Panorama des Säculums und stellt uns seine brennenden Fragen und Probleme in scharfe Beleuchtung. Hierzu kommt eine anerkennenswerthe Klarheit der Form, eine Meisterschaft des Ausdruckes, welche kühn die Sprache mit neuen Wendungen bereichert, ihr einen genialen Stempel aufdrückt, sich dabei mit größter Ungezwungenheit in der metrischen Form bewegt, sich vom Reime tragen und begeistern und ihn nirgends als hemmende Schranke empfinden läßt. Die Anlehnung an Goethe sowohl im Tone, welchen Faust, als auch in dem, welchen Mephisto anschlägt, ist zwar unverkennbar; doch ist die Diction in moderner Weise bereichert. Die Neudichtung des Prometheus und Hiob besonders zeugt von einer großen sprachlichen Gewandtheit, wie überhaupt das ganze Werk von einer bedeutenden geistigen Bildung, welche die größten Anläufe nimmt und sich in allen Formen versucht, obwohl die ursprüngliche Dichterkraft nicht damit Schritt hält, sobald es an die Gestaltung geht. Dies beweist auch das Auftreten Jordan's als philosophischer Lyriker auf dem dazu ungeeigneten Gebiete des Lustspieles in den „Liebesleugnern," und dem Lustspiel:

„Durch's Ohr," in denen ein geistvoll zugespitzter Dialog in fließenden Versen und Reimen voll schlagender Sentenzen uns für die dürftige dramatische und psychologische Entwickelung entschädigen muß. Eine größere epische Gestaltungskraft entwickelte Jordan in seinem Epos: „Die Nibelungen," auf welches wir später zurückkommen werden.

Ein philosophisches Epos in Terzinen hat S. Heller gedichtet: „Ahasverus, ein Heldengedicht" (1866), in welchem ebensowenig wie in Mosen's „Ahasveros" die verschiedenen Auffassungen des Helden zu künstlerischer Einheit verschmolzen sind. Bald erscheint er als Träger einer Theodicee des Todes, bald als Vertreter des Judenthums und seiner an Sitte und Glauben festhaltenden Zähigkeit, bald als der Feind Christi, als eine Art von Antichrist, der dem Heiland stets mit cynischem Trotz gegenübertritt, bald als Vertreter der ganzen Menschheit, als der rastlos wandernde Geist der ganzen Weltgeschichte. Wie bei Mosen die Auffassung des Ahasver als des Antichrist, so überwiegt bei Heller die letztere. Was er uns in der umfassenden Dichtung giebt, ist eine Philosophie der Geschichte. Ahasver hört das Gras der Geschichte wachsen; er ist der Mitlebende der verschiedensten Zeitalter, die er mit seinen Reflexionen begleitet; er trifft mit den großen Männern aller Zeiten zusammen, die der Dichter uns dabei charakterisirt; er ist zugleich der Spiegel und der Chorus der Geschichte, wodurch die Gestalt aus dem Mittelpunkte der Dichtung in ihren Rahmen gedrängt wird. Wir sehen Ahasver nirgends als Mithandelnden, als thätig Eingreifenden, ebensowenig flieht er vor dem Leben, der Geist ruhiger Beobachtung überwiegt. Offenbar hatte der Dichter die Absicht, ein Gegenbild zu Dante's: „Divina commedia," eine commedia umana zu schreiben und seinen Helden durch die Zeitalter wandern zu lassen, wie der Florentiner in Begleitung seines unsterblichen Genossen durch Hölle, Fegfeuer und Paradies wandert. Bild sollte an Bild sich reihen, wie die Gestalten vorüberschweben in den sich ablösenden Kreisen des höllischen Trichters; nur war auf der Oberwelt der freien Erfindung geringer Raum vergönnt, die Verkörperungen jener gewaltigen Plastik, wie sie die Phantasie des Florentiners beherrscht, konnten hier keine Stätte finden, wo es nur darauf ankam, den von der Geschichte gegebenen Gestalten ein wärmeres Colorit zu verleihen und jedes Portrait in ihrer großen Gemäldegallerie mit einer Unterschrift zu begleiten. So ist der Haupteindruck der Dichtung der eines geschichtlichen Bildersaals, und gerade in Bezug auf die Weltgeschichte vermissen wir die Beschränkung. Goethe rühmt schon an Shakespeare, daß er das Talent eines Epitomators besessen habe und meint dabei, daß der Dichter überhaupt als Epitomator der Natur erscheint. Die Kunst der Dichtung ist in der That wesentlich die Kunst der Abbreviatur. Diese Kunst besitzt S. Heller durchaus nicht; er verliert sich in die Reihenfolge der geschichtlichen Erscheinungen. Natürlich wirkt diese in's Weite gehende Anlage auch auf die dichterische Behandlung zurück, welche zu plastischer Herausarbeitung wenig Zeit behält und sich mit den allgemeinsten Umrissen begnügen muß. Nirgends ineinandergreifende Handlung, fesselnde Situationen — aus den Charakteren wird gleichsam nur ihre geschichtsphilosophische Essenz herausdestillirt und uns in nicht immer durchsichtigen, aber doch meistens künstlerisch geformten, zum Theil sogar schönen Terzinen kredenzt. Und gerade als Gegengewicht gegen metaphysische Verflüchtigung bedürfen derartige Gedankenepen einer energischen Plastik. Der Gedanke soll nicht wie ein elementarischer Luft- und Feuergeist im eigenen Aether über den Erscheinungen schweben; er soll sich aus ihnen entbinden, wie ein neuer Stoff aus dem chemischen Proceß der Retorte, dessen Vorgängen wir mit Spannung folgen. Dieser Mangel ist um so bedauerlicher, als der Dichter Begabung für einen prägnanten Ausdruck zeigt. Sein Talent hat etwas Markiges — wir weisen nur auf die Episode mit Acher, auf die Schilderung der jüdischen Heldenkämpfe, auf Nero und Marc Aurel in der ersten Wanderung hin. Doch liegt die Schwerkraft dieses Talentes mehr in der Reflexion als in der Schilderung. Wo ihm die Situation erlaubt, sich an den Schwung der Gedanken hinzugeben, da verliert seine Darstellung den trüben Bodensatz, der ihr oft eigen ist, und gewinnt das Gepräge künstlerischer Schönheit. Sprechende Beweise dafür geben uns: „Ahasver's letzte Nacht auf dem Libanon," eine stimmungsvolle Elegie auf den Untergang des jüdischen Volkes, „der Auszug der alten deutschen Götter," ein Kaulbach'sches Gemälde, die prächtigen Terzinen, welche die Entdeckungsreise des Kolumbus schildern.

Wenn es als die Tendenz von Heller's „Ahasverus" erscheint, die Entwickelung der Menschheit vom Judenthum durch das Christenthum zum Menschenthum darzustellen, dem die verklärende Schlußhymne gilt, so fehlen dieser Entwickelung in Bezug auf den Helden Klarheit und innere Nöthigung, die scharfen Einschnitte, die überzeugenden Katastrophen.

Während diese Dichtung, reich an genialen Geistesblitzen und an Schönheiten von markiger Gediegenheit, in Deutschland spurlos vorüberging und kaum von der Kritik und dem Publikum bemerkt wurde, erlebte eine andere Ahasver=Dichtung in kurzer Zeit zehn Auflagen und zwar der „Ahasverus in Rom" von Robert Hamerling (1865), die erfolgreichste philosophische Dichtung der Neuzeit, im Grunde eine in epische Form gegossene Canzone. und Gedankensymphonie des österreichischen Lyrikers. Auch in dieser Dichtung bildet Ahasveros indeß mehr den Chorus der Tragödie, als daß er in die Handlung selbst eingriffe; auch hier spielen mehrere Bedeutungen des Helden in einander; er ist nicht blos der Vertreter der rastlos strebenden Menschheit, auch derjenige der Todessehnsucht; er ist nicht der Jude von Jerusalem, er ist Kain, der den Tod in die Welt gebracht hat und dafür verschont wird. Gegenüber dieser Todessehnsucht tritt die unersättliche Lebenslust eines Nero, welche jeden Reiz des Daseins, selbst denjenigen, der noch in den Todesmartern der Menschheit Erregung und Befriedigung findet, auszubeuten sucht. Dieser Gegensatz hat seine unleugbare poetische und gedankliche Berechtigung, nur für die Darstellung die empfindliche Schwierigkeit, daß sich das Gewicht der Poesie ganz auf die eine Seite der

Wagschale neigt. Der heiße Lebensdrang läßt sich in einer Fülle glühender Bilder zur Darstellung bringen; der Dichter braucht blos hineinzugreifen in das volle Leben des kaiserlichen Rom, blos die Farben der Palette zu benutzen, welche Historiker, Culturgeschichtschreiber, Dichter ihm bereits zurechtgemacht. Die Todessehnsucht dagegen ist ein unbestimmtes Gefühl, dessen Verkörperung etwas Schattenhaftes an sich trägt, ein Gefühl, das sich nicht dramatisch gestalten läßt. So bleibt auch Ahasverus in der Dichtung nur ein Gespenst.

Nero dagegen ist der eigentliche Held der Dichtung, von dämonischer Thatkraft und Willensenergie. Wir folgen ihm von einem Bild zum andern, von einer Situation zur andern. Der Dichter scheut vor dem Unnatürlichsten und Lasterhaftesten nicht zurück, er hat, wenn er es ausmalt, die Entschuldigung, daß er nur ein getreues Gemälde der verderbten Zeit entrollt:

> „Wollt Bilder ihr von reichstem Lebensprunk
> Und tollster Schwelgerei? Ich gebe sie!
> Wollt ihr satan'sche Laster und Verbrechen?
> Ich gebe sie. Soll euern stumpfen Sinn
> Ich stacheln? Soll Kalliope, die ernste,
> Euch tanzen einen epischen Cancan
> Auf leichtbeschwingtem Fuß des Jambus? Nein!
> Ich weiß nicht, ob ich es zu Dank euch mache:
> Doch singen will ich eine Epopöe
> Des Sinnentaumels, des Genusses euch,
> Der Sättigung und — Ueberfättigung,
> Des Lasters — nach dem Punkt, wo sich's erbricht!"

Doch stellt der Dichter das Laster meist appetitlich dar, wie es sich zu Tisch setzt. Wir verlangen gewiß nicht, daß er als Moralprediger seinen Helden folgen und sie, wenn sie etwas zu munter werden, vom Gaul herunterkanzeln soll. Doch muß man ebensowenig seinen Darstellungen das dichterische Behagen einer erhitzten Phantasie anmerken, die sich in dem üppig=warmen Colorit gefällt und uns zuletzt in eine Stimmung versetzt, in welcher wir das Unerhörte gar nicht so unerhört und das widerwärtig Abstoßende

erträglich und sogar annehmbar finden. Wenn Nero im ersten
Gesang mit einer unreifen Sabitanerin eine Brautnacht feiert,
wenn er im zweiten mit incestuösem Gelüst seiner Mutter folgt,
so wird uns dies alles so üppig und glühend dargestellt, daß wir
kaum Muße finden für den Abscheu, den diese Situationen doch
in uns erregen müssen. Das Gewissen soll nicht mit aufdringlichen
Lichtern der Moral die Gemälde der Poesie entstellen, noch weniger
mit dicken Klecksen der Homiletik; doch schon bei der Untermalung
derselben im Stillen mitwirken, sodaß es als ein Factor des
Gesammteindrucks erscheint, den wir empfangen.

Hamerling's Phantasie ist außerordentlich reich und glänzend.
So erhalten wir Schilderungen von großem Pomp, oft von hin=
reißendem Zauber. Der Brand Roms, die Scenen in der Arena,
die Gartenscenen, der Untergang des Schiffs der Agrippina: das
sind alles Bilder, die nicht nur einen dithyrambischen Schwung
athmen, sondern auch durch eine Fülle von Detailzügen große An=
schaulichkeit gewinnen. Dagegen streift die Darstellung des golde=
nen Hauses an jene Beschreibungen alten Styls, welche bereits
Lessing verurtheilt hat, und erinnert an versificirte Museumskataloge.
Ueberhaupt glückt es dem Dichter nicht immer, das bezeichnende
Moment hervorzuheben, welches das einzelne Bild bestimmt und
plastisch gestaltet. Dazu genügt oft ein einziges Wort; Hamerling
verwirrt dagegen oft durch die Fülle der Bilder und Worte. Die
Diction selbst ist im Ganzen voll Schwung und Adel und auch
an genialen Wendungen nicht arm, im einzelnen aber entstellt
durch manche prosaische Ausdrucksformen. Ueberdies will der
reimlose fünffüßige Jambus, eine so bequeme, für das Drama
berechtigte, für das Epos fragwürdige Form, nicht für das prunkende
Colorit dieser Schilderungen passen.

Auch die zweite epische Dichtung Hamerlings: „Der König
von Sion" (1869), darf man zu den philosophischen Gedichten
rechnen, obgleich sich ihr Hauptinhalt nicht um metaphysische, son=
dern um socialphilosophische Probleme dreht. Das umfangreiche
Gedicht hat zehn Gesänge und ist in Hexametern geschrieben, ein

Metrum, welches durchaus nicht zu seinem Inhalt paßt. Der Hexameter ist ein Vers von classisch-würdevoller Haltung und nur für jene Schilderungen geeignet, in denen das plastische Element überwiegt. Diese Plastik fehlt aber meistens der Hamerling'schen Dichtung, welche opernhafte Romantik, farbenreiche Schilderungen, geistreiche Reflexionen enthält, aber von der Homer'schen Ruhe der Darstellung weit entfernt ist. Im Gegentheil, eine verwirrende Unruhe, ein wildes Fieber, ein bacchantischer Rausch ist der Grundton der Dichtung, und der Gegensatz zwischen der üppig sinnlichen und legendenhaft sentimentalen Liebe, der sich durch dieselbe zieht, ist durchweg modern und dem antiken Geist widersprechend. Der Hexameter mag die Liebe der treuen Hausfrau Penelope schildern oder den Abschied Hektor's von seiner Gattin, bei welchem auch der kleine Astyanax eine Rolle spielt; er mag allerdings schon im Bunde mit dem Pentameter die sinnliche Liebe schildern, aber in aller Naivetät, mit den Recepten des Genusses bei Ovid, ähnlich wie er sich bei Horaz für die Receptirkunst der Poetik herleiht, doch er bleibt immer ein naiver Vers, der sich für die Schilderung genialer Momente, blitzartig streifender Geisteslichter, glühender und inniger Empfindungen nicht eignet, ein conservativer Vers, der das revolutionaire Pathos nur widerwillig auf seinem breiten Rücken trägt. Und gerade das revolutionaire Pathos ist die Seele des Hamerling'schen Gedichts, ein Pathos, dessen Segel von allen Reformgedanken der Neuzeit geschwellt werden. Auch ist der Hexameter ein Feind der kurzen schlaghaften Metaphern; er liebt das weitausgeführte Bild der Vergleichung, das wie ein selbstständiges Gemälde sich in die Dichtung einschiebt. Solche Vergleichungen sind aber bei Hamerling selten und passen auch nicht zum Charakter einer schildernden Reflexionspoesie.

Der Held des Gedichts ist Johann von Leyden, der König der Wiedertäufer von Münster, in der Dichtung ein begeisterter Jüngling, bestrebt den „sionischen Gedanken," der noch die Geisterkämpfe der Folgezeit beherrschen sollte, in's Leben einzuführen, Lust und Tugend zu vereinigen, die zu edlerem Dasein gereifte

Menschheit aus den Banden menschlich dumpfer Umschränkung zu
erlösen. Diese Gestalt deckt durchaus nicht die historische, die ihr
zu Grunde liegt; der Dichter hat auf das geschichtliche Reis eine
ideale Blüthe gepfropft. Johann von Leyden war seines Zeichens
ein Schneider, ein Vertreter des Handwerkerstandes, der sich nach
der Ueberlieferung häufig durch mystische Verzückungen ausgezeich=
net hat. Die stille Theosophie des Schusters Jakob Böhme und
die tumultuarische Theokratie des Schneiders Johann Bockoldt
haben den gleichen Ursprung in den Lebensgewohnheiten des sitzen=
den Handwerks, das von der Welt abschließt, die Seele nicht aus=
füllt und zu einsamem Brüten auffordert. Doch so wenig wie ein
Kameel durch ein Nadelöhr geht, ließ sich die Hamerling'sche Dich=
tung durch das Nadelöhr eines Schneiders fädeln. Sein Johann
von Leyden ist Schauspieler und erscheint schon im ersten Gesange —
feinsinniger Zug des Dichters — mit der prophetischen Theater=
krone geschmückt. Diese Erfindung ist nicht ganz ohne geschicht=
lichen Anhalt; denn der Schneider Bockoldt trat auch öfter als
Schauspieler auf. Doch wird der Charakter dadurch in ein gänzlich
anderes Licht gerückt, wir möchten sagen, in eine ironische Beleuch=
tung, die aber wieder den Standpunkt des Dichters selbst, seinen
Helden gegenüber, in unklares Zwielicht taucht.

Vielfach spielt nämlich in die Dichtung jene romantische Ironie
herein, welche das ganze Leben als einen spukhaften Traum erschei=
nen läßt. Johann von Leyden, der Komödiant im Walde, mit der
papierenen Theaterkrone, wird dann „König von Sion," auch ein
Theaterkönig in einer wüsten Komödie. Wie es mit ihren Beleuch=
tungseffecten aussieht, sehen wir in der Orgie, die von Naphtha=
flammen verklärt wird und im Licht entzückender Schönheit glänzt,
bis der Narr die magische Lampe vom Tisch herabwirft und nun die
sionischen Zecher die Weiber, die sie in ihren Armen halten, auf
einmal aller Schönheit bar, hohläugig und runzelig, mit welken
und schwammigen Gliedern, mit wüsten verbuhlten Gesichtern
erblicken — auch hier die Komödie mit ihren Illusionen. Und
am Schluß bekleidet der König selber den betrunkenen Krechting

mit seinem Gewande und den Insignien seiner Würde. Muß man nach solchen Zügen nicht den Dichter für einen Romantiker halten, der diesen geschichtlichen Tumult verspottet und uns seine Selbstauflösung mit ironischer Schadenfreude darstellt?

Das ist aber durchaus nicht die Absicht des Dichters, der in seinem Helden eine für die Menschheit begeisterte Idealfigur hinstellt. Durch diese sich kreuzende Beleuchtung verliert die Dichtung ihre klare Form und Fassung, wenn sie auch an Buntheit gewinnt, ähnlich wie ein wechselndes Farbenspiel durch das sich kreuzende Licht der Kerze und des Mondes hervorgerufen wird.

Johann von Leyden war, der Geschichte nach, die Seele der münsterischen Bewegung; alle ihre Excesse und Uebertreibungen gingen von ihm aus; die Gemeinschaft der Weiber und Güter fand in ihm ihren Apostel. Der Dichter scheute sich, seinen Helden in den ganzen Sündenfall der Zeit zu verwickeln; er läßt ihn abwehrend den Extremen gegenübertreten; seine eigene Vielehe erscheint nur als ceremonielles Schauspiel; er läßt weibliche Untreue mit dem Schwert bestrafen; er macht wilde Orgien mit, aber mit einer gewissen Reserve, die knurrenden Hunde zu seinen Füßen schrecken die buhlenden Schönen ab. Sein Herz gehört einer Nonne und um seine Liebe schwebt's wie katholischer Weihrauchduft.

War indeß der Dichter einmal so kühn, wie er sich in Stoffwahl und der Ausführung Makart'scher Bilder zeigt, so war es auch nur eine der Dichtung zugute kommende Consequenz, wenn er seinen Helden nicht blos als tapfern Kämpfer und schwärmerischen Apostel hinstellte, sondern die Genesis des Fanatismus und die ganze Steigerung desselben bis zur schwindelnden Höhe in ihm darstellte, eine Aufgabe von psychologischem Interesse und von größerer historischer Wahrheit. Auch der Schluß ist allzu abweichend von der geschichtlichen Ueberlieferung, gegen deren Hauptdaten doch der Dichter nicht verstoßen darf; das Märtyrerthum als Buße für den Fanatismus war historisch gegeben. Hamerling's Held ringt im Walde mit seiner Scheinkönigin, der braunen

Divara, die ihn im Rausch der Orgie erobert hat, und stürzt sie vom Felsen herunter, sich selbst aber in das eigene Schwert. Wo aber bleibt der Käfig am Thurm Münsters, der grausame Abschluß der wüsten Komödie?

Trotz dieser Ausstellungen ist die Dichtung durchweg interessant, reich an glänzenden Schilderungen voll genialer Züge, an Gedanken von großer Tragweite, welche sich mit den gewagtesten Problemen der Neuzeit beschäftigen. Der erste Gesang athmet echte Naturpoesie; die Schilderung der Orgien ist so üppig und wollustathmend, daß man in ihr, eingedenk verwandter Situationen im „Ahasverus in Rom," eine Specialität des Dichters erkennen muß; in den Kampfscenen ist Anschaulichkeit und Kraft. Die Kritik kann nicht leugnen, daß im einzelnen der Styl ungleich ist und oft in's Triviale verfällt, daß die Hexameter nicht tadellos sind, daß überhaupt der Becher einer allzu reichen Phantasie häufig überschäumt; doch gegen die Fehler des Reichthums drückt sie bereitwillig ein Auge zu und eine ungewöhnliche Schönheit entschädigt sie für zahlreiche Mängel.

Schon Jordan, ein Verehrer der Naturwissenschaften, in welche er einmal die ganze Philosophie auflösen wollte, hatte im „Demiurgos" zahlreiche Beiträge zu einer Poesie des „Kosmos" gegeben. Die geistvolle Verherrlichung des begriffenen Naturgesetzes schafft, wenn sie Hand in Hand geht mit der Freiligrath'schen Meisterschaft der landschaftlichen Schilderung, die moderne „Naturpoesie." Die Freiligrath'sche Richtung war indeß nicht unangebaut geblieben. Der Gothaer Adolf Bube[1]) (geb. 1802), productiv in der Neudichtung deutscher und thüringischer Volkssagen, denen er eine glatte und ansprechende Form zu geben wußte, als selbstständiger Balladendichter von großer Einfachheit, Abrundung und Vorliebe für exotische Stoffe, („Romanzen und Balladen" 1850) hat in seinen „Naturbildern" (2. Aufl.

---

[1]) „Thüringische Volkssagen," 1837; „Deutsche Sagen," 1839.

1853) die Freiligrath'sche Poesie der Weltperspectiven mit vielem Glücke weiter ausgebildet. „Die Poesie des Eises," „der Sturmvogel," die exotische und doch volksthümliche Ballade: „die Guahibomutter" legen ebenso Zeugniß ab von der graziösen Gewandtheit des Verfassers, wie von der Berechtigung dieser den deutschen Horizont erweiternden Dichtungen. Doch auch die trauten Naturbilder der Heimath sind von lieblicher Klarheit. Der Dichter liebt es, dem Naturbilde ein geistiges Motto zu geben, das sich ungezwungen an die Anschauung anschließt. Bemerkenswerth ist Bube's rhythmische und sprachliche Gewandtheit, besonders seine Fertigkeit, in kurzfüßigen Versen die raschfolgenden Reime ohne allen Zwang melodisch austönen zu lassen. Ignaz Hub (geb. 1810, „Lyraklänge" 1832), der Esthländer Jegór von Sievers, der talentvolle Dichter der „Palmen und Birken" (1852) und „Aus beiden Welten" (1863), schlossen sich ebenfalls an die Freiligrath'sche Richtung an. Das Naturbild, nicht blos als treue und sinnige Anschauung, sondern auch als Spiegel des kosmischen Gesetzes, im Anschlusse an die neuesten Triumphe der Naturwissenschaft, fand seine poetische Ausführung in der „Weltseele" (1855) Arnold Schlönbach's. Dieser, aus dem Rheinland gebürtig (1817—1866), ein Dichter von jugendlichem Enthusiasmus, der thätig auf kritischem, dramatischem und novellistischem Gebiete sich stürmisch in allen Formen versucht, hat in der „Weltseele" wohl die reifste aller seiner Leistungen zu Tage gefördert. Er sucht die Harmonie zwischen Natur und Geist, ihre tiefere, nicht blos allegorische Einheit nachzuweisen; und die stille Weisheit, die im Naturgesetze waltet, wird zur Lehrerin für das menschliche Leben. Die chemische Bindung und Lösung der Stoffe, das Verhältniß des Kleinen und Großen in der Natur, Wärme und Licht, Rundung, geben Gelegenheit zu sinniger Deutung; die Naturbilder, wie „Ebbe und Fluth," die „Karawane des Meeres" und andere athmen einen mächtigen Odenschwung in kräftigen und feurigen Rhythmen. Die Wärme eines liebenswürdigen Talentes, das sich durch seinen Stoff zur Begei=

sterung hinreißen läßt, die Wärme der Ueberzeugung beseelt diese
Dichtungen, in denen die philosophische Lyrik dem Naturbilde
den Stempel des Gedankens aufdrückt. Ein Poet von ernstem
Gedankenschwung und philosophischer Weltanschauung, Stephan
Milow, hat namentlich in seinen „Neuen Gedichten" (1870),
in den „kosmischen Phantasien" und dem prächtigen
Gedicht: „Auf der Bergesspitze" und anderen Elegieen und
Oden eine verwandte Richtung bewährt, wie er auch in seinen
Elegieen „Auf der Scholle" (1867) sinnreiche Weltbetrachtung
auf idyllischer Grundlage in anmuthenden Formen ausprägt.

Sechster Abschnitt.
Dichter verschiedener Richtung und dichtende Frauen.

Franz von Gaudy. — Emanuel Geibel. — August Kopisch.
Karl von Holtei. — Robert Reinick. — Geistliche Liedersänger.
Annette von Droste-Hülshoff. — Betty Paoli.

Wir haben gesehen, wie sich die moderne Lyrik durch eine
Fülle neuer Gedankenstoffe bereichert hat, wie sie den Staat und die
Gesellschaft, alle Ideeen, welche die Zeit bewegen, in ihre Kreise
zog, an Ereignisse der neuesten Geschichte anknüpfte und poetische
Perspectiven in exotische Fernen und in den von der Wissenschaft
durchforschten Kosmos eröffnete. Die Ohnmacht der Pedanten,
welche diese Bereicherung gern für eine Verarmung erklärt hätten
und in dem Heraustreten aus den althergebrachten lyrischen
Geleisen eine Versündigung gegen ihren ästhetischen Codex fanden,
mußte gegenüber den großen Talenten, welche die Regeneration der
deutschen Lyrik vertraten, und gegenüber der begeisterten Aufnahme
von Seiten der Nation verstummen. Wohl hörte man hier und
da noch im grämelnden Tone die schwülstige Diction, die Ueberladung mit Bildern, welche der jüngeren lyrischen Schule eigen,
bekritteln; aber wegen einzelner Fehler des Reichthumes bedeutende

Leistungen zu verwerfen, das war die That kritischer Boileaus, die, nüchtern bis auf ihren Grimm, mit der Gartenscheere umherliefen und gegen die blühenden Hecken wegen einiger wuchernder Ranken tobten; das war die Kritik Voltaire's, welche den Shakespeare für einen betrunkenen Wilden erklärte, freilich ohne Voltaire's Geist und Witz. Der Geschmack, der das rechte Maß bewahrt, hat sein gutes Recht; aber wenn die Fistelstimme kritischer Castraten fort=
während seine Regeln intonirt, so muß man dagegen protestiren, sobald dies ohne allen Sinn für den eigentlichen Nerv des Talentes und die eigentliche Kraft des Geistes geschieht. Ebenso tauchte fortwährend der Vorwurf auf, die moderne Lyrik profanire die Heiligkeit der Poesie, indem sie dieselbe mit einem Flitter von Tendenzen behänge. Tendenz ist aber nur die dem Kunst=
werke äußerliche, etikettenartig angeklebte Idee. Das ist stets ein Zeichen der Talentlosigkeit, kann aber auch hin und wieder einem schlafenden Homer begegnen. Die Gegner der modernen Lyrik verstehen aber unter Tendenz jede Idee, die ihnen nicht genehm ist, jede Berührung der Poesie mit den Gedanken, welche diese Zeit bewegen, mag sie auch mit echter Dichterkraft und hoher Kunst, wie bei Grün, Lenau, Herwegh u. A. zur innerlich treiben=
den Seele der Dichtung geworden sein. Dieser dürren Kritik gegenüber ist es Pflicht, stets zu wiederholen, daß nur das, was sie verdammt, der Poesie die wahre und dauernde Berechtigung ertheilt und Gedichte von metrischen Schulexercitien unterscheidet. Damit ist indeß nicht gesagt, daß die einfache Lyrik der Empfindung, das Lied im weitesten Sinne des Wortes, ihr Recht verlieren solle; aber auch die uralt ewigen Stoffe des Herzens wechseln ihr Gewand mit dem Wechsel der Zeit, und die Magie der Empfindung schimmert in verschiedenen Farben je nach der Beleuch=
tung des Jahrhunderts. Welch' ein Unterschied ist zwischen den Liebesliedern eines Anakreon und denen eines Horaz, zwischen einem Hafis und Walter von der Vogelweide, zwischen einem Petrarca und Heine! So konnte sich auch die neue Lyrik der Empfindung nicht den Einwirkungen der Zeitatmosphäre entziehen. Wohl giebt

es noch vergilbte Wertherlyrik, Epigonen Matthisson's und andere
Schillerverwässerer, Anakreontiker im Style Gleim's und Hage=
dorn's; denn der Dilettantismus einer mangelhaften Bildung lehnt
sich an jedes, auch das veraltetste Muster an, das ihm zufällig
begegnet. Die deutschen Musenalmanache, diese Sündenregister
der von allen Zweigen zwitschernden Lyrik, enthalten in ihren
vergänglichen „Liederfrühlingen" die wunderbarsten Proben dieser
lyrischen Musterreiterei aus allen Zeiten: Liebesgefühle im Reif=
rocke, grelle Empfindungen mit dickgedrehtem Zopfe, blonde Minne=
lieder zur Cither, spanische Hidalgoseufzer in Trochäen, italienische
Bravourarien in Sonetten, Bergschottenpoesie im Costüme des
Hochlandes, selbst die althellenische Liebeslyrik der Ganymeden=
Vergötterer. Doch das ist alles, um mit Fallstaff zu sprechen, „Futter
für Pulver" und stirbt einen schnellen Tod auf Toilettentischen
und in Boudoirwinkeln. Die Empfindungslyrik muß entweder einen
allgemein giltigen classischen Adel und graziöse Reinheit bewahren,
oder speciellere Farben nur dem Costüme ihres Jahrhunderts ent=
nehmen. Diese Färbung einer bestimmten Epoche, mochte sie das
Gefühl auch durch eine spaßhafte Tättowirung entstellen, findet sich
in der Heine'schen Liebeslyrik, welche daher einen zahlreichen Troß
von Nachahmern fand. Das einfache und gesunde Gefühl war
durch die romantische Ueberschwänglichkeit verloren gegangen; man
hatte sich gewöhnt, so grenzlos, so herzen= und lebenvergeudend zu
lieben und zu empfinden, daß man nur noch einen Schritt weiter
thun konnte — das eigene Empfinden zu verspotten. Dafür traf
Heine den genialen Ton, und eine Wolke von Jüngern umschwärmte
den melodischen Maëstro. Jedes kleine Erlebniß des Herzens
wurde in dies ironische Licht gestellt; man besang erst seine Laura
im Petrarcastyle; dann aber trübte man den Quell von Vaucluse
in cynischer Weise. Heine's Muse blieb wenigstens graziös, wenn sie die
Mondschein=Serenaden der Empfindung durch cynische Ergüsse störte;
die Nachfolger aber wurden ungeschickt und roh; bei ihnen hieß es:

„Donna Laura trat an's Fenster,
Und mit kalten Wasserfluthen —

Wenn nicht gar mit etwas Schlimmerm —
Löschte sie des Ritters Gluthen."

So singt der Einzige der Heinianer, der aus ihren verwilderten Gruppen herauszuheben ist als der talentvollste Nachahmer des Pariser Aristophanes: **Franz Freiherr von Gaudy** aus **Frankfurt a. O.** (1800—1840), preußischer Offizier, seit 1833 verabschiedet, ein Novellist von anmuthigem, humoristischem Anfluge und phantasievoller Lebendigkeit, z. B. in den „Venetianischen Novellen" (2 Bde. 1838), frischer Reisedarsteller in dem Werke: „Mein Römerzug" (3 Bde. 1836), ein Poet von französischem Esprit und einer großen Productivität in humoristischen Nipptisch= sächelchen in Versen und Prosa, die neuerdings in den „sämmt= lichen Werken" (42 Bde. 1844) ausgestellt wurden. Gaudy's Dichtungen sind Heine'sche Lyrik mit einem Schnurrbarte, cavalier= mäßiger zugestutzt, noch modeduftiger, fashionable Wachtstubenpoesie, reicher an Salonglossen, an lyrischen Modekupfern; doch wo sie mit dem Degen salutirt, wie vor dem großen Kaiser, da salutirt sie mit Anstand, und ein Hauch kriegerischer Bravour umfliegt ihr Angesicht. „Erato" (1829) ist ein auf Heine'schen Stoppelfeldern gepflückter Blüthenstrauß von Herbstzeitlosen, mit vieler giftiger Persiflage der Gesellschaft und des Modewesens, aber auch der eigenen Empfindung; es sind meistens kleine lyrische Bienen, Bil= derchen aus dem unmittelbaren Lebenskreise des Autors, unter denen sich die „Liebesfatalitäten" durch schalkhafte Erfindung und Ausführung auszeichnen; es sind kleine, niedliche Reliefs. Allerliebste poetische Curiositäten sind die „niederländischen Bilder" und die „Bilder in altfranzösischer Manier," auf's Sauberste ausgeführt:

„Es steh'n verschnitt'ne Hecken
Im regelrechten Kreis,
Die Zweige dehnen und strecken
Sich nach des Gärtners Geheiß.

Und farbige Glaskorallen
Und buntgefärbter Sand
Mit Schnuren von hellen Kryställen
Umziehen der Beete Rand.

Auf bauchigen Muschelschalen
Ruh'n Oceaniden von Stein,
Und silberne Wasserstrahlen
Sieht man Tritone spei'n.

Mit großen Allongeperücken
Spazieren die Cavalier',
Mit spitzigen Fingern pflücken
Sie selt'ner Blumen Zier

Und reichen sie sittig den Frauen,
Die steif im Reifrock steh'n
Und spröde zur Erde schauen
Und mit dem Fächer weh'n.

Die Herren reden so zierlich
Und beugen den Leib so devot,
Die Damen erwiedern manierlich
Und thun, als würden sie roth."

Auch die Heine'schen „Nordseebilder" mit ihrem pathetischen und sich selbst parodirenden Hymnenschwunge werden in reimfreien Streckversen von Gaudy nachgeahmt. Selbst die reiferen „Kaiserlieder" (1835), in denen sich mancher kräftige und ansprechende Zug findet, weisen auf Heine und seine Begeisterung für den großen Corsen zurück und haben an einzelnen Heine'schen Gedichten und an den Béranger'schen Chansons ihre Vorbilder. Als zierlicher und schalkhafter Boudoirpoet von Laune und Gewandtheit verdient Gaudy ohne Frage den Vorzug vor der jüngsten Miniaturpoesie der Toilettentische und ihrer leeren Eleganz, vor der süßlichen Nüchternheit der jüngsten Nachtreter Fouqué's. Interessant bleibt diese preußische Officiersgruppe in unserer Literatur: der chevareske, minnigliche, mittelalterliche Fouqué, der modern-frivole, französirende, leichtfertige Gaudy und der tiefernste, gedanken- und charaktervolle Sallet, in deren Namen sich überdies die französische Abstammung ausprägt.

Die weiteren Ablagerungen des Heine'schen Geistes, die sich oft schichtweise in den Musen-Almanachen der dreißiger Jahre finden, zu verfolgen, wäre unersprießlich, obwohl die namenlose Lyrik, gedruckt und ungedruckt, lange Zeit vor seinem Spiegel Toilette machte. Ohne die krampfhaft zerwühlte Weltschmerzfrisur ließ sich in dieser Zeit kein fashionabler Poet sehen. Ja die Raketenstöcke des geistigen Feuerwerkes, das der Dichter der „Reisebilder" abgebrannt, fielen im fernen Pommerland nieder und wurden von einer Dichterschule in diesen Niederungen dazu verwendet, ein idyllisches Feuerchen anzumachen, an dem recht alltäglich sentimentale Suppen gar gekocht wurden. Die Unarten des Lieblinges der Kamönen wurden stereotyp auch bei denen, welche auf diesen Titel keinen Anspruch machen durften; aber auch die begabten Poeten konnten sich von einzelnen Heine'schen Eigenheiten nicht frei machen, und die Freude an vermessenen Pointen trübte selbst bei einem Lenau, Grün, Beck, Meißner u. A. die harmonische Gestaltung. Eine Dichterin wie Ada Christen erging sich in den „Liedern einer Verlorenen" (1869) in der offenbarsten Nachdichtung der pointirten und oft cynischen Lieder Heine's und wählte dabei als Dekoration und Statisterie den Hintergrund der Orgie, sodaß die Kritik auf die Vermuthung kommen mußte, der leukadische Fels dieser Sappho sei der Hamburger Berg. Diese Vermuthung erwies sich als eine irrige; die Phantasie der Dichterin liebte nur die grellen Farben. Ohne aus dem beherrschenden Bann des Heine'schen Vorbildes sich zu befreien, dem sie oft glücklich, oft aber auch in mattester Copie nacheiferte, schlug Ada Christen in den Sammlungen: „Aus der Asche" (1870), „Schatten" (1873) sanftere Klänge an, obgleich es auch hier nicht an satyrischen Ausfällen auf die gesitteten Hausfrauen fehlt und über sehr vielen dieser Gedichte eine etwas dumpfe und bleischwere Melancholie brütet.

In den „Gedichten" von Wilhelm Jensen (1869) finden sich ebenfalls viele Anklänge an Heine in den leichtgeflügelten Liedern und Stimmungsbildern, in denen die heinisirende Blasirtheit oft einen kecken Zug zwischen die feingezeichneten Stimmungsbilder hinwirft. Die „Strandbilder" sind den Heine'-

schen nachgedichtet und oft mit Glück. Doch ist Jensen keineswegs ein sclavischer Nachahmer Heine's, er schlägt auch volle Klänge an, eifert im Kunststyl der Platen'schen Schule nach und giebt Situationsbilder von tieferem geistigen Gepräge und großer Schönheit wie die biblische Urweltmythe „Lilith," in welcher er die Ahnfrau aller verhängnißvollen Schönheiten, alle Phrynen und Cameliendamen verherrlicht. Die „Lieder aus Frankreich" (zweite Aufl. 1874) bieten anschauliches Leben, die größere poetische Erzählung: „Die Insel" (1875) hat bei glänzenden Einzelnheiten zu große epische Breite. Einen selbstständigen Zug bewahrt in einzelnen Gedichten der „Neue Tanhäuser" (1869), und Tanhäuser in Rom" (1875, von einem anonymen Autor), wenn auch beide Dichtungen in dem durchgehenden Grundton an Heine's Balladen erinnern. Das erste Gedicht, welches das Glück und den Fluch der sinnlichen Liebe schildert, ist geistreich und jedenfalls die bedeutsamste Nachblüthe der Heine'schen Lyrik, welche die neueste Epoche aufzuweisen hat. Das jüngste Gedicht des anonymen Autors hat ebenfalls Stellen von pikantem Hauch und poetischem Reiz, obwohl hin und wieder die Ueppigkeit sinnlicher Schilderungen allzusehr überwuchert.

Neben dem großen Schweife der saloppen Muse Heine's ging freilich eine Liebeslyrik einher, welche in gemessener Form in die Fußstapfen Goethe's und Schiller's trat, mit graziöser, maßvoller Haltung dichtete, dabei aber freilich doppelte Anstrengungen machen mußte, um mit ihrer wenig ausgeprägten Physiognomie neben den vorlauten und schnippischen Amoretten jener frivolen Schule bemerkt zu werden. Wir haben schon oben gesehen, wie die schwäbischen Dichter mit höchster Anständigkeit würdige Gefühle sorgsam scandirten, und auch die orientalische Lyrik hielt sich, bei aller Opposition gegen die Ascese, von der Heine'schen Frivolität fern. Der bedeutendste und am meisten gefeierte Liederdichter der Neuzeit, der sich selbstständig, im Anschlusse an classische Muster und aus dem Studium spanischer und italienischer Vorbilder entwickelte, ist Emanuel Geibel aus Lübeck (geb. 1815), der schon im Jahre 1843 vom Könige von Preußen ein Jahrgehalt erhielt,

1852 als Professor nach München berufen wurde und sich dort durch Bayerns dichterfreundlichen König zahlreicher Auszeichnungen zu erfreuen hatte. Um den Hof dieses Königs sammelte sich eine Gruppe von Poeten, deren gemeinsames Kennzeichen die Meisterschaft in der Handhabung dichterischer Formen war, so verschieden auch sonst ihre geistige Bedeutung und Richtung sein mochte. Die Poesie, die der königliche Dichter Ludwig von Bayern (geb. 1786) selbst an dieser Stätte pflegte, steht in einem gewissen Gegensatze zu der Poesie der jungen Münchener Dichterschule, die sein Sohn und Nachfolger beschützt; denn in seinen „Gedichten" (1829) herrscht eine oft bizarre Originalität der Form, die Nachahmung des Tacitëischen Lapidarstyles in Versen, eine Vorliebe für gedrungene Participialconstructionen, obschon man ihnen weder Adel der Gesinnung, noch echt dichterische Wärme absprechen kann. Emanuel Geibel ist weit entfernt von diesen kühnen Herausforderungen des sprachlichen Genius; seine Form ist eben, glatt und klar, voll heiliger Scheu vor der Tradition in Satzbildung, Metrik und in der Bildlichkeit des Ausdruckes. Da ist alles so fließend und säuberlich: keine Inversionen, keine gewagten und schwierigen Constructionen, keine gesuchten Wendungen, keine bizarren Reime, keine Worte zum Nothbedarfe. Geibel bewegt sich mit derselben Sicherheit im sangbaren Liede und seinen musikalischen Refrains, im Sonett, in Distichen, in Ghaselen, in Terzinen. Alle metrischen Formen sitzen ihm wie angegossen; leicht und graziös schwebt seine Dichtergondel bei allem Wechsel des Tactes über die Fluth. Seine lyrischen Werke sind: „Gedichte" (1840), „Zeitstimmen" (1841), „Spanische Volkslieder und Romanzen" (1843), „Ein Ruf von der Trave" (1843), „König Sigurd's Brautfahrt" (1846), „Zwölf Sonette" (1846), „Juniuslieder" (1847), „Neue Gedichte" (1856). „Gedichte und Gedenkblätter" (1864), „Heroldsrufe" (1871).

Nach dem Tode des Königs Max hatte sich Geibel in seine Vaterstadt Lübeck zurückgezogen, seine Sympathieen gehören stets der norddeutschen Einheitspolitik an. Ein poetischer Gruß, den er dem König Wilhelm von Preußen bei seinem Besuch in der alten Hansastadt widmete, hatte zur Folge, daß ihm die bairische Pension entzogen wurde, wofür alsbald die preußische Regierung ihm Ersatz bot. Mit ungehemmter Begeisterung folgte Geibel dem Siegesgang der deutschen Politik und der Wiedergeburt des Kaiserthums, deren Verkündiger er seit langer Zeit gewesen war.

Was Geibel's erste Gedichte charakterisirt, ist ein unverdorbenes Gemüth, das sich durch festes Gottvertrauen und Anlehnung an den Glauben der Kirche Klarheit und Sicherheit bewahrt und sich vor allen Elementen der Skepsis, der Zerrissenheit, der Blasirtheit beschützt hat. Eine vorsündfluthliche Unschuld, gegenüber allen Gedankenproblemen, oder ihre einfache Widerlegung durch die feststehende Autorität der Satzung läßt den frischen Quell des Gemüthes ungefährdet fluthen, in marmorner Fassung und krystallklarer Spiegelung. Ein von den Mächten des Gedankens so wenig zersetztes Gemüth ist ein glücklicher Boden für die reine Lyrik der Empfindung und ihren unzerstörten Schmelz. So strömen und wogen die Lieder in melodischem Flusse aus Geibel's Gemüth und steigen „auf der goldenen Leiter der Liebe" in den Himmel. Den Dichter beschäftigen anmuthig subtile Fragen der Natur-Scholastik, z. B., ob die Sterne fromme Lämmer sind, oder Silberlilien, oder lichte Kerzen am Hochaltare?

> „Nein! es sind die Silberlettern,
> Drin ein Engel uns vom Lieben
> In das blaue Buch des Himmels
> Tausend Lieder aufgeschrieben."

Er besingt die stille, weiße Wasserrose, um die der weiße, leise singende Schwan kreist:

> „O Blume, weiße Blume,
> Kannst du das Lied versteh'n?"

Dann wünscht er, selbst wieder ein Schwan zu sein und singend zu sterben. Wenn er den kühlen Frieden des Abends preist, so will er der Geliebten alles künden, was sein Herz bewegt:

> „Und was ich am lauten Tage
> Dir nimmer sagen kann,
> Nun möcht' ich's dir sagen und klagen —
> O komm' und hör' mich an!"

Dann aber ruft er wieder in derselben Abendbeleuchtung aus:

> „Was soll der Worte leerer Schall?
> Das höchste Glück hat keine Lieder,
> Der Liebe Lust ist still und mild,—
> Ein Kuß, ein Blicken hin und wieder, —
> Und alle Sehnsucht ist gestillt."

In diesen kleinen Widersprüchen bewegen sich „die Lieder als Intermezzo" anmuthig hin und her, ein süßes, zartes Liebesgeflüster das die Musik herausfordert, ihm eine lautere, volltönende Sprache zu leihen. In der That sind alle diese Lieder sangbar, denn kein störender Lärm der Reflexion, kein vorlauter Gedanke, der mit Manneshöhe aus dem Gewühle dieser niedlichen Gefühlchen emporragte, unterbricht den harmonischen Eindruck. Man merkt es diesen zartstengeligen Empfindungsblüthen an, sie brauchen Noten, um sich an ihnen emporzuranken! Das gilt auch von anderen, mehr elegischen Klängen, z. B.:

> „Wenn sich zwei Herzen scheiden,
> Die sich bereinst geliebt"

von vielen Frühlings-, Herbst- und Trinkgedichten in den „Juniusliedern," von den Liedern aus alter und neuer Zeit in den „neuen Gedichten," in denen indeß das anakreontische Element gegen das gnomische zurücktritt, während einzelne Naturbilder von einem echt classischen Zauber sind:

> „Fern in leisen dumpfen Schlägen
> Ist das Wetter ausgehallt,
> Und ein gold'ner Strahlenregen
> Fluthet durch den feuchten Wald.
>
> Wie am Grund die Blumen funkeln!
> Wie die Quelle singt im Fall!
> Silbern aus den tiefsten Dunkeln
> Blitzt das Lied der Nachtigall."

Geibel hat „das Lied" den rohen, formlosen Klängen der Volks=
poesie entnommen und mit einer adeligen Form bekleidet. Dies
ist der Boden, auf welchem sein Talent unbedingte Anerkennung
verdient.

Nächst „dem Liede" ist das poetische Gemälde, das bei ihm
selten über die ruhige Situation hinausgeht, eine trefflich ange=
baute Domaine seiner Begabung. Er erinnert hierin an Freilig=
rath, dem er an zierlicher Pflege der Form überlegen ist, wenn
er auch die phantastevolle Lebendigkeit und den aromatischen Duft,
der über dessen Dichtungen schwebt, nicht erreicht. Die Poesie
Geibel's hat etwas Deutschblondes und bewegt sich in der Heimath
mit größerer Grazie und mit mehr Schwung, als in der Fremde.
Von den Situationsbildern, aus deren sorgfältig ausgeführter,
malerischer Hülle zuletzt ein warmer und begeisterter Gedanke
hervorbricht, verdient hervorgehoben zu werden: „Eine Sep=
tembernacht," wo dem Dichter im treu gezeichneten Lübecker
Rathskeller Marcus Meier und Jürgen Wullenweber erscheinen
und der Geist der alten Hansa markig=schwunghaft die Gegenwart
auf glorreiche Pfade weist, und „Sanssouci," ein Gedicht, in
welchem uns mit wenigen scharfen Zügen das Bild des großen
Friedrich entrollt wird, der sich nach einem Horaz, nach einem
Götterlieblinge sehnt, einem großen, deutschen Dichter:

> „Er spricht's und ahnet nicht, daß jene Morgenröthe
> Den Horizont schon küßt, daß schon der junge Goethe
> Mit seiner Rechten fast den vollen Kranz berührt.
> Er, der das scheue Kind, noch roth von süßem Schrecken,
> Die deutsche Poesie, aus welchen Taxushecken
> Zum freien Dichterwalde führt."

Hellenische Freiheitsbegeisterung athmet das Gedicht: „der
Alte von Athen," während der „Tscherkessenfürst," „das
Negerweib" u. a. das bunte Freiligrath'sche Colorit zur Schau
tragen, obwohl sie mit wärmeren Accenten des Pathos und der
Empfindung ausgestattet sind. In den „Gedichten und Gedenk=
blättern" finden sich drei Balladen von Energie des Gedankens

und der Darstellung: „Bothwell," „Omar," der Kalif, der Verächter der Alexandrinischen Weisheit, soweit sie in Bücherschätzen aufbewahrt war und „Schön=Ellen," eine etwas zu lakonisch ohne Zeit= und Ortsbestimmung gehaltene Ballade, die ein Ereigniß aus der Zeit des indischen Aufstandes behandelt. Zu den vollendetsten Situationsbildern gehört „der Tod des Tiberius" in den „Neuen Gedichten." Hier erhebt sich Geibel's Muse zu dramatischer Lebendigkeit, zu markiger Kraft. Wir sehen den sterbenden Imperator in wüster Skepsis ringen:

„Kein Held verjüngt
Rom und die Welt, wie er mit Blut sie düngt.
Wenn's Götter gäb', auf diesem Berg der Scherben
Vermöcht' ein Gott selbst nicht mehr Frucht zu zieh'n.
Und nun der blöde Knab'[1])! Nein, nein, nicht ihn,
Die Rachegeister, welche mich verderben,
Die Furien, die der Abgrund ausgespie'n,
Sie und das Chaos setz' ich ein zu Erben.
Für sie dies Scepter!" —

„Und im Schlafgewand
Jach sprang er auf, und wie die Glieder flogen
Im Todesschweiß, riß er vom Fensterbogen
Den Vorhang fort und warf mit irrer Hand
Hinaus den Stab der Herrschaft in die Nacht.
Dann schlug er sinnlos hin."

Das Scepter aber rollte zu den Füßen eines deutschen Kriegsknechtes, der in visionairem Traum die Herrschaft des Königs und den Sieg seines Volkes über das verfallene Rom vorausschaut. Eine echt dichterische Situation mit großen geschichtlichen Perspectiven! Auch die „hellenischen Bilder" zeichnen sich durch classische Rundung der Form und pittoreske Schilderungen aus, welche der Dichter indeß stets durch Empfindungen unterbricht, in denen sich seine geringe Verwandtschaft mit dem hellenischen Genius ausprägt.

---

[1]) Der Enkel des Tiberius, Caligula, den die Umstehenden holen lassen wollten.

Während Hölderlin unterging im Ringen, Griechenland und Deutschland geistig zu vermählen, während Göthe den griechischen Geist in unbefangener Reinheit hervorzauberte, fühlt sich der Dichter der keuschen, blonden Minne, „von der nur Gott im Himmel weiß," unbehaglich in den lauen Sommernächten des Südens, sehnt sich unter den Tempeln nach den Kirchen zurück, nach den deutschen Nebelnächten, den Stürmen des Herbstes, den gothischen Domen, den alten Ulmen und hohen Giebelhäusern, und schreibt auf der Akropolis eine Lübecker Idylle. Die Poesie des romantischen Contrastes ist mächtiger in ihm, als der selbstgenugsame Geist plastischer Gestaltung und die heitere, hellenische Weltanschauung.

Geibel war in der That der stillste und friedlichste deutsche Minnesänger, der die leisesten Farben, in denen die Psyche schillert, mit allem säuberlichen Schmelze auf seine Bilderchen hauchte. Doch wie er auch mit ganzer Seele dem Stillleben des Gemüthes hingegeben war, er konnte sich den Anforderungen der Zeit nicht entziehen, welche den Feuerschein der Tendenz auch in die kleinen Dachgiebelfenster und großen Kirchenfenster seiner Poesie warf. Wir hätten Geibel eben so gut, wie Herwegh, unter den politischen Lyrikern anführen können. Natürlich war seine keusche und melancholische Natur nicht dazu angethan, sich den lyrischen Sturmglöcknern anzuschließen; er machte gegen sie Front als der Dichter einer conservativen Tendenz, der es indeß nicht an einer großen, nationalen Gesinnung und Begeisterung für die gemäßigte Freiheit fehlte. Der Sänger des Liedes:

„Wo still ein Herz voll Liebe glüht,
O rühret, rühret nicht daran!"

mußte natürlich alle staatlichen und kirchlichen Institutionen als ein noli me tangere betrachten, und wie er selbst nicht an feststehenden Begriffen und Satzungen zu rühren wagte und den sauber geputzten Hausrath des Denkens und Empfindens stets am alten Platze stehen ließ, so mußte er unwirsch werden über eine Poesie der Neuerung, der schon das bloße Rühren und Rütteln zur Freude zu gereichen schien. Die conservative Gesinnung zeugt stets von einer Pietät des Gemüthes, welche einen Dichter trefflich kleidet; aber das Festhalten des Bestehenden um jeden Preis, die Angst vor jedem Läuterungsfeuer der Geschichte entzieht der Poesie viele lebenskräftige Elemente. So finden wir auch bei Geibel nirgends das Ueberströmen eines gährenden Dichtertalentes. Kein inneres Ringen sprengt gewaltsam die Schale; darum wird auch das Verdienst geringer, sie so glatt und rein zu halten.

Am bekanntesten hat sich Geibel durch sein schwunghaftes Tendenzgedicht gegen Herwegh gemacht, durch welches erst das große Publikum aufmerksam auf die bis dahin schlummernden Schätze seiner Lyrik wurde. Gegen den Prediger der Zerstörung und Empörung, der die Fackel Herostrat's schwingt und mit Schwerterklirren naht, tritt er auf als ein Vertreter der reinen deutschen Freiheit und Wahrheit:

„Die werf' ich keck dir in's Gesicht,
Keck in die Flammen deines Branders,
Und ob die Welt den Stab mir bricht,
In Gottes Hand ist das Gericht;
Gott helfe mir! — Ich kann nicht anders!"

Und wie gegen Herwegh, tritt Geibel überhaupt gegen die „wilde Freiheit" auf, gegen „das Weib im aufgeschürzten blut'gen Kleide," gegen „den Pöbel, der sich den rothen, zerfetzten Königsmantel" umgeschlagen, gegen die „Verneinenden," denen statt der Sonne frostige Sterne scheinen, die nicht einmal wie die Heiden den Gott im Donner und im Sonnenwagen sehen, sondern frech mit erz'nem Speere jedes Götterbild zertrümmern wollen. Ihm ist der heil'ge Geist Gottes freie Gabe, das Wort ein ew'ger Fels, die Kirche ein dreimal heilig Schiff, das, gleich der Arche, sicher auf der Welle treibt; er reinigt sich in Gebeten und fleht Gott um einen löwenstarken, weltbezwingenden Glauben an.

In den „neuen Gedichten," die, wie wir bereits erwähnten, höchst markige Situationsbilder enthalten, ist die geistige Grundrichtung des Dichters wohl unverändert geblieben; aber sie hat ihren Inhalt doch sehr vertieft, in zum Theil großartigen Bildern und Anschauungen verwerthet und die Gemeinplätze der Kanzel glücklich vermieden. So athmet das Gedicht: „Babel" einen hoch- und volltönenden Psalmenschwung — und wenn der Dichter damit unserer Zeit ein Bild vorhalten will, so geschieht dies wenigstens ohne jede Absichtlichkeit und predigerhafte Kleinkrämerei, indem uns das Ganze wie eine lyrische Freske von Kaulbach gemahnt:

„Und das Feuer verglomm, und die Flut war vertost,
Und es graut' und die Sonne erhub sich im Ost,
Doch in schweigender Oede gewahrte sie Nichts,
Als den wehenden Schutt auf der Statt des Gerichts."

Ein ähnliches Bild scheint der „Bildhauer des Hadrian" den Kunstbestrebungen unserer Epoche vorhalten zu sollen:

„O Fluch, dem diese Zeit verfallen,
Daß sie kein großer Puls durchbebt,
Kein Sehnen, das, getheilt von Allen,
Im Künstler nach Gestaltung strebt;
Das ihm nicht Rast gönnt, bis er's endlich
Bewältigt in den Marmor flößt
Und so in Schönheit allverständlich
Das Räthsel seiner Tage löst."

Sonst spricht sich in diesem Gedicht, wie in der „Sehnsucht des Weltweisen" in einer idealen Form, welche an die Schiller'schen Gedichte erinnert, eine den Göttern Griechenlands diametral entgegengesetzte Richtung aus, nämlich die Sehnsucht des in Auflösung begriffenen Heidenthums nach einem „neuen Glauben" und die Ahnungen der christlichen Welterlösung. Großartigen Hymnenschwung athmet der „Mythus vom Dampf." Geibel faßt sein Thema anders, als Anastasius Grün und Karl Beck — er läßt den Titanen, den Sohn des Feuergeistes und der Meerfei im Krystallpalast, sich gegen das von den Staubgeschöpfen ihm auferlegte Joch sträuben und stellt den künftigen Act seiner Befreiung zugleich als ein elementarisches Weltgericht über den Hochmuth der Menschen dar.

In den „Gedichten und Gedenkblättern" erscheint

Geibel's Empfindungswelt in einer neuen Beleuchtung. Die Lebenssonne wirft schräge Strahlen; es liegt etwas wie Resignation in der Luft. Die Seele zehrt von Erinnerungen und phantasirt sich in die Lebensbilder der Vergangenheit zurück, welche dadurch in wehmüthigen Reflexen erscheinen. Die Liederpoesie in dieser Sammlung trägt eine spätsommerliche Physiognomie zur Schau. Der Dichter sonnt sich am Wiederschein vom Glück der Jugend; einen Anakreon, Hafis und den alten Goethe selbst, der auf dem westöstlichen Divan im Arm der Suleika's so wonnig geruht hat, belehrt der Dichter der „blonden Minne," von der nur Gott im Himmel weiß, eines Besseren:

> „Darum setze dich zur Wehr,
> Glänzt in's alternde Gemüthe
> Dir der Schönheit Strahl und hüte
> Dich vor nichtigem Begehr,
> Minneglück will Jugendblüthe
> Und du änderst's nimmermehr."

Die Schulgeschichten, Kindheits- und Jugenderinnerungen werden uns mit einer durch Gefühlsinnigkeit und Formschönheit geadelten Plauderhaftigkeit vorgeführt und sind uns willkommener, als die Oden in antiken nach der Schablone behandelten Strophen. In den „Heroldsrufen" hat Geibel seine politische Lyrik gesammelt; er bewährt sich in dieser Sammlung als der echte Reichs- und Kaiserherold, der die jetzige Wendung der deutschen Geschicke schon früh in seiner Seele geahnt und prophetisch verkündet hat. Gegenüber den unbestimmten Zielen der politischen Lyrik in den Vierziger Jahren hat Geibel von Hause aus ein festes Ziel im Auge und daß dieses Ziel dasselbe ist, welchem die Weltgeschichte zusteuerte, giebt seiner Lyrik jetzt einen Zug staatsmännischer Weisheit und eine nachträgliche Verklärung durch das fait accompli. Die Sammlung enthält einige Perlen unserer politischen Lyrik wie das Gedicht „Chäronea" und die vortrefflichen Kriegsgedichte des Jahres 1870.

Die Formenschönheit, der idealistische Schwung und Ernst der neuen Geibel'schen Gedichte bezeichnen nicht nur einen Fortschritt gegen die früheren, den vielleicht das Boudoirpublikum nicht geneigt sein wird anzuerkennen; sie sind auch in jener künstlerischen Richtung gehalten, welcher man gegenüber der neuen realistischen Verflachung das Wort reden muß, mag man auch mit der Tendenz des Dichters nicht immer einverstanden sein.

Geibel's dramatische Versuche haben keinen Erfolg gehabt; „**König Roderich**" (1844) ging spurlos vorüber, das Lustspiel: „**Meister Andreä**" und die Tragödie aus der Nibelungensage: „**Brunhild**" (1857), scheiterten an ihren unmodernen und gewagten Voraussetzungen. Die Verhexung des „Meister Andreä" und sein Unglauben an die Identität der eigenen Person ist ein Motiv, welches allzu phantastisch ist, um unserem modernen Publikum glaubwürdig zu erscheinen, oder die auch für die Lustspielheiterkeit erforderliche Illusion hervorzurufen. In der „Brunhild" aber hat Geibel gegen das von uns stets verfochtene Axiom gesündigt, daß die Voraussetzungen unserer Cultur und Bildung auch die Voraussetzungen unserer Poesie sein müssen. Er hat aus der Bewunderung und Vertiefung in unser altes Volksepos, das einen mehr dramatischen, mehr von innen heraus motivirenden Charakter hat, als Ilias und Odyssee, den Fehler begangen, den Stoff mit allen seinen Wurzeln, die im Erdreich einer uns fremden und barbarischen Cultur haften, für die Bühne der Gegenwart herauszuheben. Das herbe Motiv steht mit den Sitten unserer Zeit in Widerspruch, und unsere Poesie hat keineswegs den Beruf, in entlegenen und fremdartigen Motiven Kräftigung und Erquickung zu suchen. Was einer barbarischen Cultur als wahr und berechtigt erscheint, wird uns freilich als paradox erscheinen. Doch liegt dieser Reiz dem Geibelschen Talent fern, welches hier nur mit Treue an der Ueberlieferung festhält. Der paradoxe Dramatiker der Neuzeit ist Hebbel, und wenn er den Nibelungenstoff behandelt, so beutet er mit all seiner, nach dieser Seite wuchernden Genialität die Mysterien der Brautnacht dramatisch aus; aber er hüllt das Ganze in einen sagenhaften Nebel, und da ihm das Pathos der alten Recken wohl zu Gesicht steht, so bleiben Stoff und Darstellungsweise im Einklang.

Dies gerade läßt die Geibel'sche Tragödie vermissen. Ihre Voraus=
setzung ist nicht nur, daß Siegfried statt Gunther's im Wettkampf
über Brunhild siegt, und sie so dem König zu Worms erobert —
dies Motiv wäre zu schwach, um die Rache der Brunhild zu tragen.
Nein, Siegfried bändigt Brunhild, welche ihre Jungfrauschaft nicht
opfern will und mit Gunther unbesiegbar ringt. Er bändigt sie,
indem er ihr als Gunther erscheint und die Ueberwundene dann
ihrem ehelichen Herrn überläßt. In dem alten Nibelungenepos
wird die Situation durch Siegfried's Tarnknappe äußerlich moti=
virt. Die Zauberei der Nebelkappe konnte der moderne Dichter
nicht brauchen; dafür läßt er uns im Unklaren, wie der Rollenwechsel
zwischen Gunther und Siegfried stattgefunden, wie es Siegfried mög=
lich gemacht hat, an Gunther's Stelle zu treten, und Gunther wie=
derum, jenen abzulösen und des Kampfes Frucht zu ernten. Wenn diese
Erörterungen als das Zartgefühl verletzend für ein dramatisches
Dichtwerk ungeeignet erscheinen, so kehrt sich dieser Einwand als=
bald gegen den Stoff, der auf solchen Stützen ruht und ohne
ihre sorgfältige Motivirung in seinem ganzen Zusammenhalt beein=
trächtigt wird. Diese Scene darf nicht in's Dämmerlicht gerückt
werden, sie verlangt volle Beleuchtung; denn sie ist der Grundstein
der ganzen Tragödie. Ein stuprum violentum innerhalb der
Ehe ist nun aber für uns ein Paradoxon, welches den Witz heraus=
fordert. Ein Weib, das sich dem Manne vermählt hat, aber
dennoch vermöge ihrer athletischen Körperkraft ihm das jus primae
noctis streitig macht; ein Mann, der vergebens vi, clam et pre-
cario dieses Weibes Herr zu werden sucht, seine Ohnmacht dem
Freunde bekennt und diesen um Hilfe bittet; ein Freund, der die
Zähmung der Widerspenstigen übernimmt, mit ihr ringt, ihren
athletischen Widerstand besiegt, sie aber unter das rechtmäßige eheliche
Joch beugt, indem er, treu seiner eigenen Gattin, zurücktritt: das
sind alles Gestalten der Heldensage, die man nicht von ihrem
Hintergrunde ablösen, nicht unter den Bürgern des neunzehnten
Jahrhunderts umherwandeln lassen kann, ohne ihre ernste und
tragische Bedeutung zu gefährden. Die Helden unserer Zeit sind

nicht mehr Recken, körperliche Athleten. Was wird aber aus den Voraussetzungen unserer Tragödie, wenn wir die Körperkraft der Brunhild und des Siegfried fortnehmen? Davon abgesehen ist das Drama indeß wegen der Consequenz der Entwickelung und vieler dichterischen Vorzüge zu rühmen. Act für Act macht die Handlung einen wesentlichen Fortschritt, rückt der Peripetie und Katastrophe näher und bewegt sich bei aller Einfachheit ihres Ganges doch durch große und erschütternde Momente, die der Dichter in maßvoller Gestaltung zu ihrem vollen Rechte kommen läßt. Er hat den markigen Freskenstyl der Sage in das sinnvolle und beredte Pathos verwandelt, wie es die Tragödie der Gegenwart verlangt, und das sich besonders in den Hauptkrisen der Handlung zu gewaltigem Schwung erhebt.

Geibel's Tragödie „Sophonisbe" (1868) erhielt im Jahre 1869 den Berliner Schillerpreis. Es giebt kaum einen Stoff des Alterthums, der öfter von den Dichtern behandelt worden wäre. In der That hat derselbe auch einen echt tragischen Conflict, den Conflict zwischen der Liebe zum Vaterlande und der Leidenschaft des Herzens, der aber ebensogut in moderner Zeit spielen könnte. In Geibel's Trauerspiel beginnt diese tragische Collision erst im dritten Act; die beiden ersten behandeln die Vorgeschichte der Neigungen Sophonisbe's zu Syphax und Massinissa. Sie ist bereit, dem letzteren zu folgen, weil sie nur um solchen Preis die einzige Hoffnung für ihr Volk erkaufen kann. Da erscheint im dritten Act Scipio selbst im Lager der zum Abfall gerüsteten Schaaren; sein Helden- und Edelmuth erringt den Sieg, auch über Sophonisbe's Herz; sie hat endlich das gefunden, was sie suchte — einen Mann. Diese Scene ist die glänzendste des Stücks, sie hat dramatischen Nerv und dramatisches Leben. Auch athmet die Beredtsamkeit Scipio's hinreißenden Schwung und erinnert an ähnliche Schiller'sche Rollen. Leider erhalten sich die beiden letzten Acte, trotz vieler dichterischer Schönheiten, nicht auf gleicher Höhe. Ein Mißverständniß führt die Katastrophe herbei. Sophonisbe hört durch einen Neger, daß Scipio geprahlt habe, er werde die Numiderkönigin im Triumphe aufführen. Diese Mittheilung, welche ihr den Dolch in die Hand giebt, um sich an Scipio zu rächen, ist falsch; sie erfährt dies ebenso zufällig aus einem Briefe und ersticht nun statt des Römers sich selbst. Diese tragische Katastrophe hat keine innere Nothwendigkeit. Im einzelnen ist das Stück reich an dichterischen Verdiensten und durchweg in einem edlen Styl gehalten, der nur hier und dort durch irgend eine Grabbe'sche Hyperbel oder ein Homerisch schmeckendes Beiwort in seiner maßvollen Haltung gestört wird.

In neuester Zeit hat sich Geibel durch die Herausgabe der „Gedichte" von Hermann Lingg (1854) unbestreitbare Verdienste erworben, indem uns in diesen ein Talent von eigenthümlichem Gepräge, düsterem Colorit und weltgeschichtlichen Perspectiven entgegentritt, ein Passionsdichter der Menschheit, dessen Form, von innen heraus bestimmt und gefärbt, eben so viel Schmelz und Schwung besitzt. Lingg, geb. 1820 zu Landau, seit 1851 als pensionirter bairischer Militärarzt in München lebend, trägt das lebenswarme, originell kräftige Colorit Freiligrath's auf welthistorische Bilder über; die Richtung auf das Große und Ganze ist bei ihm ebenso unverkennbar, wie ein tief düsterer Grundzug, welcher die wehmüthige Feier der Vergänglichkeit oft in unverhüllten Ekel vor der Verwesung umschlagen läßt. Dennoch schwebt auch ihm ein Ideal des Menschenstrebens vor, das er aus Dodona's heiligen Eichenwäldern verkünden läßt:

„Von Aegyptens Pyramiden
Bis zu Delphis Priesterin,
Bis zu Ganges Tempelfrieden
Herrsche Einer Lehre Sinn:
Trost zu spenden, Schmerz zu lindern,
Licht zu wecken weit und breit,
Freiheit allen Erdenkindern,
Freiheit, Liebe, Menschlichkeit!"

Selbst das Naturbild rückt der Dichter in die geschichtliche Beleuchtung und der Mond selbst ist ihm nur eine schlafende Sonne unter den entseelten Thiergerippen leerer Sternbilder, die klagende Seele der einsamen Nacht, deren Geschlechter versunken sind. Wie energisch seine historischen Bilder sind, das beweist sein „Spartakus" mit einem echten Römercolorit, das sich selbst auf die Reime erstreckt, sein „Lepanto" und viele andere, vor allem der „schwarze Tod" mit der meisterhaften Personification der Pest. Auch im zweiten Bande der „Gedichte" (1868) ist es die Gedankenfreske, die von echtem dichterischen Glanze funkelt. „Der Gesang der Titanen," „die Enakssöhne," namentlich „Niobe," ein grandioses Bild, in welchem die Heldin der alten Mythe gleichsam zur klagenden Mutter des Menschengeschlechts gemacht wird, „die Erwartung des Weltgerichts," voll apokalyptischen Schwungs, der indeß jedes Bild klar und bedeutend ausprägt — das sind Gesänge, welche dem Dichter unter den Pflegern der erhabenen Dichtgattung einen hervorragenden Rang einräumen. In dem Abschnitt: „Homer" herrscht prachtvolles exotisches Colorit, während die zwei Gedichte: „Am Telegraphen" und „die Römerstraße" modernes und antikes Leben gedankenreich contrastiren. Es ist der Geschichtsphilosoph im Dichter, welchem die besten Würfe gelungen. In der zarten Gefühlslyrik stört auch in der neuen Sammlung oft eine gewisse Härte und Schwere; gelingt der Guß einmal, dann ist es echter voller Metallklang. Die Humoresken und Museumsbilder haben etwas Barockes und Krauses; doch ist es auch hier nicht blos die Lust am Absonderlichen, welche die seltsamen Gestalten schafft, sondern wie in dem holzschnittartigen Gedicht: „Ein alter Gerichtssaal," eine gedankliche Tendenz, die in den bunten Wirrwar hineingreift. Lingg schreibt jenen echten dichterischen Lapidarstyl, der sich für Oden und Hymnen eignet und einer Epoche Noth thut, die sich der Größe poetischer Anschauungen und Gedanken zu entfremden scheint. Leider hielt sich Lingg nicht immer auf dieser Höhe; in den chronikartigen, oft bänkelsängerischen „Vaterländischen Balladen und Gedichten" (1869) liefert er ein gereimtes Geschichtsalbum, meist in einem hölzernen und steifsteinenen Styl, nur in seltenen Mythen-

und Naturbildern durch die Lichtblicke des Talents erhellt. Auch das große Epos: „Die Völkerwanderung," auf das wir nachher zurückkommen, konnte nicht dazu beitragen, des Dichters Ruhm zu vermehren.

Die Geibel'sche Richtung, so wenig tonangebend sie durch geistige Prägnanz oder hervorstechende Originalität erscheinen mag, bezeichnet grade deshalb jene breite Mitte in der Entwickelung der deutschen Lyrik, in welcher sich ältere und jüngere Dichterkräfte mit geringen Ausweichungen bewegen und zwar alle diejenigen, denen der graziöse Kunststyl in der Lyrik eifriger Pflege werth erscheint.

Zu den Geistesverwandten Geibel's rechnen wir: den als Kunsthistoriker geachteten Franz Kugler aus Stettin (1808 — 1858, „Gedichte" 1840), dessen poetischer Dilettantismus sich in glattgemeißelter Form ergeht, Situationen anmuthig zu gestalten und Empfindungen gewandt auszudrücken versteht, aber nur selten die höhere Magie des Talentes bewährt; den früh verstorbenen Friedrich Ferrand („Lyrisches" 1839), sehr glücklich im Ausdrucke zarter Empfindung, nur bisweilen an das Süßliche streifend, Gustav Pfarrius (geb. 1800), einen harmlosen Sänger der Naturschönheit, besonders der Waldlust in dem „Nahethal in Liedern" (1833), den „Waldliedern" (1850) und den „Gedichten"(1860).

Ein Geistesverwandter Geibel's, ein treuer Mitkämpfer gegen extreme Richtungen der Zeit, ebenso fest wurzelnd auf dem Boden religiöser Gesinnung, ein Feind des Philisterthums, der Romantik und des Despotismus, für nationale Freiheit begeistert, tritt Julius Sturm (geb. 1816 zu Köstritz, jetzt Pfarrer daselbst) auf in seinen „Gedichten" (1850), „Neuen Gedichten" (1856) und „Liedern und Bildern" (1870), welche alle eine glatte, klare Form mit sicher gehandhabtem Metrum und Reime an den Tag legen, aber auch oft in einen trivialen Gesangbuchton verfallen. In den „Liebesliedern" Sturm's herrscht ein inniges und warmes Empfinden, das ohne störende Dissonanz in der Geibel'schen Weise zart und rein ausklingt.

Die geläuterte Poesie der Empfindung fand zahlreiche Vertreter unter gebildeten Sängern in Nord= und Süddeutschland. Der liebenswürdige Cäsar von Lengerke (1803—1855), ein lieblicher und harmloser Frühlingssänger, der aber auch mit Kraft und Schwung auftrat, wenn es galt, die freie Wissenschaft und das Herder'sche Humanitätsideal zu vertreten, hat in seiner ersten Sammlung: „Gedichte" (1843) und in seiner letzten: „Lebensbilderbuch" (1852) zahlreiche anspruchslose Blüthen edler Empfindung und Gesinnung zum Kranze gewunden.

In München selbst bildete sich unter Geibel's Auspicien eine jüngere Schule, welche vielfach in die Einseitigkeiten der akademischen Richtung verfiel, aber doch manches Gelungene von echtem Adel der Kunstschönheit zu Tage förderte. Paul Heyse, welcher ebenfalls vom König Max nach München berufen, mit Geibel zusammen das „Spanische Liederbuch" (1852) herausgab, ein Zögling der Kugler'schen Bildungsschule, hat eine vorwiegende Begabung für die epische Dichtung und für die Novelle; wir werden ihn in den betreffenden Abschnitten charakterisiren. Dasselbe gilt von Wilhelm Hertz, der mehr epischer Dichter, von Hans Hopfen, der mehr Novellist ist, obschon er in dem „Münchener Dichterbuch" (1863) einige sehr beachtenswerthe „Gedichte" mitgetheilt hat, wie den prächtigen Hymnus auf „die Noth." Dies „Münchener Bilderbuch" versammelte eine größere Zahl der nachstrebenden Jünger Geibel's, von denen wir noch Heinrich Leuthold nennen, der seine große Formgewandtheit sowohl in eigenen Gedichten, als auch durch die mit Geibel gemeinsam herausgegebenen „Zehn Bücher französischer Lyrik" (1862) bewährte.

Einen „Romanzero der Spanier und Portugiesen" hatte Geibel in Gemeinschaft mit dem vortrefflichen Uebersetzer des „Firdusi" Friedrich Adolf von Schack, (geb. 1815 zu Brüsewitz bei Schwerin) herausgegeben, welcher, nachdem er die diplomatische Laufbahn aufgegeben und nach größeren Reisen in Spanien, Italien und dem Orient, sich seit 1855 in München niedergelassen hatte. Schon in den „Epischen Dichtungen aus dem Persischen des Firdusi" (2 Bde. 1853, 2. Aufl. 1865) und in den „Stimmen vom Ganges" (1856) hatte Schack den feinsten Geschmack in einer krystallklaren Form bekundet. Der gleiche Adel des dichterischen Styls kennzeichnete seine „Gedichte" (1866, 2. Aufl. 1867), in denen ein kosmopolitischer Zug ohne alles fremdländische Gepränge, ohne Ghaselen und Slokas vorherrscht. Die Freiheit des Weltblicks und das Freiligrath'sche Colorit geben ihnen dafür eine anziehende Physiognomie. Doch im Ganzen ist der träumerische Zug brahmanischer Weisheit und buddhistischer Weltflucht ihr fern; die ruhige Didaktik, wie sie Rückert aus seinem unerschöpflichen Füllhorn schüttet, gehört nicht zu ihren Lieblingsneigungen. Sie ist eine feurige Südländerin, sie singt auf Capris „hallendem Felsgestein" der Natur ewige Hymne, genießt die Wonne der Liebe in Lugano, wenn sie auf des „Sees tiefpurpurne Wellen" vom Altan herabsieht, und feiert mit elegischen Klängen in den „Liedern aus Granada" das thatkräftige Maurenthum.

Gleichwohl gehört Schack's Muse nicht zu den akademisch angekränkelten Weltflüchtlingen, welche alle möglichen Tonarten anschlagen, weil sie den rechten Ton für ihre Zeit nicht finden oder bei allen Völkern und Zeiten hospitiren, um dann ihre Collegienhefte in Verse zu setzen. Sie hat Respect vor ihrem Jahrhundert; ja mehr, sie hat Begeisterung für dasselbe, für die Entwickelung der Menschheit; sie besingt prophetisch das neue kommende Jahrhundert mit hoffnungsreichen Zukunftsklängen.

Schack ist kein Meister der Liederpoesie; das duftig hingehauchte Lied ist nicht seine Domaine; seine Lieder sind zu gedankenreich. Dagegen fand seine Muse in den Oden in antiken Mustern und freirhythmischen Hymnen eine ihrem Inhalt entsprechende Kunstform. Seine Oden sind bald der Größe der Natur geweiht, wie „die Jungfrau" und „der Pik von Teneriffa," bald der Verknüpfung in die Räthsel der Geschichte, wie „die Sibylle von Tibur." In seiner „Epistel" gießt er den Humor nach Platen's Vorbild aus vollem künstlerisch geformten Pokal in ottave rime und diese Form wählte er später auch für ein größeres komisches

Epos: „Durch alle Wetter" (1870). Seine „Episoden" (1869), Bilder aus dem geschichtlichen Leben und aus Künstlerbiographieen, haben großentheils ein glänzendes Colorit.

Zu den talentvollen Jüngern des Münchener Parnasses gehört auch Hermann Oelschläger in seinen „Gedichten" (1869), in denen vor allem die fast durchgängige Klarheit und Correctheit der Form beweist, daß der Dichter seine poetischen Schulstudien fleißig absolvirt hat, ein Zeugniß, das man nicht allen jüngeren Lyrikern ausstellen kann. In den geschmackvollen Liedern ist das Geibel'sche Vorbild unverkennbar; in den „Gestalten und Gesängen," die im Goethe'schen Hymnenton gehalten sind, vermissen wir meistens die Großheit der Anschauungen und die originelle Bedeutsamkeit des geistigen Aufschwunges; diese Oden sind zu solide gebaut, Stein auf Stein; es fehlt ihnen das Durchbrochene, Schlanke, durch welches solchem hochaufstrebenden Gedankenbaue ein luftig freier Zug geliehen und die massige Schwere gebändigt wird. Dagegen zeigt sich in Oelschläger's elegischen Gedichten ein unleugbares Talent für graziöse Situationsmalerei, von ausnehmender Klarheit der Anschauung und sehr feinen und anmuthigen Linien der Zeichnung. Die „Sommernachtsträume" und in diesen wieder die Elegie, welche uns den Dichter in der Gartenlaube während des Gewitters zeigt, wie er schwankt in der Neigung zu zwei reizenden Schwestern, schlingen eine Reihe anmuthiger Bilder wie ein Band feingeprägter Gemmen aneinander.

Wenn der Einfluß, welchen Platen auf Geibel ausgeübt hat, so unverkennbar ist wie die Anregungen, welche Herwegh, Strachwitz und andere Poeten dem Meister der marmornen Form verdanken, so ist auch noch von einer Platen'schen Schule zu sprechen, welche ihre Jüngerschaft von dem viel besungenen Dichter noch schärfer hervorhebt. Der eifrigste Apostel Platen's ist Johannes Minckwitz, Professor in Leipzig, geboren 1812 in Lückersdorf bei Kamenz in der Lausitz, vorzüglicher Uebersetzer des Aeschylos, Sophokles und Euripides, des Pindar und Aristophanes. Minckwitz gab nicht nur den „poetischen und literarischen Nachlaß des Grafen von

Platen" (2 Bde. 1852) und seinen „Briefwechsel mit dem Grafen Platen" (1836), sondern auch Literaturbriefe: „Graf Platen als Mensch und Dichter" (1838) heraus; er trat als strenger Bewahrer und Hüter der von Platen gepflegten Formenschönheit in seinem „Lehrbuch der deutschen Verskunst" (1844, fünfte Auflage 1863) auf, während er in seinem „Neuhochdeutschen Parnaß" (1861) nicht ohne bedauerliche Einseitigkeit und feindliche Beurtheilung hervorragender Talente den Maßstab der geläuterten Kunstanschauung an die Vertreter der modernen Literatur legen will. Wenn diese Wirksamkeit oft verletzend und parteiisch erschien, so war sie doch ebenso verdienstlich gegenüber den Grimassen des Styls und jener schlottrigen Haltung der Dichtung, welche die Heine'sche Schule in Deutschland eingeführt hatte. In seinen eigenen „Gedichten" (1847) hat Minckwitz nach Platen'schem Vorbild vorzugsweise die Ode und das Sonett gepflegt und obwohl er sich von Platen's metrischen Künsteleien nicht freihält, doch einzelne Oden von erhabenem Schwung und von einer die Sprache bereichernden Kühnheit des Ausdrucks geschaffen.

Der Platen'schen Schule gehört vorzugsweise Julius Große an, ein vielseitiger Dichter, im Epos, im Roman und im Drama nicht minder productiv, als auf dem Gebiet der Lyrik. Hier haben wir nur seine „Gedichte" (1857) und „Aus bewegten Tagen" (1869) in das Auge zu fassen. Beide Gedichtsammlungen, namentlich die neuere, zeugen von einer in künstlerisch geglätteten Formen pomphaft einherstolzirenden, gleichsam seide- und atlasrauschenden Muse, deren Gesten stets etwas Vornehmes, Selbstbewußtes, Stolzschönes haben. In dieser Kunstgärtnerei werden alle Varietäten der Lyrik gezogen, mit Vorliebe aber diejenigen, die sich in großen Prunkblumen erschließen; Terzinen, welche sogar wenig passend für Liebesgedichte gewählt werden, trochäische Fünffüßler, wie sie die serbische Poesie liebt und wie sie hier den Genrebildern aus dem baierischen Hochlande eine zu wenig volksthümliche, zu fremdartig vornehme Gewandung geben, da die serbische Volkspoesie doch keine deutsche ist, alcäische Strophen, Trimeter, Alexandriner

u. a. Das Gedicht „Notturno" beweist indeß, daß der Dichter auch die Klänge einfacher Empfindung edel und ansprechend anzuschlagen weiß. Eine bestimmte Physiognomie, abgesehen von dieser gewählten nud stolzen Schönheit der Form; eine originelle Weltanschauung vermissen wir indeß in den Gedichten von Große, welche eine sinnige Reflexionspoesie mit elegischer Betrachtung entschwundener Jugend und entschwundenen Liebesglückes neben etwas zu vollwüchsigen Humoresken und einer politischen Lyrik von Schwung und nationaler Begeisterung, aber ohne neue Gesichtspunkte und größere Perspectiven enthalten. Die Lyrik Große's erinnert an die tragoedia practexta der Römer, sie wandelt stets im purpurnen Staatskleide umher.

Ein noch eifrigerer Jünger Platen's ist Julius Schanz, geb. zu Oelsnitz 1828. Er betheiligte sich an den Freiheitsbewegungen des Jahres 1848 und büßte dann dafür in längerer Haft. Manche Verirrungen seiner Jugend trüben in ihren Folgen noch sein späteres Leben. Seine „Fünfzig Lieder für Componisten" (1856), sein „Buch Sonette" (1864), seine „Rapsodieen: Schiller, Platen, Byron" (1865) zeugen von Formgewandheit, von Platen'scher Kunstbegeisterung, enthielten aber viel Unklares; die „Hymnen der Völker" (1865) wandten den Hymnenstyl auf Fürstenapotheose an. Erst ein längerer Aufenthalt in Italien läuterte seine Gesinnung und seine Form, die bis dahin trotz Platen'scher Attitüden, in denen sich seine Muse gefiel, nicht ohne gährende Trübheit war. Dagegen kommt er in den „Liedern aus Italien" (1870) der Marmorschönheit Platen'scher Form sehr nahe. Julius Schanz hat sich bekanntlich große Verdienste um eine geistige Annäherung Deutschlands und Italiens erworben. Für diese Annäherung ist keine Zeit günstiger als die jetzige, da beide Nationen sich des gleichen politischen Aufschwungs erfreuen, das gleiche Streben nach Selbstständigkeit und Einheit hegen. Schanz ist unermüdlich darin, eine Literatur auf die Schätze der andern hinzuweisen.

Welchen Anklang die neuere deutsche Muse in Italien findet,

beweist die zweite Auflage der meisterhaften Uebersetzung Heinrich Heine's von Bernardino Zendrini, wie neuerdings die Uebersetzung von Berthold Auerbach's „Auf der Höhe." Julius Schanz steht im Mittelpunkte dieser Bewegung, seine Begeisterung für Italien spricht sich in diesen neuen Liedern in durchsichtigen Formen aus, namentlich in dem „Abschied von Florenz" an Ferdinand Bosio, in dem schönen Gedicht „Winter in Italien," in den melodischen ottave rime der „Einladung an den Comersee," in den Festgesängen und Terzinen der Dante=Feier. Besondere Anerkennung verdienen die zwölf Sonette, in denen nur hin und wieder eine an Platen erinnernde Selbstbespiegelung stört, und vor allem das Idyll vom Comersee, „Faustine," in Goethi= sirenden Elegieen und Distichen.

Wenn Schanz und Große die Ode weniger pflegen, in welcher Platen's Talent so gern seine Schwingen regte, obgleich er sich dies durch die gekünstelten antiken Rhythmen erschwerte, so fehlt es doch nicht an Nachstrebenden, die auch wieder in diese Bahnen einlenken und dem Gedankenschwunge der Ode gerecht zu werden suchen. Albert Möser, ein düsterer Poet Schopenhauer'schen Weltschmer= zes, hat seine „Gedichte" (1869) in neuer Auflage erscheinen lassen und die Sammlung durch eine beträchtliche Zahl gelungener neuer Erzeugnisse vermehrt. Möser pflegt, obschon er den Liederton in der neuen Sammlung mehrfach auf das glücklichste trifft und namentlich in den „Nachtliedern" Klänge von großem melodischen Reiz anschlägt, vorzugsweise das Sonett und die Ode. In den Sonetten ergibt sich seine melancholische Weltanschauung in sinnigen Reflexionen, welche sich mit der Reimguirlande wie mit einem Kranz von Trauerrosen schmücken. Auch in den „Oden" überwiegt die träumerische Reflexion den begeisterten Aufschwung; es sind Hamlet= gedanken, die sich auf diesen alcäischen und sapphischen Strophen schaukeln. Und wenn dem Dänenprinzen die Erde, dieser treffliche Bau, nur wie ein kahles Vorgebirge erscheint, das Firmament, dies majestätische Dach mit goldenem Feuer ausgelegt, nur wie ein fauler verpesteter Haufe von Dünsten, so stimmt Möser ganz in diesen Ton ein, wenn er den alternden ergrauten Erdball ansingt, den Fortschritt der Zeit leugnet, den Krieg für ein Kind verruchter Nothwendigkeiten erklärt u. s. w. Gedankenreich ist die Ode „Empedokles auf dem Aetna," melodisch anmuthend diejenige an die Einsamkeit. Wenn der geistreiche Dichter auch die antike Odenform meist glücklich beherrscht, so finden sich doch häufige Stellen, in denen der Fluß der deutschen Metrik und Syntax durch die nach antikem Vorbild oft in die Versmitte fallende Gedankengrenze, durch aufgehäufte schwersilbige Wörter und gesuchte Inversionen gestört wird. In der Canzone „An den Tod" (1866) herrscht im Inhalt der feierliche Vollklang einer ernsten Gesinnung, in der Form eine künstlerische Architektonik, wenngleich einzelne Strophen nicht von dem Vorwurf freizusprechen sind, daß sie in ihrem weitbauschigen Gewande einen etwas kärglichen Gedankeninhalt verhüllen. Auch Möser's neue Gedichte: „Nacht und Sterne" (1872), welche indeß keine neuen Töne anschlagen, enthalten außer Hymnen und Sonetten eine Canzone „An das Glück," welche die gleichen Vorzüge mit derjenigen „An den Tod" theilt. Doch machen die stets wiederkehrenden Gedankengänge seine Dichtungen etwas monoton.

Zur Platen'schen Schule ist auch Melchior Grohe zu rechnen, ein Dichter, der sowohl in der satyrischen Literaturkomödie als auch in eigenen Gedichten in die Fußtapfen des Meisters tritt, aber durch phantastische Ueberschwänglichkeit die angestrebte Krystallreinheit der Form trübt. Am gelungensten von seinen Gedichten sind seine „Sonette" (1870). Auch ein im Geiste von Graf Strachwitz dichtender schlesischer Poet, Conrad von Prittwitz-Gaffron („Lieder" 1865, „Neue Lieder" 1875), sowie ein junger Mecklenburgischer Dichter, Ernst Ziel („Gedichte" 1867) streben dem Platen'schen Vorbild nicht ohne Glück in Bezug auf Formschönheit nach.

Der Geibel'schen Richtung gehört auch jene Dichtergruppe an, welche längere Zeit auf der prächtig ausgestatteten „Argo" in See stach. Bernhard von Lepel (geb. 1818), preußischer

Offizier, nach dem Feldzug in Schleswig 1848 verabschiedet, zeigt in seinen „Liedern aus Rom" (1846) und seinen „Ge= dichten" (1866) eine in Sonetten, Ghaselen und antiken Oden= strophen sich versuchende Formengewandtheit. Namentlich verdient die Ode an Humboldt Lob wegen ihres Gedankeninhalts und gelungenen Strophenbaues. Hugo von Blomberg (Bilder und Romanzen 1859) erscheint als ein geschickter Maler von großer Treue des Kostüms und Colorits.

Julius Rodenberg, geb. 1831 zu Rodenberg in Kur= hessen, nach längeren Reisen durch England, Schottland, Belgien, Frankreich, Italien in Berlin lebend, bewährt in seinen „Liedern" (1853) und „Gedichten" (1864) eine anziehende Jugendlichkeit der Gesinnung, während die Anschauungen seiner Reisen, land= schaftliche Erinnerungen und Bilder aus dem Volksleben, sich ungezwungen in seinen leicht dahingleitenden Strophen spiegeln. Für das einfache Lied glücklich organisirt, war der Dichter auch erfolgreich im Dramolet und zeigte in der an Geibel anklingenden Dichtung: „König Harold's Todtenfeier" (1852) auch eine Begabung für schwunghafte Schilderung, die er, zugleich mit seiner Aneignungsfähigkeit für fremde, besonders volksthümliche Poesie, auch in zahlreichen pikanten Reisebildern aus London und Paris, aus Wales und Irland bewährte.

Mehr an Goethe als an Geibel erinnert Otto Banck (geb. 1824 zu Magdeburg) in seinen „Gedichten" (1858), welche sich durch künstlerisch geadelte Form, durch Oden, Symphonieen und Dithyramben von rhythmischer und gedanklicher Bedeutsamkeit, durch Liebeslieder von kecker Sinnlichkeit, durch Epigramme von beißender Schärfe von der Alltagslyrik des literarischen Marktes vortheilhaft unterscheiden. Der Dichter hat wie Rodenberg durch häufige Wanderungen in Italien und namentlich in den Alpen= gebirgen, die er in den „Alpenbildern" (2 Bde. 1863) lebens= voll schildert, seine Phantasie befruchtet, die für Landschaftsmalerei alle Farben auf ihrer Palette hat, und außerdem auch eine ein= flußreiche Thätigkeit als Kritiker entfaltet, deren Resultate er in den „Kritischen Wanderungen in drei Kunstgebieten" (2 Bde. 1865) zusammenstellte. Albert Träger, geb. 1826 in Augsburg, seit 1862 Rechtsanwalt in Cölleda, der Dichter der „Gartenlaube," bezeichnet eine mehr volksthümliche Wendung der Geibel'schen Richtung; seine „Gedichte" (1858, seitdem zahlreiche Auflagen) feiern besonders die Mutterliebe und das Mutterherz mit weichen, oft rührenden Klängen, doch nicht minder die Liebe und das Vaterland. Ohne scharf ausgeprägte Eigenartigkeit, auch nicht nach der höchsten Vollendung des Kunststyles strebend, erquickt der Dichter durch die Wärme, mit der er allgemein menschliche Empfindungen ausdrückt, durch seine tüchtige, patriotische Gesinnung. Ein Geistesverwandter Träger's ist Ernst Scherenberg (geb. 1839 zu Swinemünde), der in seinen Gedichten „Aus tiefstem Herzen" (1860), „Verbannt," Dichtung (1861) und „Stürme des Frühlings." neue Gedichte (1866), sowie in seinen „Gedichten" (1875) mit Vorliebe dieselben Stoffe wie Träger aus dem Kreis allgemeingültiger Empfindung wählt, namentlich aber auf dem Gebiet politischer Lyrik einen schwunghaften Ton anschlägt, wie in dem schönen Gedicht: „Stürme des Frühlings, brechet herein!" „Verbannt" ist ein poetischer Liedercyclus auf epischer Grundlage; hier wäre wohl die Form der Ballade mehr zu empfehlen gewesen, da das Lied als solches durch Darstellung der Begebenheit getrübt wird.

Felix Dahn, geb. 1834 zu Hamburg, gegenwärtig Professor des deutschen Rechtes zu Königsberg, zeigt in seinen „Gedichten" (1857), „Gedichten," zweite Sammlung, (1873), und „Zwölf Balladen" (1875) bei einem vorwiegend epischen Zug und einer Stoffwahl, welche Antikes und Altgermanisches bevorzugt, einen stylvollen Adel im Ausdruck der Empfindung und klare Anschaulichkeit. Eine Fülle von Romanzen, Balladen, Dialogen und historischen Bildern hat der Dichter in seinen Sammlungen ausgeschüttet, hin und wieder nur geschichtliche, in ein poetisches Gewand gekleidete Ueberlieferungen oder akademische Modellstudien, oft aber auch Dichtungen von geläuterter Kraft und einem historischen Kolorit, welches an Hermann Lingg erinnert. Dahn liebt es, ein historisches Bild in die Form des Liedes zu kleiden, welches, von Gestalten und Gruppen der Vergangenheit gesungen, ihm dramatisches Leben giebt. Wo Dahn, wie in den Schlachtballaden von Sedan, seine Stoffe der neuesten Zeit entlehnt, da ist er minder heimisch und energisch. In den Stimmungsgedichten herrscht eine echt künstlerische Haltung; der Grundton der meisten ist die Weihe des Maßes, der Beschränkung, welche die hinausschweifende Sehnsucht an festes und seliges Genügen bannt.

Ein anderer Geist, der Geist Byron'scher und Nikolaus Lenau'scher Skepsis herrscht in den „Gesammelten Dichtungen Dranmors" (1873). Der Verfasser, Generalkonsul Ferdinand von Schmid (geb. in Bern 1823), hatte einzelne derselben, wie „das Requiem" und die Dichtung auf „Kaiser Maximilian" früher einzeln erscheinen lassen. Dranmor ist Reflexionspoet, der für das Ideal der Humanität begeistert ist und sich mit Vorliebe in weiten Weltperspectiven ergeht. Seine Reflexion ist immer von der Empfindung durchdrungen, verliert sich nie in das nüchtern-didaktische; aber sie beherrscht nicht die poetische Form mit voller Sicherheit. Der Reflexionsausdruck verirrt sich bisweilen in bare Prosa. Einzelne dieser Dichtungen, wie die „Nachtwache auf Sanct Helena" sind Gedankensymphonieen von Geist und Schwung; in anderen, wie in dem hymnenartigen „Dämonenwalzer" herrscht der Ton leidenschaftlicher Liebesglut und glühenden Lebensgenusses.

Ein anderer Dichter, Hermann Hoelty, Pastor in Hannover (geb. 1818 in Uelzen im Hannoverschen), ein Enkel des Dichters Hoelty aus den Zeiten des Hainbundes, zeigt in seinen „Liedern und Balladen" (1856), den „Ostseebildern und Balladen" (1862), wie in den „Bildern und Balladen" (1872) in dem Zug frommer und warmer Empfindung eine Verwandtschaft mit Emanuel Geibel. Glücklich ist er in stimmungsvollen Strand- und Seebildern, in phantastischen Balladen, die er mit den Gestalten der Volkssage belebt, in Liedern von Schmelz und Sangbarkeit. Hoelty hat auch einige biblische Mysteriendramen:

„das Gelübde" (1863) und „König Saul" (1865) verfaßt, im erhabenen biblischen Styl und nicht ohne psychologische Vertiefung der Charaktere.

Hier reihen wir am besten die Sänger des Wupperthales an, eine dichterische Gemeinde, die inmitten einer durch Missionstraktätlein und sociale Wühlereien zerspaltenen Fabrikbevölkerung den Cultus der Musen pflegt. Der frischeste dieser Sänger ist Emil Rittershaus, geb. 1834 zu Bremen, als Kaufmann in seiner Vaterstadt lebend. In seinen „Gedichten" (5. Aufl. 1875) herrscht Ernst und Tüchtigkeit der Gesinnung und eine gesunde Frische der Empfindung; es sind Improvisationen, freie Ergüsse eines Gemüths, denen die dichterischen Melodieen angeboren sind. Im Ton halten diese „Gedichte," sowie die „Neuen Gedichte" (1871) ungefähr die Mitte zwischen Freiligrath und Geibel, und wenn in der ersten Sammlung das aus frischer Sangeslust herausgeborene Lied überwog, so zeigt Rittershaus in der zweiten auch einen voll ausgeprägten Sinn für die großstrophige Lyrik der poetischen Epinikien, mit denen er die Sieger in der Arena der Kunst und Wissenschaft, einen Humboldt und Beethoven krönt. Wie Albert Träger ist er ein Sänger der Familie und ihres stillen Glücks — und selbst wenn er in westöstlichen Liedern eine Zuleika feiert, darf man annehmen, daß dies nur seine poetisch verkleidete Hausfrau ist. Ueberall erscheint der Dichter frisch, einfach, harmonisch, gesund, mag er einzelne treffliche sociale Lebensbilder dichten oder in seinen kleineren Gedichten den Beziehungen des Naturlebens und der Gemüthswelt neue Seiten abgewinnen.

Karl Stebel, geboren zu Barmen (1836—1868), ein Dichter, der in glücklichen Lebensverhältnissen einem frühen Tode verfiel, nachdem er vergeblich in der Sonne von Madeira Genesung gesucht hatte, gehörte ebenfalls wie Rittershaus dem kaufmännischen Stande an und theilt mit diesem das Talent für das sociale Genrebild, das er mit wenigen feinen Zügen bezeichnend auszuführen weiß. Die Anregungen des Fabrikdistrikts, in welchem er lebte, treten zum Theil aus den gewählten Stoffen sichtbar hervor, doch er besingt nicht blos das Unglück, auch das Glück der Armuth. Mit Vorliebe wendet sich seine genrebildliche Muse dem ewig Weiblichen zu; neben der Jungfrau und der Gattin schildert sie uns auch die verlorenen Seelen, die Gefallenen und Kindesmörderinnen. In den „Gedichten" (1856, 3. Aufl. 1863) und in den „Arabesken" (1861) sind diese anschaulichen und lebenswarmen Genrebilder, neben kleinen lyrischen Devisen von glücklicher Fassung, enthalten. Weniger bedeutend sind Siebel's Faustladen „Tannhäuser" (1854) und der sich anschließende „Sohn der Zeit" (1858); jedenfalls haben sie vor ähnlichen Gedankendichtungen den Vorzug der Kürze und Gedrungenheit voraus.

Ein dritter kaufmännischer Dichter des Wupperthales, Adolf Schults, geb. in Elberfeld (1820—1858), kam in seinen epischen Versuchen „Martin Luther" (1853) und „Ludwig Capet" (1855) nicht über die gereimte Chronik hinaus, in der sich eine wackere Gesinnung aussprach, während er in kleineren Gedichten („Haus und Welt" 1851, „Zu Hause," 1851 und „Der Harfner am Herd," 1836) wohl auch bisweilen in's Triviale verfiel, aber doch auch allerliebste Genre= und Stimmungsbilder aus dem Familien= und Volksleben in oft rührenden Klängen hinstellte. Aehnliche Klänge schlägt der Wupperthal=Sänger Karl Stelter in seinen „Gedichten" an (2. Auflage 1862).

Der melodische Ausdruck einfacher Empfindungen ohne geniale Ausweichungen und Dissonanzen, das charakteristische Kennzeichen der Geibel'schen Lyrik und ihrer Schule, findet sich noch bei einer Zahl von Dichtern wieder, von denen wir Otto Roquette, Adolf Böttger, Gottfried Kinkel, Wolfgang Müller, Adolf Stern hervorheben, die wir im nächsten Abschnitt näher besprechen. Außerdem erwähnen wir hier Feodor Löwe, geb. 1816 zu Kassel, seit 1841 Hofschauspieler und Regisseur in Stuttgart, in seinen „Gedichten" (1854 und 1875) klar und formgewandt, namentlich in den Gedichten „Aus Venedig" und in den „Sonetten aus dem Süden" vielfach an Platen anklingend. Franz Adolf Friedrich von Schober, geb. 1796 in Schweden, erzogen in Oesterreich, seit 1832 Großherzoglich Sächsischer Legationsrath, jetzt in Dresden lebend, zeigt sich in seinen „Gedichten" (1842, 2. Aufl. 1865) besonders als einen Meister im Sonett, dessen formelle und gedankliche Architektonik bei ihm in vollem Einklang ist. Alexander Kaufmann, (geb. 1821 in Bonn, seit 1850 als Archivrath in Werthheim lebend) bewährt sich in seinen „Gedichten" (1851) als ein geschmackvoller Lieder= und Sagendichter von inniger Naturauffassung und geläuterter Form. Wenn auch diesem Dichter die Zeit „manch' ernstes Lied" gegeben, so ist das noch mehr bei Theodor Creizenach der Fall, welcher, 1818 zu Mainz geboren, seit 1863 als Professor in Frankfurt a. M. lebt. In seinen „Dichtungen" (1839) und „Gedichten" (1848) herrscht ein lebhafter Freiheitsdrang und das Streben, das Judenthum, dem der Dichter damals angehörte, zum Menschenthum zu emancipiren. Die Form der Gedichte ist einfach und klar. Eduard Kauffer, (geb. 1824 zu Wehlsdorf, lebte in Reudnitz bei Leipzig bis zu seinem Tode 1874) in seinen „Gedichten" (1850) von anmuthiger und durchsichtiger Form bei schlichtem Gefühlsinhalt; Ludwig Bauer, geb. 1832 bei Würzburg, in den „Gedichten" (1864) als Liebeslyriker und Sänger frischer Lebensfreude rühmenswerth; Freiherr Gisbert von Vincke, in seinen „Gedichten" (1860) sinnig, aber oft der Form den Inhalt opfernd; Willibald Wulff in Hamburg, geb. 1837, schlicht und innig („Im Frühling," 1856, „Im Sonnenschein" 1865), Hermann Kletke, geb. 1813 in Breslau, gegenwärtig Redakteur der „Vossischen Zeitung" in Berlin, gemüthvoll in seinen „Gedichten" (1836), in „Lied und Spruch, neue Gedichte" (1853), vor allem in der vermehrten Gesammtausgabe der „Gedichte" (1873) von anmuthender Herzlichkeit, sinniger Naturandacht, inniger Empfindung; Richard Kunisch aus Breslau, später als Freiherr Kunisch=Richthofen in den Adelstand erhoben, in seiner Sammlung: „Primavera" (1851) vielversprechend auf dem Gebiet des Liedes, in späteren Gedichten,

besonders in seinen Reiseschilderungen aus dem Orient: „Buka=
rest und Stambul" (1861) eine reiche, oft nervös vibrirende
Phantasie bekundend.

Wenn schon Richard Kunisch eine Ausweichung aus dem Bereich
Geibel'scher Lyrik nach der Seite des Kraftgenialen hin bezeigt, so ist
dies noch mehr der Fall bei Christian Hoeppl (geb. 1826 zu
Ansbach), einem durch Selbstmord endenden Publicisten, der in seinen
„Gedichten" (1851), in seinem „Weltlichen Liederbuch"
(1859) und in seiner „Atlantis" (1856) einer oft kecken Eman=
cipationslust huldigt und bei Hugo Oelbermann, („Gedichte,"
1857, „Herzbilderbuch," 1859), der einen gährenden Weltver=
besserungsdrang, eine von innen herausquellende Empfindung, man=
chen glücklichen Wurf des Talents zeigt, aber, ungleich in der Form,
einem aus Halbbildung hervorgehenden Radikalismus verfallen ist.
An neufranzösische Dichter, namentlich Alfred de Musset anklingend,
aber aus dem Gleise der hergebrachten Alltagslyrik mit mancher
originellen Wendung herauslenkend, erscheint Hans Marbach
in seinen „Gedichten" (1869).

Die Geibel'sche Schule im engeren Sinne vertritt die salon=
fähige moderne Anakreontik, welche, von zahlreichen Bildungs=
elementen der Zeit angeweht, bald hier, bald dort das Gebiet des
Gedankens und der Tendenz betritt. Doch neben ihr wollte auch
die unbefangene gesellschaftliche Lust, die volksthümliche Derbheit,
die mehr den Ton des Punschcirkels und der Wirthstafel anschlägt,
das um künstlerische Feile unbekümmerte Volkslied in der Literatur
zu seinem guten Rechte kommen. Diese Richtung der geselligen
Fröhlichkeit, die mit vielem Behagen auf den Tisch schlägt,
gemüthliche Tabakswolken in die Luft bläst und dabei Naturlaute
und provinzielle Wendungen und Spracheigenthümlichkeiten in den
ungenirten Guß ihrer Verse verwebt, die in allen Freimaurer=
logen, geschlossenen und ungeschlossenen Gesellschaften, akademischen
Commerschen, Familien= und Jubelfesten ein großes Publikum
findet, gebietet natürlich auch über ein poetisches Orchester, bei
dem kein Instrument, von der Posaune bis zur Bratsche, unbesetzt

ist. Neben dem Hamburger Prätzel, der im Dienste dieser harmlosen Fröhlichkeit ergraut ist, verdient hier besonders der Breslauer August Kopisch (1799—1843), ein Maler und Künstler, der Entdecker der berühmten „blauen Grotte" in Capri, hervorgehoben zu werden. Das Studium der serbischen und italienischen Volkspoesie hatte sein Talent und seine Neigung zu Improvisationen ausgebildet, und in der That sind alle seine Gedichte leichte, gesellschaftliche Improvisationen ohne künstlerische Ansprüche. Trotz dieser ungehemmten poetischen Ader hat er nur zwei Werke veröffentlicht: „Gedichte" (1836) und „Allerlei Geister" (1838). Am bekanntesten ist seine „Historie von Noah" geworden:

„Als Noah aus dem Kasten war,
Da trat zu ihm der Herre dar,
Der roch des Noah Opfer fein
Und sprach: „Ich will dir gnädig sein;
Und weil du ein so frommes Haus,
So bitt' dir selbst die Gnaden aus."

Das Gedicht hat durch seine frischgesunde Färbung und volksthümliche Tüchtigkeit allgemeine Verbreitung gewonnen und verdient sie durch die heiter menschliche Auffassung der biblischen Erzählung. In ähnlichem altfränkischem Styl sind die Historia vom „Thurmbau zu Babel," die „Traube von Kanaan" u. a. gehalten. Kopisch ist ein Dichter des Volksschwankes, der Heinzelmänner und Alräunchen, der Nixen und Schlitzöhrchen, der Zwerge und Roggenmuhmen.

„Nix in der Grube,
Du bist ein böser Bube,"

oder:

„Schlitzöhrchen, grüne Unke,
Wo steckst du in der Tunke"

sind Proben dieser seltsamen Volkspoesie, deren Humor in der Auswahl neckischer, sagenhafter Ausdrücke und Elemente und in der Häufung onomatopöischer Naturlaute besteht, z. B.:

„Es regnet
Gesegnet,

> Es gießet
> Und schießet
> Und rollet
> Und tollet"

eine Art und Weise komischer Darstellung, in welcher besonders „die Heinzelmännchen" eine seltene, den deutschen Sprach= schatz erschöpfende Virtuosität darlegen. Diese Volkssagen und Volksschwänke, von denen aus: „Allerlei Geister" noch „der große Krebs im Mohriner See" und der „Schneider= junge von Krippstedt" hervorzuheben ist, verdienen entschieden den Vorzug vor den ernsteren Gedichten von Kopisch, den Balladen, Dithyramben und Oden, in denen er vergebens nach dem Lorbeer seines Freundes und Reisegenossen Platen ringt.

In demselben Boden volksthümlicher und geselliger Poesie wur= zelt auch das Talent eines Landsmannes von Kopisch, dem wir noch öfter im Drama und Romane begegnen werden, der aber in jeder Form nur liebenswürdige Improvisationen giebt, das Talent des vielgewanderten Bühnen=Odysseus, Karl von Holtei aus Bres= lau (geb. 1797), dessen Leben im cometarischen Laufe alle Sphären des Theaters und die Geselligkeit gestreift hat. Schauspieler und nach einander mit zwei Schauspielerinnen verheirathet, Theater= dichter, Theatersecretair, Theaterdirector, dramatischer Vorleser, dabei jovialer Gesellschafter von Fach, unerschöpflicher Gelegenheits= dichter, ein Poet für alles, mit einem Gemüthe, das leicht erreg= bar von den einfachsten Veranlassungen dichterisch gestimmt wird und seinen Liederquell erschließt, von heimathlosem Drange durch's Leben getrieben und doch mit einem tiefen Empfinden für idyllisches Glück begabt, Kosmopolit in seiner ganzen Existenz und doch von großer Anhänglichkeit an das heimathliche Provinzielle bis auf den Dialect, bleibt Holtei eine der eigenthümlichsten Erscheinungen unserer Literatur, durch den Mangel an classischer Bildung, an ästhetischen Principien und an großen geistigen Perspectiven zu den Poeten der Masse herabgedrückt, aber durch den glücklichsten Fund frischer Sangesweisen, unmittelbar ergreifender Töne, durch einzelne

Treffer im Drama und durch seltene Naivetät, Lebensfrische und Anschaulichkeit im Romane wieder über dieselben erhoben. Von der Fülle der „Lieder," die er gedichtet, verdienen einzelne aus seinen Liederspielen, besonders die Lieder aus dem „alten Feldherrn," in denen die politische Elegik den einfachsten und ergreifendsten Ton gefunden hat, wohl den Vorzug. In den „Gedichten" (1826) und den „Schlesischen Gedichten" (1830) findet sich neben vielem Matten und Trivialen auch viel Frisches, Joviales, heiter Anregendes, und die Lieder im schlesischen Provinzialdialekte tragen ein treues Gepräge des Volkscharakters. „Die Stimmen des Waldes" (1848, neu aufgelegt 1854) sind einfache, treuherzige Naturpoesie, ein gemüthvolles Wandeln in den Hallen des Buchenhaines, ein frisches Einathmen des erquickenden Harzduftes der Kiefernwälder, eine trauliche Unterhaltung mit dem Naturgeiste. Wenn Holtei auch weiche Tinten liebt und jene Mischung von Sentimentalität und Frivolität nie verleugnet, die einen Grundzug seiner Dichtweise bildet, so liegt ihm doch das kokette Schönthuen, das süßliche Naturempfindeln, die chevalereske Waldpoesie der modernsten Romantiker gänzlich fern. Bei Gelegenheit der „Schlesischen Gedichte," in denen Holtei den schlesischen Dialekt auf dem deutschen Parnaß ebenso zur Geltung brachte, wie Hebel den „alemannischen," Castelli, Stelzhamer und Klesheim den „österreichischen," Rosegger den „steirischen," von Kobell den „bayrischen," müssen wir die beste Sammlung deutscher Dialektgedichte erwähnen, den „Quickborn" des Claus Groth (7. Aufl. 1857), in welcher die plattdeutsche Mundart mit ihrer Weichheit und Zartheit zu Gedichten von echt volksthümlichem Inhalt, zu lieblichen Naturbildern und idyllischen Dorfballaden benutzt ist, sodaß selbst die hochdeutsche Uebersetzung gerade durch das Interesse des Inhaltes noch einen selbstständigen Werth beanspruchen kann. Die plattdeutschen Hexameter, die sich bei Claus Groth finden, sind freilich! eine Anomalie; denn nichts ist für die Wiedergeburt einer antiken Kunstform weniger geeignet, als ein naturwüchsiger Volksdialekt.

Ein zarter Liederdichter ist **Robert Reinick** aus **Danzig** (1805—1852), ein Künstler wie Kopisch, Jugendschriftsteller und Märchendichter, am bekanntesten durch seine „**Gedichte**" (1844), in denen sich große Naivetät und Treuherzigkeit des Empfindens, eine glückliche Malerei genreartiger Situationen der Natur und des Gefühles und eine anmuthige Schalkhaftigkeit des Ausdruckes findet. Seine musikalisch hingehauchten Verse tragen den Stempel echter Liederpoesie, die durch keine tieferen Reflexionen, schwerwiegenden Gedanken und Stoffe gestört wird, die, einfach und seelenvoll, den Schmelz und die Weihe des Gesanges herausfordert. Die Vorliebe des Dichters für kleine Bilder und für schalkhafte Situationsmalerei hat auf der anderen Seite der malenden Kunst eine willkommene Ausbeute gegeben. Selbst Lessing und Schadow haben Randzeichnungen zu den Reinick'schen Bildern entworfen. Die Frühlings- und Liebespoesie bietet einzelne zarte Blüthen; nur artet hin und wieder die Kindlichkeit der Gesinnung in einen allzu tändelnden Ton aus:

„Wie ein Kindlein muß ich fühlen,
Wie ein Kindlein möcht' ich spielen!"

Dergleichen Seelenstimmungen dürfen nicht zu breit ausgeführt werden, sonst machen sie einen ermüdenden oder läppischen Eindruck. Auch verfällt die Nachahmung der Naturlaute, das Schellengeklingel possirlicher Refrains oft in das Triviale. Die geselligen Lieder Reinicks athmen dagegen die ganze gegen das Philisterthum ankämpfende Frische jugendlicher Künstlerlust, welche Palette und Pinsel bei Seite geworfen, den Malerrock ausgezogen hat und sich nun auf froher Wanderung oder bei einem Glase Wein in ein ideales Räuschchen hineinlebt. Der Chor dieser volksthümlichen Liederpoeten, zu dem die bereits erwähnte österreichische Lyrik ein nicht unbedeutendes Contingent gestellt hat, ein Chor, in dessen letzter Reihe die hochzeitlichen Carminapoeten, die Begräbnißliederdichter und die Poeten der Theaterkronleuchter stehen, von denen herab das Publikum mit gereimten Huldigungen der Primadonna oder Tanzvirtuosin überregnet wird, ist so überaus groß und giebt dem wohlmeinenden Dilettantismus ein so reichlich angebautes Feld, daß die Literaturgeschichte diese Poesie der Masse, zu der wir auch die poetischen Studien vieler Gelehrten und Kunstfreunde, die flores und amoenitates sonst tüchtiger Geister, rechnen, nur mit flüchtiger Erwähnung abfertigen kann. Es bleibt immerhin charakteristisch, daß gerade die Gelehrten von Fach, wenn sie auf das Gebiet der Lyrik sich wagen, einen etwas derben Volkshumor zur Schau tragen, so der verdienstvolle Germanist und Literarhistoriker Wilhelm Wackernagel, geboren 1806 zu Berlin, in seinen „Neuern Gedichten" (1842), den „Zeitgedichten" (1843) und dem „Weinbüchlein" (1845), in welchem sich das muntere Gedicht vom „Junker Durst" befindet, mit dem auf den Namen des Dichters anspielenden Schlußvers:

> „Hier nun sitz' ich ganz in Angst
> Bei dem großen Fasse,
> Daß der Kerl mich wieder packt,
> Komm' ich auf die Gasse,
> Lieber wart' ich, bis es Nacht
> Ist geworden droben.
> Bis dahin will ich den Wein
> Wacker nagelproben."

Auch der Botaniker Karl Friedrich Schimper (geb. 1803 zu Mannheim) entwickelt in seinen „Gedichten" (1840 und 1847) eine kunstgärtnerische Flora, der es an bizarren Gebilden, an stachelichen Kaktuspflanzen des Humors nicht fehlt. Schimper, der alle fremdartigen Formen der Lyrik, Madrigale wie Ghaselen bevorzugt, steht ebenso wie Wackernagel unter dem Einfluß der Rückert'schen Muse. Weniger verziert und verzerrt sind die Hauptvertreter der elsässischen Lyrik, die von jetzt ab nicht mehr hinter fremden Grenzpfählen hervortönt, August Stöber, geboren 1808 zu Straßburg, seit 1861 Oberbibliothekar in Mühlhausen und Adolf Stöber, geb. 1810 in Straßburg, und seit 1860 Consistorialpräsident in Mühlhausen. Namentlich in den „Gedichten" des ersteren (1842) herrscht ein frischer Volkshumor in gesellschaftlicher und in genrebildlicher Darstellung; die „Gedichte" des zweiten (1845) sind im Ganzen getragener, doch findet sich auch unter ihnen manches heitere Trinklied.

Dieser mehr volksthümlichen Richtung der Lyrik gehören noch an: Karl Wilhelm Osterwald, geb. 1820 in der Altmark, seit 1865 Rector in Mühlhausen, ein tüchtiger Sprachgelehrter, der in seinen „Gedichten" (1848) manchen Abstecher in das Gebiet des naiv urwüchsigen Volkshumors machte, wie in dem Fastnachts= märchen Trips Trill, sich auch neuerdings an der Kriegslyrik mit Eifer betheiligte; Alexander August Schnezler, geb. zu Freiburg (1809—1844); durchaus volksthümlich in seinen „Gedichten" (1833), glücklich in socialen Humoresken und lyrisch aufgeputzten Sagen; Georg Scherer, geb. 1824 im Ansbach'schen, seit 1865 Docent der Aesthetik am Polytechnikum in Stuttgart, bekannt durch seine anmuthigen Kinderbücher und Volksliedersammlungen, in seinen eigenen „Gedichten" (1864) dem Volkston das Zart= innige und Schlichte ablauschend, ohne in's Manierirte oder gesucht Derbe zu verfallen; Georg Scheurlin, geb. 1802 zu Main= bernheim in Franken, als Beamter in München lebend, ähnlich wie Scherer das Volkslied in mehr geläuterter Form nachbildend; Anton Niendorf, geb. 1826 in Niemegk, Landwirth seines Zeichens, in der „Hegler=Mühle" (1850), einer märkischen Dorfgeschichte in Versen und in den „Gedichten" (1852) derb realistisch in den Motiven und der Behandlungsweise, oft aber in seiner kernigen Weise zum Herzen sprechend; Max Moltke, geb. 1819 in Küstrin, als Redakteur des „Sprachwart" und des Shakespearemuseums in Leipzig lebend, nachdem er ein bewegtes Leben geführt und sich längere Zeit in Siebenbürgen aufgehalten hat, in seinen Gedichten, besonders in der Auswahl: „Auch ein Büchlein Lieder" (1865) den Ton des volksthümlich sangbaren Liedes oft in ausnehmend glücklicher Weise treffend, mit einem frisch aus dem Herzen strömenden Fluß und Guß, markig, ohne Affectation.

Karl Joseph Schuler, geb. am 10. November 1810 in Zwei= brücken, ist ein Landschaftsdichter von sanften idyllischen Neigungen, ein Poet der Feldbotanik und der lokalen pfälzischen Sagen, ein Nachdichter Ewald's von Kleist in seinen „Jahreszeiten" (Gesammtausgabe 1868), Landschaftsmaler von Talent. Seine anspruchslosen „Gedichte" erschienen in zweiter Auflage 1844.

Ein Theil dieser volksthümlichen Lyrik, der geistliche Liedergesang, verdient keine hervorhebende Beachtung. Soweit die religiöse Empfindung, wie dies bei den meisten Sängern dieser Richtung der Fall ist, sich an das Hergebrachte der biblischen Ueberlieferung hält, fehlt die Selbstständigkeit des Denkens und Empfindens und es werden nur einmal gemünzte Vorstellungen in Curs gesetzt. Tieferes religiöses Gefühl mit einem aromatischen Anhauch findet sich in den „Gedichten" von Leberecht Dreves (1816 — 1870), („Gedichte" 1849), der ein Schützling und Jünger Eichendorff's war. Von katholischen Liedersängern erwähnen wir: Melchior Freiherr von Diepenbrock (1798—1853), Fürstbischof von Breslau, Guido Görres „Gedichte" (1844) und „Geistliche Lieder" (1845), vor allen Gall Morel (geb. 1803), dem bisweilen auch ein menschlich anmuthendes Lied gelingt; von den protestantischen geistlichen Liedersängern: Albert Knapp (1798—1864 zu Stuttgart) in den „christlichen Gedichten" (1829) und „Herbstblüthen" (1859) von großer Innigkeit der Empfindung; Carl Johann Philipp Spitta, geb. zu Burgdorf bei Hannover (1801—1859), der in seinen religiösen Liedern („Psalter und Harfe" 1833, 24. Aufl. 1861) den Umschreibungen der Bibel und den eigenen Empfindungen wenigstens echt melodischen Schmelz zu geben weiß, und Karl Gerok, geb. 1815 zu Stuttgart, jetzt Prediger daselbst, sehr formgewandt und rhetorisch schwunghaft in der lyrischen Reproduction der Evangelien („Palmblätter" 1857). Auch diese poetischen „Stunden der Andacht" haben großen Anklang gefunden und viele Auflagen erlebt. Mehr pietistisch erscheint Victor von Strauß, weniger in den religiösen Liedern seiner „Gedichte" (1841) als in der Sammlung: „Weltliches und Geistliches in Gedichten und Liedern" (1856), während die aufgeklärtere theologische Richtung, welche eine Versöhnung von Welt und Kirche anstrebt, Ernst Heinrich Pfeilschmidt, geb. 1809 zu Großenhain, in seinen „Heiligen Zeiten" (1858), die freigemeindliche Andacht

Friedrich Maximilian Hessemer, geb. zu Darmstadt (1800 bis 1860) in den „Deutsch=christlichen Sonetten" (1845) und den „Liedern der unbekannten Gemeinde" (1854) mit einer mehr philosophischen, von kirchlichen Schranken befreiten Energie vertritt, welche sich bis auf die gewählte Versform erstreckt.

Als geistlicher Sänger verdient Julius Sturm, dessen Lyrik wir im Allgemeinen besprochen haben, hier noch besondere Erwähnung. Seine Glaubensfestigkeit und sein Lebensernst prägen sich in den „Frommen Liedern" (1852) und „Neuen Frommen Liedern" (1858) aus. Dieselbe Wärme und Anmuth der Empfindung und die Glätte melodischer Form zeigt sich in diesen religiösen Ergüssen, welche in ihrer Schlichtheit, Knappheit und Innigkeit bisweilen an Aquarellbilder erinnern, bisweilen auch in frei ergossenem Schwung an die religiösen Harmonieen Lamar=tine's. Sturm gab auch ein Jahrbuch religiöser Poesie heraus. Der „Spiegel der Zeit in Fabeln" (1872) ist eine Wieder=erweckung der äsopischen Thierfabel in oft epigrammatischer Form, nicht ohne einleuchtende Moral.

Wenden wir uns nun den deutschen Dichterinnen zu, so wird die Galanterie, die man ihnen gegenüber zu hegen verpflichtet ist, dadurch begünstigt, daß sich unter der Damenlyrik Einiges von ausgeprägter Physiognomie vorfindet, ganz abgesehen von den Fahnenträgerinnen socialer und politischer Tendenzen. Freilich müssen auch hier von Hause aus alle Sängerinnen ausgeschieden werden, welche sich zum Thema Glaube, Liebe und Hoffnung oder die vier Jahreszeiten gewählt und, wie die Stick= und Häkelmuster einer Frauenzeitung, irgend ein Gedicht von Tiedge, Salis oder Geibel nachsticken oder nachhäkeln. Denn die Dichtungen der Frauen zerfallen nur in zwei Klassen: in Gedichte unverheiratheter und in Gedichte verheiratheter Frauen. Die Unverheiratheten dichten die echte Mondscheinlyrik, voll unendlicher Sehnsucht, keusche=ster Liebe, zartester Resignation; ihre poetischen Hauptacteurs sind Zephire, welche Blumen umspielen, und Küsse, welche nur in Versen geküßt werden; sie theilen uns mit, was sich der Wald,

was sich die Vöglein erzählen; sie schreiben flatternde Stammbuch=
blätter von den Wogen des Lebens, von hinundhergeschaukeltem
Kahne und von den verschiedenen Steuermännern, die am Steuer
des Lebensnachens stehen müssen, und deren Adresse man am besten
in Tiedge's „Urania" findet; sie zerschmelzen in jenen unendlichen,
sentimentalen Freundschaften, die sich mit Goldschnitt besser aus=
nehmen, als im gewöhnlichen Leben; und war ja eine so glücklich,
geopfert zu werden oder sich selbst opfern zu können, so nimmt sie
abwechselnd die Positur des Lammes oder die der Priesterin an
und trägt in beiden eine Seelengröße zur Schau, welche die
Gemüther in langathmigen Trochäen tief ergreift. Andere wieder,
Eulalien ohne Menschenhaß und Reue, pflegen das Diakonissen=
hafte, das fromm Säuberliche der Empfindung und singen klöster=
liche Matutinen der Resignation, neue Strauß'sche Glockenklänge
oder Krummacher'sche Hymnen vom Lämmlein. Noch Andere
werden unwirsch und hadern mit dem Geschicke. Hinter dieser
ganzen Gruppe steht lächelnd Mephistopheles und ruft:

„Es ist ihr ganzes Weh und Ach
Aus einem Punkte zu kuriren!"

Die Verheiratheten sind solider im Denken und Empfinden.
Sie geben, durch die Erfahrung gewitzigt, weise Lebensregeln,
ermahnen zur Tugend, schreiben Allegorieen und Parabeln, Idyllen
von der Geißblattlaube und der Mühle im Thale, Reisebilder,
in denen sie die alten Burgen und die guten Betten in den
Wirthshäusern verherrlichen; auch besingen sie mancherlei denk=
würdige Persönlichkeiten, niemals aber ihre Männer.

Den ersten Rang unter den lyrischen Dichterinnen der Neuzeit
nehmen zwei in der Dicht= und Denkweise außerordentlich ver=
schiedene Frauen ein: die Westphälin **Annette von Droste=
Hülfshoff** (1798—1848) und die Oesterreicherin **Betty Paoli**;
jene von durchaus originellem Darstellungstalente, das in der
Lyrik zu den Seltenheiten gehört, von großer Vorliebe für neue,
bis in's Einzelne gehende Züge der Natur und des Lebens, dabei
von streng kirchlicher Gesinnung und entschiedener Opposition gegen

alle Emancipationstendenzen, überhaupt dem bloßen Spiele der Empfindungen abgeneigt, in der Form bestimmt, charakteristisch, doch unmelodisch — diese von seltener Correctheit und Melodie des Ausdruckes, ohne plastische Kraft, aber schwelgend in seelenvollen Empfindungen, denen sie einen hinreißenden Zauber zu verleihen weiß, voll hingebender, edler Weiblichkeit. Die Freiin von Droste-Hülshoff hat in ihren „Gedichten" (1840), denen sich die nachgelassenen Blätter: „letzte Gaben" (1859) anschließen, etwas Sprödes, Schroffes ja Männliches; sie erklärt sich in ihrer Epistel: „An die Schriftstellerinnen" gegen die alte Sentimentalität:

„Schaut auf! zur Rechten nicht — durch Thränengründe,
Mondscheinallee'n und blasse Nebeldecken,
Wo einsam die veraltete Selinde
Zur Luna mag die Lilienarme strecken;
Glaubt, zur Genüge hauchten Seufzerwinde,
Längst überfloß der Sehnsucht Thränenbecken;
An eurem Hügel mag die Hirtin klagen
Und seufzend d'rauf ein Gänseblümchen tragen."

Doch ebenso wirft sie den socialistischen Tendenzdichterinnen den Handschuh hin:

„Doch auch zur Linken nicht — durch Winkelgassen,
Wo tückisch nur die Diebslaternen blinken,
Mit wildem Druck euch rohe Hände fassen,
Und Smollis Wüstling euch und Schwelger trinken,
Der Sinne Bacchanale, wo die blassen,
Betäubten Opfer in die Rosen sinken:
Und endlich, eures Sarges letzte Ehre,
Man d'rüber legt die Kränze der Hetäre."

Sie erhebt sich in diesem Gedichte zu der ganzen markigen Kraft des Ausdruckes, die in unserer Literatur selbst bei den Männern wenig Vergleichbares findet:

„Die Zeit hat jede Schranke aufgeschlossen,
An allen Wegen hauchen Naphtablüthen,
Ein reizendscharfer Duft hat sich ergossen,
Und Jeder mag die eig'nen Sinne hüten,

> Das Leben stürmt auf abgehetzten Rossen,
> Die noch zusammenbrechend hau'n und wüthen.
> Ich will den Griffel eurer Hand nicht rauben,
> Singt, aber zitternd, wie vor'm Weih' die Tauben.
>
> Ja, treibt der Geist euch, laßt Standarten ragen!
> Ihr wart die Zeugen wildbewegter Zeiten.
> Was ihr erlebt, das läßt sich nicht erschlagen,
> Feldbind' und Helmzier mag ein Weib bereiten.
> Doch seht euch vor, wie hoch die Schwingen tragen,
> Stellt nicht das Ziel in ungemeff'ne Weiten!
> Der kecke Falk ist überall zu finden,
> Doch einsam steigt der Aar aus Alpengründen."

Ohne eine Anhängerin veralteter Sentimentalität zu sein, erklärt sie sich gegen die neue Zeit, sie spricht sich fulminant gegen die neue Kinderzucht, die Weisheit der Schulen und der Weltverbesserer aus. Dennoch ist sie selbst keineswegs von jener Krankheit des Weltschmerzes frei, welche, der modern jungdeutschen Auffassung gemäß, in der Gabe der Dichtkunst nur einen Fluch erblickt. So singt sie in den "letzten Gaben" vom Dichter:

> "eine Lamp' hat er entfacht,
> Die nur das Mark ihm sieden macht;
> Ja, Perlen fischt er und Juwele,
> Die kosten Nichts als — seine Seele."

Bedeutender als diese Tendenzgedichte sind ihre Naturbilder, wie z. B. der Mondesaufgang in den "letzten Gaben":

> "O Mond, du bist mir wie ein später Freund,
> Der seine Jugend den Verarmten eint,
> Um seine sterbenden Erinnerungen
> Mit zartem Lebenswiederschein geschlungen;
> Bist keine Sonne, die ernährt und blendet,
> In Feuerflammen lebt, im Blute endet,
> Bist, was dem kranken Sänger sein Gedicht,
> Ein fremdes, aber o! wie mildes Licht —"

vor allem aber die "Haidebilder," westphälische Landschaftsgemälde von einer durchaus charakteristischen Färbung, die in unserer Literatur einzig dastehen. Die Dichterin ist darin ein westphälischer Freiligrath, nur daß das Exotische und Fremdartige in Wort, Bild und Reim, was diesen Dichter auszeichnet, hier durch eigenthümlich provinzielle Wendungen und kühngewählte naturwissenschaftliche Bezeichnungen, die bis in das Speciellste herabgehen, ersetzt wird. Die Dichterin giebt an einzelnen Stellen sogar botanische Erläuterungen, und die Thierwelt wird bis auf ihre kleinsten Glieder herab, von der Libelle bis zur Wasserspinne, die den Tanz über dem Teiche führt, geschildert. Die Karpfen= mutter mit ihrer Brut, die Todtenkäfer, die Schröter und Wespen, die Phalänen, die trägen Motten, der Krötenchor — alle diese Bewohner der einsamen Haide finden eine Zuflucht in den Rhyth= men der Dichterin, ja, die Krähen werden uns in einer sehr leben= digen dramatischen Scene vorgeführt. Die alte Krähenfrau,

„Die sich im Sande reckt,
Das Bein lang ausgeschossen,
Ihr eines Aug' gefleckt,
Das and're ist geschlossen,"

giebt einige Abschnitte aus ihrer Autobiographie, erzählt einige Capitel aus ihren Memoiren mit aller Grazie einer Roland und Staël. Ueber allen diesen Gedichten ruht der einsam brütende, melancholische Geist der Haide, in welcher das kleine, dumpfe Stillleben doppelten Reiz und Werth erhält. In der „Vogel= hütte," im „Hünengrab," in der „Mergelgrube," überall in diesen menschlichen Fußstapfen der Haide ruht die Verfasserin aus, um uns neue Perspectiven in die weitgestreckte Oede zu gönnen, und überrascht durch eine Fülle von Anschauungen, die nicht blos von schärfster Auffassungsgabe, sondern auch von wärmster Versenkung in das Kleinleben der Natur Zeugniß ablegen. Sie begleitet den wandelnden Knaben auf dem angstvollen Gange durch das Moor, das so, in der bestimmten Situation, alle seine Schrecken offenbart:

„O schaurig ist's, über's Moor zu gehn,
Wenn es wimmelt im Haiderauche,
Sich wie Phantome die Dünste drehn,
Und die Ranke häkelt am Strauche,

Unter jedem Tritte ein Quellchen springt,
Wenn aus der Spalte es zischt und singt,
O schaurig ist's, über's Moor zu gehn,
Wenn das Röhricht knistert im Hauche."

Doch wo sie das Erwachen der Haide besingt, wenn des Tages Herold, die Lerche, sein Gefieder schüttelt, und schlummertrunken aus Purpurdecken die Sonne ihr Haupt erhebt, wenn die Lerche die Ankunft der Fürstin verkündet, die schlaftrunkenen Kämmerer, die Blumen, an ihr Amt erinnert und die Musikanten der Haide mahnt, ihr Saitenspiel ertönen zu lassen — da erinnert die Dichterin durch Reichthum und Fülle der Bilder, durch die ganze Belebung und seelenvolle Verzauberung der Natur an einen Dichter, dessen freier geistiger Schwung ihrer Richtung sonst feindlich gegenübersteht — an Anastasius Grün. Dieselbe Kraft der Darstellung, wie in den „Haidebildern," zeigt die Dichterin auch in den „Balladen," in denen sie eine nicht unbedeutende Gabe poetischer Erfindung mit der Hinneigung zum Düsteren, Grellen, ja Frappanten an den Tag legt. Wir erinnern nur an den „Geierpfiff" und besonders an „die Vergeltung." Doch daß ihr alle weicheren Tinten fehlen, daß sie nur das Schroffe, Düstere, phantastisch=Absonderliche liebt, das macht ihre größeren poetischen Erzählungen, wie z. B. den „spiritus familiaris des Roßtäuschers," wenig anmuthend, wie überhaupt ihre vollkommen isolirte und dem das Jahrhundert beseelenden Geist feindliche Stellung die Wirkung ihres großen Talentes beeinträchtigt.

Dagegen ist Betty Paoli (Elisabeth Glueck, geb. zu Wien 1815) durchweg weiblich im Denken und Empfinden und correct und harmonisch in ihren Versen. Ihre Schriften sind: „Gedichte" (1841), „Nach dem Gewitter" (1843), „Romancero" (1845), „Neue Gedichte" (1850), „Lyrisches und Episches" (1855). Die Lyrik der Empfindung, welche von Annette von Droste=Hülshoff verschmäht wird oder nur selten bei dieser markigen Dichterin zu Worte kommt, spricht sich hier mit aller Beredtsamkeit mit einer oft hinreißenden Wärme aus. Stille Wehmuth, der Schmerz einer un=

glücklichen Liebe und eine Resignation voll Seelenadel sind der Grund=
zug ihrer Poesien, welche durch die Wahrheit und Tiefe ergreifen,
mit denen das unmittelbar Erlebte dichterisch festgehalten wird. Es
ist freilich keine Poesie der Rosen, es sind keine Mai= und Junius=
lieder; es ist eine Poesie der „Astern," wie die Dichterin selbst in:
„Nach dem Gewitter" ihre Liebeslyrik tauft, und die wehmüthige
Färbung des Herbstes umgiebt sie mit allem elegischen Reize. Diese
erotische Nachflora gehört zu den anmuthigsten Blüthen deutscher
Liebespoesie, indem Klarheit, Adel und Melodie der Form sie über
den üblichen erotischen Trödel erheben. Auch im „Romancero"
findet sich südlich glühende Poesie, wie z. B. das aus den Tiefen
der Seele herausgedichtete „stabat mater;" aber die Gestal=
tungskraft der Dichterin ist nicht groß; sie taucht alle Begeben=
heiten in das Element der Stimmung, die sie beherrscht.

Ohne ein bestimmtes Gepräge in ihren lyrischen Dichtungen
treten zwei Romanschriftstellerinnen auf, denen wir später wieder
begegnen werden: **Ida Gräfin Hahn=Hahn**, die in den
„**Benetianischen Nächten**" (1836) italienische Reisepoesie in
gereimter Novellistik, in wohltönenden, aber wenig sagenden Versen
verwerthete und später in: „**Unserer lieben Frau**" (1851),
nachdem sie von Babylon nach Jerusalem gewandelt, im Style
Zacharias Werner's und Friedrich's von Schlegel die Gnaden=
mutter nach ihren verschiedenen kirchlichen Heilsämtern feierte,
mit geistlichem Meß= und Oratorienpompe der Diction und ohne
alle Reminiscenzen an Faustinens ketzerische Vergangenheit — und
Ida von Düringsfeld, die in den „**Gedichten von
Thekla**" (1845) ebenfalls recht wohllautend und nichtssagend
begann, später in den Liedern: „**Für Dich**" (1851) schon mehr
den musikalischen Tonfall der Verse mit inniger Empfindung zu
beseelen wußte und in: „**Böhmische Rosen**" (1851) czechische,
in den „**Liedern aus Toskana**" (1855) toskanische Volks=
lieder mit Glück in deutscher Sprache wiedergab. Ihre Märchen=
dichtung „**Amimone**" (1853) enthält einen ansprechenden
Grundgedanken, viele Schönheiten von zarter, sinniger Art und

selbst einen kräftigen, Shakespeare'schen Humor; aber ihre „Geister" haben ein etwas befremdendes Benehmen und höchst bizarre Namen, so daß man sich für ihr Treiben nur mit Anstrengung interessiren kann, und die oft barocken Wendungen und Constructionen machen auf Gemüther, die in allen Regeln der deutschen Syntax aufgewachsen sind, einen unheimlichen Eindruck.

Von früheren Dichterinnen erwähnen wir noch die unglückliche Louise Brachmann (1777—1822), denkwürdig durch ihre auffallenden Schwärmereien und Selbstmordsversuche, in ihren Gedichten lebendig und melodisch, die Schlesierin Agnes Franz (1794 — 1843), deren „Gedichte" (1826) und „Parabeln" (1829) sich nicht über die üblichen Geleise religiöser und sittlicher Erbauungspoesie hinausbewegen, und die später für zahlreiche „Jugendschriften" das ihrem Talente entsprechende Publikum fand, die Deutschrussin Elisabeth Kulmann von leichtem, improvisatorischem Talente, mit Vorliebe für epische Stoffe u. A. Anspruchslos und anmuthig sind die poetischen Gaben Rosa Maria's, der Schwester Varnhagen's, deren „Nachlaß" (1841) ihr Gatte Assing veröffentlichte, und deren vielseitig gebildete und anregende Persönlichkeit von jüngeren Autoren in freundlichen Lebensbildern gefeiert wurde. Louise von Plönnies aus Hanau (1803—1872, zuletzt in Darmstadt lebend) zeigt in den „Gedichten" (1844) und „Neuen Gedichten" (1850) ein ansprechendes beschreibendes Talent, das über die Form mit großer Sicherheit gebietet, wie dies besonders in ihren Sonettenkränzen: „Abälard und Heloise" (1849) und „Oscar und Gianetta" (1850) hervortritt. Die magische Beleuchtung der Natur gelingt ihr vortrefflich, mag sie nun die Nordsee schildern oder das Panorama der Alpenwelt vor uns ausbreiten. Man merkt es ihren phantasievollen Dichtungen an, daß sie sich in der Schule der britischen Poesie gebildet haben, deren ernste und würdige Haltung, frei von aller krankhaften Sentimentalität, sich in ihnen wiederspiegelt. Zahlreichen Aneignungsversuchen der englischen Lyrik folgte ihre Neudichtung der niederländischen Sage: „Ma=

riken von Nymwegen" (1853). In neuester Zeit beschäftigt
sich Louise von Plönnies fast ausschließlich mit biblischen Neu=
dichtungen: „Josef und seine Brüder" (1866), „Maria
von Bethanien" (1867), „Lilien auf dem Felde," meistens
poetische Reproduktion der Psalmen u. a.; doch auf diesem Gebiet
sind keine dichterischen Lorbeern zu pflücken und statt poetischer Ver=
tiefung tritt oft nur eine Verwässerung der kernhaften biblischen
Geschichten hervor.

Melodischen Aeolsharfen= und Glas=Harmonikaklang fand Lud=
wig Tieck in den von ihm herausgegebenen „Liedern" von
Dilia Helena (1848), die in der That recht zart hingehaucht
und den Componisten willkommen sind. Die Verfasserin dichtet
hin und wieder, wie ein lyrisches „Käthchen von Heilbronn," mit
einer Uebertreibung der mädchenhaften Hingebung, welche ihrem
Ritter Strahl ein höchst glückliches Leben bereiten muß. An
einem einzigen freundlichen Worte, einem einzigen Gruße täglich
will sie sich genügen lassen; sie will ihm die Hand küssen und
den Boden, den sein Fuß betritt; sie will seinen Wunsch erfüllen,
noch eh' ihn ein Wort geboten hat:

„O nimm mich an als deine Magd
Und dulde mich in deiner Nähe!"

In der That, eine besser qualificirte Heirathscandidatin als das
Mädchen, das „diesen Wunsch" und dies Geständniß ablegt, hat
nie in Versen und Prosa existirt!

Agnes le Grave (Johanna Holthausen), eine Freundin und
Jüngerin des berühmten Philologen Boeckh, bezeichnet den höchsten
technischen Aufschwung unserer Frauenlyrik, indem sie in ihren
„Dichtungen" (1859) und „Dichtungen," zweite Sammlung
(1864), sich im Aufbau der antiken Strophen mit vieler Form=
gewandtheit versucht, ohne daß der harmonische Abschluß des In=
halts durch diese kühnere Metrik gefährdet wird. Wie Agnes
le Grave als die Schülerin Platen's, so erscheint als Vertreterin der
politischen Lyrik Louise Otto Peters, geb. 1815 zu Meißen,
welche das Streitroß der Parteiwuth mit muthiger Energie tum=

melt und in den „Liedern eines deutschen Mädchens" (1847)
und „Westwinds Lieder" (1849) im schwunghaften Styl der
revolutionairen Epoche für die Freiheit aller Völker der Erde eine Lanze
einlegte. Eine tüchtige Gesinnung, wie sie Louise Otto auch später
bewährte, muß für manche Unklarheit des Gedankens und manche
Inkorrektheit der Form entschädigen. Tief schwermuthsvoll sind
die Gedichte: „Blüthen der Nacht" (1856), von Amara
George, der Gattin des Dichters Alexander Kauffmann, die, im
Jahre 1835 in Nürnberg geboren, eine Schülerin Daumer's,
gleich diesem 1858 zur katholischen Kirche überging. In den
Gedichten ist der Schmerz der Dichterin über das Selbsterlebte,
das ihre Seele darniederdrückte, nicht immer künstlerisch befreit,
zu unmittelbar mit der vom Fieber zitternden Hand niedergeschrieben.
Wo ihr aber eine künstlerische Gestaltung gelingt, da gewinnt die
Melancholie der Dichterin etwas eigenthümlich Anmuthendes.

Hier erwähnen wir noch die lebendig auffassende Touristin
Emma von Niendorf (Frau von Suckow), welche den Norden
und Süden Deutschlands und auch Paris mit literarischen Inten=
tionen bereist und Gegenden und Menschen in oft treffender, sinniger,
aber auch hastiger Weise abspiegelt, rasch zufahrend in Styl und
Urtheil, aber von liebenswürdiger Wärme in ihren halb modernen,
halb mystischen Ueberzeugungen, für die Biographieen Lenau's,
Justinus Kerner's, Schubert's u. A. durch scharfe Beobachtungen
eine ergiebige Quelle; Adelheid von Stolterfoth, in ihren
„rheinischen Liedern und Sagen" (1839) anmuthend,
wenn auch hier und dort mit der metrischen Form überworfen;
die Gräfinnen Louise zu Stolberg=Stolberg („Kriegs=
lieder" 1841), und Elisabeth Zedlitz=Trützschler („Ge=
dichte" 1870), beide, namentlich die letztere, von männlichem
Schwung, sodaß man ihre Gedichte wegen ihres heroischen Grund=
tons in der Form der Lyrik als Schwertlilien bezeichnen könnte;
Auguste von Roemer („Wellen und Wogen" 1868),
ungleich in der Form, doch oft von glücklichem Wurf der Empfin=
dung und des Gedankens; die Romanschriftstellerinnen Mathilde

Raven („Aus vergangener Zeit" 1863), mehr der ernsten Muse des Gedankens huldigend, Franziska Gräfin von Schwerin („Alphabet des Lebens" 1856, „der Stunden Gottesgruß" 1859) und Julie Burow „Gedichte" (1858), eine aufgeklärte Lebensmoral für Frauen im Styl des poetischen Albums vortragend, und viele andere, welche bereits den Uebergang in die anonyme Lyrik der Frauenzeitungen und der auf eigene Kosten gedruckten und in Freiexemplaren verbreiteten „Sammlungen" bezeichnen.

Siebenter Abschnitt.
Epische Anläufe:

Ludwig Bechstein. — Adolf Böttger. — Otto Roquette. — Karl Simrock. Gottfried Kinkel. — Wolfgang Müller. — Oscar von Redwitz. Christian Friedrich Scherenberg. — Theodor Fontane. — Otto Gruppe. Paul Heyse. — Hermann Lingg. — Wilhelm Jordan. Adolf Glasbrenner.

Seitdem der Prälat Ladislav Pyrker mit seinen Versuchen, das langathmige Hexameter-Epos und seine Göttermaschinerie wieder in die deutsche Literatur einzuführen, gescheitert ist; seitdem die fortschreitende literarhistorische und ästhetische Bildung das Wesen der alten Volksepopöe in seinen concreten Voraussetzungen begriffen hat, als einer bestimmten Epoche nationaler Entwickelung angehörig: seitdem ist die epische Dichtung überhaupt in Mißcredit gekommen, und man hat nicht blos jene überlieferte, sondern jede streng epische Form aufgegeben. Man hat auf der einen Seite behauptet, das Epos der Neuzeit sei der Roman; auf der anderen hat man das Epische und Lyrische zu verflechten gesucht oder vielmehr nur mit der leichten epischen Balladen- und Romanzenfärbung lyrische Dichtungen überhaupt. Das Eine ist gewiß so einseitig, wie das Andere, und eine künstlerisch strebende Zeit wird die Sonderung der Formen und Gattungen, die Grundbedingung der Kunst, wieder in's Werk setzen. Schon Schiller nannte den

Romanschreiber nur den Halbbruder des Dichters, und wenn wir auch große dichterische Talente haben, welche in Romanen dichten, so folgt daraus keineswegs, daß der Roman das Epos ersetzen könne; ebensowenig wie aus der leicht erlernbaren Kunstfertigkeit, Metrum und Reim zu bewältigen, die Gleichgiltigkeit der metrischen Form folgt. Der echte Dichter wird durch Metrum und Reim gehoben und geadelt, und abgesehen davon, daß die geschlossene Form auf Maß und Gliederung überhaupt hindrängt, erhält die Dichtung durch den Vers das eigentlich Bleibende, Denkwürdige, Monumentale; sie prägt sich dem Gedächtnisse der Nation ein, und nicht umsonst bringen die Grammatiker ihre Regeln und Ausnahmen in Verse. Im Gedächtnisse der Nation zu leben: das ist der hohe Zweck, das alte Recht der Dichtung; das erst ist ihr wahres Leben. So lebten selbst Klopstock's schwerwuchtige Hexameter und Odenstrophen; so leben noch heute Schiller's und Goethe's Verse, feststehende Elemente der Bildung und des geistigen Schmuckes. Geistvolle, jungdeutsche Schriftsteller führten eine Zeit lang einen Vernichtungskrieg mit dem Verse; sie wollten alles in Prosa auflösen, in eine geschmeidige, rhythmisch gährende, poetisch glänzende Prosa; sie gaben dem Verse Abschwächung des geistigen Gehaltes und der originellen Kraft Schuld; sie erklärten ihn für eine künstlerische Nothwehr dichtender Mittelmäßigkeiten. Gewiß mit Unrecht; denn wenn es auch Epochen der Mattheit und Verwässerung giebt, in denen der Fall der Verse ein traditionelles Gepräge erhält, so wird der Genius und schon das Talent stets Kraft und Originalität am schlagendsten in der Art und Weise ausdrücken, wie sie mit ihrer geistigen Eigenthümlichkeit den Vers durchdringen. Wer nur Rückert und Schefer, Grün und Lenau, Herwegh und Freiligrath, Platen und Heine vergleicht, der empfindet gewiß gleich den durchgreifenden Unterschied der Talente schon im Versgepräge; denn wie der Gang den Menschen charakterisirt, so charakterisirt der Vers den Dichter. Doch auch in vielen anderen Beziehungen kann der Roman das Epos nicht ersetzen; eben so wenig freilich, wie das Umgekehrte Statt findet. Der Kreis ihrer Stoffe ist ein verschiedener. Was sich für den Roman eignet, eignet sich nicht für das Epos; ein großartiger, echt nationaler Stoff, der würdigste Fund eines epischen Dichters, würde sich in keiner Romanform angemessen behandeln lassen. Wenn auch der neue epische Dichter vom Romanschreiber lernen wird, nicht in die altberühmte epische Langeweile zu verfallen, so wird er doch nie in Spannung und Verwickelung ihm in jene Geheimnisse des prickelnden Reizes und des echauffirten Effectes folgen, die nur in eine Aesthetik für Leihbibliotheken gehören. Doch auch das vorwiegend lyrische, fragmentarische Epos, das von so zahlreichen Talenten gepflegt wird, genügt nicht der strengeren epischen Form. Ihm fehlen die Ruhe, die Würde, die Ganzheit, die plastische Herausmeißelung der Charaktere und Situationen, die großen Züge eines umfassenden Culturgemäldes — nothwendige Elemente jeder wahrhaft epischen Dichtung, durch welche sie sich von der Ballade und poetischen Erzählung unterscheidet. Die reine Herausbildung epischer Dichtung ist deshalb ein berechtigtes Streben der Zeit, obwohl die bedeutenderen Talente bisher auf diesem Gebiete das Uebergewicht der Lyrik nicht verleugnen konnten, so Anastasius Grün im „letzten Ritter," Lenau in den „Albigensern" und im „Savonarola," Beck im „Jankó," Meißner im „Zizka," Eichendorff im „Julian," Bodenstedt in der „Ada" u. A. Erst in neuester Zeit schlugen besonders Wilhelm Jordan, Hermann Lingg und zum Theil auch Robert Hamerling wieder einen mehr epischen Ton an. Die Dichter aber, die das alte Epos pflegten, hatten nicht die Bedeutung, ihm eine neue Form aufzuprägen, und konnten nur dazu beitragen, den Ruf der Trivialität und Langweiligkeit, in den das Epos gerathen war, nach besten Kräften zu stützen. Man würde sich irren, wenn man das Vorhandensein eines solchen Maculaturepos leugnen wollte. Im Sande des deutschen Buchhandels sickert manches Wässerchen, das niemals zum Bache wird, niemals einen Spiegel und eine Strömung gewinnt. Ja, hin und wieder sind von diesen kühn zugreifenden, aber verborgenen Homer's, Dante's und Tasso's treffliche Stoffe gewählt worden. Wir rechnen dazu gerade nicht die neuen Messiaden und Evangelienharmonieen: „den Heiland" in zwölf Gesängen, „Christus der Ueberwinder" in fünf Gesängen, „den Sieg des Kreuzes," „Paulus," auch nicht die langathmige Legendenepik, welche besonders durch „die heilige Elisabeth von Ungarn" von Katharina Dietz, einer Dichtung von nicht weniger als neunundzwanzig Gesängen, vertreten wird; aber Stoffe, wie ein „Gustav Adolph," ein „Friedrich der Große," ein „Napoleon," ein „Blücher," ein „Columbus," selbst ein „Mazeppa" und „Ulrich Zwingli," welcher letztere mit der heiligen Elisabeth von Ungarn das Märtyrerloos theilt, in neunundzwanzig Gesängen gefeiert zu werden, haben doch offenbar episches Vollgewicht und verdienten, nicht Versmacher, sondern Dichter zu begeistern.

Die lyrisch-epische Dichtung steht gegenwärtig in vollster Blüthe; alle Richtungen der Zeit, von der süßesten und nichtigsten Märchenpoesie der sprechenden und spazierengehenden Blumen bis zur fanatischen Missionspredigt in Versen und den Soldatengedichten mit Schnurrbart und Schwadronshieben, haben sich in dieser Zwitterform abgelagert. Mittelalter und Neuzeit, alle Provinzen und Gegenden, nicht blos Schwaben und Oesterreich, sondern auch der Rhein und die Mark finden sich vertreten in Bezug auf ihre epischen Schätze, und die Dichter lassen sich ohne Mühe nach den Gegenden gruppiren[1]).

Eine selbstständige Stellung behauptete der Thüringer Ludwig Bechstein (1801—1860), der sich, wie Adolf Bube, um den Sagenschatz des Thüringer Landes große Verdienste erworben hat und als Novellist und Erzähler theils auf dem Boden der Geschichte und

---

[1]) Eine sehr gediegene Sammlung der reichen Schätze epischer und episch-lyrischer Dichtung, welche unsere Nationalliteratur überhaupt, besonders aber in neuester Zeit aufzuweisen hat, mit fleißigen kritischen und bibliographischen Excursen ist das Werk von Ignaz Hub „Deutschland's Balladen- und Romanzendichter," dessen umfassender Schlußband: „Deutschland's Balladen-Dichter und Lyriker der Gegenwart" (1874) diese in gediegener Beurtheilung, mit warmer Anerkennung des Gelungenen und mit zahlreichen Proben ihrer Dichtungen vorführt.

der Sage, theils aus dem modernen Leben heraus, doch mit durchgängiger Anlehnung an das Volksthümliche und Realistische, der Unterhaltungslectüre viel Willkommenes geboten hat. Die wissenschaftliche Forschung in altem Leben und alter Dichtung, in alten Märchen und Sagen, die er durch Begründung antiquarischer Vereine und Zeitschriften bewährte, giebt auch seiner poetischen Productivität einen Mittelpunkt, obwohl es ihr im Ganzen an einer ausgeprägten Physiognomie fehlt. Das Einfache, Faßliche, die behagliche Mitte im Denken und Empfinden ist sein Element. Ebenso einfach ist die Form, ohne alles Gewagte und Kühne im Ausdrucke, leicht fließend und leicht verständlich; aber auch ohne Erhebung und Schwung. Seine Phantasie, bereichert durch die Zuflüsse der alten Sagenwelt, ist nicht ohne Erfindung und gebietet über eine Menge von Anschauungen; aber seine Art und Weise, sie aneinander zu reihen, ist locker, äußerlich, arabeskenhaft. Ein Bildchen wird neben das andere gehängt; man wandert wie durch eine Gallerie, und fällt auch von außen klares und gutes Licht auf die Bilder, so fehlt doch ihnen selbst die höhere geistige Magie der Beleuchtung. Von Bechstein's Werken gehören hierher: „Die Haimonskinder" (1830), „der Todtentanz" (1831), „Gedichte" (1836) und „Faustus" (1833). Keine philosophische Nöthigung, kein Denkertrieb, von Problemen angereizt, hat den Dichter zu diesen Stoffen des Gedankens hingeführt, sondern die alte Volkssage ihn einfach auf dies Gebiet geleitet. „Der Todtentanz" ist eine poetische Illustration der Bilder Holbein's, eine sinnige Deutung, welche die einzelnen Situationen klar und schlagend erfaßt, eine Feier des düster waltenden Verhängnisses, welches in der Regel als eine rächende Macht erscheint und dabei schonungslos gerade die Gewaltigen der Kirche und des Staates erfaßt. Diese Bedeutung des Todes, als einer rasch treffenden Waffe der schlagfertigen Nemesis, herrscht schon im Holbein'schen „Todtentanz" über das Elegische vor, das bei dem Abstreifen schuld- und harmloser Blüthen ergreifend wirkt. Die dichterische Sprache bewegt sich in althergebrachten Geleisen, ohne einen unnöthigen Staub von Bildern aufzuwühlen oder den einfachen Gedankengang und eine oft triviale Moral durch tiefe, kühne Wendungen zu unterbrechen. Am schwunghaftesten erscheint uns der Triumphgesang der „Todesengel":

> „Rauschet, feiernde Gesänge,
> Dröhnet, Donnerharfenklänge,
> Aufwärts aus der Grabesenge.
>
> Was auf Erden auch bestehe,
> Sinkt und bricht in bangem Wehe,
> Rufen wir ihm zu: Vergehe!
>
> Wie der Erste uns verfallen,
> Fiel mit ihm das Loos von Allen,
> Die das Leben noch durchwallen.
>
> Keinen werden wir verschonen
> Nicht in Hütten, nicht auf Thronen,
> Waffen schirmen nicht und Kronen.
>
> Schwacher Menschheit stolze Träume,
> Ihrer Hoffnung Blüthenbäume,
> Modert unser Hauch im Keime!
>
> Jeder Haber wird geschlichtet,
> Jede Sünde wird gerichtet,
> Jedes Leben wird vernichtet.
>
> Ob auch Mancher kräftig strebe,
> Ob er hundert Jahre lebe,
> Endlich saftlos sinkt die Rebe!
>
> Sei's die Blüthe, sei's die Traube,
> Nie gesättigt von dem Raube,
> Sammeln wir den Staub zum Staube!
>
> Bis das Leben all' erkaltet,
> Bis der Erdball selbst veraltet,
> Und die Urnacht wieder waltet."

Im „Faustus", einer jener neuen poetischen Nachdichtungen der alten Sage, welche das Ungenügende der Goethe'schen Behandlung dieses Stoffes hervorgerufen hat, würden wir zwar vergebens nach einer auf majestätischen Gedankenschwingen hochstrebenden Poesie suchen, oder nach jener Fülle beißender Sarkasmen und dämonischer Ironie, welche uns einmal mit der Gestalt des Mephistopheles nothwendig verknüpft erscheinen. Doch wenn wir uns auch nicht in jener hohen Region des Genius befinden, so ist hier dafür keine Spur von jener vornehmen Geheimthuerei, allegorischen Räthselspinnerei, kunsthistorischen Symbolik, von jener ungenießbaren Mythenvermischung, durch welche Goethe, besonders im zweiten Theile, die „Faustsage" verfälscht hat. Der nüchterne Verstand unseres Poeten geht einen geraden Weg. Faust tritt hier mehr als der volksthümliche Magier auf; eine Fülle von Zügen und Situationen aus der Volkssage, wie z. B. „der Zaubermord," zeigt uns in pikanter Weise den Realismus der Magie und giebt anschauliche, drastische Bilder. Helena erscheint hier gar nicht als Repräsentantin der Antike; aber menschlicher, einfacher, eine Fürstentochter voll Liebe, kein Zaubertrugbild, das Faustus verstößt. Daß die Hölle ganz ehrlich ihre Rechte geltend macht und zuletzt ohne das barocke Gelüst, durch das bei Goethe der Teufel verspielt, ohne ein seraphisches Concert von Gnadenarien die Poesie den Gefallenen in ihr Heimathland entführt: das ist eine vernünftige und ansprechende Schlußwendung einer Dichtung, die ohne alle mystische Verhüllungen und gelehrte Prätensionen den Kern der alten Sage einfach herausschält. In der nachgelassenen epischen Dichtung: „**Thüringen's Königshaus, sein Fluch und Fall**" (1865) führt uns Bechstein die Kämpfe der deutschen Urzeit gegen äußere und innere Feinde vor, Kämpfe, in welche der große Gedankenkampf zwischen Christenthum und Heidenthum mit hereinspielt, ohne die Plastik des Epos zu erreichen, doch in einem umfassenden Gemälde von lebendigem Colorit in meistens kernhafter Form. Die überreiche Handlung sprengt freilich den Rahmen der einheitlichen Epopöe und löst sich in eine Folge von Erzählungen auf.

Ebenso isolirt, wie Bechstein, steht in unserer Literatur ein anderer Dichter, **Adolf Böttger** aus Leipzig (1815—1870), der talentvolle Uebersetzer Byron's, Pope's, Milton's und Ossian's, von

denen besonders Byron auf die Richtung seines Talentes großen
Einfluß ausübte. In der That würde Böttger in England und
Frankreich bei weitem größere Anerkennung für seine poetischen
Werke gefunden haben, als in Deutschland, das überhaupt mit
solcher Anerkennung geizt und von seinen Poeten Schwerwiegendes
in Bezug auf Gedankenfracht, Originelles und eine scharf ausge=
prägte geistige Richtung verlangt — Anforderungen, denen das
außerordentlich formgewandte, gefällige Talent Böttger's trotz leben=
diger Phantasie und dichterischer Unmittelbarkeit des Empfängnisses
und der Production nicht zu entsprechen vermag. Böttger's isolirte
Stellung verhinderte ihn überhaupt, im Anschlusse an andere, Hand
in Hand mit Vertretern einer Richtung, gleichsam mit jenem belieb=
ten Rattenkönige des Renommées in's Pantheon zu gelangen, denn
was der Deutsche nicht gruppiren kann, das ist für ihn verloren.

Böttger's Werke sind: „Gedichte" (1846), „Johannis=
lieder" (1847), „Auf der Wartburg" (1847), „ein Früh=
lingsmärchen" (1849), „Till Eulenspiegel" (1850), „die
Pilgerfahrt der Blumengeister" (1851), „Düstere
Sterne" (1852), „Habana" (1853), „der Fall von
Babylon" (1855), „Cameen" (1856), „Buch der Sachsen"
(1858), „die Tochter des Kain" (1865), „Heilige Tage"
(1865), „Neue Lieder und Dichtungen" (1868), „das
Galgenmännchen" (1870)[1]).

Es läßt sich nicht leicht eine ansprechendere Lectüre denken, als die der
meisten Böttger'schen Dichtungen. Es ist ein Lesen ohne Hindernisse;
Bilder, Empfindungen, Gedanken sind glatt und glänzend polirt; nir=
gends eine Unebenheit, ein Auswuchs, eine Geschmacklosigkeit. Das
allzu Süßliche ist ebenso vermieden, wie das Ueberkräftige, wie jede
Unnatur in den Situationen, Begebenheiten, Gefühlen, wie alles
Nebelhafte in den Gedanken. Dennoch hält man den Lorbeerkranz
zaudernd in der Hand! Es ist, als ob die Lieblinge der Kamönen un=
gezogen sein müßten, und in der That waren nicht blos Aristophanes

---

[1]) Adolf Böttger's „Gesammelte Werke" (6 Bde. 1864—66).

und Heine, sondern auch Schiller und Goethe ungezogen. Gährender Most, überschäumende Kraft aus geistigen Tiefen heraus mag später Maß und Schranke finden; aber man fühlt die ursprüngliche Eigenheit der Weltanschauung und die Energie des Denkens auch noch in der geläuterten Form. Geistige Bedeutung allein schafft große Dichter und unterscheidet die Schiller's und Goethe's von den Mathisson's und Hölty's. Bei Böttger sieht man, wie er die Stoffe ohne innere Nöthigung, oft auf äußerliche Veranlassung ergreift; er wird jeden Stoff geschickt anfassen und mit glänzenden Funken des Talentes flüchtig beleuchten; doch es fehlt ihm die nachhaltige Gluth der Begeisterung. Er entwickelt oft einen charmanten, anmuthigen Humor; aber er ist nur neckisch spielend, nur darüber hingehaucht, nur Goldschaum auf Aepfeln und Nüssen und nicht die Goldmine eines Shakespeare und Jean Paul. Böttger's Erotik ist anmuthig; aber es fehlt ihr das unsagbare Etwas, das Geibel's Liebesgedichte auszeichnet: die innerste Wärme der Empfindung, die Wurzeln, die in die Tiefe gehen. Ueberhaupt ist Böttger's Talent vorwiegend beschreibend; die poetische Schilderung und Erzählung ist sein Genre, bald mit Hinneigung zum Heroischen und Abenteuerlichen, bald mit Vorliebe für das märchenhaft Phantastische. Von den ersten, an Byron's Art und Weise anklingenden Dichtungen möchten wir der „Habana" den Vorzug geben. Die Schilderung des exotischen Lebens ist blühend und reich; die Situationen sind zwar mehr novellistisch erfaßt, als plastisch gestaltet, aber doch klar gezeichnet und spannend, und besonders gegen den Schluß hin erhebt sich die Sprache zu einem mächtigen Schwunge, welcher großen culturhistorischen Perspectiven gerecht wird. Auch in den „düsteren Sternen," im „Pausanias" finden sich einzelne Schilderungen von Glanz und Schwung, aber auch jene erkaltende Glätte, welche Nichts ausprägt und nichts einprägt. Ebenso vermissen wir in dem „Fall von Babylon" die größere Tiefe der geistigen Gegensätze, welche durch den Stoff gegeben sind, und die durchgreifende und einleuchtende Motivirung der Situationen.

Zu den bedeutenderen Dichtungen Adolf Böttger's gehört „Die Tochter des Kain" (1862), wenngleich sich der Dichter hier sehr ab-

hängig zeigt von Byron's „Heaven and Earth" und Lamartine's
„Chûte d'un ange". Das Gedicht ist die Theodicee einer Unschuld,
welche den Verlockungen eines proteusartig sich verwandelnden gefal=
lenen Engels Jetzer Horra widersteht und zuletzt durch ihre Liebe zum
Sohne Abel's die erste Blutschuld sühnt. Es fehlt der Dichtung nicht
an jener Metaphysik, welche Byron's altbiblische Mysterien kennzeich=
net. Das Bild der Mutter Lilith als der Urmutter der Wollust ist
nicht ohne schwunghaft große Phantasie gezeichnet.

 Im Drama versuchte sich Adolf Böttger mit einem Stück
„**Agnes Bernauer**" (1845), welchem indeß die dramatische
Energie fehlte, und kurz vor seinem Tode mit einer phantastischen
Märchendichtung „**Das Galgenmännchen**" (1870), einer
Faustiade en miniature, welche jedenfalls zu den sinnreichsten
Erzeugnissen des Dichters gehört und an drolliger sowie origineller
Erfindung reicher ist als seine meisten frühern Dichtungen. Der
Held des Gedichts, in verzweifelter Stimmung wie Byron's
„Manfred" mit Selbstmordgedanken umgehend, findet einen Retter
in einem Cavalier, der ihm das gold= und glückbringende Galgen=
männchen verkauft. Das Geld muß sich Theobald erst borgen.
Eine unheimliche Bedingung ist dabei; er kann den bösen Geist
nur gegen die Hälfte des Einkaufsgeldes wieder los werden. Das
Galgenmännchen zaubert ihm nun Schätze in Fülle und eine
modische, üppige Geliebte herbei; doch der Rest des Glücks ist
Ueberdruß, elegisches Gedenken an die erste Liebe zur holden
Martha, eine Liebe, die der Fluch der sterbenden Mutter geschieden
hat. Theobald schenkt das Galgenmännchen fort; doch er kauft
es wieder, ohne es zu wissen, indem er einem Tabuletkrämer für
einen Heller seinen ganzen Kram abkauft, unter dem es sich
befindet. Um es los zu werden, muß er die Hälfte des Einkaufs=
preises, also einen halben Heller zahlen. Woher einen halben
Heller nehmen? Das Amulet seiner frommen Martha aber ist
eine solche allerkleinste Münze, ein halber Heller, und rettet ihn
von der Macht der Bösen. Ein origineller, tiefpoetischer Gedanke!

 Eine andere Gattung Böttger'scher Gedichte lehnt sich an die

Poesie der Königin Mab und des Sommernachtstraumes und an Grandville's gezeichnete Blumen-Maskeraden an; es ist die Beseelung der Natur, aber nicht durch die im Großen waltende Weltseele, sondern durch phantastische Geisterchen; es ist der Diminutiv-Pantheismus, die Nipptisch-Mythologie, welche zuletzt in eine Art poetischer Potichomanie ausartet, die auch auf die hohlsten Töpfe ihre Blumen klebt. „Das Frühlingsmärchen" Böttger's verdient von diesen Dichtungen, die zum Theile als bestellte Illustrationen zu buchhändlerischen Prachtwerken floriren, wohl den Vorzug, indem es eine politische Tendenz humoristisch in das schalkhafte Treiben der Naturgeisterchen hineinverwebt. Die Rebellion der Geisterschaar wird uns in anmuthig fließenden und hüpfenden Versen, die ein reichhaltiges humoristisches Taufregister der Gnomen und Elfen enthalten, geschildert. So lieblich die Naturmalereien sind, so reizend die duftige Liebe von Hiazint und Liliade gemalt ist, so liegt der Schwerpunkt dieser Dichtung doch ausnahmsweise auf ihrem Grundgedanken, der mit einer bei Böttger seltenen Kraft und Klarheit hervortritt. Es ist ein Tendenzmärchen, welches ein Regiment der Harmonie und Liebe feiert, dessen Vertreter der Elfenkönig Oberon ist. Er überläßt die empörten Geisterschaaren selbst ihrer anarchischen Zügellosigkeit, in welcher sie ein Reich von Glück und Freiheit aufgeben. Er schildert ihnen das Loos der Sterblichen:

> „Wenn Fürst und Volk sich wechselweise
> Bekämpft in angestammtem Haß,
> Freiheit und Joch in stetem Kreise
> Abwechseln sonder Unterlaß:
> So ist dies nur der Staubgebornen
> Uraltes, schwer verhängtes Loos,
> Und die Verdammten, wie Erkornen
> Macht nur der Tod erst fessellos.
> Jahrhundert rollt sich zu Jahrhundert
> In ewig gleicher Ebb' und Fluth:
> Verflucht wird, was man erst bewundert,
> Gesegnet, was vermodert ruht."

Nachdem die Nixen und Gnomen einen argen Wasser- und Feuerspectakel entfaltet haben, in welchem das duftige Liebespaar untergeht, kehren sie unter Oberon's Scepter zurück; der Regenbogen des Friedens wölbt sich wieder:

> „Im Echo verhallen die Donner sacht,
> Wenn von Gipfel zu Gipfel sie gleiten,
> Als murmelte leis im Traum die Natur
> Von trüben, vergangenen Zeiten!"

An „das Frühlingsmärchen" und „die Pilgerfahrt der Blumen" von Böttger lehnt sich eine umfangreiche Toilettenpoesie an, die Gutzkow mit dem bezeichnenden Namen „Lovely-Poesie" getauft. „Das Frühlingsmärchen" verdient durch die Vollendung der Form und den geistigen Faden, der hindurchgeht, wohl der Preis von Allen; denn die Kunst, in jede Blume ein Menschengesicht hineinzuschauen, den Dialekt der Vögel zu studiren, die verschiedenen Elfen, Gnomen und Nixen in Schlachtordnung zu stellen und menschliche Erlebnisse in diese Welt duftiger Gebilde hinüberzupflanzen, eine leicht zu handhabende Kunst, drohte allgemein verbreitet und jedem ernsten poetischen Streben gefährlich zu werden. Besonders in einer so wenig blumenreichen Gegend, wie die Mark, in welche bereits die Romantiker ihre schwebenden Phantasiegärten hingezaubert hatten, ergriff die Poeten ein wahrer Taumel dieses Naturcultus, dieses niedlichen Blumengötzendienstes, dieser keuschen Metamorphosenpoesie, welche die sinnlichen Greuel Ovid's vermied und die ars amandi in's Aetherische übersetzte. Freilich blieb bei'm Publikum das Gefühl nicht aus, das Freiligrath so meisterhaft in „der Blumen Rache" geschildert hat; es wurde betäubt vom narkotischen Dufte dieser Flora, deren organische Basen als leichtbeschwingte Seelchen in diesen Versen umherflatterten. So wenig sich ein märkischer Kiefernwald zu erzählen hat, es müßten denn alte Geschichten von den Quitzow's und Lützow's sein, so dichtete doch Gustav Edler Gans zu Putlitz aus Retzien in der Priegnitz (geb. 1821) hier sein vielgelesenes, an sinniger Naturpoesie reiches Büchelchen: „Was sich der Wald erzählt" (1850), und das Publikum der Salons lauschte mit freundlichster Aufmerksamkeit auf diese zwitschernden Naturgeheimnisse. Dennoch erinnerte diese Poesie an die Vögel im Bauer: sie pickte aus der Hand, aber es fehlte ihr der Flügelschlag und Liederschmelz der ambrosischen Freiheit. Fouqué's reizende „Undine," der allerdings die Seele fehlte, während diese Duodezblumisten fast zuviel Seele consumirten, fand zahlreiche Nachtreterinnen. Der Literarhistoriker kann über diese Blumen-, Elfen- und Nixenlyrik, über diese homöopathische Naturpoesie nur flüchtig hinweggehen; denn diese Gedichte sehen sich alle so ähnlich, wie die Gesichter auf den Modekupfern. Was würd' es helfen, „die Pilgerfahrt der Rose" von **Moritz Horn**, „Prinzessin Ilse," „Immensee" von **Theodor Storm**, anmuthige Lyrik in Streckversen, die „Liande" von **Julius Schanz**, die Mondstrahlenjungfrau „Luana" von **Gustav zu Putlitz** und zahlreiche Arabeskendichtungen näher zu prüfen, den sauberen Goldschnitt der Form, die Klarheit und den Fluß der Verse, die Lieblichkeit der Naturbilderchen zu loben? Aus „der bezauberten Rose" von **Ernst Schulze** und der Fouqué'schen „Undine" lassen sich mit einiger Phantasie und Versgewandtheit die allerniedlichsten Combinationen zurechtmachen, ein elfenbeinernes Elfen- und Nixenschachspielchen, dessen Figuren nur auf blumengewirkten Feldern hüpfen und laufen. Diese Lovely-Poesie war eine Mode, wie die Potichomanie — sie gehörte zu den epidemischen Kinderkrankheiten und mußte bei reinerer Luft verschwinden. Eine solche Manie isolirt, was als Episode berechtigt ist, und macht daraus ein Drama. Einige dieser Dichter haben indeß Ansprechendes und Liebliches geschaffen. **Moritz Horn** (geb. 1814 zu Chemnitz) hat in der erwähnten von Schumann componirten „Pilgerfahrt der Rose" (1851), in der „Lilie vom See" (1852) und den „Neuen Dichtungen" (1858) recht duftige Waldbilder gegeben und **Theodor Storm** (geb. 1817 zu Husum) ist ein Muster feiner, oft träumischer Aquarellmalerei in den „Gedichten" (1852) und „Gesammelten Schriften" (1869).

Ein Geistesverwandter Adolph Böttger's ist **Otto Roquette**, (geb. 1824 zu Krotoschin), nur daß dieser weit mehr für das sangbare Lied und seinen Goethe'schen Schmelz organisirt ist, während bei jenem die Gabe poetischer Erzählung und glänzender Schilderung vorwiegt. Auch sucht Roquette mehr eine kräftige patriotische Tendenz in den Vordergrund zu stellen. Otto Roquette hat seinen Namen durch „**Waldmeisters Brautfahrt, ein Rhein=, Wein= und Wandermärchen**" (1851) zuerst in weiteren Kreisen bekannt gemacht. Ein lustiger Burschenton, lebendiger Jugendmuth und naive Weltanschauung zeichnen dies Märchen vortheilhaft aus. Es gehört zwar auch zur Nipptischpoesie der Natur, und ihre possirlichen Geisterchen sind die humoristischen Hauptacteurs, aber die Frische der Darstellung und Empfindung, der kecke, burschikose und doch nie plumpe Ton, die heitere Empfindung lassen es aus dem Kreise der süßlichen Lovely=Literatur heraustreten. Sein Thema ist die Feier eines heiteren Lebensgenusses, wie sie die lachende Natur der Rheinlandschaft, ihre Anmuth und Schönheit und der süße Rausch ihrer Weine in den Gemüthern hervorrufen. Dem jugendlichen Dichter wird seine studentische Wanderung um so leichter, als er kein schweres Gedankenbündel mit sich herumträgt. In lustigen Bildern, kecken Sprüngen, in einer nicht immer klar geordneten Folge der Erzählung giebt das Märchen der phantastischen Freiheit, die sein gutes Recht ist, uneingeschränkten Spielraum. Hervorzuheben sind einzelne humoristische Arabesken, besonders aber die eingestreuten Lieder, welche eine frische unmittelbare Empfindung athmen und in der lieblichsten Form hingehaucht sind. Später hatte Otto Roquette zwei größere epische Dichtungen: „**der Tag von Sanct=Jakob**" (1852) und „**Herr Heinrich**" (1852) herausgegeben, in denen er einen ernsteren Anlauf nimmt und sein Talent, das zuerst nur mit dem vergänglichen Reize der Jugendfrische auftrat, an größeren Stoffen versucht. Doch in beiden Dichtungen gelang es ihm nicht, das unverwischte Gepräge großartiger heroischer und nationaler Poesie und ihren erhebenden Ernst festzuhalten. In das Schlachtgemälde des Schweizer Heldenkampfes spielt eine trivial=novellistische Liebes=

geschichte ohne den Schwung und Adel, durch welchen Schiller im Tell die Episode von Rudenz und Bertha zu geistiger Ebenbürtigkeit mit den großen Zügen des nationalen Freiheitskampfes erhob, mit hinein; und in „Herr Heinrich" ist das phantastisch Sagenhafte mit dem trocken Historischen keineswegs zu künstlerischer Harmonie und Einheit vermählt. Die schwunghaften Schilderungen im „Tage von Sanct=Jakob," die reizenden lyrischen Blüthen von Goethe'schem Schmelze in „Herr Heinrich," sowie einzelne köstliche, phantasievolle Naturgemälde und schalkhaft neckische Genrebilder stehen isolirt in diesen Dichtungen und was sie miteinander verknüpft, das ist ein chronikenhaft dürrer Erzählungsfaden, das sind hölzerne und nüchterne Verbindungsglieder gereimter Historie ohne allen poetischen Adel. Es fehlt bei Otto Roquette das würdevolle Gleichmaß epischer Dichtung, welches auch das minder Bedeutende, das nothwendig Verknüpfende und Erläuternde nicht fallen läßt, sondern auf gleicher dichterischer Höhe zu halten weiß. Er ist nur warm, wo die Stimmung und Empfindung ihn hinreißt, und deshalb mehr Lyriker, als Epiker. Seine „Gedichte" (1853) enthalten Lieder, die unmittelbar an Goethe erinnern, durch jenen unnachahmlichen graziösen Hauch des Gefühles, welcher die Strophen wie sanftgekräuselte Wellen in anmuthigster Weise bewegt. In „Hans Heidekuckuck" (1855) findet sich jene liebenswürdige Naivetät wieder, welche „Waldmeisters Brautfahrt" ausgezeichnet; ebenso jenes Talent für historische Genremalerei, das wir in den Goslar'schen Bilderscenen des „Herrn Heinrich" zu entdecken glaubten, doch ist auch hier geschichtliches Tableau und Genrebild in künstlerisch unklarer Weise gemischt. Auch auf dem Gebiete des Romans, der Novelle und des Drama's hat sich Otto Roquette versucht; sein „Heinrich Falk" (3 Bde. 1858) ist ein psychologischer Künstlerroman von großer Glätte und Grazie der Behandlung, welche der Dichter selbst bei den gewagten, grellbeleuchteten Katastrophen nicht aufgibt. Die Ausführung ist reich an psychologischen Feinheiten, und besonders erweckt der Charakter der „Sara" Interesse. Die Genrebilder aus Atelier

und Werkstatt und aus der Welt des scharfgegeißelten Pietismus
muthen indeß mehr an, als die Enthüllungen aus dem Reich der
Herzensgeheimnisse, über welchem doch für Menschen gewöhnlichen
Schlages eine allzu zweifelhafte, künstlerisch gedämpfte Beleuchtung
schwebt, denn in das Empfinden fein und nervös organisirter
Künstlernaturen kann sich der Sinn des Volkes nur schwer ver=
setzen. In den „dramatischen Dichtungen" (1857) fehlt
weder die Correctheit der Motivirung und des Ausdruckes noch
Grazie und Adel der Darstellung, wohl aber der Sinn für das
dramatisch Wirksame; es fehlen scharfgezeichnete Charaktere, sowie
der hinreißende Ausdruck der Leidenschaft. Weder „die Pro=
testanten in Salzburg," noch „Sebastian" erheben sich
zu großartiger dramatischer Bewegtheit.

Otto Roquette hatte in „Waldmeisters Brautfahrt" die Rhein=
landschaft zum Mittelpunkte seiner idyllischen, humoristischen, lyri=
schen Arabesken gemacht. Der majestätische, heiterfluthende Strom
mit seinen Rebenhügeln hatte seit alter Zeit die Liedergabe in
seinen Anwohnern befruchtet. Nicht blos die Poesie der heiteren
Zecher, welche mit Begeisterung sang:

„Am Rhein, am Rhein, da wachsen unsre Reben,"

auch der ernste Sinn geschichtlicher Betrachtung, angeregt durch
die zahlreichen Burgtrümmer auf seinen felsigen Ufern und die
ehrwürdigen Städte, deren Mauern er bespült, fand reiches Genüge
in der alten Sagenwelt, die sich an ihn knüpft; und wenn es die
Kinder der Neuzeit, das Haupt geschmückt mit den Reben des
Dionysos, des befreienden Gottes, in heiterer Weltlust vergessen
wollten, daß sich auch alte ernste, prächtige Dome in seinen
Fluthen spiegeln, so gemahnte sie daran ein Dichter der Rheinpfalz,
der das katholische Mittelalter, nicht in heiliger, stiller Feier, son=
dern mit fanatischer Missionswuth heraufbeschwor. Von jenen
volksthümlichen Sagendichtern des Rheinlandes erwähnen wir nur
Karl Simrock, Gottfried Kinkel und Wolfgang Müller
von Königswinter; aber der Heros des Ultramontanismus der
Toilettentische, Oscar von Redwitz, muß wegen seiner großen

Erfolge, die er als ein Herwegh des Katholicismus feierte, von der Literaturgeschichte berücksichtigt werden.

Karl Simrock aus Bonn (geb. 1802, seit 1850 Professor der deutschen Literatur an der Universität Bonn), der ausgezeichnete Uebersetzer des Nibelungenliedes, des Parzival und Titurel, der Gudrun und des Amelungenliedes, ein mit dem Geiste altdeutscher Poesie vertrauter Dichter von gründlicher germanistischer Gelehrsamkeit, debutirte seltsamer Weise als selbstständiger Poet mit einer Verherrlichung der französischen Julirevolution, welche seine Entlassung aus dem Staatsdienste zur Folge hatte. Das Gebiet der politischen Lyrik, das er mit jenen Gedichten: „Drei Tage und drei Farben" (1830) betreten, blieb später von ihm in den „Gedichten" (1844), die manche kräftige, oft aber auch gesucht alterthümelnde Ballade enthalten, unangebaut. Indeß hat sich sein Talent am glänzendsten in der Reproduction altdeutscher Dichtungen bewährt, und wenn auch sein Hauptwerk: „Wieland der Schmidt" (1835) mehr eine selbstständige Dichtung ist, durchdrungen vom kräftigen, nicht tändelnden Geiste des Mittelalters, so ist sie doch nur eine freie Ausführung der alten epischen Sage des Amelungenliedes. Doch das Harte und Naturwüchsige der alten Sage, so plastisch die Ausführung Simrock's und so glücklich und gesund der oft durchbrechende Humor, so meisterhaft die Beherrschung der altdeutschen Nibelungenstrophe ist, deren Berechtigung für das größere deutsche Epos schwerlich bezweifelt werden dürfte, stieß das moderne Publikum zurück, das sich für die alten Recken nur begeistert, wenn sie als süßliche Chevaliers der Nipptischromantik erscheinen oder in gewaltsamer Weise aus irgend welchen Heilsrücksichten heraufbeschworen werden, um die Tendenzen der „Umkehr" zu predigen und zu verkörpern. Humoristisch heiter ist „Bertha die Spinnerin" (1853). Simrock's Sammlung der „Rheinsagen aus dem Munde des Volkes" (1850), seine Herausgabe der „deutschen Volksbücher" (1839—54) zeugen von einem bewußten, einheitsvollen Wirken, das feste Ziele verfolgt, nach edler Volksthümlichkeit strebt und die Wissenschaft und das nationale Leben in förderlicher Weise zu vermitteln sucht. Die „Legenden" (1855) dagegen enthalten des echt Volksthümlichen nicht viel, desto mehr des bedeutungslos Aeußerlichen, wenn man diese Ueberlieferungen vom dichterischen oder sittlichen Standpunkte aus betrachtet. Oft stört die burleske Motivirung tragischer Handlung, oft der cynische Ton der Naivetät, oft, wie in „Sct. Sylvester," die allzugroße Breite der Ausführung bei geringem geistigem Gehalt.

Eine einzelne niederrheinische Sage, die bereits mehrfach die Dichter angeregt hatte und von Arnim in buntwunderlicher Weise behandelt worden war, wurde durch einen anderen rheinländischen Poeten zu einer größeren epischen Dichtung ausgesponnen: wir meinen „Otto der Schütz" von Gottfried Kinkel aus Oberkassel bei Bonn (geb. 1815). Kinkel, der Sohn eines evangelischen Pfarrers, später ein Schüler Hengstenberg's, theologischer Candidat, Licentiat in Bonn, Hilfsprediger in Cöln, war von Anfang an durch eine weiche, träumerische, hingebende Phantasie charakterisirt, welche sein Herz den verschiedenartigsten Einflüssen offen hielt. Schon die vielen sentimentalen Jugendliebschaften, die uns Adolf Strodtmann in der Biographie Kinkel's (2 Bde. 1850) mit störender Ausführlichkeit geschildert, zeugen von der Empfänglichkeit seines Gemüthes, obwohl sich in ihnen nur die ganz triviale Liebesbedürftigkeit eines jungen, blonden Candidaten ausprägt. Es ist bekannt, wie Kinkel durch seine Liebe zu Johanna Mockel, der geschiedenen Frau des Buchhändlers Mockel in Cöln, vom orthodoxen Glauben abgelenkt, den er stets nur mit Phantasie und Gefühl aufgefaßt hatte, und zu einer pantheistischen Weltanschauung bekehrt wurde. Im Jahre 1842 hatte er seine gesammelten „Predigten" herausgegeben; im Jahre 1843 heirathete er die Präsidentin des dichterischen Bonner „Maikäferbundes," die Liedercomponistin und Märchendichterin Johanna, welche durch die Bekehrung eines theologischen Privatdocenten hinlänglich ihre geistige Ueberlegenheit an den Tag gelegt. Kinkel trat nun aus der theologischen Facultät aus, da er seiner freieren Richtung wegen mancherlei Mißhelligkeiten mit den geistlichen Behörden ausgesetzt war; er ging zur philosophischen Facultät über, hielt Vorlesungen über Kunstgeschichte und Literatur und verfaßte sein verdienstliches Werk: „**Geschichte der bildenden Künste bei den christlichen Völkern**" (1845), welches allgemeine Anerkennung fand und seine Ernennung zum Professor der Kunst- und Literaturgeschichte zur Folge hatte. Das Jahr 1848 ergriff mit seinen politischen Aufregungen Kinkel's Gemüth auf's Lebhafteste. Er organisirte die Demokratie im Bonner Kreise, übernahm die Redaction der Bonner Zeitung, stiftete einen Handwerkerbildungsverein und wurde 1849 zum Abgeordneten der zweiten Kammer gewählt. Bekannt ist sein entschiedenes Auftreten als Deputirter der äußersten Linken, seine revolutionaire Exaltation nach Auflösung der Kammern, seine Theilnahme an dem verunglückten bewaffneten Zuge der Bonner Demokraten nach Siegburg, an dem pfälzischen Aufstande, wo er als Adjutant Fenner's von Fenneberg fungirte, an der badischen Revolution, wo er unter Willich's Fahnen in der Freischärlercompagnie Besançon diente, seine Verwundung und Gefangennehmung an der Murg, seine Verurtheilung durch das preußische Kriegsgericht, seine Haft in Naugardt und Spandau, seine abenteuerlich kühne Befreiung durch Karl Schurz, sein Aufenthalt in London, seine Reise nach Amerika. Eine Biographie, welche den Dichter selbst zum Helden eines epischen Gedichtes qualificirt, erregt natürlich die Erwartung, daß in den Kinkel'schen Poesieen ein revolutionairer Schlachtlärm erbraust, gegen den selbst die Herwegh'schen Lerchenlieder der Freiheit verstummen müssen. In dieser Erwartung wird man indeß in befremdender Weise getäuscht. Kinkel ist ein Revolutionair, aber kein revolutionairer Dichter. Als der Sturm kam, riß er ihn mit fort; aber so tapfer er für die einmal als wahr erkannten Prinzipien kämpfte, so wenig war diese Erkenntniß bei ihm eine innere Nöthigung seiner Natur, so sehr wurde er stets durch äußerlichen Anstoß bestimmt. So finden sich in seinen Gedichten nur wenig Spuren jener stürmischen Freiheitsbegeisterung, welche er in seinem Leben bewährte. Auch darf man sich darüber nicht täuschen, daß Kinkel's Dichterruf erst durch das spannende Interesse, das seine Lebensschicksale einflößten, ein nationaler wurde, und daß seine dichterischen Productionen, trotz aller Klarheit und Anmuth der Form, doch zu sehr eines originellen Gepräges entbehrten, um in weiteren Kreisen Aufsehen zu machen. Seine in hastig begeistertem Treiben verlodernde geistige Kraft offenbarte überhaupt nur eine geringe dichterische Productivität; seine Muse war lange Zeit hindurch gänzlich verstummt, obwohl solche außerordentliche Erlebnisse einem bedeutenden Dichter die höchsten Impulse gegeben hätten. Kinkel offenbart in seinen „Gedichten" (1843) eine weiche, liebenswürdige, aber mehr passive Natur; er führt uns die Entwickelung seines Geistes, den Kampf, das unbefriedigte Ringen seiner skeptischen Uebergangsepoche, das Schwanken, Sehnen und Leiden seines Herzens in klaren, schönen Bildern vor. Seine Muse besitzt Adel, Grazie der Form und ein inneres seelenvolles Leben; aber es fehlt ihr der höhere Gedankenschwung, der Nerv eines starken, bedeutenden Geistes. Die Empfindung wird von ihm klar und voll, warm und erwärmend, ohne Tändelei und Künstelei ausgesprochen. Eine köstliche Probe dieser Dichtweise ist sein „Gruß an mein Weib." Dennoch neigte sich Kinkel's Talent mehr zu epischer Schilderung. Viele Gedichte zeigen ein liebenswürdiges pittoreskes Talent, das ohne prunkenden Farbenaufwand lebendige Bilder hervorzaubert, mag es nun eine arkadische Sonntagsidylle, oder eine italienische Landschaft, oder selbst Rom mit seinem Capitole und der Peterskirche besingen.

In den „Bildern aus Welt und Vorzeit" offenbart sich Kinkel's episches Talent schon in bestimmteren Zügen, mag er nun Gestalten deutscher Sage, eine „Brynhildis," einen „Dietrich von Berne," oder römische Heldenbilder, einen „Scipio" und „Cäsar," oder Helden und Heldinnen der Legende heraufbeschwören. Einzelne, oft mit Herwegh's Schwung ausgeführte Anklänge an seine wildbewegte Lebensepoche finden sich in der zweiten Sammlung der „Gedichte" (1868); ja sogar einzelne Lieder aus dem

Naugardter Zuchthause, darunter ein im Béranger'schen Styl gehaltenes Gedicht: „der letzte deutsche Glaubensartikel," mit kecken Reimen und muthigem Refrain. Im Ganzen aber hat die Verbitterung, die in diesen Gedichten herrscht, etwas Unpoetisches. Edler und klarer sind die Gedichte, in denen die patriotische Gesinnung des Dichters in der Ferne, in England und Amerika duftige Blüthen treibt. Die Sammlung enthält überdies zwei bis drei gelungene Balladen und anmuthige Gedichte, in denen das einfache Gefühl vorherrscht, so namentlich das Gedicht: „Neue Heimath," in welchem Kinkel seine neue Liebe und Ehe und das häusliche Asyl feiert, das er sich an den Ufern des Züricher See's begründet hat, nachdem sein Londoner Familienglück durch den traurigen Selbstmord seiner geistreichen Johanna schmerzlich zerrüttet worden war.

Seine größere Dichtung: „Otto der Schütz" (1846) zeichnet sich durch Klarheit, Glätte und Milde des Ausdruckes, durch ansprechende Einfachheit, durch saubere Farben einer doch warmen und lebendigen Schilderung und besonders durch den unverfälschten, rein menschlichen Adel aus, mit welchem uns in Uhland'scher Weise das Mittelalter vorgeführt wird. Hier ist keine Spur jener reactionären Tendenz, welche aus den alten Rittern und Knappen Missionäre feudalistischer und pietistischer Theorieen macht. Dagegen erquicken uns rein menschliche Beziehungen, und der liebliche Hintergrund, ein Kranz idyllischer Arabesken, rahmt in anmuthiger Sinnigkeit und Einfachheit die frischen, graziösen Gestalten ein. Kinkel's zarte und duftige Behandlungsweise hält sich von jeder Bilderüberladung frei; aber es fehlt ihr auch wieder die markige Kraft der Zeichnung; die weichen Tinten sind vorherrschend, und so lieblich die Ausführung ist, so wird das Gedicht doch durch keinen fesselnden Grundgedanken getragen. Diesen Grundgedanken vermissen wir nicht in dem Trauerspiele: „Nimrod" (1857), dem einzigen Dichtwerke, mit welchem Kinkel das zehnjährige Verstummen seiner Muse unterbrach. Kinkel's Intention war, die Genesis des Tyrannenthums poetisch darzustellen, und der Held seiner Tragödie ist der erste Jäger, der zum Fürsten, der Fürst, der durch die Macht der Verhältnisse zum Despoten wird. Das Stück ist ein menschheitliches Kulturgemälde aus grauer Vorzeit, reich an einer gedankenvollen Lyrik, die oft aber, besonders in den weitausgeführten Vergleichungen, mehr epische, als dramatische Gedankenschößlinge treibt, wie überhaupt die dramatische Motivirung nicht markig genug erscheint. Ja, wir möchten sagen, ihm fehlt jene große Simplicität, welche den Zuständen, die es schildert, angemessen wäre und Gedanken und Gestalten wie bedeutsame Götterbilder in den Stein haut; ihm fehlt jene Naivetät, welche das Werk hinmeißelt um des Werkes willen, so daß es mit stiller Würde seine Deutung in sich selbst trägt. Der Dichter ist selbst zu sehr ausführlicher Interpret; er weiß zu sehr um alle Beziehungen, die er sinnvoll hineingelegt; ja es ist gährender Most vom Jahre 1848, der in diese Schläuche urweltlicher Cultur gefüllt wird! Wir hören oft die Sprache der modernen Volkstribüne, und jene wildemancipirte Ada erinnert weniger an die Amazonen des Morgenlandes, als an revolutionaire Heldinnen zu Pferde. Den Charakteren fehlt jene vorweltliche ungebrochene Marmorgröße, durch welche ihr Kampf stark und fesselnd hingestellt wird. Diesem Kampfe sind die Spitzen abgebrochen, Vater und Sohn treten sich mit schwankender Empfindung gegenüber; ein weichlicher Zug geht durch die Dichtung, gerade an den Stellen, welche das Hervortreten dramatischer Energie zu fordern scheinen. Dagegen bilden die Gruppen der Jäger, Nomaden, Ackerbauer und Priester treffliche kulturhistorische Reliefs.

Noch größerer Einfachheit, als Kinkel, einer Einfachheit des Ausdruckes, welche überhaupt für die rheinischen und schwäbischen Dichter, gegenüber den österreichischen, schlesischen und norddeutschen, charakteristisch ist, befleißigt sich ein jüngerer rheinischer Dichter: Wolfgang Müller aus Königswinter (1816—1873), der sich durch manche anspruchslose und angenehme Productionen beliebt gemacht hat. Er begann mit alltäglicher Liebeslyrik, an welche sich einige revolutionäre Exercitien mit vormärzlichem Odenschwunge anschlossen, ohne daß sich seine Begabung auf diesem Gebiete heimisch fühlen konnte. Durch seine rheinische Sagensammlung:

„Lorelei" (1851), ein episches Rheinpanorama, einen lyrischen Wegweiser, der von Burg zu Burg, von Stadt zu Stadt eilend, überlieferte Stoffe aufsucht und in gefälligen Formen neudichtet, gewann der junge Poet zuerst ein größeres Publikum. Diese „Balladen und Romanzen," die sich an frühere ähnliche Versuche anschlossen, haben einen angenehmen Guß und Fluß und sind recht säuberlich ausgeführt, obgleich in allen solchen localen Sammelpoesieen das vorwiegende Interesse, den reichhaltig gegebenen Stoff zu Nutz und Frommen des reisenden Publikums und der historischen Genauigkeit zu erschöpfen, nicht immer die freie künst= lerische Auswahl gestattet. So wäre es denn ersprießlicher gewesen, wenn der Dichter manche Sage nicht aus ihrem Eulenhorste auf den alten Burgen aufgescheucht hätte, da ihr scheuer Flug kein reines ästhetisches Interesse einflößt. Eine Idylle mit organischem Zusammenhange konnte dem Dichter indeß Entschädigung für diese lockeren epischen Illustrationen geben. So schuf er: „die Mai= königin" (1852), eine reizende Rheinidylle, freilich ohne die großen Perspectiven von „Hermann und Dorothea," ein Gemälde des Volkslebens und der Volkssitte, der heiteren Winzerfeste und der Naturtragödieen, welche die arkadische Ruhe unterbrechen, der Wassersnoth und Feuersbrunst. Der einfache Styl und die Anmuth der meisten Schilderungen erheben dies Gedicht über das Niveau der versificirten Dorfgeschichten. Müller's Dichtung: „Prinz Minnewin" (1854) dagegen ist ein humoristisch= geschwätziges Märchen, reich an lieblicher Naturlyrik, an satyrischen Glossen und erheiternd durch eine originelle Allegorik des Vögel= reiches. Den Ton heiterer Idyllik trifft Wolfgang Müller in dem „Rattenfänger von Sankt Goar" (1854). Besser als „Johann von Werth, eine deutsche Reitergeschichte" (1858), in welcher doch der große Wurf fehlt und die Wouver= mann'schen Kriegsgenrebilder hier und dort die Ergänzung durch ein Horace Vernet'sches Tableau vermissen lassen, sind die Märchen= und Sagendichtungen: „Aschenbrödel" (1862) und „der Zauberer Merlin" (1871), ein Gedicht, welches, ohne den

Tiefsinn der alten Sage zu ergründen, ohne eine auf den Kopf gestellte Messiade von dramatischer Großartigkeit zu sein, in schlichter und anmuthiger Weise den Zauber der Liebe besingt, der selbst die Zaubermacht des größten Magiers überwindet. Die ganze Fülle seiner Rheinpoesie hat Wolfgang Müller gesammelt in den „Dichtungen eines rheinischen Poeten" (4 Bde. 1871 bis 1874), welche im ersten Band anmuthige Liederklänge bieten, in den späteren theils ein umfassendes Rheinpanorama entrollen, theils epische am Rhein spielende Dichtungen bringen. Von Müller's „dramatischen Werken" (6 Bde. 1872) verdienen poesievolle Bluetten, wie „Sie hat ihr Herz entdeckt" den Vorzug vor den größeren Lustspielen und Dramen, wie: „Ueber den Parteien" und „In Acht und Bann," denen bei manchen warmen und frischen Einzelheiten doch im Komischen und Tragischen das eigentlich Hinreißende und auch die Sicherheit der Technik fehlt.

Von den rheinischen Poeten, welche den alten Sagenschatz hoben, ließen sich noch Alexander Kaufmann, Gustav Pfarrius und manche Andere anführen; doch ein fränkischer Poet, der aber am Rhein, in Speier und Kaiserslautern, sein Epochemachendes Hauptwerk vollendet, stellt diese anspruchslosen Dichter in Schatten. Oscar Freiherr von Redwitz-Schmölz aus Lichtenau in Franken (geb. 1823), längere Zeit bairischer Rechtspracticant, später in Bonn altdeutschen Forschungen und Studien ergeben, im Jahre 1852 als academischer Docent nach Wien berufen, eine Stellung, die er sich aus unbekannten Gründen bald aufzugeben gedrungen fühlte, seit 1851 mit seiner Amaranth, Mathilde Hoscher aus Schollenberg bei Kaiserslautern, vermählt, hat seit Herwegh von allen deutschen Lyrikern das größte, rascheste, aber auch vergänglichste Aufsehen erregt, indem sein erstes Werk ihn gleich als einen der tendenzeifrigsten Glaubensprediger zeigte, welche die deutsche Poesie kennt. Die Tendenz desselben war die kirchlich-ultramontane, und da der Katholicismus für seine Sonderbestrebungen seit langer Zeit kein poetisches Talent von nur einigermaßen durchgreifender Bedeutung aufzuweisen hatte, so war seine Propaganda mit ihren unerschöpflichen Hilfsmitteln für die Verbreitung der „Amaranth" (1849) unermüdlich thätig. Da nun die extremen Richtungen des Protestantismus mit den ultramontanen Bestrebungen Hand in Hand gehen, so applaudirten die stillen Cirkel, die Männer die „Evangelischen Kirchenzeitung," alle Anhänger einer pietistischen Richtung und selbst die Orthodoxen, die außer dem starren Glauben noch etwas entzündliche Phantasie und poetische Empfänglichkeit besaßen, mit nicht geringerer Begeisterung, als die Männer der Mutterkirche. Protestantische Literaturhistoriker, wie Barthel, begrüßen in Redwitz den größten deutschen Dichter der Neuzeit, während die ästhetische, nicht tendenziös gefärbte Kritik lange Zeit hindurch von dem vielgefeierten Gedichte nur geringe Notiz nahm. Denn in den meisten Partieen erinnerte es an die romantische Waldlyrik, und neu war nur die missionswüthige Brandpoesie eines ultramontanen Herostrat's, der alle Tempel des Gedankens mit einer den Scheiterhaufen der Inquisition geraubten Fackel niederbrennen wollte. Der Inhalt der „Amaranth" ist folgender: Jung Walther, anfangs als ein ehrlicher, schlichter Naturbursche mit einigen faustrechtlichen Gelüsten geschildert, dem man es gar nicht anmerkt, wie viele Bände Dogmatik, Kirchenzeitungen und Schriften von Görres er durchstudirt hat, die er später zu großer Ueberraschung mit Apostelschwung von sich giebt, reist nach Italien zu seiner Braut Ghismonda, die er weiter nicht kennt, die ihm aber nach gut mittelalterlichen Brauche von seinem Vater verordnet worden ist. Sein Vater nämlich kämpfte im heiligen Lande mit einem Waffengefährten, und beide hatten zur dauernden Besiegelung ihrer Freundschaft den Bund ihrer Kinder eidlich verabredet. Mit der Tochter des Waffenfreundes, Ghismonda, wird also Jung Walther in Folge dieser Verabredung durch einen italienischen Abgesandten und durch seine Mutter verlobt. Auf seiner Brautfahrt nach Italien überrascht ihn ein Unwetter im Schwarzwalde und er kehrt in einem einsamen Waldhof ein, wo die Heldin des Gedichtes, Amaranth, ein einfaches, hübsches, frommes Mädchen, das indeß doch von verliebten Träumen und Traumbildern heimgesucht wird, mit ihrem Vater, einem melancholischen Sängerwirthe, wohnt. Der Zufall will, daß Jung Walther das Traumbild der Amaranth ist, und daß diese auch auf sein Gemüth einen wunderbaren Eindruck macht. Er verliebt sich in sie und geht in seiner poetischen Licenz so weit, sie zu küssen. So wenig ein Kuß an und für sich zu sagen hat, so finden doch hier erschwerende Umstände Statt. Denn abgesehen von der Untreue Jung Walther's gegen seine verlobte Braut, muß dieser Kuß in der Seele des einsamen Waldmädchens Hoffnungen erwecken, welche der tapfere Ritter wegen seiner anderweitigen Verpflichtungen nicht zu erfüllen vermag. Doch Walther findet ja im Gnadenschatze der Kirche Absolution für alle seine Sünden. So zieht er rüstig weiter, unbekümmert um den Brand, den er in das Herz des Waldfräuleins geworfen. Zum großen Glück für Amaranth ist die italienische Braut Ghismonda ein pantheistisches Weltkind, so daß Walther vor dem Abgrunde ihrer Skepsis und Glaubenslosigkeit zurückschaudert. Der Dichter verstattet uns einige tiefe Blicke in das Herz Ghismonda's. Sie fühlt sich natürlich unglücklich, trotz allen Prunkes in ihrer Umgebung, trotz aller Bankette und Gondelfahrten, um so unglücklicher, als der Pantheismus, mit welchem Redwitz sie ausgestattet, sehr mangelhaft ist und nicht über jene kindische Auffassung hinausgeht, die den Menschengeist und Stock und Stein für gleich göttlich hält, ja für inhaltsgleich. Ghismonda zeigt sich daher bei Abendbeleuchtung, bei Sternenglanz und Mondschein, in Terzinen und Sonetten, bald mit brennendem Haupte, bald mit erkaltetem Leibe, bald mit gefalteten Händen, bald mit gebrochenen Knieen in allen interessanten Posituren einer unglücklichen Skepsis. Aber wie sie auch das Gewissen nagend quäle — sie triumphirt über dasselbe. Wer sie näher ansieht, kann nicht zweifeln, daß er das abschreckende Bild eines emancipirten Weibes vor sich hat, des Weibes voll Hoffarth, Gedankenstolz und Weltlust, welches mit dem Glauben an Gott auch allen sittlichen Halt verloren hat und in innerer Pein und Selbstzerstörung zu Grunde geht. Walther's scharfem Blicke war die Bresche nicht entgangen, durch welche bei seiner Ghismonda der böse Feind einzuziehen drohte, und er pflanzte alles schwere Geschütz der inneren Mission auf, um ihn wo möglich noch zurückzuschlagen. Bei diesem fanatischen Bekehrungswerke erhebt sich die meist schwächliche Lyrik von Redwitz zu gewaltigen Tigersprüngen der Begeisterung. Auf Beweise läßt sich weder Walther, noch Redwitz ein. Walther will zwar seiner Ghismonda das Herz aus dem Leibe reißen, weil dort der Beweis von Gottes Hand eingeschrieben sei — ein abgeschmacktes Bild —, aber sonst versteigt er sich nicht über kategorische Behauptungen, die er mit seltenem Feuereifer in die Welt schleudert. Es sind Proben einer Brandlyrik, welche die Feuer der Inquisition, die Autodafé's des Mittelalters zum Lobe des Herrn wieder anstecken möchte:

> „Ja, durch der Erde weite Lande
> Möcht' ich mit Schwert und Fackelbrande,
> Ein gottgesandter Rächer, schreiten
> Und möcht' die Lügen all' erdolchen
> Und möcht' auf den erschlag'nen Molchen
> Dem Herrn den Opferbrand bereiten."

Doch diese Berserkerwuth vermag Ghismonda um so weniger zu bekehren, als die Beweise mit Feuer und Schwert, diese ganze Hippokratische Logik, nur für gleichgestimmte Gemüther einleuchtend sind. Walther, aus Verzweiflung über seine gescheiterten Bekehrungsversuche, wirft seinen Ring in's Meer. Statt sich aber jetzt von Ghismonda loszusagen, wartet er den Tag der Trauung ab, um sie durch einen frommen Skandal zu Heil und Nutzen der Gläubigen öffentlich zu compromittiren. Er fragt sie vor allem Volke nach ihrem Glaubensbekenntnisse und läßt die Ungläubige, auf welche noch der Bischof sein kirchliches Anathem schleudert, mit Eclat im Stiche. Nach diesem unwürdigen Benehmen reist er zurück zu seiner frommen Amaranth, freit sie und führt sie heim auf das Schloß seiner Väter.

Im Gegensatze zu den Dichtungen von Uhland, Simrock, Kinkel u. A. wird „Amaranth" zunächst durch die tendenziöse Verfälschung des Mittelalters charakterisirt, welchem alle bösen Gelüste einer viel späteren Zeit und ihm gänzlich fremde geistige Gegensätze angedichtet werden. Bei dieser durchgängigen Absicht= lichkeit können auch die naiven Klänge, die Redwitz hier und da anschlägt, nur als kokett erscheinen. Ein so wenig harmloser Dichter mag noch so viel von Waldvögelein und Dornröselein singen — man glaubt nicht an diese unschuldige Hingabe an die Natur; denn sie wird gleich darauf wieder durch dogmatische Doctrinen verfälscht, die der Dichter gewaltsam auf alle grünen Reiser seiner Lyrik pfropft. Diese dogmatischen Gegensätze sind aber bei Redwitz flach und geistlos aufgefaßt; denn die Leiden= schaftlichkeit vermag nicht den Geist zu ersetzen. Einem albernen Pantheismus ist eine ebenso alberne Glaubenswuth, welche mit Feuer und Schwert bekehrt, gegenübergestellt; beides gleich phrasen= reich und inhaltsleer. Weder Amaranth, noch Ghismonda sind Gestalten, an denen die Schöpfungskraft des Dichters ästhetisches Genügen findet; und so bedeutend und poetisch wirksam diese Charaktergegensätze sein würden, wenn sie um ihrer selbst willen da wären, zu so haltlosen Schattenbildern schwinden sie zusammen, weil sie nur die Gefäße sind, in welche der Dichter seine Glaubens= tendenzen positiv und negativ ausleert. Auf Herz, Sitte, edlen Sinn und Charakterwerth kommt es dabei nicht im Entferntesten an — das beweist am besten Walther's herzloses und freches Benehmen seiner Ghismonda gegenüber. Durch diese Allein= berechtigung der dogmatischen Schattenwelt dunkelt auch der sonst glücklich gewählte und mit manchen anmuthigen Farben geschmückte Hintergrund ein. Sonst hätten wir das Talent von Redwitz besonders in der glücklichen Decorationsmalerei anerkennen dürfen, indem sowohl der Schwarzwald mit seiner trauten Dämmerung dem lieblichen Bilde der Amaranth, wie der Comersee mit seinen Villen und dem glühenden Himmel Italiens der leidenschaftlichen, stolzen Gestalt Ghismonda's zu passender Folie dient. Die dich=

terische Form von Redwitz ist ungleich, reich an Härten und Trivialitäten und nur hin und wieder lieblich und prächtig aufblühend. Man hat die Gedanken der Amaranth, die Herbstgedanken, die Waldeslieder als eine süße, traute, keusche Poesie gepriesen. Doch die meisten dieser kleinen Gedichte sind ungelenk in der Form und entbehren aller Grazie. Auch bleibt Amaranth nicht bei stillen Gedanken und Gefühlen stehen, sondern erhebt sich zu dogmatischen Reflexionen über Erbsünde und Gnadenwahl, über Pädagogik und Kinderzucht, was bei der hölzernen Form in der Regel einen burlesken Eindruck macht. Glücklicher ist Redwitz in den Naturschilderungen und in den Schilderungen der poetischen Situation. Der Kirchgang der Amaranth, Walther's Reiterzug, die italienischen Feste mit dem humoristischen Genrebilde des tanzenden Castellans: das sind malerische Bildchen von ansprechender Gestaltung, wenn sie auch etwas im Rococostyle gehalten sind. Doch am meisten in ihrem Elemente ist die Lyrik von Redwitz, wenn sie die letzten dogmatischen Trümpfe ausspielt. Da erhebt sie sich zu dem lodernden Ungestüme, zu der gewaltsam fortreißenden Begeisterung eines Herwegh, läutet Sturmglocken und schleudert Fackeln im Dienste der Kirche. Das Feuer der Sanct=Bartholomäusnacht spiegelt sich in diesen wildbewegten Rhythmen; aber hinter der Gewalt des Ausdruckes verbirgt sich schlecht die Ohnmacht der Gedanken. Dennoch haben gerade diese Stellen, diese fulminanten Bußpredigten Redwitz zum Auserkorenen der neuen Kreuzritter gemacht, zum Hohenliederdichter der Kirche, wenn er auch bei ihren zürnenden Anathemen die Fackel der Poesie mit dem Fuße austritt.

Wenn die „Amaranth" durch die Poesie des Contrastes und des theatralischen Effectes noch einen gewissen Reiz ausübte; so litten die in der nächsten Zeit geborenen Kinder seiner Muse trotz ihrer frommen, blauen Augen schon in der Wiege an geistigen Scropheln. „**Das Märchen von Waldbächlein und Tannenbaum**" (1850) zeugt von den Verdrehungen der Naturwahrheit, von den Entstellungen, deren sich diese Wunderpoesie schuldig macht.

Rosenkranz führt dies Märchen in seiner „Aesthetik des Häßlichen" mit Recht als Beispiel absurder Incorrectheit an. „In diesem Märchen soll der Tannenbaum ein Symbol Gottes sein. Der Tannenbaum liebt trockenen, sandigen Grund; Redwitz läßt dennoch seinen Wurzeln einen Quell entrauschen — das soll der Mensch sein, der sich, der natürlichen Fallkraft folgend, in die Weite und Breite der Welt verliert und endlich in Gefahr ist, zu stagniren und zu vertrocknen. Da sendet ihm der Baum einen rettenden Ast nach — und nun fließt der Bach rückwärts seinem Ursprunge wieder zu. Der Erlöser der Menschen — durch einen nachgeschleuderten Tannenast symbolisirt! Welche dürre Nadelholz=poeterei! Ein rückwärts fließender Bach! Welch' ein Tiefsinn!" Noch kläglicher offenbart sich die Ohnmacht der Poesie des jungen Glaubensbarden in den „Gedichten" (1852). Geistige Armuth und hölzerne Form gehen Hand in Hand. Der Dichter echauffirt sich immerfort selbst, „um den Herrn zu besingen;" seine Poesie giebt immer die Visitenkarte ab und erscheint niemals in Person; nichts, als versificirter guter Wille, als die monotone Phrase der Frömmigkeit. Bald seufzt der Poet:

"Ich muß, ich muß
Zur Quelle des Lichts."

Dann spannt er die Natter, die ihn in die Hand sticht, als Harfenstrang auf, „der hell in's Lied der Liebe klingt," — und will dann mit dieser natterbesaiteten Harfe den Herrn besingen. Dann strebt sein Haupt dem Himmel wieder zu, und er besingt sein Lieb' als ein Kirchlein mit einem frommen Glöcklein, als eine süße Nachtigall im Walde seines Herzens und bittet sie zuletzt, ihn in Gott einzuschließen. Er sieht die eingeschneite Haide und ruft aus:

"So breit' sich einst um unser Haus
Der reine Schnee der Unschuld aus!"

Das wird dem Hause nicht viel nützen, wenn die Unschuld vor der Thüre liegt. Wie unwahr, geziert, gesucht ist diese ganze Liebespoesie! Wie lächerlich incorrect sind alle diese Bilder, nicht aus Fülle, Sturm und Drang des Genius herausgeboren, nicht über's Ziel geschleudert aus allzu großer Kraft, sondern matt und lahm, in erschöpfter Mühseligkeit zusammengestoppelt. Wie abgeschmackt ist diese Naturpoesie in den „Zerstreuten Blättern," die nur einen dürftigen Gedanken variirt! Der Dichter geht in den Wald, der Tannenbaum lobt den Herrn; er geht zur Birke, sie säuselt das Lob des Herrn. „Wie fromm ist die Natur!" ruft er aus; er geht zum Schlehenstrauche, er dankt dem Herrn für seine Beeren; darüber „thaut dem Dichter eine Thräne los," und als er gar zum armen Moose und zum kleinen Halme kommt, und auch Moos und Halm nur an Gott denken, da fällt er auf die Kniee! In den „Kreuzritterliedern" feiert Redwitz nicht, wie man vielleicht vermuthet, neue und fashionable Kreuzritter — nein, es sind die alten, ehrlichen Kämpen des Kaisers Barbarossa, denen der Dichter hier kleine lyrische Denksäulen errichtet; es ist der Wolfram, der Gottfried, der Hartmann, der Walther, der Ulrich, die ihre trivialen Gedanken in ebenso trivialen Versen aussprechen. Die Verwandlungen dieser Ritterbühne gehen ausnehmend rasch von Statten. Zuerst sind wir in der Kammer, dann auf der Warte, dann in der Halle, im Zwingergarten, im Hofe, am Burgthore, auf der Treppe, im Saale, unterm Portale, auf der Zugbrücke, auf der Zinne, im Walde, auf der Heerstraße, auf der Fahrt, am Libanon und schließlich unter der Palme. Ueberall dasselbe ritterliche Sporengeklirr, anfangs Herwegh'sche Kampfeslust, zuletzt ein frommes Testament und die Seufzer „der in Thränen verschwommenen Wittwen!" Eine Bereicherung von Kinderbühnen ist die Tragödie von Redwitz: „Sieglinde" (1854), welche als ein Epochemachendes Werk anzupreisen, von dem aus eine neue Aera der deutschen Bühne datiren werde, sich einzelne Tendenzblätter nicht entblödeten. Außer der Einheit der tragischen Collision, welche von dem Dichter festgehalten wurde, läßt sich an diesem Werke absolut nichts loben. Nachdem die „Sieglinde" gänzlich verunglückt war, machte Redwitz einen zweiten großartigen Versuch zur Wiedergeburt des Drama's im „Thomas Morus"

(1855), indem er in dieser Riesentragödie, in welcher alle Wasser seiner Poesie spielten, einen Märtyrer des apostolischen Glaubens zum Helden machte. Trotz der endlosen Redseligkeit, humoristischen Plauderhaftigkeit und fanatisch=doctrinairen Abhandlungs= und Abkanzelungssucht, welche das Stück für die Bühne gänzlich unbrauchbar machen, enthält es einzelne Stellen, in denen sich eine Ader charakteristischer Kraft, andere, in denen sich ein rhetorischer Schwung nicht verkennen ließ. Da auch Thomas Morus spurlos vorüberging, schien Redwitz den Plan, als kirchlich tendenziöser Reformator der deutschen Bühne aufzutreten, vorläufig vertagt zu haben und unter den Fahnen der Birch=Pfeiffer gleichsam von der Pike auf dienen zu wollen. „Philippine Welser" (1859) ist ein solches Bühnenstück nach dem Exercier=Reglement der Frau Birch, ohne alle weiter gehenden Tendenzen, und erinnert an die süßen, im Munde zergehenden Lebkuchenwaaren ihrer ersten dramatischen Epoche. Es wird uns, besonders im letzten Akte des Stückes, ganz „pfefferröselig" zu Muthe. Die bekannte Liebe des Erzherzogs Ferdinand, des zweiten Sohnes des nachherigen Kaisers, zur augsburger Patriciertochter, ihre geheime Ehe und im letzten Akte die öffentliche Anerkennung derselben durch den Kaiser — das sind die dem Drama zu Grunde liegenden geschichtlichen Thatsachen, die ohne künstliche Knotenschürzung aneinandergereiht sind. Doch der Styl ist gesucht treuherzig und affectirt, reich an altdeutsch steifen und manierirten Wendungen; viele Schablonenengel der Zimmermaler gucken aus den Versen mit ihrem stereotyp hold= seligen Lächeln hervor, und am unglücklichsten geschildert ist die liebwerthe Augsburgerin selbst, die ihren Heiligenschein so niet= und nagelfest um den Kopf trägt, daß man keinen Augenblick in Angst kommt, sie könne ihn verlieren. Dagegen ist dem Dichter noch am besten die Darstellung des deutschen Patricierthums gelungen, jenes großartigen und selbstständigen städtischen Bürger= thums, welches, einer Zeit der Kommercienräthe vielleicht nicht mehr ganz verständlich, doch ein so bedeutendes Element des ganzen Mittelalters gewesen ist. Um die Scenen zwischen dem

Kaiser und dem Bürger Welser schwebt ein Hauch historischer Größe.

Auf dieser Bahn ist dann Redwitz weiter fortgeschritten und hat, wenn auch nicht in Bezug auf seine Kunst, doch in Bezug auf seine Tendenzen, eine überraschende Entwickelung durchgemacht, die ihn zuletzt in das Fahrwasser der neuen Verfassungskämpfer führten und zum Lobsänger des protestantischen Kaiserthums machten. Die Dramen: „Der Zunftmeister von Nürnberg" (1860) und „Der Doge von Venedig" (1863) zeigen einen Fortschritt in Bezug auf ernstmännliche Haltung; das Süßliche und Frömmelnde war in ihnen ganz zurückgedrängt, und wenn ihnen auch der große Wurf, die fesselnde Spannung und damit die nachhaltige Wirkung auf der Bühne fehlte, so waren sie doch nicht ohne dramatisches Leben.

Auch auf dem Gebiete des Romans versuchte sich Redwitz. Sein „Hermann Stark" (3 Bde. 1869) ist ein biographischer Roman, und seit alten Zeiten ist eine gewisse Langathmigkeit ein Vorrecht dieser Romane, welche den Helden von der Wiege bis zum Grabe verfolgen oder wenigstens bis zu jener beruhigenden Wendung in seinem Geschick, nach welcher der Romandichter sein Buch zuklappen und wie der Märchenerzähler ausrufen kann: „Wenn sie nicht gestorben sind, leben sie jetzt noch." Doch bei aller Weitschweifigkeit und bei einer lyrischen Dithyrambik, die in den ersten beiden Bänden oft allzu üppig aufblüht, während erst der dritte das rechte Romantempo trifft, hat das Werk einen gesunden Kern und faßt das deutsche Leben, das es nach dem Titel darstellen will, zwar nicht in seiner geistigen Tiefe, aber doch von einigen seiner erquicklichsten Seiten auf.

Der Held ist ein Advocat, dessen Kindheits- und Jugendgeschichte, studentische Fahrten und Thaten, Liebesabenteuer und Beamtencarrière uns zwei Bände hindurch ohne allen Schwung geschildert werden, da dies Lebensrennen ohne alle Hindernisse verläuft wie bei jedem gewöhnlichen Erdensohn. Erst als ihn der Dämon des politischen Ehrgeizes erfaßt, als er auch in der Gesellschaft die

Rolle spielen will, die er in der Kammer spielt, ein Rittergut ankauft, durch den Bankrott seines Bankiers in eine bedrängte Lage geräth, da wird unsere Spannung für den Gang der Begebenheiten einigermaßen wach gerufen; der Selbstmord der reichen Bankiersfrau, einer radicalen Philosophin, auf stürmischer See bezeichnet nicht blos einen Höhepunkt der Handlung, sondern auch der Schilderung. Trotzdem daß Redwitz sich in dieser „Melanie" eine Ghismonde als philosophischen Prügelknaben engagirt hat, ist der Geist des Romans nicht von ultramontanen Tendenzen angekränkelt. Der Held ist ein Liberaler, der gegen den Scheinconstitutionalismus kämpft und dem Fürsten ohne Scheu sein politisches Glaubensbekenntniß mittheilt, und dem einsamen Schäfer, welcher den Geist der Zeit verflucht, gesellt sich der Autor selbst nicht als Gleichgesinnter. Die gesunde Tüchtigkeit einer redlich strebenden Mittelpartei ist das Ideal des letztern, während seine deutschen Lebensbilder an Achim von Arnim und Riehl erinnern.

Wenn schon dieser Roman den Dichter der „Amaranth" in einer unerwarteten Wendung zeigte, so war die Ueberraschung des Publikum's noch größer, als Redwitz nicht nur feurige Kriegserklärungen dem französischen Cäsar zuschleuderte, sondern auch in dem „Lied vom Neuen Deutschen Reich" (1871) im Heerlager des geeinigten Deutschlands erschien und dem neuen Kaiser seine Huldigung darbrachte. Ein aus mehr als fünfhundert Sonetten bestehendes Lied muß indeß schon von Hause aus als ein unorganisches Kunstproduct erscheinen. Auch klebt dem Sonettenconglomerat viel Ungeläutertes an. Das Sonett paßt durchaus nicht für das Erzählende; denn da jedes einzelne als ein abgeschlossenes kleines Kunstwerk den Schwerpunkt in sich selbst trägt, so kann es höchstens nur durch einen geistigen Faden lose sich an das nächste anreihen. Wenn aber erzählt wird, so ist der Faden des Zusammenhanges sehr wichtig und die Hauptsache. Dieser Faden reißt aber bei jedem Sonett wieder ab, und bei dem Wiederaufnehmen desselben wird es nicht ohne Verwickelungen und Verwirrnisse abgehen. Ueberhaupt verlangt das Sonett die Meisterschaft der Form.

Mag man dasselbe nun für ein Kunstwerk oder für ein Kunststück halten — man soll das erste nicht schaffen und das zweite nicht machen, wenn man nicht im Stande ist, alle Schwierigkeiten als mühelos überwundene Schranken erscheinen zu lassen. Die Muse muß lächeln, wie die Trapezkünstlerin, welche nach den schwierigsten Verdrehungen sich ihre ungetrübte Grazie wahrt. Wenn einem Sonett gleichsam der Schweiß auf der Stirn steht, so ist es für die Bewunderung verloren. Wie können aber 500 Sonette ohne Sprung und Risse im unermüdlichen Guß gelingen? In der That ist dies auch bei Redwitz durchaus nicht der Fall; an Flickwörtern, Inversionen, harten Apostrophirungen, gesuchten und unreinen Reimen und geschmacklosen Bildern ist durchaus kein Mangel in diesen Sonetten, der Fluß der Melodie wird oft in ungelenker Weise unterbrochen und nur eine kleinere Auswahl entspricht den Ansprüchen, die man an dies luxuriöse Kind der volltönenden romanischen Muse auch dann machen muß, wenn es im schlichten Gewande der sprödern deutschen Sprache erscheint.

Die Dichtung von Redwitz verknüpft in sinniger Weise die Zeit der Befreiungskriege mit der Gegenwart, ihren Kämpfen und Siegen. Ein alter Lützower Jäger, welcher nach jenen Kriegen wegen seiner Begeisterung für Deutschland in demagogische Untersuchungen verwickelt worden war und in langer Gefangenschaft büßen mußte, entsendet jetzt seinen Sohn in den neuen Krieg. Dieser kämpft tapfer mit, berichtet über seine Erlebnisse, wird mit dem Eisernen Kreuze geschmückt — und so reichen sich die beiden großen Zeiten deutscher Geschichte die Hände. Vergebens würde man indeß in der umfangreichen Dichtung episch ausgeführte oder mindestens in kühnen Umrissen hingeworfene Schlachtbilder suchen; die Erzählung geht nicht über die flüchtige novellistische Skizze hinaus; am anschaulichsten ist die Kerkerhaft des Vaters dargestellt. Die Porträts des Kaisers, des Kronprinzen, Bismarck's, Moltke's sind mehr mit dem Lichte dichterischer Begeisterung illustrirt, als an und für sich scharf und sprechend ausgeführt. Der Hauptinhalt des „Liedes vom deutschen Reich" ist die patriotische Reflexion, die sich bisweilen zu edlem Schwunge erhebt und einzelne festgeschlossene, erzgegossene Sonette schafft, namentlich in dem Anhange, der die meiste poetische Weihe hat. Immer aber werden diese Betrachtungen, auch wo sie sich am Spalier der publicistischen Prosa in die Höhe ranken, auch wo sie in spröder, harter Form erscheinen, freudige Zustimmung finden; denn der Dichter hat die ultramontanen Gelüste seiner Jugend gänzlich überwunden und steht, ohne jede jesuitische reservatio mentalis, mannhaft zu den Fahnen des neuen Reiches und überdies zu den Partisanen einer Freiheit, die, durch das Gesetz geheiligt, Fürstenmacht und Volksrecht versöhnt und von der Willkür knechtischer Banden freihält.

Die von Redwitz verlassene Poesie, „der innern Mission," der Gethsemanes, der Bußhemden und Armensünderglöckchen, diese Poesie mit dem Stricke um den Leib, welche mit dem ganzen blasirten Publikum von Babylon nach Jerusalem wandert, trat indeß nach wie vor mit der Anmaßung auf, eine neue, christlich=classische Epoche der deutschen Literatur heraufzubeschwören. Wie man auch über die Tendenz der politischen Lyrik denken mochte — man konnte jenen Autoren Geist und Talent nicht absprechen; aber eine nur von der Geist= und Talentlosigkeit gepredigte Tendenz, die überdies mit der ganzen Bildung des Jahrhunderts im schroffen Widerspruche steht, verdient trotz aller Aufdringlichkeit nur als eine vorübergehende Verirrung gebrandmarkt zu werden. Von dem nicht gerade bedeutenden poetischen Chorus, welcher die verzückten Arien und Hymnen des Amaranthpoeten begleitet, verdient nur Victor von Strauß (geb. 1809 zu Bückeburg) hervorgehoben zu werden, der schon in den „Gedichten" (1841) und im „Richard" (1841), dem Pietismus des Wupperthales einen wenigstens regelrichtigen rhythmischen Ausdruck gab, in: „Robert der Teufel" (1854) aber eine episch gedrungenere, auch in der Form einheitsvollere und von bestimmteren theologischen Voraussetzungen ausgehende Heilsdichtung lieferte, als „Amaranth," obwohl sich das Unwahre und Absurde vieler Doctrinen gerade in poetischer Versinnlichung am Schlagendsten ausspricht.

Christian Friedrich Scherenberg.

Die neupreußische Kritik, welche Redwitz verherrlichte, hob neben ihm einen anderen Dichter auf den Schild, welcher indeß in jeder Beziehung sein Gegensatz ist und eher der guten, altpreußischen Schule angehört: **Christian Friedrich Scherenberg** (geb. 1798 zu Stettin), einen autodidaktischen Naturdichter, welcher lange Jahre hindurch in die stillsten Journalspalten seine wenig duftigen, aber frischblühenden lyrischen Sträuße steckte, ohne daß das vorübergehende Publikum sich um den Spender dieser Gaben bekümmerte. So führte der Dichter eine tertiäre Literaten-Existenz, bereits gewöhnt an die traurige Verzichtleistung auf den Ruhm und mit mancherlei Sorgen und Kümmernissen kämpfend. Nichts ist wehmüthiger, als das Incognito eines Talentes, welches oft dessen ganzes Erdenwallen begleitet und selten durch einen glücklichen Zufall gelüftet wird! Und dann hängt sich die jahrelange Verkümmerung noch bleischwer an die Schwingen des aufstrebenden Talentes, indem die lange Leidensschule keine durchgreifende Bildungsschule verstattet hat. Scherenberg's scheue Muse, der irgend ein guter Genius sein „Waterloo" (1849) in's Ohr geflüstert, erhob sich auf einmal zu einem bewunderten Fluge, sein Name wurde bekannt und genannt vor allen anderen patriotischen Poeten, und Preußen's König, Friedrich Wilhelm IV., empfänglich für dichterischen Schwung, über den er selbst gebot, unterstützte sein lange ringendes und spät auftauchendes Talent. Von allen epischen Anläufen, die wir erwähnt haben, enthalten die Scherenberg'schen Dichtungen das meiste epische Element, ohne die geringste Zersetzung durch lyrische Gefühlsmomente, Kraft und Größe der Anschauung, Schwung und originelle Prägnanz der Darstellung; aber sie sind alle aus dem Groben gehauen; es fehlt ihnen der Geschmack und die künstlerische Harmonie. Scherenberg ist der Dichter des preußischen Patriotismus, der Horace Vernet einer modernen Bataillenpoesie. Sein Pegasus bäumt sich, wie ein Schlachtroß; aber er setzt auch über alle Barrieren des guten Geschmacks hinweg. Seine Bilder sind oft markig und gewaltig, aber auch bizarr und ungeheuerlich. Sein Styl leidet an allen möglichen

Wort- und Gedankenverrenkungen, an vielen unmöglichen Wortbildungen und Satzfügungen; indeß kann man, gegenüber den vorhergenannten Lovely-Poeten und ihrer im Munde zergehenden Süßigkeit, einen Dichter von Scherenberg's Derbheit und d'rauflosschlagender Tüchtigkeit nur willkommen heißen. Gegenüber dem mit Blumen umkränzten, inquisitorischen Henkerschwerte des Herrn von Redwitz ist Scherenberg's nackter, ehrlicher poetischer Haudegen mit Freuden zu begrüßen. Es bedurfte dieser gewaltsamen Luftreinigung, um die Atmosphäre deutscher Dichtung von allen benebelnden und schwächenden lyrischen Influenzen zu befreien und für die Klarheit der streng epischen Poesie geeignet zu machen. Scherenberg's Dichtungen genügen indeß keineswegs den höheren Anforderungen des Epos; es sind anerkennenswerthe Schlachtengemälde, in denen nur die Massen in's Feuer rücken, aus denen sich keine plastischen Heldengestalten erheben. Auch fehlt der tiefere Gedanke, die höhere, weltgeschichtliche Auffassung, selbst die Umrisse zu einem Culturgemälde. „Erlöse uns von dem Uebel Napoleon" — diese Tendenz des großen Weltkampfes wird nur naiv ausgesprochen, aber nicht in ihrer ganzen Bedeutung poetisch verklärt. Es ist eine realistische Poesie, eine Poesie der Thatsachen, von großer militairischer Bravour des Ausdruckes, meisterhaft in der Bewältigung taktischer Schwierigkeiten, im Entrollen massenhafter Bilder ohne unnöthige Weitschweifigkeit, in kecken Griffen der Phantasie, welche in einem schlagenden Bilde, in einer prägnanten Wendung eine ganze Situation zusammenfassen. In dieser originellen Schlagkraft des Ausdruckes keimt das angeborene Genie hervor; aber leider erfreuen sich diese Keime keiner gedeihlichen Entwickelung, keines homerischen Sonnenscheines. Es sind instinctive Treffer; aber wie viele Nieten liegen daneben! Welch ein Schlachtfeld des guten Geschmackes ist solch' eine Scherenberg'sche Schlachtdichtung! Da liegen abgeschossene Versfüße neben zerplatzten Gedankenbomben; hier massakrirte, zerhackte Constructionen, Perioden ohne Arme, Sätze ohne Kopf, das Prädikat auf der Brücke, das Subject im Graben; dort haufenweise Interjectionen, hier dichtgedrängte Gedankenstriche; dort abgerissene Worte, wie die Seufzer eines Sterbenden; hier langhingezogene, über einander taumelnde Gedankencolonnen! Alles elementarisch, ohne das entfernteste künstlerische Bewußtsein! Beste Wolle und schlechteste Wäsche — das drückt den Preis herab! Seltenste Gestaltungskraft und eine ebenso seltene Form- und Geschmacklosigkeit in einer Zeit, in welcher der unreifste Schüler der Kamönen seine zierlichen, wohl scandirten Verslein glattgekämmt auf den Markt bringt.

„Waterloo" verdient von allen Scherenberg'schen Dichtungen wohl den Preis, indem hier auch die metrische Form — die freizügigsten, fünffüßigen Jamben, die jeden Augenblick in das Gebiet der Daktylen auswandern — noch einigen Halt hat, und die Darstellung sich oft zu echt dichterischem Schwunge erhebt. Wie prächtig ist z. B. der Reiterkampf in stampfenden Jamben geschildert:

„Ueber
Den Bergkamm und herauf an Berges Halde
Den Säbel über'm Kopf, des Rosses Bauch
Fast auf der Erde vor — herüber — und
Entgegen durch die eisernen Gassen schnaubend,
Zusammenschlägt die sausende Reiterschlacht.
Ein wirbelnder, rasender Föhn! Antreten zwanzig
Mal tausend ihren schwirren Schwertertanz
Und schlingen paarend sich den furchtbar'n Reigen;
Trompeten schmettern, Nüstern schnaufen den Chorus;
Die stählernen Lüfte sprüh'n, der Boden funkt,
Vom trappelnden Tritt der Tanzplatz schwankt, und wenn
Die wirbelnden Paare sich fassen, lassen nicht los
Sie wieder, halten sie fest, bis roth der Eine,
Der Andre blaß, herunter von Leib und Leben:
Als tanzte Tod und Teufel auf Mont St. Jean
Den Bergtanz wieder mit hunderttausend Füßen.
Zertreten werden Bataillone, kalt
Zusammengehauen ganze Regimenter.
Vorwärts, zurück — Fluth, Ebbe, Fluth — schiebt hin
Und her sich die metallne See."

Die Lagerscenen durchweht ein frischer, derber, altenglischer Humor, der aber mehr Schnaps, als Nektar und Ambrosia genießt und sich mit drastischen Kernflüchen den Schnurrbart streicht. Es ist anzuerkennen, daß die Darstellung durchweg ein unverfälschtes episches Gepräge trägt, aber auch nach den späteren Veröffentlichungen, den Dichtungen: „Ligny" (1850), „Leuthen" (1852) und „Abukir, die Schlacht am Nil" (1855), „Hohenfriedeberg" (1868) zu bezweifeln, daß naturwüchsige Kraft eines bereits älteren Dichters sich über die epische Skizzenhaftigkeit zu künstlerisch abgeschlossenen Schöpfungen erheben kann. „Ligny" ist eine abgeschwächte Copie von Waterloo, „Leuthen" und „Hohenfriedeberg," Bruchstücke aus einem großen Friedensepos, tragen eine Verwilderung der Kunstform zur Schau, welche für das ganze größere Werk geringe Hoffnungen erweckt. Die Erzählungsweise des Dichters knüpft trocken an geschichtliche Daten an, die sie mit derbem Humor und in anekdotischer Manier vorträgt. Der etwas gewaltthätige Chronikenstyl verläuft sich ohne alle künstlerischen Einschnitte, ohne alle Gruppirung der Begebenheiten; die Sprache ist oft undeutsch und so mit französischen Brocken und roh aufgenommenen militairischen Kunstausdrücken vermischt, daß es oft scheint, als hätte Riccaut de la Marlinière oder seine Copie, der Königslieutenant Thorane, dies Epos gedichtet. Die metrischen Sechsfüßler treten alle Cäsuren mit Füßen und entziehen sich so jeder, auch der freiesten Messungsmethode, daß sie sich nur als Knüttelverse legitimiren können. „Abukir" steht um eine Stufe höher, als „Leuthen." Abgesehn von der beliebten Sprachmengerei, der Schwierigkeit, die Technik der Marine poetisch zu bewältigen, von dem Skizzenhaften und Springenden der Darstellung und den flüchtigen Zügen, mit denen der Dichter seine Helden zeichnet, hat die ganze Schilderung wieder urkräftigen Schwung, markiges Gepräge, eine Bildlichkeit des Ausdruckes, welche, was ein mühseliger Schuldichter in breite Gleichnisse auseinanderfädelt, in einer gewaltigen metaphorischen Wendung energisch zusammenschmilzt, so daß diese Scherenberg'schen Dichtungen durch ihre gesunde und markige Kraft und ungeschulte Derbheit ein heilsames Gegengewicht gegen die süßliche und formell durchgearbeitete Lyrik der Blumen-, Wald- und Liebespoeten bilden. Man läßt sich diese poetische Kaltwasserkur, diese kräftigen Vollbäder und Douchen gern gefallen, wenn man vorher vom trüb herabsickernden Staubregen der Lovely-Atmosphäre bis zum Unmuthe durchnäßt worden ist.

Der markigen Richtung Scherenberg's verwandt, reiner in der Form, aber nicht von gleicher Genialität des Ausdruckes und der Darstellung ist Franz Löher in „General Sporf" (1854), einem kräftig gezeichneten biographischen Heldengemälde in Versen, das von der Wiege bis zum Sarge den wackeren Haudegen durch alle Lebensschicksale verfolgt und dabei natürlich auch sehr unpoetische Perioden in gereimter Prosa berührt und besingt. Der treuherzige, chronikenhafte Styl, frei von allen überflüssigen metaphorischen Blüthen, wird wohl an einzelnen Stellen seicht und trivial, erhebt sich aber dafür an anderen zu epischer Kraft der Darstellung. Der Verfasser, welcher ebenfalls der Münchener dichterischen Tafelrunde angehört, hat sich besonders durch seine werthvollen Schilderungen Nordamerika's, Ungarn's, Italien's und Sicilien's, durch die treffende Charakteristik von Land und Leuten bekannt gemacht. Seine hierher einschlagenden Schriften sind: „Land und Leute" (3 Bde. 1853) und „Geschichte und Zustände der Deutschen in Amerika" (1848), „die Magyaren und andere Ungarn" (1874).

Von den übrigen Berliner patriotischen Dichtern erwähnen wir noch besonders Theodor Fontane, geb. 1819 zu Neu-Ruppin, der freilich nicht in den naturwüchsigen Kreis Scherenberg's, sondern zu den sauber geglätteten Kunstjüngern Kugler's gehört. Theodor Fontane hat sich in seinen acht Preußenliedern: „Männer und Helden" (1850) mit dem Ausbaue einer preußischen Walhalla beschäftigt, die indeß keine große Popularität gewinnen konnte, obwohl der Dichter, abweichend von seiner gewohnten Glätte, hier einen martialischen Ton anschlug und sich eine derb volksthümliche Färbung anzueignen suchte. Anziehender ist sein Gedicht „von der schönen Rosamunde" (1850), welches wegen seiner harmlos ansprechenden und gewandten Form, in welcher der Tragödieenstoff ohne alles pomphafte Pathos, in ergreifender Weise und in Rhythmen, welche sich gefällig der Handlung anschmiegen, dargestellt ist, rühmende Erwähnung verdient. Freilich ließ sich das vorwiegend dramatische Interesse des Stoffes in einer lyrisch-epischen Dichtung nicht vollkommen ausbeuten, wie überhaupt Fontane's glatte und gelenke Dichtweise sich zwar von allen krankhaften Elementen fern hält, aber auch das tiefere Interesse, das man an der Entfaltung der Leidenschaft nimmt, nicht zu befriedigen versteht. Dennoch läßt man sich gern auf seiner anmuthigen poetischen Gondel schaukeln und mit den Versguirlanden umkränzen, die er geschickt zu schlingen weiß. Fontane hat sich auch durch lebendige Reise- und Kriegsschilderungen hervorgethan, wie seine Schriften: „Ein Sommer in London" (1854), „Aus England, Studien über englische Kunst, Theater u. s. f." (1860), seine vortrefflichen Darstellungen der märkischen Gegenden und Schlößer, seine Darstellung des schleswig-holstein'schen Kriegs, des deutschen Kriegs von 1866, des deutsch-französischen Krieges u. a. beweisen. Die Eindrücke der englischen Poesie und der schottischen Balladendichtung spiegeln sich in seinen „Balladen" (1861).

Die eben erwähnten Berliner Poeten und einige andere norddeutsche Sänger versammelte seit 1850 Otto Gruppe aus Danzig (geb. 1804) in seinem „deutschen Musenalmanach," in welchem auch viele kaum flügge gewordene Dichter ihre Schwingen versuchten. Gruppe selbst behauptet eine eigensinnig isolirte Stellung in der Literatur. Gegner der Hegel'schen Philosophie, die er im „Antäus" (1831) auf das heftigste angegriffen hat, wie er überhaupt in zwei spätern Schriften[1]) sich gegen die ganze systematische Philosophie erklärt hat und auf die Empirie Baco's von

---

[1]) Wendepunkt der Philosophie im 19. Jahrhundert (1834); Gegenwart und Zukunft der Philosophie in Deutschland (1855).

Verulam zurückging; Aesthetiker, der über die tragische Kunst der Griechen, über die römische Elegie, über die Theogonie des Hesiod Werthvolles veröffentlicht; skeptischer und polemischer Denker, der den Geist seines Jahrhunderts zu ergründen sucht; deutscher Literar=
historiker von selbstständigem Urtheil, kritischer Forscher des Alter=
thums, ist er gleichzeitig ein **Epiker**, der seine Stoffe aus dem **Mittelalter** wählt. Diese außerordentlich disparaten Elemente geistiger Thätigkeit zeugen mehr von einer vielseitigen gelehrten Bildung, von einer großen Aneignungsfähigkeit und einem kritischen Scharfsinne, der jedes Stoffes Herr zu werden weiß, als von inne=
rem Triebe und Drange einer ursprünglichen Begabung, welche ohne wissenschaftliche Wahrzeichen den geraden Weg zu finden weiß. Dennoch ist Gruppe's episches Talent nicht gering anzuschlagen. Namentlich findet sich in den „**Gedichten**" (1835) manche klar=
gerundete, anmuthig ausgeführte Ballade. Auch in seinen größeren epischen Dichtungen: „**Alboin**" (1829), „**Königin Bertha**" (1848), „**Theudelinde**" (1849) „**Kaiser Karl**" (1852), „**Firdusi**" (1856), offenbart sich ein unleugbares Talent der Erzählung und Darstellung; aber die entlegenen Stoffe des karo=
lingischen und longobardischen Sagenkreises, in welche tiefere mensch=
liche Interessen nur oberflächlich hineinspielen, lassen jene Dichtungen nicht aus dem Kreise der Gelehrtenpoesie heraustreten, indem die scheinbare Volksthümlichkeit des deutsch=nationalen Stoffes in Wahrheit keine ist. Denn volksthümlich ist nur, was im Geiste des Jahrhunderts empfangen und geboren worden, nicht alles, was der vaterländischen Geschichte angehört oder sich zufällig auf deutschem Boden zugetragen hat.

Dem Mittelalter entnimmt auch ein anderer epischer Dichter **Josef Viktor Scheffel** (geb. 1826 in Carlsruhe, jetzt als Wei=
mar'scher Hofarth dort lebend) seine Stoffe, ja er sucht durch alter=
thümelnden Humor und durch eine treuherzig naive Stylfärbung auch im Geist des Mittelalters zu dichten. Dadurch gewinnt seine Sprache etwas Knorriges, oft vor lauter ursprünglicher Deutschheit schwer Verständliches; in seinem Styl überwuchern die krausen, holzschnitt=

artigen Arabesken, die mittelalterlichen Initialen und Majuskeln,
aber die erquickliche, waldquellartige Frische seiner Dichtweise und der
originelle Humor machen den Dichter zu einer keineswegs mißliebigen
Specialität unseres modernen Parnasses. Am wenigsten gilt dies
von der „Frau Aventiure" (1860, zweite Auflage 1869), in wel=
chem Gedicht die formenstrengen Nachahmungen des Minnesanges
etwas Unfreies haben; auch die neuesten Dichtungen: „Bergpsal=
men" (1870) zeigen eine wenig erquickliche Mischung von oft
schwunghafter Naturlyrik und mittelalterlicher Klösterlichkeit. Doch
Scheffel's erstes und Hauptwerk, der Romanzencyclus:„Der Trom=
peter von Säckingen" (1855, zehnte Aufl. 1870) hat einen ge=
sunden, von der späteren Manier des Autors freien Ton; deutsche
und italienische Genrebilder sind in ansprechender Weise gezeichnet,
und der treuliebende deutsche Trompeter, der zuletzt durch die Gnade
des Papstes das deutsche Edelfräulein zur Frau erhält, ist eine durch=
aus volksthümliche Figur. Das Büchlein der Lieder enthält manches
Anmuthige und Neckische, namentlich die Lieder des weltbetrachtenden
Katers Hiddigeigei, welcher überhaupt einen sehr amusanten Chorus
zu manchem in dem Gedicht geschilderten Ereigniß bildet. Der Kater
Hiddigeigei stammt zwar in directer Linie von dem Hoffmann'schen
Kater Murr ab; dennoch hat er manchen originellen Zug in seinem
Katzengesicht, und da er überdies ein lyrischer, nicht in romantischer
Prosa zerflossener Kater ist, so muß man ihn schon als eine selbst=
ständige Figur gelten lassen. Köstlich ist z. B., wenn Fräulein
Margaretha der Trompete ungefüge Greueltöne entlockt, daß das
angorisch lange Fellhaar des Katers sich wie Igelstacheln aufsträubt,
der Monolog dieses Katers mit seinen revolutionären Tendenzen
gegen die Menschheit und seinen Betrachtungen über menschliche
Katzenmusik. Auch andere Monologe des Katers gehören zu den
Cabinetstücken der Scheffel'schen Dichtung, die in ihrer Anspruchs=
losigkeit und Frische gewiß noch viele Leser erheitern wird.

In „Gaudeamus," Lieder aus dem Engern und
Weitern (1867), herrscht ein humoristischer Grundton; das Alter=
thümliche dieser Sammlung tritt hier nicht mit der Prätension

selbstständiger Geltung auf, sondern nur als eine Eigenthümlichkeit des humoristischen Barockstyls. Originell und barock sind diese Lieder; sie gemahnen uns oft wie Heine'sche Gedichte in mittelalterlichem Mummenschanz. Der erste Abschnitt bringt naturwissenschaftliche Gedichte, in denen besonders die Gestalten der Urwelt, der Ichthyosaurus, der Tatzelwurm, das Megatherium, eine große Rolle spielen. Der Humor in diesen Gedichten gehört allerdings zu einer Sorte von zweifelhafter Berechtigung, zur Sorte des „gelehrten Humors," aber die Ausführung ist eine so derb volksthümliche und drastische, daß man die Entlegenheit der Stoffe darüber vergißt. Das Guanogedicht und einige andere tragen sogar einen gewissen Cynismus zur Schau, der aber bei seiner Naivetät nicht verletzt. Der zweite kulturgeschichtliche Abschnitt wirkt komisch durch den Contrast zwischen der altersgrauen Färbung und dem modernen Inhalt. Gleich das erste Gedicht bringt den Monolog eines Pfahlmenschen; Pumpus von Perusia schildert in parodistisch erhabenen Trimetern den ersten Pumpversuch der Erde. Volksthümlich ist das Gedicht: „die Teutoburger Schlacht" geworden. Freilich finden sich auch manche Gedichte, in denen der Humor nicht recht in Fluß kommen will und die dadurch einen verzwickten und manierirten Charakter erhalten.

Mittelalterliche Stoffe wählt auch Wilhelm Hertz (geb. 1835 zu Stuttgart, ein Jünger des Münchener Dichterkreises. Ihn zieht nicht die treuherzige Naivetät dieser Stoffe an, sondern das Liebesabenteuer, die Minne in ihrer irdisch sinnlichen Gestalt, die er mit einer, im Ausdruck knappen, aber doch intensiven Leidenschaft darstellt, so in seiner Hauptdichtung: „Lanzelot und Ginevra" (1860), in welchem die Liebesnächte in die wärmste dichterische Beleuchtung gerückt sind. Unbedeutender ist: „Heinrich von Schwaben" (1869), in welchem Gedicht eine mittelalterliche Anekdote in anmuthender Form behandelt ist. Die Darstellungsweise von Hertz ist graziös und formgewandt; doch merkt man oft das Vorbild der mittelalterlichen Kunstepik, das für den echten epischen Styl nicht immer günstig ist: zu wenig Gliederung und Halt in

der über Wesentliches oft hinweg gleitenden Erzählung, zu viel
Duft, zu wenig Anschaulichkeit. Noch zerflossener ist die Epik in
„Jungfriedel, der Spielmann" (1854) von August
Becker (geb. 1829 in der Rheinpfalz, lebt in München). Diese
poetischen Culturbilder aus dem sechszehnten Jahrhundert, aus
seinem Sänger-, Wander- und Kriegerleben sind nur an einen
lockern Faden gereiht und nur hin und wieder erheben sich einige
der eingelegten Lieder über den nachgeahmten Minnegesang und
die alltägliche Bänkelsängerei.

Von einzelnen epischen Dichtungen erwähnen wir noch „die
Königsbraut" von Friedrich von Heyden aus Nerften
in Ostpreußen (1789—1851), preußischem Regierungsrathe in
Breslau, einem Autor, der sich in verschiedenen Gattungen der
Poesie versucht hat, und dessen Talent durch formgewandte und
anmuthige Darstellung über den bloßen Dilettantismus hervorragt.
„Reginald" (1831), die Hohenstaufendichtung „das Wort
der Frau" (1843) und „der Schuster zu Ispahan"
(1850) tragen alle den Stempel einfach klarer Anschauung und
eines liebenswürdigen Gemüthes, obwohl das Künstlerische oft
dem persönlichen Behagen und Belieben untergeordnet wird. Der
ansprechende, harmlose Humor geht oft in eine etwas breite Geschwätzigkeit über, und mancher Gedanke verlohnte sich kaum des
metrischen Ritterschlages, da er sich in hausbackener Prosa besser
behagt hätte. In den von Theodor Mundt herausgegebenen
„Gedichten" (1852) ist zwar viel „geheimes Glockenklingen
der Poesie," aber auch ein mißmuthiges Grollen mit der Zeit
und ein etwas einseitiges Stillleben. Zu den neueren epischen
Versuchen gehört das „Welfenlied" von Gustav von Meyern
(1854), eine Feier des Welfenstammes und seiner ausgezeichneten
Regenten in einzelnen poetischen Erzählungen, in einfach-kräftiger Form:

> „Zu Braunschweig auf dem Platze
> Schaut trotzig ein Löw' in's Land,
> Den an der Eisentatze
> Von Alters das Reich erkannt."

Patriotische Begeisterung und echt nationaler Sinn durchwehen diese Gedichte, welche, von jeder metaphorischen Ueberladung frei, in kernig-gesunder Weise und oft dichterisch schwunghaft gehalten sind. Daß diese poetische Chronik des Welfenhauses auch einzelne weniger ergiebige historische Stoffe berührt, welche sich spröde gegen die dichterische Auffassung verhalten, war bei der Anlage des Gedichtes nicht leicht zu vermeiden. Desto bedeutsamer treten einzelne Heldengestalten hervor, besonders Heinrich der Löwe mit der begeisterten Introduction: „der Fels im Rhein" und Herzog Friedrich Wilhelm, der volksthümliche Heros, der in den Gedichten: „der Welfenzug" und „Quatrebras" würdig gefeiert wird. Mit diesem patriotischen Balladencyclus contrastirt eine exotische Dichtung, die episch einheitsvoll in Stoff und Form gehalten ist: „Nur Jehan" von Hermann Neumann (1852), geb. 1808 zu Marienwerder, Offizier, seit 1853 Ober-inspector der Garnisonsverwaltung in Neiße. Die schönen, klaren ottave rime dieses Gedichtes athmen einen Zauber, der an Schulze's „bezauberte Rose" erinnert, und sind von anerkennenswerther Vollendung der Form. Auch die einfach-ansprechende und doch spannende Verknüpfung der Begebenheiten, die prächtige Schilderung des Thales von Kaschmir und des Rosenfestes, das Gleichmaß eines lebendigen und nirgends überreizten Styles lassen einen harmonischen und künstlerischen Eindruck zurück. Neumann's „Jürgen Wullenweber" (1846) ist ein Romanzencyclus, der bei manchem kräftigen Zug doch hinter „Nur Jehan" zurücksteht. Wie in diesem Gedicht sucht Neumann auch in „Dinonhy" (1865) durch den Zauber der Ferne zu wirken. Seine Heldin ist eine Afrikanerin, wie die Heldin der Meyerbeer'schen Oper, und zweifelloser als diese der äthiopischen Rasse angehörig. Ihre Liebe zu einem portugiesischen Ritter und die Abenteuer, welche die Liebenden bestehen, bis sie zusammen den Tod erleiden, bilden den Inhalt des in buntem poetischen Farbenschmuck prangenden, aber etwas zerflossenen Gedichts. Enthusiastische Wärme zeigt Adolf Strodtmann in seinen epischen Dichtungen, von denen wir als die beste: „Rohana, ein Liebesleben in der Wildniß" (1857) hervorheben. Der Stoff ist nicht neu und erinnert an Dingelstedt's „Roman" und Böttger's „Habana"; auch fehlt das epische und charakteristische Element und die innere Motivirung der Handlung; das Leidenschaftliche überwiegt und erstickt die Plastik. Dagegen ist der Ausdruck der Empfindung oft machtvoll und plastisch. Die Rhythmen der Dichtung sind meistens von einer stürmischen und doch gefälligen Beweglichkeit, und ihr Gang ist dem Inhalte mit vielem Takt angepaßt. Ein Dichter von lebendiger Phantasie, Adolf Stern (geb. 1835 zu Leipzig, lebt in Dresden), zeigt im „Sangkönig Harne" (1853) und besonders in den größern Epen „Jerusalem" (1858) und „Johannes Gutenberg" (1872) ein beachtenswerthes Talent für schwunghafte Schilderung. Auch in seinen „Gedichten" (2. Auflage 1870) ist feines Kunstgefühl und eine anmuthende Darstellungsgabe unverkennbar. Ein anderer in Dresden lebender Dichter, Robert Waldmüller (Charles Eduard Duboc aus Hamburg), zeigte schon in seinen ersten „Gedichten" (1857), in denen das Allegorische überwiegt und in „Lascia Passare" (1857) besonderes Talent für die feinere genrebildliche Darstellung. „Merlin's Feiertage" (1853) stehen weit höher durch einen oft originellen Humor und manches anheimelnde Lebensbild, während das Gedicht: „Die Irrfahrten" (1853) sich zu sehr in's Weite verläuft und der Grundgedanke etwas Schielendes hat. Die „Dorfidyllen" (1860) sind anmuthig und lebensfrisch, ebenso die Alpenidylle: „Walpra" (1874). Ein Talent für Märchendichtung, die mit frisch aufblühenden Liedern geschmückt ist, offenbart sich in „Dornröschen" von Livius Fürst (1865).

In der großen Mehrzahl der erwähnten epischen Versuche herrscht das lyrische Element vor, nur bei Scherenberg fehlt aller lyrische Duft, aber der epische Styl prägt sich nur in Fragmenten aus. Die strengeren Studien des epischen Styles bedurften indeß einer Versform, welche sich von selbst gegen alle Verlockungen der

Lyrik spröde verhielt, und so wenig wir den Hexameter als metrische Grundform eines nationalen deutschen Epos billigen möchten, so mußte er doch ganz passend erscheinen als Reck und Barren für epische Turnübungen und zur Stärkung der in der weichlichen Lyrik erschlafften Muskeln des Styles.

Schon **Moritz Hartmann** hatte sein idyllisches Epos „**Adam und Eva**" in Hexametern geschrieben und mit Hilfe dieses Versmaßes in einzelnen Partieen epische Gedrungenheit und Anschaulichkeit erreicht. Seinem Beispiele folgten Paul Heyse in seiner „**Thekla**" und Julius Grosse in dem „**Mädchen von Capri**" (1860) und „**Gundel vom Königssee**" (1864). Beide Dichter gehören der Münchener Dichterschule an, welche, gleichgültig gegen die Zeitgedanken, ihre Stoffe nimmt, wo sie dieselben findet, und durch Kunst der Behandlung das Recht erworben zu haben meint, an die Dauer ihrer Schöpfungen zu glauben. Der streng epische Hexameter wird von diesen Dichtern für Novellen und Legenden in Versen angewendet, obschon nur naiv idyllische Stoffe, die an Theokrit gemahnen, seine Anwendung einigermaßen rechtfertigen könnten.

Julius Grosse, den wir schon unter den modernen Kriegslyrikern erwähnten, ist 1828 zu Erfurt geboren, studirte dann in Halle, lebte längere Zeit in München, bis er als Secretair der Schillerstiftung 1870 nach Weimar übersiedelte; er bewährt ein rüstiges und vielseitiges Talent, für den Pomp und großen Wurf mehr geschaffen, als für geschulte Kleinmalerei; aber grade wie bei Heyse vermissen wir bei ihm, obschon er sich auch der Bewegung der Zeit neuerdings mit besonderem Glück anschloß, die Originalität einer tieferen Weltanschauung. „**Das Mädchen von Capri**" behandelt einen Liebesroman mit jenen Pointen, wie sie die altitalienische Novellistik liebt. Untreue Liebe aus depit amoureux, die sich noch dazu in der Adresse irrt, ein Scenenwechsel der Handlung, der vom Golf von Parthenope bis an die Beresina springt: das sind alles Bestandtheile, die sich in einer leichtbeweglichen Novelle anmuthig fügen, aber dem strengen epischen Styl widerstreben.

Das Epische liegt hier nicht im Wesen der Handlung, sondern in ihrem Beiwerk, in den Landschafts- und Sittenschilderungen, die von dem Dichter mit dem Zauber eines hervorragenden Formtalents ausgeführt sind. Auch in „Gundel vom Königssee" liegt der Reiz der Dichtung in den großartigen Naturschilderungen der Alpenwelt; das Schwanken der Heldin zwischen den zwei Liebhabern, zwischen denen der Dichter ihr die traurige Wahl läßt, ist durchaus novellistisch und auch psychologisch nicht genugsam motivirt. Wenn die Hexameter in dem „Mädchen von Capri" viel zu wünschen übrig lassen, indem sie namentlich in Bezug auf die Cäsur nicht immer sorgsam gebildet sind und bisweilen das rhythmische Gefühl verletzen, so stört in „Gundel vom Königssee" die falsche Volksthümlichkeit einzelner dem Dialekt angehöriger Ausdrücke, welche im stylvollen Hexameter sich styllos ausnehmen. In anderen Erzählungen hat Grosse Trochäen oder andere Verse gewählt. In orientalischem Kostüme erscheint er in „Farek Musa" und in „Tamarena," Stoffe, deren Kern eine märchenhafte Täuschung bildet, die uns allzu phantastisch aufgebauscht erscheint. Im „grauen Zelter" ist wenigstens ein humoristischer Reiz. Diese Erzählungen sind theils in der früheren Sammlung: „Epische Dichtungen" (1860) enthalten, theils in der neuern: „Erzählende Dichtungen" (6 Bde. 1872—73). Freie Phantasiespiele, mit novellistischer Gewandtheit ausgeführt, mit dem Reiz eines glänzenden Schilderungstalentes: das sind diese poetischen Erzählungen.

Ein gleiches Kaleidoskop von Liebesabenteuern schildert Paul Heyse in seinen poetischen Novellen, obschon er in einigen derselben eine Meisterschaft in graziöser Formbeherrschung bewährt, die von den Gleichstrebenden nicht erreicht wird. Paul Heyse ist in Berlin 1830 geboren als Sohn des Sprachforschers K. M. L. Heyse; unter Boeckh und Lachmann machte er tüchtige philologische Studien; mehrere Reisen nach Italien und die eifrige Beschäftigung mit romanischen Sprachen und Literaturen gaben seinem dichterischen Streben eine gediegene Grundlage. Seit dem Jahre 1854 lebt er in München, wo er lange Zeit als der jüngste dem Dichterkreise des König Max angehörte, auf die Pension, die er von den bairischen Königen bezog, indeß später verzichtete, als seinem Freund Emanuel Geibel, dessen politische Gesinnung er theilte, in Folge seines Gedichts auf König Wilhelm die bairische Pension entzogen wurde. Heyse lebt in glücklichen Verhältnissen seiner dichterischen Muse.

Heyse ist ein graziöser, wohlgezogener Liebling der Musen, der Wieland's anziehende Schwatzhaftigkeit und der italienischen Epiker phantastische Weitschweifigkeit vereinigt. Seitdem die chinesische Geschichte: „Die Brüder" (1851) und die poetische Erzählung „Urica" (1852) erschien, hat Heyse unermüdlich in Vers und Prosa erzählt; seine „Novellen in Versen" (1870), eine sehr umfangreiche Gesammtausgabe der erzählenden Dichtungen, sind ein Zeugniß dieses seltenen Fleißes. Die Behandlungsweise Heyse's ist eine durchaus subjective; er steht über seinem Stoff und treibt sein souveraines Spiel mit ihm. Eine bestimmte Weltanschauung spricht nicht aus diesen Dichtungen; man muß bei Heyse immer fragen: was ist des Dichters eigenster Kern, was denkt er über Sitte und Liebe, über Welt und Gott? Gehört er zu den bejahenden oder verneinenden Geistern? Ist er Pessimist oder Optimist? Welchen Glauben hat er an die Zukunft der Menschheit? Alle diese und andere wichtige Momente, welche die bei einem Shakespeare, Goethe und Schiller leicht nachweisbare Weltanschauung der Dichter bilden, bleiben bei Heyse's Gedichten in unbestimmtem Dämmer; die Moral seiner Fabeln giebt keine Antwort darauf, ebenso wenig der Inhalt derselben; sie lassen selbst einen künstlerisch hineingeheimnißten Grundgedanken vermissen. Paul Heyse hat freilich in seinem größeren Roman: „Kinder der Welt" alle Ankläger seiner akademischen Richtung dadurch überrascht, daß er auf jene Fragen eine sehr entschiedene und geistvolle Antwort giebt. Diese kommt wohl dem Dichter, aber nicht seinen früheren Dichtungen zugute, denen die Kühle und Glätte marmorner Form als höchstes Ziel gilt.

Die Anhänger der akademischen Dichtweise werden uns sofort beweisen, daß die Dichtung auf derartige Katechismusfragen gar keine Antwort zu ertheilen brauche, daß das Schöne sich selbst Zweck sei und ein Kunstwerk um so höher stehe, je weniger es sich mit irgendwelchen Fragen der Moral, der Tendenz, der Weltanschauungen einlasse. Das Ideal dieser Kunsttheorie ist die buntschillernde Seifenblase, die, harmonisch gerundet und farbenreich, den Augen zur anmuthigen Schau, in den Lüften verschwebt. Wir beharren indeß bei unserer entgegengesetzten Ueberzeugung, daß die Größe der großen Dichter gerade in der Eigenthümlichkeit der Weltanschauung liege, welche Gedanken und Form bei ihnen durchdringe, und zwar ohne daß das Kunstwerk deshalb klaffende Lücken für die gewaltsam hervorbrechende Tendenz offen lasse, sondern in so intimer Weise, wie bei der Endosmose der Pflanzen die nährende, lebenspendende Flüssigkeit durch die geschlossenen Gewebe dringt.

Der Selbstzweck der Kunst führt oft zur Schaustellung eines sehr bunten Trödels, zu einer Formenspielerei, welche zuletzt ohne alle innere Nöthigung schafft. Dies gilt auch von dem äußern Costüm. Warum spielt eine Erzählung, wie „Die Brüder," gerade in China? Hat ihr Inhalt irgendwelchen Zusammenhang mit den Sitten des Volks? Kann die Geschichte nicht in der ganzen Welt ebenso gut spielen? Warum wählt der Dichter das verzopfte Reich der Mitte zum Hintergrunde? Ebenso darf man fragen, aus welchem Grunde bringt der Dichter eine Novelle von Boccaccio in Verse? Legt er ihr in seiner „Braut von Cypern" einen tieferen Gehalt unter; dichtet er sie um in einer Weise, wie Shakespeare manche italienische Novellen umgedichtet hat? Nein, es ist keine Umdichtung, sondern eine Neudichtung, die sich darin gefällt, einzelne Scenen poetischer auszumalen, die Handlung mit üppigem Reimschmuck auszustaffiren und mit geistreichen Salonplaudereien zu durchwirken. Jede Naivetät der Erzählung geht natürlich bei dieser Behandlungsweise verloren, wenn auch die Anmuth poetischer Schilderung und die Arabesken feinsinniger Laune zu freier Bewährung Raum gewinnen.

Das Streben nach Reinheit und Correctheit der Form, getragen von einem sprachlichen Talent und feinem Gefühl für das Schöne, kann natürlich nur Dichtungen schaffen, die nach dieser Seite hin warme Anerkennung verdienen und dort, wo eine günstige Stoff=wahl hinzukommt, wird auch der dichterische Hauch nicht fehlen, der die gelungenen Formen unserer Theilnahme näher rückt. Die Beleuchtung bleibt indeß auch bei leidenschaftlichen Scenen eine gedämpfte, wie namentlich das in der Revolution spielende Gedicht „Urika" beweist, das im übrigen noch am meisten von dem modernen Pathos der Humanitätsgedanken durchdrungen ist. In der Form weniger vollendet als die spätern Dichtungen Heyse's, hat es doch einen wärmeren Herzschlag als diese. Ueber=haupt zeigten die ersten Gedichte mehr unbefangene Hingebung an den Stoff, wie auch „Margherita Spoletina" beweist, eine Hero= und Leander=Ballade mit vertauschten Rollen, in einem nicht ironisch zersetzten Styl ausgeführt. Am wenigsten sprechen uns die Künstlernovellen „Michel Angelo" und „Rafael" an. Der Styl, namentlich in dem letztern, ist meistens manierirt und die Vergötterung des Genius, dem gleichsam die gebratenen Tauben der Venus in den Mund fliegen, will unserer Zeit nicht mehr munden. „Syritha" ist ebenfalls süßlich und manierirt; diese nordländische Amaranth, welcher schließlich denn doch der Rechte zu Theil wird, nachdem derselbe sich falsch adressirt hat und eine unbequeme Ghismonde glücklich los geworden ist, macht keinen erfreulichen Eindruck. Dagegen ist „Das Feenkind" ein ganz erquickliches Gedicht, von heiterster Haltung, in seinen humoristischen Schilderungen glücklich und ergötzlich, und auch, wo es sich um den Ausdruck ernster Empfindung handelt, von wohlthuender Wärme. Die „Idyllen von Sorrent" sind goethisirend in der Form; das italienische Natur= und Volksleben ist in ihnen wohl getroffen; nur sind sie denn doch oft etwas zu plauderhaft und nicht immer gelingt es dem Dichter, das Detail des realen Lebens poetisch zu verklären. In formaler Hinsicht und in Bezug auf poetischen Werth möchten wir den Terzinen

„Der Salamander" den Vorzug geben. Wenn auch der Grundton dieses Gedichts von einer etwas blasirten Färbung nicht freizusprechen ist, so hat dasselbe doch einige poetische Schönheiten ersten Ranges; die Behandlung der Terzine ist meisterhaft, und die graziöse Vornehmheit, welche der Heyse'schen Muse in ihren besseren Momenten eigen ist, vereinigt sich hier mit sinnreichen Reflexionen über das Leben. Der Inhalt des Gedichts ist ein Liebesabenteuer, eins jener vergänglichen Liebesabenteuer, wie es die Goethe'schen Distichen und Dingelstedt's Roman schildern; aber der poetische Hauch, der, gegenüber den soliden und dauernden Neigungen, grade ein flüchtig verrauschendes Glück umschwebt, schwellt die Segel der Heyse'schen „Terzinen" als günstiger Fahrwind für sein Dichterschifflein.

Sowie uns Heyse Romanzen und Terzinen vorgeritten als musterhaft dressirte Schulpferde, gelüstete es ihn auch, seine poetischen Bereiterkünste an dem Hexameter zu zeigen. So entstand „Thekla" (1859), ein Gedicht in neun Gesängen, dessen Stoff an und für sich geeigneter gewesen wäre, als Legende in vierfüßigen Trochäen behandelt zu werden. Die Heldin des Gedichtes ist ein Mädchen aus Ikonium, welches einem christlichen Manne ihr Herz zuwendet, ihn im Gefängniß besucht, dabei ergriffen und zum Feuertode verurtheilt, aber auf dem Scheiterhaufen selbst durch ein Wunder errettet wird, das heißt durch ein zur rechten Zeit aufsteigendes Gewitter, dessen Regenfluthen die Flammen löschen, und dessen Blitze den Kybelepriester, den Anstifter des Unheils, erschlagen. Der Kampf des Christenthums und Heidenthums hat für uns nur dann eine tiefere Bedeutung, wenn er als ein Kampf der Weltanschauungen, der in der Gegegenwart noch fortdauert, und nicht in seinen Aeußerlichkeiten, in dem Märtyrerthum und dem Wunder, aufgefaßt wird. Nun hat sich zwar Paul Heyse mehrfach Mühe gegeben, diesen Kampf der geistigen Gegensätze in einer noch dazu wesentlich modernisirten Färbung darzustellen; doch die kühle Haltung und der Mangel an Dichtergluth und schlagender Schärfe lassen diese Partieen wenig erquicklich erscheinen, so daß der Haupt-

Nachdruck auf dem Legendenhaften liegt. Hierzu kommt, daß der Dichter durch die Wahl einer Heldin statt eines Helden den großartigen geschichtlichen Kampf in eine mehr passive Sphäre herabzieht. Die Form der Dichtung zeichnet sich durch jene akademische Glätte und Sauberkeit aus, durch welche Paul Heyse die Platen'sche Richtung weiter fortbildet. Die Hexameter sind untadelig, Sprache und Bilder durchaus korrekt, einzelne Schilderungen sehr lebendig. Dafür muß man bei Heyse vieles Breite und Seelenlose mit in den Kauf nehmen, denn seine Dichtungen kann man nur sauber gearbeiteten Blumenvasen in antiker Form vergleichen; aber die Blumen sind nur auf die gebrannte Erde aufgemalt und blicken nicht als naturwüchsige Kinder der Flora in duftiger Fülle als Inhalt des anmuthig geformten Gefäßes uns entgegen.

Nicht geringere Vorzüge der Kunstform, aber mehr innere Wärme finden wir in einer andern Hexameterdichtung: „Euphorion" von Ferdinand Gregorovius (1858). Der Verfasser, geb. 1821, ein talentvoller Ostpreuße, debutirte zuerst mit humoristischen Romanen, in denen eine Jean-Paulisirende Ader nicht zu verkennen war. In der Lyrik versuchte er sich mit magyarischen Gesängen, im Drama mit einem welthistorischen Charaktergemälde, auf das wir später zurückkommen werden. Allgemeines Aufsehen erregte sein Werk über „Corsika" (2 Bde. 1854); es verrieth vielseitige und gründliche Bildung, poetischen Sinn, eine seltene Gabe der Darstellung, die der Verfasser schon früher auf historischem Gebiete als Biograph des Kaisers Hadrian bewährte, die aber noch mehr in der Schilderung der Naturbilder und Volkszustände hervortritt. Aehnliche Schriften über Italien reihten sich jenem Hauptwerke an[1]). In „Euphorion" bietet der Dichter eine poetische Erzählung in streng epischer Form und von echt classischem Hauch durchweht, getragen von seinen antiken Kunst- und Lebensstudien. Einheit der Handlung, plastische Darstellungsweise und Sinnigkeit im Plan

---

[1]) Figuren, Geschichte, Leben und Scenerie aus Italien (1855), neue Aufl. 4 Bde. (1870); die Grabmäler der römischen Päpste (1857); vor allem die vorzügliche „Geschichte Roms im Mittelalter." (1.—6. Bd., seit 1859.)

des Ganzen, wie in der Ausführung des Einzelnen zeichnen diese Dichtung aus. Der Held derselben, Euphorion, ist ein griechischer Sclave in Pompeji im Hause des Arrius Diomedes, ein Meister der bildenden Kunst, der jenen prächtigen, in diesem Hause ausgegrabenen Candelaber schuf, welcher sich jetzt im Museum der Bronzen Neapels befindet und dort auf den Dichter einen solchen Eindruck machte, daß er auf ihm gleichsam die Lampen seiner Dichtung aufstellte. Er nimmt an, daß Euphorion diesen Candelaber in seiner Werkstatt verfertigte, um die Feier der Wiederkehr seiner geliebten Jone, der Tochter seines Herrn, die sich in Rom aufgehalten, damit zu verherrlichen. Die Lampen sind Erfindung des Dichters; er hat sie sinnig ausgewählt und zugleich den Inhalt seiner vier Gesänge damit bezeichnet. Die Heimkehr der Herrin, Euphorion's Liebe zu ihr, das Gastmahl mit den schönen Wechselreden über das Kunstwerk, das der Sclave vollendet, die Freilassung desselben, der Ausbruch des Vesuv, die Rettung und das Glück der Liebenden: das bildet den einfachen und harmonischen Gang der Handlung. Wenn man über die Formverwilderung der neuern Literatur sich hier und dort beschwert hat: so braucht man diese Ankläger nur auf Heyse und Gregorovius zu verweisen. In formeller Beziehung sind die Hexameter Goethe's und Schiller's schülerhaft im Vergleich mit denen der beiden neueren Dichter. Ihre Hexameter sind nicht nur frei von Trochäen, nicht nur ist die Cäsur in ihnen auf das strengste beobachtet — nein, auch der malerische Charakter des Verses ist mit vielem Geschick benutzt, um die Schilderung abzuspiegeln. Die preisgekrönte Erzählung Hebbel's: „Mutter und Kind" (1859), auf die wir noch einmal zurückkommen, ist ebenfalls in freilich minder tadellosen Hexametern geschrieben, auch die anspruchslose Idylle: „Irmgard" von A. Tellkampf (1851), welche sich an Goethe's „Herrmann und Dorothea" anschließt, indem sie ein Liebesgeschick auf dem großartigen Hintergrunde der Befreiungskriege aufträgt. Freilich greifen diese bedeutender in die Handlung ein, als die französische Revolution im „Herrmann und Dorothea," doch wird der idyllische Grundzug des Gedichtes durch das Auftreten von Napoleon und Blücher nicht gefährdet, ebensowenig wie die schlichte Einfachheit des ansprechenden dichterischen Vortrags.

Ueber die Novelle in Versen, die poetische Erzählung, das Schlachtgemälde gingen fast alle diese epischen Anläufe, mochten sie nun eine strengere oder mehr gelockerte Form wählen, nicht hinaus. Den größten Wurf und meisten Zusammenhalt hatten noch die oben erwähnten philosophischen Dichtungen Mosen's, Hamerling's und Heller's. Doch auch der Versuch, ein großes historisches Epos zu schaffen, blieb nicht aus, konnte aber, bei aller imponirenden Massenhaftigkeit des Ganzen, bei der genialen Durchführung des Einzelnen, doch den Eindruck der Reimchronik nicht überwinden. Der Dichter der „Weltseele," Arnold Schlönbach, hat seinem umfangreichen Epos „die Hohenstaufen" (1859), ebensowenig wie in seinem „Ulrich von Hutten," einem vaterländischen Gedicht in zwanzig Liedern (1862), einen künstlerischen Organismus zu geben vermocht; es ist kein Kreis, nicht einmal ein Sektor der Geschichte, sondern ihre geradlinige Fortbewegung in infinitum, was in einer Reihe dichterischer Lieder uns vorgeführt wird. Schlönbach's geschichtliche Auffassung, die weit davon entfernt ist, der Hohenhaufen italienische Eroberungszüge zu verherrlichen, die dem Zeitalter der Reformation seinen geistigen Kern abgewinnt, verdient alles Lob; einzelne Schilderungen zeugen von dem Talent des Dichters; doch das Ganze bleibt eine rudis indigestaque moles, ein Conglomerat weltgeschichtlicher Kapitel, die aneinandergeschweißt, aber nicht zum Kunstwerk umgeschmolzen sind. Weit besser ist der „Stedinger Freiheitskampf"; ein vaterländisches Gedicht in 18 Gesängen (1864). Hier ist doch mit der Beschränkung auf einen bestimmten Kampf die epische Grundlage gewahrt, auch das volksthümliche und sittenbildliche Colorit giebt eine einheitliche Haltung und einzelne Schilderungen der Kämpfe und des Sturmes sind von großer Lebendigkeit.

Leider ist auch Herrmann Lingg's dreibändiges Riesenepos: „die Völkerwanderung" (3 Bde. 1866—1868), nur ein cyclisches Gedicht geworden und erinnert an jene „Iliaden" der nachgeborenen Sänger, die mit dem Ei der Leda beginnen; sie ist ohne Maß und Beschränkung in's Breite ergossen. Der Dichter hat die ganze, schon für den Historiker erdrückende Fülle der Thatsachen in den Rahmen seines Werkes gepreßt; tabellarische Uebersichten der Kronenträger von Rom und Byzanz lösen sich ab, noch rascher die Haupt= und Staatsactionen. Die Handlung springt oft in einer und derselben Strophe von Afrika nach Europa, von Karthago nach Byzanz, von Rom zu den weitablagernden Hunnen oder Gothen. Der Mangel an Einheit in Bezug auf die Handlung oder den Helden wird nun keineswegs dadurch gedeckt, daß sich die Dichtung als ein Gedankenepos hinstellt und über dem elementarischen Gewog der Völkermassen gleichsam die höhere Einheit in jenem olympischen Gewölk sucht, wo die Muse der Geschichtsphilosophie wie eine Gestalt der Kaulbach'schen Fresken thront. Denn wäre der Schwerpunkt der Dichtung in den Gedanken verlegt worden, so würden die vorüberziehenden Völker und ihre Helden in magischer Beleuchtung nur als die Spiegelbilder jener geistigen Urmächte erscheinen und alle durcheinandertreibenden Wirbel der Geschichte könnten jenes höhere Licht nicht verdecken. Doch nur selten leuchtet bei Lingg ein Blitz des Gedankens über den Zügen und Kämpfen der Massen. Die Darstellung der geschichtlichen Ereignisse in ihrer Aufeinanderfolge ist der letzte Zweck der Dichtung; die Grundform des Werkes ist daher die Form der Chronik, die nur hier und dort durch freierfundene Episoden unterbrochen wird.

So ist namentlich der zehnte Gesang des ersten Buchs ein wahrhaft unersättliches stoffverschlingendes Ungeheuer von Poesie, welches ganze Jahrzehnte aufzehrt, über eine dichte Schaar von Helden und Fürsten ohne weitere Debatte zur Tagesordnung übergeht und uns in einer Strophe an die Wiege eines neuen Ankömmlings führt, der in der nächsten schon am Traualtare steht. In den Gesängen des zweiten Buchs werden die Vandalen, ein Volksstamm, für den der Dichter eine kuriose Sympathie empfindet, und ihr Held Genserich abgelöst von den Hunnen und Attila.

Dann geht's wieder zu den Gothen, von dem sterbenden Theodosius zu Theoderich; die Schlacht auf den Catalaunischen Feldern bildet die großartige Katastrophe der Hunnenbewegung. Später taucht Odoaker auf; ihm tritt Theoderich gegenüber. Das dritte Buch führt uns dann zu den Franken, zu Chlodwig, zur Schlacht bei Zülpich, worauf die Darstellung wieder zu Theoderich springt und uns das Geschick des Boëthius und der Amalasuntha in skizzirter Form vorführt. Es folgt in zwei Gesängen eine Schilderung der innern Wirren im Vandalenreich; wir sehen, wie Hilderich durch Gelimer gestürzt wird und wie der letztere und das ganze Reich durch Belisar und die Byzantiner zu Fall kommen. Daran schließt sich eine Darstellung der Kämpfe zwischen den Byzantinern und Gothen, zwischen Narses und Belisar auf der einen, Totilas und Tejas auf der andern Seite an und bei den Longobarden gönnt endlich der Dichter der ermüdeten Klio die langersehnte Ruhe.

„Der sogenannte rasche Gang," sagt schon Jean Paul in der „Vorschule der Aesthetik," „gebührt der Bühne, nicht dem Heldengedicht. Wir gleiten über die Begebenheitentabelle der Weltgeschichte unangezogen herab, indeß uns die Heirath einer Pfarrtochter in Voß' „Louise" umstrickt und behält und erhitzt. Das lange Umherleiten der Röhre des Ofens erwärmt, nicht das heftige Feuer."

Es fehlt der Lingg'schen „Völkerwanderung" sowohl die epische Ruhe als auch die epische Fabel. Die Darstellungsweise bedarf bei der großen Zahl der poetisch abgesonderten Capitel einer Menge prosaischer Verbindungsglieder, die hölzern aus dem Strom der Dichtung hervorragen. Daher die steifleinenen Wendungen der Lingg'schen Stanzen, die prosaischen Constructionen mit den actenmäßigen Bindewörtern, der metrische Knüppeldamm, in den sich oft die Rosenflur der ottave rime verwandelt; daher der Mangel an Theilnahme für eine Handlung, die einen Zeitraum von mehr als zehn Iliaden in zwei Verszeilen beseitigt; daher eine Charakteristik, welche nur mit funkelnden Blitzen beleuchtet, keinen Helden liebevoll in seinem ganzen Wesen erfaßt und uns als bleibendes Bild vor die Seele führt. Ja selbst die Episoden, die uns als poetische Erzählungen fesseln, die ein kleines Ganzes in dem größern bilden könnten, sind nicht geschlossen, sondern nach allen Seiten offen für den Luftzug der herumblätternden Chronik. Boëthius und Amalasuntha, der zwischen Freiheitssinn und Fürstengunst schwankende Denker und die Liebe der Fürstentochter zu ihm — welch' ein anziehendes und bedeutsames Bild, das sich aus den Wogen der Völkermassen heraushebt! Wäre es nur von dem Dichter selbst mehr herausgehoben und nicht nach allen Seiten mit fremdartigen Elementen durchwirkt, welche die Theilnahme ablenken! Auch der zur epischen Episode herabgedrückte Tragödienstoff: „Alboin und Rosamunde," ist nicht mit einer den Antheil weckenden Energie der Darstellung behandelt. Selbst Belisar, ein antiker Tragödienheld, der Wallenstein der Völkerwanderung, ist nur eine abgeblaßte Tapetengestalt auf verschiedenen Schlachtbildern; er erscheint immer nur den Helm auf dem Haupt und das Schwert in der Hand; nie spiegelt sich auf seinem Antlitz der Kampf der Seele. Am wirksamsten ist von den zusammenhängendern Episoden der fünfte Gesang des zweiten Buchs: „Maximus und Eudoxia," der einzige, in dem eine fesselnde Einheit herrscht und das geschichtliche Ereigniß, die Plünderung Roms durch die Vandalen, glücklich in das Geschick der einzelnen verwebt ist.

Herrmann Lingg ist ein Dichter von ursprünglichem Talent; es ist unmöglich, daß dies Talent in drei Büchern schlummern und nicht öfter die Augen aufschlagen sollte. Wir begrüßen diesen Augenaufschlag stets mit Freuden; er zeigt uns eine Begabung von grandiosem Wurf, von kühner Bildlichkeit, von einem Feuerguß des Ausdrucks; sie tritt immer dort hervor, wo der Stoff ihr sympathisch ist — ein Fingerzeig, den der Dichter selbst am meisten hätte beobachten sollen. Wie auch aus seinen Gedichten hervorgeht, ist das Gebiet der Lingg'schen Muse das geschichts-philosophische, die historische Gedankenfreske. Wo sie aus dem Staube der Massenwanderung sich in diese Lichtgewölke flüchten kann, da weiß sie Töne anzuschlagen, die von gewaltiger Wirkung sind, wie z. B. die „griechische Insel" im ersten Buch. Die Gestalt der Sage auf den Catalaunischen Feldern, die Meerfahrt der Vandalen nach der Plünderung Roms, die Auswanderung der altdeutschen Götter bei Chlodwig's Taufe, einzelne Pracht-schilderungen im Odenschwung, mögen sie Afrika, dem Vesuv, dem Pinienhain von Ravenna gelten: dies sind echte Perlen dich-terischen Talents und werthvolle Bereicherungen des Schatzkästleins unserer vaterländischen Dichtung. Hätte uns Lingg statt einer dreibändigen Reimchronik eine kürzere Gedankensymphonie, die „Völkerwanderung" geschrieben, in welcher in großen Zügen der Kampf der alten und neuen Mächte im Himmel und auf Erden ausgeführt worden wäre, er hätte vielleicht unsere Literatur mit einem dauernden Werke bereichert.

Weit mehr als Lingg in seiner Völkerwanderung, ja am meisten von allen bisher erwähnten Dichtungen erreicht die Vor-züge eines streng epischen Styls **Wilhelm Jordan** in seiner Neudichtung der Nibelungen: „**W. Jordan's Nibelunge.**" Erstes Lied: „**Siegfriedsage**" (1868 2 Bde.) und Zweites Lied: „**Hildebrant's Heimkehr**" (2 Thle. 1874).

Als moderner Rhapsode ist Jordan lange Zeit von Stadt zu Stadt gezogen und hat einzelne Gesänge seines neuen Nibelungen-epos, meistens mit günstigem Erfolge, dem modernen Publikum vorgetragen, dessen Abneigung gegen langathmige Epik durch solche unmittelbare Appellation an seine Theilnahme und durch die Macht eines kunstvollen Vortrages am leichtesten zu überwinden ist. Die „Nibelunge" sind eine originelle Monstredichtung, welche aus den erratischen Blöcken der Vorzeit ihre gigantischen Gestalten und Gedan-ken meißelt. Das künstlerische Princip des Dichters, seine Anschauung vom Epos ist, wie wir von vornherein bekennen, nicht die unserige. Er will „mit rauschendem Redestrom bis zum Rande der Vorzeit

Gefäße wieder füllen und neu verjüngen nach tausend Jahren die wundergewaltige uralte Weise der deutschen Dichtkunst." Er nennt es einen Irrthum der Tages, Fabeln statt fertiger Sagen zu erfinden, und hohlen Hochmuth, mit eigener winziger Weisheit erkünsteln zu wollen, was „die Gesammtheit nur ersinnt mit ewiger Seele und Jahrhunderte erst häufen zum Hort des Gesanges." Er vergißt dabei die ungeheure Kluft, welche die Cultur unsers Jahrhunderts von der Cultur der Edda oder auch noch des Zeitalters des Nibelungengedichts trennt. Homer mochte die altgriechischen Sagen vieler Generationen dichtend verbinden; ein Dichter der Jetztzeit befindet sich der Nibelungensage gegenüber durchaus nicht auf dem Standpunkte des Homer. Was dazwischen liegt, ist eine große Epoche der Weltgeschichte, welche Glauben und Sitte, Dichten und Trachten derselben Nation grenzenlos verwandelt hat. Die Sagen der Edda liegen unserm Volke gänzlich fern, so fern wie die altindischen, in ihrer Ungeheuerlichkeit ferner noch als die griechischen und römischen; sie sind uns nur durch dieselbe gelehrte Vermittelung zugänglich wie jene. Es ist also eine Illusion des Dichters, wenn er meint, ein deutsches „Volksepos" durch eine Neudichtung der Nibelungensage zu schaffen. Ein deutsches Volksepos kann nur auf der Grundlage der modernen Cultur ruhen; die Form für dasselbe ist bisher nicht gefunden; doch zweifeln wir nicht, daß sie gefunden werden wird. Das Volk der Literaturgeschichten und der germanistischen Philologen ist nicht das Volk der Gegenwart. Unser Volk, wenn es productiv aufträte, würde wahrhaftig jetzt keine Nibelungensage produciren.

Jordan's „Nibelungen" sind daher ein Kunstepos, so gut wie jedes andere, das einen der Zeit und ihrer Sitte entlegenen Stoff behandelt, und haben nur die Anlehnung an eine altehrwürdige vaterländische Sage vor den andern Kunstepen voraus. Als Kunstepos betrachtet, besitzt die Jordan'sche Dichtung große und seltene Vorzüge, welche ihr in einer Epoche lyrischer Verschwommenheit einen hervorragenden Rang einräumen. Es sind die Vorzüge des streng epischen Styls, der sich durch keine lyrische

Weichheit, durch kein Zugeständniß an den Miniaturgeschmack des Tages aus seiner stahlharten Gedrungenheit bringen läßt. Ein von Hause aus schwerwuchtendes Talent mit dem Auge des Epikers, welches namentlich noch durch Studien geschult ist und so dem höchsten epischen Gesetz, der Anschaulichkeit, gerecht wird, eine ausnehmende Sprachgewandtheit, welche der Sprache meist mit Glück durch Adoption alterthümlicher Wendungen das Gesetz dictirt, und die ernste und nachhaltige Begeisterung für den national-dichterischen Urstoff vereinigen sich bei Jordan, um ein Werk zu schaffen, das hin und wieder wie in epischen Runen geschrieben ist und wie auf dichterischem Granit zu ruhen scheint. Freilich, das Gigantische der alten Sagenwelt führt uns hier und dort in einen Wirrwarr von Götter- und Heldenerscheinungen, welchem die lösende Deutung fehlt; wir werden von Ungeheuerlichkeiten umschwirrt, welche das Große oft in das Groteske übergehen lassen und das gerechte Unbehagen hervorrufen, daß wir für unser Fühlen und Denken gar keine Anhaltspunkte finden, und daß an unsere Phantasie jene Ansprüche gemacht werden, wie sie die Uebertreibung des Märchens macht, die alle Gestalten in's Maßlose dehnt. Die naive Hyperbel, nicht als dichterisches Bild, sondern als epische Thatsache, ist der Grundton der nordischen Göttersage, und Jordan's Phantasie macht von diesen Hyperbeln einen verschwenderischen Gebrauch. Daneben findet sich aber vieles von echt menschlicher Größe, von Tiefe der Empfindung, von Energie der Leidenschaft, was nicht blos auf unsere Phantasie anregend, sondern auch auf unser Gemüth sympathisch wirkt.

Jordan ist kein Verehrer unsers alten Nibelungenliedes, wie es in letzter endgültiger Redaction feststeht. Dies erscheint ihm als eine Abschwächung, ja Fälschung altgermanischen Wesens durch den ritterlichen Minnegesang, dem bereits das Verständniß desselben abhanden gekommen war. Darum lehnt sich Jordan weniger an das deutsche Nibelungenepos als an die Edda und die nordische Volsungasage an. Eine der schönsten Partieen des Jordan'schen Gedichts, die erste Begegnung Siegfried's mit Brunhild, sein Ritt

durch das Feuer zu der Schiloburg, in welcher ein geharnischter
Ritter schläft, das Aufschneiden des Panzers mit dem Schwert
und das Erkennen der Walkyrie Brunhild, ist eine Nachdichtung
der Wolkungasage. Auch Siegfried's mythische Vorgeschichte, der
Verrath in der Badescene, Brunhild's Ende, die sich mit Siegfried
verbrennen läßt: das sind alles Motive, welche dieser nordischen
Sage entlehnt sind. Brunhild erscheint hier durchweg bedeutender
und großartiger als in dem Nibelungenepos, und so ist es auch
in der Jordan'schen Dichtung. Auch aus den Berichten der jün=
gern Edda, der Niflungasage, hat Jordan manches mit in seine
Dichtung hereingenommen.

Der zweite Theil der Dichtung: „Hildebrant's Heimkehr" ist eine
Verschmelzung der „Wolkungasage," der „Nibelunge Noth" und des
„Hildebrantliedes." In dem Mittelpunkt der Dichtung steht Hildebrant,
der Waffenmeister Dietrich's von Bern. Die Katastrophe in der
Königsburg Attila's, der Untergang der Burgunden durch Brun=
hild's Rache, der zweite Theil der „Nibelungen" wird hier erzählt,
theils von Hildebrant selbst, theils von dem Sänger Harand,
ähnlich wie Aeneas der Dido die Zerstörung Troja's erzählt. Aus
dieser Darstellung tritt bereits Hildebrant's Heldenfigur bedeutsam
hervor. Im Uebrigen erscheint er in unserem Gedicht als der
bühnenhafte Pädagog, der ein übermüthiges Geschlecht zur Demuth
erzieht. Der Schwanhild, der Tochter Brunhild's, dem König
Jormunrek, seinem Sohne Ramwer und dem heimtückischen Diener
Bicki, welche in der Nordlandsscenerie der Jordan'schen Dichtung
im dritten bis zwölften Gesang eine Rolle spielen, begegnen wir
auch in der „Volsungasage," die bekanntlich eine Prosabearbeitung
von Liedern der älteren Edda ist; doch hat Jordan nur wenige
Motive benützt, im übrigen die barbarische Sage gänzlich umge=
dichtet, ähnlich etwa wie in Goethe's „Iphigenie" der alte tragische
Stoff mit seiner Blutatmosphäre humanisirt ist. Das Wilde ist
menschlich geadelt, grause Thaten sind zu humaner Versöhnung
umgedichtet; ja der alte Waffenmeister Hildebrant selbst erscheint
wie einer jener Menschheitspriester aus der „Zauberflöte," der

gefallene Menschen durch Liebe zur Pflicht zurückführt. Der Hildebrant Jordan's hat etwas vom Illuminaten; der alte Recke ist tätowirt mit den magischen Zeichen der Menschenbekehrung und Welterlösung. Diesen Stoffquellen verdankt die Dichtung ihre Eigenthümlichkeit, die Spiegelung des altheidnischen germanischen Urgeistes. Daß dieser Geist nicht der fortgeschrittenen Menschheit als ein öder und todter erscheine, dagegen wehrt sich die Jordan'sche Dichtung nicht blos durch die Energie und Größe ihrer Gestalten, nicht blos durch die, wir möchten sagen, naturgewaltige Darstellung, welche namentlich in den episch ausgeführten Gleichnissen von treuester Beobachtung des Naturlebens Zeugniß auflegt, sondern auch durch ihren geistigen Grundzug, die Verschmelzung des altgermanischen und neuphilosophischen Heidenthums auf Grundlage einer großartigen Naturanschauung. Man mag über die Verkittung der alten Sagen, über die einzelnen neuen Erfindungen, welche der Dichter in sie hineinwebt, denken wie man will: der geistig bedeutsame Kern der Dichtung liegt in dieser gewaltigen Naturpoesie, welche aus dem Urquell des alten Mythus herausströmt und sich dann gleichsam in dem Strombette der neuen Dichtung bewegt. Selbst der altheidnische Trotz, der sich gegen die christliche Bekehrung als einen fluchwürdigen Verrath sträubt, findet in der Dichtung an mehreren Stellen eine plastisch greifbare Gestalt.

Wie jedes Epos, versanden auch die Jordan'schen „Nibelungen" hier und dort; die Ausführung der Aeußerlichkeiten bis an das technische Detail bei Rüstungen, Kämpfen, Bauten wirkt oft ermüdend. Nirgends überschreitet zwar der Dichter den Standpunkt der alterthümlichen Cultur, aber das Interesse des Alterthumsforschers, der sich durch solche Treue besonders befriedigt fühlen mag, ist doch verschieden von der Theilnahme des Lesers und Hörers, der von einer Dichtung nur fesselnde Züge erwartet, nicht den wohlgeordneten Bericht über gleichgültige Cultureinrichtungen, welche der Fortschritt der Zeiten längst dem Kindesalter der Menschheit überwiesen hat.

An Schilderungen von höchster Anschaulichkeit und zugleich von dichterischer Schönheit sind Jordan's „Nibelungen" sehr reich. Namentlich haben die letzten Gesänge des ersten Liedes Stellen von Homerischer Naivetät, wie Siegfried's letzter Ritt und sein Abschied von dem schwächlichen Söhnchen der Brunhild, und dann wieder Gemälde von imponirender Seelengröße, wie die letzte Begegnung der beiden Königinnen und Brunhild's Tod. Im zweiten Liede gehören die Belagerung Drontheims und die Errettung des Königssohnes, der Kampf Hildebrant's und Hadubrand's, zu den gelungensten Theilen der Dichtung, während die eingeschobene divina comedia in der Vermischung des Uralten und Modernsten nicht immer glücklich und durchsichtig ist.

Wie er dem Geiste der altheidnischen Dichtungen lauscht, so richtet sich Jordan auch nicht nach der Form des Nibelungenliedes, sondern nach derjenigen des Hildebrantliedes und des Beowulf, die ihm als urkräftige Muster germanischer Dichtung vorschweben. Er wählt nicht die Strophe, sondern den freien altdeutschen Vers mit Hebungen und Senkungen. Dieser Vers verstößt dort gegen unser rhythmisches Gefühl, wo eine zu große Zahl schwächer betonter Silben in die Senkung gestellt ist, wo die „Mahlfüllung," wie dies in der altsächsischen und nordischen Dichtung heißt, allzu reichlich ausgefallen ist. Es ist dasselbe wie bei den Klopstock'schen und Platen'schen Pyrrhichien; eine Häufung von Kürzen verträgt die deutsche Sprache nicht; sie wirft alsbald den Ton auf die mittlere von dreien; wir erhalten dadurch, wenn wir nicht den Sprachgenius gewaltsam unterdrücken wollen, eine neue Hebung, und damit wird das ganze Schema des Verses verwirrt. Auch in Jordan's „Nibelungen" finden sich einzelne Versungeheuer, die statt vier Hebungen deren sechs oder acht haben. Was die Alliteration betrifft, so mag man sie bei einer derartigen Dichtung als alterthümliche Form gelten lassen; sie hat etwas von jener Schlichtheit und Simplicität, wie sie der Stoff und die ganze Darstellung verlangen; sie ist gleichsam ein aufgeblättertes Knospenblättchen vor der vollen Blüthe des Reims. Doch der

Reim erst ist die volle Beseelung deutscher Dichtung, und wenn der Stabreim mit dem Anspruch aufträte, eine Wiedergeburt derselben anbahnen zu wollen und allgemeine Geltung verlangte, so würde man ihn in seine Schranken zurückweisen müssen als ein charakteristisches Formzeichen für altgermanische Neudichtungen.

Wie indeß der Dichter diese zum Theil befremdlichen und veralteten Dichtformen zu beherrschen weiß und mit ihnen eine große und glänzende Totalwirkung hervorbringt, ohne ihre Eigenthümlichkeit abzustreifen, das beweist z. B. das Nornenlied, das in seiner machtvollen Erhabenheit von tiefergreifender Wirkung ist.

Es sei dem Verfasser dieses Werkes erlaubt, noch mit wenigen Worten seiner eigenen Betheiligung an den epischen Anläufen der jüngsten Epoche zu gedenken. Zur Zeit als die Herwegh'sche Lyrik in Blüthe stand, trat er zuerst als achtzehnjähriger Student mit politischen Gedichten auf, in denen die Forderungen des damaligen ostpreußischen Liberalismus poetisch formulirt waren. Außerdem hat er im Jahre 1858 „neue Gedichte" herausgegeben, in denen er für die mit Unrecht vernachläßigte lyrische Gattung der „Ode" in gereimten antiken Strophen eine neue Form zu schaffen suchte. Studien epischen Styls sind dagegen seine beiden größeren Dichtungen: „die Göttin" (1852) und „Carlo Zeno" (1853). Die erstere ist ein etwas bunter Blüthenstrauß philosophischer Reflexionen und dichterischer Schilderungen und bedarf einer Ueberarbeitung, um den Grundgedanken klarer hervortreten zu lassen; in der zweiten dürfte der Verfasser in Bezug auf epische Strenge der Darstellung in einzelnen Abschnitten glücklicher gewesen sein. Sein Lotosblumenkranz: „Maja" (1864) entfaltet ein Bild des indischen Natur- und Geisteslebens in poetischen Erzählungen, die von einer Rahmenerzählung eingefaßt sind.

Auch die Satyre, deren Existenz bisher eine mehr sporadische gewesen, nahm in der letzten Zeit einen epischen Anlauf. Am Anfange dieses Jahrhunderts hatte der Charakteristiker Goethe's, **Johannes Daniel Falk** aus Danzig (1770—1826) in mehrfachen satyrischen Veröffentlichungen, besonders in dem Taschenbuche: „Grotesken, Satyren und Naivetäten" (1806), „Oceaniden" (1812) und anderen zerstreuten Ephemeren, die später in den „satyrischen Werken" (3 Bde. 1826) gesammelt wurden, einen prägnanten und selbstständigen Geist bekundet, der oft rebellisch gegen die classischen Autoritäten des Ilm=Athens auftrat, stets aber vom Geiste der Humanität, der alle unsere großen Autoren beherrschte, durchdrungen war, indem der Satyriker ihn auch in seinem praktischen Leben und Wirken bewährte. Später, nach Jean Paul's Vorgange, verschlang der Humor die Satyre; die Romantiker, auch Börne und Heine, waren mehr Humoristen, als Satyriker. Auch Drama und Roman, antikclassischer Haltung immer mehr entfremdet, absorbirten die Satyre, die überall als mephistophelisches Element, als durchgängige Schärfe des modernen Geistes zum Vorscheine kam. So wurde die selbstständige Satyre als gesonderte poetische Gattung immer seltener; aber auch die moderne Tendenzlyrik, besonders die politische, bedurfte zu ihrer Polemik der schärfsten satyrischen Waffen. Herwegh, Dingelstedt, Prutz, Sallet, Hartmann, Hoffmann von Fallersleben haben ihre satyrische Lanze oft genug eingelegt und manche Don-Quixoterie damit aus dem Sattel gehoben. In einer so hastigen Zeit, wie die unsrige, mußte sich die Satyre aus der behaglichen Breite der Darstellung, an die sie von früher gewöhnt war, in das kurze, leichtgeflügelte Epigramm flüchten. Dr. Mises (Professor Fechner in Leipzig), nicht ohne Witz, aber geschraubt und barock, Oswald Marbach, sinnig und geschmackvoll in den „Gnomen," vielseitig gebildeter Kritiker, Dichter und Uebersetzer, Alexander Jung in den „Elixiren gegen die Flauheit der Zeit" (1846), Heinrich Hoffmann, Winterling, Sanders, Pichler und Andere eröffneten ein epigrammatisches Kreuzfeuer von den verschiedensten Seiten her gegen die Schwächen der Zeit. Doch während diese Autoren das satyrische Pulver in Tirailleurgefechten verschossen, baute Adolf Glaßbrenner aus Berlin (geb. 1810), ein vortrefflicher Volksschriftsteller, größere epische Minengänge für die Explosionen seiner satyrischen Munition in seinem „Neuen Reinecke Fuchs" (1844). Dieser „Reinecke Fuchs" ist das unerschöpfliche Oelkrüglein der deutschen Thierfabel, eine Concentration der aesopischen, mehr epigrammatischen Fabeldichtung zum allegorischen Epos, in welchem unter der Thiermaske die Menschenwelt dargestellt wird. Dies ist nicht nur für die humoristische Arabesken- und Groteskenmalerei, sondern auch für die Satyre ein willkommener Stoff. Der alte „Reinecke Fuchs" und auch die Goethe'sche Bearbeitung ließen immer noch eine neue Auffassung zu, da gerade das jüngste Jahrzehnt für die politische Satyre neue geistige Gesichtspunkte darbot. Glaßbrenner beschrieb das Fell des Reinecke redivivus mit allen möglichen satyrischen Hieroglyphen, zu deren Lösung die Zeitgeschichte den Schlüssel hergab. Das Gedicht ist ebenso reich an schlagendem Witze, wie an einer burlesken Naivetät, und einzelne Stellen athmen einen echt poetischen Duft. Dennoch ist die dichterische Form bei aller populären Haltung nicht rein und adelig genug. Auch fehlt es an dichterischer Erfindung, an dramatischer Action, an jenen faits accomplis der Thierwelt, die sich dem Gedächtnisse des Volkes einprägen. Dennoch war es eine verdienstliche That des begabten Autors, die zerfahrene Satyre zu einer Schöpfung von künstlerischer Ganzheit zu condensiren.

Ueberhaupt zeigt sich neuerdings das Streben nach einer Wiedergeburt des komischen Epos, dem wir in der neuen Auflage unserer „Poetik" eine besonders eingehende Behandlung widmeten. Ernst Eckstein, der auch als Novellist ein pikantes Erzählungstalent beweist, hat mehrere in humoristischen Sprüngen wie in lyrischen Ergüssen gleich gewandte und bewegliche Dichtungen verfaßt: „Schach der Königin" (1870), die grotesken, kühn koncipirten „Gespenster von Varzin" (1871), der „Stumme von Sevilla" (1871), im Ton der opera buffa mit hereinspielender Romantik im Styl der italienischen Epen und „Venus Urania" (1872). Außerdem haben namhafte Dichter wie Friedrich von Schack in seinem Roman in Versen: „Durch alle Wetter"

(1871), ferner Albert Roffhack in „Die Leiden der jungen Lina" (1866), Adolf Böttger in seinem Fragment „Eulenspiegel," der Herausgeber in seinem „König Pharao" (1873) u. a. derartige, zum Theil umfangreiche Versuche gemacht, in denen mancher glänzende humoristische Exkurs, ja manche rühmenswerthe dichterische Schönheit uns entgegentritt, doch ist fast in allen Mangel an Situationen, denen die eigentliche vis comica innewohnt. Die Contouren der Handlung und auch der Charaktere erschienen hier und dort zerflossen oder das Alltägliche nicht genug durchgeistigt durch den Esprit. Wir meinen, daß der Ton der zersetzenden Byron'schen Ironie und Satyre mit der weitschweifigen Geschwätzigkeit, welche den geringen Kern einer oft zufälligen Handlung endlos umspinnt, weniger für die Erneuerung des komischen Epos geeignet wäre, als die mehr objective Komik der Epen von Pope und Zachariae mit ihrer humoristisch-phantastischen Nipptischmythologie. Mehr in diese Bahnen lenkt das kleine Epos von Hans Hopfen ein: „Der Pinsel Mings, eine chinesische Geschichte" (1868), welches, sich an eine Ballade von Ellissen anlehnend, in köstlichen Humoresken und zopfigen Arabesken, in ottave rime, welche wie chinesische Pagoden klingeln, den Ruhm des Tages und der Modeschriftsteller verspottet. Ein erfolgloser und langweiliger Poet aus dem Reich der Mitte flüchtet in die Einsamkeit und bringt durch die Vorlesung eines Trauerspiels ein Krokodil zum Gähnen; da erscheint aus dem Rachen desselben ein Geist, den ein feindseliger Hexenmeister in einen hohlen Zahn gebannt hatte. Dieser Geist giebt dem Dichter den Pinsel Ming's, der ihn zum Genie und zum Sänger der Mode macht — nach einer vorbestimmten Frist fordert er den Pinsel zurück und tröstet den verzweifelten Dichter damit, daß er jetzt den Pinsel nicht mehr brauche; jetzt könne er mit dem nächsten besten Besen seine Gedichte schreiben, so dumm wie er wolle, jetzt habe er einen Namen und bleibe der Classiker der Mode! Ganz volksthümlich in ihrer Komik ist die Dichtung: „die Eselsjagd" von Friedrich Hoffmann

(1872), dem Poeten der „Gartenlaube," der mit burschenschaftlicher Biederkeit und menschenfreundlichen Tendenzen ein sprudelndes Improvisationstalent vereinigt.

Ein humoristischer Dichter, der vorzugsweise und mit Glück die Parodie pflegt, ist Ludwig Eichrodt, dessen „Gedichte in allerlei Humoren" (1853), „Lyrischer Kehraus" (1869), „Lyrische Caritaturen" (1869), vortreffliche besonders literarische Parodieen enthalten. „Das Lied des Divansky" persiflirt in glänzender Weise die westöstliche Lyrik, das Gedicht „Aus dem neuen Völkerfrühling" den Lingg'schen Styl, der „Nachschiller" die hochtrabenden Schillerianer. Ebenso trefflich ist die „Matthissonate" und die große Literaturballade des Dichters Bindermarino. Als Mitarbeiter an den „Fliegenden Blättern" hat Eichrodt den volksthümlichen Ton oft sehr glücklich getroffen, wie z. B. in dem bekannten Wanderlied:

„Nach Italien, nach Italien
Möcht' ich, Alter, jetzt einmaligen."

Die epischen Anläufe, die wir hier charakterisirten, und in denen sich der Drang nach fester Gestaltung, der die Zeit beseelt, auf's deutlichste ausspricht, werden uns ohne Frage früher oder später zum modernen nationalen Epos führen, welches bereits der Seele eines Schiller in dämmernden Umrissen vorschwebte. Die Lyrik der letzten Jahrzehnte aber, welche in zahlreichen Anthologieen eine populaire Verbreitung gewonnen, überflügelt in der That die Lyrik des achtzehnten Jahrhunderts, sowohl was die Ausbreitung und Tiefe des Gehaltes, als auch was den Reichthum an originellen Talenten, den Glanz und die Fülle der Formen betrifft. Es geziemt der Literaturgeschichte, Act zu nehmen von der Begeisterung, mit welcher das deutsche Volk die meisten seiner neuen Lyriker begrüßt, von der nachhaltigen Wärme, mit der es Andere an's Herz geschlossen hat und diesen Talenten schon jetzt den verdienten Lorbeerkranz zu spenden.

Fünftes Hauptstück.
Das moderne Drama.

—◦◦—

Erster Abschnitt.
Einleitung. Das originelle Kraftdrama:
Christian Grabbe. — Friedrich Hebbel.

Wie die moderne Lyrik, hat auch das moderne Drama zahlreiche beachtenswerthe Leistungen zu Tage gefördert, obwohl die nationale Bedeutung Schiller's von keinem jüngeren Dramatiker wieder erreicht worden, und auch die Versöhnung des höheren Dramas mit der praktischen Bühne nicht in der durchgreifenden Weise gelungen ist, in welcher sie angestrebt wurde. Dennoch bezeichnet schon dies Streben, gegenüber der romantischen Schule, welche für eine ideale Bühne zu dichten vorgab, in Wahrheit aber nicht blos die theatralischen, sondern auch die dramatischen Anforderungen vornehm ignorirte, einen bedeutenden Fortschritt; und es ist nicht die Schuld der Dichter, sondern äußerlicher Convenienzen und Inconvenienzen, zu denen wir besonders politische Rücksichten und Beschränkungen bei den Hofbühnen, die mangelhafte Leitung vieler städtischer Theater und ihren mühsamen Kampf um die Existenz, den Verfall der darstellenden Kunst rechnen, wenn der erste Anlauf, das Theater einer höheren und zeitgemäßen Poesie wieder zu erobern, in allerjüngster Zeit wieder erlahmt zu sein scheint oder wenigstens nicht ganz die erwarteten Früchte getragen hat. Dennoch darf man nicht vergessen, daß auch Schiller's und Goethe's Dramen niemals eine ausschließliche Herrschaft über die Bretter ausgeübt haben, und daß die Klagen über den schlechten Geschmack und die unverfeinerte Schaulust des großen Publikums selbst im Munde unserer dramatischen Heroen oft genug ertönten. Man darf nicht vergessen, daß sich einzelne Werke der neueren höheren Dramatik neben den Stücken des täglichen Bühnenbedarfes dauernd auf dem Repertoire erhalten haben, und daß durch diese Thatsache eine moderne volksthümliche Classicität constatirt ist. Es wäre ein Irrthum, zu glauben, daß die Werke Goethe's öfter über die Bühne gegangen seien, als heutzutage etwa die Werke Hebbel's, der doch keineswegs zu den Autoren gehört, welche das deutsche Repertoire beherrschen. Keineswegs hängt die Blüthe des nationalen Drama's nur von der Wahl nationaler Stoffe ab, welche der deutschen Muse schon manche Täuschung bereitet haben.

Für die Betrachtung des modernen Dramas bietet sich eine verschiedene Auffassungsgabe dar. Man kann zunächst mit historischer Genauigkeit verfahren und nach den Wahrzeichen der Decennien einzelne Epochen abmarken. So beherrschten die schon erwähnten Schicksalstragödieen das Decennium von 1820—1830; dann ergriff Raupach das Ruder des deutschen Bühnenschiffes und führte es in seiner Glanzperiode von 1830—1840, in einer Zeit, in welcher das dramatische Talent eines Grabbe, dem Bühnenpublikum unbekannt, in der Literatur hohe Geltung gewann. Es war die Epoche, in welcher der Gegensatz zwischen Bühnendramatik und Literaturdramatik auf's schroffste hervortrat, ein Gegensatz, der stets den Verfall des nationalen Theaters zur Folge haben muß. Diese Einsicht bestimmte die begabtesten Führer des jungen Deutschlands, vor allen Karl Gutzkow, der hierin die Bahn brach, durch ihre eigenen Productionen jenen Zwiespalt zu beseitigen, und so bezeichnet das Decennium von 1810 1850 und die darauf folgenden Jahre eine Epoche neuer und verhängnißvoller Anläufe, in welcher der moderne Gedanke und die theatralische Technik sich verbrüderten. Die historische Tragödie gewann eine modern-politische Färbung, das bürgerliche Drama einen socialen Inhalt. Selbst die Jünger der Grabbe'schen Richtung, Friedrich Hebbel u. A., suchten für ihre abnormen dramatischen Gestaltungen die Bretter zu gewinnen. Eine Behandlung des modernen Dramas nach diesen chronologischen Daten würde also manche nicht unbedeutende Gesichtspunkte darbieten; doch genügt es für unseren Zweck, ihre allgemeinen Umrisse hier angedeutet zu haben. Nach unserer Ansicht darf das Historische, so große Berücksichtigung es bei der Jahrhunderte umfassenden Bildungs- und Literaturgeschichte eines Volkes verdient, in der Literatur von hundert Jahren nicht überwiegend in den Vordergrund treten. Für die Nachwelt schwindet ein solcher Zeitraum vielleicht zum Bruchstücke einer einzigen größeren Epoche zusammen — was würde es nützen, noch zahlreiche kleine Einschnitte anzubringen, durch welche man ein selbstständiges Bild der einzelnen Dichter zertrennen würde? Eine zweite Behandlungsweise des „modernen Drama" würde die einzelnen Gattungen, das „bürgerliche Drama," die „historische Tragödie" u. s. f. sorgfältig sondern; aber auch hier würde man sich oft genöthigt sehen, den Entwickelungsgang der Autoren zu zerreißen, und überdies scheinen uns die Unterscheidungen nach der Wahl des Stoffes nicht von durchgreifender Wichtigkeit. Wir haben daher einen anderen Weg eingeschlagen und die dramatische Behandlungsweise zum entscheidenden Kriterium angenommen. In der That lassen sich zwei große Richtungen der deutschen Dramatik unterscheiden, welche eine dritte zu verschmelzen strebt. Die Eine schließt sich an Shakespeare, an die dramatischen Erstlingswerke von Schiller und Goethe, an Lenz und Klinger, an Zacharias Werner, Heinrich von Kleist und Immermann an. Sie ist mehr realistisch, liebt die kräftige und markige Gestaltung, die scharfe Betonung des individuell Charakteristischen, das rasche dramatische Leben, die blitzartige Darstellung der Leidenschaft, die großen Züge, im Ausdrucke die kühne, oft extravagante Bildlichkeit, das Paradoxe und Bizarre, das oft auch die Empfindung

durchdringt. Dabei nimmt sie auf die praktische Bühne nur wenig
Rücksicht und zwingt sie, sich nach ihren genialen Skizzen zu richten.
Wir nennen diese dramatische Richtung das originelle Kraft=
drama, dessen Hauptrepräsentanten Grabbe und Hebbel sind.

Die zweite Richtung lehnt sich an die späteren Werke Schiller's
an, in denen mehr das idealistische Gepräge, der antike Styl, das
allgemein gehaltene Pathos vorherrschend sind. Die Lyrik, welche
von den Autoren der ersten Gruppe fast gänzlich als undramatisch
beseitigt wurde, beginnt hier in sauber skandirten Versen, langen
Monologen und poetischen Glanzstellen eine große Rolle zu spielen.
Dagegen tritt eine gewisse Gleichmäßigkeit der fünfjambigen Diction
ein, welche allen diesen Dichtungen auch ein gleiches geistiges Niveau
giebt und selbst bedeutendere Talente zu verflachen droht. Das
Charakteristische muß vielfach dem Lyrischen und Rhetorischen das
Feld räumen. Diese zweite Richtung nennen wir die declama=
torische Jambentragödie und rechnen dazu, außer Körner,
Müllner, Grillparzer und Houwald, besonders Raupach, Auffenberg
und Halm.

Wenn schon in der Entwickelung unserer größten Dichter beide
Richtungen in einander spielen und auch in unseren Autorengrup=
pen nicht überall mit gleicher Reinheit ausgeprägt sind, so waren
es doch vorzüglich Schriftsteller der jungdeutschen Schule, welche
eine Verschmelzung von beiden, und zwar unter dem Zeichen der
modernen Tendenz und mit dem Streben, die wirkliche Bühne für
ihre Dramen zu erobern, versucht haben. Hier verdienen besonders
Gutzkow, Laube, Freytag, Brachvogel Erwähnung. Diesem moder=
nen Tendenz= und Bühnendrama des höheren Styles ging
natürlich die Production für den alltäglichen Bühnenbedarf zur
Seite, als deren Hauptvertreterin Frau Birch=Pfeiffer zu nennen
ist, während das Conservationslustspiel sich fortwährend in Kotzebue=
schen und Iffland'schen Geleisen bewegte, und nur die Posse nach
verschiedenen Seiten hin neuerungssüchtig experimentirte.

Bis etwa gegen das Jahr 1830 hin überwog in der deutschen
Literatur die von Theodor Körner und den meisten Schicksalstra=

göden gepflegte Schiller'sche Richtung des Drama's, während nur
Zacharias Werner und Heinrich von Kleist eine mehr realistische
Gestaltungsgabe und Vorliebe für die kecken Shakespeare'schen
Züge der Charakteristik an den Tag legten. Die übrigen roman=
tischen Autoren waren in ihren dramatischen Dichtungen zu ohn=
mächtig und unselbstständig, um der Shakespeare'schen Richtung
Bahn zu brechen. Wer kümmerte sich um die altfränkischen Gobelins
von Arnim und Fouqué und selbst um die barocken Tragödieen und
Komödieeen von Ludwig Tieck? Ebenso isolirt stand der bekannte Bam=
berger Publicist **Friedrich Gottlob Wetzel** (1780—1819), der
Redacteur des „Fränkischen Merkurs," einer in verhängnißvollen Jahren
bedeutenden Zeitung, welcher in seiner Tragödie „**Jeanne d'Arc**"
(1817) die Rivalität mit Schiller nicht scheute und gegenüber dem
lyrischen Pathos der Schiller'schen Tragödie, ihren weichen Linien
und der romantischen Verklärung, in welche sie die geschichtlichen
Thatsachen auflöste, eine mehr an Shakespeare erinnernde Herbheit
der Auffassung, der Charakteristik und Sprache an den Tag legte.
Dasselbe gilt von seinem „**Hermannfried, letzter König
von Thüringen**," einem Trauerspiele, welches reich ist an origi=
nell=kräftigen, aber auch befremdlichen Scenen und Wendungen.
Das Talent Wetzel's, das sich auch in Gedichten und humoristischen
Schriften aussprach und von einem ehrenwerthen und patriotischen
Charakter getragen wurde, konnte im Kampfe mit ungünstigen
Lebensverhältnissen nicht zur Geltung kommen.

Einem gleichen Kampfe erlag etwa ein Decennium später das
bedeutendere Talent **Christian Dietrich Grabbe's** aus Det=
mold (1801—1836)[1]), des eigentlichen Schöpfers einer modernen
dramatischen Kraftproduction, welche mit den Traditionen des regel=
rechten Bühnendramas in offenbaren und bewußten Gegensatz trat.
Grabbe's Leben, von **Eduard Duller**, neuerdings von **Karl**

---

[1]) **Christian Dietrich Grabbe's** sämmtliche Werke. Erste Ge=
sammtausgabe. Herausgegeben und eingeleitet von **Rudolf Gottschall**
(2 Bde. 1870).

Ziegler (1855) beschrieben, bietet wenig Erfreuliches dar. Sohn des Detmolder Zuchtmeisters, im Zuchthause geboren, konnte er die unheimlichen Eindrücke seiner ersten Kindheit niemals ganz verwinden. Grabbe studirte in Leipzig und Berlin, wo bereits der Pariser Aristophanes, Heine, zu seinem näheren Umgange gehörte. In Dresden verkehrte er mit Ludwig Tieck, dem er früher seine Erstlingstragödie: „Herzog Theodor von Gothland" zugesendet, und der sich in seiner Beurtheilung anerkennend über das Talent des jungen Poeten ausgesprochen hatte. Später wurde Grabbe Regimentsauditeur in Detmold, eine Stellung, die ganz auszufüllen ihm weder seine Neigungen, noch sein körperliches Befinden erlaubten. Auch seine Ehe mit der Tochter seines früheren Mäcens, des Archivrathes Clostermeier, war nicht glücklich. Grabbe glaubte plötzlich zum Soldaten geboren zu sein, nachdem er schon früher einmal zum Schauspielerstande eine schwer zu überwindende Neigung empfunden. Die gelungenen Schlachtenbilder und Kriegsgemälde in seinen Dramen, die militairische Bravour seiner Diction ließen ihn plötzlich an seine eigene soldatische Bestimmung glauben. Er reichte ein Gesuch um eine Hauptmannsstelle ein, das abschlägig beschieden wurde. Seine Entlassung als Auditeur war die Folge einiger Dienst=Vernachlässigungen und einiger, übereilt ausgesprochener Herzenswünsche. Er begab sich nun ohne seine Frau nach Frankfurt und Düsseldorf, wohin ihn Immermann eingeladen hatte, obwohl dieser ihn nicht anders als mit Rollenausschreiben zu beschäftigen wußte. Mit Recht trifft Immermann der Vorwurf, auf seiner Musterbühne kein Stück von Grabbe zur Aufführung gebracht zu haben, während er die ebenso wenig bühnengerechten und bei weitem unersprießlicheren Komödieen von Tieck in Scene gehen ließ. Grabbe's Leben wurde immer einsamer und verlorener. Stumm saß er mit seinem einzigen Freunde Burgmüller im Wirthshause Stundenlang und gab nur seinen melancholischen Gedanken Gehör, die er hin und wieder durch barocke oder cynische Einfälle unterbrach. Er war ganz zum Timon geworden; ein unbesiegbares Mißtrauen, durch die unbegründetsten und fixen Ideen genährt, zehrte an seiner Seele, während seine erlöschende Lebensflamme nur noch durch gewaltsame Mittel angefacht werden konnte. Das Vorgefühl des nahen Todes erweckte in ihm die Sehnsucht nach der Heimath und der Gattin und trieb ihn nach Detmold zurück, wo er 1836 starb. Die Biographie Grabbe's mag zu mancherlei Betrachtungen stimmen; doch dürften diejenigen am wenigsten am Platze sein, welche die junge Literatur des Weltschmerzes an sie knüpfte, und denen Freiligrath in seinem Gedichte: „Bei Grabbe's Tode" den beredtesten Ausdruck gab:

„Der Dichtung Flamm' ist allezeit ein Fluch!"
und:
„Durch die Mitwelt geht
Einsam mit flammender Stirne der Poet;
Das Mal der Dichtung ist ein Kainsstempel!"

Es ist mehr traurig, als tragisch, wenn bedeutend angelegte Naturen durch Ungunst der Verhältnisse oder durch eigene Schuld zu Grunde gehen; doch bleibt es eine Verirrung, der Kunst das verfehlte Leben einzelner Jünger aufbürden zu wollen, welche nicht zu ihrer Harmonie durchzudringen vermochten, und die Gunst der Musen, die höchste und freudenreichste Mitgift strebender Geister, die jeden ungetrübten Sinn zum wärmsten Danke beseligt, als eine Quelle des Fluches und der Leiden zu verurtheilen. Daß eine Epoche vorüber ist, in welcher solche Ideeenassociationen an der Tagesordnung war, dazu kann die jetzige Generation sich Glück wünschen.

Grabbe wird von vielen Seiten für einen der eifrigsten Shakespearomanen gehalten. Man vergißt dabei, daß er sich selbst auf's eifrigste gegen die Nachbeterei Shakespeare's erklärt und die Fehler dieses großen Dichters auf's schlagendste und ohne den lächerlichen Autoritätsglauben Ludwig Tieck's und der anderen Vergötterer des Britten dargelegt hat. In dem interessanten Aufsatze über die Shakespearomanie (Dram. Dichtungen, 1827, 2. Bde.) kritisirt er nicht nur Shakespeare auf's schärfste, sondern er spricht auch die Einsicht in das, was dem deutschen Drama Noth thut, in einer noch heute mustergültigen Weise aus. Seltsam kontrastirt dies klare künstlerische Bewußtsein Grabbe's indeß mit jenen Fehlern, die er zwar bei Shakespeare rügt, aber selbst mit ihm gemein hat. Dazu rechnen wir „das Streben nach Bizarrem," sein „Schweben in Extremen," „die hinkende Prosa seiner Verse." Vortrefflich und auch für Grabbe bezeichnet ist, was er über Shakespeare's geschichtliche Stücke sagt: „Daß Shakespeare's componirendes Talent ausgezeichnet ist, leugnet niemand; daß es aber besser sein soll, als das vieler anderen Schriftsteller, leugne ich offen. Vor allem rühmt man dieserhalb seine historischen Stücke. Es ist wahr, daß alle seine Vorzüge in ihnen strahlen, und daß da, wo er eigenthümlich ist, kaum Goethe (z. B. im „Egmont"), noch weniger Schiller mit ihm wetteifern kann. Aber vom Poeten verlange ich, sobald er Historie dramatisch darstellt, auch eine **dramatische, concentrische und dabei die Idee der Geschichte wiedergebende Behandlung.** Hiernach strebte Schiller, und der gesunde, deutsche Sinn leitete ihn; keines seiner historischen Schauspiele ist ohne dramatischen Mittelpunkt und ohne eine concentrische Idee. Sei nun Shakespeare objectiver als Schiller, so sind doch seine historischen Dramen (und fast nur die aus der englischen Geschichte genommenen, denn die übrigen stehen noch niedriger) weiter nichts, als **poetisch verzierte Chroniken.** Kein Mittelpunkt, kein poetisches Endziel läßt sich in der Mehrzahl derselben erkennen." Nachdem Grabbe noch unseren Genies gerathen hat, bei dem Trauerspiele eher an die Griechen, als an den Shakespeare zu denken, spricht er aus, was das deutsche Volk, oder vielmehr er selbst vom Drama verlangt: „Gerade Shakespeare wimmelt von englischen Eigenheiten und Nationalvorurtheilen; gerade das, was bei ihm fast überall fehlt, ist das, wonach das deutsche Volk sich am meisten sehnt. Das deutsche Volk will **möglichste Einfachheit und Klarheit in Wort, Form und Handlung;** es will in der Tragödie eine ungestörte Begeisterung fühlen, es will treue und tiefe Empfindung finden, es will **ein nationelles und zugleich echt dramatisches histo-**

risches Schauspiel, es will auf der Bühne das Ideal erblicken, das sich im Leben überall nur ahnen läßt, es will keine englische, es will deutsche Charaktere, es will eine kräftige Sprache und einen guten Versbau, und in der Komik verlangt es nicht sonderbare Wendungen oder Witze, welche außer der Form des Ausdruckes nichts Witziges an sich haben, sondern es verlangt gesunden Menschenverstand, jedesmal blitzartig einschlagenden Witz, poetische und moralische Kraft." Diese hohen Ziele, die zum großen Theile für das moderne Drama in der That maßgebend sind, hatte sich Grabbe mit festem Bewußtsein selbst gesteckt, obschon es ihm nicht vergönnt war, sie zu erreichen.

In jener ersten Epoche seiner Production, in welche dieser Aufsatz fällt, war Grabbe indeß näher daran, als in seiner letzten, in welcher er ganz und gar der Sucht nach Bizarrem anheimfiel und das Dramatische in epigrammatische Pointen verzettelte. Die Schöpfungen dieser ersten Epoche: „Herzog Theodor von Gothland" (1827), „Don Juan und Faust" (1829), die Hohenstaufentragödieen: „Friedrich Barbarossa" (1829) und „Heinrich VI." (1830) zeichnen sich vor seinen letzten Werken: „Hannibal" (1835) und die Hermannsschlacht" (1838) durch dichterischen Schwung, ein mehr künstlerisch aufgerolltes als convulsivisch aufzuckendes Pathos und die Annäherung an die technische Möglichkeit der Darstellung aus. Man hat Grabbe den Vorwurf gemacht, daß er den lyrischen Schmelz überall vermissen lasse. Dieser Vorwurf, wenn er überhaupt einer ist, trifft nur seine letzten, nicht seine ersten Tragödieen. In diesen herrscht oft ein poetischer Schwung und eine poetische Weihe, welche von hinreißender Wirkung sind; und wenn sich auch der Dichter nie zu blos lyrischer Declamation versteigt, nie das Lyrische isolirt, so trifft er doch den Ausdruck der Empfindung und Stimmung, welche als vorübergehende lyrische Momente im Drama nicht fehlen dürfen, mit dem echten Griffe des Talentes. Er unterscheidet sich dadurch von den späteren Dramatikern seiner Richtung, besonders von

Hebbel. Grabbe hat das den Dramatikern so wesentliche Organ für geschichtliche Größe, für das Bedeutende in welthistorischen Perspectiven und Charakteren; seine Muse durfte sich daher an die imposantesten Stoffe wagen, ohne von ihnen eingeschüchtert zu werden, ohne eine ebenbürtige Haltung zu verlieren. Diese großartige Auffassung der Geschichte hat seit Schiller kein anderer Dramatiker in gleichem Maße bewährt. Grabbe schreibt dramatische Frakturschrift; selbst seine Schnörkel haben etwas Gewaltiges: es ist vulkanische Urkraft, die mit feurigen Gedankenmeteoren explodirt, kein zusammengetragenes Reisig, das aus düsteren philosophischen Grotten hervorqualmt. Sein „Friedrich Barbarossa," sein „Heinrich VI." sind mit wahrhaft kaiserlicher Würde ausgestattet; alle ihre dichterischen Geberden sind majestätisch; jedes ihrer Worte hat die ganze Wucht ihrer Weltstellung. Das charakteristische Element in seinen Dramen tritt scharf hervor, ohne Wunderlichkeit, ohne Ueberladung; nur später schleichen sich bizarre Elemente ein, die wohl mehr frappiren, aber weniger fesseln. Die bizarre Art und Weise der Charakteristik ist die leichteste. Es ist leichter, einen Thersites zu zeichnen, als einen Patroklus, einen Caliban, als eine Miranda! Möchten sich das die Calibans-Tragöden von Fach merken, welche durch die bizarrsten Gestalten charakteristische Kraft zu bewähren glauben.

Die Composition der Grabbe'schen Dramen ist zwar im größten Freskenstyle gehalten; aber seine ersten Tragödieen sind trotz aller Ungeheuerlichkeiten und der massenhaftesten Spectakelscenen nicht ohne dramatischen und theatralischen Effect und einer scenischen Einrichtung keineswegs unfähig. Besonders „Don Juan und Faust" ließe sich mit Leichtigkeit für die Bühne erobern, was jedenfalls ersprießlicher wäre, als die nutzlosen Quälereien, den verfehlten zweiten Theil des „Faust" theatralisch zurechtzumachen. Einem so bedeutenden Talente wie Grabbe wäre die Bühne der Gegenwart wohl eine solche Anerkennung schuldig; denn er hat in einer Zeit, in welcher eine erschlaffte Jambendiction die Herrschaft der Mittelmäßigkeiten zu begründen drohte, den Nerv des

dramatischen Styles kräftig gewahrt und so wieder originelle und
selbstständige Schöpfungen späterer Talente ermöglicht.

Ludwig Tieck schrieb dem jungen Autor über seine erste große
Tragödie „Herzog Theodor von Gothland": „Ihr Werk hat mich
angezogen, sehr interessirt, abgestoßen, erschreckt und meine große
Theilnahme für den Autor gewonnen." Er tadelt „das Entsetzliche,
Grausame, Cynische, den unpoetischen Materialismus, die große
Unwahrscheinlichkeit der Fabel und die Unmöglichkeit der Motive."
Dieser Tadel ist vollkommen begründet; es giebt kein deutsches
Trauerspiel, in welchem eine solche schwach motivirte Häufung
des Gräßlichen, ja eine Vorliebe für das Scheußliche, Verzerrte,
raffinirt Grausame, ein solcher Kannibalismus der Gesinnung
fast durchgängig bei allen Charakteren vorherrschend wäre. Es
ist eine Nordlandstragödie von der abenteuerlichsten Erfindung,
gespenstig, reckenhaft; wie viele rohe und blutige Sagen des
Nordens bewegt sie sich in einer Welt von wüsten Contrasten
und krassen Begebenheiten. Die Fabel ist bizarr genug. Herzog
Theodor von Gothland läßt sich durch den Oberfeldherrn der
feindlichen Finnen, den Neger Berdoa, der ihn wegen früherer
Mißhandlungen haßt, durch eine gewaltthätige und etwas plump
angelegte List zu dem Glauben bestimmen, der eine seiner Brüder
habe den anderen umgebracht. Gothland erscheint nun als Rächer
des Gemordeten bei dem Lebenden, und als der König und die
Großen des Reiches ihm einen Rechtsspruch verweigern, begeht
er einen wirklichen Brudermord, um einen fälschlich geglaubten
zu rächen. Dann flüchtet er zu den Finnen, die er zum Siege
führt. Eine Fülle von Blasphemieen, Greueln, Schandthaten
drängt sich nun; das Verhältniß zwischen Gothland und dem
Neger Berdoa, der ihm mittheilt, wie er ihn betrogen hat, und
von dem sich Gothland fortwährend auf die raffinirteste Weise
martern läßt, ist durch die Verführung, die Berdoa an Goth=
land's Sohn ausübt, durch die gegenseitigen Würgversuche, durch
die grellsten Schlaglichter in einer den Geschmack und das Gefühl
empörenden Weise illustrirt. Der Vaterlandsverrath, schon an

und für sich Stoff zu einer Tragödie, erscheint dem Dichter zu unbedeutend, um auch nur einen verlorenen Gedanken seines Helden damit zu beschäftigen; dieser meistert lieber den Himmel und löscht mit cynischem Fußtritte eine Fackel der Theodicee nach der anderen aus, bis das wildeste Chaos die Welt und seine Seele umfängt, bis, man könnte sagen, der Modergeruch einer riesigen Langenweile aus allen Schlachtfeldern seines Lebens um ihn aufsteigt, und er dem nahenden Tode entgegengähnt, bis er sterbend ausruft:

„Auch an die Hölle kann man sich gewöhnen!"

Ein Mohr als Feldherr der Finnen beweist die Art des Contrastes, in welcher sich der Dichter gefällt. Dieser Mohr ist nun ein so vollendetes Scheusal, daß der Mohr Aaron im „Titus Andronikus" oder Franz Moor in den „Räubern" im Vergleiche damit als vergebliche Versuche erscheinen, das Böse zu incarniren. Doch ebenso ist der Held Herzog Theodor die Ausgeburt einer krankhaft überreizten Phantasie, ein geistig schwaches Werkzeug in der Hand des Verführers, von dem er sich nur durch häufige gemüthliche Anwandelungen unterscheidet. Die Art, wie er seinen Bruder, seinen Vater, seine Gattin behandelt, wird nur durch diejenige aufgewogen, mit der sein eigener Sohn ihm gegenübertritt. Alle Verhältnisse der Pietät in grellem Cynismus mit Füßen zu treten, das ist die Art und Weise, wie der junge Dichter seinen Gigantentrotz zu bewähren und Effect zu machen sucht. So ist die Composition des Ganzen, so sind alle Charaktere und Situationen gleichmäßig in das Element einer exaltirten, über- und unmenschlichen Kraft untergetaucht, welche jeden Kunstgenuß verkümmert und der Dichtung nur den Zusammenhang eines wüsten Traumes vergönnt, in welchem die abenteuerlichsten Schrecken, locker verknüpft, durch einander stürmen. Die Sprache aber ist überreich an Hyperbeln, im Vergleiche mit denen die Hyperbeln der Schiller'schen Räuber als schüchterne Metaphern eines geschmackvollen Talentes erscheinen. Trotz dieser grandiosen Auswüchse, in Betreff deren Grabbe unter allen Autoren der Erde vergebens seines

Gleichen suchen würde, liegt im „Herzog Theodor von Gothland" ein Schatz wahrhaft dramatischer Scenen und eine Fülle echt dichterischer Schönheiten verborgen, den zu heben selbst die augenscheinliche Häßlichkeit, die dabei Wache hält, nicht verhindern darf. In einer Zeit Houwald'scher Empfindelei, in der selbst die Gespenster des Schicksals auf's manierlichste in den glattesten Jamben ihren fatalen Fatalismus declamirten, konnte das Verdienst eines Dichters nicht gering geachtet werden, der den verwöhnten Nerven wieder einmal eine drastische Tragik zumuthete, und die naßkalte Atmosphäre der Sentimentalität durch tobende Orkane der Leidenschaft reinigte. Bei aller Uebertreibung war in diesen Scenen des „Gothland" dramatisches Leben; gerade die Elemente der Handlung selbst und das Eigenthümliche der Charaktere wurden mit lebhaften, oft wilden Accenten betont, während in den Dramen der Zeitgenossen die überflüssigen Schönheiten der Diction alle Marksteine der Handlung und Charakteristik überwucherten. Die Composition war zwar von keinem tieferen Gedanken beseelt; es war eine grelle, tragische Schuld und eine ebenso grelle Sühne; aber es war doch der Geist der Tragödie und eines großen, zermalmenden Schicksals, das über diesen Nordlandsriesen waltete. Und auch die forcirte Kraftsprache, welche grandiose Gedankenblöcke vulkanisch umherschleuderte, war nicht mühsam herbeigesucht und angeeignet; sie war der mächtige Schwung eines ursprünglichen Talentes.

Diese Erstlingsschöpfung Grabbe's giebt uns in ihren Extremen am klarsten das Bild des ganzen Dichters. Er hat wohl das Ueberschwängliche, das in ihr herrscht, später gemildert, niemals aber das Bizarre überwunden, ihm nur später eine knappere Form gegeben. Wenn er anfangs bizarr pathetisch war, so wurde er später bizarr epigrammatisch; wenn er anfangs ausschweifte durch die gigantischen Umrisse der Composition, die aber doch durch ihre Folgerichtigkeit spannend wirkte, so später durch das massenhaft Gedrängte, das welthistorisch Spectakelhafte, durch welches jedes individuelle Interesse ausgelöscht wurde. Ohne

Frage ist der „Gothland" dramatischer, als etwa „die Herr=
mannsschlacht," in welcher ganze Stämme und Legionen auf
einander platzen. Am besten componirt von Grabbe's Tragödieen
ist wohl „Don Juan und Faust," eine Dichtung, die an
großen Schönheiten die gesonderten Schöpfungen Lenau's über=
ragt. Schon der Gedanke, die beiden Helden der Sage in eine
dramatische Handlung zu verweben, ist kühn und bedeutend und
nur in sofern bedenklich, als Faust eine übergreifende Persönlich=
keit ist, in deren Entwickelung der ganze Don Juan als ein
Moment enthalten. Es kommt indeß auf die Behandlungsweise
des Dichters an. Er kann den Faust als Spiritualisten, den
Don Juan als Sensualisten schildern; er muß sie aber alsdann
entweder durch die Consequenz ihres Principes oder durch die
Untreue gegen dasselbe untergehen lassen, und zwar beide gleich=
mäßig, um die dramatische Rhythmik zu wahren. Grabbe hat
die Donna Anna Don Juan's gleichzeitig zur Helena Faust's
gemacht, die der Magier auf sein Schloß auf dem Mont=
blanc entführt. Dadurch hat er die beiden Sagenkreise ver=
knüpft, und die alte Weltstadt Rom ist der passende Ort,
wo die Begegnung der beiden Sagenhelden des Nordens und
Südens stattfindet. Der Teufel, der den Materialisten und
Idealisten zuletzt gleichzeitig holt, giebt überdies einen einheits=
vollen Abschluß. Doch der Don Juan tritt in der Dichtung
ebenso zum Nachtheile Faust's in den Vordergrund, wie Leporello
zum Nachtheile des Ritters Mephisto. Don Juan ist dramatischer,
lebendiger; er bewegt sich in den anschaulichen, heiteren Kreisen
des Lebensgenusses, in bestimmten Situationen, während der
Magier sich schwerer aus seinen geheimnißvollen Gedankenkreisen
in eine concrete Handlung hinausbewegt. Grabbe hat indeß wohl
gefühlt, daß er das sensualistische Element im „Faust" dämpfen
mußte, um den Gegensatz frisch und rein zu erhalten, daß er
nicht in die Fußstapfen Goethe's treten konnte, der aus dem alten
Faust selbst auf einmal einen jugendlichen Don Juan herausschält.
So behauptet der Grabbe'sche Faust auch Donna Anna gegenüber

seine magische Würde, seinen gedankenvollen Ernst; und es ist tief gedacht, daß er sie nicht verführt, sondern durch seine magische Gewalt tödtet und sie nicht wieder zu erwecken vermag. An ihrer Leiche ruft er aus:

„Anna!
Wie edel schön! Auch noch in deinem Tode! —
In diesen Thränen, die ich weine, spür'
Ich es; es gab einst einen Gott — der ward
Zerschlagen. — Wir sind seine Stücke — Sprache
Und Wehmuth — Lieb' und Religion und Schmerz
Sind Träume nur von ihm."

Der Zauber, mit welchem Faust früher Anna's Herz zu gewinnen sucht, ist ebenso edel gehalten. Er will sie durch die Magie der Empfindung an sich fesseln und zeigt ihr die Heimath:

„Sieh! grau und himmelhoch — wie ein
Senat uralter Erdtitanen, die
Im stummen, eis'gen Trotz zur Sonne schau'n,
Am Fuß gefesselt zwar, doch nicht besiegt,
Die mit Verheerung stäubender Lawinen
Das leiseste Geräusch, das sie im Traum
Zu stören wagt, bestrafen, — liegen da
Die Alpen — — blicke weiter: (meine Kunst
Reißt dir die Fern' in den Gesichtskreis)
Dort zieht der Rhone hin, stolz auf Lyon,
Das sich in seiner Wellen Spiegel schmückt;
Dann öffnen sich die grünen Auen der
Provence, voll von Lieb' und von Gesange —
Und dort, wo, um dein Auge nicht zu hemmen,
Die Pyrenäen-Kett' ich auseinandersprenge,
Erscheint Hispania, wollüstig in
Zwei Meeren seinen heißen Busen badend,
Und jene Thürme, deren Spitzen, fast
Wie Wetterstrahlen nach den Wolken zucken,
Es sind die Thürme deiner Vaterstadt,
Sevilla's" —

Diese Stelle mag zugleich für den einen Lord Byron erreichenden Dichterschwung Zeugniß ablegen, von welchem diese Tragödie durchdrungen ist. Selbst der Ritter hat nicht den sarkastischen, beißen=

den Ton des verneinenden Geistes Mephistopheles; er erhebt sich oft mit dem rebellischen Adel Lucifer's, mit all' dem stolzen Feuergeiste der Zerstörung, der im allgemeinen Weltbrande über den Geist des Lichtes zu triumphiren, ihn im Schutte seiner Herrlichkeit zu begraben gedenkt. Eine Fülle origineller und tiefer Gedanken, großartiger Bilder, welche das niedliche metaphorische Schnitzwerk dürftiger Talente beschämen, selbst schlagender dramatischer Momente, läßt diese Tragödie wohl als die werthvollste von Grabbe's Dichtungen erscheinen, um so mehr, als ihr Organismus von einem dramatisch ineinander greifenden Grundgedanken beseelt ist.

Ihr am nächsten stehen die Hohenstaufentragödieen: „Friedrich Barbarossa" und „Heinrich VI.," in denen Grabbe nicht, wie Shakespeare, nur poetisch verzierte Chroniken geben wollte, sondern Dramen mit einem Mittelpunkte, mit einer concentrischen Idee. Leider waren die Stoffe wenig gefügig. Das würdevolle Kaiserthum Barbarossa's, das in Nord und Süd die Feinde niederstampfte und zuletzt im Oriente unterging, das mehr diplomatische, ränkevolle, grausame Heinrich's VI. sprengen gerade durch die Weltmacht und die Weltweite ihrer Beziehungen den Rahmen der dramatischen Einheit, und wenn auch die Idee des Kaiserthums selbst und die persönliche Größe der Charaktere, die es vertraten, das in Raum und Zeit Zersplitterte zusammenhalten, so sind doch die verschiedenen, von der Geschichte gegebenen Interessen nicht als dramatisch ineinander greifende Momente zu verwerthen. Es sind mehr rohe Strebepfeiler, die von außen den dramatischen Bau tragen, als jene künstlerisch gearbeiteten Pfeiler, die seiner inneren Architektonik Schwung verleihen. Der zufällige Untergang dieser Kaiser, der sich nicht einmal tragisch motiviren läßt, der nicht durch den Conflict selbst bedingt wird, macht auch einen künstlerischen Abschluß unmöglich. Das Wesen dramatisirter Historien, das Chronikenhafte, das vorwiegend Thatsächliche läßt sich bei so gearteten Stoffen durch kein Talent verhüllen. Dennoch wäre es unbillig, zu verkennen, daß Grabbe in beiden Tragödieen kräftig auf eine dramatische Einheit hingearbeitet hat, so weit es irgend der spröde Stoff gestattete, und daß von Shakespeare's historischen Königsstücken nur der wahrhaft tragische „Richard II." und allenfalls „Richard III.," was dramatische Concentration betrifft, den Vergleich mit Grabbe's „Hohenstaufen" aushalten können. Einzelne Scenen in beiden Tragödieen, wie z. B. die Scenen zwischen Friedrich Barbarossa und Heinrich dem Löwen bei Legnano, zwischen Heinrich und Mathilde am Strande, die Wiederkehr des wilden Welfen und die Erstürmung von Bardewick, die Scenen zwischen dem tyrannischen Heinrich VI. und seiner zartfühlenden Gemahlin Constanze gehören zu den Perlen deutscher Dramatik, wie überhaupt der durchgängige Schwung und Adel, das unverfälschte Pathos grandioser Gesinnungen und Gedanken den Beruf Grabbe's zur historischen Tragödie im größten Style auf's unzweifelhafteste an den Tag legen. Das Charaktergemälde Heinrich's VI. ist mit Shakespeare'scher Meisterschaft entrollt; und eine Fülle herrischer, grausamer, selbst tückischer Züge, eine nichts achtende, kein Mittel scheuende politische Klugheit, die tiefsten Schatten des Charakters vermögen nicht die Theilnahme für ihn zu erkalten, die sich durch einen unsagbaren, oft hervorbrechenden Zauber des Gemüthes stets wieder erwärmt fühlt. In diesen Grabbe'schen Tragödieen pulsirt das echt deutsche Gemüth mit seinen oft unerklärlichen Räthseln und Widersprüchen, mit seiner durch alle Gewaltthätigkeit und Wildheit hindurchbrechenden Tiefe und Zartheit, mit seinem unverwüstlichen Humor, der den Schmerz, den Kampf, den Tod überwindet. Nur ein deutscher Dichter konnte das Verhältniß zwischen Friedrich Barbarossa und Heinrich dem Löwen so durch die tiefsten Züge des Gemüthes adeln, das über die brutalsten Thatsachen einen oft bizarren, aber doch dem Herzen verständlichen Schein ausbreitet!

Hätte die deutsche Bühne von „Don Juan und Faust" und diesen Tragödieen, welche einer scenischen Einrichtung keineswegs mehr widerstreben, als viele mühselig zurechtgemachten Shakespeare'schen Stücke, Notiz genommen — vielleicht hätte sich Grabbe's

Talent, das für theatralische Wirkung durchaus nicht verschlossen war, noch mehr zu einem maßvollen und regelrechten Schaffen bequemt und wäre der Nation und ihrem Theater nicht durch exorbitante Productionen verloren gegangen. Mit „Napoleon oder die hundert Tage" (1831) beginnt eine Epoche Grabbe'scher Production, in welcher man nur irrthümlich größere Abgeschlossenheit und Concentration finden konnte. Denn wenn man mit Hegel verlangen darf, daß der Dramatiker sein Pathos explicire, so hält Grabbe, der es in seinen bisherigen Dramen in würdiger Weise gethan hatte, dies jetzt für überflüssige Concession an den Geschmack der Menge, dämmt die Ergüsse seiner poetischen Ader, in denen doch immer der echte Lebensquell der Melpomene schäumt und glaubt sich künstlerisch zu beschränken, wenn er nur charakteristische Skizzen giebt, die, so scharf und schlagend sie sein mögen, niemals das dramatische Gemälde ersetzen können. Was ist sein „Napoleon," seine „Herrmannsschlacht" anderes, als großartige dramatische Schlachtfresken, mit kecken Blitzen des Humors, mit einer durch den Pulverqualm nicht getrübten Schärfe der Charakteristik, aber doch nur ein massenhaftes Hin- und Herwogen, das keine organische Entwickelung, keine Einkehr der Charaktere in ihre eigenen Tiefen gestattet und alles individuelle Leben durch colossale Conflicte der Nationen betäubt? Selbst „Hannibal," der von diesen Stücken die geschlossenste und großartigste Composition hat und am glücklichsten ist in scharfen, epigrammatischen Wendungen und frappirenden Skizzen, macht immer nur den Eindruck einer Studie, welche uns das Talent des Künstlers bewundern läßt, aber mehr eine Verheißung, als eine Erfüllung ist. Es wird Niemand leugnen, daß es von seltener Begabung spricht, mit der Kohle und mit wenigen Zügen eine Physiognomie unverkennbar an die Wand zu zeichnen; aber wir würden den Künstler auslachen, der uns eine solche Kohlenskizze als Portrait verkaufen wollte. Grabbe's letzte Tragödien sind Kohlenskizzen, mit vollster Verachtung des Bühnenrahmens an die Wand gemalt. Sie bewegen sich noch dazu in absteigender Linie; denn die „Herrmannsschlacht" ist gar ein wüstes

Scenenconglomerat, ohne alle dramatische Gliederung, ja ohne alle theatralische Anschauung, da der Dichter sich keine andere Bühne denkt, als den wirklichen Teutoburger Wald, und seine Personen wo möglich an den verschiedensten Flügeln des Treffens gleichzeitig sprechen läßt. Die einzelnen Schlachttage bilden die Acte des Stückes. Die Charakterskizzen von Herrmann und Varus haben wohl einzelne fesselnde Züge, aber es sind mehr Hermen ohne dramatische Hände und Füße, als ausgeführte Denkbilder, und die Schlußscene in Rom, der sterbende Augustus, eröffnet große welthistorische Perspectiven auf das aufgehende Christenthum, ist aber doch dem Baue des Ganzen äußerlich angehängt.

Ueber Grabbe's dramatische Schnitzeleien, wozu wir besonders die überaus witzige und an burlesken Einfällen reiche Literaturkomödie: „Scherz, Satyre, Jronie und tiefere Bedeutung" und auch das Märchen: „Aschenbrödel" (1835) rechnen, können wir rasch hinweggehen, nachdem wir das Gesammtbild seiner dichterischen Leistungen entrollt haben, die man eine Zeit lang ohne Frage überschätzte, jetzt aber zu unterschätzen geneigt scheint, indem man eine matte Technik, welche die mittelmäßigste Capacität in kürzester Zeit zu erlernen vermag, als eine außerordentliche Mitgift des dramatischen Talentes ausposaunt. Grabbe ist einer der bedeutendsten geschichtlichen Tragödiendichter der Deutschen; Zacharias Werner hat einige Verwandtschaft mit ihm in Bezug auf große Züge und kühnen Schwung, erreicht ihn aber nicht in der ungetrübten Klarheit der geschichtlichen Auffassung, in der epigrammatischen Schärfe und hinreißenden Kraft der Darstellung, und Immermann, der sich als sein Mäcen nur zweifelhafte Verdienste um ihn erworben hat, steht als Dramatiker unter ihm, indem er, bei größerer Ruhe der Anordnung und Gruppirung, doch nicht im entferntesten an die schöpferische Gestaltungskraft Grabbe's und die ursprüngliche Mächtigkeit seines Talentes heranreicht.

Das originelle Kraftdrama, dessen Geäder sich durch unsere Literatur hindurchzieht, und das in neuester Zeit wieder zahlreiche

Pfleger gefunden, indem es sich der wirklichen Bühne bald mehr, bald weniger näherte, kann gegenwärtig nur einen Vertreter aufweisen, dessen ursprüngliche Begabung dem Talente Grabbe's ebenbürtig ist — Friedrich Hebbel. Beide zeigen eine Vorliebe für das Bizarre; doch es liegt bei Grabbe mehr in der Anordnung und Ausführung, bei Hebbel im Stoff und im Gedanken. Grabbe wählt vorzugsweise historische Stoffe, Hebbel sociale; bei Grabbe wiegt der Sinn für die geschichtliche, bei Hebbel der Sinn für die ethische Bedeutung vor. Grabbe liebt große Charaktere, Hebbel tiefe, Grabbe gewaltige Collisionen, die äußerlich imponiren, Hebbel verschlungene Probleme, die innerlich beschäftigen. Beide lieben originelle, kräftige, knorrige Bilder; doch ist Grabbe schwunghafter und epigrammatischer, Hebbel bedachtsamer, bezeichnender, aber auch oft gesuchter. Grabbe übertrifft Hebbel bei weitem an Frische, Kraft, glühendem und hinreißendem Dichterfeuer; Hebbel übertrifft Grabbe bei weitem an künstlerischem Verstande in der organischen Gliederung der Dramen, in der architektonischen Vollendung, in der jedes Einzelne dem Ganzen dient. Bei Grabbe ist die dramatische Collision ein Kampf der Kräfte, bei Hebbel ein Kampf der Gedanken; dort kräftig geartete Naturen, die auf einander platzen, hier fleischgewordene Dialektik in den feinsten Combinationen. Beide Dichter haben das gemeinsam, daß sie sich in den Extremen bewegen und die rechte Mitte der Schönheit und künstlerischen Harmonie verfehlen. Bei Grabbe liegt der Grund hiervon in einer krankhaften Exaltation der Phantasie, welche ihrem entzügelten Schwunge rücksichtslos folgt; bei Hebbel geht die Vorliebe für das Abnorme, Außergewöhnliche aus einem allzu grüblerischen Verstande hervor, welcher sich dadurch befriedigt fühlt, wenn er die Contraste auf die Spitze treibt, wenn er über jäh aufgerissene Klüfte eine Brücke des Gedankens bauen kann. Ihn fesselt das Phänomenartige, Pathologische; er docirt wie in der Klinik; er fühlt der Menschheit an den Puls und sucht an grellen Krankheitsbildern das Ideal der Gesundheit zu lehren. Doch während wir bei Grabbe oft den Balsamhauch echter,

erquickender Poesie fühlen, weht uns bei Hebbel ebenso oft eine
dumpfe und schwüle Lazarethluft entgegen, in welche uns der
Dichter trotz unseres Unbehagens mit krampfhafter Nöthigung
hineinreißt. Beide Dichter haben dem Häßlichen allzu sehr
gehuldigt. Bei Grabbe ist das Häßliche in der Regel die Ver=
zerrung des Großen, das sich übernimmt; bei Hebbel die Ent=
werthung des gesunden und einfachen Empfindens und jeder
menschlichen Courantmünze zu Gunsten eines Gefühles, das sich
nur in Ausnahmesituationen bewähren kann. Grabbe hätte niemals
eine Tragödie von solchem innerem Zusammenhalte und dramatischer
Consequenz schreiben können, wie Hebbel's „Maria Magdalena";
Hebbel nie eine Tragödie von jenem dichterischen Schwunge, jener
poetischen Magie, wie Grabbe's „Don Juan und Faust."

Friedrich Hebbel aus Wesselburen im Dithmarschen
(1813 bis 1863), wuchs in beschränkten Verhältnissen auf, doch
in der Mitte eines kräftigen Volksschlages von gesundem Naturell.
Anfangs Autodidakt, wovon ihm bis in die späteste Zeit eine
gewisse Zähigkeit und Starrheit und ein vorwiegend doctrinairer
Ton geblieben, verdankt er seine weitere Fortbildung vorzugsweise
der Schriftstellerin Amalie Schoppe in Hamburg und dem Könige
von Dänemark. Er studirte in Heidelberg und München und hielt
sich später in Hamburg, Kopenhagen und nach einer Reise durch
Italien in Wien auf, wo er sich 1846 mit der Schauspielerin
Christine Enghaus verheirathete. Hier starb er im Jahre 1863,
bald darauf, nachdem seine „Nibelungen" mit dem Berliner
Schillerpreis gekrönt worden waren [1]). Seine Tragödieen sind:
„Judith" (1841), „Genovefa" (1843), „Maria Magda=
lena" (1844), „Herodes und Mariamne" (1850), „Julia"
(1851), „Agnes Bernauer" (1855), „der Ring des Gyges"
(1856), „die Nibelungen" (2 Bde. 1862). Außerdem ver=
dienen das „Trauerspiel in Sicilien," eine Tragikomödie

---

[1]) Vergl. Friedrich Hebbel's „Sämmtliche Werke." (12 Bde. 1865 bis 1868.)

(1851), und die Lustspiele: „der Diamant" (1847) und „der Rubin" (1851) erwähnt zu werden. Auch auf dem Gebiete der Lyrik und der Erzählung hat sich Hebbel versucht. Seine „Gedichte" (1842 und 48) sind in einer Gesammtausgabe (1857) erschienen, und so wenig Hebbel eine eigentliche lyrische Ader besitzt, so führt uns doch eine Betrachtung seiner „Gedichte" am besten in die großartige Welt seiner Dramen ein.

Auch Hebbel's lyrische Muse ist paradox; doch hier kann das Paradoxon, wenn es der Feder entschlüpft, als geistiges Ferment verwerthet werden; eine etwas starre und schroffe Behandlungs= weise wird mit ihrem geistig=monumentalen Charakter willkommen sein als Gegengewicht gegen süßliche Verflachung und physiognomie= lose Verblümelung, wie sie allerdings seit 1850 in den Productionen der Masse zu Tage kommt. Eine von geistiger Wucht schwere Lyrik, die sich nur mit Mühe in Fluß bringen läßt, ist rühmens= werth in einer Zeit, in welcher gefällig fließende Nichtigkeiten überall aus einem breitgetretenen Gedankenboden hervorquellen. Die Leichtigkeit der Form wird hier zu einer Gefahr für den Inhalt; denn diese Form gleicht einer glatten Rutscheisbahn, auf welcher die lyrischen Klingelschlitten mit gleichmäßiger Virtuosität heruntergleiten. Gegenüber der Blumenflur der Liederpoesie ist diese Hebbel'sche Lyrik ein geistiges Bergland von frischrauher, gesunder Luft durchweht, mit hohen, schroffen, aber von sanftem Abendroth der Phantasie überflogenen Gedankengipfeln. Gelingt es dieser erhabenen Muse, ihre Herbheit zu besiegen und in Grazie hinzuschmelzen, dann erhalten wir ein vollendetes Gedicht, dessen Arom noch würziger ist, als wo diese Vollendung auf dem ent= gegengesetzten Wege erreicht wird, indem eine von Haus aus gra= ziöse Muse sich eines ernsten Gedankengehalts bemächtigt. Aus diesem Charakter der Hebbel'schen Lyrik geht hervor, daß ihre Lorbeern nicht auf dem Gebiete des musikalischen sangbaren Liedes blühn, daß einen leicht faßlichen Gang und den Schmelz einfacher Empfindung erfordert, sondern in den Regionen der höheren Gedankenpoesie und des lyrischen Charakterbildes. Zum Schwung der Ode hat sich Hebbel nur selten erhoben, obgleich die hierher zu rechnenden Gedichte seine hohe Befähigung für diese nicht genug gewürdigte Gattung der Lyrik beweisen; dagegen bewährt sich sein dramatisches Talent in der scharfen Auffassung der Lebensbilder, in ernster Situations- und humoristischer Genremalerei. Freilich kommt das Paradoxe der Hebbel'schen Muse hier in den etwas schroffen und hyperbolischen Contouren der Zeichnung zu Tage; ebenso überwiegt der dramatische Styl über den lyrischen. In den „Elegieen" findet sich ein Vers, der als die Devise im Wappen der Hebbel'schen Muse, als der Wahlspruch seiner dramatischen Lieblingshelden und Heldinnen betrachtet werden kann:

„Nun, ein heiliger Krieg!
Höchste und tiefste Gewalten
Drängen in allen Gestalten!
Trotze, so bleibt dir der Sieg!"

Die Sonette und Epigramme bilden die reichste Gedankenschatzkammer der Dichtung. Die Sonette geben einen meistens bedeutenden Inhalt in einer meist trefflichen Form. Ein pantheistisches Versenken in das Naturleben, ethische und ästhetische Reflexionen, in harmonische Bilder gekleidet, bilden ihren hauptsächlichsten Inhalt. Die Klippe, an welcher Hebbel's Gedankenlyrik zuweilen und auch in einzelnen Sonetten scheitert, ist eine abstrakte Form mit ganz directen Wendungen der Metaphysik, welche wie Verknöcherungen den freien Herzschlag der Dichtung lähmen. Die Epigramme Hebbel's stehen den Xenien Goethe's und Schiller's vollkommen ebenbürtig zur Seite. Hebbel ist ein Meister im Lapidarstyl des Gedankens. Manche dieser Epigramme sind Blitze aus der Tiefe seiner Weltanschauung, andere sind goldene Suren aus dem Koran der Lebensweisheit, noch andere scharf geprägte Gemmen oder Charakterköpfe. Vortrefflich ist die Poetik in nuce, welche Hebbel in den Kunstepigrammen giebt, wir vermissen in derselben sogar mit Vergnügen die Rechtfertigung des Bizarren und Ungeheuerlichen, das die Praxis seiner dramatischen Muse nicht entbehren kann. Drei dieser Epigramme könnten

wir ohne Bedenken zu Motto's unserer eigenen kritischen Bestre=
bungen nehmen; sie sind theils gegen die akademische, theils
gegen die realistische Richtung der Neuzeit gerichtet:

    Die Poesie der Formen.
„Was in den Formen schon liegt, das setze nicht dir auf die Rechnung:
Ist das Klavier erst gebaut, wecken auch Kinder den Ton."

    Das Princip der Naturnachahmung.
„Freunde, ihr wollt die Natur nachahmend erreichen? O Thorheit!
Kommt ihr nicht über sie weg, bleibt ihr auch unter ihr stehn."

    An die Realisten.
„Wahrheit wollt ihr, ich auch! Doch mir genügt es, die Thräne
Aufzufangen, indeß Boz ihr den Schnupfen gesellt.
Leugnen läßt es sich nicht, er folgt ihr im Leben beständig,
Doch ein gebildeter Sinn schaudert vor solcher Natur."

Das kleine Epos Hebbel's „Mutter und Kind" (1859),
welches von der Dresdener Tiedgestiftung den Preis erhielt, ist
eine Verklärung der Mutterliebe. Das Motiv der Dichtung ist
glücklich. Ein reicher kinderloser Kaufmann von Hamburg stattet
ein armes Paar aus und macht ihm die Ehe möglich unter der
Bedingung, daß ihm und seiner Gattin das erste Kind überlassen
werde, das aus dieser Ehe hervorgeht. Der Kampf der mütter=
lichen Liebe, ihr endlicher Sieg über jedes Hemmniß, die Flucht
der Mutter mit dem Kinde, der versöhnende Schluß — das alles
giebt dem kleinen Epos einen anmuthenden dialektischen Fortgang,
um so mehr, als die Hebbel'sche Muse uns hier kein schwieriges
Exempel aufgiebt, sondern sich nur im Element der einfachen
Empfindung bewegt. Einzelne Schilderungen zeichnen sich durch
Prägnanz des sprachlichen Ausdruckes aus, und der etwas schwer=
fällige Wogenschlag der Hexameter wirft manche köstliche Gedanken=
perle an den Strand. Die Hexameter selbst können sich nicht ent=
fernt mit denen von Paul Heyse und Gregorovius vergleichen.
Sie sind oft holperig, überreich an Trochäen und durch einen allzu
prosaisch verzweigten Periodenbau im freien Fluß gehemmt. Was
Hebbel's „Erzählungen und Novellen" (1855) betrifft, so

zeigt zwar sein gewaltiges Talent auch in ihnen die Löwentatze; doch wie er in der Tragödie das Gigantische liebt, geräth er in der heiteren Gattung auf das Burleske, und Glück genug für ihn, wenn sich nicht beides in der „Tragikomödie" zur Unzeit vermischt. An krassen Bildern fehlt es nicht; wir erinnern nur an die Wiederholung desselben abstoßenden Motivs; wir sehn nämlich zweimal ein Kind vom eigenen Vater mit dem Schädel an die Wand geworfen, daß es laut- und leblos mit verspritztem Gehirn am Boden liegt. Das Schreckliche wird oft drollig und possierlich geschildert, ganz in der Art und Weise der älteren romantischen Schule. Besser sind die eigentlichen Humoresken: „Herr Haidvogel und seine Familie," „Pauls merkwürdigste Nacht" u. A., in denen Hebbel's dithmarscher knorriger Humor in einer Fülle drolliger Züge schwelgt. Der Dichter schlägt irgend eine Taste des menschlichen Gemüthes mit großem Nachdrucke an und trillert dann auf ihr in der kunstfertigsten Weise.

Hebbel besitzt unleugbar geniale Kraft des Ausdruckes und der Gestaltung, hat aber weder auf die Bühne, noch auf die Nation einen durchgreifenden Einfluß gewinnen können, weil sein Talent alle weicheren Tinten verschmäht, welche dem deutschen Geschmacke unentbehrlich sind, weil es herb und hart, trotzig und herausfordernd in Styl und Tendenz, gleich den alten Recken und Riesen des Nordlandes, über die Bretter schreitet, und weil er dabei nicht, wie Grabbe, eine naive Ungeberdigkeit besitzt, sondern unter der Maske der Melpomene die Miene eines sittlichen Reformators verbirgt und überdies mit der Prätension auftritt, ein neues, selbstentdecktes ästhetisches Gesetz, welches das Wesen des modernen Dramas regenerirt, zu verwirklichen. Er giebt zu seinen meisten Stücken gleichzeitig die ästhetische Gebrauchsanweisung; ja, er will, wie im „Trauerspiel von Sicilien," neue dramatische Gattungen schaffen und fordert die dramaturgische Kritik in der Person des Professor Rötscher auf, die Begriffsbestimmung dieser neuen Gattung festzusetzen. So wenig heutzutage ein dramatischer Dichter ohne klares ästhetisches Bewußtsein Bedeutendes schaffen kann, so tritt doch bei Hebbel das Bewußte und Doctrinaire allzusehr in den Vordergrund, und einige seiner Schöpfungen machen mehr den Eindruck, poetische Illustrationen zu seinen neuen ästhetischen Theorieen zu sein, als innerer Begeisterung entsprungene Dichtungen. Ein großer Dichter schafft neue Gattungen durch einen glücklichen Griff, ohne es zu wollen; wo aber das Wollen dem Schaffen vorausgeht, da wird die Dichtung selbst in mißlicher Weise von einer bleichen Reflexion angekränkelt sein, welche als ein kritischer Niederschlag nicht in ihr aufzugehen vermag.

Hebbel ist ein moderner Dichter; er will nur den höchsten und wahrsten Interessen der Gegenwart, die er mit kritischer Klarheit erfaßt, Rechnung tragen. Nach seiner eigenen Theorie soll das Drama den jedesmaligen Welt- und Menschenzustand in seinem Verhältnisse zur Idee, d. h. zu dem alles bedingenden sittlichen Centrum, das wir im Weltorganismus schon seiner Selbsterhaltung wegen annehmen müssen, veranschaulichen. Der Dramatiker hat also das Leben in seiner Gebrochenheit und zugleich das Moment der Idee zu erfassen, in welchem jenes die verlorene Einheit wiederfindet. Hebbel denkt bei diesen Sätzen nur an die soziale, nicht an die historische Tragödie, für die er, wie auch seine Urtheile über Schiller beweisen, kein Verständniß hat. Das Drama hat es nach seiner Ansicht nur mit einem Probleme zu thun, was schon den einfachen Standpunkt der Tragödie verrückt. Der Dramatiker ist nach Hebbel's Ansicht theils ein Prophet, theils ein Reformator; er ist, wie Hamlet, nur zur Welt gekommen, um die aus ihren Fugen gekommene Zeit wieder einzurenken. Die knarrende Arbeit des „Einrenkens" macht aber keineswegs einen reinen ästhetischen Eindruck. Es ist durchaus nicht die Aufgabe des Dramatikers, dem Weltgeiste in's Handwerk zu greifen, und es ist einseitig, die tragische Collision auf einen olympischen Kampf alter und neuer Götter, alter und neuer ethischer Principien zu beschränken, die sich im Menschenschicksale durchfechten. Auch hat der Dramatiker das Leben nicht in seiner Gebrochenheit zu erfassen; der Conflict wird um so tragischer sein, je gleichberechtigter und ganzer die kämpfenden Elemente sind. Auf dieser Einseitigkeit der Hebbel'schen Auffassung, die in Wahrheit eine Erneuerung der romantischen Theorie von der Ironie ist, beruht indeß die Originalität seiner Dichtungen. Hebbel trägt überhaupt noch viel Romantisches in sich. Er liebt den Hintergrund des Mittelalters, den somnambulen Apparat der Romantiker und wählt deshalb gern entlegene Stoffe, welche, dem Mythus oder der Sage entnommen, der dichterischen Phantasie freie Bewegung und in der Detailmalerei die Befriedigung aller romantischen Gelüste gestatten.

Hebbel ist der Dramatiker des Problems, und da er mit der Lösung psychologischer und socialer Probleme Ernst macht, so bedarf er der Vertiefung in Anlage, Entwickelung und Charakteristik. Diese Tiefe zeichnet ihn auch in der That aus. Nichts ist ihm fremder, als die in der Luft schwebende Phrase; sein Ausdruck kommt wie mit Naturgewalt aus den innersten Schachten der Seele heraus. Er versteht es, jene Naturlaute abzulauschen, in denen sich auf's schärfste die individuelle Bestimmtheit eines Charakters ausprägt. Dies ist unzweifelhaft der wesentliche Factor des dramatischen Genies; denn er erschließt das Geheimniß der Menschwerdung seiner Gestalten. Hebbel ist ein Meister der dramatischen Plastik. Seine Gestalten wachsen und entwickeln sich mit der Nothwendigkeit eines organischen Triebes. Die Plastik des Ausdruckes zeigt sich in einer originellen Bildlichkeit, in der das Bild nicht neben dem Gedanken herläuft, sondern ihn in kernhafter und schlagender Weise ausdrückt. Die Metapher ist nie äußerlich dem Gedanken angeheftet; sie ist seine Blüthe, der schöne Gipfel, der seine Entfaltung zusammenschließt. Doch die Wahrheit des Ausdruckes gilt Hebbel mehr, als seine Schönheit; daher manche unschöne Wendung, manche Versündigung gegen die Gesetze des Geschmackes, welcher die Naturwahrheit nicht in ihrer nackten Form gelten läßt, sondern eine ideale künstlerische Verklärung des Ausdruckes verlangt. Hebbel's Charaktere sind, wenigstens in den ersten Dramen, Menschen von Fleisch und Blut, aber es ist viel wildes Fleisch dabei, und manche Kretins mit häßlichen Kröpfen wohnen in der rauhen Alpenluft der Hebbel'schen Poesie. Die Polemik, die bei Hebbel aus seinen oft in starrer Weise firirten ästhetischen Intentionen hervorgeht, erstreckt sich auch auf seinen Styl, der eine innere Verbitterung gegen alles Lyrische, Melodische, Pathetische athmet und sich daher oft zu auffallenden Härten, paradoxen Wendungen, unmusikalischen Wortfügungen verleiten läßt, oder mindestens zu jenen grandiosen Fugen der Diction, welche dem Uneingeweihten unverständlich sind und wie Dissonanzen klingen. Hebbel kann nie ein Liebling des Volkes werden! Denn das Volk wird stets die Mühe scheuen, sich in Probleme zu vertiefen, eine Mühe, die ihm der Dichter zuzumuthen keineswegs nöthig hat, um groß und bedeutend zu erscheinen. Eine Dichtung soll allgemein menschliche Saiten berühren; sie soll durch die unmittelbare Macht der Begeisterung wirken; sie soll ein klares Bild der Schönheit sein, das keines Commentars bedarf, so wenig wie der Leib der Venus Anadyomene des anatomischen Messers. Doch diese Einheit des Bildes und Gedankens, dieses Ideal des Schönen hat Hebbel nur annäherungsweise in seinen besten Dramen erreicht. In den übrigen überwiegt die Tiefe der Intention die Harmonie der Ausführung; der Grundgedanke greift riesig hinüber über die Form, die ihn darstellen soll; es kommt ein Riß in die Schöpfung, in die Architektonik des Ganzen. Hebbel ist ein großer dramatischer Denker. Um ein großer dramatischer Dichter zu sein, fehlt ihm wenig; aber dies Wenige ist viel — das Maß und der Zauber der Schönheit. Mit Freuden muß man indeß zugestehen, daß er gerade in seinen letzten Tragödieen mit sichtlichem Eifer dies Maß zu erreichen strebte.

Hebbel hat in seiner „Judith" die einfache biblische Tradition dichterisch ausgebaut, aber vielleicht, zu Ungunsten der Einheit der tragischen Collision, mit einer zu großen Fülle dramatischer Motive ausgestattet. Die biblische Judith ist eine Heldin, welche, um ihr Volk zu erretten, den Muth hat, den Unterdrücker zu ermorden. Dieser naive Heroismus mit einer stark brutalen Färbung ist allerdings nicht tragisch; aber bei Hebbel spielen wieder zu viele Motive hinein: Ehrbegierde und Rachedurst für die Verletzung der jungfräulichen Ehre. Die Judith, welche die That beschließt, und die Judith, welche sie ausführt, sind ganz verschiedene Personen. Der Dichter hat nicht blos das Recht, sondern auch die Pflicht, seine Helden im Feuer dramatischer Entwickelung zu läutern und sie nicht so unversehrt mit Haut und Haar aus der Retorte, einer Tragödie hervorgehen zu lassen, wie er sie hineingeworfen hat; doch darf der Conflict, welcher dem Trauerspiel zu Grunde liegt, nicht wesentlich dadurch alterirt werden. Hebbel hat aber ein pathologisches Interesse an den Conflicten des „Weiblichen," und zwar nach seiner sinnlichen Naturbasis, welche er mit Vorliebe in den Vordergrund stellt. So ist auch in seiner Judith das heroische und patriotische Interesse, ohne dessen Initiative die ganze Tragödie unmöglich wäre, rasch in den Hintergrund gerückt, während der Kampf des jungfräulichen Weibes, das einer bizarr beleuchteten Brautnacht entgegengeht, ein Kampf, in den auch die wüsten Reize des sinnlichen Glückes ahnungsvoll hineinspielen, sowie später die Schilderung der Entehrung in einer bunten Mischung psychologisch, ja physiologisch berechtigter Elemente alles dramatische Interesse absorbirt. So ist die „Judith" keine heroische, sondern eine physiologische Tragödie. Die Bühneneinrichtung der „Judith," die nur das Heroische in ihrer entscheidenden That hervorhebt, ist ein die Dichtung zerrüttendes Zugeständniß; denn schon in den ersten Scenen ist der Charakter anders angelegt, physiologisch und pathologisch, was in der Bearbeitung stehen blieb, aber keinen Sinn mehr hat. Die ursprünglichen Scenen zwischen Judith und Holofernes sind übrigens im großen Style entworfen und ausgeführt. Holofernes ist ein trunkener Wilder, ein thierischer Weltzerstörer, aber doch von berauschender männlicher Kraft; eine Natur, aus deren dumpfer Thierheit Blitze der Offenbarung leuchten. Er gehört in die Bildergallerie syrischer Götzen, die, lebendig geworden, von ihren Piedestalen springen und die Weis=

heit der Astarte in dämonischen Naturlauten der Welt verkünden. Er ist der Gott und die Bestie, Beide in Eins verschmolzen, und doch unfähig, zum Menschen zu werden.

Hebbel's zweite Tragödie: „Genovefa" macht aus dem Volksmärchen eine Tragödie. Doch der Dichter verstümmelt das Volksmärchen, indem er seinen rührenden und nothwendigen Abschluß, das Wiederfinden Genovefa's durch Siegfried, ausläßt, d. h. eben indem er es zur Tragödie macht. Das Gefühl des Publikums verlangt indeß jene traditionelle Befriedigung. Hebbel wollte aus der Genovefa kein gewöhnliches Rührstück machen, in welchem sich die Tugend zu Tische setzt, während sich das Laster erbricht; aber bei solchen Stoffen, die in fest geprägter Form im Bewußtsein des Volkes leben, ergänzt dieses den Schluß aus eigenen Mitteln. Golo ist zwar nicht der eigentliche Held der Tragödie, aber es concentrirt sich in ihm das dichterische und pathologische Interesse, auch die Dialektik des sittlichen Begriffes, auf welche es Hebbel hauptsächlich ankommt. Schuld und Sühne vereinigen sich in ihm; er ist das Agens, die bewegende Macht im Stücke; aber auch Genovefa ist nicht schuldlos; oder vielmehr — Hebbel schiebt die Schuld niemals seinen Helden in's Gewissen; er schreibt Tragödieen, in denen die ganze sittliche Weltordnung mit ihren feststehenden Satzungen die tragische Schuld übernehmen muß, und die Sühne und Versöhnung in einer reformatorischen Idee liegt, welche wie ein Blitz aus den schwärzesten Finsternissen emporzuckt. So ist „Genovefa" die Tragödie der ehelichen Treue; es ist das Institut der Ehe selbst, gegen welches Hebbel sich kehrt; allerdings, wie immer, ohne directe tendenziöse Angriffe; aber doch als rastlos wühlender Maulwurf in künstlerischen Gängen — eine Zerstörung, die sich unter dem Scheine architektonischer Arbeit verbirgt. Siegfried's Liebe ist sicher, durch Sitte und Gesetz geschützt, auch in der Ferne; Genovefa's Glück muß jetzt in der Romantik platonischer Entsagung bestehen. Der Held kann lange Jahre fort bleiben — das unsichtbare Band soll trotz aller dazwischen liegenden Meere und Länder die Herzen fesseln. Das muß einer materiellen Weltanschauung als die Verkümmerung ungenossener Schönheit erscheinen; und „das alles bedingende sittliche Centrum des Weltorganismus," das reformatorische Princip, hat bei Hebbel eine starke materialistische Schwerkraft und will dem die Psyche mitfortreißenden Zuge der Physis und den Anforderungen des natürlichen Lebens ein größeres Recht zuertheilen, als ihm durch die bestehenden Organisationen der Gesellschaft gewährleistet ist. So ist im Hebbel'schen Sinne die Unschuld der Genovefa ihre Schuld. Der Thurmwandler Golo aber, dem auf dem äußersten Rande der Zinne nicht schwindelt, vertritt in einer fesselnden, psychologischen Entwickelung, welche mit großen Zügen den Fortgang der Leidenschaft schildert, die Passion einer unglücklichen Liebe, nicht im Sinne eines Werther, der sich erschießt, nicht im Sinne eines Brackenburg, der wie ein flackerndes Licht ausgeht, sondern mit der Kraft der Action, mit dem Trotze der Leidenschaft, die sich schon ihrer Größe wegen für berechtigter hält, als eine Liebe, die ihren sicheren Besitz getrost verläßt, um in die Ferne zu ziehen und anderen Interessen zu dienen. Dabei benützt Hebbel als Staffage mit Vorliebe romantische Züge. Das Zauberwesen, das an Brentano erinnert, und Charaktere, wie die Hexe Margaritta und der wahnsinnige Klaus, gemahnen uns an die Glanzepoche der Shakespearomanen.

Von einer anderen Seite her minirt der Maulwurf, der „aus dem sittlichen Centrum des Weltorganismus" herkommt und deshalb die Peripherie unserer jetzigen Lebensverhältnisse, die etwas mürb ist, zu durchlöchern sich das Recht nimmt, in einer zweiten Tragödie der ehelichen Treue „Herodes und Mariamne." Der Stoff ist schon oft behandelt, sowohl von einem spanischen Dichter, als auch von dem Zeitgenossen Shakespeare's, dem Engländer Massinger, in seinem „Herzog von Mailand." Ein Gatte liebt die Gattin so, daß er, einer Gefahr entgegenziehend, nicht von ihr überlebt zu werden wünscht. Er giebt daher einem Vertrauten den Befehl, sie umzubringen, wenn die Nachricht seines Todes eintrifft. Dieser höchste Act der Brutalität und egoistischen Leidenschaft erscheint doch als eine gewaltsame Consequenz der ehelichen

Treue. Bei Hebbel ist es der jüdische Duodeztyrann Herodes, der die Treue seiner Gattin so mit dem Henkersschwerte bewachen läßt, nachdem er ihrer Liebe durch die Ermordung ihres Bruders eine nicht unbedeutende Erschütterung beigebracht hat. Zweimal zu Antonius geladen, hat er jedesmal dem Vertrauten den bedenklichen Auftrag ertheilt; zweimal kehrt er zurück und findet den Auftrag an die Gattin verrathen. Sie selbst verzeiht ihm das erste Mal; das zweite Mal bestraft sie ihn dadurch, daß sie die Ungetreue spielt und Freude über seinen vermutheten Tod heuchelt. Er läßt sie hinrichten und erfährt zu spät durch einen römischen Hauptmann, dem sie sich offenbart hat, daß sie schuldlos gestorben sei. Diese Tragödie Hebbel's ist reich an feinen und charakteristischen Zügen; sie ist ausgezeichnet durch tiefe, psychologische Motivirung, durch eine Consequenz der dramatischen Combination, welche an die Consequenz eines guten Schachspielers erinnert, der seinen Plan mit Ausdauer verfolgt, die entscheidenden Züge auf's sorgfältigste durch andere vorbereitet und dabei keine Figur ungedeckt stehen läßt; sie ist frei von cynischen Auswüchsen, grellen Wendungen, in einem durchaus sauberen dramatischen Style gehalten — und dennoch macht sie einen befremdenden Eindruck, wenn sie überhaupt einen Eindruck macht, und läßt überaus kalt, wie auch die Aufführungen in Wien und Berlin bewiesen haben. Es kommt dies nicht blos davon her, daß wir, wie es bei dem Dramatiker des Problems immer der Fall sein wird, es nicht mit allgemein menschlichen Zuständen zu thun haben, denen die Sympathie des Publikums entgegenkommt und unmittelbar die Nachempfindung folgt, sondern mit Ausnahme=Motiven und =Situationen, zu deren Verständniß wir uns mühsam hindurcharbeiten, indem es dem Dichter selbst schwer fällt, uns in die abnormen Bedingungen der Charaktere und Verhältnisse einzuweihen; es kommt dies besonders von der durchgängigen schwunglosen Nüchternheit in Styl und Ausdruck, von der begeisterungslosen Durchführung her, die ohne alle dichterische Wärme ist. Die künstlerische Besonnenheit ist ein großer Vorzug; aber sie wird ohne wahrhaft dich=

terische Begeisterung nur Todtes erschaffen, organisch Gegliedertes, das aber bei der Geburt stirbt. Namentlich das Abnorme einer ungewöhnlichen Leidenschaft verlangt auch im Ausdrucke ein wilderes Feuer, eine dämonische Kraft, und selbst das Excentrische ist hier ein geringerer Fehler, als das Kalte, Berechnete, Nüchterne. Die wilden Explosionen der Leidenschaft in der „Judith" sind ganz an ihrem Platze und sichern durch ihre hinreißende Kraft auch der Tragödie auf der Bühne eine ergreifende Wirkung; in „Herodes und Mariamne" aber herrscht eine vollkommen gemäßigte Temperatur des Ausdruckes, wenn wir uns auch in der heißen Zone der Leidenschaft bewegen. Wir empfinden gar keinen Antheil an den Personen, an der ganzen Handlung; es läßt uns ebenso gleichgiltig, wenn Dieser oder Jener hingerichtet, wie wenn eine Schachfigur genommen wird; und das Kopfabhacken macht keinen größeren Eindruck, als bei Bosko. Was die Charaktere sprechen, ist wahr, richtig, angemessen; aber ohne alles Colorit, ohne Leben, ohne das unmittelbar Einleuchtende, das durch den Schwung des Genies jedes Empfinden selbst bei den gewagtesten Verwickelungen mit fortreißt. Was helfen klargeformte Lettern bei einem so matten Abdrucke? Hebbel hat hier ganz zur Unzeit die Druckerschwärze verschmäht, obschon er sonst gehörig schwarz aufzutragen weiß. Hierzu kommt, daß Hebbel sich in dieser Tragödie veranlaßt gefühlt hat, den historischen Hintergrund: die Zerrüttung des römischen Reiches, den Kampf zwischen Antonius und Octavian, den Aufgang des Christenthums, mit sorgfältigen Tinten zu malen, obwohl dieser Hintergrund mit dem dramatischen Problem in keinem tieferen Zusammenhange steht, sondern nur äußerliche Handhaben für den Gang der Begebenheiten hergiebt. Daß Herodes, innerlich gebrochen, als er die Unschuld der hingemordeten Gattin erfährt, durch den Besuch der Könige aus dem Morgenlande auch für seine äußere Herrschaft, für seine Krone Gefahren wittert und in dieser Stimmung den Bethlehemitischen Kindermord befiehlt, das ist zwar, um mit Hebbel selbst zu sprechen, „der letzte Strich am Charaktergemälde"; aber am Ende einer Tragödie verlangt man diese Striche nicht mehr, sondern den ideellen Abschluß, und so machen die letzten Scenen einen äußerlichen und befremdenden Eindruck.

Das beste Drama Hebbel's ist unzweifelhaft „Maria Magdalena," ein Stück aus einem Gusse, dessen künstlerischer Organismus in allen Gliedern die Einheit des Gedankens trägt. Wie die beiden eben erwähnten Tragödieen in ihrer letzten Consequenz gegen die eheliche Treue und ihr mörderisches Extrem gerichtet sind, so ist „Maria Magdalena" eine Tragödie der bürgerlichen Ehre. Der Dichter läßt stets das Recht des Lebens reagiren gegen festgewordene Abstractionen, die nach seiner Ansicht wie incarnirte fixe Ideeen die Welt beherrschen. Er schreibt die objective Tragödie der Welt, deren Versöhnung eben in die Zukunft hinausweist: auf bessere Institutionen, auf reformirende Organisationen. Wer diese für überflüssig hält, auf den werden die Hebbel'schen Dramen einen traurigen, aber keinen tragischen Eindruck machen und nur für grelle, aus der nackten Wirklichkeit aufgegriffene Compositionen gelten können. Das Geheimniß der Hebbel'schen Tragik besteht darin, daß sie die Gegenwart ad absurdum führt; seine ganze dramatische Dialektik beruht auf dieser Argumentation. Hinter den Coulissen seiner Tragödieen sieht der Weltgeist hervor und ruft: „Was ihr da seht, das ist eine Schlangenhaut meiner Entwickelung, die ich abstreife; denn ihr seht doch selbst ein, daß man in dieser Haut nicht bleiben darf, sondern aus ihr herausfahren muß!" Hebbel ist der größte sittliche Revolutionair von allen deutschen Poeten; aber er verbirgt diesen moralischen Jakobinismus unter der kunstvollen Plastik des Tragikers und hat sich sogar eine eigene ästhetische Theorie zurechtgemacht, um seinen dramatischen Pessimismus zu rechtfertigen. Seine Dramen sind eine Analyse, eine Kritik der Gegenwart; er ist darin paradox, ein dramatischer Proudhon. Das Aufbauen der Zukunft überläßt er indeß, wie billig, dem Entwickelungsprocesse der Geschichte, in den er seine eigenen Tragödieen als gährenden Sauerteig hineinwirft. Bei der „Maria Magdalena" treten diese Betrachtungen uns um so lebhafter entgegen, als der Stoff selbst sich in der bürgerlichen

Sphäre der Gegenwart bewegt und nicht einer fernliegenden Sagenwelt entnommen und kunstvoll auf den Horizont unserer Zeit visirt ist. Die Charaktere dieser Tragödie haben plastische Sicherheit und Rundung; die Situationen entwickeln sich mit innerer Nothwendigkeit in fortschreitender Handlung; die Bühnentechnik ist mit Glück berücksichtigt und der Grundgedanke tief aus den Interessen der Gegenwart geschöpft. Die bürgerliche Ehre, die Meinung der Welt, ist das Fatum in diesem Drama, ein Fatum, dem das frische Leben und sein Recht geopfert wird. Die bürgerliche Ehre verlangt wenigstens den Schein; — um ihn zu retten, gehen alle unter. Clara verlangt, daß Leonhard sie heirathe, ohne Liebe, nur um der Ehre willen; der Secretair duellirt sich mit Leonhard „um der Ehre willen," weil darüber kein Mann hinauskann, weil er sich vor der Welt schämen muß, so lange der Verführer lebt. Und dieser Secretair ist der moderne Mensch des Stückes, um den die Poesie des Lebens schwebt; auch er fällt als Opfer dieses Scheines, den er sterbend verdammt; Clara mordet sich und das Leben, das sie im Schooße trägt — um dieser Meinung der Welt, um dieses Scheines willen. Bis in den kleinsten und feinsten Zug hinein ist diese Verwüstung des frischen Lebens gemalt, wie sie ein todter Begriff, der zur Alleinherrschaft gelangt, an den Lebenden vollzieht. Dabei ruht über dem ganzen Werke die Enge und Schwüle kleinbürgerlicher Verhältnisse. Man sehnt sich hinaus aus diesem Drucke, der in Gestalt dumpfer und enger Begriffe über dem Leben lastet, hinaus, wie Karl, dessen Sehnsucht nach dem freien Meere, nach dem fesselosen Leben im letzten Acte von eigenthümlich ergreifender Wirkung ist. Deshalb ist der Effect des Stückes niederdrückend und zerschmetternd; es ist kein freier Schlachtentod darin; die Opfer fallen, wie verschüttet vom morschen Gemäuer, an dem sie gerüttelt. Von den einzelnen Charakteren vertritt der Tischlermeister Anton die Starrheit des Principes in der Form des unbeugsamen Ehrgefühls. Clara ist die Magdalena, die nicht bereut, die nicht selbst Buße thut, sondern an der das Schicksal die Buße vollzieht. Man kann es dem Dichter zum

Vorwurfe machen, daß Clara nicht aus Leidenschaft zu Falle kommt, sondern aus einem niederen Motive der Berechnung. Doch Hebbel sucht in seiner dramatischen Casuistik den einzelnen Fall so schroff als möglich hinzustellen, damit das Princip um so schärfer hervortrete. Er beeinträchtigt zwar dadurch das Interesse an seiner Heldin; doch seine Personen, so lebenskräftig sie sein mögen, sind nur die Soldaten, mit denen der Feldherr operirt, und die er seinen Planen opfert. Der Mangel an Liebe für die eigenen Gestalten bestraft sich allerdings dadurch, daß sie auch bei anderen keine Liebe für sich zu erwecken im Stande sind.

Noch mehr gilt dies von der Tragödie „Julia," in welcher Hebbel einen Pendant zu seiner „Maria Magdalena" geschrieben hat. Clara beschwört Leonhard auf den Knieen, sie zu heirathen, um den Schein zu retten; Julia, die aus Liebe sich hingegeben, findet in dem hyperblasirten Grafen Bertram, der sich selbst das Leben nehmen will, einen Mann, der eine solche Scheinehe ihr selbst aufdringt und mit Freuden vollzieht, um noch eine gute, edle That zu thun. Der Verführer Antonio, den an der beabsichtigten Entführung zufällige Begegnisse seines Räuberlebens gehindert haben, ohne welche die ganze Tragödie unmöglich gewesen wäre, erscheint am Schlusse wieder; die alte Liebe wacht in ihnen auf, und Graf Bertram wird den beabsichtigten Selbstmord nun nicht länger vertagen, da sein Leben nur noch den Liebenden ein Hinderniß ist. Der Edelmuth in den letzten Scenen erinnert stark an Kotzebue, wie denn Graf Bertram selbst etwas Eulalienhaftes hat. Das Scheinbegräbniß und die Namen Julia und Grimaldi erinnern an die Schefer'sche Novelle: „Leonore di San Sepolcro." Wo aber in dieser Tragödie das Tragische bleibt, das wird uns Hebbel trotz seiner hochtrabenden philosophischen Introduction schwerlich nachweisen können. Graf Bertram ist, als ein edler Lump, kein Held, der ein tragisches Interesse einzuflößen vermag; und doch ist er die einzige handelnde Person des Dramas. Für Antonio und Julia ist der Ausgang so glücklich, wie es nur in einem Kotzebue'schen Rührstücke der Fall sein kann. Tobaldist ein ebenso bizarrer Charakter, wie Graf Bertram — ein Grundgedanke von durchgreifender menschlicher Wahrheit kann nie in abnormen Verhältnissen und durch abnorme Charaktere in angemessener Weise dargestellt werden. In diesen Fehler verfällt Hebbel, und auf ihm beruht seine Unpopularität. Er selbst sagte in seiner Vorrede zur „Julia": „Ich behaupte aber, daß gar kein Drama denkbar ist, welches nicht in allen seinen Stadien unvernünftig oder unsittlich wäre. Ganz natürlich, denn in jedem einzelnen Stadium überwiegt die Leidenschaft und mit ihr die Einseitigkeit oder die Maßlosigkeit. Vernunft und Sittlichkeit können nur in der Totalität zum Ausdrucke kommen und sind das Resultat der Correctur, die den handelnden Charakteren durch die Verkettung ihrer Schicksale zu Theil wird." Diese paradoxe Behauptung zeugt von der Einseitigkeit der Abstractionen, in welche sich Hebbel verrannt hat, und die sein Talent in bedauerlicher Weise lähmen. Natürlich wird sich nicht in einer einzigen Erscheinung oder in einer einzigen Entwickelungsphase alle Vernunft und Sittlichkeit concentriren; aber „ein in allen seinen Stadien unvernünftiges oder unsittliches Drama" ist eine lächerliche Mißgeburt und gar keiner Correctur fähig. Wenn nicht in jedem einzelnen Stadium das Vernünftige und Sittliche ebenso gegenwärtig ist, wie das Unvernünftige und Unsittliche, so kann es durch keine Macht der Welt in die Totalität hineingeheimnißt werden, man müßte denn das Ganze als eine olympische Abstraction in die Wolken versetzen, während seine Theile auf der Erde liegen. In der „Julia" z. B. ist in den einzelnen Stadien allerdings wenig Vernunft und Sittlichkeit; aber die Correctur ist ebenfalls nicht eine Verwirklichung der Vernunft und Sittlichkeit. Bleibt Bertram nicht am Schlusse derselbe mit dem Spleen behaftete Sonderling? Gewinnt er durch seine edle That an Interesse? Nicht mehr, wie ein verscharrter Cadaver durch die Blume, die auf ihm wächst.' Daß Julia mit dem Schreck davon kommt, an einen lebensmüden Grafen verheirathet zu sein, statt an einen lebenslustigen Räuber, mit dem ihr doch am Schlusse die Ehe winkt, ist auch weiter keine sittliche Correctur von Bedeutung, wenn es auch beruhigend wirkt, daß der, wie immer in den Hebbel'schen Tragödieen, in unsichtbarer Loge mitspielende Posthumus den rechten Vater erhalten wird. „Julia" ist nur eine Tragödie der Verzögerung und behandelt in Wahrheit einen **aufgeschobenen Selbstmord** und eine **aufgeschobene Ehe**. Rosenkranz hat mit gewohntem Geiste in seiner „Aesthetik des Häßlichen" nachgewiesen, daß diese Tragödie „eine gräßliche Komödie, ein Ungeheuer von Scheincontrasten" ist, und daß „die fundamentalen Verhältnisse nicht tragisch, sondern komisch" sind.

Noch mißlungener ist die Tragikomödie: „**Ein Trauerspiel in Sicilien**." „Eine Tragikomödie," sagt der Dichter in der Einleitung, „ergiebt sich überall, wo ein tragisches Geschick in untragischer Form auftritt, wo auf der einen Seite wohl der kämpfende und untergehende Mensch, auf der andern jedoch nicht die berechtigte sittliche Macht, sondern ein Sumpf von faulen Verhältnissen vorhanden ist, der Tausende von Opfern hinunterwürgt, ohne ein einziges zu verdienen." Dieser „Sumpf von faulen Verhältnissen" spielt aber auch in Hebbel's Tragödieen eine große Rolle, und seine Poesie ist oft mit Stumpf und Stiel darin stecken geblieben. In der „Julia" hat Hebbel einen eigentlich komischen Stoff in tragischer Weise behandelt; hier behandelt er einen tragischen Stoff in komischer Weise. Das „Trauerspiel in Sicilien" ist nicht einer Mischgattung angehörig, wie Hebbel will; — es ist eine ästhetische Mißgeburt. Die Verkehrtheit der „romantischen Ironie" und der Reiz falscher Contraste hat Hebbel verleitet, eine Criminalgeschichte zu dramatisiren, die bei der durchgängigen Gemeinheit der darin vorkommenden Motive gar keinen poetischen Eindruck zu machen im Stande ist, auch nicht einmal den sonderbaren Eindruck, den Hebbel selbst, als sein eigener Aristoteles, in der Einleitung als maßgebend für die Tragikomödie schildert: „Man möchte vor Grausen erstarren, doch die Lachmuskeln zucken zugleich; man möchte sich durch ein Gelächter von dem ganzen unheimlichen Eindrucke befreien, doch ein Frösteln beschleicht uns wieder, ehe uns das gelingt." Ludwig Tieck aber hätte dem für sich selbst plaidirenden Dichter wohlgefällig zugehört, wenn er ausruft: „Wenn sich die Diener der Gerechtigkeit in Mörder verwandeln, und der Verbrecher, der sich zitternd vor ihnen verkroch, ihr Ankläger wird, so ist das ebenso furchtbar, als barock, aber auch ebenso barock, als furchtbar." Das ist eine mit Contrasten spielende Ironie, welche ganz in den ästhetischen Katechismus der Romantiker gehört. In der That geräth man in Verlegenheit, wo man in dieser Tragikomödie das Talent Hebbel's suchen soll, einzelne kräftige und scharf motivirende Striche in der Charakteristik ausgenommen. Im Ganzen aber macht die burleske Sprache den parodirenden Eindruck, den Hebbel gerade von der Tragikomödie abzuwenden wünscht.

Die Hebbel'schen Lustspiele: „Der Diamant" und „der Rubin" sind unbedeutend, nichts als romantische Capriccios, mit so großen Prätensionen sie auch auftreten mögen. Im „Diamant" will der Dichter die Nichtigkeit der Welt, den leeren Schein des irdischen Lebens an einem Edelsteine phantastisch=lustig darstellen. Die Welt ist eine Welt des Scheines, eine Phantasmagorie; nichts steht fest, als der Humor, als die Willkür des Ichs, die sich auf den Kopf stellt. Das sind die alten Geheimlehren der Romantik! Das ist ihre ganze barocke Darstellungsweise, ihr ganzer somnambuler und wunderbarer Apparat! Dabei gipfelt die Sucht nach Bizarrem in ekelhaften Einzelnheiten. Ueberdies läßt Hebbel die Magie des Phantastischen vermissen, welche selbst die Tieck'schen Lustspiele auszeichnet, und ohne welche diese Gattung vollkommen ungenießbar ist. Bei Hebbel überwiegt die chemische Analyse, die verstimmende Absicht, „die Vernichtung der Welt in ihrem eigenthümlichen Dichten und Trachten," der Hokuspokus der sogenannten „absoluten Komik," die es hier nur zu einer somnam=bulen Marionettenkomödie bringt. Der Dichter muß auch für seine „drolligen Gestalten" zu interessiren verstehen; aber wenn diese Drolligkeit nur an den Drähten einer höchst bewußten und soufflirenden Doctrin auf die Bühne stolpert, wenn ihre possier=lichen Geberden ohne alle Frische und Grazie sind, so fehlt jedes

Interesse an den Puppen, mit denen der Humor spielt. Eine mit philosophischem Werg und philosophischer Watte ausgestopfte Komik, der das Gedankenfutter aus allen Löchern hervorschaut, kann nur einen schlottrigen Eindruck machen. Das Komische wirkt hier nicht erheiternd, sondern wunderlich und widerlich. „Der Rubin" ist noch phantastischer in seinen Voraussetzungen; auch hier fehlt weder der Edelstein, noch die Prinzessin, die in ihn verzaubert ist und nur dadurch erlöst werden kann, daß der Besitzer ihn freiwillig fortwirft. Dieser Gedanke der „erlösenden Resignation" spielt mehrfach in die Dichtung hinein, ohne ihre barocken Verwickelungen einheitlich zu durchdringen. Orientalische Volksscenen, Prügelscenen und magische Begebenheiten verschlingen sich zu einem im Ganzen poesielosen Knäuel, an dessen Fäden Hebbel einige verzwickte Knoten angebracht hat, die wohl für seine Begabung zu sonderbaren Einfällen Zeugniß ablegen, aber doch nicht an die phantastischen Troddeln des romantischen Tambourmajors Ludwig Tieck heranreichen.

Diese verfehlten Productionen, aus einer falschen und einseitigen Doctrin und einem starren Widerstreben gegen den Zeitgeschmack, auch wo er sich auf richtige ästhetische Principien stützt, hervorgegangen, ließen befürchten, daß sein Talent sich selbst zerstören könne in der Nacktheit anatomischer Experimente, in diesen reizlosen Schach= und Rechenexempeln einer doctrinairen Combination; denn durch bloße Contouren zu wirken, ist die Sache des Zeichners; der Dichter aber braucht die warme Farbenpracht des Malers, welche Auge und Herz erfreut. Diese Verirrungen, die schon deshalb bedeutend erscheinen mußten, weil Hebbel durch sie einzig dasteht, und die meisten neuen Tragöden nach der entgegengesetzten Seite hin sündigen, indem sie ohne künstlerische, vom Gedanken getragene Architektonik produciren, dabei aber oft ein glänzendes Colorit zur Schau stellen, würden das markige Talent des Dichters, das durch seine Starrheit und Bizarrerie an und für sich schon wenig Sympathieen findet, der Nation gänzlich entfremdet haben, wenn er nicht selbst schon in seinem „Michel

Angelo," sowie auch in seiner „Agnes Bernauer" zu volks=
thümlicheren Stoffen und einfach menschlichen Collisionen einge=
lenkt und dort eine beziehungsreiche Anekdote der Kunstwelt in
ebenso kräftiger, als sinniger Weise, hier einen bekannten tragischen
Conflict mit origineller Wendung, mit altdeutschem, naiv=marki=
gem Colorit und mit energisch und straff angezogenen Zügeln der
dramatischen Action behandelt hätte. Freilich ruht auch in dieser
Tragödie der Hauptnachdruck auf dem eigensinnig starren Charakter
des Herzogs Ernst, einer tüchtigen dramatischen Freskozeichnung,
während die Liebe zwischen Albrecht und Agnes trotz einzelner
Lichtblitze der Empfindung im Ganzen zu herbe, zu wenig mild
und liebenswürdig hervortritt. Melchior Meyr hat neuerdings
im „Herzog Albrecht" denselben Stoff mit geringerer Kraft der
Charakteristik, aber größerer theatralischer Wirkung behandelt.

Die Tragödie Hebbel's: „Gyges und sein Ring" ist
wieder ein Rückfall in die grillenhafte Genialitätssucht zu nennen,
so reich sie an dichterischen Schönheiten ist, und zwar an Schön=
heiten von jenem anmuthigen, weichen Schmelz, der sonst nicht
zu den Eigenthümlichkeiten der Hebbel'schen Muse gehört. Der
unsichtbar machende Ring der alten lydischen Sage ist vom Dichter
bona fide als dramatisches Motiv mit aufgenommen; denn wenn
auch die Art und Weise, wie Gyges unsichtbar die volle unver=
hüllte Schönheit der lydischen Königin belauscht, für die psycho=
logische Entwickelung des Dramas gleichgültig ist — die ganze
Handlung wird doch erst durch ihn möglich gemacht, und so erscheint
dieser Ring nicht minder wesentlich und nicht minder verwerflich,
als der Zauberring in Weilen's „Tristan." Auch diese Tragödie
der „weiblichen Züchtigkeit" kann nicht richtig aufgefaßt werden,
wenn man dabei die dramaturgische Theorie Hebbel's und seinen
Reformationstik übersieht. Man hat deshalb auch den Schluß
getadelt, die Katastrophe. Rhodope, nachdem Kandaules im Kampf
mit Gyges gefallen, nachdem ihr der Letztere am Altar die Hand
gereicht, ersticht sich mit den Worten:

> Ich bin entsühnt;
> Denn Keiner sah mich mehr, als dem es ziemte,
> Jetzt aber scheide ich mich — so von dir!

Man hat in dieser „Entführung" durch die Form der Ehe etwas Aeußerliches, Formelles, Altjüdisches finden wollen, welches zur außerordentlichen wahrhaft hohen Erscheinung der Rhodope nicht passen wolle! Rhodope ist aber im Sinne Hebbel's keine „wahrhaft hohe Erscheinung," sondern sie soll nur die „unsittlichen und unvernünftigen" Konsequenzen darstellen, zu denen das auf die Höhe getriebene weibliche Schamgefühl führt. Eine „Laïs," die vor dem Volke der Hellenen nackt aus dem Meere stieg, wäre wohl das schlagende Gegenbild zur züchtigen, in ihrer Kammer verschlossenen Rhodope, ein Stoff für einen geistesverwandten Dichter — und mit dem Rachelied, welches ihre gekränkte weibliche Schamhaftigkeit anstimmt, würde das Evoë und der Triumphgesang der von der eigenen Schönheit trunkenen Laïs, welcher das Volk der Hellenen wie einer Venus Anadyomene zujauchzt, wirksam contrastiren.

Die „Nibelungen," das letzte Werk des Dichters, die Frucht eines siebenjährigen Fleißes, eine Trilogie oder vielmehr eine Bilogie mit einem Vorspiel, zeigen alle Vorzüge Hebbel's im glänzendsten Licht, namentlich die zweite Abtheilung: „Siegfried's Tod." Doch das Fremdartige des Stoffes, das unsern Sitten widerstrebt, die Bändigung einer athletischen Jungfrau in der Brautnacht durch einen Dritten, der ihr an herkulischer Kraft überlegen ist, vermochte Hebbel sowenig wie Geibel zu überwinden. Alles Fremdartige der Sitte bleibt aber ein Anstoß für die Bühne, welche der Gegenwart gehört. Dagegen hat Hebbel mehr als Geibel einen gewaltigen reckenhaften Zug, der den Gestalten der Sage noch etwas Eigenthümliches läßt und sie trotz aller unvermeidlichen Modernisirung doch nicht ganz auf das Niveau der Frackmenschen herabdrückt. Dies Grandiose streift zwar bisweilen an das Groteske; die Visionen der isländischen Hünenjungfrau

Brunhild, welche an die ähnlichen Brautvisionen der „Judith"
erinnern, athmen einen mythisch=mystischen Somnambulismus, eine
so eigenthümlich beleuchtete Phantastik, daß sie zu den merkwür=
digsten Ergüssen unserer neuern und ältern dramatischen Muse
gehören. Der Gegensatz zwischen der sinnigen zartempfindenden
Chrimhild, in welcher am Anfang die Leidenschaften schlummern,
und der wilden Brunhild ist scharf durchgeführt, die Streitscene
zwischen den beiden Fürstinnen hat eine hinreißende dramatische
Energie; es bleibt nur zu bedauern, daß Brunhild so gänzlich
aus der Handlung verschwindet. Der jugendliche Charakter
Siegfried's hat etwas Krystallklares und Frisches, einen Zug echt=
germanischer Innerlichkeit; auch der wild joviale Hagen, der zum
Verräther wird, um den Verrath zu strafen, ist mit seiner, wir
möchten sagen, brutalen Treuherzigkeit eine echt altgermanische
Gestalt. Die Composition dieses zweiten Theils ist im Ganzen
bühnengerecht und einzelne Scenen sind auch von Wirkung auf
der Bühne.

Dagegen steht die dritte Abtheilung: „Chrimhilden's
Rache" weit zurück und enthält außer dem Racheschwur der
Chrimhild im ersten Act kaum ein dramatisch wirksames Moment,
das aus der episch verzettelten Handlung herausragt; es fehlt alle
Gliederung und Steigerung, und die Blutscenen des letzten Actes
zeigen eine bedenkliche Vorliebe des Dichters für das Grelle und
Gräßliche. Auch das Hyperbolische in den Reden und Charakteren,
wie namentlich in König Etzel, dem Gatten der Chrimhild, zu
welchem Günther mit seinen Mannen zieht, hat hier etwas Ma=
nierirtes, welchem die bewältigende Größe fehlt.

Das unvollendete, nachgelassene Werk Hebbel's „Demetrius,"
steht in Anlage und Ausführung so tief unter dem Schiller'schen
Fragment, daß man dem Dichter, nach diesem einzigen Versuch
zu urtheilen, nur eine geringe Begabung für die historische Tragödie
zusprechen kann. Der edel und ritterlich gehaltene Charakter des
Helden entschädigt nicht für die genrebildliche Behandlungsweise ohne
großen historischen Zug; die Mutter dieses Demetrius, die lahme

Barbara, ist eine dorfgeschichtliche Episode und Maryna scheint nur
der Handlung einverleibt, um den Gegensatz zwischen dem russischen
und polnischen Humus des slavischen Culturbodens in anekdotischer
Skizze anschaulich zu machen. Es zeigt sich hier wieder, daß Hebbel
die Grillen der romantischen Aesthetik und den Spleen der roman=
tischen Weltanschauung nicht zu überwinden vermochte, deren ver=
hängnißvoller Einfluß sich gerade in den Verirrungen eines so bedeu=
tenden Talentes bewährt. Schiller als Dramatiker in die zweite
Linie zu stellen und Goethe in die erste, zeugt ebenfalls für die
Abhängigkeit Hebbel's von romantischen Traditionen, denen die
großen Conflicte des öffentlichen Lebens, die Schiller mit solcher
Kraft, solchem dramatischen Verstande und dichterischen Schwunge
darstellte, vollkommen verschlossen waren. Dennoch wird nur die
historische Tragödie die deutsche Nationalbühne schaffen, auf
welcher die Tragödie des socialen Problems, deren Repräsentant
Hebbel ist, dann auch ihre berechtigte Stätte findet.

Zweiter Abschnitt.
Fortsetzung.

Georg Büchner. — Robert Griepenkerl. — J. L. Klein. Otto Ludwig. — Elise Schmidt.

Grabbe und Hebbel bilden die beiden Eckpfeiler des originellen
Kraftdramas, das, ohne die Höhe der Classicität zu erreichen, doch
gleichsam ein Reservoir frisch sprudelnder Quellen des Genies und
belebender Zuflüsse zu seiner Bildung ist. Starkgeistige Naturen
mit gestaltender Kraft und plastischem Triebe traten der Tradition
und ihrer verflachenden Einwirkung gegenüber; doch was sie
schufen, hatte nicht den geläuterten Reiz classischer Schönheit,
welche Gestaltungskraft und das Charakteristische mit dem Adel
des Ausdruckes und allgemein gültiger dichterischer Weihe verbin=
det, sondern es blieb in der Regel bizarr, hyperkräftig, hyper=

originell, ausschweifend in Gedanken und Formen, in trotzigem Widerspruche gegen das maßvoll Geltende, voll schöpferischer Gelüste, aber chaotisch gährend. Bei dieser ganzen dramatischen Richtung liegt der Nachdruck auf dem Individuell-Charakteristischen; es gilt, Menschen zu schaffen, Menschen von Fleisch und Blut, aber auch mit Warzen und Sommersprossen; es gilt, die geschichtlichen Helden aus einer typischen Idealität in eine unmittelbare, fast anekdotische Existenz zu rufen: es gilt, die Helden der bürgerlichen Tragödie bis zur Grillenhaftigkeit zu individualisiren und die Eigenthümlichkeit ihrer Denkweise so scharf zu fixiren, daß sie fast zur fixen Idee wird. Die Klippe dieser Dichtweise ist, wie wir schon bei Grabbe und Hebbel sahen, die Paradoxie und der Spleen. Sie liebt in der Geschichte abnorme Epochen voll chaotischer Gährung, voll ungeläuterter, leidenschaftlicher Wildheit, vulkanischer Explosionen, in denen das menschliche Empfinden, Denken, Wollen aus den gewöhnlichen Geleisen herausgerissen und in schwindelnde Bahnen getrieben wird; sie liebt in den socialen Kreisen abnorme Conflicte, auf die Spitze gestellte Subtilitäten; sie will phänomenartig wirken, blendend, neu, einzig, bedeutend scheinen. So bringt sie es wohl zu wahrhaft dramatischen Scenen, aber meistens in der Form der Skizze, und beeinträchtigt stets den rein künstlerischen Eindruck durch die Gewaltthätigkeit der Composition und der Ausführung. Indeß liegt der Nerv der Wiedergeburt des Dramas mehr in dieser Richtung, als in der entgegengesetzten, ästhetisch sauberen der traditionellen Phrase, der bühnlichen Technik, wenngleich nur die Verbindung beider Elemente, die bereits von künstlerisch strebenden und begabten Dichtern angebahnt wird, das modern-classische Drama in Aussicht stellt.

An Grabbe schließt sich eine Reihe von Dichtern an, welche, wie er, die historische Tragödie in wilder Größe und genialen Fresken behandelten und gleichsam die explodirende Naturkraft des geschichtlichen Lebens in Scene setzten. Jede künstlerische Architektonik, jeder ideelle Ausbau und damit auch die Rücksichtnahme

Das originelle Kraftdrama.

auf die Bühne wurde verschmäht. „Ist die Weltgeschichte nicht selbst dramatisch?" riefen die Apostel der neuen Theorie aus. „Wir wollen Geschichte von Fleisch und Blut, Geschichte in puris naturalibus — und die Bretter werden erdonnern unter dem Kothurne der Wirklichkeit." Wozu soll der Poet mit seinen Nachtmützen und Schlafrockfetzen die Lücken der Weltgeschichte stopfen? Wozu sein mühseliges Flickwerk an die Stelle jener erhabenen Composition setzen, welche der Weltgeist selbst gedichtet? Faßt die Geschichte nur am rechten Ende an — sie läßt sich ohne Widerspruch auf die Bretter bringen! Der tragische Dichter ist gleichsam nur der Polizeisergeant, der sie festnimmt und vor das Publikum escortirt. Dann aber zieht er demüthig den Hut ab vor dem Weltgeiste, dem großen Tragöbieendichter, der von Kain bis zu Napoleon einen unabsehbaren Cyclus von Trauerspielen selbst in Scene gesetzt, von dem sich hin und wieder fünf Acte ohne große Mühe für das Publikum der Gegenwart lossondern lassen. Die historische Tragödie hatte bisher mit großen Schwierigkeiten zu kämpfen; denn jeder geschichtlich fertige Stoff ist spröde und ungefügig für die dramatische Bearbeitung. Der Dramatiker mußte ihn schleifen, schmelzen, umgießen, und immer blieb die mißliche Frage übrig, wie weit er der Geschichte Gewalt anthun dürfe, und mit welchem Rechte er ihr Gewalt angethan habe. Hier idealisirte er die Charaktere, dort die Motive; hier wählte er einen anderen Beginn, dort einen anderen Ausgang; hier brauchte er für seine Gruppen anders ausgeführte Contraste, als die Geschichte darbot, dort für seine Entwickelung einen rascheren Gang, als die lang hingezogene historische Begebenheit an und für sich genommen hatte. Und trotz all' dieser künstlerischen Verkürzungen hatte jeder historische Stoff doch noch irgend eine fast unüberwindliche Schranke, an der sich die dramatische Gestaltung brach; irgend eine Ort und Zeit zerreißende Kluft war unübersteiglich; irgend ein allzu notorisches Factum hinderte die freie Bewegung des Dichters, der seine Charaktere nach höheren Kunstgesetzen gruppiren, auseinander- und zusammenführen, ihre Entwickelung steigern und beschließen wollte. Wie rasch waren jetzt alle diese Skrupel beseitigt! Die größte geschichtliche Treue ward zur Regel gemacht; aber sie war überaus leicht, denn sie collidirte nicht mit anderen Pflichten. Unverändert wurden die Begebenheiten in Scene gesetzt, ohne Rücksicht auf andere Entwickelung und Steigerung, als sie die Geschichte selbst darbot; man ließ, um mit Herwegh zu sprechen, „alles ruhig da verwesen, wo es der Weltgeist hingedichtet"; und die ganze Kunst des Dramatikers bestand darin, die großen Leichen der Geschichte so geschickt zu seciren, daß man jeden Hirn- und Herzfehler großer Charaktere der Nachwelt auf's deutlichste vorzeigen konnte.

Ein solcher dramatischer Anatom der Geschichte ist Georg Büchner aus Goddelau bei Darmstadt (1813—1837), ein junger Mediciner, der, nachdem er in Straßburg und Gießen studirt hatte, in politische Umtriebe verwickelt, in der Schweiz ein Asyl und einen frühen Tod fand. Seine von Gutzkow herausgegebene Tragödie: „Danton's Tod. Dramatische Bilder aus Frankreichs Schreckensherrschaft" (1835), nimmt unter den Dramen dieser Richtung einen hohen Rang ein, wenn auch mehr der wüste Hauch einer pathologischen Atmosphäre über dieser Tragödie schwebt, als die freie Luft eines auch in tragischen Schauern erquickenden Weltgerichtes. Doch gerade diese vulkanische Atmosphäre voll Schwefel und Dampf und Verderben, in welcher alle Elemente der Sitte und des Gesetzes sich loslösen, in welcher alle wilden Licenzen an der Tagesordnung sind, hat Büchner mit einer seltenen Kraft der Charakteristik dargestellt. Selbst der Cynismus ist in solchen Epochen berechtigt; denn bei dem Zusammensturze aller Institutionen wittert man immer den Modergeruch der Materie, die sich dann in behaglichem Wohlgefühle als das ewig Bleibende und jeden geistigen Bau Ueberlebende in den Vordergrund drängt. Ein kecker Materialismus im Denken, Leben und Lieben geht dann oft einer idealen, in die Zukunft stürmenden Begeisterung zur Seite, schon als fest ruhendes Gegengewicht für weit hinaus drängende, erst einen festen Halt suchende Tendenzen. Alles dies ist in Büchner's genialen Revolutionsskizzen schlagend ausgedrückt, nicht blos das äußere Costüm der Zeit, sondern auch der Nerv ihres innersten Lebens. Hierzu kommt eine schlagkräftige Charakteristik, welche das Individuelle nicht bis zum Paradoxen und Bizarren ausbildet, sondern der einzelnen Gestalt einen allgemein gültigen, menschlichen und historischen Adel läßt. So ist die Scene zwischen Robespierre und Danton ein Muster contrastirender Charakteristik, welche nicht blos scharf ausprägt, sondern auch für ihre Gestalten ein warmes Interesse zu erwecken versteht. Zugleich liegt in ihr ein historischer Schwung, der uns den großen Principienkampf vergegenwärtigt, ohne im entferntesten abstract zu werden. Diese Scene ist die glänzendste Bürgschaft für Büchner's dramatisches Talent, das leider ohne alle Harmonie und Rundung uns nur ein Conglomerat von Scenen giebt, in denen der berauschte Taumel der Revolutionsepoche einen bezeichnenden, aber keineswegs künstlerisch abgeklärten Ausdruck gefunden hat. Freilich sind solche keck hingeworfene Scenen mehr die Gesticulationen des Genie's, als das Genie selbst; denn das Genie ist nur, was es schafft; nur das Kunstwerk ist sein Diplom, nicht der titanische Anlauf, nicht die ungeberdige Kraft, nicht der Trotz gegen die Regel. Doch wo in einer Scene eine durchweg schöpferische Intuition vorwaltet, da sehen wir wenigstens die Löwentatzen des Genius, wenn auch seine ganze Majestät nicht unverhüllt zum Vorscheine kommt.

Abgerundeter als „Danton's Tod," künstlerischer organisirt, ja so abgeschlossen, daß sie eine theatralische Wirkung zulassen, sind die Revolutionstragödieen von Robert Griepenkerl aus Hofwyl im Canton Bern (1810—1868), Professor der deutschen Sprache und Literatur am Carolinum und an der Cadettenanstalt in Braunschweig, an welchem Ort er später in trostlosen Verhältnissen und halb verschollen starb. Er ist ein Dichter von wissenschaftlicher Bildung, der wie Hebbel, es liebt, als sein eigener Aristoteles aufzutreten und seine praktischen Reformversuche vorher mit der ganzen Wucht einer theoretischen Beredtsamkeit auszuposaunen. Griepenkerl besitzt nicht im entferntesten Büchner's drastische Gestaltungskraft und ihren kühnen Wurf, ihre gewaltige Unmittelbarkeit; aber er ist künstlerischer in der Ausarbeitung; er giebt nicht blos tragische Scenen, er giebt eine wirkliche Tragödie, in welcher sich die gigantischen Elemente der französischen Revolution mit einem oft lärmenden, oft gedämpften Pathos, aber stets im Rahmen scenischer Möglichkeit bewegen. Die Sprache Griepenkerl's ist meistens voll Kraft und Mark; aber diese Kraft ist nicht immer dramatisch; es ist oft eine Kraft des Ausdruckes, welche die bestimmte Situation überbietet, die durch sich selbst wirken will, wie der scenische Spectakel, das Geschrei der Menge und der Schlachtlärm in vielen anderen Tragödieen.

Die Helden Griepenkerl's haben meistens etwas Bramarbasirendes, eine überschwängliche Eitelkeit, die ihren eigenen wilden Geberden den Spiegel vorhält. Der Dichter hat seine erste größere Tragödie: „Maximilian Robespierre" (1851) selbst an vielen Orten vorgelesen und damit ein nicht unbedeutendes Aufsehen gemacht; auch später haben sich Kritik und Publikum vielfach mit ihr beschäftigt. Wenn Griepenkerl auch nach seiner eigenen Theorie ein Stück Geschichte dramatisiren wollte, so mußte er doch der künstlerischen Form des Dramas bedeutende Concessionen machen, die freilich nicht weit genug gingen, um ihm den Stempel eines Kunstwerkes aufzudrücken, wie auf der anderen Seite die historische Treue keineswegs in einer der dramatischen Theorie entsprechenden Weise gewahrt wurde. Denn der Robespierre Griepenkerl's in den Königsgräbern von Saint=Denis ist durchaus unhistorisch, und diese deutsch=sentimentalen Kirchhofphantasieen entstellen nicht nur das Bild des geschichtlichen, sondern auch das Bild des dichterischen Charakters. Daß der Tragöde auf die Einheit der Collision, auf den inneren organischen Zusammenhang des Dramas und seine in einander greifende Entwickelung, auf eine durch den Grundgedanken bestimmte Gruppirung der Charaktere wenig Rücksicht nimmt, das liegt eben in seiner ästhetischen Reformtheorie, welche die Weltgeschichte durch ihre eigene Kraft wirken läßt und in ihrem wildwachsenden englischen Parke nur hier und da eine pathetische Kaskade oder eine dramatische Brücke anbringt; doch daß diese stoffartige Auffassung das tragische Interesse beeinträchtigt, das beweist dieser „Robespierre" Griepenkerl's unfehlbar. Zunächst stellt Danton's colossale Persönlichkeit mit ihren dramatisch lebendigeren Pulsen den Helden in Schatten, so daß das Interesse, das wir an ihm nehmen, nur ein Reflex der Theilnahme ist, die uns Danton einflößt, und mit dem Sturze dieses revolutionairen Giganten zu erlöschen droht. Dann ist der Fall Robespierre's geschichtlich durch eine Coalition von Persönlichkeiten und Parteien bedingt, die an und für sich kein Interesse einzuflößen vermag. Dem Dramatiker, der die Geschichte ohne weiteres aufgreift, fehlt daher die ergreifende Collision, und wenn er in drei Acten Danton's Verhältniß zu Robespierre behandelt hat, so muß er mit dramatischer Consequenz den Fall Robespierre's nicht blos als ein Werk der Danton rächenden Nemesis darstellen, sondern auch in concreter Weise mit nachweisbaren Fäden aus dem Untergange des ersten Heroen den Untergang des zweiten herleiten. Sonst zerfällt die Tragödie in zwei Tragödieen, von denen die erste, mächtiger ergreifende bis zu Danton's Tode geht, die zweite, matt auslaufende bis zum Tode Robespierre's. Jene fesselt durch den Conflict zweier scharf contrastirender Charaktere; diese dagegen bietet nur historische Tableaux, wie das Fest des höchsten Wesens und die Scenen im Stadthause, in denen aber das eigentlich dramatische Interesse, besonders durch die hamletisirende Kirchhofelegik des Helden, bereits erloschen ist. Ein wahrhaft tragischer Dichter, der seine Kunst nicht der Geschichte unter-, sondern überordnet, hätte aber aus einzelnen historischen Andeutungen bedeutsame tragische Motive entnommen und den Kampf zwischen der republikanischen Gesinnung des Helden und seinem herrschsüchtigen Ehrgeize, der durch die angebotene Dictatur zu berauschendem Schwunge angefeuert wurde, zum Mittelpunkte der Tragödie gemacht, welche durch diesen Conflict an Würde, Einheit, an tief menschlichem Interesse und an Tragik der hereinbrechenden Nemesis gewonnen hätte. Die Ausführung der Tragödie giebt vielfach Gelegenheit, Griepenkerl's dramatisches Talent anzuerkennen, indem einzelne Scenen von großer und wirksamer Steigerung, einzelne Charaktere, besonders Lucile Desmoulins und Therese Cabarrus, welche allein von allen Personen des Dramas in Versen spricht, was den Eindruck macht, als wäre sie eine improvisatorische Corinna, von ansprechender, auch dichterisch gefärbter Zeichnung und das Ganze im würdigen Style der Tragödie gehalten ist. Die Sprache erhebt sich oft zu hinreißendem Schwunge, verliert sich aber auch bisweilen in ein Gewebe von Metaphern, deren Fäden etwas kraus durcheinander laufen. Die Volksscenen leiden an der beliebten Witzjagd der Shakespearomanen, durch welche ein forcirter Humor in die Handlung kommt, der dem charakteristischen Elemente Eintrag thut.

Der Tragödie des Berges folgte die Tragödie der Gironde, die ihr in der Geschichte vorausgeht. Der wilde Fanatismus, der durch die Verkettung der Begebenheiten bis zu unglaublicher Erhitzung gesteigert wird, ist an sich weniger tragisch, als eine maßvoll edle Begeisterung, welche den weiter drängenden Parteien und ihrer exaltirten Energie zum Opfer fällt. Um die Helden der Gironde schwebt, gerade wegen ihres Unterganges, eine elegisch schöne Verklärung; es waren rednerische Talente, begeisterte Denker und Dichter, geschmückt mit dem Adel der Bildung; aber es war jene Bildung, aus deren Kreisen die revolutionaire Verwüstung hervorgebrochen war, in denen die Gedankenblitze geschmiedet worden, die Thron und Altar in Schutt und Asche legten, und so fielen die Girondisten als Opfer ihrer geschichtlichen Bedeutung. Denn sie konnten nicht verhindern, daß der Blitz des Gedankens die Massen elektrisirte und daß die Flamme der Volksbewegung sich ihren eigenen Sturm erschuf, der zuletzt auch sie in ihren Wirbeln begrub. Dennoch — und das beweist auch Griepenkerl's Tragödie: „die Girondisten" (1852) — ist der Berg dramatischer, als die Gironde, wenn ihm auch alle weicheren und elegischen Tinten fehlen. Zunächst treten ein Robespierre und Danton, als einzelne Persönlichkeiten, viel schärfer und bedeutsamer hervor, als ein Vergniaud, Buzot und Barbaroux; sie waren zwar nur Repräsentanten der Masse, aber sie waren doch die weit leuchtenden Spitzen der Bewegung, und ihr Zusammenstoß, ihr Untergang war die Katastrophe der Revolution überhaupt. Außerdem spiegelte sich in dem Contraste ihrer Charaktere ein echt menschlicher Gegensatz: dort der abstracte Doctrinair, der Mann der Tugend und des Schreckens, der principielle Würgengel, der Aristides der Guillotine, der blutige Dogmatiker — hier der brausende Genußmensch, der Mann der That und Bewegung, der sanguinische Terrorist, der bestechliche Volksmann, der geborene Revolutionair; dort ein Charakter, der sich wie ein Vampyr an einem Begriffe vollgesogen, der, sonst schattenhaft und bedeutungslos, in diesem Begriffe, als seine Zeit gekommen, eine alles beherrschende Bedeutung fand — hier eine Persönlichkeit voll energischer, frischer Lebenslust, an und für sich imposant, ein Mirabeau des Convents, ein revolutionairer Olympier, dem das welterschütternde Donnern und Blitzen ein hoher Lebensgenuß war, den er nur noch in den Armen einer Europa und Semele zu steigern wußte. Die Girondisten haben weder solche historische, noch solche individuelle Bedeutung; der drastische Unterschied ist in einer mehr gleichschwebenden Bildung ausgelöscht; sie gehen unter wie Schlachtopfer in schöner Passivität, aber ohne alle energische Action. Die Gironde ist tragisch, aber die Girondisten sind es nicht. Deshalb auch in unserer Tragödie kein energischer Zusammenhalt, deshalb die Zersplitterung des Interesses, das von Einem zum Anderen eilt, und, weil nur die Gruppe, nicht der Einzelne wirkt, deshalb mehr eine Reihe von Tableaux, als eine innerlich fortschreitende Tragödie. Auch die Sprache hat nicht die frische Kraft des „Robespierre" und verfällt oft in eine manierirte Nachahmung des eigenen Stylmusters. In einer oft aufgeführten Tragödie: „Ideal und Welt" (1855) begab sich Griepenkerl auf das Gebiet der socialen Conflicte, wo indeß die Gewaltsamkeit seiner Charakterzeichnungen einen unnatürlich krankhaften Eindruck machte, und in seinem Drama: „Auf der hohen Rast" (1859) dichtete er eine Bergwerksidylle mit einem die Katastrophe herbeiführenden Naturereigniß, ein Gemälde, welchem der Reiz künstlerischer Contraste nicht fehlt; aber entscheidend ist das Eingreifen äußerer Zufälle, und die dramatischen Hebel der Handlung werden nicht dort angesetzt, wo es das Drama verlangt, in dem Willen und der Thatkraft des Menschen. Das letzte Stück von Griepenkerl: „Auf Sankt Helena," Drama in drei Aufzügen (1862), rückt den Helden des Jahrhunderts von Hause aus in eine elegische Bedeutung, welche das Tragische wohl in der Lyrik, aber nicht im Drama annehmen darf. Es handelt sich um einen Fluchtversuch des Kaisers von seiner einsamen Insel im Ocean; Herzensmotive, die Liebe zum Sohn, wirken hier bestimmend, sowohl den Plan zu fassen, als ihn wieder aufzugeben, mit einer durchaus innerlichen Wendung und wenig glaubwürdigen Motivirung. Die anekdotische Behandlung eines geschichtlich imposanten Thema's hatte zur Folge, daß die Bedeutung des Stoffs nicht durch die Dichtung gedeckt wurde. Ueberhaupt scheinen Zugeständnisse an den scenischen Effekt die Dichterkraft Griepenkerl's abgeschwächt zu haben, ohne daß sich die Bühnen für dies Entgegenkommen hinlänglich dankbar bewiesen hätten.

Weiter zurück bei der Wahl seiner Stoffe greift ein Dramatiker, der an Bizarrerie noch Hebbel übertrifft: **Julius Leopold Klein** in Berlin, geb. 1810 zu Mikolz in Ungarn, studirte Medizin und lebt seit 1830 in Berlin. Neuerdings hat er durch seine „Geschichte des Drama's," ein außerordentlich fleißiges, geistreiches, aber auch vielfach verworrenes und ungelichtetes Werk, die Aufmerksamkeit auf sich gelenkt. Seine jetzt erscheinenden „dramatischen Werke" (1.—7. Bd. 1871—72) zeigen ebenso das Talent des Dichters, wie die Irrwege, auf denen es wandelt. Klein's Schöpfungen tragen den Stempel eines originalen Kopfes und erheben sich dadurch, wenn auch in oft grotesker Gestalt, über das Niveau der versandeten Jambentragik. Es ist ein reicher, üppig wuchernder Geist in den Klein'schen Dichtungen; es sind Urwälder mit hochragenden Gedankenstämmen, von denen wunderbar verschlungene poetische Lianen phantastisch herunterflattern. Da ist nichts gelichtet, nichts gerodet; hier geräth man, wenn man einen schönen Leuchtkäfer des Gedankens, einen bunten Falter der Phantasie verfolgt, in einen unverhofften Morast, in dem man stecken bleibt; dort stolpert man über knorrige Gedankenwurzeln, deren Verzweigung man nicht übersehen kann. Die Axt des guten Geschmackes hat sich keine Bahn gebrochen in diese ungastliche aber reich geschmückte Wildniß. Der Styl Klein's ist verworren, die wilde Bilderjagd läßt die Phantasie nicht zu Athem kommen, alle Charaktere rudern gleichmäßig durch die Stromschnellen einer bilderreichen Diction; sie sind alle mit gleicher Geschmacklosigkeit tättowirt und machen, was ihre Ausdrucksweise betrifft, den Eindruck der Wilden, welche die Ohrgehänge nicht blos in den Ohren, sondern auch in der Nase tragen. Diese Ueberladung mit Zierrathen der Phantasie würde als ein Fehler des Reichthumes wohl noch zu ertragen sein, wenn diese Zierrathen selbst nicht oft höchst sonderbarer Art wären. Klein hat oft drollige und possierliche Einfälle, und in der Regel zur Unzeit; aber er kann sie nicht unterdrücken. Wir ersehen aus der „Geschichte des Drama's," daß Klein einer der unverwüstlichsten Shakespeareomanen ist, welche dies hierin keineswegs unfruchtbare Säkulum hervorgebracht hat; wir ersehn aus seinen Dramen, in wie weit er selbst ein Opfer der Shakespeareomanie geworden ist. Wie alle Vertreter der genialen Kraftdramatik die Muster ihres Styls im Globus- und Blackfriarstheater gesucht haben, so erinnert auch die Diction mancher Stücke Klein's in ihren Wendungen und Lieblingsmetaphern an die Diktion des Schwans von Avon, und zwar oft gerade an die schwülstigen, nur durch den Zeitgeschmack, nicht durch den Kunstgeschmack geweihten Stellen seiner Tragödien; ja noch öfter glauben wir Marlowe, Webster, Forde und die andern altbrittischen Dramatiker zu hören, an deren bizarre, mit abenteuerlichen Voraussetzungen überladene Stoffe auch Stoff und Composition der meisten Klein'schen Dramen erinnert. Diese ist seltsam verschlungen und in einander geschachtelt, wodurch die einleuchtende Klarheit und Spannung und damit die Andacht und Begeisterung des Publikums verloren geht. Was helfen da alle originellen Blitzfunken des dramatischen Talentes, der geistige Gehalt, die Bedeutung der Conception, die Wärme der Aus=

führung? Auch die Charaktere machen oft den Eindruck sonderbarer
Käuze, die man nach ihrer Legitimation fragen darf.

Es ist kein Wunder, daß Klein für sein dramatisches Rococo=
schnitzwerk auch mit Vorliebe französische Rococostoffe aus der Zeit
des ancien régime wählt („Maria von Medici" 1841,
„Luines" 1842, „die Herzogin" 1848), für welche das
deutsche Publikum nur ein geringes Interesse besitzt. In den
einzelnen Scenen, in denen die Charakteristik glänzend ist, wie
in denen zwischen dem König und Luines, erregt die Dehnung
der Handlung und die Häufung der Intriguen kein dauerndes
Interesse. Auch ist Luines nichts weniger als ein tragischer Held.
Eine originelle, komische Stuccaturarbeit enthält besonders das
Lustspiel: „die Herzogin" (1848), das, abgesehen von seinen
barocken Eigenthümlichkeiten, doch durch eine Fülle gesunden
Humors anspricht, obgleich die dramatische Entwickelung mit einer
gewissen Schwerfälligkeit und ohne alle französische Grazie und
Leichtigkeit vor sich geht. Die Dachpromenade und Schornstein=
expedition des Königs athmete in ihrer ersten Gestalt eine echt
komische Ausgelassenheit, welche in der späteren Bearbeitung für
das Berliner Hoftheater sehr zu Ungunsten des Stückes abge=
schwächt wurde. Klein versteht es durchaus nicht, die Grundzüge
einer ernsten oder heitern Handlung mit überzeugender Festigkeit
und Klarheit hinzustellen. Seine Intriguen spielen immer durch=
einander und nöthigen den Hörer und Zuschauer zu einer mühsam
das Verständniß suchenden Unruhe. Das ist aber der Tod aller
dramatischen Wirkung. So ist auch in „der Herzogin" ein hasti=
ges Hinundher, ein Kommen und Gehen, eine Verworrenheit ver=
schiedener Zwecke, die sich nirgends zu fester Wirkung abklärt und
auf der Bühne nothwendig scheitern muß, wie dies auch früher
in Berlin und neuerdings in München der Fall war.

Das Trauerspiel: „Zenobia" hat große Züge und athmet
einen heroischen Schwung; die Fürstin Palmyra's erhebt sich auf
einem weitschauenden Heldenpiedestal in ihrer Römerfeindschaft.
Diesem Haß gegen die Weltbeherrscher fällt ihr Gatte zum Opfer

und sie selbst opfert ihm den Sohn. Es ist nicht ein einziger Conflict, es ist eine Reihe von Conflicten, in denen sich diese feindliche Stellung der Königin zu den römischen Gewalthabern ausprägt. Dadurch und durch das Hereinspielen fremdartiger Elemente, wie der unverminderten Liebe des Mäonius zur Zenobia, wird die strenge dramatische Einheit historienhaft zersplittert. Die wahre Tragödie spielt erst in den großen Scenen des letzten Aktes, wo Zenobia ihren Sohn opfert. Das Drama hat machtvollen Schwung, der hier auch geläuterter ist als in den meisten andern Stücken des Dichters. Daß die westöstliche Scenerie der römischen und byzantinischen Vasallenstaaten auf die Phantasie des Dichters eine besondere Anziehungskraft ausübt, beweist auch sein neuestes und jedenfalls bestes Trauerspiel: „Heliodora" (1867), welches mehr dramatischen Zusammenhalt hat als die epische Zenobia. Die Heldin, die Schwester der Gemahlin Justinian's, Theodora, und wie diese früher Schauspielerin und Buhlerin, hat früher ein Verhältniß zu Eugenius, dem Neffen des Königs von Lazika in Kolchis, ihres jetzigen Gatten gehabt, und ist noch in heißer Liebesleidenschaft für ihn entbrannt, dem sie die Herrschaft der Welt erobern will. Doch ihre Leidenschaft bleibt unerwiedert, nachdem sie den eigenen Gatten durch Gift umbringen ließ und auch auf die Braut des Geliebten ein nicht gewissenhaft genug ausgeführtes Attentat ausüben ließ. Dann tödtet sie die Geliebte des Neffen mit eigener Hand und vergiftet sich selbst an der Leiche desselben, der auf ihr Geheiß von den Wurfspießen der Ihrigen durchbohrt wird. In der Fülle dieser Gräuel liegt etwas, was an Marlowe's Tamerlan und ähnliche Lieblingsstücke der altbrittischen Bühne erinnert; doch die Sprache der Leidenschaft athmet in dem Klein'schen Stück, das einheitlicher komponirt ist, als seine andern Dramen, einen Zug jener Größe, die auf dem echten tragischen Kothurn steht und auch das Ueppige dieses östlichen Römerthums, die Auflösung desselben durch die buhlerische Blasirtheit des abenteuerlich gekrönten Komödiantenthums, ist mit vieler Tüchtigkeit der Lokalfärbung wiedergegeben.

Das Trauerspiel: „Moreto" führt uns die drei größten spanischen Dramatiker Calderon, Lope und Moreto zwar zusammen vor, aber im Rahmen einer Handlung, in welcher ihre dichterische Bedeutung gänzlich verlischt, um so mehr als die Stickluft dieser Verwickelungen überhaupt keine poetisch reine Flamme duldet. Höchst verwickelte Voraussetzungen, wie sie in italienischen Novellen beliebt sind, führen zu widerwärtigen Verwechslungen und zu einem Doppelmord aus Eifersucht und spanischem Ehrgefühl, das uns fremdartig und verletzend erscheinen muß. Die unschuldige Liebe zweier jungen Wesen erweist sich als incestuös; der Sohn geräth in den Verdacht die Mutter zu lieben; beide werden grausam ermordet, diese von dem eigenen Gatten, jener von seinem freundlichen Mentor Moreto. Ein krasses Versteckspiel des Schicksals, aus welchem die betheiligten Tragiker nur lernen könnten, was sich für eine Tragödie nicht paßt! „Strafford" und „Herzog Albrecht" sind Historien ohne Concentration, mit einem massenhaften Aufgebot von Personen und scenischen Arrangements, wie die Parlamentsscene in „Strafford," welche durchaus keine dramatisch wirksame oder theatralisch mögliche Gruppirung zulassen. Daß sich in der Beschränkung der Meister zeigt, das ist ein Satz, der den Shakespeareomanen unserer Literatur stets als eine Absurdität erscheinen mußte. Selbst geniale Charakterzeichnung und psychologische Entwickelung, wie die des Johann von Schwaben gewinnen in dem Dunkel dieser mit Personen und Handlung überhäuften Stücke nur eine phosphorescirende Bedeutung. War Shakespeare in der Motivirung des realen Zusammenhangs oft zu flüchtig, nahm er aus der Geschichte und der Novelle allzu oft das Gegebene ohne Prüfung und Rechtfertigung in das Drama hinüber, so sind unsere dichtenden Shakespeareaner noch sorgloser in der Verknüpfung der Thatsachen, obschon unsere Bühneneinrichtungen selbst eine größere Sorgfalt in der Einfügung der äußern Verbindungsglieder nöthig machen, da sie der Phantasie nur einen geringeren Spielraum gestatten.

Auch in einer socialen Tragödie hat sich Klein versucht.

„Kavalier und Arbeiter" (1852) ist ein herkulisches Kraftstück der Klein'schen Muse, ein Sprung durch einen mit allen erdenklichen Todesarten gespickten tragischen Reifen, dramatische Kunstreiterei, welche die schwersten Kugeln der Tendenz jongleurartig tanzen läßt, während das schlecht geschulte Musenroß aus der Bahn und über die Schranken springt. An Handlung fehlt es dieser Tragödie nicht; aber diese Handlung ist nicht dramatisch. „Nicht da ist Handlung," sagt Lessing, „wo sich der Frosch die Maus an's Bein bindet und mit ihr herumspringt." Ein solcher dramatischer, neu aufgelegter Rollenhagen, ein Froschmäusekrieg zwischen Aristokratie und Proletariat ist das Klein'sche Criminaldrama, welches in seinen fünf Acten einen ganzen Pitaval dramatisirt und die Statistik des Verbrechens mit den haarsträubendsten Thatsachen bereichert. Das Häßliche und Gräßliche kann in greller Ausführung nie dramatisch sein, das Raffinirte beleidigt stets das ästhetische Gefühl. Raffinirt ist aber alles in diesem Klein'schen Stücke: Leben und Tod, Tendenzen und Situationen. Es ist ein gutes Recht des Dramatikers, die Gegenwart analytisch zu erfassen; aber er braucht sie nicht gerade gewaltsam am Schopfe zu fassen und über die Scene zu schleifen. Von tragischer Erhebung ist keine Spur; hier ist die pessimistische Malerei Hebbel's ohne jeden ideellen Lichtpunkt, der aus der rabenschwarzen Nacht emporsteigt. „Die Welt ist ein Narrenhaus" — das ist die alte romantische Moral, auf Eugen Sue'sche Verhältnisse gepfropft. Dennoch finden sich auch hier einzelne Züge von dramatischer Kraft und geniale Wendungen neben den barocksten Purzelbäumen des Gedankens.

Klein's Trauerspiel: „Maria" (1860) behandelt denselben Stoff, den Mosen im „Kaiser Otto" und Raupach in „der Liebe Zauberkreis" dramatisch verwerthet haben. Eine etwas unruhige und massenhafte Composition, ohne klaren und spannenden Fortgang der Haupthandlung, eine fast erdrückende Gestaltenfülle stellen die Vorzüge dieses Dramas, welche in einer gedankenvollen, energisch gestählten, wenn auch nicht schwulstfreien Kraftsprache, in einer oft drastischen Charakteristik — wir erinnern an die Figur des Markgrafen von Meißen — und in dem scharf markirten Kontrast zwischen italienischem und deutschem Wesen bestehn, leider in einer Weise in den Schatten, welche für die dramatische Wirkung sehr ungünstig ist. Das Lustspiel: „Voltaire" (1862) ist in der Anlage die beste von Klein's heitern Bühnendichtungen; Voltaire in seinem Gegensatz zu Shakespeare und in seiner Eifersucht auf den brittischen Dichter ist der im ganzen geistreich gehaltene Held des Stückes. Die Verwickelungen sind echt lustspielartig, doch eben so oft verworren, wie in der Festscene, wo alles fortläuft von dem gefeierten Voltaire, um Garrick spielen zu sehen. Auch die beliebte Promenade über die Dächer fehlt nicht.

Maßvoller, als Klein, ist ein anderer Dramatiker, der dieser Richtung angehört: Otto Ludwig[1]), (1813—1865, geb. zu Eisfeld) dessen „Erbförster" (1853) und „Makkabäer" (1854) durch ihre erfolgreiche Aufführung an bedeutenden Bühnen ein nicht geringes Aufsehen erregten. Dieser Dichter, der ohne die regelmäßige Schul= und Universitätsbildung zu genießen, sich längere Zeit namentlich mit Musik beschäftigte, siedelte seit 1855 nach Dresden über, und wurde dort im Verkehr mit Eduard Devrient dramaturgisch gefördert, leider aber durch schweres Siechthum jahrelang zu trauriger Einsamkeit verurtheilt, bis ihn der Tod von seinen Leiden erlöste.

Otto Ludwig hat ohne Frage dramatische Gestaltungskraft; die Sprache hat Nerv und Mark; es ist Leben und Spannung in seinen Tragödieen; er arbeitet einen Grundgedanken in sie hinein und giebt seinen Charakteren Züge kräftig aufgetragener Naturwahrheit. Dabei nimmt er von allen Autoren dieser Richtung am meisten auf die Anforderungen der praktischen Bühne Rücksicht. Wenn Büchner und Griepenkerl an Grabbe anklingen, so klingt Ludwig an Hebbel an, von dem er auch die Vorliebe für das Bizarre mit überkommen. Mindestens im „Erbförster" ist dies

---

[1]) Gesammelte Werke (5 Bde. 1869).

auf eine sich selbst parodirende Spitze getrieben. Das Stück muß in seinem krassen Verlaufe jedes gesunde Empfinden und jede unbefangene ästhetische Bildung verletzen; es ist ein Conglomerat absurder Gräuel, hervorgegangen aus der barocken dramatischen Großmannssucht, an welcher auch Hebbel leidet und welche in neuester Zeit so viele Talente ruinirt. Man sucht die Größe der Kunst in ganz abnormen Problemen und Verwickelungen, und während man in der Charakteristik mit realistischem Tik nach scharf ausgeprägter Naturwahrheit strebt, entfernt man sich wieder von ihr in der Composition, in welche man irgend ein Ausnahme= problem grillenhaft verwebt. So ist auch im „Erbförster" das patriarchalische Element, das noch in Iffland's „Jägern" so wahr und deutsch auftrat, zu Gunsten einer Grille gefälscht. „Der Erbförster" soll eine Tragödie des Rechtsgefühles sein, ist aber in Wahrheit eine Tragödie des Eigensinnes und der fixen Idee. Der Erbförster bildet sich ein,- sein Gutsherr könne ihn nicht absetzen, weil diese Stelle schon seit unvordenklichen Zeiten von seiner Familie bekleidet gewesen. Er ist außer sich, als der Advocat ihm mittheilt, daß dies keinen juristischen Grund zur Klage gebe. Der Förster denkt, „was vor dem Herzen recht ist, das muß auch vor den Gerichten recht sein," und begreift nicht, wie es zweierlei Recht in der Welt geben kann. Auf diesem paradoxen Eigensinne eines sonderbar gearteten Gemüthsmenschen beruht nun die ganze Tragödie, oder vielmehr soll darauf beruhen. Wir haben es hier mit keinem allgemein menschlichen Conflicte zu thun; oder vielmehr, der Conflict zwischen jus strictum und aequitas, dem geschriebenen Rechte und dem subjectiven Gesetze der Billigkeit, ist dadurch selbst in eine schiefe Lage gebracht, daß er in einen paradoxen, auf der Spitze stehenden Charakter verlegt ist. Denn auch der einfachste Zuschauer hat das richtige Gefühl, daß der Erbförster sich vernünftigerweise diese Marotte gar nicht in den Kopf setzen kann, da jeder Mensch, der nicht gerade unter den Südseeinsulanern und Hottentotten lebt, weiß, daß in unserer civilisirten Welt und nach unseren Staatsgesetzen der Privatbeamte durch den Willen der Herrschaft absetzbar ist, und wenn er nicht ein Narr oder Sonderling ist, wird er sich um seine eigenen Verhältnisse so weit bekümmern, daß ihm dies nichts Neues sein kann. Wir interessiren uns aber nur für Charaktere, mit denen wir empfinden können, und der Dramatiker darf uns in der Tragödie nicht zumuthen, Mitgefühl für Menschen zu haben, die an einem offenbaren Hirnfehler leiden. Solche Charaktere können in komische, unter Umständen in traurige Collisionen gerathen, niemals aber in tragische. Die neue paradoxe Dramatik Hebbel's und seiner Schüler gefällt sich aber gerade darin, die Conflicte in solche bizarre Ausnahmecharaktere zu verlegen, wo die Principien in anomaler Starrheit festwurzeln; doch sie ertödtet damit alles Interesse an den Persönlichkeiten, die gleichsam nur wie Grundpfeiler des dialektischen Processes in den Boden des Dramas eingerammt sind, mag sie sich auf der anderen Seite auch noch so große Mühe geben, diesen Charakteren mit realistischem Tik menschliche Wahrheit zu verleihen. Allerdings giebt es im wirklichen Leben auch solche Gestalten; sie lassen sich individuell markirt darstellen; doch sie flößen kein ästhetisches, nur ein pathologisches Interesse ein. Hierzu kommt, daß es dem Dichter des „Erbförsters" keineswegs gelungen ist, den Conflict rein zu halten und an sich selbst zur Tragödie durchzubilden. Im Gegentheile ist es die bunteste Zufallswirthschaft und ein wahrer Hagelschauer von Mißverständnissen, der ein als Lustspiel beginnendes Stück zur Tragödie niederregnet. In der That haben wir am Anfange des Stückes nicht die entfernteste Witterung des tragischen Verhängnisses, das hereindroht; wir bewegen uns in der wohlbekannten Lustspielatmosphäre Kotzebue's und Iffland's. Der Erbförster und sein Gutsherr wollen die Hochzeit ihrer Kinder feiern; sie erzürnen sich über das „Durchforsten," worüber sie verschiedener Ansicht sind; als Hitzköpfe gerathen sie an einander und aus einander; der Gutsherr verläßt im Zorne das Haus des Försters; der Festtag ist gestört; doch erfahren wir zu unserer Beruhigung, daß dergleichen Scenen häufig zwischen den beiden Brauseköpfen vorfallen,

ohne schlimme Folgen zu haben. Diesmal indeß ist es anders.
Der Gutsherr läßt sich bereden, den Erbförster seines Amtes zu
entsetzen; auch die beiden Söhne haben sich heftig erzürnt; es ist
eben ein hitziger Tag mit Congestionen nach dem Kopfe, Polter=
abend statt der Hochzeit; einige Aderlässe würden alles in's rechte
Geleise bringen. Der Erbförster will den Gutsherrn verklagen,
der inzwischen schon einen anderen Förster eingesetzt hat: den
Buchmeier; er hört, daß ihm vor Gericht kein Recht wurde.
Noch sieht man immer nicht, aus welcher Gegend der Windrose
der Hauch weht, der die matt hängenden Segel der dramatischen
Handlung zur Tragödie schwellt. Dazu muß auch Aeolus einen
neuen Schlauch öffnen, aus dem der tragische Boreas herbläst.
Ein Heros tritt auf, der eigentliche Held der Tragödie, der ihr
mit einem tüchtig zugreifenden Ruck weiterhilft. Dieser Held ist
Niemand anders, als ein Wilddieb: Lindenschmied, und nun
beginnt eine Kette von Mißverständnissen, deren blinde Gewalt
zwar nach Schiller „die Besten aus dem rechten Geleise bringt,"
und die auch einen Criminalproceß ganz interessant machen würden,
hier aber die Tragödie aus dem rechten Geleise bringen und das
tragische Interesse aufheben. Der Wilddieb Lindenschmied raubt
dem in der Waldschenke entschlummerten Sohne des Erbförsters
Andres das Gewehr „mit dem gelben Riemen" und erschießt
damit den neuen Förster Buchmeier, an dem er sich rächen
will. Was hat das, fragt jeder, mit dem Conflicte in unserer
Tragödie zu thun? Ja, wenn der gelbe Riemen nicht wäre!
An diesem Riemen bammelt der ganze tragische Schnappsack.
Der sterbende Buchmeier hat gerade noch Zeit genug, den
gelben Riemen an der Flinte seines Mörders zu erkennen; er
beschuldigt Andres, der schon früher mit ihm wegen der Forst=
verwaltung in Conflict gerathen war, des Mordes. Der Sohn
des Gutsherrn, Robert, glaubt es selbst, und ehe Andres sich noch
rechtfertigen kann, eilen andere schon mit der Kunde weiter. Der
Mörder Lindenschmied aber, von Robert verfolgt, schießt auf
diesen, und wir vermuthen nach einer Aeußerung von Andres,

daß er ihn getroffen hat. Doch der „stille Grund," die Scene dieser wilden Begebenheiten, soll sich bald noch ganz in eine schreckliche Wolfsschlucht verwandeln. Der Erbförster erfährt durch eine irrthümliche Mittheilung, daß sein Sohn Andres von Robert erschossen worden sei. Ein neues Mißverständniß! Der Erbförster denkt, ich will mir selbst Recht verschaffen, geht in den stillen Grund und erschießt — Robert! O nein — neues Mißverständniß! Er erschießt seine eigene Tochter Marie, die ihrem Geliebten ohne sein Wissen ein Rendezvous gab, um wo möglich die Aussöhnung der Eltern zu bewirken! So bleibt ihm freilich nichts übrig, als am Schlusse sich selbst dem Untergang zu weihen! Alle diese Zufälle der tragischen comedy of errors aus der fixen Idee des Erbförsters oder dem Grundconflicte des Rechtsgefühles und des starren Buchstabens herleiten zu wollen, das heißt, das Ei der Leda für den trojanischen Krieg verantwortlich machen. Höchstens könnte man sagen, die Tragödie zeigt, welche wunderbare Folgen sich an hitzige Rechthaberei knüpfen können, aber freilich wieder unter sehr wunderbaren Bedingungen. Alle diese criminalrechtlichen Mißverständnisse, das ganze tragische Blindekuhspiel ist in Wahrheit komisch und erinnert an die Verwickelungen des Kotzebue'schen „Rehbocks," wo auch der Schulmeister den eigenen Esel statt des Rehbockes erschießt. Diese Tragödie als das Werk eines dramatischen Messias auszuläuten — dazu war wenig Grund vorhanden. Denn ein Talent, das bei aller Kraft, mit scharfen Zügen zu charakterisiren, mit einer so extravaganten Composition voll mörderischen Unsinns beginnt, in welcher er wie ein tollgewordener Iffland sich geberdet, verrieth zunächst wenig Neigung und Geschick, den rechten Weg der einfachen Größe zu betreten, der allein der Nation zum Heile gereichen kann.

Bei weitem gelungener erscheint Otto Ludwig's zweites Trauerspiel: „Die Makkabäer" (1854). Obwohl die Neigung zu epischer Zerflossenheit auch in diesem Drama oft den energischen Fortgang der Handlung stört, obwohl das dramatische Heldenthum hier nicht, wie es das Grundgesetz des Dramas verlangt, von einem Einzelnen vertreten wird, sondern sich an eine Gruppe, mindestens an Lea und Judah, die Mutter und den Sohn, vertheilt; obwohl der dramatische Styl in vielen Einzelheiten auch hier oft unschön und forcirt erscheint, so zeigt sich doch in der Anlage ein Sinn für große dramatische Linienführung, in der Gestaltung eine markige Kraft der Charakteristik, deren Contraste wirksam geordnet sind; in einzelnen Situationen gewinnt die Handlung große dramatische und theatralische Prägnanz, wie namentlich in jener Scene, in welcher Judah den abtrünnigen Priester tödtet, das Götzenbild zertrümmert und, auf seinen Trümmern stehend, seine Stammesgenossen zum Kampfe gegen die Syrer aufruft! Das ist der Aufstand der Makkabäer, in dramatischer Frakturschrift, ein bewegtes Tableau, welches zugleich den Höhepunkt der Handlung kennzeichnet. Dieser Höhepunkt soll nach den Regeln dramatischer Technik, wie sie übereinstimmend von Gustav Freytag und von uns in der „Poetik" festgestellt wurden, an den Schluß des dritten Actes fallen. In Ludwig's Trauerspiel steht er bereits am Schluß des zweiten, und es ist von Interesse zu sehen, wie solche Verschiebung auf den Bau des Stückes ungünstig wirkt. Der dritte und vierte Act sind matt und zerfahren; die Darstellung der Gegenbewegung zersplittert sich in eine Menge von Einzelzügen. Die Opposition der orthodoxen Juden, die Liebesscene zwischen Judah und Naëmi, der Raub der Söhne, die an den Baum gebundene und befreite Mutter, die Verzweißungsscenen in Jerusalem und Judah's ermuthigendes Auftreten: das sind nebeneinander hingebreitete Situationen, während die Scenen des Dramas wie die polarischen Platten der galvanischen Säule gelagert sein müssen, um den durchschlagenden Blitz der Handlung zu leiten; keine darf unberührt bleiben von dem Gegensatz, durch den hindurch sich erst der elektrisch zündende Strahl fortpflanzt. Hätte Otto Ludwig die große Scene des Aufruhrs an den Schluß des dritten Actes gelegt, so würde sich von selbst durch die unerläßliche Deconomie des Stücks, die epische Breite einer vielseitig hin- und herfahrenden Handlung für den vierten

Act verboten haben. Dann wären wir unermüdet bei dem fünften Acte angekommen und bei seiner Katastrophe, die stets einer markerschütternden Wirkung gewiß ist. Ein massenhafter Heroismus verstößt zwar an und für sich gegen das Gesetz dramatischer Abbreviatur und wirkt eher abschwächend als verstärkend; doch hier concentrirt sich das tragische Interesse um den Heldenmuth der Mutter, der sich in dem der Söhne nur wiederspiegelt. Zugleich bringt die Rückkehr des abgefallenen Eleazar zu den Seinen einen durchaus sympathischen Zug in die Handlung, unterbricht den einförmigen Kampf um Tod und Leben durch ein neues Motiv und wirkt erhebend, indem ein verlorener Charakter für unsere Theilnahme wiedergeboren wird.

Seitdem hat Otto Ludwig nichts mehr für die Bühne geschaffen, sein „Engel von Augsburg," eine neue Agnes Bernauerin, sein „Tiberius Gracchus" sind Fragmente geblieben. Diese, sowie seine erste Jugenddichtung nach der Amadeus Hoffmann'schen Erzählung: „das Fräulein von Scudery" sind mit aufgenommen in seine „Gesammelten Schriften" (5 Bde. 1870). Wenn wir diese dramatischen Fragmente, denen sich diejenigen, welche der erste Band der „Nachlaßschriften" Otto Ludwig's (1874) bringt, zusammenstellen mit den dramaturgischen, welche als der zweite Band der Nachlaßschriften unter dem Titel: „Shakespeare=Studien" (1871) von Moritz Heydrich herausgegeben wurden, so vervollständigt sich uns das Gesammtbild einer ursprünglichen dichterischen Kraft, veranlagt für das Große und Erschütternde, aber beeinträchtigt durch nervöse Ueberreizung, durch Mißtrauen gegen das eigene Schaffen und durch fortwährende Grübeleien über die eigenen Charaktere und Situationen im Sinne einer verkehrten Richtung auf das charakteristisch Ueberladene und psychologisch Abnorme. Die peinliche Gewissenhaftigkeit und Schwerfälligkeit seines Schaffens auf der einen, sein körperliches Leiden auf der andern Seite hinderten ihn an leichtflüssiger Production. Zahlreich aber waren die Stoffe, die seine Phantasie entzündeten, die Gestalten, die neue Gedanken meißelten,

doch der Schritt aus dieser Traumwelt in das volle dichterische
Leben wird ihm schwer. Seine Intuition war nicht die reine
und sichere des Genies, sie war verfälscht durch die Visionen des
Traumlebens. Der Somnambulismus überwog die poetische
Schöpfungskraft, die Erscheinung trat bei ihm oft an die Stelle
der Gestalt. Die Aufschlüsse, die er selbst über die Art und Weise
seines dichterischen Schaffens giebt, über die der dichterischen Pro=
duction vorausgehenden Farbensymphonieen und die Erscheinung
der einzelnen Charaktere einer zunächst im Geist lebendigen
Schöpfung in den Lichtbrechungen des Regenbogens erinnern an
ähnliche somnambüle Processe, wie sie der Prophet von Poughkeepsie,
Jackson Davis, in den Offenbarungen seiner höhern Magie giebt.
Der dichterische Proceß, den uns Otto Ludwig als die innere
Genesis seiner Schöpfungen schildert, macht nicht den Eindruck
einer normalen künstlerischen Production, wie sie aus dem schönen
Bündniß der Begeisterung und Besonnenheit hervorgeht. Statt
der Begeisterung sehen wir eine somnambule Intuition, die
Besonnenheit aber zeigt sich als eine peinliche Reflexion, welche
nach unserer Ansicht sogar die Gesetze des Schaffens umkehrt,
mindestens aber die innere Einheit desselben grausam zerreißt.
Otto Ludwig macht zuerst das psychologische Exempel, führt das
Stück aus als einen Rattenkönig nüchterner Intentionen und dann
sucht er die Gestalten zu beleben durch eine nachträgliche Mensch=
werdung. Dann „muß das Stück aussehen, als wäre es blos
aus dem Instinct hervorgegangen." So hat weder Shakespeare
noch Schiller gedichtet. Das Stück soll nicht blos so aussehen,
es soll wirklich aus dem Instinct, d. h. aus der dichterischen
Inspiration und ihren Dictaten hervorgegangen sein. Dies müh=
selige Analysiren der Charaktere anticipirt ja den dramaturgischen
Commentar; doch die Commentare sind impotent, wo es dichte=
risches Schaffen gilt.

Wie er an seinen Stoffen herumgefünstelt, wie er sie nach
allen Seiten gedreht und die verschiedensten Varianten hinein=
gedichtet hat, das beweisen die Agnes Bernauerskizzen des Nach=

lasses, ein Stoff, der den Dichter Zeitlebens beschäftigte. Es lagen vier fertige Bernauerdramen vor und mehr als 23 starke Planhefte welche von den zahlreichen Fehlgriffen des Dichters, seiner experimentirenden Dichtweise und seiner auffälligen Kunst, einen einfachen Plan zu verwirren, ein merkwürdiges Zeugniß ablegen.

Wir brauchen die Meditationen Otto Ludwig's über den Charakter seines Tiberius Gracchus, die Fragmente und Skizzen als Grundlage für die Ausführung blos mit den hinterlassenen Fragmenten Schiller's zu vergleichen, um den Unterschied in der Productionsweise beider Dichter zu erkennen. Schiller, treu dem Ausspruche des Aristoteles, legt das Hauptgewicht auf die Handlung, die er in großen Zügen entwirft und aus deren Fortgang von selbst die Bedeutung der Charaktere sich entfaltet; Otto Ludwig führt mit einer Herz und Nieren prüfenden Unermüdlichkeit ein Charaktergemälde aus, das sich als Selbstzweck hinzustellen scheint und das außerdem mit einer Fülle von Detailzügen überladen ist, die sich in dramatische Handlung nicht umsetzen lassen. Ueber den Gang des Stückes erhält man aus allen diesen Aufzeichnungen keine Klarheit. Der Ueberschuß des Charakteristischen aber, mag man ihn auch durch Shakespeare's Vorgang zu rechtfertigen suchen, ist im Drama immer ein Fehler, und ein aus solcher Mosaik von immerhin bezeichnenden Zügen zusammengesetzter Charakter wird jener durchschlagenden Gewalt entbehren, welche die großen Actionen des Dramas in überzeugender Weise motivirt. So wäre auch Ludwig's Wallenstein eine mit geschichtlicher Handlung überfüllte Historie geworden. Das Drama verlangt nicht eine Fülle von Zügen, sondern es verlangt große und starke Züge, aber an der rechten Stelle eingesetzt als Hebel der Action.

Auf novellistischem Gebiete wirkte Otto Ludwig im Sinn und Styl der realistischen Schule. Seine Erzählung: „Zwischen Himmel und Erde" (1856) erregte anfangs großes Aufsehen durch die markige Darstellung und die Neuheit der Schwindel erregenden Situationen, die sie dem Leser vorführte. Die Helden des Romans sind nämlich Schieferdecker, und drei halsbrechende

Scenen, welche zugleich die Katastrophe der Handlung sind, spielen oben auf dem Kirchthurme von St. Georg, in der Dachluke und auf dem Gerüste des Schieferdeckers. Das ganze Werk ist eine Tragödie des Bruderhasses, deren psychologische Hebel vom Dichter mit großer Kunst und vieler Menschenkenntniß eingesetzt sind, deren Steigerung bis zur grellen Explosion in begreiflicher Weise darge= stellt ist, wenngleich nicht zu verkennen ist, daß die kernhafte Charakterschilderung in ihrer knorrigen Kraft oft an das Burleske streift, und daß die Prosa und der Styl oft ungelenk und schwer= fällig, ohne Guß und Harmonie sind. Ueberhaupt ist Ludwig's Erzählung ein Muster der realistischen Darstellungsweise, wie sie neuerdings im Schwunge ist. Freilich hat uns schon der alte Homer geschildert, wie seine Helden schlachten, essen, Waffen schmieden. Seine vielgerühmte Objectivität beruht vorzugsweise auf dieser köstlich naiven Darstellung des damaligen socialen und häuslichen Lebens. Doch bei der Einfachheit der Zustände im Heldenalter eines Volkes, im Jünglingsalter der Welt, war das, was der einzelne that, zugleich das allgemeine; jeder fand sich darin wieder, jeden mutheten diese bekannten Verrichtungen freund= lich an. Ebenso verhält es sich mit den naiven Schilderungen altgermanischer Poesie. Ganz anders aber stellt sich dies in einer Zeit vorgeschrittener Kultur, in welcher jedes Handwerk seine bis in's Kleinste ausgebildete Technik hat, und die kleinsten und fein= sten Räderchen der complicirten Maschine nur dem Auge des Hand= werksgenossen und des Kenners vertraut sind. Die Kriegführung, die Landwirthschaft, das Gewerbe, die Industrie bilden, jedes für sich, einen fast unübersehbaren Complex von technischen Besonder= heiten, die schon durch die Terminologie dem Nichteingeweihten unverständlich bleiben. Hier entsteht wohl die Frage, wie tief sich die Poesie, die sich in letzter Instanz nur an das allgemeine im Menschen wendet, in diese Fülle des Details versenken darf, ohne die Schönheit mit in dem interesselosen Material zu vergraben. Ein Dichter wird, wenn er auch noch so viel von Blumen singt, doch keine Botanik in Verse bringen und sich wohl hüten, die

Linné'sche Nomenklatur allzusehr zu poetischen Zwecken auszubeuten. Die modernen Blumendichter haben zwar hiergegen viel gesündigt, ebenso wie unsere Dorfgeschichtenschreiber es nicht über das Herz bringen konnten, den Leser über die Bestandtheile eines Misthaufens im Unklaren zu lassen. Freilich, die Technik des Ackerbaues ist noch die bekannteste; aus den Furchen des Pflügers dampft noch der Frühhauch der Erde, wie zu Homer's Zeiten, in keuscher Ursprünglichkeit, und wer auch im Felde Gerste und Hafer oder Roggen und Weizen nicht zu unterscheiden vermag, der weiß doch ungefähr, was das zu bedeuten hat. Mißlicher steht es schon mit den Stadtgeschichten, in denen irgend ein bestimmtes Hand=werk in den Vordergrund tritt. Auch in dem Ludwig'schen Romane glaubt man oft irgend eine Abhandlung aus einem technischen Journal zu lesen: die Verhandlungen über die Reparatur des Kirchendachs, dessen Verlattung und Verschalung morsch geworden, die Auseinandersetzungen über die Vorzüge der Schieferdeckung vor der Bleideckung u. dgl. m. sind splitterdürre Aeste vom Baume der neuen realistischen Poesie. Auch auf das Gebiet der Dorf=geschichte hat sich Otto Ludwig begeben in den „Thüringer Naturen," Charakter= und Sittenbilder in Erzählungen (2 Bde. 1857), und wenn man auch hier frische Anschauung und markige Darstellung nicht vermißt, so fehlt es doch weder an den verzwickten Katastrophen, welche die Eigenthümlichkeit seiner Begabung, noch an den Trivialitäten des Gehalts und Ausdruckes, welche das Genre mit sich bringt.

Zu den Schülerinnen Hebbel's ist auch eine Schriftstellerin zu rechnen, Elise Schmidt, welche im Bizarren und Colossalen, aber auch in markiger Charakteristik und Kraft des Ausdruckes mit ihm wetteifern darf. Ihre größere Dichtung: „Judas Ischa=rioth" (1851) wurde zuerst in Rötscher's dramaturgischen Jahr=büchern abgedruckt. Wenn auch der Strom der fortschreitenden dramatischen Action durch charakteristische Arabesken und eine breit wuchernde Hypergenialität des Ausdruckes beeinträchtigt wird, wenn auch die Bilder oft übertrieben gigantisch und die Situationen fragmentarisch skizzirt und grell gehalten sind, so fühlen wir den noch aus der ganzen Dichtung eine dramatische Begabung heraus, welche nicht blos in der bombastischen Phraseologie himmelstürmender Wendungen aufgeht, sondern auch den Kern des Charakters und die Bedeutung der Situation auszuprägen versteht. „Judas Ischarioth" ist eine metaphysische Tragödie, welche sich, ähnlich wie Jordan's „Demiurgos," an die höchsten Probleme der Ethik wagt und ihre Dialektik zum Theile wenigstens in Gestalten von Fleisch und Blut umzusetzen versteht. Freilich überwiegt das Predigerhafte mit dem Auftreten von Jesus und seiner reinen, milden, positiven Offenbarung gegenüber dem Charakter des Judas, der mit seiner dämonischen, in die Tiefe steigenden Skepsis an den Säulen des Himmels rüttelt. Die ganze Tragödie ist anomal, wenn man sie als die Production einer Frau betrachtet. Ihr fehlen alle weicheren Linien, alle Harmonie, alle Accorde des Gemüthes; das Trotzige, Harte, Zerrissene allein gelingt der Verfasserin. Ihre oft wüste Phantasie, mit grellen Bildern, chaotisch gährend und brausend, treibt bisweilen sonderbare Blasen; aber sie ist auch, wo sie blind ihren ungeregelten Eingebungen folgt, von hinreißender Magie. Die deutschen Frauen sind, auch wenn sie schriftstellern, selten dämonisch; sie sind zartfühlend, sentimental, fein, treffend, übermüthig, emancipirt, kokett, bisweilen frivol und sogar langweilig; aber das Dämonische liegt ihnen fern. Die metaphysischen Wagnisse werden von deutschen Frauen fast nie versucht — Elise Schmidt ist eine metaphysische Luftschifferin, welche mit großer Unerschrockenheit ihren dramatischen Ballon in die höheren geistigen Regionen steigen läßt. Hierzu kommt in einzelnen Scenen eine ebenfalls wenig weibliche bacchantische Sinnlichkeit im Tone der Orgie, ein teckes Behagen an den Naturschauspielen der Liebe, welche von den deutschen Schriftstellerinnen in der Regel sentimental drapirt, in einen thränenfeuchten Flor gehüllt werden — wir erinnern an die Scene zwischen Magdalena und Pontius Pilatus. So ist das ganze Stück ein weibliches Kraftstück und deutet auf herkulische Gedankenmuskeln; aber die erstaunliche Production läßt keinen wohlthuenden harmonischen Eindruck zurück, weil ihr Maß und Geschmack fehlen und das Athletische bei weitem das Graziöse überwiegt. Das zweite Drama der Dichterin: „Der Genius und die Gesellschaft" (1850), dessen Held Lord Byron ist, ein Stück, das unter der Aegide des Professors Rötscher erschien und ebenso heftig angegriffen, wie überschwenglich gelobt wurde, erreicht an geistiger Bedeutung den „Judas Ischarioth" nicht. Die Dichterin giebt hier ihr Talent nur in homöopathischen Dosen, obgleich die Charakteristik reich ist an treffenden Zügen und die dramatische Handlung sich lebhaft fortbewegt. Da sie früher selbst darstellende Künstlerin war, so beherrscht sie auch die Bühnentechnik vollkommen; aber gerade in diesen äußerlichen Effecten finden sich manche Reminiscenzen an andere moderne Dramen, und wie „Judas Ischarioth" nach Hebbel schielt, so schielt „der Genius und die Gesellschaft" nach Gutzkow. Der Grundfehler des Stückes besteht wohl darin, daß der Zeichnung Lord Byron's selbst der poetische Schwung fehlt; er ist ein Kind der Gesellschaft, wie die anderen, sein Genius tritt ihr nicht bedeutend genug gegenüber. Nachdem Elise Schmidt sich in einem metaphysischen und in einem socialen Drama versucht, schuf sie ein politisches: „Macchiavelli" (1852), in welchem die historischen Gesichtspunkte in scharfer Auffassung hervortreten. Die Intention der Dichterin war, „ihren Helden zu gestalten als einen edlen Geist, der auf dem zerklüfteten Boden Italiens steht, umdrängt von allen Parteien, treu seinem hohen Ideale von Volksglück, das er in der Herrschaft eines edlen Regentenhauses gesichert sieht." Doch der Macchiavelli des Stückes ist wohl eine geistige Macht, aber kein dramatisch eingreifender Held; der Verfasserin gelang es nicht, ihn in wahrhaft erschütternde tragische Collisionen zu bringen. Seine isolirte, doch edle und überlegene Stellung zwischen den Parteien hat am Schlusse den Sieg seines Princips durch die Herrschaft Lorenzo's von Medici und seinen eigenen Sturz, seine Verbannung zur Folge; aber der Schwerpunkt des dramatischen Interesses fällt nicht, wie es sein sollte, auf eine That Macchiavelli's, welche diese letzte Entscheidung herbeiführt, sondern auf die Gruppe der untergehenden Borgia's, in deren Zeichnung Elise Schmidt wieder ihre dämonische Meisterschaft bekundet. Cäsar und Lucrezia Borgia fesseln durch frappante und große Züge, in deren Ausführung die Dichterin keine hindostanische Blutscheu an den Tag legt. Die Ermordung der Ursini ist eine grelle dramatische Episode. Die Sprache der Dichterin hat Wärme und Schwung und hält sich von den metaphorischen Uebertreibungen des Judas frei; einzelne Situationen sind kräftig ausgeführt, wie überhaupt das ganze Stück durch historische Auffassung, Einheit des Gedankens und eine maßvoll würdige Haltung sich über die vorausgehenden Schöpfungen der Verfasserin erhebt.

Ein jüngerer ostpreußischer Dichter: Albert Dulk aus Königsberg (geb. 1819, nach längeren Reisen im Orient und einer langjährigen Schweizer Villeggiatur gegenwärtig bei Stuttgart lebend), gehört durch sein erstes im Druck erschienenes Drama: „Orla" (1844) ebenfalls dieser Richtung an, obschon das Charakteristische in dieser Tragödie gegen das Dithyrambische in Schatten tritt. Dulk ist ebenfalls eine dieser Kraftnaturen, deren Talent keine andere Offenbarung kennt, als die Explosion. Wir werden zwar in diesem Stücke nicht mit Fragmenten überschüttet; es splittern keine dramatischen Skizzen um uns her, die einzelnen Scenen sind breit poetisch ausgeführt; aber das Ganze ist doch ohne dramatischen Zusammenhang. Der Held dieser Dichtung ist ein reflectirender Don Juan, ein Don Juan-Faust, der echt deutsche Januskopf des genießenden Denkens und des denkenden Genießens, der mit der That würdig abschließt, wenn nur die That selbst eine würdige wäre. Doch dieser Held, der sich in die feurige Umarmung eines geistigen Raffinements stürzt und eine ganze Scala von Liebesabenteuern durchmacht, skeptisch im Genusse, idealistisch in der Sinnlichkeit, sentimental in der Frivolität, geht aus allen Metamorphosen des Herzens und der Leidenschaft, aus einer glühenden Heinse'schen Liebe dennoch als ein deutscher Jüngling hervor, der sein Nationalgefühl und den Haß gegen den

Bundestag so wenig verlernt hat, daß er sich am Schlusse noch an dem Frankfurter Attentate betheiligt. Es war gewiß ein unglücklicher Griff des Dichters, diese traurige Studentenkatastrophe als eine Verklärung der That zu benutzen. Dulk's „Orla" ist trotz dieses unglücklichen Schlusses, trotz der Zufälligkeit der dramatischen Form, trotz mancher Geschmacklosigkeit der Diction von einem wahrhaft genialen Dichterfeuer durchglüht. „Simson", ein Bühnenstück in fünf Handlungen (1859) hat weit mehr dramatischen Zusammenhang als Orla, obgleich es für eine theatralische Wirkung doch noch zu sehr in's Breite ergossen ist. Die Charaktere haben markige Züge und der Kampf im Herzen der Delila ist mit großer psychologischer Wahrheit dargestellt. Das bedeutendste und originellste von Dulk's Bühnenstücken, wenn gleich es in Anlage und Ausführung auf die Bühne verzichtet, ist „Jesus der Christ" (1865), welches der Dichter selbst ein Stück für die Volksbühne nennt, wobei ihm das Oberammergauer Passionsspiel vorschweben mag; doch die Volksbühne wurzelt im Glauben und bietet für die freigeistig dichterische und philosophische Auffassung der biblischen Geschichte keinen Boden. Jedenfalls ist die Dulk'sche Volksbühne für die Gegenwart eine incommensurable Bühne; es ist eine ideale Bühne der Zukunft. Trotz der nicht zu billigenden Rückkehr zu der elementarsten Form dramatischer Kunst ist das Stück eine bedeutsame Dichtung, durchzogen von den phosphorescirenden Adern einer energischen Dichterkraft, mit Zügen imposanter Großheit reichlich ausgestattet. Dem Inhalte nach ist es in edelster Haltung eine poetische Ergänzung zu Renan und Strauß. Doch ist Renan's Biographie im Grunde dramatischer als das Passionsstück von Dulk, in welchem wir gerade den dramatischen Gang vermissen. Der Mysticismus, wie er sich gleich in der Versuchungsscene der zweiten Handlung zu einer schwindelnden Höhe erhebt, läßt keine weitere Steigerung zu. Ueberhaupt verschwindet die äußere Entwickelung zu sehr in dieser tableauartigen mit großen Gruppen und Masseneffecten wirkenden Ausführung des Volksstücks; wir verlieren in diesem Scenenkonglomerat den psychologischen Faden. Und doch kann, wenn ein solcher Stoff dramatisch behandelt werden soll, gerade die innere Genesis der Religionsstiftung nur die dramatische Seele des Ganzen sein. Wo der Dichter sich in dies Innere des religiösen Processes vertieft, da finden sich, gegenüber der oft episch verzettelten biblischen Handlung, die poetischen Glanzstellen des Werkes. Der Dichter erklärt das Wunder mystisch als einen geheimnißvollen Seelenproceß. So z. B. in der poetisch reizvollen Erzählung der Maria von der Empfängniß Jesu, der danach als ein Essäerkind erscheint, während das Wunder als eine Selbsttäuschung der überschwänglich erregten, in himmlischen Träumen schwelgenden Maria in das Gemüth derselben verlegt wird. Auch die zweite Handlung, die Versuchung, ist eine optisch-mystische Selbstbespiegelung, zu welcher selbst die Decorationen der Natur die Gläser zurechtrücken müssen, eine kolossale Phantasmagorie von traumhaften Dimensionen, innerhalb deren sich der Menschensohn zu göttlicher Höhe steigert. Die Versuchungen des Satans sind natürlich in das Innere Jesu verlegt. Der Judas Dulk's ist kein Verräther, sondern ein politischer Kopf, der aus dem Messiasthum Jesu eine Wahrheit machen will und diesen nur verräth, um ihn mit seinen Zeloten wieder zu befreien und ihn selbst zur That anzuregen, das Zeichen zum allgemeinen Aufstand zu geben. Er ist ein edler Charakter, der für Israel seine Magdalena hingiebt. Die Sterbescenen des Judas unter Sturm und Gewitter haben etwas tragisch Ergreifendes, wilde Monologe in schauerlicher Beleuchtung, wie sie nur Grabbe gedichtet hat.

Unbedeutender als „Jesus der Christ" ist die Kaisertragödie: „Konrad II." (1863), die in zwei Theile: „König Konrad und Kaiser Konrad" zerfällt; sie erhebt sich nicht über das Niveau einer Hohenstaufenhistorie; sie besteht aus Haupt- und Staatsactionen ohne dramatische Einschnitte; der Held selbst ist mehr episch geschildert; doch enthält auch dies Drama einzelne große Züge, obschon der interessant angelegte Charakter Ernst's von Schwaben zu sehr im Sande verläuft.

Mit größerer Berücksichtigung des dramatischen Zusammenhanges und der bühnlichen Technik tritt der Dichter der „Weltseele", Arnold Schlönbach, in seinen Tragödieen auf, in denen ebenfalls eine oft harte und rauhe Naturkraft den ästhetischen Genuß verkümmert. Zwar war sein erstes bekannt gewordenes Drama: „Gustav III." (1852) mehr im charakterlosen Style der Jambentragödieen gehalten und stand unter der Herrschaft der Zeitphrase, welche dem widerstrebenden Stoffe gewaltsam aufgeprägt wurde. Dagegen donnerten die Kampflawinen der Diction in der Schweizer Tragödie: „Burgund und Waldmann" (1852); Metaphern und Gedanken wurden wie die Granitblöcke umhergeschleudert; die Charaktere erhoben sich auf riesig aufgethürmten Wortpiedestalen und standen neben einander, wie in den Wetterhimmel getauchte Alpengruppen. Trotz dieser Auswüchse einer oft in's Burleske umschlagenden Ungeheuerlichkeit des Styles herrschte in dem Drama ein nerviger Heroismus voll Mark und Schwung. Die Verheißungen, welche in der dramatischen Frakturschrift dieser Tragödie lagen, hat Schlönbach auch in seinem Trauerspiele: „Der letzte König von Thüringen" (1854) nicht erfüllt. Denn die Härte und Herbheit einer künstlerisch ungefeilten Form, die in einem Athem durch alle möglichen Metra taumelt, die Vorliebe für das Pathos der Interjectionen, in welchen dramatische Kraft sich nur ungeläutert aussprechen kann, die lakonisch-skizzenhafte Zeichnung, die an Grabbe erinnert, lassen kein warmes und gleichmäßiges Interesse aufkommen, obschon in einzelnen Scenen Blitze des Talentes aufflammen und es auch nicht an jenen frappanten Zügen fehlt, durch welche ein Charakter plötzlich von innen heraus erhellt wird.

Seit Grabbe's „Hannibal" hat sich das Drama, das sich in den Geleisen dieses Dichters fortbewegte, mit Vorliebe dem Alterthume zugewendet. Die antike Würde und Größe gestattete leicht eine freskenartige Behandlung; der historische Kothurn trug von selbst den heroischen Schwung; die großen Züge der Helden waren mit plastischer Klarheit durch die Historiker jener Zeit gegeben und gestatteten die Ergänzung durch kleine, scharf individualisirende Striche, welche die Dichter dieser Richtung liebten. Man wählte nicht jene Stoffe, welche die pathetische Tragödie hervorsuchte, um in ihnen den declamatorischen Hang zu befriedigen; man suchte jene Gestalten auf, in denen entweder ein der neuen Zeit sympathisches politisches Gepräge hervortrat, oder das Dämonische der Erscheinung eine neue, tief greifende Motivirung verstattete. Zwar „Demosthenes" und „Cäsar und Pompejus" von Arend sind trockene historische Formulare, geschichtlich treu, aber von einer objectiven Dürre und Magerkeit, welche das historische Skelett nur mit wenig poetischem Fleische bekleidete und daher trotz tadelloser Composition kein warmes Interesse zu erregen vermochte. Doch schon „Tiberius Gracchus" von Moritz Heldrich (1861) interessirte durch das dramatische Leben, die politischen Gedanken und Conflicte, welche an verwandte Kämpfe der Gegenwart anklingen, und durch ansprechende Effecte, welche mit geringen Mitteln erreicht sind. An dämonische Charaktere des Alterthumes wagte sich Ferdinand Gregorovius in seiner Tragödie: „Der Tod des Tiberius" (1851) und später Kürnberger in „Catiliana" (1855). Catilina, der wüste Revolutionair, und Tiberius, der wüste Tyrann, — welche bedeutsame Typen aus der Epoche der römischen Weltherrschaft, die zu ihrer Darstellung Dichter von großer Weltanschauung und imposanter Kraft der Zeichnung und des Ausdruckes verlangen! Gregorovius entrollt uns weniger eine Tragödie, als ein tragisches Tableau, das mit mannigfachen Lichteffecten illustrirt ist, eine einzige Situation, den sterbenden Tiger! Zahlreiche Tendenzen und Interessen bekämpfen sich an seinem Todeslager; aber die Theilnahme bleibt doch dem einen großen Charakterbilde zugewendet, das in seiner Wildheit, Grausamkeit und Wollust, ringend mit dem hereinbrechenden Tode und doch getragen von dem gigantischen Bewußtsein weltbeherrschender Größe, in einer Fülle von Contrasten und Stimmungen ein wechselndes, aber imposantes Schauspiel bietet! Doch diese innerlich zersetzende Dialektik des Charakters, auf welchen die Ereignisse wirken, der wie ein Chamäleon bei jeder Berührung von außen schillert, aber selbst nicht gestaltend und thatkräftig in die äußere Welt eingreift, giebt mehr ein psychologisches Schattenspiel, als eine dramatische Action. Mehr dramatische Bewegung, die energisch zu Katastrophen forschreitet, und gleicher dichterischer Schwung ist in Kürnberger's „Catilina," in welchem der Rebell und Verschwörer als ein socialistischer Heros erscheint, der dem doctrinairen Cicero gegenüber durch Kraft und Energie für sich interessirt. Der Verfasser hat seinen Reichthum von Anschauungen, Gedanken und Bildern auch in seinem Kulturbild: „Der Amerikamüde" (1856) bewährt, welches die Zustände Nordamerika's freilich mit stark pessimistischer Färbung malt. Auch in dem Drama Ludwig Goldhan's „der Günstling des Kaisers" (1862), dessen Held Petronius ist, finden sich im Einzelnen bedeutende Züge ursprünglicher Dichterkraft.

Der römischen Geschichte entnahm auch Albert Lindner sein mit dem Berliner Schillerpreis gekröntes Drama: „Brutus und Collatinus" (1866). Der Dichter, der längere Zeit in Rudolstadt als Gymnasiallehrer sich aufhielt und gegenwärtig in Berlin lebt, schließt sich vollständig den Traditionen der originellen Kraftdramatiker an. Das Drama, welches des Preises nicht würdig war, zeigt alle Fehler des Kraftdramas, die einheitslose Behandlung zweier ganz verschiedener Conflicte, den Styl der Historie, die Härte, Ungelenkheit und Uebertriebenheit der Diction, wenngleich es in einzelnen Scenen, namentlich des dritten Actes eine imponirende Macht des dramatischen Ausdruckes in Situations- und Charaktermalerei verräth. Doch eine unfertige Studie, mochte sie immerhin eine Talentprobe sein, verdiente den Preis nicht, der für Werke von dauerndem Werth bestimmt war oder mindestens für solche, die in vieler Hinsicht eine mustergültige Bedeutung in Anspruch nehmen könnten. Die Kritik hatte dem Lindner'schen Drama gegenüber die Aufgabe nachzuweisen, daß wir es mit einer einheitlosen Studie zu thun haben und die Fehler derselben scharf hervorzuheben, damit nicht das Urtheil der Preiskommission eine blinde Nachahmung des Verwerflichen zur Folge habe. Ein wahrscheinlich früher gedichtetes Stück: „Stauf und Welf" (1867) ist in den ersten zwei Acten eine Neudichtung der Grabbe'schen „Hohenstaufen" mit unerlaubt freier Benutzung der Situationen, Reden und Bilder des Vorgängers. In den letzten Acten zerflattert die Handlung gänzlich in die Blätter der epischen Chronik. Nachdem Lindner, um den spröden Bühnen, die eine „Catharina II.", ein fünfactiges Trauerspiel des Laureatus, von sich fern hielten, besser beizukommen, mehrere Bühnenstücke ohne tiefere Bedeutung gedichtet hatte, wie den „Hund des Aubry" (1869), wandte er sich in seiner „Bluthochzeit" (1871) wieder der großen Tragödie zu und zeigte, abgesehen von den Gelüsten der Shakespeareomanie, die sich in einzelnen Auswüchsen, in dem Gespenst des Admirals, einem unpsychologischen Gespenst, in dem auf die Bühne gebrachten blutigen Haupt desselben u. s. f., offenbart, eine unleugbare dramatische Kraft in der Situationsmalerei und eine mehr geläuterte Diktion, deren energische Knappheit im leidenschaftlichen Erguß nicht ohne durchschlagende Gewalt ist. Freilich springen die Situationen oft zu abrupt, ohne innere Begründung, auf die Bühne. Warum sich Heinrich von Navarra im Louvre närrisch stellt, müssen wir errathen — wahrscheinlich nur, weil es Hamlet thut. Hamlet zeugte Brutus, Brutus aber zeugte Heinrich von Navarra. Nach dem Shakespeare'schen Vorbild herrscht der epische Geist der Historie über den dramatischen einer einheitlichen Handlung vor; ja man muß sich in der That fragen, wer eigentlich der Held dieser „Bluthochzeit" ist. Ist es die Giftmischerin Katharina von Medici, die ihre geheimen Künste an Handschuhen und Kerzen versucht, die Ate der unglückseligen Bartholomäusnacht? Ist es König Karl IX., der, nachdem er lange am Leitseil seiner Mutter den Tyrannen gespielt, sich auf einmal zu selbstständiger Entscheidung aufrafft, dann aber als ein Opfer der für den Bearner vergifteten Kerzen fällt? Ist es dieser Bearner, der spätere Heinrich IV. selbst, der anfangs wie Hamlet den Narren am Pariser Hofe spielt, und am Schluß im Testament

Karl's IX. zum König von Frankreich bestimmt wird und den Thron besteigt, trotz der Proteste einer Katharina von Medici und der weltgeschichtlichen Ueberlieferung, welche noch einen König Heinrich III. zwischen Karl IX. und Heinrich den IV. einschiebt?

Der Keckheit, einen ganzen König zu unterschlagen, hätte sich das große Vorbild aller neuern Historien, Shakespeare, gewiß nicht schuldig gemacht.

Wenn wir für die Tragödie einen Helden suchen, so könnte unsere Wahl zuletzt doch nur Katharina von Medici treffen, denn sie ist die Seele der Metzelei der Bartholomäusnacht, die gleichsam geharnischt aus ihrem Haupte hervorspringt; sie ist die einzige zweckvoll handelnde Person des Stücks; sie beherrscht ihren Sohn, den König, und ihre Tochter Margarethe, durch welche sie den Herzog von Navarra in die Falle lockt, und über sie läßt der Dichter die Nemesis hereinbrechen, indem sie wider Willen den eigenen Sohn vergiftet. Diese Katharina aber, die das Vergiften als Metier betreibt und bei ihrem ersten Auftreten sich gleich danach erkundigt, ob die Handschuhe, die für die Mutter Heinrich's von Navarra bestimmt sind, sich im erforderlichen Infectionszustande befinden, ist doch so durch und durch eingeteufelt, daß wir ihr keine Art von Theilnahme widmen können — und überdies vermissen wir die dämonische Größe des Charakters. Shakespeare's Richard III. vernichtet mit schonungsloser Tücke alle, die ihm im Wege stehen, aber wir wissen, warum er es thut. Weshalb aber vergiftet Katharina die Mutter Heinrich's, die Johanna d'Albret? Welche Bedeutung hat diese Frau als ihre Gegnerin? Wir erfahren gar nichts, was diese That, mit welcher geschmückt die lachende Vergifterin die Bühne betritt, erklären könnte.

An Grabbe's „Don Juan und Faust" schließt sich eine Reihe philosophisch gefärbter Dramen, greller Skizzen des Gedankens, in denen oft eine wenig coulante Metaphysik, wie die Hexe in der Goethe'schen Walpurgisnacht, „nackt auf dem Bocke sitzt und ein derbes Leibchen zeigt." Der Bock mit seinen cynischen Geberden darf in diesen Tragödieen des Gedankens nicht fehlen; er ist das

Symbol des Materialismus, und wir müssen uns überall von seinen Hörnern stoßen lassen. Der Sancho Pansa, der Leporello und selbst der Mephistopheles sind die Repräsentanten der bald philiströsen, bald cynischen und diabolischen Materie, welche den Rittern vom Geiste in gewichtiger Weise opponirt. Selbst Don Juan, dessen Sinnlichkeit noch einen phantasievollen Schwung hat, braucht eine derbere Correctur, welche ihm die nüchterne Genußprosa des Leporello zu Theil werden läßt. An Goethe, Grabbe, Lenau, Bechstein reihten sich andere Poeten, welche jene Charaktertypen in neue Situationen brachten und dem Probleme neue Seiten abzugewinnen suchten. Braun von Braunthal, unter dem Pseudonym Jean Charles, ein extremer jungdeutscher Romandichter, den wir bereits an seiner Stelle erwähnten, hat den Don Juan und Faust, Jeden für sich, zum Helden einer Tragödie gemacht. Sein „Faust" (1835), der nicht ganz frei ist von Goethe'schen Reminiscenzen, hat einen chevaleresken und romanhaften Anstrich; wir werden durch Studentenprügeleien, Pariser Spiel- und Bordellscenen und spanische Eremiten-Romantik hindurch geführt; aber die durchgängige Einheit der Fabel ist gewahrt, deren Schluß in eine grelle Katastrophe ausläuft. Originell ist der Einfall des Dichters, „Faust" mit dem kaiserlichen Einsiedler in St. Just zusammenzubringen und das Scheinbegräbniß Karl's V. in die Dichtung zu verweben. Doch alle diese Situationen sind nicht in ihrer Tiefe ausgebeutet; es sind Funken von esprit darüber hingesprüht; aber es fehlt das von innen heraus erwärmende Feuer.

Eine neue Faustdichtung in vier Bänden von Ferdinand Stolte (1860—69) kündigt sich als eine Fortsetzung des ersten Theiles von Goethe's Faust an, indem sie sich die innere Läuterung und Erhebung des Helden, welche an Gretchens Untergang anknüpft, zum Ziel setzt. Der große Umfang der Dichtung hat nun auf den Inhalt derselben die abschwächende Wirkung geäußert, daß Stolte's Muse, froh ihrer schrankenlosen Freiheit, die keinen Bühnenanforderungen Rede zu stehen braucht, sich bisweilen in's

Breite ergeht mit einem Behagen, das jede Wirkung gefährdet. So erscheint der Held namentlich im dritten Bande als ein fast unleidlicher Doctrinair, der die Kritik des Mephistopheles nicht nur herausfordert, sondern auch bestätigt. Der Sohn der Hölle sagt ihm nämlich nach, daß er die Worte nicht in ein leeres Sieb schöpfe, sondern in ein überlaufend volles Faß, daß er unausstehlich kathedre und kanzele, daß man ganz voll und toll werde, wenn man ihm das Ohr leihe. Wir erhalten Abhandlungen in Versen, die jede dichterische Form, nicht blos die dramatische, durchlöchern würden. Faust hält eine Rede bei Eröffnung der Stände, die nicht weniger als 50 Seiten enthält; der Dialog zwischen Faust und dem Cardinal über Kirchen= und Menschenrecht ist kaum minder umfangreich; eine Adelsversammlung bildet eine Scene von 60 Seiten; jeder dieser Monologe und Dialoge nimmt fast denselben Raum ein wie ein mit der nöthigen Technik und Bühnen=mache für den Theaterabend zugeschnittenes Stück. Ohne Ver=seichtung und Versandung, ohne didaktische Ueberbürdung kann es dabei nicht abgehen.

Der Verfasser dieser Dichtung († 1874) ist ein Naturalist von ursprünglicher Begabung; sein Werk ist reich an dichterischen Schön=heiten, denen man die ganze Frische des ersten Wurfs anmerkt; ebenso reich an originellen Einfällen eines naiven Mutterwitzes und an einzelnen genialen Treffern der Composition. Auch ver=leugnet dasselbe nicht ganz die Bühnenkenntniß seines Verfassers, der ja nacheinander Schauspieler, Bühnendirektor und Vortrags=lehrer war, wie er auf der Weltbühne auch als Mönch und Wasserarzt debütirt hat; doch zeigt die Bühnenkenntniß sich nur in einzelnen Situationen, die zum Theil sogar auf theatralischen Knalleffekt hinausgehen, während das Ganze ja auf die scenische Möglichkeit verzichtet.

Diese Vorzüge werden aber wiederum empfindlich beschränkt durch den Mangel an Geschmack, Maß und Kunstverständniß und durch die Vorliebe für freimaurerischen Redeschwall.

Die Composition ist weniger zerflossen, als man nach den

äußern Dimensionen des Werkes vermuthen sollte. Einzelne Gestalten, wie Ahasveros, die ohne innere Nöthigung in den Rahmen der Faustdichtung gezwängt sind, drohen zwar denselben zu zersprengen, im übrigen aber bewegt sich die Handlung fort ohne allzu große Zerfahrenheit in Zeit und Raum. Der erste Theil bringt Faust mit Gutenberg in Berührung, eine ganz glückliche Idee, denn wenn auch der mainzer Buchdrucker Fust und der Schwarzkünstler Faust verschiedene Figuren sind, so hat doch der Dichter das Recht, sie zu verschmelzen, sobald ihm daraus der Gewinn erwächst, seinen Helden in unmittelbare Beziehung zu einer Erfindung von solcher Tragweite, wie die Buchdruckerkunst, zu bringen. Leider hat Stolte den Fluch und Segen dieser Kunst uns nicht dramatisch veranschaulicht, sondern nur in weitschweifigen Dialogen erörtert. Die Katastrophe des ersten Theils wird durch die Liebe der Frau Gutenberg's, Käthe, zu Fust herbeigeführt; sie ist theatralisch wirksam, aber für Faust's inneres Leben äußerlich, da er selbst durchaus keine Gegenliebe empfindet, durch deren Ueberwindung er sich als der gebesserte Sünder des ersten Theils erweisen würde. Die drei andern Theile zeigen uns Faust als Staatsmann, wobei die Anregungen Goethe's unverkennbar sind, und in neuen Herzensbeziehungen. Der zweite: „Richard und Cöleste," ist am frischesten durchgeführt, die freundliche Liebesidylle zwischen dem Helden und der Heldin des Titelblattes in anmuthigen Contrast gestellt zu den dämonischen Verzauberungen, welche die geheimnißvolle Fürstin in der Zwingerburg ausübt. Faust wird der Arzt des schwererkrankten Fürsten und verspricht ihn zu heilen, wenn ihm dieser dafür das Regiment im Lande übergiebt, das er im „theokratischen Sinne" zu führen gedenkt, und zwar für Richard, den Neffen des Königs, welchen Faust zum Sohne angenommen hat. Der dritte Theil zeigt uns nun Faust als Regenten; der Kanzler und Kardinal intriguiren gegen ihn und entführen ihn dem Könige; er selbst hält bei großen Haupt- und Staatsactionen die erforderlichen Reden in goldbrocatenem Versgewande, das endlos nachschleifend einen sinnverwirrenden doctrinairen Staub aufwühlt. In die Handlung hinein spielen allerlei Intriguen, bei denen Ahasveros immer rettend eingreift, wie der Raub der Cöleste, welche dem Könige zugeführt wird, und Mephisto's Mordversuch auf Faust. In der geheimnißvollen dämonischen Faustina, einer Tochter der Lucretia und des Alexander Borgia, hat Faust nun eine ebenbürtige Genossin gefunden. Dieser Gedanke ist tief und fehlt im Goethe'schen „Faust." Der dämonische Mann und das dämonische Weib entsühnen und erlösen sich gegenseitig: das ist der Inhalt des vierten Theils, welcher den Aufstand gegen den König, dessen Tod, Faust's Untergang und Apotheose enthält.

Die Apotheose besteht in einer Zwiesprache mit den Sternen und jenseitigen Geistern; Hymnen und Stimmen ertönen von flammenden Sternen; auf der Erde aber gilt das Vermächtniß des Denkers dem jungen Richard, der jetzt den verwaisten Thron des Königs besteigt.

Die poetische Form ist sehr ungleich. Es finden sich Stellen von großem Fluß und Guß, Dictate des angeborenen Talents; daneben aber wieder andere, welche, durch Inversionen, durch matte und triviale Wendungen und durch Härten der Form entstellt, des poetischen Reizes und Schimmers entbehren.

Am bizarrsten von allen Faustpoëmen ist der „Faust" von F. Marlow (1839), einem Dichter, der in der Vorrede eine Poesie in Aussicht stellt, welche auf den Höhen der modernen Wissenschaft steht, und gegen die jungdeutsche „Unpoesie," die Aufgeblasenheit einer sich selbst vergötternden „Unkraft," „die Coketterie des halbpoetischen Bewußtseins mit sich selbst" heftige Philippiken schleudert. Dieser „Faust" ist in phänomenologische Acte getheilt; seine drei Abschnitte sind: Natur, Leben, Kunst. Es kann in der That nur in Deutschland vorkommen, daß Talente von so großer geistiger Durchbildung, von so weit tragenden Tendenzen, von solcher Sicherheit in Beherrschung der metrischen Technik doch im Ganzen eine so große ästhetische Unreife bekunden und durch das Monströse der Composition, durch das absichtlich Ausschweifende

des Entwurfes, durch die geniale Confusion der ungehörigsten Ein=
schachtelungen statt einer Tragödie eine Reihe von humoristischen
und metaphysischen Guckkastenbildern geben. Der Goethe'sche
„Faust" und die Tieck'schen Lustspiele haben diese Verwilderung
verschuldet, deren Spuren durch die ganze originelle Kraftdramatik
hindurchgehen. Es schwebt unseren Dichtern von Hause aus keine
feste und abgerundete Kunstform vor, in welche sie den Stoff mit
größerem oder geringerem Glücke fügen würden; sondern sie ziehen
getrost die Siebenmeilenstiefeln der Phantasie an und glauben um so
riesenhafter dazustehen, wenn sie mit einem tüchtig aufstampfenden
Gigantenschritte über alle ästhetischen Grenzen hinweggeeilt. Der
„Faust" von Marlow ist interessant als der Gipfel dieser ganzen
Richtung, obgleich seine paradoxe Gestaltung weniger aus der poe=
tischen Großmannssucht entspringt, als aus der Unfähigkeit des
Dichters, seine tiefen metaphysischen Intentionen in poetische Münze
umzusetzen. Seltsames Loos deutscher Dichter, mit großen Inten=
tionen und Talenten so der Nation verloren zu gehen, und zwar
einzig durch den Mangel einer gediegenen, allgemein gültigen
Kunstform, durch den Götzendienst mit den Marotten der Genia=
lität[1])! Wir wollen hier nicht erst die mattere „Seherin"

---

[1]) Wir könnten außer den im Text erwähnten Dichtungen noch eine
große Zahl von Faustpoëmen namhaft machen, da die Faustpoesie in
Bezug auf massenhafte Produktion nicht hinter den Schriften der Faust=
erklärer zurückblieb. Von älteren Dichtern haben Lessing und Lenz
„Faustfragmente," Klinger und Maler Müller „Faustdichtungen"
geschaffen. Bei beiden letzteren holt den Denker der Teufel, ohne irgend
einen Begnadigungsakt himmlischer Kabinetsjustiz, wie dies dagegen bei
Schink (1804), Schöne (1807), Reinhard (1848) der Fall ist. Auch
Julius von Voß schrieb einen „Faust" (1823) mit Gesang und Tanz.
Der Held ist hier ebenfalls mit dem Buchdrucker „Fust" identificirt, außer=
dem aber ein echter Wachtstuben=Don Juan. Klingemann's „Faust"
(1815) muß seine schwangere Gattin um der schönen Helena willen ver=
giften und seinen armen blinden Vater ermorden und kommt am Schluß
im Elend um. Auch Chamisso schrieb ein Fragment „Faust" (1801),
Gustav Pfizer: Faustische Scenen (1831); Holtei einen Faust, „der

von Emil Mecklenburg (1845) mit ihrer ebenfalls künstlerisch unverarbeiteten Metaphysik, ihren somnambulen Tendenzen, ihren oft gedankentiefen Versen und ebenso oft trivialen Reimereien, nicht den „Kain" von Hedrich, der auch manche poetische Schönheiten enthält, erwähnen — ist nicht die ganze Richtung, die wir so erschöpfend wie möglich dargestellt, in der Marotte befangen? Ist nicht Grabbe's bedeutendes Talent daran untergegangen, lag nicht Hebbel's große Gestaltungskraft in fortwährendem Kampfe mit ihr? Trat nicht Ludwig zuerst mit einer Tragödie der Marotte auf? Das ist alles der im Modernen nicht aufgegangene Sauerteig der Romantik, eine exclusive Poesie, berechnet für ein exclusives Verständniß, ein falscher Genialitätstaumel, der nach Goethe's bedenklichem Vorgange das „Hineingeheimnissen" liebt, während die Dichtung nur „offenbaren" soll, welcher das Außergewöhnliche dem allgemein Menschlichen, das verwickelte Problem dem einfachen Conflicte, eigensinnig auf die Spitze gestellte Charaktere mit fixen Ideen und bizarren Marotten einfach und gesund denkenden und empfindenden Gestalten vorzieht. Die Dialektik der Begriffe wird durch die Dialektik der dramatischen Thaten nicht gedeckt. Die historischen Tragödieen dieser Richtung wollen dagegen wieder durch die Macht der Thatsachen allein wirken, die sie trotzig und ungeläutert uns vor Augen führen. Der dramatische Styl aber ist meist skizzenhaft, überschwänglich, bizarr. Daß diese Dichtungen indeß von einem Gedanken getragen sind, eine sich fortbewegende Seele des Inhaltes haben, und daß sie außerdem einen Fonds von Geist und dramatischer Kraft enthalten, das mag die Kritik der Gegenwart zu einer vorzugsweisen Beschäftigung mit ihnen hinführen, indem diese Stücke der Analyse einen weiten Spielraum bieten und große Ausbeute geben, darf aber den Literarhistoriker nicht über das Mißverhältniß täuschen, das bei diesen Dramen

---

wunderthätige Magus des Nordens," Harro Harring: Faust im Gewande der Zeit, der Mantelkragen des verlorenen Faust; Rosenkranz: geistig Nachspiel zu Goethe's Faust; außerdem giebt es einen Faust von Nürnberger (1842), von Chilsky (1843), von Leuburg (1860).

zwischen der kritischen Würdigung und nationalen Aner=
kennung besteht. Die Ausnahmestellung dieser Dichter ist ein
Erbtheil der Romantik, mit welcher sie die Verachtung des guten
Geschmackes gemein haben. Ihr Talent wird der Nation nur
dann zum Heile gereichen, wenn sie die Originalität von der Bizar=
rerie, die Kraft von ihren Schlacken säubern und in die geregelten
Bahnen einer Kunst einlenken, welche eine nationale Begeisterung
zu erwecken vermag. Die Nation will Kunst und keine Künste.
Nicht die überwundene Schwierigkeit giebt das Maß des Genies;
gerade im Leichten und Einfachen kann es sich am glänzendsten
bewähren. Den Geschmack merkt man nicht, wo er vorhanden ist;
da erscheint er eine still waltende Nothwendigkeit; aber wo er fehlt —
da ist ein unausfüllbarer Riß zwischen der einzelnen Dichtung und
dem Ideale der Kunst.

Dritter Abschnitt.
Die declamatorische Jambentragödie.

Eduard von Schenk. — Michael Beer. — Friedrich von Uechtritz.
Ernst Raupach. — Joseph von Auffenberg. — Friedrich Halm. — Josef
Weilen. — Paul Heyse. — Julius Große.

Aus dem Hochgebirge des modernen Dramas, seinen giganti=
schen Felsgruppen und vulcanischen Bildungen, seinen barocken
„schnarchenden und blasenden Felsnasen" treten wir jetzt in die
sanftwellige Ebene, die sich zuletzt zu einem physiognomielosen
Niveau verflacht. Dort kletterten wir mühsam empor, aber oft
mit leuchtendem Blicke in die Ferne; hier bewegen wir uns
bequem auf ausgefahrener Heerstraße; dort mußten wir über
Klippen springen, hier halten wir nur selten vor einem Schlag=
baume von Batteux oder Boileau; dort fanden wir schäumende
Cascaden und Waldwasser, hier grüßen wir nur breite Ströme,

schnurgerade Canäle und hin und wieder einen seichten Morast. Dort die Verwilderung, hier die Verwässerung; dort Uebermaß und Unordnung, hier Maß und Ordnung; dort das Ungeheuerliche, hier das Triviale; dort himmelstürmende Kräfte, hier fruchtbare Talente; dort im Schöpfungslärme grollende, einsam trotzige Begabungen; hier ein stiller wirkendes, aber weit verbreitetes Schaffen! In der That bietet die declamatorische Jambentragödie seit Schiller's Tode einen einförmigen Anblick dar, obwohl sie die Ueberlieferungen der classischen Tradition aufrecht erhielt, die Regeln des Geschmackes schützte und mit der Bühne und der Nation in fortdauernder Berührung blieb. Auch fehlte es dieser Richtung nicht an hervorragenden Talenten; aber die lyrische Dichtform, welche die dramatische fortwährend mit selbstständigen Ergüssen durchbrach, die ebenso undramatische Breite der Reden und der Schilderungen, die Monotonie der dramatischen Darstellung und die im Ganzen fehlende Größe der Gesinnung und der Begeisterung ließen diese Autoren nicht zu einer durchgreifenden und nachhaltigen Bedeutung kommen. Wie bei der ersten Gruppe oft Geist ohne Form, so hier oft Form ohne Geist. Die Form war indeß meistens mit echter Kunst gewahrt; die Composition einzelner dieser Tragödieen ist vortrefflich; der Conflict einfach und tragisch; die Sprache erhebt sich zu einer maßvollen und gediegenen Schönheit; aber es fehlte den Charakteren die Schärfe der Zeichnung, den Situationen die Prägnanz der Bedeutung, und Schiller's Genius schwebte verschattend über den Productionen seiner Nachahmer; denn was sie nachahmten und nachahmen konnten, das war das warme, breit explicirte Pathos seiner Tragödieen, die lyrische Dithyrambik, die aber bei ihm in unnachahmlicher Weise mit den Gestalten verwachsen und überdies von dem seltenen Schwunge einer außerordentlichen Begabung getragen war. Hierzu kam, daß die Dramatiker dieser Richtung das Schiller'sche Vorbild äußerlich festhielten, ohne es innerlich durch den fortschreitenden modernen Geist zu bereichern und zu vertiefen. Die Führer dieser Richtung litten an der geistigen Seichtigkeit der Restaurationsepoche und an den Nachwirkungen der Romantik, welche die bunteste Stoffwelt principlos dem dichterischen Zugreifen preisgegeben hatte. Es schien gleichgültig, ob dem Stoffe ein in der Gegenwart nach= zitternder Puls beiwohne, ob eine höhere geistige Bedeutung ihn adle; es genügte vollkommen, wenn sein buntes Colorit einen für den ersten Augenblick fesselnden Reiz ausübte. Es wiederholt sich derselbe tragische Conflict in verschiedenen Zeiten — diese Dichter griffen gewiß nach der entlegensten; erst spät wurden einige von ihnen in die Tendenzen der Gegenwart verstrickt.

Der Faden der pathetischen Jambentragödie geht von Schil= ler und seinen Zeitgenossen bis zur Gegenwart. Schon am Anfange dieses Jahrhunderts hatte das Wiener Dioskurenpaar **Heinrich Josef von Collin** (1772—1811) und sein Bruder **Matthäus von Collin** (1779—1824) geschichtliche Tragödieen in Schiller'scher Art und Weise gedichtet, aber ohne seinen großen Schwung. Die Würde des antiken Kothurns erweckte nur eine erhabene Langeweile, denn es fehlte der heroischen Gesinnung dra= matische Bewegung und psychologische Entfaltung; die Gesinnung kam fix und fertig zur Welt; sie war so gefestet, daß der Con= flict ihr gar nicht schwer wurde. So glichen diese Tragödieen der Tonne des „Regulus": der Held mit der Römerseele steckte darin und wurde in drei oder fünf Acten zu Tode gekugelt. Die Haupt= tragödie Heinrich Josef's v. Collin: „Regulus" (1802), der sich noch einige andere antike Stücke: „Coriolan," „Poly= xena," „die Horatier und Curiatier" anschlossen, hat den meisten Schwung, obschon auch hier ein wenig entwickelungsfähiger Heroismus mehr abspannend, als fesselnd wirkt. Sein Bruder **Matthäus** besaß mehr deutsche Bravheit, als römische Gesinnung und wählte daher auch mit Vorliebe seine Stoffe aus der vater= ländischen und ungarischen Geschichte, obgleich er auch einen „Marius" gedichtet hat. Die ersten welthistorischen Katastrophen am Anfange dieses Jahrhunderts legten edlen Dichtergemüthern die patriotische Gesinnung nahe, die aber von mäßigen Talenten nicht mit dramatischem Fleisch und Blut bekleidet werden konnte.

So war es nur ein mübes Echo des alten Kothurns, das uns aus diesen Stücken entgegentönte! Bei der Einfachheit eines gegebenen, aber weiter nicht ausgetragenen tragischen Conflictes war von dramatischer Handlung und Spannung nicht die Rede, und trotz ihrer Einfachheit waren diese Stücke, wie viele andere dramatische Studien aus der Mythologie und Becker's Weltgeschichte, z. B. die Stücke von Weichselbaumer: „Dido," „Menökeus," „Oenone," der praktischen Bühne unzugänglich, weil sie an dem Unbehagen eines ermüdeten Publikums scheitern mußten. Die Werke Heinrich Josef's von Collin gab sein Bruder gesammelt heraus (6 Bde. 1812 bis 1814); die Werke des Matthäus erschienen später: „Dramatische Dichtungen" (4 Bde. 1814—1817).

Wir haben schon früher gesehen, wie Theodor Körner und die Schicksalstragöden: Müllner, Grillparzer, Houwald, Zedlitz die Schiller'sche Dichtweise weiter fort- oder rückbildeten. Das bald sentimentale, bald energische Pathos einer metrisch geregelten Diction, die sogenannte „schöne Sprache," eine künstlerische Composition, aber oft schablonenhafte Charakteristik und die vorwaltende Rücksicht auf die theatralische Wirkung war allen diesen Stücken gemein. In gleicher Weise dichteten einige andere Dramatiker, Zeitgenossen der Tragöden, welche in einer von den Schlägen der Weltgeschichte erschöpften Epoche ein gespensterhaftes Familienschicksal heraufbeschworen, aber mit größerer Klarheit frei von diesen Verirrungen blieben. So August Klingemann („Theater" 3 Bde. 1808—20; „Dramatische Werke" 2 Bde. 1817), ein Dichter von Sprach- und Bühnengewandheit, die sich indeß beide nicht über ein mittleres Niveau der Bildung erheben. Er wählt gern in Zeit und Ort entlegene Stoffe und behandelt sie ohne exotischen Duft mit bühnenpraktischer Trockenheit. Sein „Ferdinand Cortez" erinnert unwillkürlich an Heine's Vitzliputzli-poesie; sein „Kreuz im Norden" behandelt den Sieg des Christenthums über das Heidenthum in altgothischer Zeit, ein undankbarer Stoff ohne Interesse für die Gegenwart! Er ist der äußerlichste, bühnenfertige Nachahmer der Schiller'schen Dramen — bald schwebte ihm „Tell," wie im „Wolfenschuß," bald „Wallenstein" oder eine andere Tragödie des großen Meisters vor. Auch an Stoffe des Gedankens, Faust, Ahasver, Columbus, Moses, Luther, wagte er sich, denen er mit seiner Bühnenschablone nicht gerecht werden konnte. Wo er selbstständig dichtet, wie im „Behmgericht" — da ergeht er sich in einer sinnlosen Ritterromantik voll wüster Verbrechen und sentimentaler Sühne. Von den Schauspielen des bairischen Ministers Eduard von Schenk (1788—1841) (3 Bde. 1829—35) hat „Belisar" (1826) die größte und nachhaltigste Wirkung hervorgerufen. Schenk besitzt eine ausnehmende Virtuosität der Sprache; seine Helden und Heldinnen schütteln ottave rime, alle Arten von Jamben und Trochäen mit größter Leichtigkeit aus dem Aermel, und die Versfontaine plätschert mit gleichmäßiger Geschwätzigkeit und ergießt ihren durchsickernden Staubregen über Gerechte und Ungerechte. Dabei stößt man nirgends auf eine Härte, nicht einmal auf eine Kühnheit, auf einen Gedanken mit Jupiter's Blick, Blitz und Adlersklauen, auf eine Metapher, die durch ihre Schlagkraft überrascht und begeistert — nein, richtig, klar, eben bewegt sich der Strom dieses Pathos, und wenn eine Metapher hineinfällt, so ist sie dem Lorber oder der Myrthe, dem Himmel oder der Hölle in bräuchlicher Weise entlehnt. Ueberdies haben die Trochäen im Drama etwas sehr Ermüdendes, indem sie zu kraftloser Wiederholung verleiten:

> „Immer hör' ich seinen Namen
> Immer hör' ich seine Stimme,
> Immer seh' ich seine Züge,
> Immer fühl' ich von dem Blitze
> Seiner Augen mich getroffen."

Dagegen ist die Composition des „Belisar" trotz einiger allzu kühner Voraussetzungen mit dramatischer Kunst entworfen, und wenn ein Dichter von größerer Gestaltungskraft den Plan der Tragödie ausgeführt hätte, so würde er die in demselben enthaltenen Momente von außerordentlicher dramatischer Kraft und Größe zur vollen Geltung gebracht haben. Der sieggekrönte Belisar vor seinen Verleumbern und Richtern, der verbannte, geblendete Belisar den hereinbrechenden Feinden des Vaterlandes gegenüber, die ihn rächen wollen, und die er mit alter Heldenkraft in die Flucht schlägt: das sind durch den Plan des Ganzen gegebene Scenen von echter dramatischer Wirkung. Dem Dichter ist die Verwebung der historischen und Familientragik zwar nicht mißlungen; aber dennoch bleiben zwei Gruppen stehen, die ein gesondertes Interesse in Anspruch nehmen. Belisar hat, nach der Fabel unseres Dichters, seinen Sohn aussetzen und tödten lassen, in Folge eines Traumes, den die Zeichendeuter dahin ausgelegt hatten, daß seine Gattin ihm einen Sohn gebären werde, der gegen ihn und sein Vaterland die Waffen tragen würde. Dafür hat ihm seine Gattin Antonia, welche dies erfahren, unauslöschliche Rache geschworen, vereinigt sich mit seinen Neidern und Feinden, verfälscht seine Briefe und macht es so möglich, daß Belisar des Hochverrathes angeklagt, geblendet und in's Exil geschickt wird. Der Sohn Belisar's aber lebt, er ist nicht getödtet, nur an's Meer ausgesetzt und von Barbarenschiffen in die Ferne entführt worden; es ist sein Sclave Alamir, der seinem Triumphzuge gefesselt durch Byzanz folgte, der jetzt, um den gefeierten Helden zu rächen, die Barbaren in das griechische Reich ruft. Belisar erkennt seinen Sohn durch das beliebte „Erkennungskreuz," gerade als er an der Spitze der feindlichen Horden steht; er beschwört ihn, sich von den Feinden des Vaterlandes zu trennen, welche nun auf eigene Hand hin verheerend weiterziehen; er stößt auf das römische Heer, dessen Führer ihm den Feldherrnstab in die Hand geben, und stirbt verwundet, nachdem er die Alanen in die Flucht geschlagen hat. Der Stoff enthält unleugbar Tragisches im antiken Sinne. Belisar erscheint zunächst als ein neuer Agamemnon, mit dem er sich auch selbst vergleicht. Weil er das eigene Kind geopfert, weiht die Gattin ihn rächend dem Verderben. Dann aber ist er der sieggekrönte Feldherr, den der Undank des Vaterlandes in die Verbannung stößt. So ist er gleichsam der Held einer doppelten Tragödie, die sich zwar in der über ihn

hereinbrechenden Katastrophe zur Einheit zusammenfügt, aber doch bald die eine, bald die andere Seite der tragischen Bedeutung gesondert hauskehrt. Das große geschichtliche Pathos wird durch sentimentale Momente, die Begeisterung durch die Rührung abgeschwächt. Dem Kaiser Justinian, dessen Monolog
„Seit mich der Orient als Herrscher grüßt,"
an den Monolog der Elisabeth in Schiller's „Maria Stuart" erinnert, ist vom Dichter vergönnt worden, seine imperatorische Staatsweisheit in Jamben auszusprechen, weil die Trochäen dem großen Gesetzgeber doch einen zu elegischen Anstrich gegeben hätten. Dadurch hat sein Bild, wie das der beiden Ankläger Eutropius und Rusinus, deren schwarze Seele ebenfalls nicht in Trochäen hinschmelzen durfte, etwas mehr dramatischen Halt gewonnen. Von den übrigen Dramen Eduard's von Schenk verdient noch „die Krone von Cypern" Erwähnung, in welcher besonders einige Liebesduette mit lyrischem Nachtigallenschlage lange Zeit den Applaus des Publikums herausforderten; denn auch dies Stück war, wie der „Belisar," viele Jahre hindurch auf dem deutschen Bühnen=Repertoir stereotyp.

An Geschmack und Sprachgewandtheit ebenbürtig, reiht sich an Eduard von Schenk ein jüngerer Dichter, dessen gesammelte „Werke" (1835) nebst einer biographischen Einleitung von Jenem herausgegeben wurden: Michael Beer aus Berlin (1800—1833), der Bruder des mit Recht gefeierten Componisten Meyerbeer, dessen europäischen Ruhm der Dichter nicht erreichen konnte. Denn auch ihm fehlte es, wie seinem Gönner Schenk, an durchgreifender Gestaltungskraft und an jener hinreißenden dichterischen Magie, welche jene zwar nicht zu ersetzen vermag, aber wohl vergessen läßt. Beer's erstes Werk war die antike Studie „Klytemnestra" (1819), die bei ihrer Aufführung am Berliner Hoftheater einen nicht ungünstigen Erfolg hatte. Bedeutender, als dies sein erstes und auch als sein letztes Stück: „Schwert und Hand," ist sein einactiges Trauerspiel: „der Paria" (1823) und seine fünfactige Tragödie: „Struensee"

(1829). Der „Paria" ist wohl seine beste Dichtung; die Composition ist gedrungen und dramatisch ineinandergreifend, das Colorit poetisch, die Sprache der Leidenschaft nicht ohne Kraft. Ueber dem ganzen Stücke schwebt die dumpfe Tragik des Proletariats, die nicht blos an die Ufer des Gangesstromes gebannt ist, sondern in allen Zonen und Zeiten die Opfer ihres Verhängnisses begrüßt. In dieser Tragik liegt, wenn sie ihrem idealen Gehalte nach aufgefaßt wird und nicht in ekeln Bettlerlumpen vor uns hintritt, eine welthistorische Bedeutung; denn diese Parias und Heloten, diese hundertnamigen Sclaven des Elends sind gleichsam die heruntergebrannten Schlacken im Feuerofen der Cultur, sie sind „das Futter für Pulver," das der Weltgeist nicht nur in den Schlachten des Krieges, sondern auch in den Schlachten des Friedens braucht, und auf ihr unfreiwilliges Heroenthum drückt die dunkel waltende Nothwendigkeit, die nie den Einzelnen verschont, ihr tragisches Siegel. So ist die Idee des „Paria" groß und bedeutend. Ebenso ist die Wahl eines entlegenen Stoffes vollkommen gerechtfertigt, wenn er von einer auch in unserer Gegenwart lebendigen Idee getragen wird, während gerade die Erscheinung dieser Idee in der Gegenwart viel Unschönes und Verletzendes hat. Solche Stoffe brauchen die Verklärung der Ferne. Ihre Versöhnung liegt in dem unzerbrechlichen Adel der Menschenwürde, der siegreich alle Schranken des engherzigen Kastenwesens überfliegt und auch das widerstrebende Vorurtheil zur Anerkennung seiner höheren Bedeutung zwingt. Der „Struensee" von Michael Beer hat geringeren Werth, obschon er neuerdings unter den Auspicien der Musik seines Bruders wieder die deutschen Bühnen betreten hat. Der Heros einer gewaltthätigen Freisinnigkeit, der despotische Aufklärungsminister, ein Opfer einer unzeitigen Liebe und zahlreicher verletzter Interessen und Hofintriguen, gehört ohne Frage zu den interessantesten Charakteren des vorigen Jahrhunderts. Doch der Michael Beer'sche „Struensee" hat keine Spur jener bedeutenden und dämonischen Elemente, welche sich an die historische Gestalt knüpfen. Er ist ein glatt rasirter Jambenheld, der seine pathetischen Geberden in wasserhellen Versen spiegelt. Wir hören viel von seinen Intentionen, von seiner Bedeutung; aber wo er selbst erscheint, da zeigt er kein charakteristisches Leben, da hängen ihm nur einige mit richtig scandirten Versen beschriebene Papierstreifen aus dem Munde. Das schön Gesagte und richtig Empfundene giebt noch kein individuelles Interesse; dazu bedarf der Charakter dramatischer Lebendigkeit und jener unsagbaren Eigenheit, durch welche der Odem des Genius seine Menschen schafft. Zwar darf in der Tragödie das Eigene nie in's Eigensinnige ausarten, ein Fehler, den die entgegengesetzte Richtung des Drama's nicht immer vermieden; aber ebenso wenig darf uns ein Charakterskelett ohne Fleisch und Blut entgegentreten. Die Handlung selbst verstattete eine spannende Verwickelung und überraschende Katastrophen, doch ließ hier den Dichter das dramatische und theatralische Geschick im Stich. Die Simplicität, mit der die Begebenheiten sich folgen, ist wenig künstlerisch. Ebenso undramatisch ist die in Rührscenen austönende Tragik des Kerkers; die Correctheit und der Adel des dramatischen Styles, sowie die Lebendigkeit der Volksscenen können den fehlenden Nerv der Charakteristik und energischen Spannung nicht ersetzen.

Origineller, als Schenk und Beer, weniger bühnengerecht, großartiger in der Conception und kräftiger im dramatischen Style ist **Friedrich von Uechtritz** aus Görlitz (1800—1875), der seit seinem Drama „Chrysostomus" (1823) mehrere Tragödieen erscheinen ließ, von denen indeß nur sein „Alexander und Darius" (1827) und sein dramatisches Gedicht: „die Babylonier in Jerusalem" (1836) hervorgehoben zu werden verdienen. Die erste Tragödie hatte den Beifall Tieck's gewonnen, der sie mit einem Vorworte in die Oeffentlichkeit einführte. In der That waren die Jamben von Uechtritz schärfer geprägt; es war mehr Plastik, mehr dramatischer Faltenwurf in ihnen, als in vielen gleichzeitigen Productionen, und in „Alexander und Darius" fanden sich einige Stellen, die geschichtliche Größe athmeten. Doch das mehr concentrirte Wesen des Dichters erinnerte an einen anderen

Dramatiker, dem er an Sprödigkeit der Auffassung und einer künstlerischen Starrheit, die schwer in gewinnenden Fluß zu bringen war, verwandt ist, und mit dem er auch in persönliche Beziehungen trat, an Karl Immermann. Er theilte die Ungunst, welche die Muse des Düsseldorfer Dramatikers verfolgte; denn er hatte mit diesem die Vorliebe für große und pathetisch extravagante Stoffe und eine wenig angemessene, nüchtern reservirte Behandlungsweise derselben gemein. So enthalten z. B. „die Babylonier in Jerusalem" großartige geschichtliche Tableaux; es treten Gestalten auf, wie der Eroberer Nebucadnezar und der Prophet Jeremias; ekstatische Charaktere, wie Mirjam; die ganze Wildheit der Zerstörung bricht mit erschütternden Katastrophen am Schlusse herein, und dennoch macht das alles nur den Eindruck versteinerter Gruppen. Diese Tragödieen von Uechtritz sind dramatische Skulpturwerke; es fehlt ihnen bei pathetischer Stellung und bezeichnender Geberde doch das dichterisch beseelte Auge. Nicht als ob sie ohne breite Ergüsse wären; aber diese sind entweder, wie die Reden des Jeremias, biblische Paraphrasen oder chronikenartige Erzählungen oder der Ausdruck einer Verzücktheit, die in ihrer alttestamentlich treuen Färbung wenig Sympathieen finden kann. Denn jeder Charakter, jede Leidenschaft ist hier innerlich gebrochen und der eigenen Kraft beraubt durch die Verherrlichung des künftigen Messiasthums, das alle diese Gestalten ohne eigenen Schwerpunkt in ekstatischen Wirbeln wie Sand der Wüste vor sich hertreibt.

Die fruchtbarsten und bedeutendsten Dramatiker dieser Richtung sind Ernst Raupach aus Straupitz in Schlesien (1784—1852) und Joseph Freiherr von Auffenberg aus Freiburg im Breisgau (1798—1857). Ernst Raupach hatte sich vom Jahre 1805—1822 theils als Hauslehrer, theils als Professor der Philosophie in Rußland aufgehalten und lebte nach einer Reise nach Italien später meistens in Berlin als Hofrath, seit 1842 Geheimer Hofrath bis zu seinem Tode. Seine Productivität war unerschöpflich; sein dramatisches Talent bedeutend; aber ihm fehlte der Nerv geistiger Größe, der erst die classischen Heroen der Nation schafft.

In der späteren Zeit beutete er seine Begabung in fast industrieller Weise aus, indem er selbst auf die Schnellfertigkeit seiner Production, auf die improvisatorische Gewandtheit, mit der er Tragödien aus dem Aermel schüttelte, einen behaglichen Nachdruck legt. Productivität ist ohne Frage gerade bei dem dramatischen Dichter ein günstiges Zeugniß für seine Begabung; denn die Fülle der Stoffe, die dem Talente entgegentritt, wo die Talentlosigkeit vergeblich auf Entdeckungsreisen ausgeht, die rasche Gliederung und Gestaltung derselben von einer wahrhaft dramatischen Intuition, die Kraft, zu organisiren und in einem Gusse lebensvoll zu schaffen, was vor der Seele steht — das ist so wesentlich für die Bedeutung eines Talentes, daß man mit Recht an einer Productionskraft irre wird, welche Jahre lang über einem Stoffe brütet oder nach Löwenart nur ein Junges zur Welt bringt. Alle großen Dramatiker von Sophokles bis zu Shakespeare sind productiv gewesen. Freilich beruht ihre Unsterblichkeit nicht auf der Masse ihrer Productionen, von denen viele vergessen sind, manche nur den Schlummer oder die Mißgriffe des Genius bezeugen; aber es war doch gerade die rastlos zugreifende Schöpfungskraft, der auch das Höchste gelungen ist! Nur darf dies nie in eine äußerliche und mechanische Auffassung ausarten, wie es zum Theile bei Raupach der Fall ist, der sich etwas darauf zugute thut, in vierzehn Tagen einen „Hohenstaufen" fertig vom Stapel laufen zu lassen! Trotz dieser dramatischen Dampffabrikation, welche an Kotzebue erinnert, besaß Raupach keinesweges eine charakterlose Geschmeidigkeit und Fügsamkeit in das Modische, wie Kotzebue; man würde seinem Charakter Unrecht thun, wollte man ihn mit diesem in eine Linie stellen. Im Gegentheile, Raupach besaß eine eigensinnige Starrheit, welche auch seinen meisten Charakteren aufgeprägt ist; man darf ihm nicht nachsagen, daß er durch seine Dichtungen den Sinn der Nation verweichlicht habe. Es geht ein männlicher Geist durch sie hindurch, dem es nur an poetischer Concentration fehlt. Gerade diese Starrheit, die ihm oft ein dictatorisches Ansehn gab, rief die jungdeutsche Revolte gegen ihn hervor, die mit kritischer Ausdauer an seinem Sturze arbeitete. Raupach war in jener Zeit der Souverain der norddeutschen Bühnen, während seine gut protestantische Art und Weise, in den "Hohenstaufen" den Clerus und die Päpste zu charakterisiren, diese nationalen Tragödieen von den meisten süddeutschen Bühnen verbannte. Besonders in Berlin war seine factische Bühnenherrschaft unumschränkt; doch die jüngeren Talente wollten Platz haben für sich selbst. Hierzu kam die Verwässerung, die Raupach's Talent gerade in den "Hohenstaufen" charakterisirt, und welche den kritischen Stürmern und Drängern die willkommensten Angriffspunkte bot. Noch verderblicher wurde ihm seine Abneigung gegen alle Gedanken und Tendenzen, welche die Zeit bewegten; eine Abneigung, die sich anfangs in einer etwas gewaltsamen Indifferenz, zuletzt in einer feindlichen dramatischen Polemik offenbarte. Raupach wußte nicht den edlen Gehalt, der aus den geistigen Schachten des Jahrhunderts zu Tage kam, von seinen vergänglichen Schlacken zu sondern. Wenn auch in seinen ersten Tragödieen der humane Geist Schiller's waltet, so trat er doch später jedem, auch dem berechtigten Streben nach Emancipation mit einer Strenge und Härte entgegen, die allzu lebhaft an eine wenig deutsche Bildungsschule erinnerten. So kam es, daß es den beweglichen und glänzenden jungdeutschen Talenten rasch gelang, sein Renommé anzugreifen und zu stürzen, und zwar mit leichterer Mühe, als die jungen Kritiker des achtzehnten Jahrhunderts die Autorität Gottsched's gestürzt haben. Die rasche Vergänglichkeit einer so hoch gepriesenen dichterischen Bedeutung mag uns mit Wehmuth erfüllen, mit um so größerer Wehmuth, je mehr das Talent und die Leistungen des Dichters selbst oft in unbilliger Weise unterschätzt wurden; aber wir erkennen hier wiederum das literargeschichtliche Weltgericht, das jeden Dichter trifft, der nicht auf der Höhe seiner Zeit steht, im Brennpunkte ihres Lebens und Strebens, und mit geistiger Mächtigkeit ihre Gedanken in ewige Gestalten bannt. Nur die geistige Höhe schützt vor dem Untergange; nur der Ararat vor der Sündfluth. Dennoch wird der Literarhistoriker dem

Talente des Dichters gerecht werden müssen; denn je größer das Talent, desto anschaulicher die Lehre, daß eine höhere geistige Macht das Talent beseelen muß, wenn es sich dauernd bewähren soll.

Die productive Thätigkeit Raupach's[1]) läßt sich in drei Epochen sondern, die freilich keine Stadien innerer Entwickelung, am wenigsten Stufen eines erfreulichen Fortschrittes sind, aber doch durch ganz bestimmte Merkmale unterschieden werden. Allerdings finden sich in den späteren Epochen Nachzügler der früheren, und die komische Muse Raupach's geht unterschiedlos durch alle drei hindurch. Die erste Epoche umfaßt die Tragödieen des reinen Styls, in denen uns ein allgemein menschlicher Conflict zwischen zwei sittlichen Mächten meistens auf glücklich colorirtem, historischem oder nationalem Hintergrunde vorgeführt wird; die zweite umfaßt den großen Cyklus nationaler Tragödieen im Charakter der Shakespeare'schen Historien; die dritte wird durch Tendenzstücke charakterisirt, in denen ein lange verhaltener Groll gegen die politische und sociale Richtung der Zeit zu dramatischem Ausbruche kommt. Im Ganzen bewegt sich das Talent Raupach's in absteigender Linie, wie es eben bei dem Mangel an einem wahrhaft großen Streben und an einem geistigen Centrum auch glücklichen Begabungen ergeht. Bei einer Productiviät, wie sie Raupach bewiesen, ist es ebenso möglich, wie unnöthig, jedes einzelne Werk zu zergliedern; und wenn auch ein kritisches Decimiren allzu gewaltthätig wäre, so darf sich die Literaturgeschichte doch auf die hervorragenden und charakteristischen Erscheinungen beschränken.

Zu den Tragödieen der ersten Epoche gehören: „die Fürsten Chawansky" (1818), „die Erdennacht" (1820), „die Gefesselten" (1821), „die Königinnen" (1822), „der Liebe Zauberkreis" (1824), „die Freunde" (1825), „Isidor und Olga" (1826) und „Rafaele" (1828). Es sind darunter wahrhaft schöne und verheißungsvolle Blüthen deutscher Dramatik.

---

[1]) Ernst Raupach, dramatische Werke ernster Gattung (18 Bde. 1830—1844); dramatische Werke komischer Gattung (3 Bde. 1828—1834).

Was sie meistens charakterisirt, ist die künstlerische Einheit und Klarheit der Composition, die dramatische Steigerung der Entwickelung, eine sichere, weder zur Kleinkrämerei herabsteigende, noch zu Bizarrerieen greifende Motivirung, eine sich nicht vordrängende technische Gewandtheit. Auch die Originalität der Erfindung ist anzuerkennen, indem Raupach sich bei seinen Situationen und Verwickelungen an keine fremden Muster anlehnt. Sein Styl ist oft zu lyrisch wuchernd, stets aber von Ueberschwänglichkeiten frei, zu breit, aber nie gesucht, oft monoton, selten trivial. Es ist für diese, wie für alle Raupach'schen Stücke charakteristisch, daß sich das dramatische Leben auf einzelne Situationen concentrirt, und daß es dem Dichter nie gelingen wollte, es gleichmäßig über die ganze Handlung auszubreiten. Manche unerquickliche Reflexion, mancher undramatische Wechselgesang, manche langathmige rhetorische Stelle muß überwunden werden, ehe wir uns zu einer dramatisch ergreifenden Situation durchschlagen, in welcher dem Dichter der Ausdruck der Leidenschaft in überraschender Weise gelingt. Die Reflexionen Raupach's sind ohne Glanz und Tiefe, meistens von einer matten Skepsis getragen, nie mit drastischer Gewalt aus dem innersten Wesen eines Charakters herausgeboren. Müßige Reflexionen aber sind störend im Drama, wenn sie nicht den Charakter oder die Situation vertiefen. Was soll man z. B. zu den endlosen Monologen in „die Fürsten Chawansky" sagen, in denen jede Empfindung sich bis auf den letzten rothen Heller ausbeutelt, und alles dramatische Interesse von dieser unersättlichen Geschwätzigkeit absorbirt wird? Es ist bezeichnend für Raupach, daß gerade seine Erstlingswerke an einer so außerordentlichen Redseligkeit leiden. Andere Dichter beginnen abrupt, mit Orkan und Wolkenbruch; Raupach beginnt mit einem ermüdenden Landregen, der sein triefendes Wolkennetz über den eintönigen Himmel spannt, der den ganzen dramatischen Boden durchweicht, so daß er keinen festen Tritt gestattet. Er mußte sich zwar später mehr einzuschränken; aber es blieb doch stets ein unerquicklicher Rest einer undramatischen Schönrednerei. Wir wollen hier nicht näher

eingehen auf das würdig gehaltene Drama: „Tasso's Tod,"
eine Nachblüthe Goethe'scher Poesie; nicht auf „der Liebe
Zauberkreis," ein Drama, welches Otto's III. Römerzug
behandelt, ein auch später von Mosen und Klein gewählter
Stoff; nicht auf „die Königinnen," eine lyrische Gespenster-
tragödie mit traumhaften Greueln, die mit einem Kirchhofchor
der Todten beginnt, und in welcher der Geist einer gemordeten
Königin als dramatisches Agens umgeht und nicht eher rastet, bis die
neue Königin selbst den von Verbrechen zu Verbrechen taumelnden
König, den Mörder der ersten Gattin, umgebracht hat; auch nicht auf
„Rafaele," eine türkisch-griechische Tragödie mit unerlaubten
Spielen des Zufalls; wir wollen zwei Dichtungen, welche wohl
die besten aus dieser Epoche sind, herausgreifen, um durch ihre
Analyse die Raupach'sche Dichtweise in ihren Vorzügen und Män-
geln klar zu machen: „die Erdennacht" und „Isidor und
Olga." Die „Erdennacht" und die „Freunde" behandeln denselben tragischen Conflict zwischen der Menschen- und
Bürgerpflicht, der in schroffster historischer Fassung dem ebenfalls von Raupach und neuerdings von Arthur Müller und Hans
Marbach behandelten „Timoleon" zu Grunde liegt und schon
im älteren Brutus, der seine Söhne hinrichten ließ, einen
erschöpfenden Ausdruck gefunden hat. Die Collision zwischen der
natürlichen Sittlichkeit, welche auf den Banden des Blutes ruht,
und für welche ebenfalls das Recht einer verjährten Empfindung,
das Recht der Freundschaft eintreten kann, und zwischen jener
vergeistigten Sittlichkeit, welche uns an das Vaterland, an den
Staat, an die politische Ueberzeugung knüpft, ist vollkommen tragisch.
„Die Erdennacht" führt uns nach Venedig. Der Doge Faledro
hat sich mit Contarini und einigen andern Edeln gegen die aristokratische Verfassung Venedigs verschworen und will sich zum unum-
schränkten Herzoge ausrufen lassen. Sein Sohn Rinaldo, mit
Contarini's Tochter Clara verlobt, erfährt von diesem etwas raschen
und polternden Alten den Plan und die ganze Verschwörung, die
ihm der Vater geheim gehalten hat. In seiner Seele beginnt

nun der Kampf, der den tragischen Inhalt des Ganzen bildet. Soll er schweigen und die Revolution zum Ausbruch kommen lassen? Soll er seiner Bürgerpflicht gehorchen, die Verschwörung anzeigen und Vater und Schwiegervater in's Verderben stürzen? Rathlos fragt er seinen Lehrer, seine Geliebte um Rath, indem er die Collision als erdichtet hinstellt; er fragt den Prior eines Klosters, der für ihn zu beten verspricht. So auf sich selbst angewiesen, nach einsamer Kirchhofbetrachtung, entschließt er sich, einem der bedrohten Edeln die Verschwörung anzuzeigen. Er klopft zur Nachtzeit mit Ungestüm an die Thüre Leoni's, und nachdem ihm dieser versprechen mußte, das Leben der Verschworenen zu schonen, verräth er den Vater und Schwiegervater. Leoni kann sein Versprechen nicht durchsetzen; Beide werden zum Tode verurtheilt; die Verlobte stirbt vor Gram. Rinaldo wird von den Geretteten selbst als Verräther und unnatürlicher Sohn mit Abscheu behandelt; er ruft das Volk auf, um das Leben seines Vaters zu retten, doch der revolutionaire Sturm wendet sich bald gegen ihn selbst, als die Menge erfährt, daß er die Blutschuld auf sein Haupt geladen; alles flüchtet vor ihm, wie vor dem schwersten Verbrecher: sein treuester Diener, die Priester an der Leiche Clara's, selbst die Todtengräber auf dem Kirchhofe. Rinaldo ersticht sich auf seines Vaters Grabe. Das ist „die Erdennacht," in deren romantische Dämmerung Raupach diesen Conflict getaucht, die Nacht der zweifelnden und schwankenden Seele, in der die große, edle That und das Verbrechen sich oft so täuschend ähnlich sehen und die aufopfernde Erfüllung der schwersten Pflicht ein unauslöschliches Brandmal auf die Stirn drückt. Die Composition ist einfach und vortrefflich, obgleich die Collision im Wesentlichen innerlich bleibt, und wir deshalb mehr ein dramatisches Seelengemälde erhalten. Es ist indeß das echte aristotelische Mitleid, welches wir dem Helden und seinem Schicksale schenken. Was nun aber die Durchführung betrifft, so fehlt ihr das, was wir dramatische Motivirung nennen möchten, und was bei Raupach oft durch eine ungehörige Lyrik verdrängt wird. Das Stück beginnt mit einem Liebesduett in gereimten Trochäen. Die Liebe zwischen Clara und Rinaldo gewinnt aber erst ein tragisches Interesse, das nicht hinlänglich ausgebeutet ist, seitdem Rinaldo sich entschlossen hat, auch den Vater der Geliebten und sie selbst seiner höheren Pflicht zu opfern. Statt dessen mußte Rinaldo am Eingange in einer dramatischen Weise mit seiner thatkräftigen Begeisterung für das Vaterland eingeführt werden; denn wie sollen wir sonst bei dem süßen Liebesschwärmer an eine so heldenhafte, alles opfernde Entscheidung glauben? Diese Art der dramatischen Motivirung, der anschaulichen, realistisch durchgreifenden Zeichnung, läßt Raupach meistens vermissen, indem er entweder statt dessen nur durch die Rede zeichnet, oder den Conflict, unabhängig vom Charakter, ganz unverhofft durch die Ereignisse eintreten läßt. Die Tragödie bewegt sich bis zum Verrathe Rinaldo's in aufsteigender Linie; wir sehen den Kampf, die wachsende Gährung seiner Seele, welche den Entschluß gebiert. Nach der Entscheidung aber stürmt die Skepsis, die vorher hemmend gewirkt, durch das Urtheil der ganzen Welt vertreten, siegreich auf ihn ein und treibt ihn in's Verderben. Dieser eigenthümliche Gang der dramatischen Entwickelung, die sich gleichsam in einer Curve bewegt, ist dabei mit reichen dichterischen Schönheiten ausgestattet.

Aehnlich wie in der „Erdennacht" ist die tragische Collision in der Tragödie: „die Freunde."

Aus dem Parteienkampfe der italienischen Freistaaten führt uns „Isidor und Olga" in die Barbarei russischer Zustände und schöpft den tragischen Conflict aus der partikularen Gesetzgebung dieß Reiches, aus den eigenthümlichen Satzungen der Leibeigenschaft. Es ist zwar ein oft verbrauchtes Motiv, daß zwei Brüder von gleicher Liebe zu einem schönen Weibe entbrennen — wir erinnern nur an „die Braut von Messina" und an „die Albaneserin;" aber hier ist dies Motiv erst tragisch gefärbt durch einen tieferen Conflict zwischen der positiven Satzung und der freien Menschenwürde. Isidor ist nur der Halbbruder des Fürsten und weil er eine Leibeigene zur Mutter hat, diesem selbst als Leibeigener

zugehörig. Er ist ein gebildeter Künstler, der in Italien sich in
Olga verliebt und ihre Gegenliebe errungen hat. Auch der Fürst
liebt Olga mit heißer Leidenschaft, die ihn dazu führt, dem Halb=
bruder Isidor den versprochenen Freibrief zu verweigern, ihn als
Lakaien in die Livree zu stecken, ihn überhaupt als seinen Sklaven
nach dem strengen Rechte des Landes zu behandeln. Beide gehen
in diesem Kampfe, der mit echt dramatischer Steigerung ausgeführt
ist, unter; sie fallen im Zweikampfe. Der Leibeigene Ossip, der
die Leidenschaft in der Brust des Gebieters zu heroischen Thaten
anstachelt, vertritt die dumpfe Rachelust des Unterdrückten, den
Neid, die Schadenfreude, die Bosheit des Gesetzlosen, der so viele
Opfer als möglich in die eigene Sphäre der Erniedrigung herab=
ziehen will; aber ohne alle Verzerrung und Verthierung, sogar
mit einem Anfluge menschlichen Gefühles, der seine Handlungs=
weise uns begreiflich macht. Aus diesem Charakter hätten die
Kraftdramatiker einen ungeheuerlichen Kaliban gemacht, während
Raupach in dieser Zeichnung Maß und Geschmack bewährt, die
sich überhaupt in einer klaren, von allen falschen, selbst üppigen
Metaphern gänzlich freien Sprache offenbaren. „Isidor und
Olga" ist Raupach's einziges von modernem Geiste beseeltes
Emancipationstrauerspiel; denn die Versöhnung, die über den
Opfern schwebt, ist die Erlösung der Menschheit von unwürdigen
Banden. Die erwähnten Tragödieen darf die deutsche Literatur
in den Musterschatz ihrer Dramatik aufnehmen. Sie erinnern
weder an Schiller, noch an Shakespeare; ihre Composition ist
nicht so grandios, aber von wahrhaft künstlerischer Einheit; sie
sind ungezwungen, aus einem Gusse und von einem Dichtergeiste
durchweht, der zwar nirgends imposant und bewältigend erscheint,
aber uns dafür stets liebenswürdig und geschmackvoll anmuthet.

Eine neue Epoche von Raupach's dramatischer Thätigkeit
bezeichnen seine „Hohenstaufentragödieen" (8 Bde. 1837 bis
1838), ein umfangreicher Cyclus, in welchem er sich auf die hohe
See der Weltgeschichte hinauswagte. Er hatte früher schon für
seine Stoffe meistens einen historischen Hintergrund gewählt, aber

sich nicht an die Geschichte selbst in ihrer ganzen Größe, in ihren erhabenen Collisionen gewagt. Die historische Tragödie erfordert indeß eine wesentlich verschiedene Gestaltung; es handelt sich in ihr um den Zusammenstoß geistiger Mächte, die in einer bestimmten Nationalität oder einem bestimmten Princip ihren Ausdruck finden; die Persönlichkeit des Helden ist mit einer dieser Mächte verwachsen, und bei seinem Untergange liegt die Versöhnung in der Hand des fortschreitenden Weltgeistes. Wenn auch jeder Dramatiker die Collision klar hinstellen soll, so läßt sich in der historischen Tragödie doch nicht mit so einfachen und schlagenden Zügen und Gegenzügen verfahren, wie in der dichterisch erfundenen, in welcher der Dichter sich frei kunstvoll verschlungenen Combinationen überlassen kann. Es sind hier die Spielanfänge und Spielendungen meistens gegeben, und nur die Mitte gestattet einen freieren Verlauf des dramatischen Schachspieles. Es giebt geschichtliche Daten, die so unerschrocken feststehen, daß keine poetische Licenz sie zum Wanken bringen kann. Schon die Sprödigkeit der Geschichte und ihre unvermeidlichen Hemmungen verlangen einen andern Maßstab für die historische Tragödie, in deren erhabenem Dome ein episches Nebenschiff ebenso berechtigt ist, wie in der anderen eine lyrische Seitenkapelle. Hier braucht der Tragiker Napoleonische Massenoperationen. Schiller konnte wohl in den „Räubern" und in der „Braut von Messina" die strenge Einheit des Conflictes bewahren, aber nicht im „Don Carlos" und im „Wilhelm Tell." Der Held steht hier nicht allein in einem persöhnlichen sittlichen Conflicte; er steht mitten in einer kämpfenden Welt, von der auf seinen Kampf erst der Glanz geistiger Bedeutung herüberstrahlt; er ist mehr der Mittelpunkt einer Gruppe, als ein isolirter Fechter; er braucht Gestalten, die ihn erläutern, ergänzen; die umfassende Handlung verlangt eine größere Zahl von Karyatiden; die künstlerische Oeconomie darf hier einem größeren Luxus der Production weichen. In der dichterisch erfundenen Tragödie muß jede Gestalt sich persönlich legitimiren, was ihren Antheil am Fortschritte der dramatischen Handlung betrifft;

in der historischen hat sie schon als charakteristischer Repräsentant der Masse ihr gutes Recht. Die historische Tragödie erfordert große und bedeutende Züge; sie läßt sich einmal nicht auf das Niveau der gewöhnlichen Conflicte herabdrücken. Die Geschichte steht auf einem Piedestal von Leichen, der Tod ist ihr familiärster Agent, während im bürgerlichen, im Familiendrama der Tod stets die letzte, finster hereindrohende Katastrophe bildet. So muß der Hauch einer erhöhten Begeisterung, wie er das nationale Leben in allen seinen großen Krisen und Katastrophen durchweht, von vornherein die Segel des historischen Dramatikers schwellen. In der Geschichte geht oft ein Conflict Jahrhunderte hindurch: so der Kampf zwischen Kaiser und Papst, Staat und Kirche, weltlicher und geistlicher Macht, dessen Träger auf der einen Seite alle Herrscher aus dem glorreichen Hause der Hohenstaufen waren, so daß sich der ganze Dramen-Cyclus, der sie behandelt, zu einer tragischen Einheit zusammenfaßt. Wenn dies dem Dramatiker, der sich an einen so großen und umfangreichen Stoff wagt, ein günstiges und verlockendes Horoskop stellt, so ist auf der anderen Seite nicht zu vergessen, daß dieser Kampf zwischen Staat und Kirche für das ganze protestantische Bewußtsein der Gegenwart in den Hintergrund getreten ist. Etwas anderes war es mit Shakespeare's Historien; denn die Kämpfe um den Königsthron, die Zwistigkeiten der Parteien lagen nicht so weit in der Zeit zurück und hatten in der Epoche der Elisabeth noch ein allgemein gültiges Interesse. Das kann man von den Hohenstaufen nicht sagen. Sie gehören der nationalen Tradition an, aber einer Vergangenheit, welche keine Seite der Gegenwart abspiegelt. Raupach's Griff war überdies zu kühn für sein Talent. Wir haben bereits gesehen, wie glücklich er einfach tragische Stoffe gestaltete. Hier traten ihm nun grandiose Stoffe entgegen, spröde, massenhaft, schwergefügig; mit richtigem Tacte wußte er sie zunächst zu gliedern und große Einschnitte für die einzelnen Tragödieen zu finden, indem er den ersten Friedrich in fünf, den zweiten in vier große fünfactige Trauerspiele zerfällte und für jedes einzelne einen historischen und dramatischen Mittelpunkt suchte. Auch fehlte es ihm nicht an der Gabe, aus einzelnen Andeutungen der Geschichte dramatische Situationen zu gestalten und mit glücklichem Einschlage in das größere Ganze zu verweben, überhaupt auch das Unscheinbarste für seine Zwecke zu verwerthen. Dann mag man bereitwillig anerkennen, daß er einzelne dramatische Effecte glücklich und einfach ausgebeutet und auch, besonders in den letzten Dramen, in Charakterdarstellung und Gruppirung zum Theile Treffliches geleistet hat. Doch wenn schon in seinen früheren Tragödieen sein Talent sich mehr auf Einzelnes, auf die durchschlagenden Scenen und Situationen, für die er selbst ein warmes Interesse mitbrachte, vertheilte und das Uebrige mit einer gewissen Ungunst farblos und monoton behandelt war, so gilt dies noch mehr von den „Hohenstaufen," in denen ein großer, unüberwundener Rest empirischen Stoffes mit monotoner Langeweile erdrückend wirkt, da nicht einmal die geschichtlichen Actenstücke überall mit Fleisch und Blut bekleidet sind, sondern oft in dürrer Nacktheit vor uns hintreten. Raupach's Talent ist mehr psychologisch; es hat kein großes Gestaltungsvermögen, keine epische Ader. Mit der Lyrik war bei diesem Stoffe wenig anzufangen; und so zeigte sich ein großes Mißverhältniß zwischen ihm und zwischen der Begabung des Dichters. Raupach fehlte das Imperatorische im Style, das Grabbe ohne Frage besaß; ihm fehlt die drastische Charakteristik, die unentbehrlich ist, wo es gilt, bei der Fülle auftretender und rasch vorüberziehender Gestalten jede einzelne mit wenigen scharfen Zügen abzuschatten; ihm fehlte der geniale Humor, der wunderbar erleuchtend aus dem verworrensten Getümmel aufblitzt und auch das unerquicklich Stoffartige der Geschichte belebt. Hierzu kam die große Flüchtigkeit der Behandlung, welche über minder Bedeutendes fast spurlos hinwegging, so sehr man auch die gleichmäßige Glätte des Ausdruckes und die freilich nur archivarische Klarheit der Motivirung bewundern mochte. Raupach vergaß nichts in der Eile; aber man konnte dennoch die Eile nicht vergessen. Es war so wenig drastisch herausgearbeitet, was selbst sein Talent bei größerer Ruhe bedeutender gestaltet hätte; es

kamen so viele ermüdende Wiederholungen vor, die sich vermeiden
ließen. In der That übersteigt die Zahl der Unglücksboten und
Hiobsposten in den „Hohenstaufen" das erlaubte Maß; und alle
werden in ähnlicher Weise begrüßt oder führen sich selbst mit den=
selben Phrasen ein. Dabei hat Raupach noch ein kleines Stecken=
pferd, das er gern besteigt, wenn ihn der welthistorische Pegasus
abgeworfen. Es ist dies eine rationalistische Glaubensan=
sicht, die er mit warmem Eifer ebenso gegen die starren kirchlichen
Satzungen, wie gegen die atheistische und materialistische Weltan=
schauung vertheidigt. Es müssen daher immer einige wüstgesinnte
Freigeister auftreten, die vom Imperator zurechtgewiesen werden,
der dann aber wieder gegen Rom und das Priesterthum seine Philip=
piken schleudert. Friedrich II. besonders gewinnt dadurch einen
doctrinairen Beigeschmack, der uns vom Throne der Hohenstaufen
zuweilen auf eine uckermärkische Landkanzel versetzt, wo ein behäbiger,
aufgeklärter Pastor, ein Schüler von Paulus und Wegscheider, bald
gegen den blinden Glauben und bald gegen den frechen Unglauben eifert.

Die letzte Serie der Raupach'schen „Hohenstaufen" verdient
unzweifelhaft den Vorzug vor der ersten. Es kommt dies wohl
daher, daß man auch den ganzen Cyclus, da er einen Kampf
behandelt, als eine Riesentragödie betrachten kann, bei welcher
Spannung und wahrhafte Tragik gegen den Schluß hin zunehmen.
Bei den Tragödieen, die Friedrich Barbarossa und Heinrich VI.
behandeln, schadet der Vergleich mit Grabbe, der den Stoff nicht
so breit auseinander trat, sondern energischer concentrirte und über=
dies eine grandiose dramatische Keilschrift schrieb, gegen welche die
correcten Perlbuchstaben Raupach's zu ihrem Schaden abstechen.
In den Trauerspielen, die Friedrich II. behandeln, finden sich
einzelne Scenen, in welchen sich Raupach's Talent auf der
Höhe der weltgeschichtlichen Situation befindet. So athmet z. B.
die Scene zwischen Friedrich II. und dem Sultane Malek=al=
Kamel in: „Friedrich im Morgenlande" eine erhebende Größe
der Gesinnung und einen Edelmuth, der zwar nicht zu Thränen
rührt, wie Kotzebue's und Iffland's Helden uns rühren, wenn sie

plötzlich aus dem Abgrunde der Niederträchtigkeit mit einer edlen Handlung auftauchen, und eine glänzende Schwanenfeder aus ihrem rabenschwarzen Gefieder herauswächst, der uns aber erwärmt und begeistert. Denn dieser Bund der Herrscher des Abend= und Morgenlandes steht als eine erhabene Constellation der Humanität über der dumpfen Atmosphäre des Mittelalters und seinen fanatisch gesonderten Kirchhöfen des Geistes! Freilich müssen wir diese einzelnen Scenen aus einem großen Conglomerat heraussuchen, in welchem niedrige und plumpe Intriguen die wenig fesselnde Hauptrolle spielen! Dagegen ist „Friedrich und sein Sohn" vielleicht das beste von allen Dramen des Cyklus, von energischem Zusammenhalte der Handlung und echt dramatischer Spannung und Steigerung. Der Charakter Heinrich's ist vortrefflich gezeichnet; hier konnte sich Raupach's Talent zu psychologischen Entwickelungen geltend machen. Dieser Heinrich ist aus einem Gusse; jedes seiner Worte trägt den Stempel seines Charakters. In „Friedrich und Gregor" interessirt die Zeichnung des neunzigjährigen Papstes und seiner ungebrochenen Starrheit, während in „Friedrich's Tod" die Katastrophe des Kanzlers Petrus de Vineis unsere Theilnahme in Anspruch nimmt. Das ist ein selbstständiger Tragödieenstoff, dem der Dichter hier nur eine secundaire Bedeutung vergönnt hat, indem der Kaiser selbst der Held der Tragödie bleibt, und manche Begebenheiten mit aufgenommen sind, welche ohne unmittelbare Beziehung zu diesem wahrhaft tragischen Conflicte stehen. Hier hätte der Dichter künstlerischer verfahren und alles aussondern müssen, was die organische Gliederung der Tragödie, die zwischen dem Kaiser und seinem Kanzler spielt, zu hemmen vermochte. Die Trauerspiele, welche die Epigonen der Hohenstaufenkaiser behandeln, haben die meiste Rundung. In „König Enzio" herrscht eine große dramatische und theatralische Gewandtheit und ein anmuthiger lyrischer Aufschwung, der in den Liebesscenen ganz an seinem Platze ist. In „König Manfred" fesselt die dramatische Gruppirung, Karl von Anjou und Beatrix auf der einen, Manfred und Helena auf der anderen Seite. Der schonungslose, harte Kronenräuber und seine von wildem Ehrgeize gestachelte Gattin bilden einen wirksamen Contrast mit dem heiteren, dichterfreundlichen Könige und seiner edlen, echt weiblichen Gemahlin. In „Konradin" ist die Harmlosigkeit des letzten, jugendlichen Hohenstaufen in einer überaus ansprechenden Weise dargestellt. So erfüllt uns am Schlusse des umfangreichen Cyclus doppeltes Bedauern über ein nicht unbedeutendes Talent, dessen zahlreiche Spuren sich erfreulich in allen Theilen der großen nationalen Tragödie wiederfinden, während kaum ein Drama von allen eine nationale Bedeutung in Anspruch nehmen kann oder sich in der Gunst der Nation behauptet hat, weil dies Talent sich theils verkannte, theils verschleuderte. Denn Raupach war nicht für die große historische Tragödie organisirt, wie auch seine Trilogie „Cromwell" beweist, von welcher die „Royalisten" und „Cromwell's Ende" oft zur Aufführung gekommen sind, trotzdem sie nur eine Reihenfolge von Scenen in einseitiger Beleuchtung, nur eine aus bunten Scenen zusammengestellte Charaktermosaik bieten, und überdies arbeitete er mit einer Flüchtigkeit, welche seine Begabung entnervte. Raupach legte das Sieb beiseite und goß seine Poesie behaglich durch den Trichter. Zu diesen ungesiebten Schöpfungen gehören auch gänzlich verfehlte romantische Dramen, wie „Robert der Teufel," „der Nibelungenhort"; antike Tragödieen, wie „Timoleon," „Themisto," „Semiramis"; matte Producte der letzten Jahre, wie „Elisabeth Farnese," „Jacobine von Holland" u. A. Eine Stufe höher steht das Volksdrama: „der Müller und sein Kind," in welchem sich einzelne drastische Züge finden, und „die Schule des Lebens," sowie „das Märchen ein Traum," Dichtungen, von denen die erstere an die Griseldis, die letztere an Calderon erinnert. Wir können dieser physiognomielosen Productivität nicht in alle ihre Schöpfungen folgen. Dennoch bezeichnen drei spätere Stücke von Raupach eine neue Wendung seines Talentes, die ihm so wenig, wie Tieck, Steffens u. A., erspart wurde, aber nur dazu diente, seine Begabung noch mehr zu isoliren, ja überhaupt in ein zweifelhaftes Licht zu stellen — wir meinen seine Polemik gegen die Tendenz, die natürlich selbst mit der Tendenz behaftet war.

Das erste dieser Stücke, ein bürgerliches Drama, das er unter dem Pseudonym **Emanuel Leutner** veröffentlichte, „die Geschwister," konnte man noch am meisten gelten lassen, denn es war gegen den jungdeutschen Weltschmerz, gegen die modische Blasirtheit und Verbildung gerichtet; und wenn es auch diese Verirrungen nicht als Auswüchse eines nothwendigen geistigen Entwickelungsprocesses der Zeit begriff, nicht als die Flegeljahre des **modernen Geistes** von einem würdigeren Standpunkte dieses Geistes aus geißelte, sondern das ganze Streben der Zeit wegen dieser unklaren Gährungselemente verwarf, so war doch die dramatische Beweisführung an und für sich klar und einleuchtend, und die Appellation an die Pflichten gegen Gott, den Nächsten und gegen sich selbst jedem Einzelnen schon durch den Katechismus geläufig. Weniger günstig kann man von Raupach's „Mirabeau" (1850) urtheilen, einer Revolutionstragödie vom Standpunkte eines „königlichen Preußen," wie der Dichter selbst in der Vorrede sagt. Das nackte Pathos der Tendenz, das Raupach hier zur Schau trägt, ist so äußerlich, wie wir es nur selten bei den modernen Tendenzdichtern finden. Die Composition ist ohne allen dramatischen Fortgang; die Charakteristik, besonders der Revolutionsmänner, so schwach, daß man diese rhetorisch fadenscheinigen Helden ohne Weiteres mit einander vertauschen könnte; die historische Auffassung ohne Schwung und Bedeutung. Mirabeau's ganzes Heldenthum besteht darin, daß er sich vom Hofe bestechen läßt. Von einer tragischen Collision ist keine Rede; er stirbt ruhig im Lehnsessel. Dieser Mirabeau ist immer nur der Held der Tribüne und des absoluten Veto, ein theoretischer Schönredner, der einige Abschnitte aus Dahlmann in Versen herbeclamirt, aber mehr ein Schatten, als eine Gestalt! Welche dramatische Ohnmacht giebt sich in dieser Zeichnung kund! Nirgends tritt uns jene imposante Gestalt des Mannes entgegen, dessen geniale Liederlichkeit und wilde Leidenschaftlichkeit schon von der Geschichte selbst in so scharfen Zügen hervorgehoben werden! Solche geistige Riesen mit vulcanisch ausgehöhlter bizarrer Physiognomie zu schildern, war Raupach's Talent nie geartet, am wenigsten, als er seine Feder in die schleppende Dinte der Tendenz tauchte und in anderer Weise, als er wünschte, den Beweis lieferte, daß man mit hohlen Phrasen und tendenziösen Etiketten keine Gestalten schaffen kann, so wenig als eine mit Annoncen bedeckte hohle Boulevardssäule menschliche Sprache gewinnen oder nur, wie die Säule des Memnon, prophetisch erklingen wird. Dramatischer gearbeitet, als dies politische Tendenzdrama, ist das sociale „Saat und Frucht" (1852), dem aber auch die Absichtlichkeit aus allen Poren sieht. Es weht keine echte, vom Gedanken getragene Begeisterung durch dies Stück, das nur eine erbitterte Polemik gegen das moderne Bewußtsein athmet. Der Tendenz ist alle Charakteristik zum Opfer gebracht; und welcher Tendenz! Einer Verherrlichung des Stockregiments in Staat, Glauben und Erziehung, der Apotheose einer brutalen Pädagogik, einer Verklärung der Knute! Natürlich sine alle Anhänger dieses liebenswürdigen socialen Heilmittels, dieser Hippokratischen Radicalcur brave und edle Menschen, während die Söhne und Töchter, die nach den liberalen Principien des Jahrhunderts erzogen sind, sich durch eine Abscheu erregende Nichtswürdigkeit auszeichnen. Als Repräsentant der human angeflogenen Erziehungskunst erscheint nun ein „constitutioneller" Banquier, der zu seinen vielen Sünden noch die größte auf sich ladet, ein liberaler Deputirter zu sein. Der reiche Kaufmann, der Candidat des Finanzministeriums, wird am Schlusse des Stückes als moderner Lear verrückt — oder vielmehr die latente Verrücktheit des Liberalismus und der Humanität, an welcher ihn Raupach von Anfang an leiden läßt, kommt am Schlusse zum Ausbruche! Welche aufgedunsene Tragik! Raupach könnte zehn seiner Hohenstaufentragödieen darum geben, wenn er dies Stück nicht geschrieben hätte!

Raupach's schnell fertiges, flinkes Talent war natürlich ebenso für das Lustspiel, wie für die Tragödie organisirt. Er war, wie

Josef Freiherr von Auffenberg.

Kotzebue, glücklich darin, Zeitthorheiten und Marotten der Mode aufzufassen und zu geißeln; so in den „Schleichhändlern" die Walter=Scott=Manie, in „Allöopath und Homöopath" den erbitterten Kampf der medicinischen Systeme u. s. f. Mehrere, wie „der Zeitgeist," „Denk' an Cäsar," „die geraubte Kunst," „der versiegelte Bürgermeister," sind mit Geschick entworfen und mit Witz ausgeführt. Besonders sind es zwei typische Charaktere, Schelle und Till, welche in vielen dieser Lustspiele wiederkehren, und in denen der naive und reflectirte Humor von Raupach verkörpert ist; dort der schalkhafte und burleske Volkswitz, hier ein sich selbst persiflirender Doctrinarismus. Das Frische und Sprudelnde in diesen Lustspielen und Possen Raupach's zeugt von einer unverkennbaren Begabung auch für das Komische, die sich aber in den Geleisen Kotzebue's bewegte und nicht groß genug war, neue und fruchtbringende Bahnen einzuschlagen.

Ebenso productiv wie Raupach und ihm verwandt durch die declamatorische Richtung seiner Dramen ist **Joseph Freiherr von Auffenberg**[1]), lange Zeit hindurch Präsident des Karlsruher Theatercomité's und großherzoglich badischer Hofmarschall, bekannt durch seine Reise nach Spanien, die er als „**Humoristische Pilgerfahrt nach Granada und Cordova**" (1835) beschrieben hat, auf welcher er bei Valencia von Räubern angefallen wurde und trotz dreiundzwanzig erhaltener Wunden mit dem Leben davonkam. Auffenberg hat im Süden Deutschlands nicht die dramatische Dictatur zu erringen vermocht, die Raupach im Norden behauptete obgleich viele seiner sechs=undzwanzig Dramen lange Zeit auf dem deutschen Bühnenrepertoir heimisch waren. Dennoch darf man sein Talent nicht unter das Talent Raupach's stellen. Er ist ihm ebenbürtig, was Schönheit und Adel der Sprache betrifft und wirksame scenische Anordnung; er übertrifft ihn an Feuer, Schwung und glühendem

---

[1]) Joseph Freiherr von Auffenberg sämmtliche Werke. (22 Bde. 1843—47.)

Colorit, Eigenschaften, durch welche er sich allerdings oft zu Gewalt=
thätigkeiten hinreißen läßt, die Raupach's ruhiger Verstand durch
eine besonnene Anordnung vermied. Auffenberg erinnert weit mehr
als Raupach an Schiller; er liebt weniger die psychologischen, als
die pathetischen Conflicte. Das historische Heroenthum, das sittliche
Pathos einer energischen Gesinnung, die der Welt trotzt und sich
stolz auf ihre eigne Spitze stellt, durchweht seine meisten Stücke.
Er greift zwar meistens nach entlegenen Stoffen; er liebt die
Naturromantik des malerischen Hintergrundes, gleichviel, ob das
schottische Hochland oder das üppige Andalusien ihm Coulissen
und Draperieen hergiebt; er liebt die Ueppigkeit der Reime und
selbst die bei den Gewittern der Leidenschaft umschlagenden Metra;
aber er wählt oft Collisionen von allgemein menschlichem Interesse
oder politische Conflicte, deren Bedeutung auch in unsere Zeit
hineingreift, und wie Raupach in seinen Dramen die Vertreter
einer gemäßigten loyalen Gesinnung begünstigt, so Auffenberg die
Männer voll „Rebellentrotz," die freien Piraten des Meeres:
die Flibustier, einen Fergus Mac=Jvor und Pugatscheff.

Auffenberg ist eine abgeschwächte Mischung von Victor Hugo
und Walter Scott, Schiller und Byron. Von dem Ersteren hat
er die Vorliebe für abenteuerliche Katastrophen; von dem Zwei=
ten den Reiz landschaftlicher Schilderung; von Schiller den feuri=
gen Gedankenwurf, den er indeß nicht, wie dieser, in geistvolle
Antithesen kleidet, sondern mehr, wie Lord Byron, in ein glühen=
des Colorit. Alle diese Autoren sind aber höhere geistige Poten=
zen, als Auffenberg. Es finden sich bei Auffenberg zahlreiche schöne
Sentenzen, einzelne wahrhaft geniale Wendungen; aber ihm fehlt
jene unsagbare Eigenheit und geistige Concentration, welche einen
Autor erst zu einer Leuchte seiner Nation macht. Der Donner
seines Pathos klingt oft hohl; sein Feuer verflackert oft ohne
geistigen Stoff; sein Schwung trägt oft in die leeren Lüfte. Oft,
keineswegs immer; denn es finden sich in Auffenberg's Dramen
Stellen, welche auch ein charakteristisches Pathos athmen und die
exaltirteste Leidenschaft in ebenso angemessener, wie hinreißender

Weise ausdrücken. Die Composition von Auffenberg's Dramen ist meistens dramatisch, einheitsvoll, oft spannend, glücklich gesteigert, wirksam abgeschlossen; aber im Fortgange der Entwickelung tritt in der Regel ein gewaltsamer Bruch ein; es kommt anders, als man es erwartete und erwarten durfte; eine frappirende Wendung, ein exaltirter Effect verschiebt uns auf einmal Charaktere und Situationen; mit einem Worte, die Peripetie in Auffenberg's Tragödieen — wir erinnern beispielsweise an „die Schwestern von Amiens" und „Fergus Mac-Jvor" — hat stets etwas Befremdendes. Das macht für den Augenblick Effect, zerstört aber später die dramatische Wirkung. Dies kommt daher, daß Auffenberg außerordentlich theatralisch ist; er liebt die scenische Gruppirung, die malerische Beleuchtung, die Wirkung der sinnlichen Farbe und des sinnlichen Klanges — man denke an „das Nordlicht von Kasan," in welchem die plötzlich grelltönende Glocke über dem Haupte des Pseudo-Kaisers, die geheimnißvolle Grottenstaffage der Roskolniten, der hohe Felsen, auf welchem der Held im vollen Glanze des Nordlichtes steht, während die Donischen Kosaken anstürmen, eine bedeutende und effectvolle Rolle spielen. Ebenso wirksam sind, oft auf Unkosten der dramatischen Bedeutung, die Actschlüsse angelegt, welche auch dadurch wirken, daß Auffenberg im Gegensatze zu der üppig prangenden und allzu wortreichen Declamation, die hin und wieder pathetische Mohnkörner ausstreut, gegen den Actschluß hin markige dramatische Schlagworte anwendet, welche gewaltig aufschütteln und die Situation wie mit bengalischen Flammen beleuchten. Mit dieser Entfaltung äußerlicher scenischer Kraftmittel hält freilich bei Auffenberg die innere dramatische Entwickelung der Charaktere nicht Schritt. Sie geht nie schrittweise, immer sprungweise vor sich; es ist eine oft gewaltthätige Motivirung; man merkt niemals ein feineres psychologisches Messer. Der Heroismus der Charaktere wirkt zuletzt monoton; er schwebt wie eine allgemeine Atmosphäre über ihnen, in welche alle untertauchen, und von welcher plötzlich auch die weiblichsten Frauen angesteckt und in Heldinnen oder gar in Mörderinnen verwandelt werden. Es fehlen diesem Heroismus die menschlichen Vermittelungen, die zarteren Contraste; er hat keine Genesis. Auffenberg's Muse hat wenig Oeconomie; sie bewegt sich von vorn herein auf den Höhen der Leidenschaft; sie ist eine Spanierin mit dem Dolche in der Hand. Alle ihre Gesticulationen sind pathetisch; trotz des glänzenden Colorits fehlen den Charakteren meistens die realistischen Handhaben. Besonders sind seine Frauennaturen fast alle excentrisch, ohne emancipirt zu sein; eine hyperidealistische Schwärmerei oder leidenschaftliche Wildheit bestimmt ihre Handlungsweise. Der deutsche, maßvolle Sinn konnte sich für diese gewaltsamen Naturen nicht erwärmen. Die Excentricität Auffenberg's, das Uebergewicht dramatischer Malerei über dramatische Plastik und vor allem die poetische Redseligkeit, die ganz so endlos, wie bei Raupach, aber weniger gleichmäßig war, indem sie oft in trivialen Gemeinplätzen versandete und einem Gedanken „aus der ärmsten und zahlreichsten Klasse" ein dichterisches Königsdiadem aufsetzte, oft aber auch hinreißender, als bei Raupach, in Dithyramben der Leidenschaft ausstürmte, machen begreiflich, daß Auffenberg's Talent in Deutschland nicht zu durchgreifender Geltung kommen konnte.

Seine ersten Dramen: „Pizarro" und „die Spartaner" sind werthlose Studien aus der Schülermappe, in denen nur das sprachliche Colorit Funken des Talentes verräth. Dagegen athmen „die Flibustier" einen Byron'schen Piratenschwung; die tragische Collision verläuft zwar in romanhafte Katastrophen, und fast alle Charaktere haben die gleichmäßige abenteuerliche Physiognomie, aber das Stück hat den trotzigen Rhythmus des Freibeuterkampfes.

Von den antikisirenden Tragödieen Auffenberg's verdienen „die Syrakuser" den Vorzug. Sie behandeln einen wahrhaft tragischen Conflict und in einem würdig gehaltenen dramatischen Style, der nur hin und wieder an überflüssigem lyrischem Schmucke, an jenen äußerlich verzierenden Metaphern leidet, welche die dramatische Kraft lähmen. Ebenso tragisch, aber mehr innerlich ist die Collision in: „das Opfer des Themistokles," in welchem der verbannte Griechenheld zum Throne des Perserkönigs Artaxerxes flüchtet und, von diesem aufgefordert, den Oberbefehl des persischen Heeres, das gegen Hellas in's Feld rücken sollte, zu übernehmen, sich selbst in diesem Kampfe zwischen der Dankbarkeit gegen den gastlichen Schützer und der nicht erloschenen Liebe zum Vaterlande zum Opfer bringt. Doch auch hier wird die Wirkung durch die außerordentliche Breite beeinträchtigt, mit welcher sich die gleich redseligen Perser und Griechen aussprechen und ein Stoff, der sich dramatisch wirksam in einen Act zusammenfassen ließe, in fünf Acte auseinander gezogen ist.

Einen ähnlichen Conflict, wie „die Syrakuser," behandelt eines von Auffenberg's späteren Dramen: „der Schwur des Richters," in welchem der Oberrichter von Gallway, James O'Donnel, seinen Sohn Edward als Mörder zum Tode verurtheilt und hinrichten läßt. Hier nimmt indeß die Vorgeschichte, welche den Conflict hervorruft, die Hälfte der Tragödie ein; die Motivirung ist traumhaft phantastisch, nicht dramatisch einleuchtend; denn dieser Fernando Javanegra, der maurische Racheengel mit seinen ungeheuerlichen Plänen, die er zufällig in Irland zu verwirklichen beginnt, ist trotz seiner in Trochäen ausströmenden Begeisterung für die Macht der alten Mauren und den Ruhm der Väter eine allzu abenteuerliche Figur, als daß man nicht „den letzten Seufzer dieses Mauren" mit größter Gleichgültigkeit anhörte. Auch sind die Uebergänge in diesem Stücke zu gewaltsam, um nicht die Spannung zu zerreißen. Dasselbe gilt von dem Drama: „die Schwestern von Amiens," sonst einer der besten Tragödieen Auffenberg's, voll treffender Charakteristik und glänzender Effekte. Hier ist der plötzliche Rollentausch der beiden Schwestern, indem sich die sanftere Rosaura aus Verzweiflung der Liebe in eine Furie verwandelt, wohl wirksam, aber durchaus unkünstlerisch. Wir heben gerade dies Stück hervor, um nachzuweisen, daß bei Auffenberg, wie bei Raupach, die tiefere dramatische Motivirung fehlt. Die Situation, in welcher Rosaura sich befindet, macht ihre Handlungsweise allerdings möglich; damit aber kann sich der Dramatiker nicht

begnügen. Er muß den Charakter von Hause aus in einer Einheit
sehen und darstellen, in welcher seine ganze Handlungsweise mit
allen Widersprüchen in prästabilirter Harmonie ihm und
uns vorschwebt. Der einzelne Charakter verträgt den Widerspruch,
ohne zu zerbrechen; die dramatische Kraft ist um so größer, welche
uns den inneren Zusammenhalt bei verschiedenen, selbst entgegen=
gesetzten Qualitäten darzustellen vermag. Dazu bedarf es aber
einer großen Intuition und künstlerischen Ausführung, welche nicht
blos den ausgewachsenen Trieb des Charakters, sondern auch schon
seinen ersten Ansatz markirt. Die Rosaura Auffenberg's würde
in dieser Situation ohne Frage so handeln können, wenn der
Dichter schon früher mit dramatischer Kunst durch kleine, aber
bedeutsame Züge auch in ihrem sanfteren Charakter die durch=
brechende Energie der Schwärmerei in ihren ersten Keimen ange=
zeigt hätte. So aber wundern wir uns über die Explosion, da
wir keinen Minengang gesehen.

In „König Erich" interessirt die düstere Gestalt des Helden,
sein düsterer, zur Wildheit gesteigerter Trotz und als Gegenbild die
zart gehaltene Liebesepisode von Edwin und Sigrid. Die Hoch=
landstragödieen „Wallace" und „Fergus Mac=Jvor," zu
denen Walter Scott's Muse den Dichter angeregt, haben einzelne
Züge von dramatischer Kraft und heroischer Größe. Der über=
zeugungstreue Freiheitskämpfer Wallace, den von allen Seiten der
Verrath umgarnt, der dem Könige Edward als ein schottischer Posa
gegenübertritt, und um den die verschmähte, königlich gesinnte Lady
Mar, die treue, schwärmerische Helene, der nichtssagende Prätendent
Bruce, und der schlaukräftige Edward sich wirksam gruppiren, interessirt
nicht weniger, als jener ehrgeizige Schottenhäuptling, der die Sache
der Stuarts vertheidigt, um selbst die Königskrone Schottlands zu
erobern. Die Vaterlandsliebe des Helden, die mit seinem Ehrgeize
Schritt hält, findet oft einen wahrhaft schönen dichterischen Ausdruck:

„Erweitern will ich sechtend mein Gebiet,
Den Herrscherarm um's grüne Erin schlagen
Und um das heil'ge Kreuz von Edinburgh.

> Die alten Stämme wird mein Schwert behüten
> Die prachtvoll, wie Walhalla's Eichen, blühn:
> Der Vorwelt Göttergruft soll ruhn im Frieden,
> Die Hünensäul' im Abendrothe glühn!
> Das Hüfthorn, das den Morgenstern begrüßt,
> Wird wieder schallen, wie in Odin's Tagen:
> Der Bergsee, den die feuchte Wolke küßt,
> Soll Jvor's krongeschmückte Wimpel tragen!"

oder am Schlusse, wo der in Carlisle zum Tode verurtheilte Held ausruft:

> „Nun, Henker, kommt und hebt das Schwert empor,
> Dann aber pflanzt mein Haupt auf Schottlands Thor!
> Im Tode selbst will ich hinübersehen
> Nach meines Vaterlandes blauen Höhen!"

Die Katastrophe selbst wird wieder durch einige theatralisch wirksame Fallthüren des Zufalles herbeigeführt, die indeß hier eher am Platze sind, weil sie die tragische Ironie zur Geltung bringen, durch welche Mac=Jvor's ehrsüchtige Planmacherei sich selbst zu Falle bringt. Einen ähnlichen usurpatorischen Rebellenchef schildert Auffenberg in dem „Nordlicht von Kasan," nur daß hier Pugatscheff als Betrüger dasteht und allein durch die wilde und trotzige Kraft interessirt, mit der er seinen Betrug durchführt. Es fehlt indeß dem Stoffe jene wahrhaft tragische Peripetie, welche Schiller mit tiefem künstlerischem Instincte in die Anlage seines Demetrius verwebt. In dem „Propheten von Florenz" ist besonders die Scene zwischen dem Papste und zwischen Savonarola originell erfunden und groß gedacht. Schon zu mehreren der erwähnten Stücke hat Auffenberg die Anregung aus Novellen und Romanen entnommen; doch sind es besonders drei Dramen, die ganz auf dieser Grundlage ruhen und zu Auffenberg's populärsten Dichtungen gehören: „Der Löwe von Kurdistan," „Ludwig XI. in Peronne" und „das böse Haus." Unsere Dramatiker besitzen eine eigenthümliche Prüderie in Bezug auf die Wahl der Stoffe und glauben die schönsten

Juwelen aus ihrer Dichterkrone zu verlieren, wenn sie einmal nach einem novellistisch verarbeiteten Stoffe greifen. Wo bleibt denn, heißt es, die Originalität der Erfindung? Sie vergessen dabei, daß ihr großes Musterbild Shakespeare fast alle seine Stoffe Novellen oder selbst anderen gleichzeitigen Stücken entlehnte, und daß man bei einer dramatischen Dichtung, die fest auf ihren eigenen Säulen ruht, nach keiner weiteren Legitimation fragt. Etwas anderes ist eine theatralische Zuschneiderei, welche den gefundenen Rohstoff, so gut es gehen will, unverarbeitet zusammenheftet. Doch eine dramatische Dichtung mag ihren Stoff hernehmen, woher sie immer will: ist er gegliedert nach den Gesetzen ihrer Gattung, ist er bewältigt durch einen gedankenkräftigen Genius, so bleibt sie ein Originalwerk. Der Roman wird indeß dem Dramatiker selten mehr bieten, als einzelne Situationen, Verwickelungen, Charaktere, als förderliche Anregungen und Stützen des schöpferischen Genius, da sein künstlerischer Schwerpunkt nach der entgegengesetzten Seite hin fällt; die Novelle dagegen giebt dramatisch lebendigere Skizzen, die sich zu künstlerischer Architektonik eignen, aber doch erst durch die Ausführung des dramatischen Genius ein selbstständiges Leben erhalten. Von Auffenberg's erwähnten Schauspielen sind zwei nach Romanen von Walter Scott gearbeitet, eins unseres Wissens nach einer Erzählung von Balzac. Es fehlt ihnen eine tiefere tragische Collision; es sind meistens Schauspiele mit behaglichem Ausgange, ohne durchgreifende Energie des Grundgedankens; und daß sie gerade längere Zeit die Bühnen beherrschten, hat viel dazu beigetragen, daß man Auffenberg nur zu den dichterisch gefärbten Bühnenpoeten, zu den Routiniers des Effectes rechnete. Indeß haben diese Stücke auch wieder Vorzüge, die der Dichter mehr auf seine anderen Werke hätte übertragen sollen. Es ist dies besonders eine bei weitem sorgsamere, mit den feinsten Nüancen schattirende Charakteristik, die der Romandichter ihm an die Hand gab, und, was damit zusammenhängt, eine schlagendere dramatische Motivirung, durch welche die Spannung begründeter und die Wirkung durchgreifender wird. „Der Löwe von Kurdistan" hat von diesen Dramen am meisten einen spielerisch romantischen Anstrich; das ritterlich Burschikose und theatralisch Pomphafte wiegt darin vor; aber es weht uns doch aus dem Verhältnisse zwischen Saladin, der hier als Verkleidungsrolle verwerthet wird, und Richard Löwenherz jener Hauch großartiger Toleranz entgegen, der auf die humane Gesinnung unseres Jahrhunderts niemals seine Wirkung verfehlen wird. Auch ist der dramatische Styl kernhaft und sachlich gediegen. In „Ludwig XI. in Peronne" und „das böse Haus" ist der Charakter des französischen Königs ein meisterhaft gezeichnetes Bild, zu welchem freilich zwei so verschiedene und so bedeutende Geister, wie Walter Scott und Balzac, die Grundzüge geliefert. Doch bleibt Ludwig XI. in beiden Stücken eine glänzende Studie für den Charakterdarsteller, und man kann nur mit Bedauern sehen, daß sie vom Repertoir verschwunden sind. Freilich ist die Composition im ersten Drama locker und das Interesse getheilt, indem der zu Grunde liegende Roman mit seinen breiten Gruppen die dramatische Einheit zersprengt und Quentin Durward zur Episode zu bedeutend, zum Haupthelden zu unbedeutend ist. Das zweite Drama aber ist nicht viel mehr, als eine dramatisirte grelle Anekdote mit jenem pikanten, psychologischen Beigeschmacke, den Balzac liebt. Ein Geizhals, der sich als Nachtwandler selbst bestiehlt, ist in Wahrheit eine im höchsten Sinne komische Lustspielfigur, mit der sich Molière's „avare" an Tiefe nicht messen kann, und daß am Eingange des Stückes einige Galgen mit vier gehängten Lehrlingen stehen, auf welche der Verdacht des Diebstahls fällt, würde als derbe Vignette im Geschmacke des Säculums noch immer nicht den Lustspielcharakter verfälschen. Auch das Verhältniß des Königs zum Meister Cornelius bietet außerordentlich komische Seiten, und die Schlußwendung, wie der König den gefundenen Schatz, d. h. die vom nachtwandelnden Geizhals vergrabenen, ihm gehörigen Kostbarkeiten als sein Eigenthum beansprucht, ist überaus drastisch. Ebenso der im großen Käfige herumgetragene und vortrefflich gepflegte Barbier Olivier le Daim, mit dessen Schicksale der abergläubische

König das seinige eng verknüpft glaubt, weil eine Prophezeiung ihm verkündet hat, sein Todestag werde dem Todestage des Barbiers unmittelbar folgen. Dagegen ist die Scene zwischen Cornelius und seiner Schwester grell und widerlich; ebenso das Verhältniß zwischen Maria und ihrem Gatten Saint-Vallier. Auch das Schicksal des liebenden Georges, der abwechselnd im Schornsteine, im gefährlichen Kaminverstecke und in der Folterkammer erscheint, ist zum Komischen zu ernst und zum Tragischen zu bizarr, so daß das ganze Stück den Eindruck einer Tragikomödie macht, ohne daß wir zu der prätentiösen und gewaltsamen Erklärungsweise dieser Mischgattung unsere Zuflucht nehmen, mit welcher Hebbel seinem mißlungenen „Trauerspiele in Sicilien" das Etikette einer originellen Bedeutung anheften wollte, ähnlich dem Naturforscher, der durch „ein Mondkalb" die Gattungen der Zoologie zu bereichern glaubte.

Dies bahnt uns den Uebergang zu Auffenberg's umfangreichster Dichtung „Alhambra" (3 Theile 1829—30), die der Dichter ein Epos in dramatischer Form nennt und damit selbst in eine wenig berechtigte Zwittergattung verweist. Wir haben es hier mit einem Werke von gewaltigen Dimensionen zu thun, in welchem einzelne Acte zu Bänden und einzelne Erzählungen der handelnden Personen zu umfangreichen epischen Gesängen anwachsen. Dadurch erhält die vorzugsweise dramatische Dichtung, in welcher sich ein großer historischer tragischer Conflict zu einzelnen ebenfalls tragischen Collisionen gliedert, einen Anstrich von Formlosigkeit, durch den noch die abschreckende Wirkung gesteigert wird, welche poetische Riesendichtungen im Umfange der Messiade auf das deutsche Publikum ausüben. Wir haben es hier nicht mit einem Cyclus von Tragödieen zu thun, wie bei Raupach's „Hohenstaufen"; es sind nur drei eng verknüpfte Stücke mit denselben handelnden Personen, von denen das letzte auf dem Prokrustesbette des „dramatischen Epos" zu vier Bänden auseinander gerenkt wird. So ist das ganze Werk ein unicum in unserer Literatur, das eine außerordentlich ausdauernde poetische Genußfähigkeit voraussetzt, um so mehr, als der Hauptinhalt des Ganzen, der Glaubenskampf zwischen den letzten Mauren von Granada und den christlichen Helden Spaniens, der Sieg des Kreuzes über den Halbmond in einem der schönsten Länder der Erde, wohl dem poetischen Colorit glänzende Farben leiht und auch eine allgemein gültige, elegische Saite der Geschichte ertönen läßt, aber für die Gedankenwelt der Gegenwart doch keine eingreifende Bedeutung hat.

Der große Glaubenskampf, die Achse der ganzen Dichtung, bestimmt natürlich ihre Färbung und geistige Haltung, freilich zu ihrem großen Schaden in Bezug auf Popularität und Genießbarkeit; denn der Dichter hat nicht nur die Fülle seiner Detailkenntnisse in Bezug auf den Muhamedanismus in wenig ersprießlicher Weise ausgekramt, in einer Weise, welche oft einen vollkommen exotischen und wenig aromatischen Duft und eine nach Hilfe schreiende Dunkelheit verbreitet, der dann in rettenden Noten ein gelehrtes Licht angesteckt wird; sondern er hat sich auch, um den Anforderungen des Epos gerecht zu werden, eine eigenthümliche Göttermaschinerie erfunden, deren Räder und Kurbeln in visionairen Verzückungen knarren, welche die jenseitige Welt des Glaubens erhellen, die in phantastischem Gewölke über den Häuptern der Kämpfer ruht. So dichtet die aus tiefer Gruft erstehende greise Maurenfürstin Sarracinna eine muhammedanische divina commedia, indem sie in einer Vision an der Hand des Propheten durch Hölle und Himmel gewandelt ist, eine Schilderung, die in feurigen, grandiosen, originellen Bildern, in einem Opiumrausche der Begeisterung schwelgt. Vortrefflich ist besonders die Darstellung der großen Poeten des Morgenlandes in ihrer himmlischen Erscheinung, während die Reihe der paradiesischen Glaubensfürsten durch notizenhafte Trockenheit ermüdet. Eine andere große Vision erzählt der Abencerage Seï'r, der sich zum Christenthume bekehrt. Dieser poetische Tag von Damaskus, den ihm ein himmlisches Licht in die Seele gestrahlt, wird in Trochäen gefeiert, die sich plötzlich zum großen Nachtheile der Dichtung in Hexameter verwandeln, denen die mit Consequenz als Kürzen gebrauchten Längen, besonders in den Daktylen, einen choliam-

bischen Anstrich geben, so daß man bei jedem rhythmischen Tänzer=
schritte über einen in den Weg geworfenen Klotz stolpert. Der
hinkende Charakter der Verse theilt sich der ganzen Dichtung mit,
diesem umfangreichen epischen Einschiebsel, das für den Mangel an
geläutertem Geschmack und an der Solidität künstlerischer Bildung
selbst bei unläugbaren Talenten kein erfreuliches Zeugniß ablegt. Außer
diesen beiden Visionen, die der Dichter jongleurartig wie Fäden
von beispielloser Länge aus dem Munde seiner Helden zieht, findet sich
noch eine Fülle visionairer Anschauungen, trunkener Glaubensbilder,
missionseifriger Begeisterungen wie bei der Sclavin Esperanza, innerer
Glaubensschwankungen und Apostasieen, wie bei der Königin
Alfarma und der Königstochter Zoraïde. Ein origineller Einfall
des Dichters war es, den verschleierten Propheten von Khorassan,
der schon aus Thomas Moore's „Lalla Rookh" bekannt ist, im
Abendlande wiedererscheinen zu lassen, um auch dem **dämonischen
Elemente** in der Dichtung eine Stelle zu verschaffen. In der
That liegt in der wilden Magie des geheimnißvollen Afrikaners
eine eigenthümliche Kraft, die sich oft in gewaltigen Gedanken
erhebt von einer Tragweite, die über den Unterschied der Glaubens=
anschauungen hinausgeht, die aber wiederum getrübt wird durch
das fremdartige und barocke Detail aus den arabischen Geheimwissen=
schaften, das erst durch Noten dem Verständnisse genähert werden muß.

Ein Vorspiel: „Boabdil in Cordova," zeigt uns den
gefangenen Maurenprinzen vor dem Throne Ferdinand's und
Isabella's, vor welchem auch die Entdecker und Besieger der trans=
atlantischen Welt, Columbus und Cortez, verheißungsvoll stehen.
Wir sehen den Stern Spaniens aufsteigen über einer anderen
Hemisphäre! Um so gewaltiger ertönt die Mahnung, den eigenen
Boden der Heimath von den Eindringlingen zu befreien. Boabdil
wird freigelassen und nach Granada mit der Botschaft des neuen
Krieges zurückgeschickt; denn die Monarchen wissen wohl, daß sie
mit diesem ehrgeizigen Prinzen die Zwietracht und innere Auflösung
nach Granada heimsenden. Die erste Tragödie „Abenhamet
und Alfarma," beginnt mit dem Parteienkampfe der Zegris

und Abenceragen, des heftigen, kriegerisch gesinnten und des milderen, gebildeteren Stammes, des maurischen Berges und der maurischen Gironde, die nach Art der Schiller'schen Chöre in der „Braut von Messina" sich gegenüberstehen und aussprechen. Boabdil stößt seinen Vater vom Throne und sucht sich Alfaïma's, die er liebt, während sie dem Abenceragen Abenhamet ihr Herz geschenkt, zu bemächtigen. Abenhamet wird mit den Zegris in's Treffen geschickt, verliert, von diesen verrathen, seine Fahne, wird vor Gericht gestellt, verurtheilt und nur dadurch gerettet, daß Alfaïma Boabdil ihre Hand giebt. Der Abencerage macht der Geliebten Vorwürfe und fällt durch Boabdil's Schwert, als er zwischen den zürnenden Fürsten und die Königin tritt. In diesem Drama ist vollkommene Einheit der Handlung, dramatisches Leben, eine ergreifende Collision, und nur die Maurenfürstin Sarracinna, die zur Unzeit aus der Todtengruft emporsteigt, stört den Fortgang durch ihr höllisch-himmlisches Gespinnst. Die zweite Tragödie, „die Gründung von Santa-Fé," spielt mehr im christlichen Lager und behandelt eigentlich die Gründung der Inquisition. Die hierauf bezüglichen Scenen, sowie der Schlußact, in welchem Isabella, die Löwin von Espona, ihren ganzen Heroismus entfaltet, gehören zu den großartigsten Talentproben Auffenberg's. Besonders tritt der Charakter des Königs Fernando so markirt, bedeutend, in so großer historischer Auffassung und dabei so menschlich individualisirt hervor, daß man bedauern muß, in den lyrischen Wetter- und Lavagüssen einer reichen Phantasie nur selten dies scharfe dramatische Gepräge wiederzufinden.

In dem Haupttheile des „Alhambra," der fünfactigen Riesen-tragödie, „die Eroberung von Granada," verdient wohl der erste und der letzte Act den Vorzug, indem im ersten der Kampf Gonsalvo's zwischen dem Versprechen, das er seiner arabischen Geliebten gegeben, und seiner Feldherrnehre und Lara's aufopfernder Heldenmuth tragisches Interesse einflößt, im letzten aber das diabolische Wesen des Museïrah in den originellsten Gestalten und Gedanken zur Geltung kommt, und in so bizarren Bildern, daß man Auffenberg einen orientalischen Grabbe nennen könnte.

Dieser geheimnißvolle, verschleierte Berberfürst offenbart sich als ein arabischer Höllengeist, der in verschiedener Gestalt, unter anderem auch als Prophet von Khorassan, auf der Erde erschienen ist, und zwar stets als der Todesvogel des Islam. Höchst originell ist die altarabische Mythologie, die unter den Grundfesten des Alhambra eine bizarre Auferstehung feiert. Und wer vielleicht, zurückgestoßen durch das arabische Kauderwelsch, das diese Urgötter des brennenden Yamen sprechen, durch diese unersättliche Schwelgerei der Phantasie in den geheimnißvollsten und colossalsten Bildern des uralten Beduinenglaubens, die uns wie zu Gestalten zusammengeronnene Dampfnebel des aromatischen Mokkatrankes erscheinen, das Talent des Dichters auf diese Zickzackblitze einer an altarabischen Studien vampyrartig vollgesogenen Phantasie, auf ihre für den guten Geschmack unerquicklichen Entladungen beschränken möchte, den verweisen wir auf die Schlußscenen der Foliodichtung, in denen ihre elegische Bedeutung am schönsten austönt, auf die fast wahnsinnige Trauer des besiegten und verbannten Königs, in denen das Dramatische in den hin und her greifenden Bildern leidenschaftlicher Aufregung, die selbst nach Witzen hascht, zur Geltung kommt, wie das Lyrische in den schön gefärbten maurischen Trochäen.

Ein fünfactiges Nachspiel zum „Alhambra" ist „der Renegat von Granada," ein dramatisches Nachtstück in Callot'scher Manier, in welchem uns ein Aufstand der Moriscos und die Segnungen der Inquisition in grellen Bildern am Faden einer noch grelleren Fabel vorgeführt werden. Ein Hauptmotiv, die Doppelgängerei und der Sturz in den Abgrund, ist aus „den Elixiren des Teufels" entlehnt. Wenn uns in dieser Dichtung eine oft überspannte Wildheit, die aber nie ohnmächtig die poetische Faust ballt, sondern stets mit angemessener Kraft ausrast, wenn uns die Fülle sinnlicher Gräuel, ein zu äußerliches Raffinement der Qual zurückstößt, so entschädigt dafür eine mit vielem Glücke individualisirende Charakteristik, indem sowohl die Gestalt des Großinquisitors drastisch hervortritt, mit seinem grünen Schirme, seiner simulirten Kurzsichtigkeit, mit seiner wie Folterzangen zwickenden Sprechweise, mit seiner aschgrauen, mörderischen Indifferenz und seinen zwölf gehätschelten Katzen, als auch die des gefräßigen und geschwätzigen Priors, dessen breiter, unter der Körperlast stöhnender Humor durch die Gärtnerscheere gewinnen würde.

Wir haben das Bild Auffenberg's um so vollständiger entrollt, je weniger seine Dichtungen an der breiten Heerstraße liegen, welche die Tageskritik und die in ihren Gleisen sich bewegende Literaturgeschichte betritt. Es ist das Bild eines dichterischen Talentes, welches meistens von echtem Schwunge getragen wird. Auffenberg ist ein unausgegohrener Schiller, durch seine mehr romanische, als romantische Richtung der Gegenwart entfremdet.

Ein bei weitem größeres Publikum als Auffenberg und mehr Anerkennung von Seiten der Tageskritik ist dem Dichter der „Griseldis" und „des Sohns der Wildniß," Friedrich Halm (Graf Münch-Bellinghausen aus Krakau, 1806—1871), zu theil geworden[1]). Der Dichter, aus einer österreichischen Beamtenfamilie stammend, schlug selbst die büreaukratische Carrière ein und verfolgte sie mit Ausdauer, bis er später als Vorstand der Hofbibliothek und Intendant der Kaiserlichen Hofbühne eine amtliche Stellung fand, die seinem geistigen Streben besser entsprach. Großen Einfluß hatte in der Jugend auf ihn der Umgang mit dem Benediktiner Michael Leopold Enk von der Burg, einem geistreichen Kopf, der sich selbst auch dichterisch versucht, vor allem aber sich mit der Theorie der Tragödie angelegentlich beschäftigt hatte. Im Conflict mit den Schranken seiner Lebensstellung ging Enk unter und endete durch Selbstmord.

Halm besitzt ohne Frage Geschmack und Maß in einem viel höheren Grade, als Auffenberg, und vor allem, was diesem fehlt, eine psychologische Motivirung, die in ihrer sanft steigenden und fallenden Allmählichkeit das Verständniß des Hörers in anmuthiger Weise gewinnt. Seine Hauptdramen behandeln psychologische Experimente, und zwar raffinirter Art; aber die Behandlungsweise ist ohne alle

---

[1]) Friedrich Halm's Werke (12 Bde. 1856—71).

Bizarrerie, klar und einleuchtend, so daß man das Raffinement des Stoffes über der geschmeidigen und einschmeichelnden Form vergißt. Auch bei Halm ist das declamatorische uud lyrische Element vorherrschend, wie bei Raupach und Auffenberg; aber Halm bringt mehr Schattirung und Steigerung herein, mehr Nüancen und Uebergänge. Seine Dramen sind künstlerisch entworfen, mit weiser Oeconomie und Berechnung; sie sind geschmackvoll ausgeführt; der Styl hat einen originellen Schmelz, einen duftigen Schmetterlingsstaub an seinen Schwingen, der ihn von den trivialen, gänzlich abgestäubten Jamben der Alltagspathetiker unterscheidet; er hat dramatische Einschnitte und läßt das Charakteristische durchtönen, ohne es scharf zu markiren. Hierzu kommt Berücksichtigung der Bühnenwirkung ohne Effecthascherei, verständige Gliederung der Acte, naturgemäße Entwickelung der einen Scene aus der anderen ohne alle Gewaltsamkeit, strenges Festhalten der Haupthandlung und ihres dramatischen Ganges, ohne sich zu Episoden verleiten zu lassen — kurz, eine Menge unleugbarer künstlerischer Vorzüge, die sich auch durch den erweckten Antheil und das festgehaltene Interesse der Hörer belohnen. Trotz dessen sind die beiden bekanntesten Halm'schen Tragödieen und Dramen weder tragisch, noch dramatisch zu nennen; die Collisionen in ihnen sind weder ernst, noch tief; sie sind eigentlich melodramatisch, und Violinen, Mandolinen, Aeolsharfen hinter der Scene würden den Effect nicht stören. Eine Reihe psychologischer Zustände, auch mit größter Folgerichtigkeit vorgeführt, giebt noch immer kein Drama. Was aber ist die „Griseldis" und „der Sohn der Wildniß" anderes, als eine Reihe psychologischer Tableaus! Dabei sind die Tableaus in das verklärende Licht einer Idealität gehängt, die zu ihrem Inhalte nicht paßt, einer Sittlichkeit, gegen welche der gesunde Geschmack und die männliche Kraft nothwendig reagiren müssen. Nichts ist entnervender, als eine süßliche Passivität — nichts wirkt abstumpfender, als der träumerische Opiumdusel einer hingebenden Sentimentalität. Die Halm'schen Helden und Heldinnen haben die Passivität von Somnam-

bulen, die mit ihrem Willen im Banne des Magnetiseurs stehen. Griseldis ist das Weib, wie es nicht sein soll, Ingomar der Mann, wie er nicht sein soll — oder man muß den Adel der Menschen=
würde und die Hoheit sittlicher Selbstbestimmung für nichts achten. In beiden Stücken bleibt wohl eine Art von Reaction nicht aus; aber sie ist zu schwach im Vergleiche zum kranken und schädlichen Stoffe, zur sittlichen Barbarei, die ihnen zu Grunde liegt. „Gri=
seldis" (1834) behandelt die Frauenliebe als Gegenstand einer Wette, wie einen Hahnenkampf oder ein Pferderennen. Dies genügt, um den sittlichen Standpunkt des Stückes zu brandmarken. Held Percival wettet mit der Königin, daß die Liebe seiner Gattin jede Probe bestehe. Das Experiment wird gemacht! Es beginnt die Hetzjagd der Armen; sie wird psychologisch gemartert mit allen erdenklichen Daumenschrauben und Folter=Instrumenten; Held Per=
cival spielt selbst den Folterknecht mit einer wahrhaft ehernen Stirne und schmunzelt in den Bart, wenn das Opfer seiner Wette wieder einen Torturgrad ruhmvoll bestand; denn nun hat er ja Aussicht, zu gewinnen. Endlich hat Griseldis, ohne zusammenzubrechen, ohne in ihrer Liebe irre zu werden, mit Segenssprüchen auf den Lippen die Folter überstanden. Sie erfährt jetzt, daß alles nur ein Spiel gewesen, und es ist nur ein schwacher Ausbruch ihrer gerechten Entrüstung, daß sie jetzt die Liebe ihres Gatten verschmäht. So wird Percival noch am Schlusse um eine Nasenlänge geschlagen. Das Publikum hätte indeß von Anfang an ein Recht gehabt, über ein so unwürdiges Spiel entrüstet zu sein, das sich ihm mit der Anmaßung tragischen Interesses aufdrängt, denn man kann mit einem solchen Helden aus dem Jockeyclub keine Sympathie empfin=
den; aber auch die gequälte plebejische Schönheit, die in einer so raffinirten Weise ihre aristokratische Ebenbürtigkeit beweisen soll, flößt kein anderes Gefühl ein, als ein etwas triviales Mitleiden und hin und wieder den Wunsch, es möchte sich ein Atom Furie in dieser unermeßlichen Mischung von Liebe und Hingebung nieder=
schlagen, es möchte in dieser glorienhaften Märtyrergestalt nur ein Nerv, nur eine Fiber — und wär's auch nur einen Augenblick —

vor Grimm und im Streben nach Vergeltung zucken! Das Publikum hat indeß den passiven Heroismus beweint und applaudirt, und zwar nur deshalb, weil in der That das dichterische Talent Halm's so weiche Tinten wählte, den grausamen Stoff in einen solchen lyrischen Zauber kleidete, die Klippen des Problems auf glatter Bahn in dichterischer Schwanengondel so glücklich umschiffte, daß man einen Augenblick glauben konnte, sich in der Sphäre reiner, idealer Menschlichkeit zu bewegen. Hätte Hebbel, mit welchem Halm, bei dem größten Gegensatze in der Behandlungsweise, darin Aehnlichkeit hat, daß er psychologische Probleme liebt, diesen Stoff gewählt, er würde seine scharfen und verletzenden Seiten mit solcher Kraft und Wahrheit herausgekehrt haben, daß die Dichtung gewiß für das große Publikum ungenießbar geworden wäre.

„Der Sohn der Wildniß" (1842), das Drama Halm's, welches nächst der „Griseldis" die größten Bühnenerfolge errungen hat, ist freilich weniger verletzend für das unverdorbene Gefühl, aber mehr eine dramatisirte Allegorie, als ein Drama; und an die Stelle der störenden Tortur in der „Griseldis" ist hier eine störende Dressur getreten. Der Sieg der Cultur durch die edle, liebende Weiblichkeit, überhaupt durch Amor's Macht über die Barbarei ist wohl ein poetischer Grundgedanke, aber er weist von Hause aus mehr auf lyrische und psychologische Tableau's hin, als auf eine energische dramatische Haltung. Hierzu kommt, daß Halm die beiden Gegensätze nicht rein ausgeprägt, sondern beide durch einen Zusatz von Sentimentalität verfälscht hat. So ist Parthenia kein heiteres und unbefangenes Kind hellenischer Cultur, sondern eine durch des Dichters Fügung von Massilia verschlagene Salonschönheit, welche sich bei der Zähmung des wilden Tektosagen aller Hilfsmittel moderner Koketterie bedient und sich, während ihr oft die süßlichsten Albumverse sentimentaler Wiener Dandys in die Ohren klingen, im Ganzen mit einer wenig weiblichen Bravour benimmt. Sie erinnert oft an den Menageriewärter im Käfige, der den Löwen erst einige Sprünge machen läßt und ihm dann den Kopf in den Rachen steckt. Und dieser Ingomar ist trotz seines Bärenfelles ein gründlich gebildetes Naturkind, welches in Hegel'schen und Schiller'schen Worten sich ergeht, „des Lebens ganzen Inhalt einsetzt" u. s. f. Auch macht auf jedes gesunde Empfinden der löwenmähnige Barbarenfürst des ersten Actes einen wohlthuenderen Eindruck, als der geschorene Sclave des letzten. Wenn man indeß einmal das Mißliche einer drama= tischen Dressur oder Tortur beiseite läßt, so ist die Composition beider Dramen voll künstlerischer Spannung und Steigerung und mit großer technischer Sicherheit entworfen; einzelne psychologische Züge und lyrische Schönheiten überraschen, und die Sprache hat Adel und Schmelz, obschon der Gedanke oft aus den prachtvollen Aermeln der Diction sehr magere Arme hervorstreckt.

„Der Adept" (1838) kann sich dieser künstlerischen Vorzüge, besonders einer einheitsvollen und straffen Collision, nicht rühmen. Er ist episch breit ergossen; und der Dichter hatte nicht die Kraft, den tief in die Zeit eingreifenden Grundgedanken, die Macht und den Fluch des Goldes, in scharf ausgeprägten Gestalten und einer spannenden Fabel zur Geltung zu bringen. Die Handlung bewegt sich im Zickzack hin und her fahrend, dagegen ist die Dichtung gedanken= reich. „Camoëns" ist eine einzige lyrische Scene, deren Schwung durch eine das Ganze durchwehende Lazarethluft gehemmt wird. Das Streben Halm's im „Sampiero" (1844) und „Maria de Molina" (1847), ernstere historische Conflicte zu gestalten und eine präcisere dramatische Form zu gewinnen, ist gewiß aner= kennenswerth. Diese Stücke haben bei weitem nicht den Erfolg gehabt, wie „Griseldis" und „der Sohn der Wildniß," sind aber frei von ihren krankhaften Auswüchsen und süßlichen Wendungen. „Sampiero," der korsische Freiheitsheld, der aus fanatischer Vater= landsliebe sein Weib ermordet, ist eine durchweg männliche Helden= gestalt voll Kraft und Begeisterung, und die Königin Maria in ihrem Conflict zwischen der Liebe zu Diego und der Pflicht der Mutter und Königin gegen den Sohn und Thronerben eine würdig gehaltene dramatische Heldin. Dennoch war diesen größern Auf= gaben das theatralische Geschick Halm's nicht in gleichem Maße gewachsen, und die Einfachheit im Fortgange der Handlung schloß jene Effecte aus, mit denen der Dichter das Publikum in seinen Lieblingsstücken verwöhnt hatte. Wohl aber war der Styl des in Prosa geschriebenen „Sampiero" mit seinem markigen Schwung von Bedeutung für den Entwickelungsgang des Dichters, indem sich seine Muse durch denselben von allzu großer Weichlichkeit emancipirte. Die hierdurch gewonnenen Vorzüge kamen in höchst wirksamer Weise in Halm's großer Tragödie: „der Fechter von Ravenna" (1854) zur Geltung, indem hier ein männlicher Schwung und die dämonische Charakterzeichnung, wie z. B. die des Caligula in scharfpointirter Haltung sich über das Niveau der früheren Halm'schen Dichtweise erheben. Der Gang der Handlung ist durchsichtig und von dramatischer Steigerung, der Conflict hat eine tragische Größe, die allerdings auf uns, wie alle antiken Opferungen aus Patriotismus, sobald sie die Familienbande zerreißen, einen befremdenden und grausamen Eindruck macht. Das Stück, am Wiener Burgtheater mit großem Erfolg aufgeführt, war anonym erschienen; es wurden über seine Autorschaft die verschiedensten Meinungen aufgestellt; bald sollte ein jüngerer österreichischer Poet, unterstützt von Heinrich Laube's sicherer Bühnentechnik, den „Fechter" geschaffen haben, bald rieth man auf Grillparzer, an den einzelne kräftige Züge, die Art und Weise der Versbildung im letzten Monologe des Thumelicus, der Charakter des Caligula und selbst ein episodisches Frauenbild wie das Blumenmädchen Lycisca hinzuweisen schienen, während für die Autorschaft Halm's die quälende Dressur sprach, welche durchaus aus dem Sohn Armin's einen Freiheitshelden machen will, obschon er nicht das geringste Talent dazu hat, und überdies das Tableauartige der ganzen Entwickelung. Die deutsche Kritik, welche hier wie die Naturforscher ex ungue leonem errathen sollte, hat nur den Beweis liefern können, wie schwierig es ist, bei der durchgängigen Gleichförmigkeit des Styles in den pathetischen Jambentragödieen die einzelnen Dichter zu unterscheiden. Die Autorschaft des „Fechters von Ravenna" sollte, ganz abgesehn von dem anfänglichen

Geheimniß, noch zu seltsamen Verwicklungen Veranlassung geben. Ein bayrischer Schullehrer, Bacherl, der ein Stück, „die Cherusker in Rom," dem Wiener Burgtheater eingeschickt hatte, machte in Folge der bis jetzt noch unerklärten Aehnlichkeiten, die sowohl der Stoff desselben, als auch seine scenischen Anordnungen mit dem „Fechter" hatten, Ansprüche darauf, das Original dieser Kopie geschaffen zu haben, ja geistige Eigenthumsrechte an ihr zu besitzen. Die Augsburger Allgemeine Zeitung wurde die Vorkämpferin Bacherl's; das Münchener Publikum rief diesen nach einer Aufführung „des Fechters" als Autor heraus, und die Erklärungen Laube's und Halm's genügten nicht, die Gegner zu entwaffnen. Ueber dichterische Originalität herrschen im Ganzen trotz der Studien der antiken Dramen und Shakespeare's noch immer befremdende Anschauungen. Man hat den Stoffquellen der andern großen Dichter noch immer nicht genugsam nachgespürt — und selbst Schiller, obgleich er historische Stoffe wählte, hat oft mittelmäßige Dichtungen benutzt, in denen andere Vorgänger denselben Stoff behandelten. Es ist z. B. unbegreiflich, daß noch Niemand auf die Aehnlichkeit der Situationen und Charaktere in Otway's „Don Carlos" und in dem Schiller'schen aufmerksam gemacht hat. Hier finden wir die Liebe zwischen dem Prinzen und der Königin; hier die Eboli, welche den Prinzen liebt, von ihm verschmäht wird und den König zur Eifersucht reizt; hier finden wir sogar einen Vertrauten des Prinzen, Posa — also selbst die Namen hat Schiller der englischen Tragödie des 17. Jahrhunderts entlehnt. Daß lange vor Schiller Spieß eine deutsche „Maria Stuart" gedichtet, die in Mannheim während der Anwesenheit des Dichter-Dramaturgen zur Aufführung kam, und in welcher selbst die Begegnung zwischen den beiden Königinnen nicht fehlt, ist eine bekannte Thatsache. Die griechischen Dramatiker haben meistens dieselben in allen ihren Motiven fertigen Stoffe behandelt. Man wird also doch wohl zu dem Resultate kommen können, daß es gleichgültig ist, woher der Dichter seinen Stoff nimmt, und daß es kein anderes geistiges Eigenthum giebt, als dasjenige, welches auf der Originalität des dichterischen Talentes und Genies beruht. Bacherl's rohe Schülerarbeit ist nur eine zufällig vorausgehende Parodie des Halm'schen Stücks, und die spätern Abenteuer des fahrenden Dorflehrers bewiesen zur Genüge, wie mißlich und bedenklich der Troß auf geistiges Eigenthum wirkt, wenn das Eigenthum von einer untaxirbaren Werthlosigkeit ist. Was nun den „Fechter von Ravenna" anbetrifft, so durchweht ihn ein warmer patriotischer Schwung, der nur an einer gewissen declamatorischen Monotonie leidet, indem seine Hauptvertreterin Thusnelda von Anfang an alle Schläuche ihrer Begeisterung öffnet, so daß keine Steigerung mehr möglich ist. Caligula ist ein schwunghaftes Charakterbild, obgleich im Verhältnisse zu seinem Eingreifen in die Handlung zu luxuriös ausgestattet, zu portraitartig abgesondert. Auch zeugt es jedenfalls von großer Kühnheit, einen so wenig heroischen Helden zu wählen, wie Thumelicus, und durch seine naive und naturwüchsige Haltung, wie durch die warme, ungesuchte Gladiatorenbegeisterung ein Interesse für ihn erwecken zu wollen, welches die stets an der Schwelle stehende Verachtung abhält. Dennoch hat das Verhältniß zwischen Mutter und Sohn etwas Peinigendes; das erhitzte Blasen in eine Asche, aus der gar keine Funken in die Höhe stieben, macht einen trostlosen Eindruck. Hierin, wie in den allzu breiten jambischen Ergüssen, welche die Handlung nutzlos mindestens um zwei Acte verlängern, möchten die Hauptbedenken gegen den künstlerischen Werth eines Stückes liegen, das seine äußeren Erfolge zum Theile seinem mysteriösen Erscheinen und einer politischen Situation verdankt, in welcher die Mahnungen, Aufforderungen und Elegieen der Gattin Armin's zahlreiche Sympathieen fanden, um so mehr, als ihr Patriotismus so dichterisch allgemein gehalten war, daß er für die bärenhäutigen Cherusker und Katten, Markomannen und Alemannen der deutschen Urwälder ebenso paßte, wie für die patschuliduftenden Söhne dieses Jahrhunderts. Die drei letzten Stücke Halm's sind: „Iphigenie in Delphi" (1856), „Wildfeuer" (1863) und „Begum Somru" (1867). Die formelle Schönheit der „Iphigenie in

Delphi" ist unverkennbar. Wie in „Iphigenie in Tauris" Orest vom Fluche entsühnt wird durch der Schwester edle Weiblichkeit, so hier Elektra, die vom Dichter mit großer dämonischer Energie gezeichnet ist und zu seinen bedeutendsten Gestalten gehört. Der Adel der Dichtung ist überhaupt von getragener Würde, sanft beredt und wild erhaben, wie es die Situation erheischt, und der Gegensatz der beiden Schwestern mit poetischer Empfindung durchgeführt. Nur in der Fortbewegung der Handlung liegt keine innere Nöthigung; es sind allerlei Zufälligkeiten wie z. B. durch ein künstlerisch motivirtes doppeltes Gebot des Schweigens die Schwestern sich bei der ersten Begegnung fremd und unerkannt bleiben, während der Mord Iphigenie's durch Elektra's erhobenes Beil auch nur durch das zufällige Hinzukommen des Orestes verhindert wird. Wie einfach und klar tritt uns dagegen bei Goethe die innere Entsühnung und Wandlung entgegen!

„Wildfeuer" ist eine romantische Studie von künstlichen und gewagten Voraussetzungen, indem uns der Dichter zumuthet, uns in den Sinn eines Mädchens zu versetzen, das, als Knabe erzogen, sich für einen Knaben hält, bis ihm Gott Amor die Binde von den Augen nimmt. Räumen wir aber diese Voraussetzung ein und haben wir uns mit den genealogischen Vorbedingungen der Handlung befreundet, in denen ein ganzer Roman enthalten ist, so folgen wir mit lebendigem Antheil einer psychologischen Entwickelung, welche viel Pikantes und Interessantes bietet und über welcher ein reizender poetischer Duft schwebt. „Wildfeuer" enthält nicht nur dichterische Schönheiten ersten Ranges, sondern auch Situationen von jener Romantik, wie sie die waldduftigen Lustspiele Shakspeare's athmen.

„Begum Somru" bewegt sich innerhalb der interessanten Conflicte, welche aus dem Kampfe zwischen einer neuen Cultur und einer alten, namentlich auf asiatischem Boden entstehen. Es sind dies wesentlich Conflicte der Neuzeit — und in dieser Hinsicht darf die Wahl solcher Stoffe als eine glückliche erscheinen. Der Gegensatz zwischen der stillen, aber üppigen indischen Lotosblumenpoesie und der überlegenen, aber berechnend herzlosen Civilisation hat nicht blos dichterischen Reiz, sondern auch tragische Bedeutung. Als Vertreter der Civilisation erscheint Lord Hastings, ein ähnlicher Charakter wie „der Nabob" Lord Clive und gleichem Schicksal verfallen; das exotische Colorit Indiens ist von dem Dichter nicht ohne Farbenpracht zur Anschauung gebracht, ja selbst den Opiumrausch hat er sich als dramatisch=theatralisches Motiv nicht entgehen lassen. Bedenklich wird nur die Liebe der Begum zu einem Unwürdigen, obgleich dieser Zug nicht ohne Wahrheit für eine, wir möchten sagen „ethnographische Psychologie" ist; denn die Laster der modernen Civilisation haben etwas Blendenderes und Bestrickenderes für die außerhalb derselben stehenden Natur= und alten Culturvölker als ihre Tugenden und Vorzüge.

In der ganzen österreichischen Dramatik herrscht das declamatorische Element vor. Auch jüngere Dichter, wie Otto Prechtler, tragen dies Gepräge, obwohl Prechtler's solides Talent das Lyrische nicht maßlos überwuchern läßt, sondern einen strengeren dramatischen Styl schreibt. Es ist bei ihm anzuerkennen, daß Episoden nie die Einheit der Handlung stören, und daß sich diese energisch weiter entwickelt, obschon die Charaktere und damit die Motivirung oft an allzu abstracter Haltung leiden. Wir erwähnen von seinen mit Beifall aufgeführten Dramen: „der Falconiere," „Adrienne," „die Rose von Sorrent." Das erste hat den gehaltensten dramatischen Styl, aber ohne höhere Magie; das letzte erinnert an die psychologischen Experimente, die Halm in seinen Dramen anzustellen liebt. Der Standesunterschied zwischen dem Aristokraten und der Kunstreiterin, auf welchem der Conflict ruht, wird am Schlusse in trivialer Weise aufgehoben, indem sich aus der Chrysalide der Arena eine Grafentochter entpuppt. „Adrienne" ist eine diplomatische Tragödie mit fesselnder und spannender Handlung, dramatischem und theatralischem Effecte. Die durch den Zufall herbeigeführte Katastrophe lag freilich schon in den Grundbedingungen des Stückes; aber die Handlung würde menschlich ergreifender sein, wenn das Verhältniß zwischen Fuegos und

Adrienne nicht so durchweg diabolisch wäre und Fuegos eine größere
Gesinnung offenbarte, welche Sympathieen zu erwecken vermöchte.

Als der begabteste Nachfolger Halm's muß Joseph Weilen,
früher österreichischer Officier, jetzt Custos an der Hofbibliothek
und Lehrer an der Kriegsschule in Wien, angesehen werden. Sein
„Tristan" (1859) verleugnet keinen Augenblick die Halm'sche
Schule. Schon die Wahl eines mittelalterlichen Sagenstoffes erin=
nert an die Griseldis; ebenso der Fortgang einer psychologischen
Entwickelung, die hier freilich zum Theil in eine äußerliche Sphäre
herabgezogen ist, die Einfachheit der Bühnentechnik, welche Ver=
wandlungen innerhalb der Acte ausschließt, vor allem aber die
Diktion, welche reich ist an lyrischen Schönheiten und sich im dritten
Act zu echt dichterischem Schwung erhebt, indeß ebenso oft eine
Reihe von Wendungen und Bildern verfolgt, welche zu dem tra=
ditionellen Aufputze der deutschen Jambentragödie gehören. Der
Zaubertrank der alten Sage ist von Weilen durch einen Zauber=
ring ersetzt, der leider in gleichem Maße die Selbstbestimmung
der Helden aufhebt. Dies romantische und opernhafte Motiv ist
um so weniger gerechtfertigt, als der Zauberring nicht wie in der
Dichtung Gottfried's von Straßburg einen unheilvollen Bann über
die Liebenden verhängt und sie willenlos zu Ehebruch, Tücke,
Verrath und Verbrechen treibt, sondern nur eine symbolische Um=
schreibung für ihre unlösbare Zusammengehörigkeit ist. Eine Lie=
besleidenschaft durch einen handgreiflichen Zauber zu motiviren,
wäre schon, wenn diese Liebe nur auf eine edle Resignation hinaus=
läuft, bei einem mittelalterlichen Dichter überflüssig, der sich doch
auf die Anschauungs= und Empfindungsweise seiner Zeit berufen
könnte; für einen modernen Dichter ist es gänzlich ungehörig, da
wir für die Entwicklung dramatischer Handlung keine andern Motive
gelten lassen, als die, welche aus den Charakteren selbst hervorgehn.

Erfolgreicher als Tristan war „Edda" (1865), ein Stück,
welches über die meisten deutschen Bühnen ging. Der Hinter=
grund der Geschichte, der Dreißigjährige Krieg, lag der Theilnahme
näher. In diese Zeit und auf ostfriesischen Boden ist der Conflict

des Dramas verlegt, ein Conflict zwischen Patriotismus und Gattenliebe. Die Heldin des Stücks, vermählt dem Freischarenführer Carpezan, dem Unterdrücker Frieslands, findet hier ihre Mutter wieder, der sie früh geraubt worden ist und die sie mit ihrer eigenen Freiheitsbegeisterung erfüllt. Sie greift zu den Waffen für ihr Volk; Carpezan fällt und söhnt sich sterbend mit der Gattin aus. Die Vorbedingungen der Handlung sind etwas abenteuerlich; aber in der Gestaltung liegt eine achtbare Kraft, die sich von der romantischen Lyrik hier ganz freimacht. Namentlich ist die Exposition des ersten Actes trefflich. „Drahomira" (1867) führt uns wieder in etwas sagenhafte altböhmische Zeit; der Conflict zwischen Religion und Mutterliebe hätte wohl, in eine spätere Epoche verlegt, mehr Wirkung gethan; denn die Kämpfe zwischen Christenthum und Heidenthum liegen der Gegenwart fern.

Auch „Rosamunde" (1870) spielt in sagenhafter Vorzeit, obgleich das Trauerspiel sehr moderne Elemente enthält, wie das Experiment, das Albion mit seiner Gattin vornimmt, indem er sie durch seinen Rathgeber Kleph prüfen läßt, ob sie ihn wahrhaft liebe. Eine fingirte Todesnachricht bildet den Prüfstein; wer erkennt hier nicht die in solchen Herzensprüfungen unermüdliche Halm'sche Schule? Die Stelle der geschichtlichen Rosamunde, die ihren Gatten tödten läßt, ist von Weilen der Sklavin Rosamunden's zugetheilt, die den ihrigen erschlägt, um den Pokal, das geheimnißvolle Requisit der Handlung, das fast an die bekannten Requisite der Schicksalstragödien erinnert, vor ihm zu sichern; sie wird zur Strafe dafür in den Strom gestürzt. Dies Palladium ist nun in Rosamunden's Händen. Der Gepide Lupold sagt zu ihr:

>   Das Kleinod, das
> Ich anvertraut ihr, das besitzest du.
> Ich sinke auf die Knie und bitte dich,
> Bewahr' es treu, gieb's deinem Gatten nicht.
> Bewährt hat sich's in Hunderten von Jahren,
> An ihn knüpft sich Erinnrung fernster Zeit,
> Daß nie ein Feind, wie mächtig er auch war,

Uns bleibend konnt' mit seinem Joch belasten,
So lange dieses Kleinod wir besaßen.
Die letzte Hoffnung, raube sie uns nicht!

Rosamunde fühlt, daß ihre Liebe zu Alboin, dem Ueberwinder und Mörder der Ihrigen, von ewigem Mißtrauen vergiftet sein wird, daß sie beide daran unglücklich werden. Das soll nicht sein; sie beschließt, sich für ihn zu opfern; sie erscheint nach der Krönungsfeier mit dem Pokal und wirft ihn in die Flut, nachdem sie Gift aus demselben getrunken.

Unleugbar hat der Conflict, wenn er auch seiner Wildheit beraubt ist, tragische Größe; auch kann die Begegnung zwischen Alboin und Rosamunde nicht poetischer eingeleitet werden, als es in der Dichtung geschieht, indem Alboin sein durch die plastischen Kunstformen des Südens plötzlich erregtes Schönheitsgefühl ausspricht. Die große Scene zwischen Alboin und Rosamunde hat dramatisches Leben. Man mochte bis dahin bedauern, daß der Dichter seine Stoffe aus der geistig armen Zeit der Völkerwanderung wählte. Sein „Graf Horn" (1870) zeigte die erfreuliche Wendung Weilen's zur modernen Dramatik und das Talent für eine geistreiche Darstellung. Namentlich ist der Hintergrund des Pariser Lebens zur Zeit der üppigen Regentschaft und des Law'schen Börsenschwindels sehr anschaulich und mit vielem Esprit ausgemalt und der Charakter des blasirten Regenten mit großer Feinheit gezeichnet. Leider aber hat der Dichter seinem Grafen Horn keinen tragischen Helden zu gestalten vermocht; die edle Ritterlichkeit, die er auf einmal annimmt, steht mit seiner Lüderlichkeit und seinen Antecedentien in einem unlösbaren Widerspruch, an welchem auch die Motivirung der Handlung leidet. „Dolores" Weilen's ist eine düstere spanische Tragödie mit durchaus romantischen Motiven, die in einzelnen Situationen nicht ohne dramatische Kraft gestaltet sind, aber doch tieferer Innerlichkeit entbehren.

Wir haben die Koryphäen der declamatorischen Jambentragödie geschildert; ihr Gefolge ist überaus zahlreich. Wir treffen hier viele Dilettanten, die nicht aus innerer Nöthigung dichten und sich deshalb gern an dieses oder jenes Muster anlehnen. Durch eine mehr charakteristische Färbung hervortretend ist Gotthilf August Freiherr von Maltitz (1794—1837) aus Königsberg, ein satyrischer Absenker Lichtenberg's, ein Mann der „Pfefferkörner" und „humoristischen Raupen," in welchem, wie in Amadeus Hoffmann, das Pasquillteufelchen lebendig war, und der an einem nicht zu heilenden Oppositionsfieber litt. Charakteristisch für ihn ist jene bekannte Anekdote, daß er sein von der Censur abgekürztes Drama: „der alte Student" am Königsstädter Theater in Berlin in Gegenwart des Königs in alter, unverkürzter Gestalt aufführen ließ, weshalb er aus Berlin verwiesen wurde. Die Begeisterung für Polen tritt in diesem Stücke etwas poltronartig auf, und die Verachtung, mit welcher die deutsche Nation darin behandelt wird, giebt uns ein Recht, es zu verdammen. Etwas Grelles, Gewaltthätiges, schadenfroh Ironisches geht durch alle Dramen von Maltitz („Schwur und Rache" 1826, „Hans Kohlhas" 1828, „Oliver Cromwell" 1831) hindurch, indem die Begeisterung dieses Poeten einen bilösen Ursprung zu haben schien, und alle ihre Früchte, in der Nähe betrachtet, einen stachelichten Charakter zeigten. Am bekanntesten ist sein nach der Kleist'schen Novelle behandeltes Drama: „Hans Kohlhas" geworden, obwohl die Erzählung von Kleist drastischer und markiger ist. Diese Tragödie des gekränkten Rechtsgefühles ist bei weitem klarer und ergreifender, als „der Erbförster" von Ludwig, indem wir dort mit der Empfindung des Helden, der sein wohlbegründetes Recht nicht erhalten kann, bis in ihre grellsten Extravaganzen sympathisiren, eine Sympathie, die wir weder der fixen Idee des Erbförsters, noch seinem tragikomischen Schicksale zuwenden können. Nicht mit dem genannten Dichter zu verwechseln ist Franz Friedrich Freiherr von Maltitz (geb. 1794), dessen Fortsetzung des Schiller'schen „Demetrius" (1817) eine echte Dilettantenarbeit ist, eine jambische Verwässerung des vortrefflichen Planes, ein fünfactiges „Räuspern und Spuken" in Schiller'schen Versen, ohne daß in einer einzigen Scene sein Geist spukte. Correcte Dilettantenarbeiten sind die Dramen des tüchtigen Kunsthistorikers **Franz Kugler** in Berlin (1808—58): „**Jacobäa**," „**Doge und Dogaressa**." Die Charakteristik und der Gang der Handlung ist klar, die Genremalerei der Volks=scenen glücklich, die Composition geschickt und jedem Einwande gewachsen; aber es sind Speisen ohne Gewürze, von außerordentlicher Nüchternheit; es fehlt das unsagbare Etwas des Talentes. Gut abgezirkelte Baurisse zeugen für den kunstverständigen Architekten, aber die Besonnenheit ohne Begeisterung schafft keine Dichtungen von nationalem Interesse. Bedeutender ist **Hans Köster**, geb. 1818 zu Bützow bei Wismar, ein Dramatiker, der sich meistens an historischen Stoffen versucht, ohne daß es ihm bisher gelungen, seinen Dramen künstlerische Rhythmik und Architektonik, ein ineinandergreifendes Gefüge zu geben. Er schwankt in seinem Style zwischen dem declamatorischen und charakteristischen Elemente, ohne beide zur Einheit verweben zu können. In seinen meisten Stücken herrscht eine breite, langathmige, selbst in Strophen und Stanzen schwelgende Lyrik neben scenischer Verworrenheit, ebenso eine charakteristische Kraft und Lebendigkeit der Action. Von seinen früheren Stücken: „**Maria Stuart**," „**Konradin**," „**Luisa Amidei**," „**Polo und Francesca**" (Schauspiele 1842) verdient „Maria Stuart" wegen einer lebendigen und bewegungs=reichen Handlung den Vorzug, obwohl diesem Drama, welches als Vorspiel der Schiller'schen „Maria Stuart" dienen könnte, der tragische Abschluß fehlt. Im „**großen Kurfürsten**" (1851, neue Bearbeitung 1864), einem am Berliner Hoftheater aufgeführten Drama, steigt der Dichter von seinem gut gerittenen Jambenpegasus ab und geht behaglich zu Fuß, jede Anekdote auflesend, die er auf dem Wege findet. Dies Drama hat große, aber nicht künstlerisch geordnete Lebendigkeit; die Charaktere, beson=ders der Kurfürst und der Feldmarschall Derfflinger, sind mit markigen Zügen gezeichnet; aber diese charakteristischen Züge sind mehr beiherspielende Arabesken, als bewegende Hebel der Handlung.

Es ist ein aus dem Groben gehauenes Stück Geschichte, ein dramatisches Repertorium Brandenburg'scher Staatsactionen, mit vielen directen Appellationen an den preußischen Patriotismus.

In' der neu umgearbeiteten Jugenddichtung Hans Köster's: „Ulrich von Hutten" (1855), welche am weimarischen Hoftheater in ihrer neuen Gestalt zur Aufführung kam, ist zwar auch noch der Charakter der „Historie" vor dem des geschlossenen Dramas vorherrschend, doch treten hier schon spannende Conflicte ein, wie der zwischen Vater und Sohn. Ulrich im Heere der Bauern, an der Leiche seines Vaters, der sich selbst mit einem Flügel seiner Burg in den Abgrund gestürzt hat: das ist eine bedeutende dramatische Situation, welche der Dichter freilich nicht an die rechte Stelle rückt, sondern durch darauffolgende Scenen wieder verdunkeln läßt. Trefflich ist die Charakterzeichnung, wie die des Humanisten und Humoristen Erasmus. Die Diction in Vers und Prosa ist den Situationen angemessen, oft schwunghaft, oft humoristisch, gleich frei vom verblaßten Jambenton wie von der Rohheit des burschikosen Kraftpathos, die uns immer an einen Plumppudding erinnert, der durch eine in Flammen gesteckte Rumsauce beleuchtet wird.

Wenn die Kraftdramatiker mit Vorliebe antik-historische Dramenstoffe wählten: so die Jambentragöden antik-mythische. Jene suchten nach markigen Helden für eine großartige Behandlung; diese nach passenden Trägern einer schulgerechten Declamation. Es begann eine Epoche akademischer Dramenstudien. Das erfolgreichste dieser Stücke war die „Klytämnestra" von Tempeltey (1857). Der Dichter, 1832 in Berlin geboren, gegenwärtig Kabinetsrath des Herzogs von Sachsen-Coburg-Gotha, hat in seinen lyrischen Dichtungen: „Mariengarn" (1860, 4. Aufl. 1865) feines Kunstgefühl und warmen Gefühlston an den Tag gelegt. Das Neue der Behandlung in seiner Tragödie besteht in der innerlichen Schlußwendung, die der Dichter nimmt. Klytämnestra ermordet Agamemnon aus Liebe zu Aegisth; aber Aegisth im Triumph über diese That bekennt ihr, daß er sie nicht aus Liebe gewählt, sondern nur als Werkzeug seiner blutigen Rache an dem ihm verhaßten Geschlecht des Atreus. So wird Klytämnestra bestraft:

> Denn weil ich, was ich liebte, von mir stieß,
> Mußt' ich verlieren, was ich selber liebte;
> Das ist das Ende!

Das ist aber aus verschiedenen Gründen kein Ende. Tempeltey hat sich Goethe's „Iphigenie" zum Muster genommen in Bezug auf moderne Verinnerlichung der antiken Mythe. Doch er ist hierin nicht glücklich gewesen. Ein Verbrechen wie Gattenmord kann durch eine solche innerliche Wendung nicht gesühnt werden; die tragische Nemesis läßt sich so wohlfeil nicht abkaufen. Hierzu kommt, daß sich jeder den tragischen Schluß, der in der Ermordung der Klytämnestra durch Orest besteht, von selbst hinzudichtet. Die Diction der Tragödie ist korrekt, glatt und an einzelnen Stellen schwunghaft. Die Anordnung der Composition und die Steigerung bis zum Schlusse des vierten Aktes sprechen für das dramatische Talent des Dichters.

Ein Schweizer Dramatiker, Josef Viktor Widmann, welcher in seiner epischen Dichtung: „Buddha" (1869), einer Gedankendichtung, die sich um die wichtigsten Probleme der Menschheit dreht, Klarheit des Sinns, milde Grazie und Formenadel bewies, hat eine „Iphigenia in Delphi" (1865) gedichtet, welche die gleichen Vorzüge bewährt, von poetischem Schwung und anmuthiger Gefühlswärme beseelt ist, und in der Würde des Ausdrucks an den Goethe'schen Styl erinnert. Im Gang der Handlung, in der Eintheilung der Acte und Scenen ist das Stück der Halm'schen „Iphigenie in Delphi" überraschend ähnlich. Alle derartigen antiken Stoffe sind gleichsam von Hause aus schon typisch und dramatisch fertig, so daß die Aehnlichkeit der Anlage bei verschiedenen Dichtern, die sie behandeln, nicht auffällig sein kann.

Doch nicht blos die Heldinnen der Mythe — auch die Helden der alten Geschichte wurden im akademischen Styl der Jamben=

tragödie behandelt. Märcker's umfangreiche Trilogie: „Alexandrea" (1857) behandelt den macedonischen Eroberer in stolz klingenden Trimetern, deren gleichmäßiger Kothurnstyl für unsere Sprache wenig angemessen ist und auf die Länge höchst ermüdend wirkt. Die Erfindungskraft des Dichters ist ebenso gering, wie sein Talent der Charakteristik; dieselben Situationen wiederholen sich in den Dramen der Trilogie, von denen die beiden ersten besonders ohne alles dramatische Leben sind und der Held selbst erläutert sich und seine Absichten zwar im reinsten akademischen Styl, tritt uns aber nirgends als scharf markirte dramatische Gestalt gegenüber.

Indem das Münchener Preis-Comité 1857 Paul Heyse's „Sabinerinnen" den Preis und Jordan's „Wittwe des Agis" das Accessit ertheilte, schien die moderne Kritik der antikisirenden Tragödie eine volle Berechtigung einzuräumen[1]), wenn sich auch das Publikum der deutschen Hauptstädte gegen beide Werke kalt und gleichgültig verhielt. Heyse's sentimentale, wenn auch sprachlich meisterhafte Schönrednerei verstieß in auffallender Weise gegen das antike Kostüm, und auch für Jordan's zugespitzte Gedankenlakonismen war das alte Sparta eine sehr zufällige Bühne. Stoffe in das Alterthum zu verlegen, die ebenso gut in jeder andern Zeit spielen könnten, deren Gedankeninhalt nicht mit dem antiken Geiste zusammenhängt, ist ein offenbarer Mißgriff. Doch konnte die Entscheidung der Münchener Preisrichter nur die akademische Dramenpoesie ermuthigen, und in der That tauchten

---

[1]) Wie schon erwähnt, hat auch das Berliner Preiskomité zwei antike Dramen: „Brutus und Collatinus" von Lindner und „Sophonisbe" von Geibel und neuerdings das Comité zur Vertheilung des Wiener Grillparzerpreises auch einem Römerstück: „Gracchus der Volkstribun" von Adolf Wilbrandt den Preis ertheilt. Die akademische Richtung unserer Prüfungskommissionen ist damit klar genug an den Tag gelegt; zur Erläuterung dieser Preisertheilungen mag indeß die Bemerkung dienen, daß antike Stoffe durch ihre größere Einfachheit und Einheit die Erfüllung der formalen Bedingungen des Drama's wesentlich erleichtern.

zum Uebermaß Sophonisben, Iphigenien und andere Heldinnen des Alterthums in der dramatischen Literatur auf und fanden zum Theil sogar den Weg auf die Bühnen.

Auch Paul Heyse selbst, der schon vorher einen „Meleager," eine klassische Tragödie in Knüttelversen, und ein ziemlich krasses Bühnenstück: „Die Pfälzer in Irland" gedichtet hatte, wandte sich jetzt mit Eifer der Bühne zu, zuerst mit seinem Schauspiel „Elisabeth Charlotte" (1860), einem Intriguenschauspiel im Styl der Degen- und Mantelkomödie, von etwas blasser Haltung, einem eleganten, doch keineswegs witzigen Styl, ohne die Greifbarkeit, die für dramatische Motive und Wendungen unerläßlich ist. Das Stück hat namentlich in München und Wien gefallen; doch ist der Eindruck desselben ein sehr kühler, weder nach der ersten noch nach der heitern Seite anregend. Noch novellistischer ist „Maria Moroni" (1864), ein bürgerlich italienisches Trauerspiel, welches bei der berliner Aufführung gänzlich verunglückte. Ein Weib, das ihren Gatten, einen tölpelhaften Bauern, mit Recht nicht liebt, von der leidenschaftlichen Neigung eines Fürsten verfolgt, zuletzt von dem ungeschickten Othello, der ein Rendezvous belauscht, erstochen wird, ist durchaus keine tragische Heldin. Das Stück enthält viel feine Dialektik, aber keinen gesunden Zug. „Hadrian" schloß sich frühern Versuchen auf dem Gebiet antiker Tragödie, dem preisgekrönten Schauspiel „Der Raub der Sabinerinnen" und dem mythologischen „Meleager" an, ist dichterisch bedeutender als die andern Heyse'schen Stücke, doch durch das psychologische Raffinement, das in seinem Grundthema liegt und durch das unvermeidliche Hereinspielen griechischer Weltanschauung in dies Drama geläuterter Knabenliebe den Bühnen unzugänglich. Mit dem Drama „Hans Lange" (1864) eroberte Paul Heyse sich auf einmal die Bühnen. Er zeigte hier seine formelle Virtuosität in der Annahme eines holzschnittartigen volksthümlichen Styls; die lustigen Edelleute und listigen Bauern gerathen ihm recht wohl, und einige Situationen übten auf der Bühne eine gute Wirkung aus. Doch der Schlußact war matt und das Stück im

Grunde unbedeutend, auf Motiven der Bauernlist beruhend, wie sie etwa im „Versprechen hinter'm Herd" verwerthet sind. Das patriotische Stück „Kolberg" (1865), das uns Nettelbeck und die kolberger Bürger im Kampfe gegen das Franzosenthum vorführte, ist eine Mosaik militalrischer und bürgerlicher Genrebilder aus jener Zeit, in welcher einige patriotische Wendungen zündeten. „Die Göttin der Vernunft" bewies nur, daß dem Dichter für die Darstellung revolutionairer Epochen alles Lebensblut, alles hinreißende Feuer fehlte. Ueberall in Heyse's Dramen überwiegt das Genre und das Novellistische über den eigentlichen dramatischen Charakter¹).

Auch ein anderer Akademiker der Münchener Schule, Julius Grosse, ließ eine Tragödie aus der Geschichte des Alterthums „der letzte Grieche" (1865) erscheinen, in welcher die Anarchie der damaligen politischen Verhältnisse sich in einer Menge kleiner und verzwickter Motive widerspiegelt und der Held, obgleich er außerordentlich breit und pomphaft ist in der Auseinandersetzung seiner Intentionen, erscheint ohne scharf hervortretende charakteristische Physiognomie. Mehr Kraft und Energie der Zeichnung ist in den übrigen Gestalten, namentlich in dem kernhaften, wenn auch etwas verschrobenen Philosophen Tomolats und dem Tyrannen Nabis, einem spartanischen Kaligula. Die sprachliche Behandlung zeugt von Talent, aber die Treue des Kostüms wird durch eine erstickende Fülle mythologischer Bilder gewahrt, welche den Eindruck der akademischen Studie vervollständigen. Hellas wird mit Niobe und Andromeda in ausführlicher epischer Weise, im Styl Homer's und Ovid's, ja die Königin Arpage von einem ihrer wärmsten Verehrer mit der „greisen Gaea" verglichen, was gewiß weder schmeichelhaft noch angemessen ist; denn eine alte Göttin bleibt doch immer ein altes Weib.

Die akademische Richtung macht sich auch in den meisten

---

¹) Vergl. Paul Heyse's „dramatische Dichtungen" (1.—6. Bd. 1865 bis 1870).

anderen Dramen Grosse's geltend, der auch auf diesem Gebiet eine große, wenngleich wenig erfolgreiche Produktivität entwickelte[1]). Einzelne Werke des für die Schönheit sprachlicher Form ausnehmend begabten Dichters gehören geradezu in ein Curiositätencabinet, wie die fünfactige Komödie „Die steinerne Braut," ein Lustspielmonstrum, dem jede Spur von Humor und Witz fehlt. In der absichtlichen Verwirrung des Kostüms, darin, daß die antike Mythologie in vollster Blüthe steht im Mittelalter und die edeln Macedonier in die Kirche gehn, in den naturalistischen Herzensergüssen des Centauren Calomelos, einer sehr langweiligen Bestie, kann dieser Humor doch nicht gesucht werden. Daß Grosse ein satyrisches Spiegelbild Münchener Zustände schreiben, den Gegensatz zwischen den berufenen fremden Gelehrten und der einheimischen Opposition komisch darstellen wollte — ist nur aus der Vorrede, nicht aus dem Stücke selbst zu ersehen, das durchaus grillenhaft und gesucht ist, eine Art vorklassischer Walpurgisnacht.

Das skandinavische Drama: „Die Ynglinger" behandelt die Liebe zweier Brüder zu demselben Weib. Das Haus der Ynglinger gehört zu jenen verhängnißvollen Häusern, die an einem alten Fluche leiden. Das Requisit dieses Fluchs ist eine heilige Kette des Ahnherrn, an welcher das vorzeitliche Verhängniß, das Schicksal der Ynglinger und ein fünfaktiges Trauerspiel hängt. Das Stück gemahnt, als wäre es zur Zeit Müllner's gedichtet worden — das Colorit erinnert an „König Yngurd," die Fabel an „Die Albaneserin." In einzelnen Scenen ist dramatisches Mark, auch das scenische Arrangement ist geschickt und erscheint uns wirksamer als in den anderen Stücken von Grosse; aber wozu einen Conflict, der in jeder Zeit spielen könnte, in das skandinavische Alterthum verlegen? Etwa wegen der Beleuchtung, der Schlacht- und Marinebilder, der Poesie der nordischen Götter? Wozu die Wiedererweckung der Schicksalstragödie? Das sind alles

---

[1]) Gesammelte dramatische Werke von Julius Grosse. Sieben Bände (1870).

akademische Marotten, das Stück ist durch und durch Studie, talentvolle Studie, doch unmodern.

Der alten Heldensage hat Grosse sein Trauerspiel „Gudrun" entlehnt. Daß der Stoff des Stücks immer anziehend unser Gemüth berührt, trotz der undramatischen Heldin, ist bereitwillig zugegeben; auch ist Grosse's Styl an dichterischen Schönheiten reich und hat eine durchweg edle Handlung. Ebenso ist in einzelnen Charakteren wie in Wate, dramatisches Leben. Gleichwohl erscheint uns der Charakter Gudrun's von dem Dichter nicht mit jener einheitlichen Intuition aufgefaßt, aus welcher dramatische Gestalten aus Einem Guß erwachsen. Gudrun ist die Vertreterin der edeln sanften Weiblichkeit — gegenüber den Rachefurien der „Nibelungen"; Grosse selber nennt sie in der Vorrede „die deutsche Iphigenie." Doch schon in den ersten Scenen läßt er sie in einem Tone sprechen, welcher sich weit eher für eine geharnischte Heldin paßt; und auch die List, deren sich Gudrun schuldig macht, stellt sie der wahrheitsliebenden Griechin gegenüber in den Schatten.

Von den historischen Trauerspielen Grosse's ist „Friedrich von der Pfalz" nur eine matte Haupt- und Staatsaction, besser ist „Johann von Schwaben." Ein Theaterstück scheint uns indeß auch dies Drama nicht zu sein, trotz der lebendiger bewegten Handlung; ihm fehlt dazu die Glaubwürdigkeit und allgemeine Gültigkeit der Motive, die ein größeres Publikum fesseln kann. Wenn Grosse meint, er habe das Verhältniß Johann's zu seinem Oheim Albert vertieft, so könnte man eher sagen, er hat es „verkünstelt"; diese spielerischen Experimente, diese psychologische Pädagogik, die der König Albert seinem Neffen gegenüber für nöthig hält, lassen jene Einfachheit vermissen, wie sie für eine große tragische That unerläßlich sind, die nicht aus einem Mißverständniß hervorgehen darf, welches wohl „fatal" sein kann, aber nie „fatalistisch" werden darf. Im übrigen haben die Situationen in diesem Stück dramatisches Leben; die Introductionsscenen sind frisch, die Schwurscene im Klostergewölbe erhält durch den Charakter der rachesüchtigen Helene und des Helden edle Weigerung lebendige Bewegung; auch die Ermordungsscene ist dramatisch. Dagegen sind die beiden letzten Acte schwächer, und der fünfte tönt, trotz der gewaltsamen Katastrophe, doch mehr lyrisch=elegisch aus.

Noch haben wir neben den deklamatorischen Epigonen des alten Athen und französisch=classischen Paris zwei schönrednerische „Romantiker" zu erwähnen. In eigenthümlicher Weise trat Jakob Zwengsahn auf, welcher sich mit einer kühnen Mystifi= kation in die Literatur einführte, als ein dramatischer Barnum, ein Heros des Puffs. Von der Voraussetzung ausgehend, daß das Publikum im ganzen urtheilslos, im Autoritätsschwindel befangen und vor allem von heiligem und gelehrten Respecte für „das Alte" beseelt sei, verwandelte er sich plötzlich in einen Autor des siebzehnten Jahrhunderts, in einen deutschen „Shakespeare," dessen vergrabene Manuscripte jetzt durch einen Zufall an das Tageslicht gekommen. Ein verborgener deutscher Shakespeare — welches Glück für die Nation, welche Ueberraschung für die Literar= historiker, welche geheimnißvolle Beleuchtung, in die diese Stücke traten! So erschien die „Tiphonia" von Zwengsahn=Shakespeare, gedichtet im Jahre des Heils 1648, eine dramatische Mumie, welche der Leichtgläubigkeit imponirte, bis auf einmal aus der Perrücke des ehrwürdigen Zwengsahn das heiter lächelnde Antlitz des bekannten Improvisators Langenschwarz hervorsah, der diesmal nicht blos eine Tragödie, sondern auch einen alters= grauen Dichter improvisirt hatte. In der That trug das Stück das Gepräge seines Autors, eines Talentes ohne Selbstständigkeit und Adel. Das Stück erinnerte fortwährend an Shakespeare, aber ohne alle Ansprüche auf Rivalität. Es war nicht ohne dramatischen Wurf, nicht ohne Einheit und Spannung, Mark und Witz, nicht ohne überraschende Züge der Charakteristik und Schön= heiten der Diction; aber die Bewegung des Ganzen war nicht organisch; sie war marionettenhaft, und wie konnte dies anders sein in einer Tragödie des Puffs, in welcher die ganze Kunst des Dichters darauf hinausging, sich auf der Höhe des „Humbug" zu behaupten? Eine „Zähmung der Widerspenstigen" als Tragödie, ein wahnsinniger König, ein wortwitzhaspelnder Narr — waren das nicht genug Ingredienzien zu einem Shakespeare=Drama? Das alles fehlt der zweiten Tragödie des moderduftigen Shakespeare, „Dschengiskhan," in welcher die Melpomene mit einer Mongolenmütze und etwas schief geschlitzten Augen erscheint und uns durch die erhabene Langweiligkeit einer dramatischen Wüste Gobi mit bedeutsamen Gesten hindurchführt. Der Stoff ist für uns ungenießbar, wie Pferdefleisch und Pferdemilch jener Steppenbewohner; dennoch ist hin und wieder ein Hauch von Größe in der Schilderung des Despoten und an vielen Stellen eine wahrhaft dichterische Schönheit der leider zu viel gereimten Diction nicht zu verkennen, was um so mehr bedauern läßt, daß dies Talent ohne alle Dignität des Dichterberufes so haltlos auftritt.

Ernster mit seinem Dichterberufe ist es dem Chevalier Wollheim da Fonseca, einem vielseitig gebildeten Sprachgelehrten, der abwechselnd als „letzter Maure," als letzter Romantiker oder als erster Romantiker der Zukunft gegen eine Poesie in die Schranken tritt, welche aus der mittelalterlichen Verklärung in das moderne Leben hinausstrebt, worin jener chevalereske Schüler Raupach's eine Entweihung ihres ewigen idealen Gehaltes sieht. Insofern Wollheim gegen die absolute Unpoesie der Bühnenfabrikation eifert, welche schlechten Gelüsten der Menge schmeichelt, insofern er künstlerische Interessen zu wahren sucht, kann man nur mit ihm einverstanden sein. Doch wenn er das Ideale überhaupt nur in der träumerischen Beleuchtung der Ferne gelten läßt und den ganzen Geist der Gegenwart für profan und unwerth poetischer Verherrlichung erklärt, statt das Ideal, wie es alle großen Dichter gethan haben, lebendig im Geiste der eigenen Zeit zu gestalten, so ist dies nur eine Sanction jener großen Verirrung, welche dem deutschen Volke so viele Dichter entfremdet hat, und an der mehr oder weniger alle Dramatiker, die wir in diesem Abschnitt zusammenfaßten, mit betheiligt sind. Auch Wollheim's eigene Schöpfungen, die bald an Raupach, bald an Auffen=

berg erinnern, tragen den Stempel dieser absichtlichen Zeitent=
fremdung, und statt eine neue Romantik zu schaffen, stehen sie
ganz im Dienste der alten. „Sebastian" und „der letzte
Maure" sind grelle, fatalistische Stücke, in denen das geistige
und mythologische Costüm aller Zeiten vermischt ist und der
Zufall bald als die griechische Nemesis, bald als der altbib=
lische Rachegott erscheint. Besser ist „Rafael Sanzio," ein
Künstlerdrama mit idealistischem Schwunge und einem verklärenden
Schlußtableau, das eine für ein Malerschauspiel nicht ungeeignete
Wirkung hervorbringt. Die Composition, die Reinheit und Melodie
der Jamben, auch einzelne charakteristische Schlaglichter verdienen
alles Lob. Doch was hilft Verskunst, Humor, Begabung, theatra=
lisches Geschick, wenn dies alles in die romantische Pfanne gehauen
wird? Was hilft die Kraft des Sisyphus, wenn der Fels immer
wieder den Berg herunterrollt? Das ist aber das Loos der
declamatorischen Jambentragöden, die mit wenigen Aus=
nahmen nicht den Geist ihrer Zeit erfaßt haben, mit welchem das
wahre Genie auf's innigste verwachsen ist. Die Muse des Jahr=
hunderts ruft ihnen zu:

„Du gleichst dem Geist, den Du begreifst, nicht mir;"
und mit Wehmuth drückt sie manchen schönen Schöpfungen das
Siegel der Vergänglichkeit und des rasch hinraffenden Todes auf.

Ende des dritten Bandes.

Inhalt des dritten Bandes.

Dritter Theil.
Die Modernen.
Viertes Hauptstück.
Die moderne Lyrik.

Seite.

1. Abschnitt. Einleitung. Die schwäbische Dichterschule: Ludwig Uhland — Gustav Schwab — Justinus Kerner Gustav Pfizer — Eduard Mörike — Wilhelm Müller 3

2. Abschnitt. Die orientalische Lyrik: Friedrich Rückert — Leopold Schefer — Friedrich Daumer — Heinrich Stieglitz Friedrich Bodenstedt — Julius Hammer 34

3. Abschnitt. Die österreichische Lyrik: Joseph Christian Freiherr v. Zedlitz — Anastasius Grün — Nicolaus Lenau Karl Beck — Moritz Hartmann — Alfred Meißner. Naive und humoristische Lyriker 85

4. Abschnitt. Die politische Lyrik: Georg Herwegh — Robert Prutz — Franz Dingelstedt — Hoffmann von Fallersleben — Ferdinand Freiligrath — Max Waldau — Moritz Graf Strachwitz 140

5. Abschnitt. Die philosophische Dichtung: Julius Mosen — Friedrich von Sallet — Melchior Meyr — Titus Ullrich — Wilhelm Jordan — S. Heller. — Robert Hamerling 184

6. Abschnitt. Dichter verschiedener Richtung und dichtende Frauen: Franz von Gaudy — Emanuel Geibel — August Kopisch — Karl von Holtei — Robert Reinick. Geistliche Liedersänger. — Annette von Droste-Hülshoff — Betty Paoli 220

7. Abschnitt. Epische Anläufe: Ludwig Bechstein — Adolf Böttger
Otto Roquette — Karl Simrock — Gottfried
Kinkel — Wolfgang Müller — Oscar von Redwitz
Christian Friedrich Scherenberg — Theodor Fontane
Otto Gruppe — Paul Heyse — Hermann Lingg
Wilhelm Jordan — Adolf Glasbrenner......... 273

Fünftes Hauptstück.
Das moderne Drama.

1. Abschnitt. Einleitung. Das originelle Kraftdrama: Christian
Grabbe — Friedrich Hebbel.................. 344
2. Abschnitt. Fortsetzung. Georg Büchner — Robert Griepenkerl
J. L. Klein — Otto Ludwig — Elise Schmidt 387
3. Abschnitt. Die declamatorische Jambentragödie: Eduard von
Schenk — Michael Beer — Friedrich von Uechtritz
Ernst Raupach — Joseph von Auffenberg — Friedrich
Halm — Josef Weilen — Paul Heyse — Julius
Grosse....................................... 429

www.ingramcontent.com/pod-product-compliance
Lightning Source LLC
Chambersburg PA
CBHW021415300426
44114CB00010B/498